（道光七年）香山縣下恭常都十三鄉采訪冊箋注

趙新良　整理　湯開建　箋注

國家古籍整理出版專項經費資助項目
2019年國家社會科學基金重大項目『澳門及東西方經濟文化交流漢文檔案文獻整理與研究（1500—1840）』（項目批准號：19ZDA206）的研究成果

天津出版傳媒集團
天津古籍出版社

圖書在版編目（CIP）數據

《（道光七年）香山縣下恭常都十三鄉采訪册》箋注 / 趙新良整理；湯開建箋注. -- 天津：天津古籍出版社, 2025. 1. -- ISBN 978-7-5528-1518-4

Ⅰ. K296.59

中國國家版本館CIP數據核字第2024VV3424號

《（道光七年）香山縣下恭常都十三鄉采訪册》箋注

《(DAOGUANG QINIAN) XIANGSHANXIAN XIAGONGCHANGDU SHISANXIANG CAIFANGCE》JIANZHU

趙新良 / 整理　湯開建 / 箋注

出　　版　天津古籍出版社
出 版 人　任　潔
地　　址　天津市和平區西康路35號康岳大厦
郵政編碼　300051
郵購電話　（022）23517902

責任編輯　門　輝　婁珊珊
整體設計　鞠佳美

印　　刷　北京捷迅佳彩印刷有限公司
經　　銷　全國新華書店
開　　本　787毫米×1092毫米　1/16
印　　張　39.25
字　　數　580千字
版次印次　2025年1月第1版　2025年1月第1次印刷
定　　价　198.00元

ISBN 978-7-5528-1518-4
9 787552 815184

新加坡國立大學博物館藏乾隆時期香山縣恭常都及澳門圖（長卷一，由左及右）

新加坡國立大學博物館藏乾隆時期香山縣恭常都及澳門圖（長卷二）

新加坡國立大學博物館藏乾隆時期香山縣恭常都及澳門圖（長卷三）

新加坡國立大學博物館藏乾隆時期香山縣恭常都及澳門圖（長卷四）

新加坡國立大學博物館藏乾隆時期香山縣恭常都及澳門圖（長卷五）

新加坡國立大學博物館藏乾隆時期香山縣恭常都及澳門圖（長卷六）

新加坡國立大學博物館藏乾隆時期香山縣恭常都及澳門圖（長卷七）

新加坡國立大學博物館藏乾隆時期香山縣恭常都及澳門圖（長卷八）

香山縣圖——清官署繪　清康熙二十四年（1685）

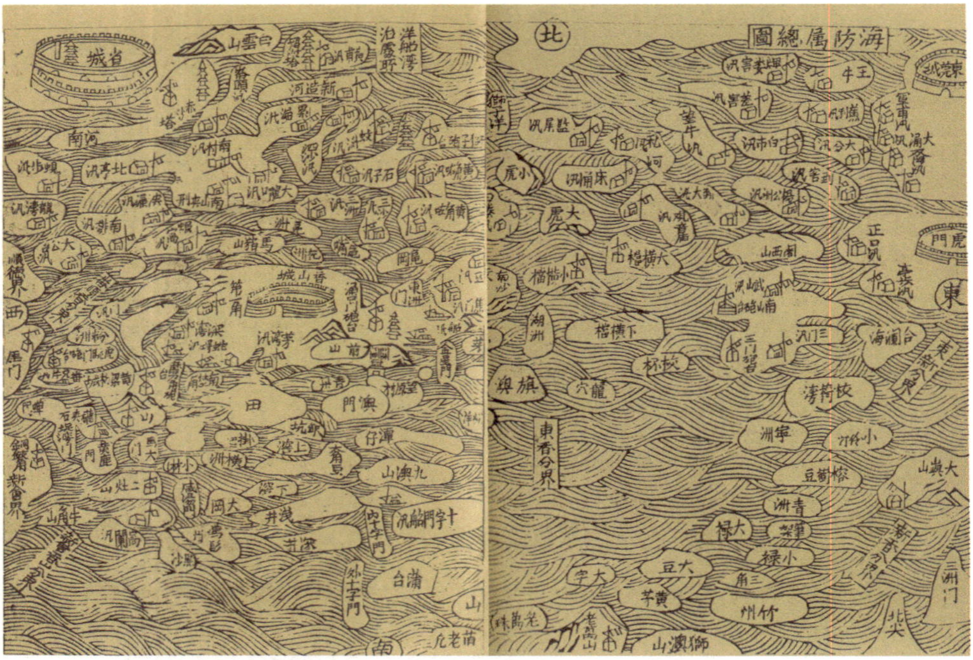

海防屬總圖　清乾隆年间

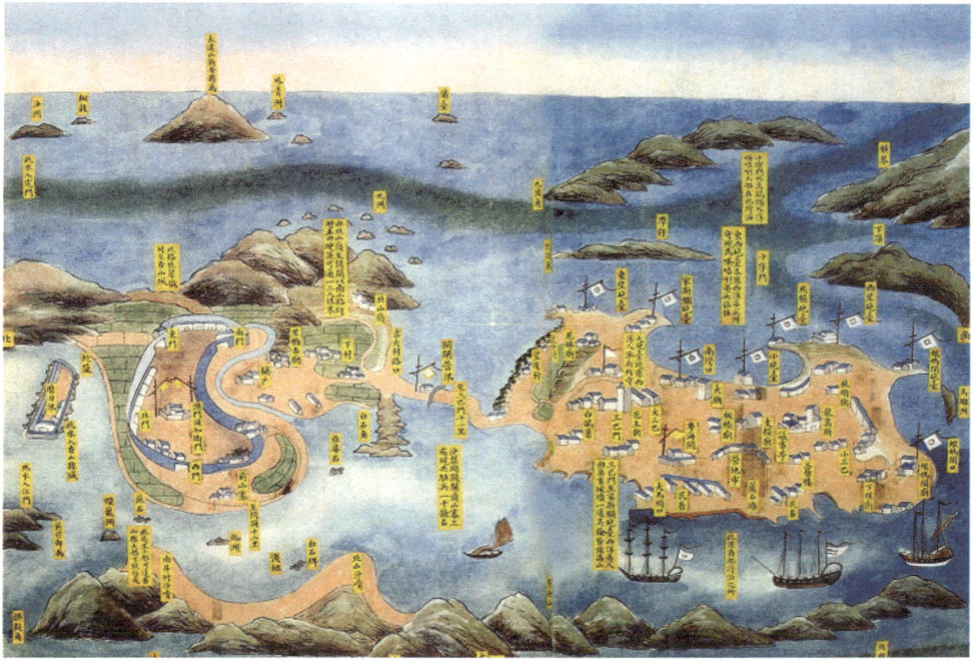

澳門形勢圖　嘉慶十三年（1808）

澳門及周邊形勢圖　嘉慶十六年（1811）後

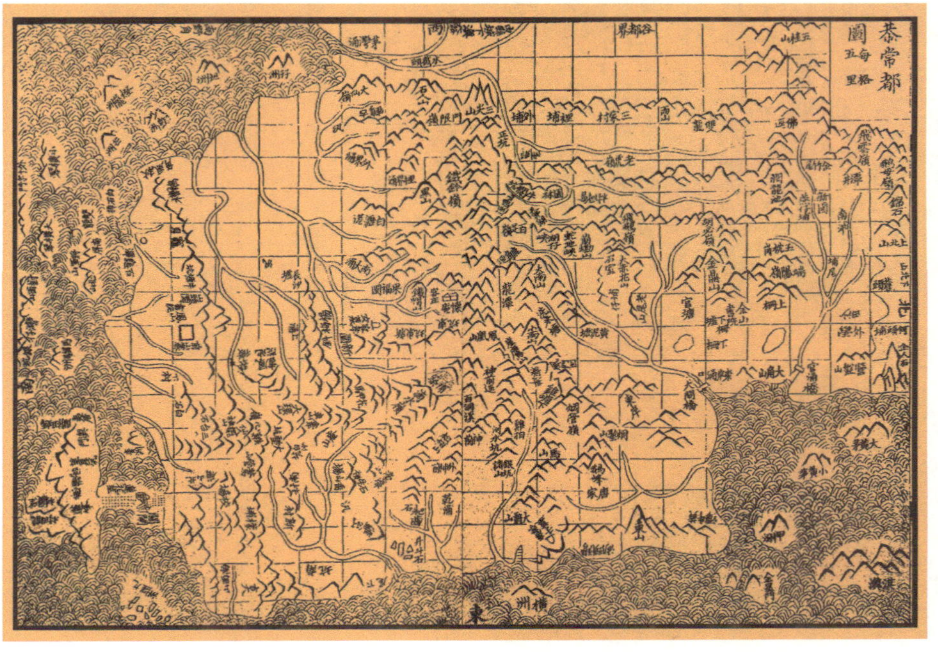

新修香山縣志・恭常都圖　道光八年（1828）

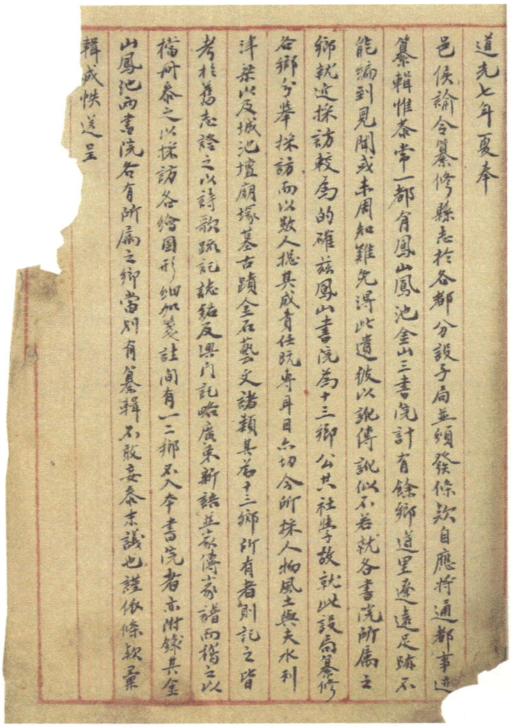
道光七年夏奉
邑侯諭令纂修縣志於各鄉分設分局并頒發條款自應將通鄉事迹
纂輯惟恭常一鄉有鳳山鳳池金山三書院計有餘鄉道里遼遠足跡不
能遍到見聞或未周知難免滲此遺彼以訛傳訛似不若就各書院所屬之
鄉就近採訪較為的確茲鳳山書院為十三鄉公共社學故就此設局纂修
各鄉分舉採訪而以數人總其成責任既專耳目亦切合所採人物風土與夫水利
津梁以及城池壇廟塚墓古蹟金石藝文諸類其為十三鄉所有者則記之皆
考於舊志證之以詩歌跡記誌銘及澳門記略廣東新語并家傳家譜而稽之以
稽所恭之以採訪各繪圖形細加箋註間有一二鄉不入本書院者亦附錄其金
山鳳池兩書院各有所屬之鄉當別有纂輯不敢妄恭末議也謹依條款彙
輯成帙送呈

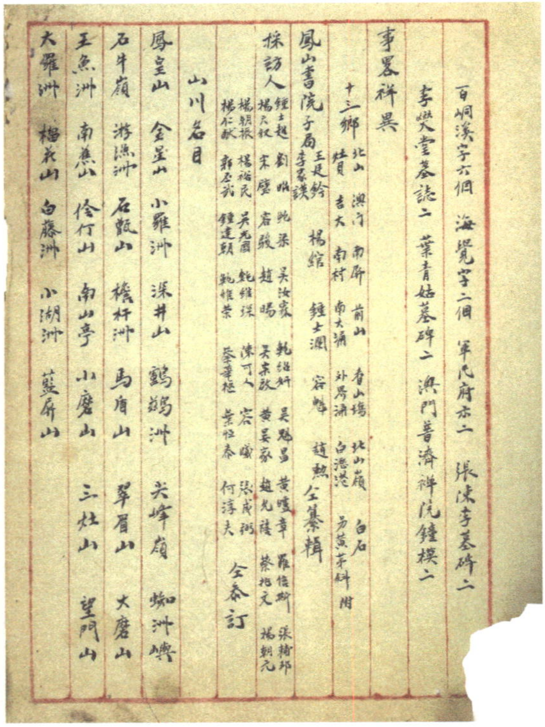
百桐溪字六個 海覺字二個 軍民府古二 張汝李墓碑二
李姓之堂墓誌二 葉青姑墓碑二 澳門普濟禅院鐘楔二
事略祥異
十三鄉 北山 澳門 南屏 前山 香山場 北山嶺 白石
姓目 吉大 南村 南大涌 外界涌 白沙港 另黃茅斜 附
鳳山書院分局 王是鈴 李鳳鎮 楊焰 鍾士潮 容峯 趙勳 仝纂輯
採訪人 鍾士超 劉晦 施染 吳汝霞 執綸軒 吳魁昌 黃暖章 羅信軒 梁樹邦
楊文紀 寧璧 君毅 趙暘 吳宗敬 黃晏家 趙光曉 蔡旭文 楊朝元
楊朝振 楊裕民 吳光國 施維琛 梁可人 容熾 張成綱
楊仁敏 韓名鈞 鍾建顯 施維崇 蔡華植 葉仕泰 何淳夫 仝恭訂
山川名目
鳳皇山 金星山 小羅洲 溪井山 鶴鵝洲 大峰嶺 蜘洲嶼
石牛嶺 游漁洲 石甑山 橫杆洲 馬盾山 翠眉山 大磨山
王魚洲 南蕉山 倫竹山 南山亭 小磨山 三灶山 望門山
大雞洲 楊盾山 白藤洲 小湖洲 藍屏山

《采訪册》書影（一）

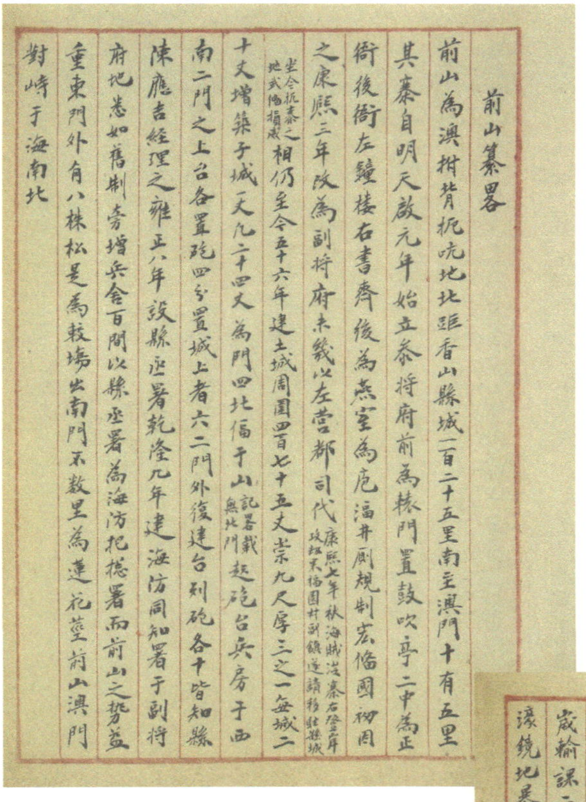
前山纂略
前山為澳門背扼吭地北距香山縣城一百二十五里南至澳門十有五里
其寨自明天啟元年始立參將府前為轅門置鼓吹亭二中為正
衙後衙左鐘樓右書齋後為燕室為庖湢井廁規制宏備國朝因
之康熙三年改為副將府未幾以左營都司代康熙七年秋海賊泛寨右營守備攻剿不協因升副鎮遂請移駐縣城
坐今抗寨之地武備損減相仍至今五十六年建土城周圍四百七十五丈崇九尺厚三之一每城二
十丈增築子城一丈凡二十四丈為門四北偏于山記略載無北門起砲台兵房于西
南二門之上台各置砲四分置城上者六二門外復建台列砲各十皆知縣
陳應吉經理之雍正八年設縣丞署乾隆九年建海防同知署于副將
府地悉如舊制旁增兵舍百間以縣丞署為海防把總署而前山之勢益
重東門外有八株松是為教場出南門不數里為蓮花莖前山澳門
對峙于海南北

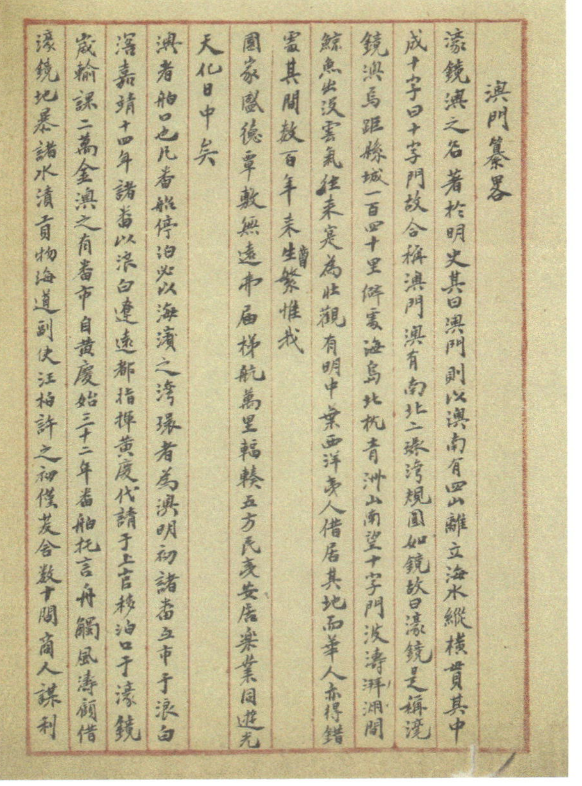
澳門纂略
濠鏡澳之名著於明史其曰澳門則以澳南有四山離立海水縱橫貫其中
成十字曰十字門故合稱澳門澳有南北二灣灣規圓如鏡故曰濠鏡是稱濠
鏡澳島距縣城一百四十里僻處海島北枕青洲山南望十字門波濤洶湧間
鯨魚出沒雲氣往來寔為壯觀有明中葉西洋夷人借居其地而華人亦得錯
處其間數百年來生齒繁惟我
國家聲德覃敷無遠弗屆梯航萬里輻輳五方民夷安居樂業同游光
天化日中矣
澳者舶口也凡番船停泊必以海濱之灣環者為澳明初諸番互市于浪白
滘嘉靖十四年諸番以浪白遼遠都指揮黃慶代請于上官移泊口于濠鏡
歲輸課二萬金澳之有番市自黃慶始三十二年番舶托言舟觸風濤願借
濠鏡地暴諸水漬貢物海道副使汪柏許之初僅茇舍數十間商人謀利

《采訪册》書影（二）

前　言

2010年12月,國家圖書館出版社影印出版了由廣東學者劉斯翰先生捐出的一本冠名"祝淮"編纂的《澳門志略》。經過近十餘年的摩挲研讀,得出的認識是,這應是近年來澳門中文文獻史料中一次最爲重要的挖掘與發現。該書極爲珍貴,不見於清代、民國各種書目著録,且迄今未發現他本。這份新發現的文獻具有極高的文獻意義及史料價值。

一、《澳門志略》之書名應更正爲《香山縣下恭常都十三鄉采訪册》

這部名爲《澳門志略》的文獻是繼乾隆十六年(1751)印光任、張汝霖完成《澳門記略》後,又一部全面系統記載澳門及其周邊地區的自然、地理、物産、歷史沿革、社會風情及中外交往情況的著作。因爲原書是稿本而無書名,加之澳門在該地區中佔有重要位置,後人冠之以《澳門志略》之名。國家圖書館出版社出版時爲保留該書底稿原貌,仍沿用其定名《澳門志略》。原書卷下處有一行小字:"實爲《香山下恭都續志》。"劉斯翰先生在《關於〈澳門志略〉的一點説明》中稱:"下恭都(應爲"下恭常都")僅爲縣屬下都一級建制中的一部分,本無修志的資格,所以這一提法并無依據。"從而否認了此書爲《香山縣下恭(常)都續志》的説法。劉先生又稱:"此書署名《澳門志略》,當爲傳抄者所爲。"再稱:"傳抄者將其稱爲《澳門志略》,突出了其記載澳門事物的文獻價值,實在也無可厚非。”[①]國家圖書館出版社爲保留書稿原貌,所以在出版之時最終定名爲《澳門志略》。我們對此表示異議。因爲這部書從形式到内容都非常明確地告訴我們,這是一部采訪册,是一部爲修《香山縣志》做準備而完成的采訪册,而不是一部專門記録澳門的“志略”之書。書名的“誤冠”與“異植”完全可能誤導人們對該文獻的準確認識,我們應該予以“厚非”。

首先,從書稿與《新修香山縣志》的關係來看,該書稿不應被稱爲《澳門志略》。編修地方志必先搜集資料,即爲采訪,而後將所采集的事迹集結成册,是爲采訪册。修方志先作“采訪册”的制度始於何時,未見詳考。以余之陋見,大概私人修志均未有采訪册之準備,而官方修志,则可动員属下各區域先修采訪册進呈,修省志,由各州縣先修采訪册,修縣志,則由各鄉、都、鎮先修采訪册。中國地方志的大規模官修始於明代,故采訪册制度大概始於明。現存采訪册最早的也就是明朝時期的。采訪一事爲纂修方志的最基本流程,一般來説其資料未經嚴格揀選及考訂即編輯成册,故采訪册内容駁雜。也正是因爲如此,采訪册的内容更能反映當地社會各方面的歷史現象與現實情況,可以保存豐富、完整的歷史資料。

各地方爲纂修通志而編修的采訪册不在少數。中國境内現存采訪册有多部,僅臺灣地區就有《臺灣采訪册》《臺灣縣采訪册》《鳳山采訪册》《雲林采訪册》《新竹縣采訪册》《臺東州修志采訪册》《安平縣采訪册》《埔里社(廳)采訪册》《彰化縣采訪册》《宜蘭縣采訪册》《淡水廳采訪册》《嘉義管(縣)内各堡采訪册》《恒春采訪册》《基隆廳采訪册》共 14 部。[②] 其中前 12 部是爲編修《臺灣通志》而修訂,屠繼善纂《恒春縣志》是在《恒春采訪册》基礎上編訂而成。[③] 大陸地區又有《(明)鎮江府金壇縣采訪册》《水城廳采

① 劉斯翰:《關於〈澳門志略〉的一點説明》,見〔清〕印光任、張汝霖纂,祝淮編:《澳門記略·澳門志略》,北京:國家圖書館出版社,2010 年,前言。

② 見黄秀政等编:《臺灣史志論叢》,臺北:五南圖書出版有限公司,1990 年,第 394—396 頁。

③ 柳浪:《清代臺灣地方建置與方志編纂研究》,《中國地方志》2004 年第 3 期。

訪册》《豐都縣通省志采訪册》《思南縣允文鄉采訪録》《岷州續志采訪録》《平陸縣修志采訪録》《石埭縣志采訪録》《紹興縣志采訪稿》《萬縣志采訪新編事實》《續修浙江通志采訪稿》《(民國)淮陰志征訪稿》《(民國)臨高采訪册》《(民國)關嶺縣志訪册》等多部采訪册。① 這些采訪册是編修地方志的重要依據。

據查,《祝志》中多次徵引《采訪册》,而這些被徵引的《采訪册》資料經過比證即是冠名《澳門志略》一書中的資料,如《采訪册》載:

> 澳山泉,曰大龍喉泉,曰二龍喉泉,曰小龍喉泉,俱在東望洋寺右。曰山水園泉,在西望洋寺下。皆水自石出,清冽甘美。②

《祝志》載:

> 澳山泉,曰大龍喉泉,曰二龍喉泉,曰小龍喉泉,俱在東望洋寺右。曰山水園泉,在西望洋寺下。皆水自石出,清冽甘美。③

再如《采訪册》記載:

> 石礱石,在香山場後,松柏山一石,高丈餘。中有縫,儼分兩截如礱

---

① 采訪册名稱不一,有"采訪册""采訪録""徵訪册""訪册""采訪表略""采訪要點""備徵録""志訪册"等多種名稱,參王熹:《簡述民國時期的志草志料、采訪册與調查記等文獻》,《中國地方志》2009 年第 2 期及陳鐘華纂輯民國《關嶺縣志訪册》,民國二十五年(1936)抄本。

② 〔清〕王廷鈐等纂修:《香山縣下恭常都十三鄉采訪册》上卷,第 28 頁。按,國家圖書館出版社 2010 年出版的《澳門志略》,本人認爲這是爲纂修《香山縣志》而完成的采訪册,故定其名爲《香山縣下恭常都十三鄉采訪册》。文中注釋采用《澳門志略》之頁碼,改《澳門志略》作《香山縣下恭常都十三鄉采訪册》。

③ 〔清〕祝淮修:《新修香山縣志》卷 1《輿地上》,見陳建華、曹淳亮主編《廣州大典》總第 296 册,廣州:廣州出版社,2015 年,第 297 頁。

狀,妥置腰間。兩則有水從石縫中流出,若礱之磨物焉。①

《祝志》載:

石礱石,在香山場後,柏山石高丈餘。中有縫,儼分二截如礱狀,兩則水從石縫中出,若礱之磨物然。②

《祝志》徵引之《采訪册》資料與冠名《澳門志略》的内容或是完全一致,絲毫不差;或是僅有數字之别,而其文大致相同。類似這種徵引在《祝志》中還有多處。可知,上引《祝志》中提到的《采訪册》,就是這部《澳門志略》。

其次,從書稿目録來看,它亦不應被定名爲《澳門志略》。"采訪册"原稿不分卷,卷首有目録,分爲十二目,分别爲輿地、建置、經政、職官、選舉、海防、古迹、宦迹、列傳、藝文、金石以及事略祥異。該目録係仿照申志與暴志二志目録編修而成,它同《祝志》之目録除順序稍有差異外,内容完全相同。可見,各都采訪事迹的纂修均由香山縣"頒發條款"③,統一按照這些條款來修纂。

再次,該書的首頁和第三頁均有明確證據證明該書實爲采訪册,而非《澳門志略》。根據首頁説明,該書由下恭常都"鳳山書院"所設之縣志子局纂修,"各鄉分舉采訪,而以數人總其成"。原書第三頁文字記:"鳳山書院子局:王廷鈐、楊綰、鍾士瀾、容魁、趙勳、李家謨同纂輯。采訪人:鍾士超、劉昭、鮑梁、吴汝霖、鮑紹妍、吴魁昌、黄噓章、羅信斯、張輔邦、楊天叙、宋璧、容駿、趙暘、吴宗啟、黄晏家、趙允禧、蔡兆文、楊朝元、楊朝振、楊裕民、吴光國、鮑維琛、陳可人、容曦、張成弼、楊仁獻、郭丕武、鍾達朝、鮑維榮、蔡華

① 〔清〕王廷鈐等纂修:《香山縣下恭常都十三鄉采訪册》下卷,第180頁。

② 〔清〕祝淮修:《新修香山縣志》卷1《輿地上》,《廣州大典》總第296册,第296頁。

③ 〔清〕王廷鈐等纂修:《香山縣下恭常都十三鄉采訪册》上卷,第3頁。

樞、葉恒泰、何淳夫同參訂。"[①]上述人名，大部分都在《新修香山縣志・附録》中被提及，或擔任采訪值事，或擔任勸簽值事，或爲采訪簽助。據《新修香山縣志・附録》載"鳳山書院采訪值事：生員楊綰，增生鍾士瀾，貢生王廷鈐，生員趙勳。勸簽值事：廪生容魁，生員李嘉謨、楊天叙、鮑梁、吴錕、吴汝霖，舉人容駿。"另，鍾士超、劉昭、鮑梁、吴汝霖、羅信斯、楊天叙、宋璧、容駿、趙暘、趙允禧、蔡兆文、楊朝元、楊朝振、容曦、郭丕武、鍾達朝、葉恒泰17人出現於簽助名録中，唯鮑紹妍、吴魁昌、黄嚧章、張輔邦、吴宗啟、黄晏家、楊裕民、吴光國、鮑維琛、陳可人、張成弼、楊仁獻、鮑維棨、蔡華樞、何淳夫15人不見。前述"鳳山書院子局"纂輯者當即爲《新修香山縣志・附録》"鳳山書院采訪值事"。這就可以充分證明，這部書稿應就是一部"采訪册"。

最後，有人可能會提出，這部書稿記載澳門的史料甚多，故後人冠名爲《澳門志略》。不錯，該書中澳門史料確實佔有相當比重，下將《澳門志略》中涉及澳門内容之字數統計如下：

《采訪册》各部分字數統計表

表 1

山川名目	66	公署	571	孝女	54
下恭常都圖	39	書院	8	孝子	28
山川事迹	70	壇廟	33	節孝	1080 餘字
澳外山川戎屬與各屬交界	133	津渡	222	男壽	10
戎屬村莊五十五處	144	橋梁	16	女壽	80
澳門渠道	191	水利	301	人物	1080 餘字
澳門泉	43	職官	420 餘字	義婦	157
澳門潮汐	271	選舉	184	古迹	440
澳門纂略	5500 餘字	經政門	5720 餘字	宦迹	2780 餘字
前山纂略	1030 餘字	貞女	40	藝文	3860 餘字
					合計:24490 餘字

① 〔清〕王廷鈐等纂修：《香山縣下恭常都十三鄉采訪册》上卷，第5頁。

據統計,這部被稱爲《澳門志略》的稿本全書共計37000餘字,其中涉及澳門的達到24490餘字,如《澳門纂略》内,經政門所載多事關明、清政府對澳門之管理,藝文門所載全部事關澳門,但是,這也不能稱其爲《澳門志略》。理由如下:

第一,儘管該書稿中涉及澳門之記載比重較大,佔全書總字數的三分之二,但是仍有12500餘字的内容與澳門無涉,《澳門志略》之名不能涵蓋全書之内容。

第二,從書稿内容所涉及的範圍來看,它包含有關香山縣恭常都鳳山書院下屬十三鄉之采訪内容,并非僅僅是關於澳門一地的文獻資料,并不是專爲澳門而作,而是將"澳門"列爲下恭常都屬下的十三鄉(即:北山、澳門、南屏、前山、香山塲、北山嶺、白石、灶貝、吉大、南村、南大涌、外界涌、白瀝港)之一,另黄茅斜附。又據該書"輿地村莊"一目中共收録戎屬村莊55個,其中上恭常都16個,下恭常都39個,澳門爲同前山并列的下恭常都39村之一。特别是香山本土人物部分,全書出現的男女老少人物大小傳共308個,澳門人物傳僅52個,約佔全書人物傳之六分之一。如果忽略全書的整體内容,僅僅因爲看到有關澳門之重要文獻價值就冠之以《澳門志略》之名是不合適的。

因此,我們應該可以得出結論,该書是一部采訪册,因其采訪對象主要爲鳳山書院屬下十三鄉,而鳳山書院又屬於下恭常都,故應定其名爲《香山縣下恭常都十三鄉采訪册》(以下簡稱《采訪册》)。值得提出的是,該采訪册不僅是現存唯一的一部香山縣采訪册,亦是整個嶺南地區唯一保存完好的采訪册,在嶺南文獻學上具有極高的文獻意義。

二、《采訪册》的原貌及其纂修經過

現存《采訪册》爲一稿本,兩册,字體主要爲楷書,間雜行草。原書未標頁碼,但據繕寫紙統計,共有187頁。原書無封面,第一頁旁標有"澳門志略”四字，故該書由國家圖書館出版社出版之時定名爲《澳門志略》，但是從字迹上看，此四字顯非作者題名，而是後人所加。原書目録并未分卷，但現今所看到的稿本分爲上、下兩卷，亦應是後人劃分。

國家圖書館出版社的《澳門志略》中稱該書的編著者爲時任香山知縣祝淮，誤。該書實際上是王廷鈐等爲香山知縣祝淮主持修纂《新修香山縣志》所進行的前期采訪、調查工作，是爲編纂通志而纂就的志書草稿。據《采訪册》載，該書係由“鳳山書院子局王廷鈐、楊綰、鍾士灛、容魁、趙勳、李家謨同纂輯，采訪人鍾士超、劉昭……同参訂”①。

爲了確保新修縣志的詳盡、真實，祝淮於香山縣各都設立子局，統籌采訪事宜，恭常都亦在此列。據載：

> 邑侯諭令纂修縣志，於各都分設子局，并頒發條款，自應將通都事迹纂輯。②

恭常都地域遼闊，境内有鳳山、鳳池、金山三書院，遂於各書院所屬之鄉就近采訪。鳳山書院“爲十三鄉公共社學，故就此設局纂修，各鄉分舉采訪，而以數人總其成，責任既專，耳目亦切”③，負責搜集采訪下屬十三鄉之資料。王廷鈐等人根據清道光以前的《香山縣志》《廣東新語》《澳門記略》，以及有關香山縣的政府檔案、詩歌、文集筆記、碑刻、家譜等史料編修成册，加上当时大量實地采訪的内容，又通過繪製圖形、對前述史料進行箋注的方式，對采訪内容進行詳細説明，是爲《采訪册》。據《采訪册》載：

> 今所采人物、風土與夫水利、津梁以及城池、壇廟、冢墓、古迹、金石、藝文諸類，其爲十三鄉所有者，則記之，皆考於舊志，證之以詩歌、疏

---

① 〔清〕王廷鈐等纂修：《香山縣下恭常都十三鄉采訪册》上卷，第5頁。

② 〔清〕王廷鈐等纂修：《香山縣下恭常都十三鄉采訪册》上卷，第3頁。

③ 〔清〕王廷鈐等纂修：《香山縣下恭常都十三鄉采訪册》上卷，第3頁。

> 記、志銘及《澳門記略》《廣東新語》并家傳、家譜，而稽之以檔册，參之以采訪。各繪圖形，細加箋注，間有一二鄉不入本書院者亦附録。[①]

該書本應有文字與圖形兩部分内容，但現今所見《采訪册》僅存文字，并無圖形，不知係當時未著，还是後來丢失。

《采訪册》纂輯工作開始於道光七年（1827）夏，完成於《祝志》成書之前。“道光七年九月”[②]祝淮作《香山縣志序》，此時《祝志》當已完成，可知《采訪册》的完成時間則應更早於“道光七年九月”。因此，可以知道，《采訪册》前後工作時間實際上不足半年。

《采訪册》全書共分爲輿地、建置、經政、職官、選舉、海防、古迹、宦迹、列傳、藝文、金石、事略祥異共十二總目，總目之下又各有子目。而通覽《采訪册》全書，則可以發現，其内容繁雜，内容順序同目録之順序差别甚大，下列《采訪册》目録與實際内容順序，以作比較：

《采訪册》目録順序與内容實際順序對比

表 2

目録順序		内容實際順序	
總目	子目		
輿地	下恭常、山川、村莊、物産、潮汛、夷俗、山泉、渠道		山川名目、下恭常都地圖説、澳外山川戎屬與各屬交界、戎屬村莊五十五處、澳門渠道分支、澳門泉、澳門潮汐、澳門纂略
建置	前山寨城、廨署、書院、壇廟、津梁		前山纂略、公署、書院、壇廟（含澳門）、津渡、橋梁
經政	水利、營制（見前山寨略）、案牘		水利
職官		職官	

① 〔清〕王廷鈐等纂修：《香山縣下恭常都十三鄉采訪册》上卷，第 3 頁。

② 〔清〕祝淮修：《新修香山縣志·序》，《廣州大典》總第 296 册，第 253 頁。

（续表）

目録順序		内容實際順序	
總目	子目		
選舉	武職附、覃恩封贈附、鄉飲、例薦附	選舉門	進士、武進士、鄉舉、武舉、武職
海防		經政門	案牘
古迹	冢墓、奇岩、怪石、瀑布、流泉		覃恩、請封、鄉飲、例薦
宦迹			孝女、貞女
列傳	烈女、耆壽、篤行、名臣、義勇、義民	孝行	孝女、孝子
藝文	疏記、《澳門記略》、詩歌、《自警日記》	節孝門	
金石	鐘模二、蓮峰廟碑二、普濟禪院碑二、社稷壇碑二、百峒溪字六個、海覺字二個、軍民府示二、張陳李墓碑二、李爕堂墓志二、葉青姑墓碑二、澳門普濟禪院鐘模二	耆壽門	男壽、女壽
事略		人物列傳略	義婦
祥異		古迹	
		宦迹	
		藝文門	
		祥異	
		事略	
		金石門	

通過上表之比較，可以發現：

第一，《采訪册》内容實際順序混亂，同目録相去甚遠。水利、營制（見前山寨略）、案牘屬“經政門”，但《采訪册》正文“經政門”下僅見“案牘”一目，“水利”被單獨分置，“營制”則被收於“前山纂略”。“覃恩、請封鄉飲、例薦”當屬“選舉門”之内容，但於《采訪册》正文中被分置“選舉門”之外。

“節孝門”僅有關於“節婦”之記載。據《申志》《暴志》《祝志》等可知“節孝門”當即“列女”,則知“節孝門”并非僅是關於“節婦”之記載,而應包含“孝女”“貞女”“節婦”等在内。“孝女”“貞女”“孝子”“節孝門”“耆壽門”及“人物列傳略”又當爲《香山縣志·列傳》内容。《采訪册》目録中有“事略祥異”一目,而正文中“事略”與“祥異”又被分置。

第二,《采訪册》目録與内容多有不符,其目録有“海防”一目,而正文又不見“海防”之記載。據《祝志》記載,《采訪册·輿地》目下“夷俗”當即正文中“澳門纂略”,《采訪册·建置》目下“前山寨城”當即正文之“前山纂略”,而“澳門纂略”與“前山纂略”就是“海防”一目之内容。

第三,《采訪册》有多處記載有目無文。《采訪册·輿地》目下之“物産”,《采訪册·列傳》目下之“篤行”“名臣”“義勇”“義民”,《采訪册·藝文門》下之“澳門記略”“詩歌”“自警日記”等内容不載於正文内容。《采訪册·金石門》中關於金石一目缺失甚多,見於記載的僅有南洋廟鐵鐘一口、聖堂廟鐵鐘一口、康真君廟鐘一口、澳門普濟禪院鐵鐘一口、星橋古廟鐵鐘一口。“鐘模二”不知所指。蓮峰廟碑二、普濟禪院碑二、社稷壇碑二、百峒溪字六個、海覺字二個、軍民府示二、張陳李墓碑二、李燮堂墓志二、葉青姑墓碑二、澳門普濟禪院鐘模一不見於記載。又或係有文而無目,《采訪册·選舉門》下有“進士”一節,而目録中又不見關於“進士”之記載。

《采訪册》實際内容與目録多有不符,是因爲編輯纂修的時間太短,并不是一部完整的書稿,其中既有缺漏,還存在許多體例不合、互相矛盾甚至錯訛的地方。因此,只能説現存的這部采訪册還只是一部不成熟的書稿。

劉斯翰先生在《澳門志略》一書的前言中有這樣的一種説法:

> 在檢視中發現,其中亦有標爲出自“采訪册”而《澳門志略》未見者:惟鴉片煙(即倭芙蓉)有禁,而澳夷實恃此爲利藪,市計盈虚半,由於此故。昔也,洋禁嚴而互市借其名,則澳夷富;洋禁開而諸蕃得自市,則澳夷貧。今也,市禁寬而鴉片盡聚於澳中,則澳夷富;市禁嚴而鴉片竊貨於海外,則澳夷貧。此固澳夷盈虚之大較也。澳夷既貧,紅毛餌

> 之，蓋將乘其後矣，是則可憂者。①

劉先生根據上述説法作出三種推論：

> 《祝志》采自他處而誤標爲“采訪册”；此書上報之後，又有補充材料；此書在抄録時有闕漏。②

據《采訪册》稱“於各都分設子局，并頒發條款，自應將通都事迹纂輯。惟恭常一都，有鳳山、鳳池金山、鳳池兩書院各有所屬之鄉，当别有纂輯”③，又據《祝志》有“員山張溪采訪勸簽值事”“長洲采訪勸簽值事”“得能都采訪勸簽值事”“四大都采訪勸簽值事”“隆都采訪勸簽值事”“谷字都東山書院采訪勸簽值事”“谷字都桂山書院采訪勸簽值事”“上恭常都金山書院采訪勸簽值事”“下恭常都鳳池書院勸簽采訪值事”與“鳳山書院采訪值事”等十八處采訪勸簽值事，可知香山縣各都以及恭常都之金山、鳳池二書院亦組織有人編纂采訪册。④ 祝淮在修縣志時至少已有9部采訪册進呈，故《祝志》上徵引的采訪册不一定是《香山縣下恭常都十三鄉采訪册》，而完全可能出自其他采訪册。

劉斯翰先生推斷《采訪册》曾有過補充，此説似乎缺乏依據。如前所述，《采訪册》的纂輯工作開始於道光七年(1827)夏，完成於“道光七年九月”之前，可知《采訪册》的編纂時間甚短，其編修時間不及半年。⑤《采訪册》在上報之後并未及修訂、補充，也没有進行重新抄録。如有重新修訂、補充

---

① 劉斯翰：《關於〈澳門志略〉的一點説明》，見〔清〕印光任、張汝霖纂，〔清〕祝淮編：《澳門記略·澳門志略》，前言。

② 劉斯翰：《關於〈澳門志略〉的一點説明》，見〔清〕印光任、張汝霖纂，〔清〕祝淮編：《澳門記略·澳門志略》，前言。

③ 〔清〕王廷鈐等纂修：《香山縣下恭常都十三鄉采訪册》上卷，第3頁。

④ 〔清〕祝淮修：《新修香山縣志·附録》，《廣州大典》總第296册，第614—619頁。

⑤ 據〔清〕祝淮修《新修香山縣志·序》成文於道光七年(1827)九月，可知《祝志》當完成於該序言之前，參《廣州大典》總第296册，第252頁。

和抄録的時間,該書斷然不至於現存書目内容之混亂。我們認爲,現存之《采訪册》稿本,即是當時進呈縣志館的原本,并未經人重新抄録。

三、《采訪册》爲研究清中期澳門歷史提供了極爲豐富的新史料

《采訪册》雖然是一部尚未完成的稿本,但由於編纂者均是香山縣下恭常都十三鄉的鄉紳及讀書人,且所采用之資料除依據之前文獻外,大多爲他們親自采訪調查所得,以當地人治當地史,且以田野調查輔以文獻資料,故此書所具備的文獻意義及史料價值不言而喻。特别是在《采訪册》中收進了大量的澳門歷史、地理、政治、經濟、宗教及社會風俗方面的資料,因此又具備了一般地方史所不具備的域外視野及中西文化交流的特殊意義的内容。如前所述,雖然《采訪册》記録的不是澳門一地的歷史與現狀的信息,但不可否認,該書所記録有關"澳門"的信息量十分龐大,共有24000餘字,佔全書總字數的三分之二。因此,我們展開對該書的全面研究時,自然會更爲關注其中關於澳門歷史研究的新訊息、新資料。

第一,《采訪册》首次記録"澳門"爲香山縣下恭常都下轄十三個行政鄉之一,即"澳門鄉"。《采訪册》載:

> 十三鄉:北山、澳門、南屏、前山、香山場、北山嶺、白石、灶貝、吉大、南村、南大涌、外界涌、白瀝港,另黄茅斜附。①

這是目前所見中文史料中關於澳門一地最爲明確的行政定位,在此之前,没有一份中文文獻對此有過清晰的表述。這一定位是香山縣下恭常都地方士紳的認識。

---

① 〔清〕王廷鈐等纂修:《香山縣下恭常都十三鄉采訪册》上卷,第5頁。

然而,下恭常都地方士紳對澳門行政定位爲“鄉”的認識并未獲得祝淮的接納。他在《新修香山縣志》卷2《輿地下》“都里”一目中,將望厦、澳門、龍環、龍田等地均納入恭常都轄下的“七十九村”中,“澳門”與望厦、龍環、龍田等地均爲香山縣恭常都轄下的行政村。① 祝淮認爲,“澳門”一地的地理區劃就是指澳門半島東南海邊部份,并不包括澳門半島北部地方。

這就可以反映,關於澳門的行政定位問題,代表中國政府的香山縣地方官與澳門當地華人居民對澳門一地的認識存在一定的分歧。但不管是將整個澳門半島視作一個行政鄉歸屬香山縣下恭常都管轄,還是將舊澳城(即葡人居住地)視作一個行政村與望厦村、龍田村、龍環村并列同時歸屬香山縣恭常都管轄,都是中方將“澳門”這一租賃給葡萄牙人居住的華夷雜處之地給予一個準確行政定位的首次嘗試。

由於澳門的行政定位在中葡雙方的心目中存在兩種不同的觀點,這就爲後來葡人在澳門的擴張和勘界争端埋下了伏筆。

第二,《采訪册》首次系統地記録了澳門地區最早的工業——采石業的發展情况,城市建設——澳城内外山泉的開發、溝渠的疏浚、碼頭建設,及澳門與内地的河運航綫等重要信息,爲澳門早期城市史研究提供了彌足珍貴的資料。

第三,《采訪册》首次大規模地記載了澳門地區的“節婦”。自1554年澳門開埠至道光七年(1827)《采訪册》成書已歷經270餘年,西方風俗在澳門半島及周邊地區長期傳播且對澳門地區的華人産生了一定影響,但這種影響帶來的衝擊并不大,澳門華人婦女仍能恪守中國封建倫理道德,反映出在華洋雜處的澳門社會中仍有部分地區牢固地保持着中國傳統風俗。

第四,《采訪册》中還保留了一批爲數不少且記載較爲詳細的澳門人物傳記,這麽大規模地保留澳門人物傳記在所有的廣東地方志中是極爲罕見的。方志中以30字成傳爲標準,《采訪册》中收録澳門人物,或出任澳門職官的人物共有28人,出自“職官”“孝女”“節婦”“女壽”“人物”“義婦”及

---

① 〔清〕祝淮修:《新修香山縣志》卷2《輿地下》,《廣州大典》總第296册,第313頁。

"宦迹"各目中,有常應魁、周飛熊、鮑俊、趙允菁、吴福娘、趙根姑、吴華瓏、馮起鳳妻蕭氏、謝醴亭妻林氏等。這一批人物傳記除個别人物見載於《祝志》外,其他均不見於縣志所載。在澳門歷史研究中,澳門華人人物傳記資料極爲罕見,《采訪册》所載無疑在這一方面有很大的補充。而這一批人物傳記的資料大多爲政治史、社會史、經濟史及文化史方面的記録,又爲澳門史的研究增添了寶貴資料。如這 28 個傳記人物中就有 3 個屬於澳門望厦村趙氏家族,即趙元輅、趙元儒、趙允菁,這些資料的出現爲研究澳門趙氏家族提供了十分寶貴的素材。又如李朝元傳不僅記録了李朝元在澳門協助清朝政府對澳門葡人管治的事迹,而且記録了乾隆戊寅年(1758)澳門風災,青洲疍民多溺之事,以及壬辰年(1762)他捐資在青洲東邊筑長堤、建橋梁之事①,此事在其他中葡文獻中缺載。再如澳門林乾英次女林氏傳記載,林氏爲廣州十三行行商謝慶泰之母,由於謝家資財饒裕,林氏念澳門爲桑梓地,"憫窮嫠孤稚苦,令其子出錢給之,并施貧者棺椁。嘉慶二十四年,藉記孤寡姓名,按月給予,歲費金數千"②。此事揭示出澳門與廣州十三行行商之關係,他處無載。最爲重要的是,《采訪册》收録許乃來傳,該傳長達 2500 餘字。該傳不僅詳細地介紹了許乃來的生平事迹和出任香山知縣三載的宦迹,還記録了嘉慶四年(1799)處理澳葡蕉園圍加租事件,嘉慶六年(1801)澳門葡人要求備船出洋協助清政府捕盗而提出"九請"事件,及嘉慶七年(1802)圍捕澳門對海沙尾會匪事件。更重要的是,《采訪册》在許乃來傳附録了一份近 2000 字的許乃來的《諭喊嚟哆劄諭》。③ 這是一份嘉慶時期清政府管治澳門的重要文件,而在《采訪册》首次出現。《祝志》卷四《海防·附澳門》中雖然也收録了這一文件,但《祝志》是根據《縣册》和《采訪册》兩處記録合并後進行了删改,并名爲《許乃來〈諭澳夷檄略〉》。④ 今存《采訪册》則保留了該文的原貌,其文獻意義上的價值更超出了祝淮之記録。

---

① 〔清〕王廷鈐等纂修:《香山縣下恭常都十三鄉采訪册》下卷,第 168 頁。

② 〔清〕王廷鈐等纂修:《香山縣下恭常都十三鄉采訪册》下卷,第 177 頁。

③ 〔清〕王廷鈐等纂修:《香山縣下恭常都十三鄉采訪册》下卷,第 191—196 頁。

④ 〔清〕祝淮修:《新修香山縣志》卷 4《海防·附澳門》,《廣州大典》總第 296 册,第 443 頁。

第五,《采訪册》之《經政門・案牘》和《藝文門》還保存了一批乾隆、嘉慶及道光時期有關澳門的官方文件和民間碑刻。

《采訪册》之《經政門・案牘》保存文獻如下:(1)乾隆八年(1743)陳輝千案由;(2)乾隆十四年(1749)《澳門約束章程》;(3)嘉慶四年(1799)蕉園圍加租案案由;(4)嘉慶二十四年(1819)禁止澳門蓋搭蓬寮案由;(5)嘉慶二十五年(1820)夷人晏多尼・味先地在長樓前大街下新碼頭空地創建房屋案由;(6)道光六年(1826)兩廣部堂示禁。上述六份文件,除前兩個是《采訪册》抄録自暴煜之《暴志》和印光任、張汝霖之《澳門記略》外,其餘四份文件均爲《澳門記略》和香山舊志中未曾著録的文件。

《采訪册・藝文門》收録龐尚鵬《區畫濠鏡保安海隅疏》、孔毓珣《酌陳澳事疏略》、侯學詩《澳門營地新建墟亭碑記》、薛韞《澳門記》、何昶《重修蓮峰廟碑記》、趙允菁《重修澳門望厦村普濟禪院碑記》《沙梨頭社稷記》共七篇文獻。《采訪册》所載龐尚鵬、孔毓珣、薛韞等三篇文章,與《澳門記略》所載大致相同,其文大致即從《澳門記略》删節而成。而其中《澳門營地新建墟亭碑記》《重修蓮峰廟碑記》《重修澳門望厦村普濟禪院碑記》《沙梨頭社稷記》四文爲首次出现於文献记载。

這些記載爲研究乾嘉道時期的澳門提供了極爲重要的中文資料。

四、《采訪册》保存了一篇極爲重要的澳門專傳——《澳門纂略》

《采訪册》上卷纂修了一篇極具分量的澳門專傳——《澳門纂略》。這是一部記述自明嘉靖年間(1522—1566)澳門開埠至清道光七年(1827)間澳門歷史、地理、城市建設、葡人建置、清朝治澳、物産民情及社會風俗的澳門全史,而且略古詳今。它是現存最早的一部由澳門本土人編纂的澳門史,亦爲《采訪册》中史料價值最高之部分。這是繼《澳門記略》之後的又一部澳門專傳。據統計,道光七年(1827)之前,中國文獻記録澳門的專傳共有十一篇,《采訪册》之《澳門纂略》則爲中國文獻中第十二篇澳門專傳。

道光七年(1827)以前記録澳門的專傳①

表 3

作者	書名	篇名	字數
屈大均	廣東新語	澳門	1368 字
杜臻	閩粤巡視紀略	澳門	2434 字
陸希言	墺門記		1798 字
王士禎	池北偶談	香山岙	1124 字
申良翰	香山縣志	澳彝	1049 字
薛韞	澳門記		720 餘字
焦祁年	巡視澳門記		883 字
王植	崇德堂稿	香山險要説	952 字
張甄陶	澳門圖説		2106 字
暴煜	香山縣志	濠鏡澳	8234 字
印光任、張汝霖	澳門記略		36000 餘字

從字數來看,《澳門纂略》僅次於《暴志》之《濠鏡澳》和印光任、張汝霖之《澳門記略》。該傳共佔 19 頁,字數總計爲 5500 餘字,而《采訪册》全書總頁碼爲 218 頁,總字數爲 37000 餘字,則《澳門纂略》在篇幅上佔全書總篇幅的十分之一弱,在字數上約佔全書總字數的七分之一,可以反映《澳門纂略》在該書中的分量,亦凸顯《采訪册》一書在澳門歷史研究中的重要地位。

《澳門纂略》記載的内容主要反映了乾隆十六年(1751)至道光七年(1827)近 80 年間澳門的重要變化,提供了大量的包括《澳門記略》在内的香山各舊志没有記載的新史料,且大部分史料亦不爲之後諸香山縣志和其

① 明代僅有佛郎機傳而無澳門傳,《東夷圖説》《緑雪樓集》《皇明世法録》《皇明象胥録》均爲佛郎機傳,并不記載澳門;《明史・佛郎機傳》雖記載有澳門事,但傳主爲佛郎機而非澳門,龐尚鵬、吴桂芳、霍與瑕、葉權、王臨亨等人雖有專門的澳門記述,但并非全面記述澳門的專傳。

他文獻所載。它具有極高史料價值，主要體現在以下幾個方面。

（一）《澳門纂略》詳細記載了關閘置炮、關閘汛增兵及望厦汛的建立、香山縣丞移駐澳門城内，以及香山知縣彭翥修建營地、墟亭等信息，提供了一批清政府對澳門的防範與管理新資料。

（二）《澳門纂略》詳細記載了關閘關帝廟、慈護宫、先鋒廟、蓮花廟、沙梨頭社稷壇、普濟禪院、媽祖閣、（三街）會館等華人廟宇會館，以及龍環、龍田、劏狗環、新橋、舊橋華人村莊與地名，保留了澳門華人居留地村莊及廟館的資料。

（三）《澳門纂略》還記載了澳城西炮臺圍墻、澳門城門、澳門炮臺、議事亭公館、澳門葡萄牙人海關（抽分館、呵吵）、澳門天主教，以及澳門監獄與墳場等資料，其中關於澳門天主教的資料尤詳，如三巴寺與聖保禄學院的歷史、關於澳門教堂名稱的考證、進教圍的變遷、澳門神父與修女的數目等。這些記載反映了澳門葡人居留地城市建設的變化與發展。

綜上所述，可以看出，《澳門纂略》這部由澳門本土人纂修的澳門專傳所記録的澳門史料極爲豐富，其所提供的澳門訊息極爲珍貴，反映了清代中西文化的交往與融合。

五、結語

《采訪册》從2010年拿到手，至今已超過14年時間，我雖然已寫文章對該書命名爲《澳門志略》指出其誤，但學界對此書的引用仍爲《澳門志略》。余以爲，這樣誤傳下去是對這部現存嶺南唯一一部《采訪册》的不公，因此，必須在學術界正名。故從2022年開始，我們就與天津古籍出版社聯繫，將《采訪册》整理出版，天津古籍出版社門輝同志慨然應允。這次文本整理主要由趙新良博士完成，我則負責全書文字的箋注。箋注工作耗費的時間、精力極大，前後數稿，一直未能盡意。這一次的箋注主要想將《采訪册》文本内容所涉及的問題進行全面闡釋考證,一地、一物、一人、一名,盡可能落實妥帖。對前賢之研究成果,善則納之,謬則糾之,勿使之以訛傳訛,實欲保留一部較爲准確的“香山澳門及下恭常都十三鄉史”,此乃余之大願也。

湯開建

甲辰年孟冬於澳門氹仔

凡　例

一、《〈香山縣下恭常都十三鄉采訪册〉箋注》(以下簡稱《箋注》)是在劉斯翰先生捐出之《澳門志略》[①]原本基礎上對《澳門志略》重新訂名——《香山縣下恭常都十三鄉采訪册》(以下簡稱《采訪册》),并對書中内容加以考證、注釋完成的。[②]

二、原書分爲上下兩卷,目録混亂。箋注者在原書基礎上重新編訂,亦將《箋注》一書中除"原書編纂説明與目録"以外的部分分爲上下兩卷,上卷包括"輿地""澳門纂略""前山纂略""建置""職官""選舉""經政"七門,下卷包括"人物""古迹""宦迹""藝文""雜志""金石"六門。其中,"原書編纂説明與目録""建置""人物""雜志""恩蔭門"等爲箋注者依據歷代《香山縣志》及其他地方志的編纂内容擬訂。此外,箋注者對於正文中缺少標題的部分亦進行擬訂,如《澳門海防同知告示》《夷人嘍哆呢·味先地造房事》,并予以説明。

三、本《箋注》分爲正文、"注"、"案"三部分。

《采訪册》原書中關於條目内容之解釋説明,如原書目録之"營制"下有"見前山寨略","大横琴山"下有"舊鑿石處","濠鏡澳山"下有"在城東南

① 湯開建:《道光七年〈香山縣下恭常都十三鄉采訪册〉的發展及其史料價值》,載《澳門研究》第63期。

② 劉斯翰:《關於〈澳門志略〉的一點説明》,載〔清〕祝淮編:《澳門志略》,國家圖書館出版社,2010年,前言。按:關於《澳門志略》之作者説明,詳見湯開建:《道光七年〈香山縣下恭常都十三鄉采訪册〉的發展及其史料價值》,載《澳門研究》第63期。

一百二十里……北有青洲山"等。此内容在原書中以小字黑體標出,其字號較正文略小。在本《箋注》中字體與《采訪册》正文同爲黑體,字號爲五號字體。

《采訪册》之編修者對《采訪册》書中存疑問題進行解釋、考證之文字,如第66頁之按語内容:"按,暴志載長安鄉恭常都村莊……今照戎屬村莊册,所開共五十五處。"[①]此爲原書"箋注"之内容,其字體與《采訪册》正文同爲黑體。

"注"爲箋注者將《采訪册》之記載同其他史料進行比較,將其中的差異以"注"的方式,在正文黑體四號字下方標注出。

"案"爲箋注者在將《采訪册》與多種史料進行對比的基礎上,對《采訪册》之内容進行重新考證之内容,以便爲《采訪册》中讀者所不熟悉的某些地理、人物、事迹等做簡略的注釋,解釋某些難懂的名稱,注釋文中提到的其他資料的情况等。此爲本《箋注》之主體内容。箋注者將該部分文字以宋體字標出,其字號與正文字號相同,在本《箋注》中標爲"案",以與原書之按語區分。有些内容僅爲標明《采訪册》之記載的出處或者與《采訪册》有相同記載者,箋注者將其他資料中的記載列出,但不作爲"案"。

四、本《箋注》内容格式。凡屬《采訪册》原書之内容均以黑體標示,且每段内容均頂格;凡屬新箋注之内容,均以宋體字標示,每段内容之前空兩字之空;凡屬箋注内容中之引文者,以楷體字標示。

五、在本《箋注》中,箋注者對《采訪册》原文内容進行分段、標點處理。除標點以外,還用了幾種符號:1. ■,以此符號代替無法辨認或不能識讀之文字;2. □,以此符號作爲缺失之文字,并根據《采訪册》對這些缺失文字進行補充。

六、《采訪册》作爲一部地方文人編修的手寫體著作,其文字不規範之處多有存在。箋注者除將嚴重影響文義或較爲生僻的異體字加以更正外,一般保留原文。

---

① 〔清〕祝淮編:《澳門志略》上卷,第25頁。

七、本《箋注》之資料，既采用中文古籍之記載，又采納外文翻譯著作與論文中之有價值部分，還選擇性的使用外文著作。鄧遷修嘉靖《香山縣志》在正文中簡稱《鄧志》，申良翰修康熙《香山縣志》簡稱《申志》，暴煜修乾隆《香山縣志》簡稱《暴志》，祝淮的《新修香山縣志》簡稱《祝志》，田明曜的《重修香山縣志》簡稱《田志》，厲式金的《香山縣志續編》簡稱《厲志》。资料出自上述方志及《澳門記略》《明史》《明實録》者在正文中列明，不再注釋。文獻第一次出現時詳細標注出版信息，再次出現時僅列書名、頁碼。

八、對於《采訪册》中涉及中外交涉且均有記載的内容，箋注者搜集相關外文記載，并進行翻譯，以便對中外記載進行對照。

九、對於《采訪册》中西方人名，箋注者盡力找到歷史上相對應的人物，并找出其西文名。

十、本《箋注》還徵引多幅歷史圖片，使圖片與正文内容相配合。尤其是所徵引的歷史地圖，更爲清晰地説明了當時澳門的地理狀况。圖片既有箋注者新近發現的，亦有各種古籍、當代著述采用較多的。出於説明問題的需要，本《箋注》一律采用。

十一、本《箋注》遵從當前學界通行的學術規範，每條引文均有規範出處。中文古籍標明作者、書名、卷數、篇名、影印出版頁碼等（未影印出版者不注頁碼）。外文著作及今人著述標明作者、書名、卷數、頁碼。中文之古籍、外文著作及今人著述的出版地及出版時間僅標明於第一次徵引之時，以後不再注明。

目　録

上　卷

下　卷

原書編纂説明與目録[①]

道光七年夏,奉邑侯諭令纂修縣志,於各都分設子局并頒發條款,自應將通都事迹纂輯。

案:邑侯,縣令别稱。明余庭璧《事物異名》稱:"知縣,稱邑侯。"此處指香山縣令祝淮。祝淮,號藕香先生,"浙江仁和人,舉人,六年任"②。

關於祝淮設局纂修《香山縣志》事,黄培芳在《祝志》中言之甚明:"道光丙午臘月,邑中薦紳先生馳書羊城謂培芳云:邑乘缺有間者七十餘年,今兹議修,乃祖文裕公嘗從事於此,子其繼事毋辭。余敬趨邑,以聽嘉約。承賢侯祝藕香先生厚禮下聘,暨伍遐齋進士彭年,李漱溪廣文螢書,劉文泉舍人濬,蔡蒙泉孝廉顯原,余門人番禺賢書龐鹿門茂榮六人共事,而屬培芳匯其總焉。諏吉於丁亥仲春開局城西。"祝淮爲纂修縣志開設縣志采訪局,在香山縣治設立總局,又在各都設立分局(子局),《田志》稱:"各都并設采訪局,分其勞任,即專其核實也。"

祝淮稱:"歲丙午(道光六年,1826),余承乏斯邑。甫下車,爰集邑人士議之,僉謂更修不容緩。越明年春,開局於治之右。"即祝淮設局修香山縣志是在道光七年(1827)的春天,至夏季時方下令各都設"子局",纂修采

---

① 原書無此標題,係箋注者據内容擬訂。

② 〔清〕田明曜修:《重修香山縣志》卷10《職官》,載陳建華、曹淳亮主編:《廣州大典》總第297册,廣州:廣州出版社,2015年,第183頁。

訪册。①

惟恭常一都,有鳳山、鳳池、金山三書院,計百餘鄉,道里遼遠,足迹不能遍②到,見聞或未周知,難免得此遺彼,以訛傳訛。

案:嘉慶《大清一統志》載:“鳳山書院,在香山縣前山寨城,乾隆二十二年建。鳳池書院,在香山縣翠微鄉,乾隆二十二年建。金山書院,在香山縣下栅墟,乾隆二十二年建。”③道光《廣東通志》載:“鳳池書院在翠微鄉,乾隆二十二年建,嘉慶二十三年知縣馬德滋修復。鳳山書院在前山寨城,乾隆二十二年建。金山書院在下栅墟,乾隆二十二年重修,嘉慶二十二年重修。”④《祝志》載:“鳳池書院在翠微鄉,乾隆二十二年知縣彭科倡建《張府志》,嘉慶二十一年,案:《阮通志》⑤作‘二十三年’,誤。知縣馬德滋修復,彭科原撥南沙水坦一頃三畝,以低窪難築,與劉天佐换第七潮田四十畝零。(《采訪册》。經核對,本《采訪册》無此内容。)鳳山書院在前山寨,乾隆二十一年知县彭科倡建,撥給二洲等處坦四頃九十八畝(《阮通志》)。金山書院在下栅墟,乾隆二十二年知縣彭科倡建,嘉慶二十一年知縣馬德滋重修,彭科撥給聚龍沙等處坦七十一畝零(《阮通志》)。”翠微鄉、前山寨、下栅墟均屬恭常都,故稱“恭常一都,有鳳山、鳳池、金山三書院”。

恭常一都,按,《祝志·縣境圖説》載:“香山爲省郡之外户,四面環海,界連六縣。西南爲黄粱都,渡海爲谷都,迤東爲五桂山,東南爲恭常都。”又載:“長安鄉恭常都故延福里恭字圍在城東南一百里。”明吴桂芳《議阻澳夷

---

① 〔清〕祝淮修:《新修香山縣志》卷首《事略》,《廣州大典》總第296册,第254頁。

② “遍”,原文作“編”,當爲“遍”,據改。

③ 〔清〕穆彰阿等纂修:《嘉慶重修一統志》卷441《廣州府》,《四部叢刊續編》上海涵芬樓影印清史館藏道光二十二年(1842)進呈寫本,第9頁。

④ 〔清〕阮元修:《[道光]廣東通志》卷138《建置略》14,《廣州大典》總第254册,第21頁。

⑤ 《阮通志》指阮元纂修的道光《廣東通志》。

進貢疏》載:"驯至近年,各國夷人據霸香山濠鏡澳恭常都地方。"①

清代中國鄉村建制單位繁雜,行政組織名目五花八門,有鄉、里、區、社、城、鎮、鋪、圖、都等。據《鄧志》記載:"長安鄉恭常都故延福里恭字圍、常字圍在縣東南一百里,圖三,一百二十里内村二十二。"②《申志》亦載:"長安鄉恭常都故延福里恭字圍、常字圍在縣東南一百里,圖二,一百二十里内村二十二。"③《暴志》稱:"長安鄉恭常都故延福里恭字圍在縣東南一百里,圖二,村五十四。"④故知,香山縣鄉村行政建制爲鄉、都、村三級,《采訪册》稱"百餘鄉",當爲"百餘村",這亦反映出時人對鄉、都、村的行政區劃尚無嚴格界定與區分。《鄧志》與《申志》俱稱恭常都"村二十二",《暴志》稱恭常都"村五十四",《祝志》作"村七十九"⑤,但實際所載村名有八十二個,可知《采訪册》中所稱"百餘"爲概數。

似不若就各書院所屬之鄉就近采訪,較爲的確。兹鳳山書院爲十三鄉公共社學,故就此設局纂修。

案:十三鄉即本書卷首所列之十三鄉名"北山、澳門、南屏、前山、香山場、北山嶺、白石、灶貝、吉大、南村、南大涌、外界涌、白瀝港"均屬下恭常都,鄉有社學。鳳山書院即爲此十三鄉公共社學。《采訪册》即爲鳳山書院設局纂修。

---

① 〔明〕陳子龍等選輯:《明經世文編》卷342《吴司馬奏議》之《議阻澳夷進貢疏》,北京:中華書局,1962年,第3669頁。

② 〔明〕鄧遷主修:嘉靖《香山縣志》卷1《風土志》,《廣州大典》總第295册,第127頁。

③ 〔清〕申良翰修:康熙《香山縣志》卷2《建置・都圖》,《廣州大典》總第295册,第290頁。

④ 〔清〕暴煜修:乾隆《香山縣志》卷1《坊都》,《廣州大典》總第296册,第41頁。

⑤ 〔清〕祝淮修:《新修香山縣志》卷2《輿地下》,《廣州大典》總第296册,第314頁。

各鄉分舉采訪,而以數人總其成,責任既專,耳目亦切。今所采人物、風土與夫水利、津梁以及城池、壇廟、冢墓、古迹、金石、藝文諸類,其爲十三鄉所有者,則記之,皆考於舊志,證之以詩歌、疏記、志銘及《澳門記略》《廣東新語》并家傳、家譜,而稽之以檔册,參之以采訪,各繪圖形,細加箋注。間有一二鄉不入本書院者亦附録。

案:這次采訪工作是“各鄉分舉采訪,而以數人總其成”。可見采訪工作分工到人,責任專門。“耳目亦切”,所采訪内容亦爲采訪者所親見親聞。更爲可貴的是,其采訪資料還“考於舊志,證之以詩歌、疏記、志銘及《澳門記略》《廣東新語》并家傳、家譜,而稽之以檔册”,可知此《采訪册》的編纂治學之嚴謹。此處稱:“各繪圖形,細加箋注。”現存《采訪册》原稿本并無圖形,亦無箋注,當是圖形與箋注均未完成焉。據《采訪册》記載,鳳山書院下屬十三鄉分别爲:北山、澳門、南屏、前山、香山場、北山嶺、白石、灶貝、吉大、南村、南大涌、外界涌、白瀝港,又有“黄茅斜附”。“間有一二鄉不入本書院者”當即指黄茅斜。①

其金山、鳳池兩書院各有所屬之鄉,当别有纂輯,不敢妄参末議也。謹依條款匯輯成帙送呈。

案:據《祝志》,金山書院位於上恭常都,鳳山、鳳池二書院位於下恭常都。據“金山、鳳池兩書院各有所屬之鄉,当别有纂輯”,又據《祝志》有“上恭常金山書院采訪勸簽值事”“下恭常鳳池書院勸簽采訪值事”與“鳳山書院采訪值事”,可知金山、鳳池二書院亦組織人員編纂采訪册。② 但金山、鳳

① 〔清〕王廷鈐等纂修:《香山縣下恭常都十三鄉采訪册》上卷,第5頁。

② 〔清〕祝淮修:《新修香山縣志》之《附録》,《廣州大典》總第296册,第614—619頁。

池兩書院編纂之《采訪册》未見存世。

目録

案:原稿無"目録"二字,係箋注者加。此目録當即修纂香山縣志總局根據香山縣志所設目録而頒發給各子局的"條款"。故此《采訪册》目録一遵《祝志》所設之目録,僅"金石"一目《祝志》置於"古迹"之後,而本稿置於"藝文"之後。其餘一體相同。然而,今存之《采訪册》所撰内容并没有按目録逐一完成,故册中内容與目録所載有很大的不同,甚至有些目在册中就没有撰寫,如"海防"一目;而本来在采訪册中最爲重要的一目"澳門纂略"却不見於目録中。

輿地:下恭常　山川　村莊　物産　潮汛　夷俗
山泉　渠道

案:查《采訪册》全書,并無"下恭常"一節。實際上,"輿地"當即"下恭常都地圖説",而原書中又無地圖,不知是否遺失。"山川事迹"之後有"澳外山川戎屬與各屬交界",從其内容來看,當即圖説之内容。

"山川"一節包括"山川名目"與"山川事迹"兩部分。

"澳外山川戎屬與各屬交界"一節之後爲"戎屬村莊五十五處"。恭常都分爲上恭常與下恭常。《祝志》載香山縣恭常都共有村莊七十九,細數之則有村莊八十二個。八十二村分爲兩種歸屬,上恭常又分爲兩區,一爲"上恭常司屬"的村莊,一爲"上恭常戎屬"的村莊,其中有二十五村爲司屬,有十六村爲戎屬,下恭常都全部村莊都歸前山寨管轄,均爲"戎屬"。據《祝志》記載,《采訪册》中所記佛逕、金竹尾、潭井、外壆、沙田、河頭埔、會同、那洲、荫尾山、黄寧堂、埔仔、雙龍、神前、錦石、牛欄石十五村爲上恭常都戎屬村莊。[1] 可知"下恭常都"之目并不準確。

"戎屬村莊五十五處"之後,當即《采訪册》目録中"潮汐""山泉""渠道"三節。在正文中"澳門渠道分支""澳門泉""澳門潮汐"三節之順序與目録之順序完全不同,并且這三節内容記載的并非整個下恭常都之"潮汐""山泉"與"渠道"。

"物産"在《采訪册》中并無專節介紹,只是"澳門纂略"節下之一部分,内容包括植物、動物。

"夷俗"在《采訪册》正文中亦無專節介紹。據《采訪册》及《祝志》内容,"夷俗"當爲"澳門纂略"一節中關於澳門葡人風俗習慣之介紹。

建置:前山寨城　廨署　書院　壇廟　津梁

案:查《采訪册》正文,"建置"一目當即正文"前山纂略"之大部分内容,經政門下又有"營制(前山寨略)"。"建置"及"營制(前山寨略)"當即正文"前山纂略"。

據"前山纂略",其内容順序依次爲"前山寨城""營制""公署"(即目録之"廨署")"書院""壇廟""津渡""橋梁","津渡""橋梁"二部分即目録之"津梁"。

經政:水利　營制見"前山寨略"　**案牘**

案:"經政"之目在《采訪册》正文有記載,然而僅有"案牘"一節。核對《采訪册》全書,可知其目下"水利"一節在"前山纂略"之後。

① 〔清〕王廷鈐等纂修:《香山縣下恭常都十三鄉采訪册》上卷,第21—22頁;〔清〕祝淮修:《新修香山縣志》卷2《輿地下》,《廣州大典》總第296册,第314頁。

職官

案:“職官”目見載於《采訪册》正文,下有“海防同知”“縣丞”。乾隆八年(1743),香山縣丞署從前山寨移至關閘以南的望厦村。潘思榘稱:“前山寨既設同知,所有香山縣縣丞,應移駐澳門,專司稽查民蕃,一切詞訟仍詳報該同知辦理。”①據潘思榘言可知,乾隆八年(1743)之後,“海防同知署”與“香山縣丞衙署”在下恭常都境内,而香山知縣衙署則位於香山縣城,故此處職官衹列有“海防同知”與“縣丞”。

選舉:武職附　覃恩封贈附　鄉飲　例薦附

案:“選舉”目見載於《采訪册》正文,其内容順序依次爲“進士”“武進士”“鄉舉”“武舉”“貢生”,後又有出身行伍的“武職”一節。而《采訪册》下卷開篇又有“覃恩”“請封”“鄉飲”“例薦”。儘管《采訪册·選舉》一目之正文記載順序混亂,然而其記載又較目録完備。

海防

案:“海防”一目在《采訪册》正文中并無記載。查《祝志》之“海防”,其内容大致依據“澳門纂略”與“前山纂略”編纂而成。依余之見,《采訪册》之“海防”一目并無專目撰寫。

古迹:冢墓　奇岩　怪石　瀑布　流泉

案:“古迹”一目見載於《采訪册》之下卷,在“列傳·義婦”一節之後,其

① 〔清〕印光任、張汝霖:《澳門記略·官守篇》,《廣州大典》總第221册,第336頁。

内容依次爲“山場”“奇岩”“怪石”“冢墓”,“瀑布”“流泉”之内容又穿插於前述諸内容之中。

宦迹

案:“宦迹”一目見載於《采訪册》下卷,包括“海防同知”“知縣”“縣丞”三部分。

列傳:列女　耆壽　篤行　名臣　義勇　義民

案:“列傳”一目見載於《采訪册》下卷,内容依次爲“孝女”、“貞女”、“孝行”(下有孝女、孝子)、“節孝門”、“耆壽門”(下有男壽、女壽)、“人物列傳略”、“義婦”。《采訪册》正文之記載同目録順序差異極大,且“篤行”“名臣”“義勇”三節并不見記載於《采訪册》之正文。

藝文:疏記　《澳門記略》印光任、張汝霖纂
詩歌　《自警日記》趙元輅著

案:“藝文”一目見載於《采訪册》下卷“宦迹”之後。

目録中之“記”當即龐尚鵬《區畫濠鏡保安海隅疏》、孔毓珣《酌陳澳事疏略》、侯學詩《澳門營地新建墟亭碑記》、薛韞《澳門記》、何昶《重修蓮峰廟碑記》、趙允菁《重修澳門望厦村普濟禪院碑記》、《沙梨頭社稷記》共七篇文獻。

《自警日記》,據《趙氏家譜》稱,趙元輅“著有《觀成集》,文稿耗失過半,於四書五經三禮,一一手注釋,精語詳悉,多發前人所未發。所著《自警日記》,隨手抒寫心得,至三萬餘言,概以存心養氣爲旨,而一歸孝友。讀其書,可想見其爲人”[1]。

《澳門記略》、詩歌、《自警日記》衹存其目,《采訪册》中亦無其文。

金石:吉大鐘模二　蓮峰廟碑二　普濟寺禪院碑二　社稷壇碑二　百峒溪字六個　海覺字二個　軍民府示二　張陳李墓碑二　李燮堂墓志二　葉青姑墓碑二　澳門普濟禪院鐘模二

案:《采訪册》書末有“金石門”,載有南大涌南洋廟鐵鐘一口、灶貝聖堂廟鐵鐘一口、吉大康真君廟鐘一口、澳門普濟禪院鐵鐘一口、前山星橋古廟鐵鐘一口,共計鐘五口,又有“百峒溪”三字、“海覺”二字、鐘英所撰“軍民府附録告示”碑、祝淮所撰“兩廣部堂示禁”碑、張陳李墓碑一。缺吉大鐘模一、蓮峰廟碑二、普濟寺禪院碑二、社稷壇碑二、李燮堂墓志二、葉青姑墓碑二、澳門普濟寺禪院鐘模一。

事略

案:“事略”見載於《采訪册》下卷“祥異”目後,“金石門”前。

祥異

案:“祥異”見載於《采訪册》下卷“藝文門”後。

---

① 〔清〕趙仲漳編:《趙書澤堂家譜》,《第二十五世・二房同義公分支》,澳門歷史檔案館藏澳門吴利勳先生捐贈咸豐八年(1858)孟秋仲漳鄰生氏録本。

十三鄉:北山、澳門、南屏、前山、香山場、北山嶺、白石、灶貝、吉大、南村、南大涌、外界涌、白瀝港,另黄茅斜附。

案:關於下恭常都村名之記載可見於歷代《香山縣志》。《鄧志》:"一百二十里内村二十二,曰上栅、北山、南大涌、圃袖園、界涌、那洲、蠔潭、東岸、下栅、神前、樓前、網涌、雞柏、唐家、翠眉、灶背、上涌、南坑、吉大、前山、沙尾、奇獨澳 。"《申志》:"長安鄉恭常都,故延福里恭字圍、常字圍,在縣東南一百里,圖二,一百二十里内村二十二,曰:上栅、北山、南大涌、神圍、界涌、那州、蠔潭、東岸、下栅、神前、樓前、網涌、雞柏、唐家、翠眉、灶背、上涌、南坑、吉太、前山、沙尾今遷、奇獨澳今遷。"《暴志》:"長安鄉恭常都,故延福里恭字圍,在縣東南一百里,圖二,村五十四:前山寨城、翠微、北山、南大涌、香山場、界涌、那洲、東岸、上栅、下栅墟、雞柏、唐家、灶背、上涌、吉大、沙尾、望厦、海門、新圍、果福園、白瀝港、古鶴、山頭園、牛塘坑、下村、白石、北山嶺、東坑、石錦、黄茅斜、田墩、山窯、新村、南村、庵山、埔仔、茭塘逕口、荫尾山、黄坭塘、官塘、雙龍、外塋、上埔、潭井、金竹尾、會同、南洋、奇獨澳、何頭埔、對面山、沙田、佛逕、灣仔。"可知所謂十三鄉祗是下恭常都中的十三個村。

北山:葡文名作"Pacsan",在下恭常都,《鄧志》有載。《祝志》:"北山,去城一百二十三里,去寨西南三里許。"又稱:"澳西不十里有北山、下北山村。"①又據嘉慶十三年《澳門形勢圖》可知,北山在對面山上,與前山寨隔水相對。北山村是離澳門半島最近的村莊,陸路行至關閘不到十里,如從水路乘舟到青洲則更近。布拉姆斯頓(William Bramston)《澳門市區及港口圖》將澳門半島隔水相對的"對面山"標爲"Part of PRIEST'S Island(北山島)",即北山。龍思泰《早期澳門史》稱:銀坑向北可以遠至北山(PaSsang)還稱

① 〔瑞典〕龍思泰(A. Ljungstedt)著:《早期澳門史》,吴義雄等譯,第110頁。

在澳門北山島上,有一個叫拱北的地方。① 今北山村隸屬於廣東省珠海市香洲區南屏鎮,位於香洲區南屏鎮東部,東距市區 3 公里,南距澳門 2 公里。

澳門:應該是指關閘以南,包括望厦、青洲、龍田、龍環等村的澳門半島。這是中文文獻中首次將澳門定位爲香山縣下恭常都轄下十三鄉之一,即“澳門鄉”。這是香山地方人士首次對澳門一地的最爲明確的行政定位,即澳門是清朝香山縣下恭常都轄下的一個行政鄉。在此之前没有一份中文文獻對此有過清晰表述。中國政府一直將葡萄牙人居住的澳門視爲中國的領土,并在澳門“建城設官而縣治之”,即以香山知縣對澳門進行行政管轄,但并未對澳門一地的行政級别進行嚴格區劃。葡萄牙人也認爲:“澳門雖土地屬於中國皇帝,他派官員駐該地徵收税金,但居民受葡萄牙國王法律和規章管轄。受任命的官員,亦由葡王指派,由葡印總督派出。”②但澳門議事會對澳門的歸屬認識則又不同,其對中國上級官員的禀文稱:“住廣東廣州府香山濠鏡岙議事會西洋商舶委黎多。”③澳門議事會承認澳門是香山縣下屬行政單位,故稱“香山縣濠鏡岙(澳門)”。郝玉麟《議改營制十三條事宜疏》更稱:“香山縣屬之澳門,離縣城一百二十餘里。”④澳門屬香山縣管轄,這應是中葡雙方達成的共識。但是澳門屬縣轄下的哪一級?是都,是鄉,還是村?則從無文獻有明確記載。暴煜修《香山縣志》没有説明,《澳門記略》亦未作任何説明。而在道光七年(1827)修恭常都《采訪册》時,則明確將“澳門”納入下恭常都轄下的十三鄉之一鄉。很明顯,這十三鄉中没有望厦、龍田、龍環、青洲等名,這就説明,下恭常都人認定的澳門是指關閘以南的澳門半島,包括蓮花莖、青洲、望厦村、龍田村、龍環村等地。衹不過在《澳門纂略》中將“澳門”分爲兩部分,一部分爲“華地”,一部分爲“夷地”(即舊澳城)。

---

① 〔瑞典〕龍思泰(A. Ljungstedt)著:《早期澳門史》,吴義雄等譯,第 171 頁。

② 〔葡〕佚名:《市堡書》,陳用儀譯,載《十六和十七世紀伊比利亞文學視野里的中國景觀》,鄭州:大象出版社,2003 年,第 117 頁。

③ 〔明〕韓霖輯:《守圉全書》卷 3 之 1《委黎多報效始末疏》,臺北:“中研院”傅斯年圖書館善本書室藏明崇禎九年(1636)刊本,第 87 頁。

④ 〔清〕郝玉麟修:雍正《廣東通志》卷 62《藝文志》,《廣州大典》總第 250 册,第 626 頁。

值得注意的是,《采訪册》之“戎屬村莊五十五處”中又稱“澳門,在縣東南一百四十里,在前山寨正南二十里”,而且澳門與龍田、龍環、望厦三村一起并列在下恭常都“戎屬村莊五十五處”中,就是説澳門的行政級别同龍田、龍環、望厦三村一樣,是一個“村”一級的行政單位。清代的鄉村行政建制單位爲鄉、都、里、圍、村。《采訪册》在書的前面稱“澳門”爲“鄉”,而在後面又稱“澳門”爲“村”,説明在當時人的認識中尚無嚴格的“鄉”“村”兩級行政區劃。

下恭常都地方士紳對澳門行政定位爲“鄉”的認識并未獲《新修香山縣志》的主編者祝淮的接納。他在《祝志》“都里”一目中,將望厦、澳門、龍環、龍田等地均納入恭常都轄下的“七十九村”中,“澳門”與望厦、龍環、龍田等地均爲香山縣恭常都轄下的并列行政村。這就可以反映,關於澳門的行政定位問題,代表中國政府的香山縣地方官與澳門當地華人居民對澳門一地的認識存在一定分歧。但不論是將整個澳門半島視爲一個行政鄉歸屬香山縣下恭常都管轄,還是將舊澳城(即葡人居住地)視作一個行政村與望厦村、龍田村、龍環村同時歸屬香山縣恭常都管轄,這都是中方首次試圖將“澳門”這一華夷雜處之地給予一個準確的行政定位。祝淮没有采納王廷鈐等地方士紳定澳門半島爲“澳門鄉”的意見,而將葡人居住的“舊澳城”定爲“澳門村”,這一認定實際上是有根據的。因爲自明以來,中國人對“澳門”一地的地理區劃就是指澳門半島東南海邊部分,并不包括澳門半島北部地方。屈大均《廣東新語》稱:

> 六十里至關……初至一所曰青洲,林木芊鬱,桄榔、檳榔之中爲樓榭,差有異致。又十里至澳。澳有南臺、北臺,臺者山也,以相對,故謂澳門。①

關即關閘,過了關閘至青洲,再過十里才到澳門。可見,關閘以南十餘

① 〔清〕屈大均:《廣東新語》卷2《地語・澳門》,北京:中華書局標點本,1985年,第36頁。

里地方仍不是澳門，即澳門半島北部地方并不屬澳門。又如張甄陶《澳門圖説》稱：

> 由（前山）寨而東十五里爲關，出關五里爲望厦村，由望厦而西三里爲澳門，其地周一千三百八十丈。①

關閘五里之後是望厦村，望厦村西行三里才至澳門，可見，澳門半島北部的望厦村一帶并不屬於澳門。再看兩幅地圖，一幅是成圖於萬曆四年（1576）的《廣東沿海圖》香山部分。該圖在澳門半島中部標"濠鏡澳"三字，而半島北部則標"望下村"三字②，表明"望下村"不屬"濠鏡澳"（澳門）。又葡萄牙人埃雷迪亞（Manuel Godinho de Erédia）約於1615—1622年完成的《澳門平面圖》，在澳門半島中部標有"Macao"（澳門），半島北部標有"中國官府衙署"，繪中國式村舍，南部爲山丘，并標明爲"中國城"③。

嘉慶二十三年（1818），澳門議事會理事官稟文稱：

> 哆等西洋蒙天朝大皇帝柔遠懷來德化，給賜澳門一區地方，建造房屋、廟宇、炮臺，居住貿易滋生。東至三巴門、水坑尾門，西到海邊，南至媽祖閣，北至沙梨頭，歷繪圖形，呈送各憲在案。④

可見，不論中方還是葡方的記録，"澳門"一地是澳門半島中部的一部分區域，而非整個澳門半島。故祝淮爲香山縣政府編修本縣的縣志時，基本上

① 〔清〕賀長齡等編：《清經世文編》卷83《兵政》14，沈雲龍主編《近代中國史料叢刊》清道光六年（1826）自序光緒十二年（1886）刊本，正編第74輯，第2976頁。

② 〔明〕郭棐：《粤大記》卷32《廣東沿海圖》，北京：書目文獻出版社，1990年，第539頁。

③ 紀念葡萄牙發現事業澳門地區委員會主編：《澳門：從地圖繪製看東西方交匯》，姚京明譯，紀念葡萄牙發現事業澳門地區委員會，未著出版時間，第112—113頁。

④ 《嘉慶二十三年正月十一日澳門西洋理事官唛嚟哆稟爲懇押拆除以遵禁令事及香山縣丞周飛鴻批文》，檔案號：PT/TT/DCHN/119/001262。以下僅寫檔案名與檔案編號。

還是沿襲了傳統意義上對澳門的認識,將澳門半島中部葡人所居之舊城區定爲“澳門村”。

但是,王廷鈐等鄉紳將整個澳門半島定位爲“澳門鄉”是否就是錯誤呢?我們不這樣認爲,在當時的歷史形勢下,王廷鈐將澳門半島定爲一個“鄉”的行政單位也是有一定道理的。

關閘以南一直到媽閣廟海邊爲一狹長的半島型的地理單位,在當地人的眼中,它被視爲下恭常都下面的一個較小的自然區劃,并且在澳門半島上分華人村居部分和葡人城居部分。到清代康熙開海後,隨著澳門城内經濟的發展,城外居民逐漸進入城内,據葡文資料稱:“1691 年時,大批華人進入澳門,以致澳門的國人要比葡萄牙人多得多。”①在當地人心目中半島北部的中國農村已經融入了澳門城,就連原來駐紮在望厦村的香山縣丞衙署也遷入了澳門城中。② 因此,至道光年间,居住在半島北部的華人大多都將自己視作爲澳門人。③ 居澳葡萄牙人亦保持這一認識,同中國政府關係十分密切的澳門王室大法官眉額帶歷(Miguel de Arriaga Brum da Silveira)於嘉慶二十二年(1817)時稱:“西洋夷人,荷蒙皇恩,租予澳門,建造房屋居住。原自關閘高沙

---

① 〔葡〕萊薩(Almerindo Lessa)著:《澳門人口:一個混合社會的起源和發展》,范維信譯,《文化雜志》1994 年第 20 期。

② 〔清〕王廷鈐等纂修《香山縣下恭常都十三鄉采訪册》上卷《澳門纂略》第 26 頁載:“丞署日久傾頽尚未修復,今公館在草堆街舊杜元鋪屋。”據乾隆三十三年(1767)香山縣丞興聖讓致澳門理事官路易斯·科埃略(Luis Coelho)信記載:“望厦村縣城衙署被颱風吹塌。”縣丞衙署此次毁壞之後,香山縣丞興聖讓以及賈奕都曾試圖在澳門境内重新建立縣丞衙署,未果。香山縣丞只能租用華人鋪屋爲其辦公衙署。據此可知,道光六年(1826)之前香山縣丞衙署已經搬進澳門城内,管理澳門。參劉芳輯:《葡萄牙東坡塔檔案館藏清代澳門中文檔案彙編·香山縣丞興聖讓爲移駐澳門擇地建署事行理事官牌》,章文钦校,澳門:澳門基金會,1999 年,第 395 頁;吴志良、湯開建、金國平主编:《澳門編年史》第三卷,廣州:廣東人民出版社,2010 年,第 1043—1044、1176、1350—1351 頁。

③ 在《香山縣下恭常都十三鄉采訪册》中,居住望厦村的趙氏家族成員趙元輅、趙元儒、趙允菁等著名華人士紳傳記中都被稱爲“澳門人”,可以反映,道光初期澳門半島華人已多將自己視爲澳門人。

設關爲界,關内則屬澳門地方。”①因此,王廷鈐等人修《采訪册》將整個澳門半島視爲“澳門鄉”而與前山、吉大、南屏等鄉并列。但這應衹是澳門本土人的一種認識,而未被清政府接納。故祝淮修的縣志則將澳城一地視作“澳門”,并定其爲“村”一級的行政機構,與半島之上的望厦村、龍田村、龍環村一樣同轄於香山縣恭常都。

南屏:又作藍屏。在下恭常都鳳凰山之南,即《鄧志》所載之“沙尾”。《鄧志》稱:“鳳凰山,其陽有……藍屏山。”《祝志》:“南屏,舊名沙尾。去城一百二十五里,去寨西南五里。”位於今珠海市香洲區西南部,東南與灣仔相連,距澳門4公里,爲南屏鎮政府所在地。據容閎自传:1828年11月17日,予生於對面山(Pedro Island)之南屏鎮,鎮距澳門西南可四英里。澳門,葡萄牙殖民地也。島與澳門間,有海峽,廣半英里許。嘉慶十三年《澳門形勢圖》標“南屏村”在前山寨西南,有前山河相隔,即今珠海市南屏北面的北山。

前山:下恭常都村名。鄧遷修嘉靖《香山縣志》即有前山之名,村有前山寨,去縣南一百二十里恭常都前山村,明天啓元年建。②《采訪册》稱,前山村在縣東南一百二十里,距澳北二十里。新加坡國立大學博物館藏《香山澳門地圖長卷》細緻地繪有前山寨的全貌。《澳門記略》載:“前山爲拊背扼吭地。北距香山縣一百二十里而遥,南至澳門十有五里而近。”③《祝志》:“前山寨,去城一百二十里。”位於今珠海市香洲區西部,東北臨翠微村,西以前山河爲界與南屏鎮相接,南臨夏村,西北臨灶貝。

香山場:即山場村,原名“濠潭”,因地近濠潭山,故有此名。又稱“金斗鹽場”,或“山場”,在下恭常都。唐代至德二年(757)設立香山鎮,屬東莞縣,當時以産鹽爲主,是個鹽場。北宋元豐五年(1082)設立香山寨,南宋紹興二十二年(1152)沿用香山地名設香山縣。《鄧志》:“濠潭舊爲金斗鎮,屬東莞。宋紹興改爲香山場,遷於場前村址廢。”《暴志》:“故鎮,在縣東南一百五十里,地名濠潭,

① 《嘉慶二十二年七月二十二日澳門同知鍾英爲備述呈明等事》,檔案號:PT/TT/DCHN/1/9/001251。

② 〔清〕申良翰:康熙《香山縣志》卷2《公署》,《廣州大典》總第295册,第286頁。

③ 〔清〕印光任、張汝霖:《澳門記略》卷上《形勢篇》。

舊爲鎮,屬東莞,宋紹興間改名香山場,一名金斗鹽場。"《祝志》:"山場,即香山場,去城一百二十里,去寨東南一十五里。[1] 以後此地叫香山場,民國時簡稱"山場村"。[2] 鮑氏爲山場之大族。位於今珠海市香洲區西北部,屬翠香街道。

北山嶺:又作北嶺,葡文作 Passaleão,爲下恭常都村名。《暴志》有載。《祝志》:"北山嶺,去城一百二十八里,去寨东南八里。"寨即前山寨。在今珠海市香洲區西南部5公里處,東接將軍山聯安村,北與江村分界,南距澳門2公里。後改名北嶺。嘉慶十三年《澳門形勢圖》標"北山嶺"在關閘東北前山寨的東南之處,還稱"由北山嶺至關閘以南,山路迂迴并田埂,僅可通一二人往來"。

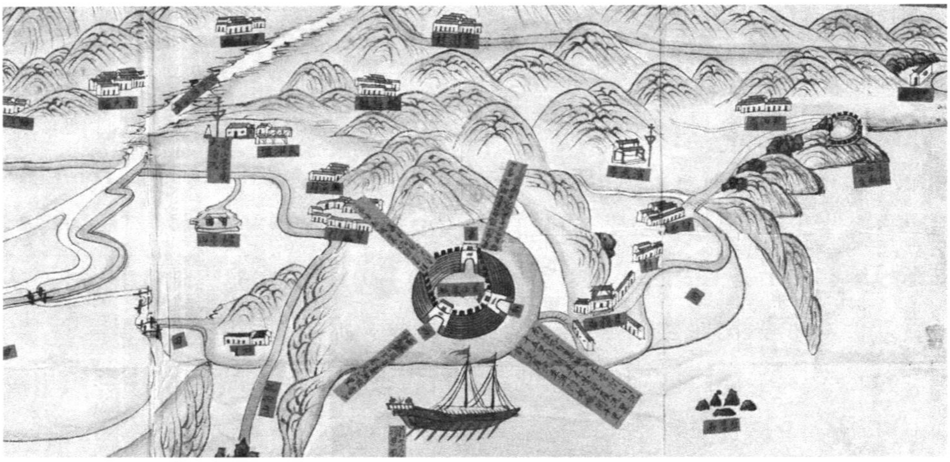

嘉慶十六年(1811)後《澳門及周邊形勢圖》中的北山嶺

白石:在下恭常都。《鄧志》有載,此時白石尚屬於豐樂鄉谷字都,至乾隆《香山縣志》,其仍屬谷字都,而至道光七年(1827),其名則在下恭常都範圍内,其被劃入下恭常都具體時間不詳。《祝志》:"白石,去城一百二十三

① 〔清〕祝淮修:《新修香山縣志》卷1《輿地上·圖説·恭常都圖》,卷2《輿地下》,《廣州大典》總第296册,第266、314頁。

② 珠海市文物管理委員會編:《珠海市文物志》,廣州:廣東人民出版社,1994年,第96頁。

里，去寨三里。”白石，又作白石角，嘉慶十三年《澳門形勢圖》標“白石角”在關閘西北，吉大之南，距離關閘很近。位於今珠海市香洲區西南部，東南與北嶺村相鄰，屬前山鎮。

白石方位圖

灶貝：又作灶背、造貝、竈貝，在下恭常都，即《鄧志》所載之“灶背”。《祝志》：“灶貝，去城一百一十四里，去寨六里。”《澳門及周邊形勢圖》標“灶貝”在前山寨西不遠處。《重修香山縣志・恭常都圖》標“竈貝”，在前山寨西南處。由於距離澳門很近，有文獻甚至稱“澳門灶貝村”①。灶貝村有聖堂廟，廟内鐵鐘一口，重二百余斤，明萬曆十年灶貝鄉人送。位於今珠海市香洲區西南部，東臨翠微村，屬前山鎮。

吉大：在下恭常都，其名《鄧志》有載。《祝志》：“吉大，去城一百三十里，去寨東南十二里。”澳門東十五里爲吉大汛，設立於乾隆八年之前。乾隆《香山縣志》卷3《兵制》稱左營左哨頭司把總轄下有“吉大陸汛，目兵五名”。后增兵員，《新修香山縣志》卷3《經政》載：“吉大汛在本營（指左營，時駐縣城）南一百一十五里，上至香山場汛十里，下至前山營十二里，分防兵十五名，把總一員，撥防兵二十一名。”嘉慶十三年《澳門形勢圖》標“吉大

① 〔清〕楊蔭光：《香山石岐南關楊氏族譜》卷8《二十二世》，廣東省立中山圖書館藏清光緒二十五年石岐敬思堂重修本，圖書編號：K/0. 189/203. 2，第13頁。

村”在關閘與下村之間。吉大村有康真君廟,内有鐵鐘一口,重六十餘斤,明萬曆四十七年甘之松送。吉大位於今珠海市香洲區西南部。

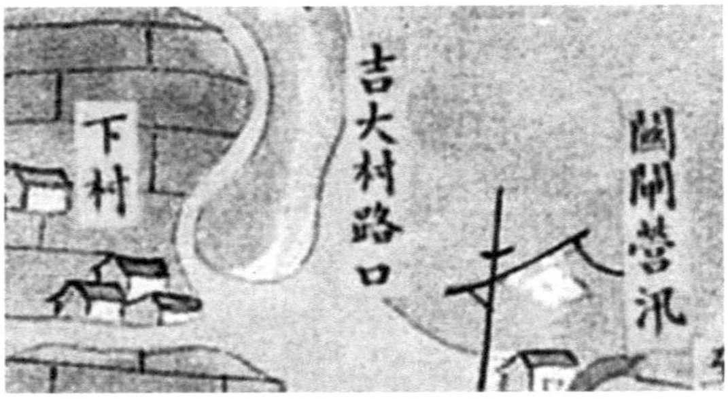

吉大方位圖

南村:下恭常都屬村,明代建村,因村邊有一座無名山南向而得名。其名最早見於《暴志》。《祝志》:“香山縣境内有南村四:隆都一,距香山縣城二十六里;下恭常都一,距香山縣城一百二十五里,在前山寨東十里;黄粱都二,其一又名犁壁者,具體位置不詳,其一距離香山縣城九十一里,去土城東北渡海二十三里。”同書《恭常都圖》標白沙坑之東爲南村。今珠海市有南村,位於香洲區西面四公里處,西邊以紅山路爲界,南鄰翠香路,屬翠香甲街道辦事處。此處南村當指下恭常都的南村。

南大涌:在下恭常都,最早見於《鄧志》。《祝志》:“南大涌,去城一百零八里,去寨東北十二里。”前山營設有南大涌汛,距前山寨十里。①《澳門及周邊形勢圖》標“南大涌”在前山寨城的西北,中隔涌水,在白瀝港東。今地名不存 其地不詳。

外界涌:又作界涌,分裏、外兩村。最早見於《鄧志》。《祝志》:“界涌裏外村,舊作界涌,去城一百里,去寨東北二十五里。”今地名不存,其地不詳。《澳門及周邊形勢圖》標“界涌村”在白瀝港稍西。

白瀝港:下恭常都村名,最早見於《暴志》。《祝志》:“白瀝港,去城一百零五里,去寨東北十五里。”《澳門及周邊形勢圖》標“白瀝港”在南大涌稍

① 〔清〕盧坤等編:《廣東海防匯覽》卷5《道里・各營》,《廣州大典》總第331册,第127頁。

西，前山寨城之西北。即今瀝溪村，位於珠海市香洲區西北部。

黄茅斜：又名楊梅斜，在下恭常都，在縣東南一百一十三里，在前山寨東北十五里。最早見於《暴志》。《祝志》："黄茅斜，去城一百一十三里。"《澳門及周邊形勢圖》標"楊梅斜"在前山寨東門北面。厲式金《香山縣志續編》中無此村名。《厲志》中無此村名。即珠海市香洲區梅溪村，位於香洲區西北部。

黄茅斜方位圖

鳳山書院子局：王廷鈐、楊綰、鍾士瀾、容魁、趙勳、李家謨同纂輯

王廷鈐：恭常都前山人，貢生，其父名王朝覲。王廷鈐長女王氏嫁趙允菁，例贈正七品孺人。①

楊綰："恭常都北山人，字絢孚，道光十四年甲午欽賜副貢"②。《北山楊

① 見《趙書澤堂家譜·浦江趙氏家譜》；〔清〕王廷鈐等纂修：《香山縣下恭常都十三鄉采訪册·耆壽門》，第156頁。

② 〔清〕田明曜修：《重修香山縣志》卷11《選舉》，《廣州大典》總第297册，第234頁。

氏族譜》載:"恩賜副貢絢孚,諱綰,號綬亭,功謙公五子,生乾隆甲申二十九年五月十四日戌時,卒道光己亥十九年八月二十一日申時,壽七十六歲,葬夏村土名三尖石,丙兼巳向,娶沙尾林氏維滿公女。三子,長宣翰,次銓翰,三琚翰。一女,適辰公翠微職員吴健柏登仕佐郎絢廷,諱應文,號錦峰,功謙公六子。"①

鍾士瀾:"恭常都澳門人,增貢生,署電白教諭"②。

容魁:廩生,籍貫不詳。③ 據《家乘略鈔》,容魁爲澳門趙允菁弟子。④

趙勳:澳門望厦村人,望厦趙氏第二十七世,稱宗槐公,字宗屏,號封石,父趙允菁。道光十三年七月重修望廈祀壇值事。⑤ 生於乾隆五十年(1790),卒於咸豐元年(1851),其妻鍾氏,即澳門太學生鍾士超之女。《家乘略鈔》稱:"二十七年,封石公諱勳,西洋夷酋啞嗎嚦肆惡横行,毁闢掘墓。公挺身遞禀督憲徐公廣縉,駐轎面談一時之久。後暗約義士沈志亮、郭泰安梟啞嗎嚦之首,以泄天朝之忿,而伸地府之冤。"據梁尚舉《趙氏家廟碑記》,趙勳乃望廈趙氏家廟之創建人。⑥《浦江趙氏家譜》稱其著有《愛日樓課稿》。⑦

李家謨:一名李嘉謨。《祝志》:"北門人,妻劉氏,年九十,入女壽列。"北門人,當即香山縣城石岐之北門人。

此處爲《采訪册》的編纂者。

以下爲《采訪册》的具體進行調查采訪之人。

---

① 〔清〕楊明林等修:《北山楊氏族譜》卷6《世傳》,紹經堂梓,咸豐丁巳年七修。

② 〔清〕田明曜修:《重修香山縣志》卷11《選舉》,《廣州大典》總第297册,第224頁。

③ 〔清〕祝淮修:《新修香山縣志·附録》,《廣州大典》總第296册,第619頁。

④ 〔清〕趙仲漳編:《家乘略鈔》,澳門歷史檔案館藏本。

⑤ 譚世寶編:《金石銘刻的澳門史》第3章,廣州:廣東人民出版社,2006年,第100頁。

⑥ 趙不争:《浦江趙氏家譜》上卷卷首《趙氏家廟碑記》,第9頁。

⑦ 見《趙書澤堂家譜·浦江趙氏家譜》;〔清〕趙仲漳編:《家乘略鈔》,澳門歷史檔案館藏本。

采訪人：鍾士超、劉昭、鮑梁、吴汝霖、鮑紹妍、吴魁昌、黄𤅣章、羅信斯、張輔邦、楊天叙、宋璧、容駿、趙暘、吴宗啟、黄晏家、趙允禧、蔡兆文、楊朝元、楊朝振、楊裕民、吴光國、鮑維琛、陳可人、容曦、張成弼、楊仁獻、郭丕武、鍾達朝、鮑維榮、蔡華樞、葉恒泰、何淳夫同參訂

案：據《祝志》記載，鳳山書院采訪值事、勸簽值事、簽助者共計一百三十八人，采訪值事有杨绾、鍾士瀾、王廷钤、赵勲四人，勸签值事有容魁、李嘉謨、楊天叙、鮑梁、吴錕、吴汝霖、容駿七人，簽助者有香山縣丞葛景熊等一百三十四人。[①]

鍾士超：澳門人，太學生，其長女鍾氏嫁趙勳爲妻，敕贈從七品太孺人。[②]《重修媽祖閣碑志》《重修蓮峰廟題名碑記》有其捐金記録。[③]

劉昭：爲鳳山書院采訪簽助。[④]

鮑梁：香山場人，邑庠生，其長子娶趙勳次女。[⑤]

吴汝霖：爲鳳山書院采訪簽助。[⑥] 據《家乘略鈔》，吴氏爲趙允菁弟子。[⑦]

鮑紹妍：歷代《香山縣志》均無其資料，其名亦不入鳳山書院采訪值事、勸簽值事與簽助名單。

吴魁昌：歷代《香山縣志》均無其資料，其名亦不入鳳山書院采訪值事、勸簽值事與簽助名單。

---

① 〔清〕祝淮修：《新修香山縣志·附録》，《廣州大典》總第296册，第619—620頁。

② 見《趙書澤堂家譜·浦江趙氏家譜》。

③ 譚世寶：《金石銘刻的澳門史——明清澳門廟宇碑刻鐘銘集録研究》，廣州：廣東人民出版社，2006年，第66、149頁。

④ 〔清〕祝淮修：《新修香山縣志·附録》，《廣州大典》總第296册，第620頁。

⑤ 見《趙書澤堂家譜·浦江趙氏家譜》。

⑥ 〔清〕祝淮修：《新修香山縣志·附録》，《廣州大典》總第296册，第620頁。

⑦ 〔清〕趙仲濬編：《家乘略鈔》，澳門歷史檔案館藏本。

黄嘘章:歷代《香山縣志》均無其資料,其名亦不入鳳山書院采訪值事、勸簽值事與簽助名單。

羅信斯:澳門人,太學生。其女嫁趙允菁三子趙宗楷爲繼室,敕封從七品太孺人。①

張輔邦:歷代《香山縣志》均無其資料,其名亦不入鳳山書院采訪值事、勸簽值事與簽助名單。《重修蓮峰廟題名碑記》記載其捐工金銀十一員。②張輔邦"疑爲沙梨頭張氏第四代'輔字'輩人"。

楊天敘:《祝志》載楊天叙爲鳳山書院采訪勸簽值事。他處無載。

宋璧:生員,生平、籍貫不詳,爲鳳山書院采訪簽助。③

容駿:恭常都南屏鄉人,字配文,道光八年(1828)戊子科第四十五名,乙未科大挑二等,後任惠來縣訓導。

趙暘:曾任香山縣吏員,生平、籍貫不詳。疑此趙暘即趙允暘,字宅東,號寅谷。趙元熙公第三子,吏員,候選巡政廳。生於乾隆三十七年(1772),卒於道光十一年(1831),葬於沙崗。④

吴宗啟:歷代《香山縣志》均無其資料,其名亦不入鳳山書院采訪值事、勸簽值事與簽助名單。據《家乘略鈔》,吴氏爲趙允菁弟子。⑤

黄晏家:《祝志》中無此人,有黄成康、黄成錦等。⑥

趙允禧:澳門望厦村人,爲趙氏第二十六世。《家乘略鈔》稱:"廿六世允禧公,元儒公長子。公能文章,善書法,大小字皆珠圓玉潤,令人珍賞。"⑦《浦江趙氏家譜》稱:"第二十六世允禧,字錫純,號祝三,元儒公長子。太學生,誥贈奉直大夫,覃恩貤贈徵仕郎,晋贈中議大夫。生於乾隆四十三年

---

① 見《趙書澤堂家譜·浦江趙氏家譜》;〔清〕趙仲漳編:《家乘略鈔》,澳門歷史檔案館藏本。

② 譚世寶:《金石銘刻的澳門史——明清澳門廟宇碑刻鐘銘輯録研究》,第149頁。

③ 〔清〕祝淮修:《新修香山縣志·附録》,《廣州大典》總第296册,第620頁。

④ 趙不爭:《浦江趙氏家譜》上卷《第二十六世》,第2頁。

⑤ 〔清〕趙仲漳編:《家乘略鈔》,澳門歷史檔案館藏本。

⑥ 〔清〕祝淮修:《新修香山縣志》卷7《列傳下》,《廣州大典》總第296册,第533、570頁。

⑦ 〔清〕趙仲漳編:《家乘略鈔》,澳門歷史檔案館藏本。

(1778),卒於道光十五年(1835),葬於前山羅兜坑。”①

蔡兆文:澳門人,其妻梁氏年九十六歲,入女壽門。② 其人爲道光十三年七月重修望廈祀壇值事。《重修媽祖閣碑志》中記載其任重修值事。③

楊朝元:恭常都北山人,歲貢生,職員,子式琮。④《北山楊氏族譜》載:“誥授奉直大夫濟蒼公,諱朝元,號藎臣,若沛公長子,生乾隆乙亥二十年六月初十日午時,卒道光丁未二十七年七月初二日亥時。壽九十三歲。妻容氏、王氏、范氏,妾徐氏、區氏,有九子六女。”⑤

楊朝振:恭常都北山人,字仁大,以其弟楊朝安贈武德騎尉。⑥

楊裕民:歷代《香山縣志》均無其資料,其名亦不入鳳山書院采訪值事、勸簽值事與簽助名單。

吴光國:歷代《香山縣志》均無其資料,其名亦不入鳳山書院采訪值事、勸簽值事與簽助名單。

鮑維琛:歷代《香山縣志》均無其資料,其名亦不入鳳山書院采訪值事、勸簽值事與簽助名單。

陳可人:歷代《香山縣志》均無其資料,其名亦不入鳳山書院采訪值事、勸簽值事與簽助名單。

容曦:監生,生平、籍貫不詳,其名唯《祝志》有載,爲鳳山書院采訪簽助。⑦《容氏譜牒》載:“章雲,諱曦,號春宇,國學生,貤贈宣德郎,生乾隆丁

---

① 趙不争:《浦江趙氏家譜》上卷《第二十六世》,第 33 頁。

② 〔清〕田明曜:《重修香山縣志》卷 20《列傳》下,《廣州大典》總第 297 册,第 413 頁。

③ 譚世寶:《金石銘刻的澳門史 – – 明清澳門廟宇碑刻鐘銘輯録研究》,第 59 頁。

④ 〔清〕田明曜修:《重修香山縣志》卷 20《列傳下》,《廣州大典》總第 297 册,第 409 頁。

⑤ 〔清〕楊明林等修:《北山楊氏族譜》卷 6《世傳》,紹經堂梓,咸豐丁巳年七修。

⑥ 〔清〕祝淮修:《新修香山縣志》卷 4《選舉》,《廣州大典》總第 296 册,第 421 頁;〔清〕田明曜修:《重修香山縣志》卷 11《選舉》,《廣州大典》總第 297 册,第 243 頁。

⑦ 〔清〕祝淮修:《新修香山縣志・附録》,《廣州大典》總第 296 册,第 620 頁。

未年十壹月年正月廿一日,卒咸豐癸丑年十月三十日,壽六十七歲娶北山楊氏。"①

張成弼:歷代《香山縣志》均無其資料,其名亦不入鳳山書院采訪值事、勸簽值事與簽助名單。

楊仁獻:歷代《香山縣志》均無其資料,其名亦不入鳳山書院采訪值事、勸簽值事與簽助名單。

郭丕武:歷代《香山縣志》均無其資料,其名亦不入鳳山書院采訪值事、勸簽值事與簽助名單。

鍾達朝:歷代《香山縣志》均無其資料,其名亦不入鳳山書院采訪值事、勸簽值事與簽助名單。

鮑維榮:歷代《香山縣志》均無其資料,其名亦不入鳳山書院采訪值事、勸簽值事與簽助名單。

蔡華樞:《祝志》無其資料,其名亦不入鳳山書院采訪值事、勸簽值事與簽助名單。《田志》:"李氏,蔡華樞妾,年十八守節。"

葉恒泰:監生,生平、籍貫不詳,其名唯《祝志》有載,爲鳳山書院采訪簽助。他處無載。

何淳夫:《祝志》無其資料,其名亦不入鳳山書院采訪值事、勸簽值事與簽助名單。

---

① 容麟學撰:《容氏譜牒》卷24《兆六房良公支世傳》,民國十八年(1929)長世堂鉛印本,廣東省立中山圖書館藏,載孫中山故居紀念館、廣東省立中山圖書館合編:《中山文獻》第7册,廣州:廣東人民出版社,2017年,第179頁。

上卷

輿 地

山川名目

鳳皇山、金星山、小羅洲、深井山、鸕鷀洲、尖峰嶺、蜘洲嶼、石牛嶺、游漁洲、石甑山、檐桿洲、馬盾山、翠眉山、大磨山、王魚洲、南蕉山、伶仃山、南山亭、小磨山、三灶山、望門山、大羅洲、榴花山、白藤洲、小湖洲、藍屏山、芒洲、大托、小托、三門、浪白、白蕉、散洲、菜洲、赤洲、鬼叫、宿聚、倒觸、皋蘭、竹洲、粉洲、大淋、小淋、文灣、連灣、二灣、廢脛、潭洲、雞笼、丫洲、錫坑、箔洲、攣洲、大嶺頭峰、秋風角山、九星洲山、風門凹嶺、大橫琴山舊鑿石處、小橫琴山。

鳳皇山：即鳳凰山，《永樂大典·廣州府志·香山縣圖》就提到了鳳凰山，位於香山場和恭常里以北。① 主峰位於恭常都境内，在果福園與香山場以北，飛雲嶺南。餘脉深入澳門半島。常有人將鳳凰山與澳門白鴿巢山混

① 《永樂大典》的《廣州府香山縣之圖》，《永樂大典》卷11905“廣”字，第7頁。

爲一談。王文達稱:"鳳凰山,在沙梨頭境。該山亦習稱爲白鴿巢山,寖且幾忘其名爲鳳凰山。"①唐思亦稱:"白鴿巢山又名鳳凰山。"②黄德鴻否定此説,稱:"鳳凰山就是今日所稱的五桂山,又名香山,香山縣得名就是自此而來。"③金豐居士稱:"據史料考證,馬葵士當年的大宅位置就在現今的'東方基金會大樓'處;而馬葵士蓄養數百上千隻白鴿的鴿舍位置,就在該大樓西側,正好是這方草坪處。當年馬葵士馴鴿,朝夕縱之,百鴿齊飛,翱翔天際,在天似白雲一縷,落地如雪花片片,澳人驚嘆不已,遂將此崗丘稱作'白鴿巢',原名'鳳凰崗'反倒無人稱呼了。"④鳳凰山(鳳凰崗)名字頗有來源。郭沫若有詩云:

> 我們是大喬木,原名攀霞拿,種在澳門鳳凰山上,故名鳳凰花。⑤

郭沫若稱"澳門鳳凰山"亦有根據,清人吴其濬稱:"鳳皇花,樹葉似槐,生於澳門之鳳皇山,開黄花,經年不歇,與葉相埒。"⑥歷史上的白鴿巢確實遍植鳳凰木,是葡萄牙商人在清中葉(1750年左右)從馬六甲引進澳門,以後又被引進閩粵兩省,逐漸在中國南部沿海地區種植。所以郭沫若所説"鳳凰花出自澳門鳳凰山"并無虛詐。

《鄧志》:"鳳凰山,在縣東南一百里,高深形肖,東介南坑,北接官塘崗,西爲金竹園、白蜮石、古壑諸峰,南赴海香山場之祖山。舊傳有仙女池仙果,人或見之,云其陽有尖峰嶺、石牛嶺在香山場後、南山東赴海、風門凹嶺烽堠、銀涌角峰烽堠雞柏村銀礦今絶,翠眉山西臨海、秋風角山五峰如梅花然,故語云,梅花飛

---

① 王文達:《澳門掌故》,澳門:澳門教育出版社,1999年,第150頁。

② 唐思:《澳門風物志》,澳門:澳門基金會,1994年,第78頁。

③ 黄德鴻:《澳門新語》,澳門:澳門成人教育學會,1996年,第243頁。

④ 金豐居士:《金大建神父像坐吉穴大助韓國教會氣運》,《新報》2008年1月3日。

⑤ 郭沫若:《郭沫若全集·文學編》第三卷,北京:人民文學出版社,1988年,第122頁。

⑥ 〔清〕吴其濬:《植物名實圖考》卷30《群芳·鳳皇花》,《續修四庫全書》影印清道光二十八年(1848)陸應穀刻本,第1118册,第478頁。

上秋風角，石甑山鳳凰山①東南、香山場前，藍屏山山南高深，大嶺頭峰烽堠，榴花山藍屏之南，産榴花，東南巨海，相望而趨南者也。”《祝志》：“鳳凰山在東城東南一百里，高七十餘丈，廣十里，東界南坑，北接官塘崗，西爲金竹園、白蜮石、古壑諸峰，南赴海。”祝淮所言“南赴海”是否即指鳳凰山的南面餘脉已伸入澳門半島直至海邊呢？如此，李遐齡《澳門頭海邊晚步》詩中“偶從白鴿巢邊過，背指鳳凰山月生”②之鳳凰山，就應指白鴿巢山。《采訪册》中稱鳳凰山爲“下恭常都十餘鄉發龍之祖山”，據此推測，白鴿巢山當是鳳凰山之餘脉，③位於今澳門内港北部沙梨頭附近。

金星山：金星門爲今珠海唐家灣對面之海灣，是從珠江口出入海上的交通要衝，《鄧志》：“金星山，二峰相峙，趨向如龍，中有小嶼如珠。”萬曆《廣東通志》稱：“香山縣南一百里曰金星門，二星對峙如門。”④《祝志》：“金星山，在縣南一百里，二峰相對，隱若雙龍，中有小山如珠，亦曰金星門。”《田志》：“自金星門南迤西，經雞柏、吉大至澳門；自磨刀角南迤東，經南野角、秋風角至澳門。澳門爲廣州南戒盡地，無澳夷居之，則爲孤島；有澳夷居之，則爲要區。故昔人屢憂之。”又稱：“金星門自澳門東岸起，曲折向東北約十一里，至波拉富（譯曰陡山）角（即高岸角）。及轉此角則忽偏西，而成深灣曰金星門港。港距口外二里，僅深二拓至三拓，及離波拉富角約半里，則深七拓至八拓。淇澳島南半與波拉富角之間，闊約半里，爲金星門港口。”據清人蔡顯原《金星門紀事有序》：“金星門在邑城東南唐家、旗（淇）澳二村之間，上距東洲門七十里，下距蠔鏡澳二十里，門上下皆内洋。當門處闊百餘丈，水極急。門内十餘里，燈籠洲以旗（淇）澳爲東南障遮零丁洋之口，可避颶風。燈籠洲東海雖闊，有暗沙，如門限不能横抵燈籠洲，故兵船、番舶在旗（淇）澳東則由零丁直抵虎門，在旗（淇）澳西則由金星門出入。”⑤

---

① 原文脱一“山”字。

② 〔清〕李遐齡：《勺園詩鈔》卷1《澳門海邊晚步》，《廣州大典》總第450册，第371頁。

③ 〔清〕王廷鈐等纂修：《香山縣下恭常都十三鄉采訪册・下恭常都地圖説》，第10頁。

④ 〔明〕郭棐纂修：萬曆《廣東通志》卷14《郡縣志》，《廣州大典》總第243册，第356頁。

⑤ 〔清〕蔡顯原：《銘心書屋詩鈔》卷2，同治二年（1863）刊本，《廣州大典》總第461册，第541頁。

明中葉以前,唐家灣對面的金星門海是由珠江口進入南海的交通要道;明中葉以後,由於葡萄牙人進入澳門,澳門成爲歐亞各國進行東西方貿易的繁盛國際港口,金星門變得更爲重要,成爲番舶、兵船經常出入的海上要道。《田志》載,道光十三年春,有夷船來泊金星門,踵至者五十餘隻,淇澳鄉人白上官驅之乃去。林謙《退思齋雜録》稱:"先是,水師提督李增階遣視金星門,東至旗纛澳一百七十餘丈,汪洋巨浸而水淺,西至唐家村一百四十餘丈而水深,欲以十餘巨艦載沙石塞之,不果。十三年前,有奸民引夷人如李法測量,蓋欲於此停泊銷售,偷漏關税故也。繼又於唐家、淇澳樹表量地,皆繪圖識墨。復於淇澳山建英吉利國旗,大有營造意。因英夷放債西洋夷,質其夷樓土庫夷人儲貨曰土庫,鵲巢鳩居。英夷無駐冬之例,則以候帳爲名。既盤踞澳門,且欲跨金星而有之,居心殊叵測。秋九月,恭常都紳士控諸大府,督撫張文告檄,築炮臺於門之左右,歲撥舟師守之。董役者苟且粉飾,未幾摧剥,夷人旋得新安之香港地,尤利便,不復至。"①道光十三年(1833)以前,有當地華人勾引英國人到金星門水道進行測量,在淇澳山豎起英吉利國旗。英吉利大有想"盤踞澳門,且欲跨金星而有之"的野心。可見金星門地理位置之重要。

小羅洲:又作"小羅涌",《鄧志》:"南洋諸島中有'小羅洲'。"《祝志》:"大羅涌、小羅涌,俱《申志》,今統名羅涌。"《田志》:"《申志》分大小羅涌,今惟統名羅涌,里數同上。去城一百二十八里,去土城南一十三里,俱近南山。"又有一説羅洲爲海陵島。《肇域志存》載:"海陵山,在西南七十里海中,高三百餘丈,延袤三百餘里,一名螺洲。"②從地理位置來看,《香山縣志》所載小羅洲應與海陵島無關。

深井山:《鄧志》:"深井山,即仙女澳也,亦名井澳,在横琴下。宋端宗御舟嘗至此。景炎二年十二月,帝舟入海,至仙女澳。丙寅風大作,舟敗幾溺,帝驚悸得疾。嘗一卻元兵於此。"《暴志》:"深井山,即仙女澳,一名井澳,在横琴下。"《澳門記略》:"横琴山下有仙女澳,一名深井山,澳曰井

① 〔清〕田明曜修:《重修香山縣志》卷22《紀事》,《廣州大典》總第297册,第470頁。

② 〔清〕顧炎武:《肇域志》第4册,上海:上海古籍出版社,2004年,第2208頁。

澳。”明代黄瑜有《悲井澳》詩稱:“上有深井山,下有仙女澳。”①

鸕鷀洲:《鄧志》所載南洋諸島有“鸕鷀洲”,《祝志》及《田志》均未收。疑其爲澳門西南方向海中之一小島。

尖峰嶺:《暴志》:“尖峰嶺,鳳凰山南。”《廣東海防匯覽》載:“九月乙亥,張保率船三百餘艘攻大黄圃東南,知縣彭昭麟撥繒船十四護西北。癸未,賊以紅旗由鵝嶺山逾尖峰嶺而下,以黑旗由西北河田進。”②據此可知,尖峰嶺應在香山大黄圃境内的鵝嶺山,尖峰爲其一山峰。

蜘洲嶼:《鄧志》所載南洋諸島中有“知州嶼”,《暴志》所載南洋諸島中有“知洲嶼”,《祝志》:“蜘洲,在前山寨西北十里,小山綿亘蒼秀,周迴八九里。”據《澳門及周邊形勢圖》蜘洲在前山寨之西南。“蜘洲”当即“蜘洲嶼”。今珠海市香洲區東南部三十六至三十七公里處有大蜘洲島和小蜘洲島,即爲蜘洲嶼。

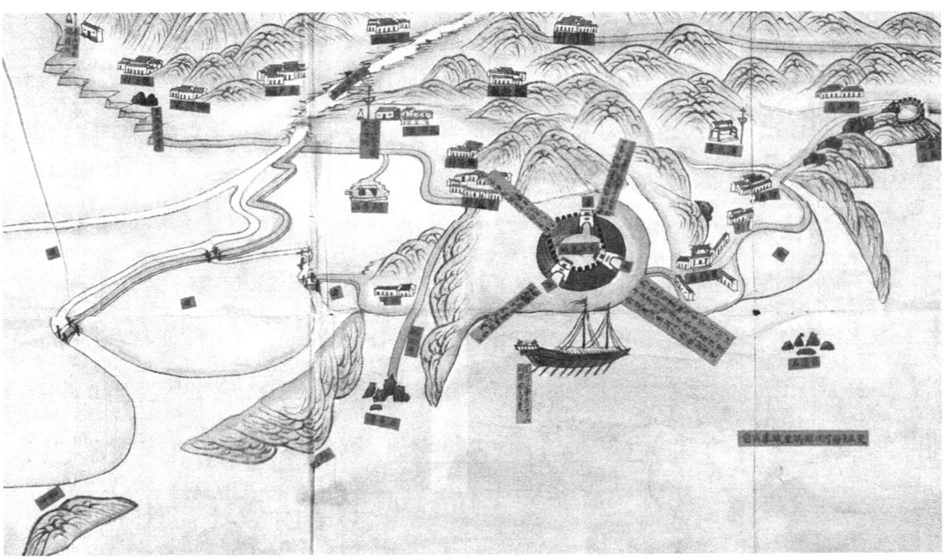

嘉慶十六年(1811)後《澳門及周邊形勢圖》中的蜘洲

① 陈永正主编:《全粤诗》第4册《悲井澳》,廣州:岭南美术出版社,2008年,第784頁。

② 〔清〕盧坤主編:《廣東海防匯覽》卷42《紀事》,《廣州大典》總第331册,第710頁。

石牛嶺:其名最早出現在《鄧志》:"(鳳凰山)其陽有尖峰嶺、石牛嶺在香山場後。"《暴志》則稱"石牛嶺,鳳凰山南。"《祝志》:"石牛嶺在香山場後,其山有石如牛,隱伏於林木葱蔚間。"據《祝志・恭常都圖》,滴水嶺東爲濠潭,南爲石牛嶺,又南爲香山場,西鄰河,北爲補築。爲今鳳凰山與山場之間的一座山。

游魚洲:《霍勉齋集》載:"廣州隔海不五里而近鄉名游魚洲,其民專駕多櫓船隻接濟番貨。每番船一到則通同濠畔街。外省富商搬瓷器、絲綿、私錢、火藥違禁等物滿載而去,滿載而還,追星趁月,習以爲常。官兵無敢誰何。比抽分官到,則番舶中之貨無幾矣。番夷市易將畢,每於沿海大略童男童女而去,游魚洲人時亦拐略人口賣之。"①萬曆《廣東通志》載:"長寧縣東三里有象首山,下有樟樹鎮、三星潭、游魚洲。"②《暴志》載南洋諸島中有"游魚洲",當即采訪册之"游魚洲"。此游魚洲應該不是廣州南五里的游魚洲,也不是長寧縣的游魚洲,而應在澳門半島南面的諸小島中。

石甑山:又名谷圍石,位於鳳凰山東南,香山場前。最早見於《鄧志》:"石甑山,鳳凰山東南,香山場前。"《祝志》:"石甑山,在香山場之南,石高數仞,屹立山巔,形圓直如甑。下有小石,盤錯其中。春夏雲霞蒸蔚如爨煙然,因以得名。土人又名爲谷圍石。"今無其名。

檐桿洲:《鄧志》載南洋諸島中有"擔桿洲"。"檐"爲"擔"之誤。嘉慶《新安縣志》載:"擔杆洲,在縣南海中,形如擔杆,外即大洋無際,番舶入廣必由此。離縣治約三百里。"③在今珠海市香洲東南部七十三公里處有擔杆島。

馬盾山:南洋諸島中之一島嶼。《暴志》:"馬盾山,有村名涊涌。"馬盾分隸香山、新會。涊涌村,今屬珠海市六鄉鎮,位於磨刀門水道上游之西岸。

翠眉山:《鄧志》所載南洋諸島中有"翠眉山"。而《祝志》:"翠微山,一作翠眉,又名大環山。在縣東南一百一十五里,廣五里,高六十丈,由鳳凰山

---

① 〔明〕陳子龍等選輯:《明經世文編》卷368《霍勉齋集》卷1《上潘大巡廣州事宜・廣州利弊》,第3976頁。

② 〔明〕郭棐纂修:萬曆《廣東通志》卷34《郡縣志》,《廣州大典》總第244册,第9頁。

③ 〔清〕舒懋官修:嘉慶《新安縣志》卷4《山水略》,《廣州大典》總第301册,第261頁。

迤邐而來。”又載：“花鴨山南折三里爲大環山，西爲翠微鄉鳳池書院。”即今翠微山。據《祝志·恭常都圖》標“大環山”在金牛車山之南，雞心嶺之北。香山有三處“大環山”。另兩處名“大環山”者，一爲三灶島上的“大環山”，距濠鏡澳約“六十里”；一爲四字都的“大環山”，“在縣東二十八里”。

大磨山：《鄧志》載南洋諸島中有“大磨山”。疑即“大磨刀山”。《澳門記略》：“澳西不十里有北山，下爲北山村、沙尾村，西爲燈籠洲……又西爲大托山、小托山、大磨刀山、小磨刀山。”《澳門記略·海防圖》有磨刀角炮臺，當位於大磨刀山上。位於今珠海市斗門區與中山市交界的磨刀門。

王魚洲：《鄧志》所載南洋諸島中有“王魚洲”。未見其他文獻記載，應爲澳門半島西南海中小島。

南蕉山：又稱南山。《鄧志》：“南蕉山，與鳳凰山對峙，絶頂有泉，清澈不絶，曰龍潭。前有三軍岩。《舊志》：‘宋末有陳媼者，據險率衆爲亂，因名。其子曰勇。子降於元。’”《祝志》：“南蕉山，土人呼爲南山，與鳳凰山對峙。”《田志·輿圖上》載南山在鳳凰山右側。

伶仃山：又作“零丁山”。《鄧志》載：“零丁山，下有零丁洋。”《祝志》：“零丁山，下有零丁洋。内洋曰小零丁，外洋曰大零丁。”據《廣東省珠海市地名志》：“外伶仃島，在香洲東南部五十一公里處，在珠江口東側，位於香港西南部出海口中央。”又有内伶仃島，位於淇澳島以東十四公里處。

南山亭：疑爲南山或南山上之亭。《蒼梧總督軍門志》之《廣東沿海圖》中有南山，南鄰浪白、三灶，北爲虎跳門。①《鄧志》有“南山亭，在南洋，不在版圖”。《申志》稱南山亭爲“在南洋，不在版圖”之島嶼。今其名不存，當爲浪白與虎跳門之間一島嶼。

小磨山：又作“小磨石”，《鄧志》稱“小磨石”是“在南洋，而不在版圖”的島嶼，疑即“小磨刀”。汪後來《鹿岡詩集》詩稱：“大磨刀接小磨刀地名，

---

① 〔明〕應檟、劉堯誨修：《蒼梧總督軍門志》卷5《全廣海圖》，北京：書目文獻出版社，1991年，第91頁。

岸闊帆輕秋氣高。”①位於今珠海市斗門區與中山市交界的磨刀門。

三灶山:《鄧志》:“三灶山,三石形似名,與横琴相對,皆抵南番大洋。本宋黄字上下二圍。元海寇劉進據之,國初寇平,復入黄梁都,有田三百餘頃,皆極膏腴,編民糧差。後居民吴進深通番爲亂,洪武二十六年都指揮花茂奏殲渠魁,悉遷餘黨,其田永不許耕。”《祝志》:“三灶山,在縣西南二百里海中,林木蒼翠,中有三石如灶,故名。有田三百餘頃,皆極膏腴。其西爲浪白澳,烏沙海匯其中,東與横琴相對,皆抵南番大洋。古爲海寇所據,今俗安耕鑿,士樂詩書,絃誦之聲,焻然而起。”即今珠海市三灶鎮之地。

望門山:《鄧志》:“望門山,在縣東南一百一十里,起自北嶺,延袤二十里,如旗,至海門,突起群岫,隔九星大洋。内包鄉都,外泊艘艦,漁樵蝟集,陶然古風,亦勝景也。”《祝志》:“望門山,在縣東南一百一十里,起自北嶺,延袤二十里至海門,突起群岫,隔九星大洋,内包鄉都,外泊舟艦,漁樵紛集。”

大羅洲:又作“大羅涌”,又有小羅洲,一作“小羅涌”。《鄧志》列其爲“在南洋,不在版圖”之島嶼,屬黄梁都。《祝志》:“大羅涌、小羅涌,俱《申志》,今統名羅涌。”當爲今珠海市西南部一地,其名不存。

榴花山:在藍屏山之南。《鄧志》:“榴花山,藍屏之南,産榴花,東南巨海。”當爲今珠海市西南部一地,其名不存。

白藤洲:《鄧志》稱白藤洲“在南洋,不在版圖”之島嶼,其他方志均未見三灶島白滕洲之名,道光《廣東通志·海防圖》標“白洲”在黄粱都南面,三灶島北面。②即今珠海市井岸鎮南部3公里處、磨刀門西側有白藤湖,位於白藤山(島)下,此“白藤山(島)”當即白藤洲。

小湖洲:《鄧志》稱“小湖洲”爲“在南洋,不在版圖”之島嶼。據《澳門記略·海防屬總圖》,湖洲南爲旗澳(旗毒澳),北爲小横檔,東爲下横檔,西爲金星門。疑爲湖洲。③ 爲位於今珠海市西南部某地古地名。

---

① 〔清〕汪後來:《鹿岡詩集》卷4《澳門即事同蔡景後六首》,《廣州大典》總第442册,第858頁。

② 〔清〕阮元:道光《廣東通志》卷124《海防》2《廣東沿海圖·澳門部分》,《廣州大典》總第253册,第585—586頁。

③ 〔清〕印光任、張汝霖:《澳門記略·海防屬總圖》,《廣州大典》總第221册,第316頁。

藍屏山：參見前“南屏”條。

茫洲：當即“芒洲島”。《鄧志》稱茫洲“在南洋，不在版圖”之島嶼。《澳門記略》稱澳門“其南有四山……曰茫洲”。光緒《沿海七省口岸險要圖》標茫洲在馬格里勒島（小橫琴島）西北角旁的一小島。據《勘地十説》稱，芒洲島中無居人，英人金約翰《海道圖説》名爲大岡，云與横琴西角同居寬河東岸。查寬河口即虎跳門，《紀略》云，崇禎十年，紅毛駕四舶，由此門入廣州求市，明初市於浪白寬河一島也。土人云，奧有三門，寬河其一。芒洲山向西北開，面墳墓纍纍，有梁姓墓，光緒六年重修。西行上嶺，嶺畔平岡，西伸入海，岡盡頭處有中國石炮臺，四方而空其中，高二三丈，臺各十二步，惟東邊石墻稍圮。西面臨海，炮眼猶存，兵房舊基即在。炮臺之東，相離數尺，石墻已圮，苦無碑碣可尋，土人云的係嘉慶時建。自炮臺至山頂五百步，自山頂過峽，翻嶺至東麓，又一千一百步，共計東西約一千六百步，然上下嶺峽當扣折，不能平算。寬度也，洲南北斜窄，東西袤長。洲北另附一小島，名小芒洲葡圖未繪。按芒州西扼寬河之口，北據香山往澳之路。葡使羅沙久爲澳督澳門南環之東近東望洋山，有羅沙督憲新街名目，熟悉形勢，繪圖及此，定有雄心。我馬溜洲關廠巡船專重西路，且芒洲北水路亦通前山，是芒洲爲澳西海道之筦鑰。爲今之計，當借緝防洋藥爲名，速將炮臺兵房略加修葺，高竪龍旂，以絶其望。駐勇丁數名，專司瞭望，較他處分卡爲優，有益厘務，亦非淺鮮。此履勘芒洲之實在情形也。① 茫洲即今珠海市横琴島西北之杧洲。據金豐居士記載，明崇禎七年（1634），澳中圣拉匝祿麻風病院由柿山遷移去路環外的一個荒島“忙洲島”。② 金豐居士稱1634年麻風病院遷至茫洲有誤，遷麻風病院至横琴是在1878年。③ 今芒洲島分大芒洲島和小芒洲島，均在珠海香洲西南部19公里處、横琴島西北側，大芒洲島在南，小芒

---

① 黄福庆等編：《澳門專檔》第1輯，《北洋大臣李鴻章爲寄送幕客程佐衡巡澳説略事復總理衙門文》，臺北：“中研院”近代史研究所編印，1995年，第257—258頁。

② 金豐居士：《澳門街巷來龍去脈》，載《大衆報》。

③ 中國第一歷史檔案館、澳門基金會、暨南大學古籍所合編：《明清時期澳門問題檔案文獻彙編》第3册《幕客程佐衡著〈勘地十説〉》，北京：人民出版社，1999年，第342頁。

洲島在北。

大托:又稱"大托山"。《鄧志》稱"大托山,在南洋,不在版圖"。《祝志》載:"大托山,在土城東北三十里,西望虎跳門四十七里,四際皆海,周遭二十餘里。"當爲今珠海陸鄉鎮大托村附近之小山。

小托:又稱"小托山"。《鄧志》稱"小托山,在南洋,不在版圖"。《祝志》載:"小托山,距黄楊山七里,虎跳門四十里。"當爲今珠海陸鄉鎮小托村後之小山。

三門:又稱"三門山""三門島"。《鄧志》稱"在南洋,不在版圖"。《祝志》載:"三門山,在海中,三山齊斷如門,今皆成田。"在今珠海市香洲東南部五十公里處的三門列島中央,是三門列島中最大的島嶼。

浪白:又稱"浪白滘",葡文作"Lampacon"或"Lampacão",是澳門附近海域古島名,位於原香山縣南舊黄梁都以南海上,即今三灶島之西,連灣與文灣兩島之間,"在香山澳之南,爲番舶等候接濟之所"①。該島周圍廣"三十餘里"(一説"廣百餘里"),内有居民村落,是澳門西面的一個大島。② 屈大均稱:"香山故有澳,名曰浪白,廣百餘里,諸番互市其中。"③胡宗憲稱:"九星洋等處而西,浪白澳尤甚,乃番舶等候接濟之所在。"④嘉靖初年,浪白即已成爲外國船隻停泊與貿易之所。⑤ 據《祝志》載:"文灣山在土城之南六十二里大海中,峰巒秀卓,與連灣山對峙,中界浪白滘海,自成一港灣,拱如門,

---

① 〔清〕和珅等:《大清一統志》卷339《廣州府·濠鏡澳山》。

② Alessandro Valignano, *Historia del principioy progresso de la Companñia de Jesús en las Indias Orientales*:1542-1564, p. 298.

③ 〔清〕屈大均:《廣東新語》卷2《地語》,北京:中華書局,1985年,第36頁。

④ 〔明〕鄭若曾編:《籌海圖編》卷3《廣東海防》,載《中國兵書集成》編委會編:《中國兵書集成》,第15—16册,北京:中國解放軍出版社,1990年,第313頁。

⑤ 〔清〕祝淮修《新修香山縣志》稱葡萄牙人正統年間入局浪白,應爲誤傳,實應是嘉靖年間。〔明〕黄佐編纂:嘉靖《廣東通志》卷31《政事志》4及卷66《外志》3《番夷》;〔清〕祝淮:《新修香山縣志》卷1《輿地》上,《廣州大典》總第296册,第291頁;〔清〕田明曜修:《重修香山縣志》卷8《海防》,《廣州大典》總第297册,第123—124頁。

有鷄心洲收束。其勢山横列如城垣,廣三十餘里,内有村落。明正統[①]間佛郎機夷舶居浪白之南水村,欲成澳埠,後爲有司所逐。”當在四月風汛起到九月終止時,明朝政府募東莞縣兵夫後生五百名駕大烏艚民船八艘及海盗隨捕快馬船八艘在浪白澳留守,由備倭指揮一員統領。[②] 浪白澳爲諸番互市之處應在嘉靖初,而葡萄牙商人開始大批入浪白澳應是在 1554 年之後,“他們與中國官員達成了協定,以便更安全地在那裏貿易,繳納皇帝的税收,平安地生活在一個爲他們指定貿易的名叫‘浪白澳’(Lampacon)的小島上。它距雄偉的廣州城二十里格,當時葡萄牙人前往那裏同華人進行貿易。”[③]明代羅大紘《紫原文集》載:“先是,暹羅、佔城、滿剌加等國人航,貨止浪白地投納,與廣人市。嘉靖初,始至外洋,後漸至澳,直抵海岸矣。”[④]

白蕉:又作“白蕉山”。《暴志》載:“白蕉,有田可耕。”《祝志》載:“白蕉山,俗謂海旁岐石爲蕉,其山廣十里,北爲桅夾門,石竪如桅,夾對列若門,故名。二山皆分峙海中。”今珠海西部白蕉镇下有白蕉村,即赖家村。

散洲:《鄧志》稱散洲“在南洋,不在版圖”之島嶼。後不載,應爲澳門半島西南海上之島嶼。

桒洲:“桒”古同“桑”,即桑洲。《鄧志》稱桑洲“在南洋,不在版圖”之島嶼。光緒《廣東全圖》標桑洲在三灶山之東,高蘭(皋蘭)山之北。應爲今澳門半島西南之某島嶼。

赤洲:《鄧志》稱赤洲“在南洋,不在版圖”之島嶼。《田志》載赤洲距澳門“五十里”。應爲今澳門半島西南之某島嶼。

鬼叫:《鄧志》稱鬼叫“在南洋,不在版圖”之島嶼。後不載,應爲澳門半

---

① 此處“正統”有誤,當爲“嘉靖”。

② 〔明〕黄佐編纂:嘉靖《廣東通志》卷 31《政事志》,《廣州大典》總第 241 册,第 101 頁。

③ Alessandro Valignano, *Historia del principioy progresso de la Companñia de Jesús en las Indias Orientales*:1542 – 1564, p. 298. 范禮安手稿成於 1601 年,他在 1577 年到達澳門,距澳門開埠僅 20 年,其言應是可信的。

④ 〔明〕羅大紘:《紫原文集》卷 10《南太常卿徐貞學先生學行述》,《四庫禁毁書叢刊》影印明末刻本,集部第 140 册,第 81 頁。

島西南海上之島嶼。

宿聚:《鄧志》稱宿聚“在南洋,不在版圖”之島嶼。同治《大清一統輿圖》標宿聚在桑洲之東,大横琴島之西。

倒觸:《鄧志》稱倒觸“在南洋,不在版圖”之島嶼。後不載,應爲澳門半島西南海上之島嶼。

皋蘭:又作“高瀾”“高欄”,也名“皋蘭山”。《祝志》載:“皋蘭山,在三灶西南二十里大海中,五峰桀竪如指,谷多蘭卉。”即今珠海高欄港。

竹洲:《鄧志》稱竹洲“在南洋,不在版圖”之島嶼。清《澳門記略·海防屬總圖》標“竹洲”在澳門半島東南,獅澳島的東北,位於今珠海市香洲東南部40公里處,珠江口外,萬山列島東側,西北距澳門63.6公里。

粉洲:《鄧志》稱粉洲“在南洋,不在版圖”之島嶼。《澳門記略·海防屬總圖》標“粉洲”在澳門半島西北,磨刀角炮臺西北,黄梁都城正北。位於今珠海市斗門區蓮洲鎮。

大淋:《鄧志》稱大淋“在南洋,不在版圖”之島嶼。據《著色雍正石排圖》標大淋洲在大横琴南面,三灶山西南。① 即今珠海市三灶鎮西北之大林一地。

小淋:又作“小淋洲”《鄧志》稱小淋洲“在南洋,不在版圖”之島嶼。《澳門記略·海防屬總圖》標小淋在澳門半島的西南面,磨刀角炮臺的南面。即今珠海市三灶鎮西北之小林一地。

文灣:又作“文灣山”。此處首次見於文獻記載,後《祝志》采用并補充載:“文灣山,在土城之南六十二里大海中,峰巒秀卓,與連灣山對峙,中界浪白滘海,自成一港,灣拱如門,有鷄心洲收束其勢。山横列如城垣,廣三十餘里,内有村落。明正統②間,佛郎機夷泊居浪白之南水村,欲成澳埠,後爲有司所逐。”爲今高欄島西部島嶼。

---

① 中國第一歷史檔案館、澳門一國兩制研究中心選編:《澳門歷史地圖精選》之《著色雍正石排圖》,第99頁。

② 此處“正統”當爲“嘉靖”之誤。

連灣:又作"連灣山"。此處首次見於文獻記載。《祝志》載:"連灣山,發自新寧銅鼓山、大金山,越海而來,爲郡邑之外關,在土城之南六十里大海中,西南爲文灣山,東南與三灶、大淋山對峙,名鷄啼門,波濤震激,雖午晴無風,猶滹然洶洶。北爲文樓山,涌浪山南,則天水混茫矣。"位於今珠海市井岸鎮南部十五公里處,坐落於上連灣和下連灣之間。

二灣:《鄧志》稱二灣"在南洋,不在版圖"之島嶼。又稱:"二灣,居民二氏同三灶,虛之。"今珠海市香洲東南部三十公里處,桂山島西南側有海灣名"二灣",疑"二灣山"爲其附近之島嶼。

廘脛:《香山縣志》中不見其地名,"廘"疑爲"鹿"之誤。《鄧志》列"在南洋,不在版圖"之島嶼中有"鹿脛"一島。

潭洲:《鄧志》稱潭洲"在南洋,不在版圖"之島嶼。後不見,應爲澳門半島西南海上之島嶼。

雞籠:《鄧志》稱雞籠"在南洋,不在版圖"之島嶼。位於今珠海市香洲東南部五公里,九洲群島北側,西距香洲大陸近三公里,形似鷄籠,故名。

丫洲:《鄧志》稱丫洲"在南洋,不在版圖"之島嶼。疑爲"鴉洲",即今香港島外之南鴉洲島。

錫坑:在英管山之東。《鄧志》稱錫坑是"在南洋,不在版圖"的島嶼。《祝志》:"鸚(英)管山之東腰辟一洞,名錫坑,平坦寬廣,田數十畝,村民耕牧其間。"

箔洲:《鄧志》稱箔洲"在南洋,不在版圖"之島嶼。後不見,應爲澳門半島西南海上之島嶼。

孿洲:《鄧志》稱孿洲"在南洋,不在版圖"之島嶼。後不見,應爲澳門半島西南海上之島嶼。

大嶺頭峰:《鄧志》稱"大嶺頭峰在鳳凰山之陽"。應在今珠海大鏡山一帶。

秋風角山:《鄧志》稱秋風角山在鳳凰山之陽。《祝志》稱:"鵝槽山在灶貝村西七里,下爲秋風角,與將軍龍井山隔海相對,距濠鏡澳十五里。"光緒九年(1883)《沿海疆域圖》標"秋風角"在前山寨西南,澳門青州島之西北。

大約在今珠海市香洲區均昌圍一帶。①

九星洲山:澳門城東南海中有九島如星,是爲九星洲山,《廣東輿圖》謂之“七星洲”,在鷄頸山以東,伶仃山之西南,北爲金星山。《鄧志》載:“九星洲山,九峰分峙,多石岩、石屋、靈草。石上溜水甘美,爲番舶往來所汲,曰‘天塘水’。”《澳門記略》載:“澳東爲東澳山,又東爲九星洲山。”《祝志》載:“九星洋在城東南海中,有九島如星,爲九星洲山。山多石岩、石室,可坐十餘人,其草芝蘭。”罗伯特·巴福特(Robert Burford)繪製的《澳門全景圖》標注44爲“九星洲”之名,謂之“九島”(Nine Islands)。②

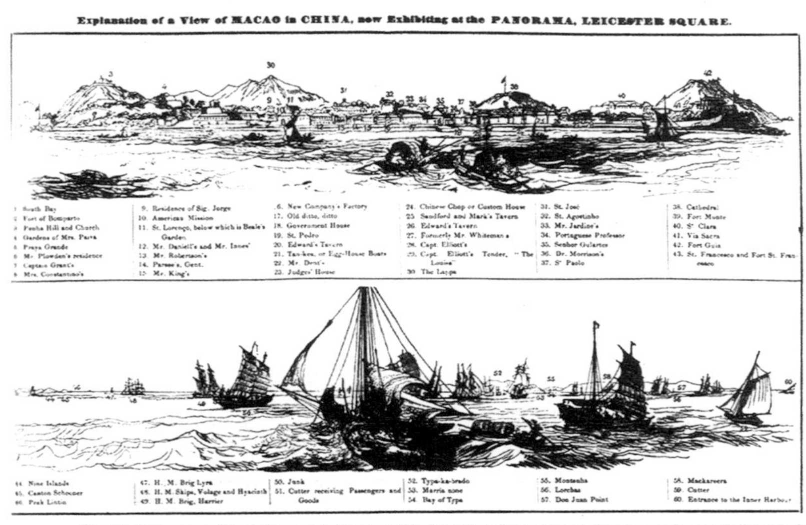

1840年澳門全景圖(原載《文化雜志》)

風門凹嶺:《暴志·山川》載:“鳳凰山南設烽堠,北雞柏村,舊有銀礦,今無。”《祝志·輿地下》載:“風門凹嶺,在鳳凰山南,舊有銀礦,今無。”當在今珠海唐家灣銀坑村附近。

大横琴山、小横琴山:横琴一名,最早出於明景泰七年(1456)《寰宇通

---

① 中國第一歷史檔案館、澳門一國兩制研究中心選編:《澳門歷史地圖精選》,第79頁。

② 〔葡〕康納(Patrick Conner):《錢納利眼中的澳門建築》,楊秀玲、李麗青譯,載《文化雜志》第35期,1998年夏季刊。

志》①,“横琴山,在香山縣南二百里海上,形如横琴”;《鄧志·香山縣圖》在鳳凰山、龍角山西南并排標有“大横琴山”“小横琴山”。横琴山,又作黄琴山,《籌海圖編·廣東沿海山沙圖·廣七》標“小黄琴山”於“澳山”之東北②,此“澳山”當即東澳山(東澳島)。大横琴島,葡文作 Ilha da Montanha,小横琴島,葡文作唐若望島(Ilha de D. João),又作馬格里勒島(Ilha de Macareira)。《暴志》:“小横琴山在縣南二百里海中,二山相連,故名横琴,下有雙女坑。《舊志》:‘樵夫見二女溪上,就視之,化雙鯉。’大横琴山,元末海寇王一據之。”《澳門記略》:“横琴山下有仙女澳,相傳有樵者見二姝殊麗,就視之,化雙鯉,今有雙鯉石。”可知,仙女澳即雙女坑,在横琴島。《澳門記略·海防圖》標明與氹仔和路環島左邊相鄰的爲標有大角頭和舵尾兩地名的島嶼,與九澳山左邊相鄰的爲標有横琴、亞婆灣、深井和淺井四個地名的島嶼。嘉慶二十年(1815)《香山縣圖》將大小横琴標在一處,即在一個島上。北面的小横琴島又標上“舵尾”島。光緒十八年(1892),《廣東輿地圖説》亦將大横琴與小横琴標在一個島上,大横琴偏東北,小横琴偏西南。《祝志》標有横琴、深井、二井,無大、小横琴之名。但《祝志》《厲志》及道光《廣東通志》之《香山縣圖》均將大横琴和小横琴分標爲兩島,小横琴在北面,大横琴在南面,而北面標小横琴的位置即其他地圖標舵尾島的位置。故學術界多以小横琴即舵尾。而據光緒十三年(1887)張之洞幕客程佐衡親自走訪澳門及附近島嶼著《勘地十説》稱,小横琴即在横琴島上。其文曰:“大山(横琴山)南行過峽處,另起一山,東西横列深井三條村之南,《記略》所謂小横琴者,恐即指此。”又稱:“先至南山旁一村,旁有洪聖廟,此爲舊村,亦名‘下村’,與北邊上村同時成聚在明之初,因介在大小横琴之間,直呼村爲‘横琴’。”③《祝志》載恭常都有“横琴上、下村”。這兩村一在大横

---

① 〔明〕陳循等編:《寰宇通志》卷102《廣州府》,明景泰内府刻本。

② 〔明〕胡宗憲撰:《籌海圖編》卷首《廣東沿海山沙圖·廣七》,文淵閣四庫全書本,第584册,第8頁。

③ 中國第一歷史檔案館等合編:《明清時期澳門問題檔案文獻彙編》第3册《北洋大臣李鴻章爲寄送幕客程佐衡巡澳説略事復總理衙門文》附録2《幕客程佐衡著〈勘地十説〉》,第341頁。

琴,一在小横琴,北邊上村在大横琴,南邊下村在小横琴。程佐衡認爲,大、小横琴均在横琴島上,大横琴在北,小横琴在南。故《采訪册》在山川目内,先有大、小横琴兩地名,後又列舵尾一地。至少可以證明,直至清道光年間,當地人仍認爲大、小横琴島之外,還有一"舵尾島"。

據葡文資料,氹仔炮臺對面是小横琴島,這里有三個村子,第一個村子以小横琴島爲名,第二個叫夏灣村,第三個叫薯莨崗。[①]夏灣村,今作"下灣",在横琴島的北面,所以今天横琴島的北部舊爲小横琴島,南部爲大横琴島,與程佐衡之説相左。清光緒《沿海七省口岸險要圖》標"馬格里勒島"在上,大横琴島在下,"馬格里勒島(Mackareera)"即小横琴島。故知"小横琴島"在北,"大横琴島"在南,程佐衡之説當誤。《田志》稱"小横琴山下有雙女坑","大横琴山在城南二百里路,下有井澳",又有"深井山,即仙女澳,亦名井澳,在横琴下",又稱"雙女坑在小横琴山,仙女澳在大横琴下之深井山,事迹不同。仙女謂陳仁嬌,詳'仙釋'。《澳門記略》牽混爲一,今從《申志》。蓋大小横琴雖曰相連,實東西相距也。"

《田志》:"十字門爲最便泊船處以東面有二高島,南曰九澳,北曰大拔(Taipa)。九澳與大横琴東北角之間有甚窄水道,僅深二十四尺,至近大拔處僅深九尺至十尺。又大拔以西與馬格里勒(Mackareera,小横琴島)以東其間深三拓半至四拓之處亦便泊船。"又有:"已過十字門可直行,以至澳門港潮退盡時大拔與澳門港間深十三尺,惟大拔與澳門最寬處僅深十一尺至十二尺。自大拔至澳門水道甚直,亦無隱險,惟距馬格里勒(Mackarreera)東北角東面四分里之一有一隱石,曰白特勒每亞(Pedra - mea)西女名,凡行船者應視大横琴東北角與馬格里勒東面相離即可避之。當行過隱石時應多向大拔窄水道中界而行進澳門法程。已過隱石即可直向港口而行,除水道東面之白特勒阿理克(Pedra Areia)西女名險石外,餘無他險。自此石視港口西南面馬騮洲二高小島,最外者之南角爲西偏南,又南二分之向相距一里又四分里之一視八勒一曰'生以阿哥答八勒'(Santiago da Barra)。炮臺角爲西北,又

① Manuel Teixeira, *Taipa and Colane*, Macau: Tipografia Mandarin, 1981, p. 23.

北一分之向相距半里。凡行至此視大横琴東北角與馬格里勒(Mackareera)東角成直綫即可偏西而行,以避白特勒阿理克(Pedra Areia)隱石,又勿偏向大拔島與八勒(Barra)炮臺角間直綫之東亦可避此隱石俱進澳門法程。”“澳南有十字門,十字門西大横琴與三灶,到督環斜對中爲横州、三灶。西迤北爲鷄啼門,又西爲連灣,爲浪白。又西迤北爲大虎、三角山,居大虎、浪白間,左右海如兩脅,皆要領也。大虎西迤北則西入厓門,北入虎跳門。而西南接新甯、上下川界,警備不可不嚴。雖諸處海道日淺,數十年後或漸作桑田,而目前尚宜謹鍵,其門多設巡哨於内。此外如黑山、高瀾、大芒、黄茅頭、荷包灣,蓋舟師游奕之所耳,非一臺一汛所能支也。老萬山雖在大横琴南六十里外。”

大吉山東水曰向十字門。小吉山北水曰乾門。

大吉山東水曰向十字門:“向十字門”應爲“内十字門”之誤。《鄧志·風土志第一》原文爲“大吉山,上、東、中水曰内十字門”。《申志·輿地》改爲“大吉山,山之東、中水曰内十字門”。《暴志·山川》改爲:“大吉山,東水曰内十字門。”大吉山,他處不見此名。《澳門記略·海防屬總圖》舵尾島東端有地名“大角豆”,《祝志·海防總圖》在舵尾之東稱“大角頭”。余疑“大角頭”即“大吉山”,其東水爲内十字門,與上文合。

小吉山北水曰乾門:《鄧志·風土志第一》原文爲:“小吉山,上、西、北、中水曰乾門。”《申志·輿地》改爲:“小吉山,山之西北中水曰乾門。”《暴志·山川》改爲:“小吉山,北水曰内乾門。”《祝志·澳外交界圖》在鷄頸與潭仔之間標有乾門,故疑小吉山當指鷄頸山。

濠鏡澳山在城東南一百二十里,東與東澳山相對,南有十字門,潮水環繞,西與横琴山相對,北有青洲山。以上諸山川名載《舊志》。

濠鏡澳山:即澳門。據《廣州輿圖》載:“濠鏡澳山:在城東南壹百貳拾里。東與東澳山相對,南有十字門,潮水環拱,西與横琴相對,北有青洲山。

澳内有三巴寺、東西望洋寺,後有炮臺。《舊志》未載,今查出。"①

東澳山:即東澳島。《澳門記略》載:"澳東爲東澳山。"位於珠海市香洲區東南部海域的萬山群島中南部。

丫髻山、野貍洲、白石排、三牙排、大嶼山、白排洲、大頭洲、燈籠洲、企人石、蒲臺石、老萬山、南寧門、馬鬃洲、根竹洲、白春環、仙女澳、過路環鹽灶灣,奸徒鑿石處、鯽魚灣奸徒鑿石處、大馬騮洲、小馬騮洲、南野角、上滘、浪烈、大麓、小麓、大岡、細岡、鵝槽、孖洲、坦洲、蛇埒、挂椗、舵尾、北山、三角、杯澳、獅澳、潭仔、蜘洲、銀坑、横洲、蠔田、鷄頸、將軍、龍井、英管、鶴洲、雙柱、九澳舊鑿石處、青洲、二井一名井澳、蒲灣現鑿石處、竹灣新鑿石處、潭仔山新鑿石處、南門頭新鑿石處、榕樹環舊鑿石處。以上諸山川《舊志》未載。

丫髻山:在谷都。《鄧志》:"棱角山在縣東南八十里……曰丫髻峰。"此"丫髻峰"在香山縣城東南八十里,此"丫髻峰"非"丫髻山"。《祝志》:"丫髻山,在縣西南八十五里,鋭出群峰之上,頂峙喬石三,遠望只見其二,如丫髻然。"又同書《谷都圖説》稱:"谷都山脉發自丫髻山。"其《谷都圖》標注"丫髻峰"在龍井之西南,南野角之北。《廣東輿地圖説》載:"丫髻山,西南濱海,去城西南九十里。"②

野貍洲:《祝志》稱濠鏡澳外"東三十五里"爲野貍洲。又作"野貍山",《厲志・下恭鎮圖》標"野貍山"在今珠海市香洲灣内之島嶼。

白石排:在下恭常都。《祝志》:"白石排,在前山寨西南十里,秋風角西三里,石從海中涌出,巑然如小阜,鳥翔集其中,常數百群。"同書之《恭常都圖》標"白石排"在秋風角稍南,茫洲島之東。當即今白石山,位於珠海市井

---

① 〔清〕蔣伊:《廣東輿圖》卷2《香山縣圖説》,《廣州大典》總第235册,第433頁。

② 〔清〕廖廷臣:《廣東輿地圖説》卷1《廣州府》,臺北:臺灣成文出版社,1967年,第99頁。

岸鎮北堡五公里處,白蕉鎮境内。

三牙排:《祝志》載:"其與西炮臺(又稱小萬山炮臺)稍近者則爲……三牙排,距澳一百一十里。"《廣東輿地全圖·香山縣圖》標三牙排在東澳島之東北,爲一小嶼,界臨新安縣。即今珠海市東南海上的三牙排島。

大嶼山:又名"大漁山""大奚山"。《新安縣志》載:"大奚山,一名大嶼山,在縣南百餘里,爲急水、佛堂門之障。山有三十六峚,周圍二百餘里,有異鳥見則大風生,山中有村落,多鹽田。"①大嶼山,原屬東莞縣,李賢《明一統志》載:"大奚山,在東莞縣南四百里。"②雍正《廣東通志》載:"大奚山,在城南百餘里,一名'大漁山',爲急水、佛堂二門之障。有三十六嶼,周圍二百里。各舊志屬東莞,今析隸新安。"③歷代《香山縣志》均無關於大嶼山之記載,蓋因大嶼山在新安境内。然而又有稱其爲"澳門大嶼山"④者,誤。

白排洲:又稱"白排",或"白排島",道光《廣東通志》作"百排"⑤。《祝志》稱濠鏡澳外"又東三十五里"爲白排洲。《廣東輿地全圖·香山縣圖》標白排緊連野貍洲,即爲今珠海市香洲灣内島嶼,東距廟灣島近三公里。

大頭洲:又作"大頭山",《祝志》:"大頭洲跨其(濠鏡澳)上,大頭洲距澳五十里。"《田志》作"大流洲",在大碌島之南,赤洲島之西。道光《廣東通志》標大頭山在百(白)排島之南,氹仔之東。即今珠海東南海上大頭洲島。⑥

燈籠洲:《澳門記略》稱澳門之西爲"燈籠洲"。《田志》標燈籠洲在茫洲和蜘洲之西,應即今珠海市斗門區井岸鎮東面的燈籠村一帶。

企人石:《祝志》:"企人石,在澳門西十五里。"即今珠海市南屏鎮洪灣涌口東側。

---

① 〔清〕舒懋官修:嘉慶《新安縣志》卷4《山水略》,第257頁;《明清時期澳門問題檔案文獻彙編》第2册《廣州將軍哈豐阿等奏報英國兵船夷目均已押逐出口水陸兵弁撤歸營伍摺》,第235頁。

② 〔明〕李賢:《明一統志》卷79,天順五年(1461)御製序刊本。

③ 〔清〕郝玉麟修:雍正《廣東通志》卷10《山川》,《廣州大典》總第248册,第301頁。

④ 〔清〕盧坤主編:《廣東海防匯覽》卷42《紀事》4,清道光十八年(1838)刻本。

⑤ 〔清〕阮元修:道光《廣東通志》卷124《海防圖》,《廣州大典》總第253册,第585頁。

⑥ 〔清〕阮元修:道光《廣東通志》卷124《海防圖》,《廣州大典》總第253册,第585頁。

蒲臺石:《祝志》:"濠鏡澳外……又南左曰蒲臺石。"《澳門記略·海防署全圖》標"蒲臺"在外十字門旁,大横琴島東南。即今珠海市東南海上的小蒲臺島。

老萬山:《澳門記略》:"(澳門)又東南爲老萬山。自澳門望之,隱隱一髮,至則東西有二山,相距三四十里。"《祝志》:"濠鏡澳又東爲老萬山,距澳六十里,東西二山,相距三四十里,各設炮臺。"即今珠海市東南海上的大萬山島和小萬山島。

南寧門:《祝志》:老萬山爲東西二山,二山各設炮臺,"東炮臺距澳六十里,西炮臺距澳八十里,東西炮臺中則爲南寧門,距澳七十里"。光緒十八年《廣東輿地全圖·香山縣圖》標南寧門在大萬山島之北。

馬鬃洲:《祝志》標馬鬃洲在三灶島之東,《澳門記略·海防屬總圖》標馬鬃洲在三灶島之東,靠近三灶炮臺。即今珠海市斗門區三灶鎮東面的馬鬃島。

根竹洲:《祝志》:"(濠鏡澳)又西南爲根竹洲,距澳一百一十里。"光緒十八年《廣東輿地圖説·香山縣圖》標"根竹洲"在大横琴島之西北,中隔細岡島。

白春環:《祝志·澳外交界圖》標"白春環"在灣仔島之南,舵尾島之北。程佐衡稱:"從舵尾山薯良崗登岸,約五六里斜行至北面沙灘,有地曰'白沙環',在舵尾島北面,疑即'白春環'。①

仙女澳:《鄧志》:"深井山,即仙女澳,亦名'井澳',在横琴下,宋端宗御舟嘗至此。"《葡人越界影射圖説》標深井在大横琴島中部靠西之處。② 今珠海市横琴島西部的深井灣應即仙女澳。

過路環鹽灶灣,奸徒鑿石處:這是中文文獻中第一次出現"過路環"之地名。過路環島,古又作"九澳",又稱"鹽灶灣"。"九澳"一名,最早見於《鄧

① 《明清時期澳門問題檔案文獻彙編》第3册《北洋大臣李鴻章爲寄送幕客程佐衡巡澳説略事復總理衙門文》附録2《幕客程佐衡著〈勘地十説〉》,第341頁。

② 戴龍基、楊迅凌主編:《全球地圖中的澳門(香山卷)》,澳門:澳門科技大學,2020年,第161頁。

志》:“其諸島列於左,曰‘九澳山’,山東南西對横琴,中水曰‘外十字門’,其民皆島夷也。”可知,嘉靖時,九澳一地即有“島夷”居住此。薛韞稱:“遵澳而南,又十里許,右横琴,左九澳。”《澳門記略·海防屬總圖》在潭仔島南面一島上標“九澳山”。《祝志》:“九澳,距澳二十五里。”《澳外交界圖》亦於潭仔島南面一島上標“九澳”。可知,明清時期的“九澳”或“九澳山”即爲今日路環島之古稱。然九澳又爲路環島上的一地名,程佐衡《勘地十説》:“過路環在四島中最得形勝,又東北轉向南曰‘九澳’,與潭仔、鷄頸山相值,澳口有三聖廟。”①今路環島上之九澳一地即指此。

《祝志》:“過路環,一名‘鹽灶灣’。”可知過路環曾經爲煮鹽之地。從宋紹興開始,即在香山設鹽場,稱“香山場”,至明初,香山場共有灶户六圖,灶排、灶甲六七百。清初遷海時廢香山場,到康熙十二年(1673)展界時,又恢復香山場,有灶丁六百三十二。過路環的煮鹽之處,當屬香山場。《采訪册》又稱九澳爲“舊鑿石處”,又稱“奸徒鑿石處”。既稱之爲“奸徒”,則過路環的“采石”屬於私人行爲,亦爲清政府的法令不許。過路環即今澳門的路環。

鯽魚灣奸徒鑿石處:又名“鰽魚灣”“洋船灣”,舵尾島上(小横琴島)地名。程佐衡《勘地十説》稱:“舵尾山東頭高嶺,土人呼爲‘鳳山’,東面山凹名鯽魚灣。”②前山同知李榮富稱:“小横琴島東邊小地名洋船灣,又名‘鰽魚灣’,與葡人已佔十字門口相隔一河,僅二里之遥。”③洋船灣,又作“洋船環”,省稱“洋環”。今横琴島東側之洋環村即鯽魚灣村。“奸徒鑿石處”亦屬十字門地區,可知,横琴島東部道光時期仍有“采石業”。

大馬騮洲、小馬騮洲:“馬騮”一名,爲粤語“猴子”之稱,最早見於《澳門記略》:“其南有四山,曰蠔田,曰馬騮,曰上滘,曰茫洲,爲内十字門。”而馬

---

① 《明清時期澳門問題檔案文獻彙編》第3册《北洋大臣李鴻章爲寄送幕客程佐衡巡澳説略事復總理衙門文》附録2《幕客程佐衡著〈勘地十説〉》,第339頁。

② 《明清時期澳門問題檔案文獻彙編》第3册《北洋大臣李鴻章爲寄送幕客程佐衡巡澳説略事復總理衙門文》附録二《幕客程佐衡著〈勘地十説〉》,第341頁。

③ 黄福慶等編:《澳門專檔》第1册《尊札駁阻葡人在大小横琴島蓋兵房挂門牌》,臺北:“中研院”近代史研究所,1992年,第539頁。

騮分爲大、小馬騮洲則始於本采訪册。《恭常都圖》在香山縣南海中僅標"馬騮洲"一名,而無分大小。其他如《下恭鎮圖》《香山縣圖》《西環圖》《澳外交界圖》《海防圖》均作"馬騮洲"。而馬騮洲島實爲兩島,《澳門專檔》載:"次日,硬逼各船放至小馬騮洲偏近大馬騮洲背後處。"①可證,馬騮洲實有大、小之分,衹因兩島相距甚近,故文獻中均以"馬騮洲"稱之。據《廣東省珠海市地名志》大馬騮洲島在澳門南側 1.85 公里,南距横琴島 1.45 公里,北距内地 400 米,距灣仔錫坑 1.1 公里。小馬騮洲島在澳門西南 1.45 公里,距灣仔錫坑 1.1 公里。小馬騮洲在北,大馬騮洲在南。

南野角:《澳門記略》:"與秋風角對峙者,曰南野角。"《祝志》:"南野角,又名'娘媽角',在前山寨西二十餘里。"清官府繪康熙《香山縣圖》標南野角在磨刀炮臺西南,秋風角之西北。②《澳門記略·海防屬總圖》標南野角在對面山與磨刀角炮臺之間。此娘媽角非澳門媽閣廟所在之娘媽角。

上滘:原文作"土滘",當爲"上滘"之誤。《澳門記略》:"其南有四山,曰蠔田,曰馬騮,曰上滘,曰茫洲。"《海防屬總圖》標上滘在澳門半島之西南,灣仔錫坑之正南。其南尚有"下滘"一地。道光《廣東通志·海防圖》標上滘在小横琴島端,標下滘在大横琴島西北。③ 光緒十八年《廣東輿地全圖·香山縣圖》標上滘在對面山島之南、舵尾(小横琴島)之北。《祝志》:"鶴洲,東連上滘達澳門,南入下滘與舵尾角形勢錯,對立如門,内十字門之一口也。"吴熊光《嘉慶十三年澳門形勢圖》在横琴與澳門半島間標有下滘,而無上滘。④ 故知上、下滘當爲緊密相連的兩島。而各圖僅標其一處。今珠海市地圖及地方志中無上、下滘之名。

---

① 黄福慶等編:《澳門專檔》第 3 輯《兩廣總督瑞麟致葡國駐澳總督啫哪略照會》,臺北:"中研院"近代史研究所編印,1995 年,第 173 頁。

② 《香山縣圖》,載中國第一歷史檔案館、澳門一國兩制研究中心選編:《澳門歷史地圖精選》,第 99 頁。

③ 〔清〕阮元修:道光《廣東通志》卷 124《海防圖》,《廣州大典》總第 253 册,第 585 頁。

④ 〔清〕吴熊光:《嘉慶十三年澳門形勢圖》,載中國第一歷史檔案館、澳門一國兩制研究中心選編:《澳門歷史地圖精選》,第 76—77 頁。

浪烈:《祝志》:"澳外又南爲浪烈,距澳五十里。"《祝志·澳外交界圖》標"浪烈"在九澳之東、大碌島之南。即今珠海市東南海上的大烈島與小烈島,兩島遠看像一個島中間斷開,故稱"浪烈"。

大麓、小麓:又作"大碌""小碌"。《祝志·輿地下》:"澳外南爲大碌、小碌,距澳四十里。"《澳外交界圖》標大碌、小碌二島在九澳(路環東部)之東。《澳門記略·海防屬總圖》標爲"大禄""小禄",在九澳山之東、獅澳之北。[①] 即今珠海市東南海上標有的大碌島和細碌島,在路環島之東、大頭洲之北。

大岡、細岡:《祝志》:"澳外又南爲大岡,距澳五十里,爲細岡,距澳五十五里。"《澳門記略·海防屬總圖》標大岡在大横琴之西北,而不載細岡。《澳外交界圖》標細岡之東即大岡,均在横琴島之南。光緒十八年《廣東輿地圖説·香山縣圖》標"細岡"在大横琴島之西、根竹島之東,標"大岡"在細岡之北。[②]《田志》:"距大横琴西角西北又北三分一里又四分里之一有隱石曰細岡;若過大横琴西角,仍擬前行,可向西北偏北又北二分,行一里有半,即至茫洲即大岡。"可知,大岡、細岡是在大横琴島西北面的兩小島。即今珠海市横琴島西北的大茫洲和小茫洲。

鵝槽:又稱"鵝槽山"。《祝志》:"鵝槽山,在灶貝村西七里,下爲秋風角,與將軍、龍井山隔海相對,距濠鏡澳十五里,爲入澳津口之一。"又稱:"鵝槽山,即秋風角。"其《恭常都圖》標鵝槽在灶貝之西,秋風角之東。光緒十八年《廣東輿地全圖·香山縣圖》標鵝槽在秋風角之東北,與對面山之沙尾隔海相對。

孖洲:在谷都。《祝志·谷都圖》標孖洲在谷都西南角,與恭常都相鄰,爲一内陸山名。《澳外交界圖》則標孖洲在南大涌村南邊的海中,爲一島嶼。道光《廣東通志》之《海防圖》標孖洲爲對面山北部一山名。[③]《田志》之《谷都圖》標孖洲在谷鎮最南邊的申堂涌内,即今中山市申堂一帶。

---

① 〔清〕印光任、張汝霖:《澳門記略》之《海防屬總圖》,《廣州大典》總第221册,第316頁。

② 〔清〕印光任、張汝霖:《澳門記略》之《海防屬總圖》,《廣州大典》總第221册,第316頁;《香山縣圖》,載中國第一歷史檔案館、澳門一國兩制研究中心選編:《澳門歷史地圖精選》,第99頁。

③ 〔清〕阮元修:道光《廣東通志》卷124《海防圖》,《廣州大典》總第253册,第585頁。

坦洲:《田志》:"坦洲,自白瀝港村發源,渡水聳起高阜,鳳凰、鐵帽諸山之水直出涌前如海,洲中林木葱鬱。東望鵝槽,西距燈籠,南連蜘洲,北顧孖洲,實金斗灣之奥區。"《祝志·澳外交界圖》標坦洲在南大涌村海邊之南,而孖洲又在坦洲之南。《恭常都圖》則標孖洲在北,坦洲在南。坦洲即在今中山市坦洲鎮一帶。

蛇埒:《澳門記略》:"(磨刀)北接蛇埒,南直澳門。"①《澳門記略·海防屬總圖》標"蛇埒汛"在南野角之北。蛇埒又作"蛇獵",嘉慶十三年《澳門形勢圖》標"蛇獵"在前山寨北門之北與磨刀汛相接,應即今中山市神灣鎮一帶。

挂椗:又稱"挂椗山""挂椗角"。《祝志》:"挂椗角,在澳門西北二十里。自澳門媽祖閣對岸銀坑,群山連亘,直上至挂椗角。"《田志》:"企人石在澳門西十五里,(縣)城東南七十七里,又二十里爲挂椗山。"《澳外交界圖》標挂椗在企人石與茫洲之北。光緒十八年《廣東輿地全圖·香山縣圖》標挂椗在對面山企人石西側。即今珠海市南屏鎮丫髻山西側。

舵尾:葡文名 Macareir(馬格里勒島),即小横琴島,《祝志》:"澳而南,右舵尾,左雞鳴(當爲頸),右横琴,左九澳。"《澳門記略》載,澳門南"又二十里有四山,曰舵尾,曰雞頸,曰横琴,曰九澳,爲外十字門"②。《祝志》之《澳外交界圖》標舵尾爲小横琴島西端之地名,而小横琴島東端則名大角頭。光緒十八年《廣東輿地全圖·香山縣圖》則將整個小横琴島標爲舵尾島。程佐衡《勘地十説》述舵尾島甚詳,從東到西,從南至北,均稱舵尾,并稱:"夫舵尾塞横琴、馬留之間,分殺波流,遠障潭仔,雖山帶病容,未始無用,此履勘舵尾山之實情形也,"又稱:"舵尾山南面與横琴島夾海而立中間水成黄色,海波不揚,酷似長江風景。"③學界多以舵尾爲小横琴,誤。

北山:在今氹仔之西對面山上,地近南屏。《暴志》:"縣治逾石岐而西

---

① 〔清〕印光任、張汝霖:《澳門記略·形勢篇》,《廣州大典》總第 221 册,第 316 頁。

② 〔清〕印光任、張汝霖:《澳門記略》卷上《形勢篇》,《廣州大典》總第 221 册,第 328 頁。

③ 《明清時期澳門問題檔案文獻彙編》第 3 册《北洋大臣李鴻章爲寄送幕客程佐衡巡澳説略事復總理衙門文》附録 2《幕客程佐衡著〈勘地十説〉》,第 341 頁。

曰龍眼都……又南爲大横琴山、小横琴山，爲北山，爲濠鏡澳。”又據《廣東輿地全圖·香山縣圖》，北山在對面山上，在將軍山之北。①

三角：《申志》：“永泰山在縣東北海中一百里，大海之東曰三角。”《祝志》：“濠鏡澳外……又東南至三角山，距澳四十里。”又載：標三角在鷄頸之東南、赤洲之東北。即今珠海市東南海上的三角島。

杯澳：《祝志》稱濠鏡澳外有杯澳，杯澳距澳門九十里。《澳外交界圖》標杯澳在三角之南、獅澳和鬼洲之北。今珠海市海上東澳島北部即爲杯澳島。

獅澳：《祝志》稱濠鏡澳外有獅澳，距澳門“八十里”，《澳外交界圖》標獅澳在萬山西炮臺之北。《澳門記略·海防屬總圖》標獅澳山在老萬山之東。《田志》：“距西澳（小萬山島）北偏東又東二分約二里半有獅澳，又曰‘蠔塘’。”光緒十八年《廣東輿地全圖·香山縣圖》標獅澳在東澳、西澳之北。②今珠海市海上的東澳島南部則爲獅澳島。

潭仔：爲今日氹仔之古稱，又稱“龍頭灣”，葡文作“Taipa”，是今日澳門特別行政區的三個組成部分之一。位於澳門半島東偏南2.5公里處，西與小横琴島相對。氹仔東西狹長，東西分别有大氹山、小氹山，中部爲平地。《祝志》：“潭仔，距澳十二里，皆與十字門近。”《鄧志》中有“小吉山”，從位置看應即氹仔之雞頸。大吉山即大雞頸，又作“大潭山”；小吉山即小雞頸，又作“小潭山”。西方文獻中亦有關於氹仔之記載，早在1632年已有歐洲人稱氹仔爲“雞頸”。③《澳門記略》：“澳門南又二十里有四山，曰舵尾，曰雞頸。”《田志》稱雞頸距澳“十五里”。《祝志·海防總圖》標潭仔島之東部

---

① 《香山縣圖》，載中國第一歷史檔案館、澳門一國兩制研究中心選編：《澳門歷史地圖精選》，第99頁。

② 《香山縣圖》，載中國第一歷史檔案館、澳門一國兩制研究中心選編：《澳門歷史地圖精選》，第99頁。

③ 〔葡〕博卡羅：《要塞圖册》，載《16和17世紀伊比利亞文學視野裏的中國景觀》，第220頁。

爲“雞頸角”。陳倫炯《海國聞見録》附圖將整個氹仔島標爲“雞頭”。[①] 程佐衡《勘地十説》:“(潭仔)大山東一帶,矮岡延伸入海,曰雞頸。”[②]故知“雞頸”又作“雞頭”,實指氹仔島東部之處。但有時又將雞頸作爲氹仔島之代稱。馬士稱,1637 年,“英國人試圖進入澳門,但未得澳葡允許,衹得移泊氹仔(Taipa)”[③]。這是目前所見中西文獻中最早以 Taipa 記録氹仔者。“潭仔”之名最早出現於《澳門記略·海防總屬圖》,程佐衡稱:“潭仔島名見《紀略》,林文忠奏疏稱爲緝私瞭望之所。近來葡人寫作‘氹仔’。”[④]又有稱其爲“大拔島”者,潭仔被看作位於“大拔島”上之一村,張之洞稱:“澳門之南,山島對列,内外兩重,名爲十字門,内重左山名大拔島,其有村落可泊船處名潭仔。”[⑤]可知,“小吉山”“鷄頸”“大拔”諸名皆指潭仔。

蜘洲:參前“蜘洲嶼”。

銀坑:這是“銀坑”一地名在文獻中首次出現,爲澳門内港對面的對面山島的地名。龍思泰稱:“與蠔埕相接,并正對娘媽閣炮臺,叫作銀坑。這裏一度或二度由澳門居民佔住。”又稱:“銀坑仍然是一個最受喜愛的海灘,由於有從上面流過的清新溪流,有可供鍛煉身體的山坡。”[⑥]1834 年由英國人布拉姆斯頓繪《澳門市區及港口圖》將銀坑(Ribeira Grande)標在北山島(對面

---

① 〔清〕陳倫炯:《海國聞見録》下卷《沿海總圖》,早稻田文庫藏本;《明清時期澳門問題檔案文獻彙編》第 3 册《北洋大臣李鴻章爲寄送幕客程佐衡巡澳説略事復總理衙門文》附録 2《幕客程佐衡著〈勘地十説〉》,第 338 頁。

② 〔清〕陳倫炯:《海國聞見録》下卷《沿海總圖》,早稻田文庫藏本;《明清時期澳門問題檔案文獻彙編》第 3 册《北洋大臣李鴻章爲寄送幕客程佐衡巡澳説略事復總理衙門文》附録 2《幕客程佐衡著〈勘地十説〉》,第 338 頁。

③ 〔英〕馬士(H. B. Morse)著:《東印度公司對華貿易編年史》第 1 卷,區宗華等譯,廣州:中山大學出版社,1991 年,第 18—19 頁。

④ 《明清時期澳門問題檔案文獻彙編》第 3 册《幕客程佐衡著〈游歷答問八則〉》,第 334—335 頁。

⑤ 《明清時期澳門問題檔案文獻彙編》第 3 册《兩廣總督張之洞奏陳澳界膠葛太多新約必宜緩定摺》,第 317 頁。

⑥ 〔瑞典〕龍思泰(Anders Ljungstedt)著:《早期澳門史》,吴義雄等譯,北京:東方出版社,1997 年,第 169—170 頁。

山)東南角,與濠田(Oitem)相接。《祝志》:"媽祖閣與銀坑對岸,則入澳之門户也。銀坑右折而北與馬騮洲對岸則入縣之門户也。"又稱:"(横琴山)南一山曰銀坑,水最甘冽。"此處是横琴島上另有一地名銀坑,抑或是方位的誤記,俟考。程佐衡《勘地十説》載:"對面山……下山至銀坑,南北長四百步,鋪户數千家。南邊山旁有銀坑古廟,東西山凹斜,長約千步,皆秩田,村舍三處。銀坑南一山圓起,呼爲銀坑山。稍東爲拱北灣,不過銀坑山南麓有一破凹耳。"[①]《祝志・恭常都圖》標銀坑在對面山之東端,即今珠海市灣仔鎮之銀坑村一帶。文德泉(Manuel Teixeira)稱:"這是一個舒適宜人的海灘,這里水流清凉,葡萄牙人到這里休閑消遣,日出和日落的時候,許多人到這里來鍛煉身體。"[②]

横洲:《祝志》:"(濠鏡)澳外又南左爲蒲臺石,右爲横洲,各據澳六十里。"《祝志》之《澳外交界圖》標横洲在過路環之西、横琴島之南。光緒十八年《廣東輿地圖説・香山縣圖》標横洲在横琴與三灶之間。位於今珠海市香洲東南部38公里處,大烈島南部,珠江口南部萬山列島之東,西北距離澳門32.8公里。

蠔田:《澳門記略》:"其(澳門)南有四山,曰蠔田。"《澳門記略・海防屬總圖》在澳門半島對面銀坑的西北一地標有一"田"字,當爲"蠔田"。[③]《祝志・海防總圖》標"蠔田"在對門(面)山島上在銀坑西北。光緒十八年《廣東輿地圖説・香山縣圖》標"蠔田"在對面山島之東部,在馬騮洲之北。程佐衡《勘地十説》:"從銀坑山西麓蠔田往西行。"[④]《田志・輿地上》:"蠔田距澳六里。"可知,蠔田在今珠海銀坑之西南地。

---

① 《明清時期澳門問題檔案文獻彙編》第3册《北洋大臣李鴻章爲寄送幕客程佐衡巡澳説略事復總理衙門文》附録2《幕客程佐衡著〈勘地十説〉》,第341頁。

② Manuel Teixeira, *Taipa and Colane*, p. 22.

③ 〔清〕印光任、張汝霖:《澳門記略》卷上《形勢篇》及《海防總屬總圖》,《廣州大典》總第221册,第316、328頁。

④ 《明清時期澳門問題檔案文獻彙編》第3册《北洋大臣李鴻章爲寄送幕客程佐衡巡澳説略事復總理衙門文》附録2《幕客程佐衡著〈勘地十説〉》,第345頁。

鷄頸:參見“潭仔”條。

將軍:當即將軍山,在對面山上。《祝志》:“將軍山在前山寨越海西南八里,東十五里爲龍井山,其麓有岩,儼如堂室,可容八九人。水從石罅蕖瀉而出,折下曰龍泉澗,瀑布百丈,如雪練曝於白石之上,静而無聲。下曰龍泉澗。”又稱:“鵝巢山與將軍、龍井山隔海相對。”以此觀之,龍井山亦應在對面山島上。《田志》:“將軍山,在城東南一百二十五里,前山寨越海西南八里,東十五里爲龍井山。”光緒十八年《廣東輿地圖·香山縣圖》標“將軍山”在對面山島的正中部位。程佐衡稱:“對面山與澳門對峙,從石角嘴南行……過石橋,翻小嶺兩重,約長二千步,墳墓甚多。有誥封武顯將軍黄廣壽,例援武德騎尉梁邦壽兩墓,下山至銀坑。”①這兩個小嶺即將軍山,今稱黑面將軍山和白面將軍山。谷字都有將軍嶺,不屬此。

龍井:即龍井山,在對面山島上。谷字都亦有“龍井”一地,不屬此。

英管:即英管山,又作“鸚管山”“鶯管山”,首次詳細記載於《采訪册》。《祝志》:“鸚管山,一作‘英管’,在鳳凰西南,峙立海中,高五百餘丈,周迴三十餘里,山之東腰辟一洞,名曰錫坑。平坦寬廣,田數十畝,村民耕牧其間。麓之西北名大灣底。環海深入,田數十頃,漁舟耕舍聚處如村市。南俯芒洲,北眺鵝槽,從海中望之,山形如荷蓋,浮於水面。”文後注明該記載出自《采訪册》。《恭常都圖説》稱:“鳳凰山……又南爲鸚管嶺,又南經關閘沙至蓮峰山。”《恭常都圖》標“鶯管山”在北山嶺稍北,光緒十八年《廣東輿地全圖·香山縣圖》亦標“鸚管山”在北山嶺稍北。疑即今珠海市的板樟山。《三灶鄉圖説》標其位於三灶鄉,在黄梁都境内。

鶴洲:《祝志》:“鶴洲在巨海中,高峙一山,頭東而昂,尾西而伏,行如立鶴,上接磨刀門、南野角。”光緒十八年《廣東輿地圖·香山縣圖》“鶴洲”在大横琴島西側。《厲志》標“鶴洲”在大横琴西側。今珠海井岸東南十二公里處,稱“鶴洲山”。

---

① 《明清時期澳門問題檔案文獻彙編》第3册《北洋大臣李鴻章爲寄送幕客程佐衡巡澳説略事復總理衙門文》附録2《幕客程佐衡著〈勘地十説〉》,第345頁。

雙柱:《祝志》:“澳外西南爲雙柱,據澳二百五十里。”《祝志·澳外交界圖》標“雙柱”在横洲之西南,《厲志·下恭鎮圖》同。疑爲今珠海市三灶島東側的大岡島和二岡島。

九澳舊鑿石處:參見前“過路環”條。

青洲:最早見於《明實録》“天啓元年六月丙子”條:“萬曆三十四年,於對海築青洲山寺。”①青洲,葡語稱“Ilha Verde”,意爲“緑島”,青洲在葡語圖籍及文獻中出現的年代較漢籍爲早,一幅作於1574年的古航海圖中,在内港近蓮花莖處已出現這一島名,但無圖例。② 在稍晚的圖上,同一島有了“I. Verde”的標志。1603年,范禮安(Alessandro Valignano)同幾位神父無意中乘船到青洲。“此地時稱鬼島,因爲傳説島上鬧鬼。那裏土地荒蕪,爲盗賊及逃僕的巢穴”③。《利瑪竇中國劄記》記録了青洲“神學院院址對面有一個倒不如叫作大石塊的小島,周長約有一英里半”④。布里(Bry)繪於1598年之前的《澳門城市圖》在内港旁繪有青洲,島上已有樹木和房屋。《澳門記略》:“(澳門)北側青洲山、前山、澳山盈盈隔一海,兹山浸其中。今西洋蕃僧構樓榭,雜植卉果,爲澳夷游眺地。”《澳門記略·青洲山圖》,與蓮花莖及沙梨頭相對,島上有樹木、樓宇。⑤ 吴漁山有青洲詩:“一發青洲斷海中,四圍巷翠有凉風。昨晚休沐歸來晚,夜渡波濤似火紅。”自注:“青洲多翠木,爲納凉休沐之所。”⑥屈大均稱:“初至一所曰青洲,林木芊鬱,桄榔檳榔

---

① 〔明〕朱純臣修:《大明熹宗悊皇帝實録》卷11,臺北:“中研院”歷史語言研究所據國立北平圖書館紅格鈔本影印本,1962年,第549—550頁。

② 金國平、吴志良:《東西望洋》,澳門:澳門成人教育學會,2002年,第305頁。

③ 阿儒達宫圖書館:《耶穌會會士在亞洲》抄件49 – v – 5v,第345頁,轉引自金國平、吴志良:《東西望洋》,第309頁。

④ 〔意〕利瑪竇(Mattew Ricci)、〔比〕金尼閣著:《利瑪竇中國劄記——傳教士利瑪竇神父的遠征中國史》,何高濟等譯,桂林:廣西師範大學出版社,2001年,第369頁。

⑤ 〔清〕印光任、張汝霖:《澳門記略·形勢篇》及《青洲島圖》,《廣州大典》總第221册,第317、325頁。

⑥ 〔清〕吴曆:《墨井詩鈔·别卷三巴集·絶句三十首(其十二)》,清光緒四年(1878)陸道淮飛霞閣刻本。

之中爲樓榭,差有異致。"[①]《嶺南勝概》:"青洲山,在澳北,前山盈盈隔一水,山浸其中。厥壤砠,厥木樛,巑岏薈蔚,石氣凝青,與波光相上下,境殊幽絶。"[②]《祝志》:"青洲山,在澳門北二里許,前山寨南四里。一望葱茜,周遭皆水,如金山然。"程佐衡介紹青洲最詳:"青洲山,與望厦蓮花峰東西對峙,船入澳門,至娘媽角,北望一點,螺青如杯,覆水山形,圓如滿月。山麓平地,惟東北稍長,山脉從蓮花峰來,抱山一周,共一千五百步。"[③]光緒十三年(1887),青洲填海,將青洲島與澳門半島相連,澳門僅存青洲之名,已無青洲之島矣。

青洲島先爲澳門耶穌會的産業,後來成爲澳門葡人富商産業,曾多次易主。1813 年 9 月 1 日,澳門青洲業主阿拉烏茹・羅咱自其父西蒙・羅咱處繼承的産業青洲被拍賣。澳門富商貝爾拉爾多・萊莫斯(Bernardo Gomes de Lemos)及其姐夫霍門・曼努埃爾(Manuel Homem de Carvalho)以 501 銀幣購得。[④] 次年 8 月 22 日,卡瓦略・米内爾(Margarita Rita de Carvalho Miner)代表阿拉烏茹・羅咱起訴購買青洲的霍門和萊莫斯先生,聲稱阿拉烏茹作爲業主老羅咱的孫女,應該是該産業的繼承者。後來,判事官眉額帶歷於 1822 年 4 月 18 日裁定購買合法有效。[⑤]

二井一名"井澳":"井澳"之名,《鄧志》:"深井山,即仙女澳,亦名'井澳',在横琴下。"《澳門記略・海防屬總圖》在"深井"之北標有"淺井",又《祝志・澳外交界圖》在横琴島的北面標有"深井"和"淺井"兩地,《香山縣圖》在横琴島北部并列"深井"和"淺井"兩地,《廣東輿地圖説》亦同。程佐

---

① 〔清〕屈大均:《廣東新語》卷 2《地語・澳門》,第 36 頁。

② 〔清〕賴國慶:《嶺南勝概》卷 4《澳門》,《廣州大典》總第 228 册,第 691 頁。

③ 《明清時期澳門問題檔案文獻彙編》第 3 册《北洋大臣李鴻章爲寄送幕客程佐衡巡澳説略事復總理衙門文》附録 2《幕客程佐衡著〈勘地十説〉》,第 337 頁。

④ 施白蒂:《澳門編年史:19 世紀》,第 16 頁;金國平、吴志良:《青洲滄桑》,載《東西望洋》,第 317 頁稱 200 兩白銀購青洲。

⑤ 施白蒂:《澳門編年史:19 世紀》,第 17 頁,施白蒂稱安娜死於 1813 年 9 月 1 日,據 Jorge Forjaz, *Famílias Macaenses*, Vol. 3,第 297 頁稱安娜死於 1812 年 12 月 26 日。

衡稱:"(横琴島)又南至淺井,皆無居人。又南行東轉,望見深井而别。"①此處"淺井"當即二井。故知"深井"與"二井"實爲兩地。但作爲大地名,二井亦可稱"井澳",即"井澳"實指深井、淺井二井。

蒲灣現鑿石處:此地名他處文獻不載,疑爲蒲草灣之略,而蒲草灣又作"茜草灣",《粤大記·廣東沿海圖》標爲"西草灣",《蒼梧總督軍門志·全廣海圖》標爲"茜草澳",在澳門半島與横琴島之間,當爲小横琴島北面的一海灣。

竹灣新鑿石處:歷代《香山縣志》均無此地名,竹灣一地名,首見於此。《澳門專檔》宣統元年(1909)冼茂堂禀文稱光緒三十四年(1908)二月間葡人在路環再筑馬路通往"竹灣、黑沙"直達"大九澳"。② 程佐衡稱,路環"又東曰竹牌灣,約數家,打石營生者"。③ 此"竹牌灣",當即竹灣。今澳門路環島仍有竹灣一地,在路環島南部。

潭仔山新鑿石處:前面列有"潭仔",此處又列"潭仔山",可知兩地名非指一地。"潭仔"應指今整個氹仔島,"潭仔山"則應指今氹仔島上的大氹山和小氹山,"新鑿石處",則應指小氹山。

南門頭新鑿石處:歷代《香山縣志》均無此地名。南門頭一地名首見於《采訪册》。《廣東輿地圖説·香山縣圖》在虎跳門水道東岸有"南門村",疑即南門頭所在。今爲珠海市斗門井岸鎮西邊的南門村。④

榕樹環舊鑿石處:《祝志》:"出小隱港東有榕樹涌,即榕樹環。"可知,榕樹環又稱"榕樹涌"。又載:"黄梁都之南隅皆濱海地,曰草莆環,曰狗石環,曰蘆亭環,曰榕樹環,海面二三十里;直接浪白、三灶。"同治八年(1869),瑞麟奏摺稱:"以九龍寨爲總廠,以汲水門、佛頭洲、沙田渡口、長洲、榕樹灣、

---

① 《明清時期澳門問題檔案文獻彙編》第3册《北洋大臣李鴻章爲寄送幕客程佐衡巡澳説略事復總理衙門文》附録2《幕客程佐衡著〈勘地十説〉》,第341頁。

② 黄福慶等主編:《澳門專檔》第3輯《兩廣總督張人駿收香山縣過路環紳士冼茂塘等禀》,第662頁。

③ 《明清時期澳門問題檔案文獻彙編》第3册《北洋大臣李鴻章爲寄送幕客程佐衡巡澳説略事復總理衙門文》附録2《幕客程佐衡著〈勘地十説〉》,第339頁。

④ 《香山縣圖》,載中國第一歷史檔案館、澳門一國兩制研究中心選編:《澳門歷史地圖精選》,第99頁。

前山、石角、關閘九處爲分廠。"①此"榕樹灣"當即指榕樹環。應在今珠海市斗門區乾務鎮南面之地。可知,同治時,清政府還曾在這里設分廠緝私收税,這應是後來增設的税廠。新香六廠中無榕樹灣。

案:"以上山川未載"之説不確。據查,《采訪册》此處所載山川名有數處曾出現於前志。其中以原名出現的有《鄧志》中的"仙女澳""九澳",《申志》中的"三角",《暴志》中的"老萬山""北山""青洲"等。又有以其他名稱標出者,如"丫髻山"在《鄧志》中記作"丫髻峰","蜘洲"在《申志》中記作"知洲嶼"。可知,"以上諸山川舊志未載"之説有誤,當爲王廷鈐等人在編修《采訪册》時未詳細考證舊志而導致。

下恭常都地圖説

案:原書未見《下恭常都地圖》,不知係爲原本未著録,还是後來丟失。

鳳皇山由山窑逕而上,顶上有天池,池下南出一支,層巒疊翠,跌低出脉此脉舊掘斷,今築如故,起滴水嶺,复起馬鞍山趋下四里出脉過田,起金斗車而上先鋒山,去五里爲雞心嶺,又八里至北山嶺,五里至蓮莖俗名"關閘沙",五里至關閘汛即飞沙關,有把總戍守,又二里上蓮峰下有望厦村,三里至澳門止。

山窑逕:《香山縣鄉土志》中作"山窑徑"。②《暴志》載恭常都下有"山

① 《明清時期澳門問題檔案文獻彙編》第3册《兩廣總督瑞麟等奏報試辦洋藥總抽釐金已著成效摺》,第28頁。

② 《香山縣鄉土志》卷12《水道》。

窯”村。《祝志》:“山窯徑,左澗水過大小赤山,大小南山,至東岸村,出大閘橋,入於東海。”光緒十八年《廣東輿地全圖·香山縣圖》在鳳凰山稍北標有“山窯徑”。

滴水嶺:在恭常都楊梅斜界内,《采訪册》最早出現此地名。《祝志》稱鳳凰山“數里至滴水嶺”。《恭常都圖》在鳳凰山南標有“滴水嶺”。《田志》:“滴水嶺瀑布在楊梅斜界,其水發源於大山。”滴水嶺山有瀑布。

馬鞍山:《鄧志》:“馬鞍山,在縣西一百二十里,形勢雄峻,爲郡治案山。”案山,堪輿用語,指穴地近前的山。

金牛車:即金牛車山,原文爲“金斗車”,“斗”當爲“牛”之誤。光緒十八年《廣東輿地全圖·香山縣圖》標金牛車山在雞心嶺之北、楊梅斜之東。《祝志·恭常都圖》標金牛車山在大環山之北、楊梅斜之東。《恭常都圖》大環山在雞心嶺以北。① 可知,《恭常都圖》所標較《香山縣圖》詳細,才有金牛車山在大環山北與雞心嶺北的差别。

先鋒山:香山縣舊志未見著録此山。據《采訪册》載:“起金牛車而上先鋒山,去五里爲雞心嶺。”又據《祝志·恭常都圖》,金牛車南爲大環山,大環山距離雞心嶺“四里”。《采訪册》載:“先鋒山東分一支過白沙坑至南村,共三里許,又里許至新村。”據《恭常都圖》推斷,《采訪册》所載之“先鋒山”位於“大環山”北側。② 今無其名,應爲板障山北部之舊地名。

雞心嶺:《祝志·恭常都圖説》:“大環山至雞心嶺四里,東分支爲檸檬埔、南坑及吉大村。”《恭常都圖》則將雞心嶺標在“仙人拂袖山”之北、“鶯管山”之西、“翠微”之東。今無其名,應爲板障山西北部之舊地名。

蓮莖:即蓮花莖。《澳門記略》:“出(前山寨)南門不數里爲蓮花莖,即所謂一徑可達者,前山、澳山對峙於海南北,莖以一沙堤亘其間,徑十里,廣五六丈。”③屈大均稱:“自香山城南以往百二十里,一嶺如蓮莖,逾嶺而南,

---

① 《香山縣圖》,載中國第一歷史檔案館、澳門一國兩制研究中心選編:《澳門歷史地圖精選》,第99頁。

② 〔清〕王廷鈐等纂修:《香山縣下恭常都十三鄉采訪册》上卷,第9頁。

③ 〔清〕印光任、張汝霖:《澳門記略·形勢篇》,《廣州大典》總第221册,第322頁。

至澳門則爲蓮葉。"[①]薛韞《澳門記》:"至澳六七里,山嶄然斷亘,沙堤如長橋,曰蓮花莖。"[②]明代稱"蓮莖"作"塘基環"或"塘基灣"。田生金稱:"其上通香山,衹有一路如臂,名曰塘基環,原設有關一所,一閉便絶。"[③]《明神宗實録》:"澳夷狡猾叵測,宜將虎頭欽總改紮鷹兒浦,仍於塘基灣等處壘石爲關,守以甲士四百人。"[④]蓮花莖還有一名:《采訪册》中"關閘沙"之名爲首次出現。《祝志》:"紅黑海在澳門關閘側,其沙堤長十里,廣五六丈,堤之西則水色清碧,堤之東則浪涌紅黄,故俗有此名也。而關閘以南,其沙堤之色微黑,又與關以内沙色截然不分。"鍾啓韶《聽鐘樓詩鈔·澳門雜詩》第一首自注:"香山盡處有路名關閘沙,直出抵澳,若蓮莖焉。其兩旁爲内、外洋,水分二色,内紅外黑,亦曰'紅黑海'。"[⑤]"蓮莖"又作"關閘高沙(砵道高沙)"。东坡塔档案亦載:"切嗎等西洋夷人,荷蒙皇恩,租予澳門,建造房屋居住。原自關閘高沙設關爲界,關内則屬澳門地方。"葡萄牙人自認爲"關閘高沙"是澳門的界地,這是一種完全錯誤的認識。[⑥] 特别值得注意的是,《暴志·濠鏡澳》稱:"前山村南二十里陸璐沙徑,狀如蓮根。彝人居澳中,自名爲蓮花座。"這就是爲什麽澳門人稱澳門爲"蓮花之地"或"蓮花寶地"。據《暴志》可知,這一説法不僅僅是澳門華人的稱謂,澳門的土生葡人也具有這樣的認識。

關閘汛:汛,即汛地,明清軍隊防守之地,分爲水汛和陸汛兩種,關閘汛爲陸汛。關閘的設立即表明關閘汛的建立。關閘最初建於明萬曆二年(1574),關閘汛也應是創建於此時。《申志》:"未至三里爲關,萬曆二年建,設閘官守之。關閘上爲樓三間,歲久圮。"但至萬曆四十四年(1616)時,

---

① 〔清〕屈大均:《廣東新語》卷2《地語》,第36頁。

② 〔清〕印光任、張汝霖:《澳門記略·形勢篇》,《廣州大典》總第221册,第323頁。

③ 〔明〕田生金:《按粤疏稿》卷3《條陳海防事宜疏》,國家圖書館藏刻本。

④ 《明神宗實録》卷499"萬曆四十四年九月戊戌"條。

⑤ 〔清〕鍾啓韶:《聽鐘樓詩鈔》卷3《澳門雜詩十二首并序》,光緒庚寅刻本。

⑥ 《嘉慶二十二年七月二十二日澳門同知鍾英爲備述呈明等事》,檔案號:PT/TT/DCHN/1/9/001251。

關閘已毁,故張鳴崗提出:"仍於塘基灣等處壘石爲關,守以甲士四百人。"① 關閘設於蓮花莖之中間。《池北偶談》載:"岙門在香山縣大海中,忽起一石,梗廣十餘丈,長六里許,首尾相屬不斷,如蓮之有莖,中途瓮城名關閘,逾之抵岙門。"②《澳門記略》:"萬曆二年,莖半設閘。"《暴志·兵制》:"左營左哨頭司把總一員,駐防關閘、十字門等汛,關閘陸汛目兵二十二名。"而至道光時有把總一員,汛兵增至六十名。

飛沙關:關閘之别名。《采訪册》最早記載"飛沙關"之名,稍後鍾啓韶詩中記載"飛沙關":"澳門一島,狀如蓮花……中有關,曰飛沙。"③

蓮峰:《祝志·恭常都圖》與《濠鏡澳全圖》在澳門半島北部標有"蓮峰"一名。鄭觀應稱:"澳門上古名蓮峰。"④可知,蓮峰一名由來已久。蓮峰,即蓮花峰,又作"蓮花山""蓮峰山"。《澳門記略》:"(蓮花)莖盡處有山拔起,跗萼連出卷,曰蓮花山,莖從山而名。"薛韞稱:"莖末山又特起,名蓮花山。"程佐衡稱:"從關閘南行蓮花莖沙堤,西爲菜畦,東爲沙灘,約一千步,蓮花峰,峰北麓,廟甚古。從蓮花峰西行南轉約四千五百餘步至澳門西南盡頭外娘媽角。從蓮花峰南行至瀑狗灣,過大圍墻,爲英人墳墓,在望厦村後面。"⑤《祝志·恭常都圖説》:"又南經關閘沙至蓮峰山,即入蠔鏡澳……校場埔至蓮峰山二十里。"《蓮峰山慈護宫鼎建紀事碑》稱:"歲在壬寅,澳中諸君數十輩,偶集於入澳之蓮峰山,覽其奇勝,謀建廟於側。"⑥

望夏村:即今望厦,又作"旺厦""望下",下恭常都村名。初作"望下"。《粤大記·廣東沿海圖》中最早在澳門半島北部標有"望下"二字⑦,這是

① 《明神宗實録》卷499"萬曆四十九年九月戊戌"條。

② 〔清〕王士禎:《池北偶談》卷22《香山岙》,北京:中華書局,1982年標點本,第516頁。

③ 〔清〕鍾啓韶:《聽鐘樓詩鈔》卷3《澳門雜事詩十二首并序》。

④ 夏東元編著:《鄭觀應年譜長編》上册《澳門感事》,上海:上海交通大學出版社,2009年,第120頁。

⑤ 《明清時期澳門問題檔案文獻彙編》第3册《北洋大臣李鴻章爲寄送幕客程佐衡巡澳説略事復總理衙門文》附録2《幕客程佐衡著〈勘地十説〉》,第347頁。

⑥ 譚世寶:《金石銘刻的澳門史——明清澳門廟宇碑刻鐘銘集録研究》,第120頁。

⑦ 〔明〕郭棐:《粤大記》卷32《政事類·廣東沿海圖》。

"望下"之名最早出現,可知,望下村開村時間最晚不會超過萬曆初。《申志·濠鏡澳圖》在關閘南面、澳門城墻北面標有"原望厦村",表明望下村又作"望厦村"。"原望厦村",此因康熙元年清政府頒布遷海令,望厦村亦在内遷之列,但該志并未將望厦村列入正式的行政村。《暴志》正式將望厦村列入恭常都屬下五十四村之中。道光時成書的《祝志》所載恭常都七十九行政村中列"望厦村"名,"望厦,縣丞署,去城一百三十八里,去寨三十八里"。《澳門記略》:"出閘經蓮花山……稍南有望厦村。"《澳門記略》又載:"(乾隆)九年,始以肇慶府同知改設前山寨海防軍民同知,以縣丞屬之,移駐望厦村。"賴國慶稱:"望下邨,在蓮花山稍南,建有縣丞新署。"①程佐衡稱:"望厦介居蓮峰、湯狗兩山之間,村中約四百户,南北横列,從澳門遠望,廣厦雲連,故名望厦。村中趙、張、沈、何四姓居多,其餘黄、李、陳、余等共十數姓,殷實者實多。"②郭嵩燾稱:"(蓮花山)山南迤東,即望厦村,居民三百餘家,何、趙、沈三姓爲大族,皆自明以來世居澳中者。"③故知"望厦"與"望下"可以互换,并無嚴格的規定。清代檔案文獻中亦多作"旺厦"者。蕭丙堃稱:"三巴門墻垣外即係旺厦等村。村外税田,旺厦約田四頃,遞年銀米雖不能掃數全完,尚亦完至過半。旺厦村後,即爲湯狗環,旺厦村前斜對爲蓮峰莊。"④望厦村是澳門半島北部最大的華人村莊,村内居住很多華人之殷實商人。

滴水之東三里爲石牛嶺,下爲香山場。

滴水:參前"滴水嶺"條。

---

① 〔清〕賴國慶:《嶺南勝概》卷4《澳門》,《廣州大典》總第228册,第690頁。

② 《明清時期澳門問題檔案文獻彙編》第3册《北洋大臣李鴻章爲寄送幕客程佐衡巡澳説略事復總理衙門文》附録2《幕客程佐衡著〈勘地十説〉》,第347—348頁。

③ 《明清時期澳門問題檔案文獻彙編》第2册《廣東巡撫郭嵩燾爲委員赴澳查明各項事宜并由驛附呈事致總理衙門函》,第755頁。

④ 《明清時期澳門問題檔案文獻彙編》第3册《香山縣知縣蕭丙堃爲請照會葡官所有租税界限仍照舊章辦理事稟文》,第195頁。

石牛嶺:参前“石牛嶺”條。

香山場:参前“香山場”條。

金斗車西分一支爲大環山,四里至翠微止。

大環山:参前“翠眉山”條。

先鋒山東分一支過白沙坑至南村,共三里許,又里許至新村。

白沙坑:《祝志·恭常都圖説》:“大塹山東一支五里爲白沙坑諸山。”《恭常都圖》則標白沙坑在大塹山之北,南村之西。位於今珠海市香洲西南部十六公里,南屏鎮西南六公里。東北是石灣村,西南是泊灣村,西北是洪灣涌,因位於白沙坑口而名。

南村:参前“南村”條。

新村:下恭常都村名。《暴志》首載該村名。《祝志》:“新村,去城一百二十五里,去寨東十里。”《恭常都圖》圖示,新村距前山寨“二十五里”左右。今珠海市香洲區有新村,距香洲區西南部2.5公里,屬翠香街道辦事處。

雞心嶺西分一支,三里起仙人山,二里至小馬山,一里爲前山寨,七里至鵝槽山止。東分一支至吉大村,十里。

仙人山:疑即仙人拂袖山,其名不見前志記載。據《祝志·恭常都圖説》載:“大環山西分支爲仙人山,雞心嶺。”《祝志》與《采訪册》均記載仙人山在雞心嶺之西。然而,《恭常都圖》中則將雞心嶺標在“仙人拂袖山”之北,“鶯管山”之西,“翠微”之東。

小馬山:其名爲首次出現於文獻,不知其所指,待考。

將軍山自古鶴過海起,坦洲又起,海經白石排而起。是山巨

石峋嶙,東行十里爲龍井山下有北山、南屏兩村,**又五里爲紗帽山,其南分一支爲蠔田、坡口等山。**

古鶴:當即鶴洲。參見"鶴洲"條。

紗帽山:縣志中不見載此山,當在對面山東南,疑即程佐衡《勘地十説》中的"銀坑山"。

蠔田:山名。《早期澳門史》葡文作 oitem,吴義雄將其譯作"蠔埕"①,實误,應譯爲"蠔田"。布拉姆斯頓(William Bramston)《澳門市區及港口圖》繪製蠔田在對面山南端。據《采訪册》記載,"蠔田"地近"將軍山",位於對面山之南端。可知《采訪册》所記之"蠔田"與《澳門市區及港口圖》中之"蠔田"爲一地。《早期澳門史》中又有"蠔埕"(應爲蠔田),這是一個"拱北正對著青洲的地方"②,即爲對面山上之蠔田。

坡口:山名,縣志中不見載此山。程佐衡《勘地十説》:"從銀坑山西麓蠔田往西……至坡口村,農民十餘家。"③故知,對面山有坡口村,坡口山當即坡口村近處之山。

案:關於鳳凰山周邊山脉之介紹,歷代《香山縣志》中以《祝志》記載最爲詳細:"鳳凰山,在城東南一百里,高七十丈,廣十里,其陽有尖峰、石牛諸岩。東界南坑,北接官塘崗,西爲金竹園、白蜮石、古壑諸峰,南赴海。舊有懷庵,左有虎溪,折而西爲花雨岩,瀑布千尋。懸崖而下,木樨藤蘿,交映白雲岩,側有記公廬,因僧記汝曾此著書十餘年,故名。山頂有鳳凰髻,巉岩陡絶,中一岩如蓮花狀,曰觀音岩。有池曰鳳凰池,周圍數畝,多杜鵑、瑞蘭。池外峭壁萬仞,空中拔起怪石十餘丈,曰浮屠石,曰鳳凰塔。石角一門,天然獨開,下臨無地,側身而過,始入平砥,寬廣數丈,坐可數十人。回顧奇花異

---

① 〔瑞典〕龍思泰著:《早期澳門史》,吴義雄等譯,第 166 頁。

② 〔瑞典〕龍思泰(A. Ljungstedt)著:《早期澳門史》,吴義雄等譯,北京:東方出版社,1997 年,第 167 頁。

③ 《明清時期澳門問題檔案文獻彙編》第 3 册《北洋大臣李鴻章爲寄送幕客程佐衡巡澳説略事復總理衙門文》附録 2《幕客程佐衡著〈勘地十説〉》,第 345 頁。

鳥,萬態千形,非好勝探奇者鮮至焉。”然而《祝志》之記載并不是出自《采訪册》,而是祝淮參考《廣東輿圖》《申志》《鳳凰山記》及道光《廣東通志》等資料寫成。《采訪册》多有他書未記載之資料,《采訪册》提供了幾處前志從未出現之地名,如“天池”“金牛車”“關閘沙(蓮莖)”“飛沙關(即關閘汛)”“先鋒山”“小馬山”“紗帽山”等。《采訪册》中還提供了鳳凰山各支山脉之方位分布、距離遠近等信息,其記載遠較舊志詳細,同時亦可糾正、補充《祝志·恭常都圖》、光緒十八年《香山縣圖》等的錯誤與缺失。

山川事迹

丫髻山在縣南七十里,爲通邑发龍祖山,峭峻凌霄,頂上兩峰尖秀,上多萬年松樹。

《祝志》:“丫髻山,在縣西南八十五里,鋭出群峰之上,頂峙喬石三,遠望止見其二,如丫髻然。”并注明該記載出自《采訪册》。然而《祝志》之記載同《采訪册》記載并不一致。可知,該記載并不是出自《香山縣下恭常都十三鄉采訪册》,而是出自他鄉之《采訪册》。

鳳皇山在縣東南一百里,東接雞柏,北介官塘崗,西爲金竹園、白蜮石、古壑[1]諸峰,南則蜿蜒磅礴,爲下恭常都十餘鄉發龍之祖山,頂有鳳皇髻,巉岩陡絶,中有一岩,如蓮花狀,曰觀音岩。有池曰鳳皇池。周圍數畝多杜鵑花、瑞蘭、萬年松,池外峭壁萬仞,空中拔起怪石十餘丈,若浮圖,名曰鳳皇塔。石

① 古壑,又作“古鶴”。

角一門，天然獨開，下臨無地，側身而過，始入平砥，寬廣數丈，坐可數十人。回顧奇花異卉，靈羽飛禽，炫人耳目。中有溪流極長而大，傾耳而聽，如聆琴瑟之聲。

《采訪册》關於鳳凰山之記載源於《暴志》，《暴志》稱："鳳凰山，在縣東南一百里，東介南坑，北接官塘崗，西爲金竹園、白蜮石、古壑諸峰，南臨海。舊有懷庵，山僧光柱異角重修之，林木參天，被嶺環溪，庵之左有虎溪，折而西爲花雨岩，瀑布千尋，懸崖而下，木樨藤蘿交映，白雲時覆，岩側有記公廬，因僧記汝曾獨居於此，著書十餘年，故名。山頂有鳳凰髻，巉岩陡絶，中一岩如蓮花狀，曰觀音岩。有池曰鳳凰池。周圍數畝多杜鵑、瑞蘭。池外峭壁萬仞，空中拔起，怪石十餘丈，若浮屠，名曰鳳凰塔。石角一門，天然獨開，下臨無地，側身而過，始入平砥。寬廣數丈，坐可數十人。回顧奇花異鳥，萬態千形，非好勝探奇者鮮至焉。"很明顯，《采訪册》比《暴志》要簡要，但又做了新的補充和説明。《采訪册》關於鳳凰山之記載并未被《祝志》采納，《祝志》中關於鳳凰山之記載是參考《廣東輿圖》《申志》《鳳凰山記》及道光《廣東通志》等資料修成。

雞柏：即雞柏村。又有雞柏山，《澳門記略》："九洲洋旁連雞柏山。"雞柏村在上恭常都。《鄧志》載恭常都屬下行政村落即有雞柏村。《祝志》稱恭常都屬下村落："雞柏，去城九十六里。"《恭常都圖》標"雞柏"在"神前逕"之東。即今珠海市唐家鎮的鷄山村。《粵中見聞》載："香山城南三十五里雞柏村。"①與《祝志》所載距離香山縣城不同。至晚到宋代，雞柏村已是著名的産銀地。《天下郡國利病書》載："香山縣恭常都雞柏村銀浦角，宋初産銀。"②

官塘崗：又作"官塘"，上恭常都屬村，最早見於《暴志》。《祝志》稱恭常都所屬行政村"官塘，去城八十三里"。《祝志・恭常都圖》標"官塘"在金

---

① 〔清〕范端昂撰，湯志岳校注：《粵中見聞》，廣東高等教育出版社，1988 年，第 107 頁。

② 〔清〕顧炎武：《天下郡國利病書》卷 104《廣東》8，清光緒五年桐華書屋刻本。

鼎山之南，即今珠海市金鼎鎮之官塘村。

金竹圍：又作“金竹尾”，原文作“金竹園”，“園”當爲“圍”誤，因金竹園在黄梁都，而金竹圍在恭常都，鳳凰山西邊應指恭常都之金竹圍，最早見於《暴志》。《祝志》：“金竹尾，去城八十三里。”在今珠海市香洲區西北部，屬金鼎鎮。

白蜮石：他處文獻不載，以地望推之，當亦屬恭常都之地。《祝志》載恭常都村名有“錦石，去城八十一里”，與金竹尾相鄰，疑白蜮石即錦石。

觀音岩：《申志・建置》：“南臺山，在縣南六十里……有觀音岩。”但此觀音岩，并非鳳凰山之觀音岩。鳳凰山另有一觀音岩。

鳳皇塔：爲鳳凰山之一怪石。首次見載於《暴志》：“空中拔起怪石十餘丈，若浮圖，名曰鳳凰塔。”《祝志》又稱“浮屠石”：“空中拔起怪石十餘丈，曰浮屠石，曰鳳凰塔。”據《采訪册》可知，浮屠石之名當係黄培芳等人纂修縣志時，將原爲“若浮屠”之怪石稱爲“浮屠石”。

由山而東爲百峒溪，溪側有大石三，圓巧疊成品字。昔人鐫“百峒溪”三字其上。由西而下則有虎溪、懷庵焉，庵廢而复修者。再又折而西爲花雨岩，木樨藤蘿交映，白雲時覆。岩側有記公廬，因僧記汝曾獨居此著書十餘年，故名參舊書纂。其過脉处，爲明季豪强[①]開田引水，掘斷地脉，中衰。嘉慶二十五年，里人趙允菁、何峒山、鮑文有、葉有楠倡議培築，諗於衆，靡不樂從，乃合十餘鄉，醵金鳩工，築之復其舊。

百峒溪：在下恭常都。《采訪册》首次介紹了“百峒溪”。《祝志》：“百峒溪，在鳳凰山之東，百峒飛瀑而來，中有石，高砥衆流，上鐫‘百峒溪’三字。”今珠海市香洲區唐家灣楊寮村西約三公里處，有地名鳳凰洞里，有摩崖石刻“百峒溪”。

---

① 豪强，原文作“毫强”，“毫”當爲“豪”訛，今改。

補筑龍:原無“補筑龍”之地名,因趙允菁等人集鄉衆修築掘斷地脉而得名。《祝志》載:“滴水嶺,南出一支名補筑龍,舊掘斷,嘉慶二十五年衆鄉共補筑。”今不存。

虎溪、懷庵:《暴志》稱鳳凰山“舊有懷庵,山僧光柱、巽角重修之”。又稱“庵之左有虎溪”。懷庵在山窖村。道光《廣東通志》載:國朝順治間參將馬雄飛建地接鳳凰山,多林麓溪洞之勝。[①] 關於光柱與懷庵,《田志》載:光柱字定瀾,縣之翠微鄉人,壯歲爲僧於山遙逕懷庵,發足參方遍歷雲水,旋粵受華林記,繼主法師,有語録導世。[②]《采訪册》首次記載光柱重修懷庵。

花雨岩:鳳凰山之一石名,其名首見於《暴志》:“(虎溪)折而西爲花雨岩,瀑布千尋,懸崖而下,木樨藤蘿交映,白雲時覆。”位於珠海市香洲區北部鳳凰山之岩石。

記公廬:《暴志》:“因僧記汝曾獨居於此著書十餘年,故名。”記公廬當爲紀念僧記汝而得名。今帾,字記汝,新會人,番禺諸生,天然禪師弟子。[③]《帶經堂詩話》載:“僧今帾,因合吴棫《韻補》,詳考音義,博徵載籍,爲《古今詩韻注》,凡二百六十一卷,赴通政司疏上之。奉旨付内閣與毛簡討奇齡所進《古今通韵》訂其同異。毛,浙江蕭山人。今帾,字記汝,天然禪師弟子也。”[④]香山楊錫震有《送記汝禪師住鳳凰山序》[⑤]。

僧記汝:清初名僧,俗姓潘,名今帾,字記汝,廣東番禺人。明諸生,明亡後削髪爲僧,性耽山水,有孤峰獨秀之誓。楊二雪爲其結丈室於香山鳳凰山,獨居廬室,著書十餘年,間疏韻譜,諧聲斜律,精研粤博,大爲詞流所重。著有《借峰詩稿》《嶺南花逸》《韻譜》等。

趙允菁:參後“趙允菁”條。

---

① 〔清〕阮元:《道光廣東通志》卷229《古迹略》14,《廣州大典》總第255册,第562頁。

② 〔清〕田明曜:《重修香山縣志》卷20《列傳》,《廣州大典》總第297册,第420頁。

③ 〔清〕阮元:《道光廣東通志》卷229《古迹略》14,《廣州大典》總第257册,第568頁。

④ 〔清〕王士禛撰,張鼎三點校:《居易録》卷4,齊魯書社,2007年,第3743頁。

⑤ 〔明〕郭棐編撰,〔清〕陳蘭芝增輯,王元林點校:《嶺海名勝記增輯點校》,三秦出版社,2016年,第599頁。

何峒山:疑爲澳門望廈村人,"何"爲望廈三大姓之一,何峒山或當出此。《祝志》附録記簽助人有"何峒山"一名。

鮑文有:又作"鮑文友",鮑俊之父,爲恭常都香山場人。《祝志》:"鮑文有,字瞻貴,以子俊翰林院庶吉士封文林郎,晉封奉直大夫。"光緒《廣州府志》載:"鮑文友,以子俊封文林郎,翰林院庶吉士,晉封奉直大夫刑部主事。"①

南野角山,在丫髻山之西,與桅甲門對峙。其下巨浪翻騰,山脚一廟,舟楫往來必向祈禱。

南野角山:參前注"南野角"條,南野角又稱娘媽角,但其并非媽閣廟所在之娘媽角,而是位於"前山寨之西二十里"之處。

桅甲門:又作桅夾門。《澳門記略》載:"有泥灣門、鷄啼門,兩門之間有桅夾石。"②桅夾石所處之海門當即桅夾門。《祝志》載:"桅夾門在白蕉東,又東爲媽角海,内洋之最衝也。"

大嶼山,在澳之東,雙峰特起如叉,常爲雲气所障蔽,每一露頂,則滂沱立至,其應如響。

大嶼山:參前"大嶼山"條。

將軍山,在鳳皇山西南,高聳特拔,巨石嶙峋,絶頂雲氣陞騰,隱現如華蓋,爲南屏、北山等村祖山。

將軍山:參前注"將軍"條。本處爲文獻首次對該山進行詳細介紹。

---

① 〔清〕史澄:光緒《廣州府志》卷61《選舉表》30,《廣州大典》總第269册,第265頁。

② 〔清〕印光任、張汝霖:《澳門記略·形勢篇》,《廣州大典》總第221册,第326頁。

龍井山,由將軍山出脉而起,雄特端重。其麓曰龍井岩,天然幻辟,儼如堂室,可容八九人。水從石罅出,味甚甘美。折下曰龍泉澗,瀑布百丈懸崖而下。

龍井山:參前注"龍井"條。《采訪册》首次進行詳細介紹。

鵝槽山,在恭常都灶貝村之西,離村七里許,高聳特拔,與南屏諸山隔海相對,爲入濠鏡澳津口之一。上有碉臺遺址,形方石砌,周十餘丈,高六七尺。其經始無可考,相傳康熙年間設。

鵝槽山:另參前"鵝槽"條。關於鵝槽山之碉臺,《祝志》載:"(鵝槽山)下爲秋風角。"鵝槽山地近秋風角。康熙八年(1669),香山縣奉旨建立七座炮臺,其中即有"秋風角墩臺"。又載:"鹅槽山,在灶贝村西七里,下爲秋风角,與将军、龙井山隔海相对,距濠镜澳十五里,爲入澳津口之一。上有碉臺遺址,形方石砌,周十餘丈,高六七尺。"《鄧志》載:"秋風角山,五峰如梅花然,故語云'梅花飛上秋風角'。"《申志》中首次記載"秋風角有炮臺"。《祝志》載:"英管山,有炮臺,南望芒洲,北望鵝槽、墩堠,遥接相爲犄角。"可知,《采訪册》所載鵝槽山碉臺應即指秋風角炮臺,"其(指碉臺)終始無可考,相傳康熙年間設",據此可知,秋風角位於鵝槽山下,不能將鵝槽山視爲秋風角。

英管山,在鳳皇山西南,峙立海中,高五百餘丈,周迴三十餘里。山之東腰辟一洞,名曰錫坑,平夷寬廣,禾田數十畝,村民耕牧其間。其麓西北名曰大灣底,海環深入,禾田數十頃,樵夫牧竪,漁舟耕舍,聚處如村市焉。山巔國初建立堠墩,皆運巨石層疊而成,廣數丈,高三丈餘,東西北三面望之如城郭,惟南面可以層級而上。南望芒洲,北望鵝槽,堠墩還接,相爲犄角,從海中望之,山形如華蓋,浮於水面。

英管山：参前“英管”條。但此處介紹英管山較前詳細。

澳外山川戎屬與各屬交界

案：戎屬，應指乾隆九年（1744）設立的“前山寨海防軍民府”或稱“廣州、澳門海防軍民府”（即澳門同知）所轄村莊。該軍民府統軍又統民，統軍在《澳門記略》有詳細記録，統民即《采訪册》“戎屬村莊五十五處”。《祝志》：“自前山寨以下爲下恭常，戎屬。”光緒《廣州府志》載：“恭常都村七十九，二十五村爲上恭常淇澳司屬，十六村爲上恭常戎屬，又三十九村爲下恭常戎屬。”①恭常都境内村莊分三部分：上恭常都二十五村莊歸淇澳司管轄；上恭常都十六村、下恭常都三十九村歸前山寨海防軍民府管轄；餘九村管轄不詳。

澳東十五里爲吉大汛，二十里爲九星洲山，九峰分峙，多石岩石室，奇葩異草，泉尤甘，商船往來必汲之，曰天塘水。其下爲九洲洋。東十里爲白排洲，野貍洲距澳三十五里**屬其下。上有青洲**距澳四十里**，又東爲榕樹頭**距澳五十里**，爲零丁山**距澳六十里**，下爲零丁洋**宋文天祥勤王有過零丁洋詩，附後。**又東南至三角山**距澳四十里**，赤洲在其右。大頭洲跨其上**赤洲、大頭洲，同距澳五十里**，又東南爲老萬山**距澳六十里。**自澳門望之，隱隱一髮，至則有東西二山，相距三四十里。東澳可泊西南風船，西澳則東北風船泊之。山外天水混茫，雖有章亥不能步矣。山故名大奚山，周三百餘里，宋慶元間有萬姓者爲此山酋長，因呼爲老萬山。雍正七年，兩山各設炮臺**東炮臺距澳六十里，西炮臺距

① 〔清〕戴肇辰修：光緒《廣州府志》卷9《輿地略》1，《廣州大典》總第268册，第184頁。

澳八十里,分兵戍之,與大嶼山屯哨爲犄角。此則澳門、虎門之外蔽也。當萬山東西炮臺之中則爲南寧門距澳七十里,其與西炮臺稍近者則爲獅澳距澳八十里,杯澳距澳九十里,而竹洲距澳百里、鬼洲距澳一百二十里、三牙排距澳一百一十里,遥遥相望,與零丁山皆爲香山、新安、東莞三邑分界處。

《祝志》采納《香山縣下恭常都十三鄉采訪册》之記載略加精簡:"濠鏡澳外東十五里爲吉大汛,二十里爲九星洲,山其下爲九洲洋。又東十里爲白排洲、野貍洲距澳三十五里、青洲距澳四十里,與澳内之青洲山名同而地異。又東爲榕樹頭距澳五十里、爲零丁山下爲零丁洋。又東南至三角山距澳四十里。赤洲在其右,大頭洲跨其上赤洲、大頭洲距澳同五十里。又東爲老萬山距澳六十里,東西二山相距三四十里,各設炮臺東炮臺距澳六十里,西炮臺距澳八十里,與大嶼山屯哨爲犄角。當老萬山東、西炮臺之中則爲南寧門距澳七十里,其與西炮臺稍近者則爲獅澳距澳八十里、杯澳距澳九十里,而竹洲距澳一百里、鬼洲距澳一百二十里、三牙排距澳一百一十里遥遥相望,與零丁山皆爲香山、新安分界處。"

澳:此處之澳即指濠鏡澳。

吉大汛:參前"吉大"條。

青洲:此青洲不是澳門半島西側之青洲。《祝志·恭常都圖説》:"青洲,距澳四十里,與澳内之青洲山名同而地異。"光緒十八年《廣東輿地全圖·澳門圖説》將青洲島標在三角島之東北處。今亦稱青洲島,在珠海市香洲東南部20公里處。兩廣總督吴熊光所作《澳門形勢圖》中有"外青洲"。① 可知,青洲有内、外之分,内青洲當即澳門半島西側之青洲,外青洲爲澳門半島東側之青洲。

榕樹頭:又作"榕樹豆"《澳門記略·海防屬總圖》標"榕樹豆"在大嶼山以西,外青洲以北。《祝志·澳外交界圖》"榕頭"在外青洲以南雞頸島以東。東波塔檔案記載,1808年7月20日,訪得福建海盜蔡室部現在澳門附

---

① 〔清〕吴熊光:《澳門圖説》及程鵬繪《廣州口圖下》,載《澳門歷史地圖精選》,第76—77、92頁。

近榕樹頭一帶游弋，因來不及赴省城調來水師船，令澳照理事官立即收拾船隻，隨香山縣繒船一同緝捕。[①] 據此記載可知，榕樹頭在澳門以東海中，距澳門五十里。

九星洲山：參前“九星洲山”條。

青洲在澳之北距澳二里許**，與澳山盈盈隔一海，洲浸其中，林木薈蔚，石氣凝青，與波光相上下，境殊幽勝。**

青洲：參前“青洲”條。

明嘉靖中，澳夷建寺於兹山，高六七丈，後築城於此。

案：“明嘉靖中，澳夷建寺於兹山”，此語有誤。《明熹宗實録》“天啓元年六月丙子”條載：“萬曆三十四年，（夷人）於對海筑青洲山寺，高可六七丈。”《蠡勺編》載：“三十四年，又於隔水青州建寺，高六七丈，閎敞奇祕，非中國所有。”[②]據耶穌會士王豐肅（Alfonso Vagnoni）《論耶穌會對青洲所擁有的權力》一文，耶穌會對青洲的開發始於萬曆三十一年（1603），在青洲蓋了房子，并設立“聖米格爾小堂”。[③] 故知葡人在青洲所謂建寺不在嘉靖，而在萬曆年間。

“後築城於此”，亦有誤。葡人在青洲并未有“築城”之舉，衹是耶穌會爲了擴充聖保禄學院學生和耶穌會士的休憩之地，加蓋了一些樓房。王豐肅《論耶穌會對青洲所擁有的權力》一文稱：“如果不是後來蓋起了樓房，也不會引起澳官們的注意。”[④]龍思泰稱：“從 1603 年和 1604 年開始，（耶穌會

---

① 《嘉慶十三年閏五月二十七日香山知縣彭昭麟札澳門夷目唩嚟哆》，檔案號：PT/TT/DCHN/1/7/000948。

② 〔清〕凌揚藻：《蠡勺編》卷 37《壕鏡寓番》，《續修四庫全書》影印清同治二年（1863）伍氏粤雅堂刻嶺南遺書本，第 1155 册，第 556—557 頁。

③ 參見阿儒達宮圖書館：《耶穌會會士在亞洲》鈔件 49 – V – 5，第 344—346 頁。

④ 參見阿儒達宮圖書館《耶穌會會士在亞洲》鈔件 49 – V – 5，第 345 頁。

士)來到這個荒島上,他們建起了幾座屋和一座小教堂,一些中國人將這些建築誤認爲是炮臺。"①《皇明續紀三朝法傳全録》則稱:"又於海中青山建一大樓堡。"②實際上是衹是在青洲開始修建樓房,并没有修築城墻和炮臺。

天啓元年毁之事載《記略》。

案:關於明政府拆毁青洲耶穌會士建築之事,中外文獻多有記載。徐如珂《望雲樓稿》載:"青洲山事,仰仗威靈,盡撤而毁之。此數十年來所姑息養成而不敢問者也。"③《明史·佛郎機傳》:"天啓元年,守臣慮其終爲患,遣監馮從龍等毁其所筑青洲城,番亦不敢拒。"王豐肅《論耶穌會對青洲所擁有的權力》稱:"最後,通過都堂的聲威,要求將其(青洲建築)拆毁。但由於一再向其澄清,未實施。與我們作對的那位縣令因未達到其目的仍不肯罷休,於是舊事重提,欲拆除那些房屋,但無從下手。他待到葡萄牙人參加廣州交易會的時候,設法讓福建商人扣留葡萄牙的船,直至拆除那些房屋爲止。"《1621 年耶穌會年度報告》稱:"一官員來本澳,要求當政者下令拆除神父們在青洲建設的房屋,如果不這樣做的話,將扣押在廣州的葡萄牙人及其錢財,爲避免議事亭遭受更大的麻煩,我們同意了。在那裏居住,學習語言的人退回了學院。"④

---

① 〔瑞典〕龍思泰(A. Ljungstedt)著:《早期澳門史》,吴義雄等譯,北京:東方出版社,1997年,第 161 頁。

② 〔明〕高汝栻:《皇明續紀三朝法傳全録》卷 13,《四庫禁毁書叢刊補編》第 11 册,北京:北京出版社,2005 年,第 139 頁。

③ 〔明〕徐如珂:《望雲樓稿》卷 11《復馮雲冲道尊》,國家圖書館藏清抄本,編號:5987,原文無頁碼。

④ 羅馬耶穌會檔案館《日本一中國檔》第 114 號,第 268—269 反面頁,Direcção e Estudo Introdutório:João Paulo Oliverira e Costa, Transcrição Paleográfica:Ana Fernandes Pinto:*Cartas Ânuas do Colégio de Macau* (1594 - 1627), Comissão Territorial de Macau para as Comemorações dos Descobrimentos Portugueses; Fundação Macau, 1999, p. 237.

國朝時，番僧构樓閣亭榭，四圍甃石磚成基，雜植卉果，爲澳夷游眺地。

案：吴歷《岙中雜咏》："青洲多翠木，爲納凉休沐之所。海濤夜激，絶如散火星流。"①焦祈年《巡視澳門記》："澳北一山浮海中，曰青洲，與楊子之金焦相似，草木蓊翳，有亭榭廊宇，土人指爲鬼子園囿云。"②張甄陶稱："由澳而西，爲青洲，其地多樹木，有臺榭園囿，夷之别業也。"③《澳門記略》："北側青洲山，今西洋番僧構樓榭，雜值卉果，爲澳夷游眺地。"

乾隆二十五年，大西洋國王以大三巴寺僧謀逆事泄，封其寺，拘寺僧回國盡殺之，兹山遂歸夷目管理。

大三巴寺：即聖保禄教堂，"三巴"爲葡文"Sao Paulo"的音譯。案："大三巴"是相對"小三巴"（三巴仔，聖若瑟教堂）而言。此事《采訪册》記録有誤。《祝志》載："（乾隆）二十五年，青洲寺（案：佛郎機所建，已毁於天啓元年，後西洋蕃僧復修建於此）僧謀叛其主，謀泄，大西洋國王錮其寺僧，回國盡殺之。"并注明資料來自《采訪册》。葡國下令抓捕大三巴寺僧事發生時間不是乾隆二十五年（1760），而是乾隆二十七年（1762）。葡萄牙東波檔案館藏清代漢文檔案載："正堂張諭夷目委黎多知悉：案照乾隆二十七年（1762），爾等奉本國王令捉拿大小三巴寺僧，經解回國一案。昨縣臨澳，諭令爾等查開，所捉拿係何國人士？共有幾人？"④法人費賴之（Louis Pfister）稱："1762 年 7 月 5 日早 3 時，澳門長官奉印度總督轉達葡相龐拔（Marquês

---

① 〔清〕吴歷撰，章文欽箋注：《吴漁山集箋注》，中華書局，2007 年，第 169 頁。

② 〔明〕郭棐編撰，〔清〕陳蘭芝增輯，王元林點校：《嶺海名勝記增輯點校》，第 592 頁。

③ 〔清〕賀長齡等編：《清經世文編》卷 83《兵政》14，第 2976 頁。

④ 《乾隆三十二年九月二十九日香山知縣張德洄諭澳門夷目唛嚟哆》，葡萄牙東波塔檔案館藏清代澳門漢文檔案，檔案號：PT/TT/DCHN/1/1/000030。

Pombal)之命令,將澳門耶穌會士悉皆逮捕。被捕者計有二十九人。”[①]據李向玉所引里斯本海外歷史檔案館“澳門檔”文件稱:“1762 年 4 月 2 日,葡屬印度總督埃加伯爵果然向澳門當局傳達了葡國王的命令,將耶穌會在澳門的全部財産充公并交予教區,其中有聖保禄學院、聖若瑟神學院、聖母教堂及其墓園。同年 7 月 5 日凌晨,澳葡當局查封了這兩所學院,同時逮捕了聖保禄學院和聖若瑟神學院的耶穌會士共 24 名。同年 11 月 5 日,他們被押解到澳門港,登上聖路易(S. Luis)號船被解往里斯本,之後監禁在聖祖利昂達巴拉(S. Juliao da Barra)城堡。”[②]可見,這次行動衹是將澳門耶穌會士全部逮捕并押解回葡萄牙,并未“盡殺之”。至於青洲山的歸屬,按照前引里斯本海外歷史檔案館之“澳門檔”文件,耶穌會的全部財産均被轉交澳門教區,并非歸“夷目管理”。但由於耶穌會當時虧欠澳門富商西蒙・羅咱(Simão Vicente Rosa)的債務高達 6147 兩白銀,1765 年,西蒙・羅咱同意耶穌會將青洲之産權抵償這筆債務。於是,西蒙・羅咱遂成爲青洲島之“島主”。[③]

日久零落,寺宇樓閣亭榭傾圮,樹盡砍,砠石露,四圍石磚無復存焉者。

案:龍思泰稱,西蒙・羅咱擁有青洲後,“在一段時間内使它得到修整,保持整潔,任何身份的人士,在得到允許後,每星期可以兩次到該島,花上一天的時間娱樂。但後來就不再花錢修整,使之面臨無可避免的衰敗,建築物倒塌,建築材料被出售。在此情況下,大自然除去其‘绿色’特徵,使之變成‘荒島’”[④]。

---

① 〔法〕費賴之著:《在華耶穌會士列傳及書目》下册,馮承鈞譯,北京:中華書局,1995 年,第 725 頁。

② 李向玉:《漢學家的搖籃:澳門聖保禄學院研究》,北京:中華書局,2006 年,第 43—44 頁。

③ Manuel Teixeira, *Toponímia de Macau*, Vol. 1, p. 550.

④ 〔瑞典〕龍思泰(Anders Ljungstedt)著:《早期澳門史》,吴義雄等譯,第 165 頁。

澳夷以爲風水日壞，嘉慶十六年，判事官捐資，復雜植樹木。十九年後復建瓦屋數椽，邇來林木叢生，不見岩石巑岏，頗覺菁葱可愛。

案：關於判事官在嘉慶十六年至十九年（1811—1814）間在青洲島上建設之事，不見於其他中西文獻，應爲當地人所見之事，資料殊爲可貴。判事官即王室大法官，由葡印總督委派。嘉慶十六年至十九年（1811—1814）的澳門王室大法官爲眉額帶曆（Mignel de Arriaga Brum da Silveiva）。眉額帶歷重建青洲，并恢復青洲之舊貌，這應是《采訪册》獨家記載。

又北爲秋風角距澳十里。**爲白石排**距澳十五里，**石從海中湧出，巃然如小埠。鳥翔集其中，常數百群。又西北爲坦洲，爲蜘洲**同距澳二十里。**爲鵝槽**距澳十五里。**爲孖洲**距澳二十五里。**爲南野角又名娘媽角**距澳四十里，**一山嶒然斜插於海，上有天妃宫，磨刀犄其西，北接蛇埒**距澳五十里。**南直澳門，險要稱最，風作則浪涌兼天，風晴則波明如鏡，舟舶過此，靡不生畏敬焉。**

秋風角、白石排、坦洲、蜘洲、鵝槽、孖洲、南野角：詳參前條。

磨刀：此處當指磨刀角。《祝志》："磨刀角，一孤洲在水中，東神灣，西小托，爲蠔殼頭外障，有炮臺守之，然不能無藉於近援。"又稱："南來之徑稍内則蠔殼頭當其衝，稍外則磨刀角當其衝。既守之於蠔殼頭，又守之於磨刀角，則蠔殼頭借磨刀角爲外護而勢不病其孤。磨刀角西與小托相對，則縣南與縣西諸口之匯也。"磨刀角實分爲大磨刀與小磨刀兩處。《澳門記略·海防屬總圖》標"磨刀角炮臺"在"南野角"之西，"蛇埒"之南即今珠海市西江出海口磨刀門水道中的磨刀山。

澳西不十里有北山，下爲北山村、南屏村舊名"沙尾"**、灣仔村。西爲企人石**距澳十五里。**爲芒洲**距澳十五里。**旁爲挂椗山**距澳二

十里,船可寄椗。又西爲燈籠洲距澳三十里。**又爲馬鬃洲、白春環,皆距澳門七十里。**

澳南爲乾門距澳十里。**又南爲潭仔**距澳十二里。**有四山:曰蠔田**距澳六里;**曰馬騮**距澳十里許;**曰上滘,曰芒洲。爲内十字門**距澳十里。**又南有四山:曰舵尾,曰雞頸**距澳十五里,**曰横琴**距澳三十里,**曰九澳**距澳二十五里。**爲外十字門,澳夷商船出入必由之。**

潭仔不十里爲過路環。又十里爲横琴山,下有仙女澳,相傳有樵夫見二姝殊麗,就視之,化爲雙鯉,今有雙鯉石。宋端宗南遷,曾泊舟於此。

南爲大碌、小碌距澳四十里。**浪烈**距澳五十里。**又爲大岡**距澳五十里,**細岡**距澳五十五里。**深井山**距澳五十里。**又過五里爲二井**一名"井澳"。**横琴有二山相連,爲大、小横琴,元末海寇王一据之。又南,左曰蒲臺石,右曰横洲,各距澳六十里。又西南爲根竹洲,爲雙柱**根竹洲距澳一百一十里,雙柱距澳二百五十里。

澳南内、外十字門山多石,高數十丈,廣袤數百頃,其勢自丫髻山、五桂山、鳳皇山而來,一路崇岡疊嶂以千數,累累相連,或遠或近,或合或離,血脉一一相貫,以受地靈磅礴之氣。至鯽魚灣、鹽灶灣、竹灣、横琴、蒲灣等處,疊起數峰,以收海口而控下關,蓋一邑風水之所繫焉者也。

本節各地名詳参前注。

比者奸徒盗石,群千數人於其中,日夜錘鑿不息,地脉爲之中絶,山氣爲之不流。諸峰之肌膚已剥,數洞之骨髓復窮,土衰火死,無以興雲吐雨滋萬物而育人文者。乾隆年間,因邑中建龍王廟取石不之禁,而奸遂以諸山爲利藪,錘鑿愈傷,殊堪痛

恨焉。

龍王廟:《祝志·壇廟》:“龍王廟,在南濠口,乾隆五十四年知縣彭翥建。”又載:“十字門,乾隆五十四五年始有閩潮人鑿山取石。”據此可知,《采訪册》記載大致不差。

案:《采訪册》中首次系統地記載了澳門地區的采石業。“比者奸徒盜石,群千數人於其中,日夜錘鑿不息”,説明十字門地區民間采石業之發達。“奸徒盜石”説明這里所述的“采石業”是非法的,而相對的,還應該存在合法的采石業。澳門地區的采石業何時興起,雖無文獻考實,但在《采訪册》中做細緻區分,將澳門周邊地區的鑿石業分爲三種,一爲“舊鑿石處”,有大橫琴山、九澳和榕樹灣三處,這個鑿石處應該指16世紀末,隨著17世紀初澳門城内的石材建築物的大規模出現,如聖保禄教堂、聖母玫瑰堂、聖奧斯定堂、聖方濟各堂及大堂等建築的完成,特别是大三巴教堂牌坊和前面四十二級的花崗石階梯的出現即可證明,澳門及附近地區的采石業已興起。民間商人大規模在十字門地區開展采石業,恐怕還與當時澳門城市房屋、港口、街道、炮臺建設相關。但由於明政府在萬曆末年以後屢次下令禁止澳門“擅自興作”,采石業可能才逐漸衰落下來。二是“新鑿石處”,有竹灣、潭仔山、南門頭,這一次開采石料正如《采訪册》所言“乾隆間邑中建龍王廟”有關,余以爲亦與澳門城内一大批舊建築的改建有關,如1784年的澳門議事大樓重建。故祝淮稱:“十字門,乾隆五十四五年始有閩潮人鑿山取石,今屯集數千人。”三是“現鑿石處”,《采訪册》衹提一處,即蒲灣,但東波塔檔案,嘉慶二十五年(1820)澳門紳士趙允菁呈香山縣丞禀文稱:“蒲灣、大環山等處石山,係澳門總關水口,又在南方火位。緣開鑿太傷,財帛日即凋耗。年來復鑿入内地,山多赤氣,易招火災。懇飭石匠頭人,禁止工匠,不得於澳地望見之處開鑿,以消火氣。”①趙允菁禁止采石的建議顯然未被采納。據此

① 《道光四年八月初十日澳門紳士趙允菁等呈爲懇恩示禁永防火患事》,檔案號:PT/TT/DCHN/1/10/001464。

可知,現鑿石處實際有兩處,即蒲灣和大環山。這應是繼乾隆五十四年(1789)以後,在嘉慶二十五年(1820)之前出現的第三次采石高潮,直至道光七年(1827),故稱"現鑿石處",這一次大規模鑿石應與1820年澳門南灣一綫大規模興建總督府、法院大樓,以及一些著名住宅有關。《采訪册·山川名目》還記録了澳門及附近地區的采石業:

> 大横琴山(舊鑿石處)、過路環(即鹽灶灣,奸徒鑿石處)、鰂魚灣(奸徒鑿石處)、九澳(舊鑿石處)、蒲灣(現鑿石處)、竹灣(新鑿石處)、潭仔山(新鑿石處)、南門頭(新鑿石處)。①

澳門采石業至晚清時期還有一定的規模。晚清時程佐衡稱:"土人云,係灰泥公司建造房屋所掘山邊,開鑿石條,丁丁之聲不絶於耳。"②王廷鈐等人對於"鑿石處"作"舊鑿石處""現鑿石處""新鑿石處"的詳細區分,説明采石業在十字門地區已有相當長的歷史。

檳榔石,當十字門兩瀝中,尖鋭嶙峋,隱見無定,艚艍艚船洋舶往來,觸之其舟立碎。

案:檳榔石,葡文作 Pedra Areia,《采訪册》首次详细記録了"檳榔石",後《祝志·濠鏡澳全圖》中"檳榔石"位置清楚地顯現在南灣與西灣之間的海中。清朝同治年間的《廣東水師營官兵駐防圖》已標示檳榔石的位置,在澳門東南海中。③

---

① 〔清〕王廷鈐等纂修:《香山縣下恭常都十三鄉采訪册》上卷,第6—7頁。

② 《明清時期澳門問題檔案文獻彙編》第3册《勘地十説》,第337頁。

③ 《廣東水師營官兵駐防圖》,載中國第一歷史檔案館、澳門一國兩制研究中心選編:《澳門歷史地圖精選》,第84頁。

道光八年(1828)
《祝志·濠鏡澳全圖》中的檳榔石

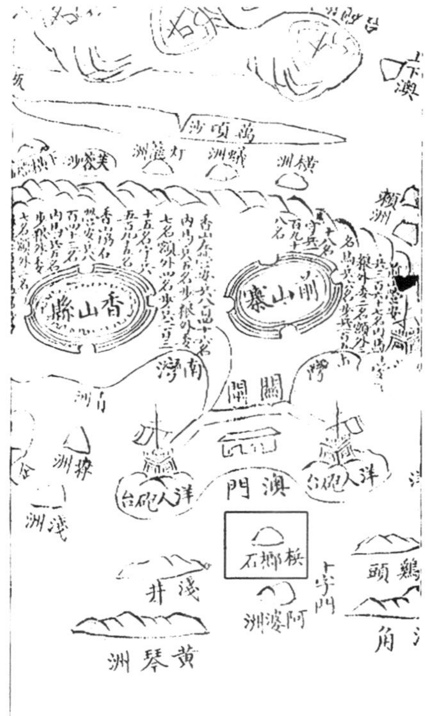

同治六年(1867)前
《廣東水師營官兵駐防圖》之檳榔石

戎屬村莊五十五處

案:《祝志》載香山縣恭常都共有村莊七十九個,細數之則有村莊八十二個。八十二村分爲兩種歸屬:上恭常又分爲兩區,一爲“上恭常司屬”的村莊,一爲“上恭常戎屬”的村莊,其中有二十五村爲司屬,有十六村爲戎屬;下恭常都全部村莊(計有四十一個)都歸前山寨管轄,均爲“戎屬”。《采訪册》記載“戎屬村莊五十五處”,實則五十七處,蓋因横琴上、下兩村被視爲一村,界埔里、外兩村被視作一村。據《祝志》記載,《采訪册》中所記“佛逕、金竹尾、潭井、外壆、沙田、河頭埔、會同、那洲、蓢尾山、黄寧堂、埔仔、雙龍、神前、錦石、牛欄石、新圍”十六村爲上恭常都戎屬村莊。

前山在縣東南一百二十里,距澳北二十里。

下恭常都村名,其名始於何時不可考,《鄧志》即有前山之名。參前“前山”條。

白石在縣東南一百二十三里,在前山寨東南三里。

下恭常都村名,參前“白石”條。

下村在縣東南一百二十里半,在前山寨東南半里。

下恭常都行政村名,其名最早見於《暴志》。《祝志》:“下村,去城一百二十里零,去寨一里。”據《恭常都圖》,下村在前山寨城東南。今作“夏村”。

北山嶺在縣東南一百二十八里,在前山寨東南八里。

下恭常都村名,參前“北山嶺”條。

吉大在縣東南一百三十二里,在前山寨東南十二里。

下恭常都村名,參前“吉大”條。

望厦在縣東南一百三十八里,在前山寨南十八里。

下恭常都村名,參前“望下村”條。

灣仔在縣東南一百三十里，在前山寨正南十里。

土名“打纜沙”，位於對面山上。灣仔作爲下恭常都行政村名，首見於《暴志》。《祝志》：“灣仔，去城一百三十里，去寨正南十里。”又稱：“按：灣仔、石錦、海門三村，查俱與澳門隔岸，統名對面山，今止灣仔一村，餘俱無考。”《恭常都圖》中灣仔、銀坑、對面山三地名東西并列，標在澳門半島西南。程佐衡稱：“從石角嘴南行，至灣仔街約百步。灣仔街，南北長八百餘步，店鋪居民約兩百餘家，街南頭有瑜璣古廟。”①至晚清時，灣仔村已發展成爲對面山的一條街市。即今珠海市灣仔鎮。

山頭園在縣東南一百一十八里許，在前山寨北里許。

下恭常都村名。《暴志》首載該村名。《祝志》：“山頭園，去城一百一十八里，去寨北一里”。據《恭常都圖》，山頭園在前山寨西，近鳳山書院。其名今不存。

牛塘坑一名“蓮塘坑”。在縣東南一百一十七里許，在前山寨北二里許。

下恭常都村名，即今蓮塘村，在香洲西南部八公里，西臨造貝，東南面臨前山，屬前山鎮，清嘉慶年間建村。《暴志》首載該村名。《祝志》：“牛塘坑，一名‘鏈塘坑’，去城一百一十七里，去城二里許”。《恭常都圖》圖示牛塘坑又在山頭園西側，據前山寨近二格，説明載“每格五里”，則山頭園距前山寨近十里。

---

① 《明清時期澳門問題檔案文獻彙編》第3冊《北洋大臣李鴻章爲寄送幕客程佐衡巡澳説略事復總理衙門文》附録2《幕客程佐衡著〈勘地十説〉》，第345頁。

灶貝在縣東南一百一十四里，在前山寨西北六里。

下恭常都村名，參前“灶貝”條。

翠微在縣東南一百一十五里，在前山寨東五里。

下恭常都村名。《申志》作“翠眉”，爲長安鄉恭常都故延福里恭字圍、常字圍内二十二村之一。有墟市，名翠眉市，在翠眉村。位於今珠海市香洲區西南部，東鄰山場，西鄰造貝，北鄰上涌，屬前山鎮。

上涌在縣東南一百一十三里，在前山寨東七里。

下恭常都村名。《鄧志》載恭常都二十二個行政村，上涌即爲其一。《祝志》:“上涌，去城一百一十三里，去寨東七里。”位於今珠海市香洲區西北部，東鄰山場，南鄰翠微，北鄰梅溪，屬前山鎮。

南大涌在縣東南一百零八里，在前山寨東北十二里。

下恭常都村名，參前“南大涌”條。

北山在縣東南一百二十三里許，在前山寨西南三里許。

下恭常都村名，參前“北山”條。

南屏舊名“沙尾”。在縣東南一百二十五里，在前山寨西東五里。

下恭常都村名，參前“南屏”條。

山場在縣東南一百二十里，在前山寨東十五里。

下恭常都村名，參前“香山場”條。

南村在縣東南一百二十五里，在前山寨東十里。

下恭常都村名，參前“南村”條。

新村在縣東南一百二十五里，在前山寨東十里。

下恭常都村名，參前“新村”條。

菴山在縣東南一百二十里，在前山寨東十里。

下恭常都村名。《暴志》首載該村名。《祝志》：“菴山，去城一百一十三里。”與《采訪册》里所載道里異。

黄茅斜又名楊梅斜。在縣東南一百一十三里，在前山寨東北十五里。

下恭常都村名。《暴志》首載該村名。《祝志》：“黄茅斜，又名楊梅斜，去城一百一十三里。”

田墩在縣東南一百一十里，在前山寨東北十五里。

下恭常都村名。《暴志》首載該村名。《祝志》：“田墩，去城一百一十里，去寨東北十五里。”今不存其名。

新圍在縣東南一百一十里，在前山寨東北十五里。

上恭常都村名。《暴志》首載該村名。《祝志》:"新圍,《暴志》誤入谷都,去城八十二里,去寨東十五里。"與《采訪册》所載道里異。又據《恭常都圖》,新圍在前山寨"北十五里"。今珠海市香洲區西北部有新圍村,屬金鼎鎮。

東坑客民居,在縣東南一百〇五里,在前山寨東北二十里。

下恭常都村名,《暴志》首載該村名。《祝志》:"東坑,去城一百零五里,去寨東北二十里。"位於今珠海市香洲區鳳山街道東北部。東坑村原名東溪村,村莊背靠山,村前一條溪水由東面鳳凰山經過該村,并通往福溪村和南溪村,東溪村因此得名。東坑村村民全部是客家籍。

果福緣在縣東南一百一十二里,在前山寨東北二十里。

又作"果福園",下恭常都村名。《申志》首載該村名。《祝志》:"果福緣,舊作'園',去城一百十二里,去寨東北二十里。"《澳門記略》:"康熙七年秋,海賊從寨右登岸,攻劫果福園村。"①即今福溪村,位於珠海市香洲區西北部。

白瀝港在縣東南一百〇五里,在前山寨東北十五里。

參見前"白瀝港"條。

界涌裏村、外村。在縣東南一百里,在前山寨東北二十五里。

---

① 〔清〕祝淮修:《新修香山縣志》卷2《輿地下》,《廣州大典》總第296册,第314頁。

下恭常都村名，參見前“外界涌”條。

古鶴在縣東南九十五里，在前山寨東北三十里。

下恭常都村名，又作“古壑”，《暴志》首載該村名。《祝志》：“古鶴，去城九十五里，去寨正北三十里。”即今中山市三鄉鎮古鶴村。

佛逕在縣東南八十五里，在前山寨東北五十里。

上恭常都村名。《暴志》首載該村名。《祝志》：“佛逕，去城八十四里。”與《采訪册》所載道里異。今珠海市香洲區西北部有佛逕村，屬金鼎鎮。

金竹尾在縣東南七十里，在前山寨東北五十里。

下恭常都村名，清代建村。《暴志》有金竹尾，又有金竹園在鳳凰山以西，當即金竹尾村所處大致位置。在今珠海市香洲區西北部14公里，與佛逕村相鄰。屬金鼎鎮。

潭井在縣東南七十里，在前山寨東北五十里。

上恭常都村名，原名潭溪。《暴志》首載該村名。《祝志》：“潭井，去城八十三里。”與《采訪册》所載道里異。今珠海市香洲區西北部有潭井村，屬金鼎鎮。

外壆在縣東南七十里，在前山寨東北五十里。

上恭常都村名。《暴志》首載該村名。《祝志》：“外壆，去城七十八里。”與《采訪册》所載道里異。即今珠海市金鼎鎮外沙村。

沙田在縣東南七十里，在前山寨東北五十里。

上恭常都村名。《暴志》首載該村名。《祝志》："沙田，去城七十八里。"與《采訪册》所載道里異。

河頭埔一名"濠頭村"。在縣東南七十里，在前山寨東北五十里。

又作"何頭埔"，上恭常都村名。《暴志》首載該村名。《祝志》："何頭埔，去城七十五里。"與《采訪册》所載道里異。即今珠海唐家灣鎮北部北沙社區。

會同在縣東南八十五里，在前山寨東北四十里。

上恭常都村名。《暴志》首載該村名。《祝志》："會同，去城九十三里。"與《采訪册》所載道里異。位於今珠海市北部，唐家灣鎮西南，會同村是珠海市香洲區唐家灣鎮下轄村。

那洲在縣東南九十里，在前山寨東北四十里。

上恭常都村名。《鄧志》即載該村名。①《祝志》："那洲，去城九十一里。"②與《采訪册》所載道里稍異。位於今珠海市香洲區西北部，東南臨會同村，西臨中山西山村，屬金鼎鎮。

荫尾山在縣東南九十里，在前山寨東北四十里。

---

① 〔明〕鄧遷主修：嘉靖《香山縣志》卷1《風土志第一》，《廣州大典》總第295册，第127頁。

② 〔清〕祝淮修：《新修香山縣志》卷2《輿地下》，《廣州大典》總第296册，第314頁。

上恭常都村名。《暴志》首載該村名。《祝志》:“蓢尾山,去城八十四里。”與《采訪册》所載道里異。位於今珠海市香洲區西北部,屬金鼎鎮。

黄寧堂一名“黄坭塘”。在縣東南九十五里,在前山寨東北四十里。

上恭常都村名,又作“黄泥塘”。《暴志》首載該村名。《祝志》:“黄寧堂,舊名‘黄泥塘’,去城九十五里,去寨東北四十里。”即今珠海市香洲區西北部寧堂村。

埔仔在縣東南九十里,在前山寨東北四十里。

上恭常都村名。《暴志》首載該村名。《祝志》:“埔仔,去城八十五里,去寨東北四十里。”與《采訪册》所載道里異。位於珠海市香洲區西北部,屬金鼎鎮。

雙龍在縣東南八十五里,在前山寨東北五十里。

上恭常都村名。《暴志》首載該村名。《祝志》:“雙龍,去城八十五里,去寨五十里。”位於珠海市香洲區東北部,與佛遥村相鄰。

以上三十九村載在舊志。

南面山在縣東南一百三十二里,在前山寨東南十二里。

下恭常都村名,又稱“南便山”。道光之前縣志未有其名。《祝志》稱:“南面山,又稱南便山,去城一百三十二里,去寨正南是十八里。”南面山,舊無此名。據《采訪册》按語,南面山即對面山:“《暴志》載長安鄉恭常都村莊,内開灣仔、石錦、海門三村。訪得三村舊屬近鄰,俱與澳門隔岸相對,故又統名之曰對面山。毋乃即此與? 抑吉大村之南面山,而舊志無載,毋乃錯寫與?”此處南面山當即對面山的誤寫。對面山,又作“對門山”,葡文作“Lapa”,即指澳門半島北灣對面的島嶼。嘉慶十三年《澳門形勢圖》“對面山”與澳門半島隔海相对。《祝志·海防圖》標隔海相對,蠔田、銀坑、沙尾均在對面山島上。

龍環在縣東南一百三十八里,在前山寨正南十八里。

下恭常都村名。道光以前香山志無載。《祝志》:“龍環,去城一百四十里,去寨南二十里。”與采訪册所載里數有異。龍環村一名,大約出現在乾隆中後期。據《南屏張氏族譜》稱,張澤倫“生於乾隆三十七年十月初二日,卒於嘉慶十六年八月初五日,葬於澳門三巴門外。生三女,長適龍環村蔣姓”①。程佐衡稱:“(望廈)其東爲龍環村,約三四十家。”②直至晚清時,龍環居民尚僅三四十户人,可見其村小。

龍田在縣東南一百三十八里,在前山寨正南十八里。

下恭常都村名。龍田村名首見於嘉慶十三年(1808)《澳門形勢圖》,在望廈村東南標“龍田村”,但未標龍環村。③ 可知龍田村開村時間較龍環村早。據《泰寧李氏族譜》乾隆時已出现澳門“龍田村”之名。④ 又據《鶴山宋

---

① 張光永、張耀錦等編:《南屏張氏族譜》卷10,《積三房喬志支世傳》,澳門科技大學圖書館藏民國二十年刊本,第21—22頁。

② 《明清時期澳門問題檔案文獻彙編》第三册《勘地十説》,第348頁。

③ 中國第一歷史檔案館、澳門一國兩制研究中心選編:《澳門歷史地圖精選》,第76—77頁。

④ 李宗魯編:《泰寧李氏族譜》卷6,《鱗江祖房》,中山文獻影印民國三年廣州中外圖書鉛印本,第4册,第528頁。

氏族譜》稱，宋天麟乾隆三十三年（1768）逝世時葬於“澳門龍田村上”①。據《蔡挹暉堂三房族譜》稱，許朝官爲龍田村人，乾隆五十三年（1788）之前，即已居住龍田村。② 故知龍田村開村大致在乾隆初期。《祝志》：“龍田，去城一百三十八里，去寨正南十八里。”程佐衡稱：“望厦之左爲龍田村，約七八十家，其東爲龍環村，約三四十家。蓋東望洋山形蜿蜓如龍兩村適居其側，故名。”③

澳門在縣東南一百四十里，在前山寨正南二十里。

此處所指澳門，即葡人所建之澳城，即《澳門記略》所言：“澳城，明季創自佛郎機。”關於澳門的定位，參前“十三鄉”之“澳門鄉”考證。

潭仔在縣東南一百五十里，在前山寨東南三十二里。

下恭常都村名，參前“潭仔”條。

過路環一名“鹽灶灣”。在縣南一百六十里，在前山寨南四十里。

下恭常都村名，參前“九澳”條。

横琴上村、下村。在縣南一百七十里，在前山寨西南五十里。

下恭常都村名，參前“大横琴、小横琴”條。

---

① 〔清〕宋章郁、宋義光編：《鶴山宋氏族譜》卷9，《十六世 · 香山澳門遠祥公房行實》，廣東省立中山圖書館藏光緒三年羊城合成齋刊本，第13頁。

② 佚名編：《明烈士蔡啟後公家傳》之《蔡挹暉堂三房族譜》，廣州大馬站大昌印務局承印蔡氏十五傳蔡惠祺珍藏民國刊本，第83—84頁。

③ 《明清時期澳門問題檔案文獻彙編》第三册《勘地十説》，第348頁。

長沙墟在縣東南一百一十里,在前山寨東北十里。

下恭常都村名。《暴志》首載該村名,但其時入谷字都。據《采訪册》稱"又長沙墟,係屬恭常都,先設營汛,下至前山十里,鑿鑿可據。而舊志載在谷都内,而恭常都又無此墟,誤記無疑",故《采訪册》將長沙墟置於舊志未載十六村之一。《祝志》稱:"長沙墟,《暴志》誤入谷字都,去城一百一十里,去寨東北十里。"又標"長沙墟"在上涌之西,南大涌之南。① 位於珠海市香洲區西北部,北與南溪相鄰,東南與翠微相接,屬前山鎮。

南坑在縣東南一百二十五里,在前山寨東十三里。

下恭常都村名。《鄧志》即載該村名,《祝志》:"南坑,去城一百二十五里,去寨東十三里。"《祝志》標"南坑"在吉大之北,香山場之東。王廷鈐等誤載南坑爲舊志未載十六村之一,或爲其未詳考舊志之故。南坑即今珠海市香洲區南坑村。

五豐在縣東南七十里,在前山寨東北五十里。

下恭常都村名。《暴志》首載該村名,《采訪册》誤載五豐爲舊志未載十六村之一。《祝志》:"五豐,去城七十里,去寨東北五十里。"即今珠海市斗門區"五豐圍"。

下微在縣東南九十里,在前山寨東北四十里。

下恭常都村名。《采訪册》首載該村名,爲《祝志》收録:"下微,去城九

---

① 〔清〕祝淮:《新修香山縣志》卷1《輿地上·圖説》,《廣州大典》總第296册,第267頁。

十里，去寨東北四十里。”“下微”又作“下尾”，《香山縣志》將“下尾”標在南坑之北，香山場之東。今地不詳。

松柏仔在縣東南九十里，在前山寨東北四十里。

下恭常都村名《采訪册》首載該村名，後爲《祝志》收録：“松柏仔，去城九十里，去寨東北四十里。”《香山縣志》標在前山寨東北標有一山名“松柏山”，疑“松柏仔”即松柏山。①

神前客民居。在縣東南一百二十里，在前山寨東十八里。

下恭常都村名。《鄧志》首載該村名。《采訪册》誤載神前爲舊志未載十六村之一。《祝志》：“神前，去城東南一百二十里，去寨東十八里。”今珠海市香洲區北面約四公里處，分里神前和外神前。據稱，以村前有神像得名。

錦石在縣東南七十里，在前山寨東北五十里。

上恭常都村名。《暴志》有“石錦”而無“錦石”。《祝志》：“石錦，《暴志》，疑今錦石。”《采訪册》詳載其具體地理方位，稱：“錦石，在縣東南七十里，在前山寨東北五十里。”以此地理位置，當不在對面山。故知“錦石”并非“石錦”。《祝志》又載：“錦石，去城八十一里。”雖與《采訪册》所載道里有異，但可知二者所載“錦石”爲同一地名。位於珠海市香洲區西北部，與潭井相鄰，屬金鼎鎮。

牛欄石在縣東南七十里，在前山寨東北五十里。

---

① 〔清〕祝淮：《新修香山縣志》卷1《輿地上·圖説》，《廣州大典》總第296册，第268頁。

上恭常都村名,又作“牛欄坑”。道光以前香山縣志無載。《祝志》:“牛欄坑,今增,去城九十五里。”與“采訪册”所載里數不同,但牛欄坑當即牛欄石。位於今中山市五桂山腹地。

馬坑客民居。在縣東南一百二十里,在前山寨東北二十八里。

下恭常都村名。道光以前香山縣志無載。《祝志》:“馬坑,去城一百二十里,去寨東北二十八里。”《廣東輿地圖説・香山縣圖》標馬坑在北山嶺稍東,吉大汛西北。① 位於今中山市三鄉鎮馬坑瀑布附近。

以上十六村舊志未載。

案:“以上十六村舊志未載”之説有誤。據查,長沙墟、南坑、五豐、神前四村名在前志出現。餘者爲《采訪册》所首載。

按:《暴志》載長安鄉恭常都村莊,内開灣仔、石錦、海門三村。訪得三村舊屬近鄉,俱與澳門隔岸相對,故又統名之曰對面山,毋乃即此與?抑吉大村之南面山,而舊志無載,毋乃錯寫與?又訪灣仔村前有土名打纜沙,乾隆四十五六年間,僅有三五茅廬,皆耕佃者,或整船者借此暫居。至嘉慶年間則有蛋民登岸者,或外來貿易者,先後移家於此,錯雜而居,於今煙火數十户,儼然一小村莊,人皆呼爲灣仔。沙中立一廟,額曰“瑜璣古廟”。詢土人“瑜璣”二字從何來?僉謂諸神像皆在廢石錦村頽廟中迎來,沿其舊額耳。則打纜沙非海門舊址可知。又長沙墟,係屬恭常都,現設營汛,下至前山十里鑿鑿

① 中國第一歷史檔案館、澳門一國兩制研究中心選編:《澳門歷史地圖精選》,第98頁。

可據，而舊字載在谷都内，而恭常都又無此墟，誤記無疑，今照戎屬村莊册，所開共五十五處。

石錦：下恭常都村名。《暴志》首載該村名。後廢。《祝志》："灣仔、石錦、海門三村，查俱與澳門隔岸，統名對面山，今止存灣仔一村，餘俱無考。"據《采訪册》稱灣仔打纜沙中立一廟，"額曰'瑜璣古廟'。詢土人'瑜璣'二字從何而來？僉謂諸神像皆在廢石錦村頹廟中迎來，沿其舊額耳"可知，至道光時，對面山之石錦村已廢。

海門：下恭常都村名。何時建村，文獻不詳。據《采訪册》與《祝志》，可知至道光時，海門村廢。但《厲志》記載，清末又新增"海門村"，附屬於北山鄉。今不存。

對面山：葡文作"Lapa"。文德泉《氹仔和路環》載："在蠔埕，馬騮洲島的對面，有一個地方，現在是中國人的主要稽查地點，曾經耶穌會士擁有該地的所有權，其面積比青洲島大四倍。游客們不時地來對面山觀光，葡萄牙人可以自由地參觀小島的所有地方，北面直至河對岸前山寨對面的北山。"①今珠海市井岸鎮北部有村名對面山，屬蓮溪鎮，其所在位置應即此對面山。

澳門渠道分支非有源之水，由雨潦而成

一、米糙街水，中分二小支，一向十八間尾轉舊杜元鋪即今左堂公署**側出海，一向鈎尾街轉舊泰隆鋪入舊茂記鋪尾出海。**

① Manuel Teixeira, *Taipa and Colane*, p. 20.

米糙街：又稱米糙巷，葡文名 Travessa de Soriano，澳門古街名。東波塔檔，嘉慶二十三年（1818），“米糙街、關前大街，乃通衢要道”①。澳門今有米糙街，爲營地大街西面一條小街。

十八間：葡文作 Dos Mercadores（Bazar），澳門地名。首見於郝玉麟所繪《澳門圖》。該圖將“十八間”標在關部行臺之後。可知，雍正時，澳門即有“十八間”之地。即今澳門營地大街東面的一條小街。②《高氏家譜》稱十七世高騰弼次女乾隆時嫁“澳門十八間盛寬”③。可知盛家居十八間。又據《趙氏家譜》，趙允宜之女嫁十八間的潘氏。④

左堂：又稱“佐堂”，縣丞之别稱。左堂公署原在前山寨，乾隆九年（1744）遷入望厦村。後因爲“縣丞署日久傾頹，尚未修復”，遂遷入澳門城中，乾隆五十七年（1792）時在營地街起建新屋一座，作爲公館。⑤ 後在澳門葡人反對下搬走。至嘉慶五年（1800）時，佐堂衙署又搬進澳門⑥，此處“舊杜元鋪”就是第二次進入澳門後租賃“杜元鋪”作爲“左堂公署”。《祝志·濠鏡澳全圖》在船澳口與大關之間標有“佐堂署”。

鈎尾街：澳門舊街名。其他文獻未載，今不存。

茂記：澳門舊商鋪名，《濠鏡澳全圖》在澳門北灣處標有“舊茂記水口”，當即米糙街水從舊茂記鋪尾的出海口。

泰隆：澳門舊商鋪名，嘉慶六年（1801）泰隆號曾捐資重建蓮峰廟。⑦

---

① 《嘉慶二十三年正月十一日澳門西洋理事官唩嚟哆稟爲懇押拆除以遵禁令事及香山縣丞周飛鴻批文》，檔案號：PT/TT/DCHN/1/9/001262。

② 〔清〕郝玉麟修：雍正《廣東通志》卷3《澳門圖》，《廣州大典》總第248册，第109—110頁。

③ 高曦等編：《香山渤海高氏家譜》，民國二十四年刊本，第44頁。

④ 《浦江趙氏家譜》，光緒二十二年稿本，第99頁。

⑤ 《乾隆五十七年正月二十五日香山縣丞賈奕曾諭澳門夷目唩嚟哆》，檔案號：PT/TT/DCHN/1/2/000127。

⑥ 〔瑞典〕龍思泰：《早期澳門史》，第129—130頁。

⑦ 譚世寶：《金石銘刻的澳門史——明清澳門廟宇碑刻鐘銘集録研究》，第171頁。

一、太平巷水，落營地入瑠珠圍改名福里，轉第巷尾直出海。

太平巷：澳門舊街巷名。其他文獻未載，今存太平圍、太平里，而無太平巷，太平里應即舊“太平巷”。太平圍，葡文作 Do Canto(Bazar)，位於今澳門半島爛鬼樓新街對直過地。

營地：即營地街，又稱營地大街，澳門舊街名。其名最早見於《暴志》，明朝留有軍隊在該地駐扎，故得名營地街。該街後成爲澳門市民之集市，故葡人稱之爲“商業街”，葡文名爲 Rua dos Mercadores。東波塔檔載乾隆四十一年(1776)時，“營地街擺鮮魚之人欺壓壟斷”①。《祝志》：“(乾隆)五十二年八月，黑奴飲營地街，醉卧，不服夷官約束。”《澳門記略·正面澳門圖》將“營地”標在議事亭與關部行臺之間。可知，營地街是澳門舊街名，至少在明朝時即已出現。

瑠珠圍：澳門古地名，其他文獻未載，道光時改名爲福里。疑此處的“福里”即“福隆里”，葡文作 Da Felicidade。位於澳門半島夜呣街通往公仔巷的一條巷子。

第頭巷：原文作“第巷”，稍後有“第頭巷”，故疑此處脱一“頭”字，當爲“第頭巷”。澳門舊街巷名，《祝志·濠鏡澳全圖》在北灣處標有“第頭巷水口”，當即太平巷水在第頭巷的出海口，此名今不存。

一、紅窗門水，落橋仔頭過桔仔圍口向植槐里出海。

紅窗門：澳門舊街名。《澳門掌故》載：“紅窗門者，實指一具有紅窗之閘門也。該閘門在舊日營地大街南端，與澳門大街北端之石閘門遥遥相對，所以範圍古澳門街之租借區域者也。該閘門所在處，今稱紅窗門街。查該

---

① 《乾隆四十一年七月初六日香山知縣楊椿諭澳門夷目唩嚟哆》，檔案號：PT/TT/DCHN/1/1/000044。

閘門原址,在昔紅窗門街與通天街之交接處,即今之蓬萊里口。閘門高拱,關閘附之,有汛兵與税吏駐守。今葡文仍稱之爲‘Rua Da Alfandega’,即關卡街也。”①王文達的文獻依據爲何不得而知。紅窗門一名在文獻中出現是在嘉慶時,據《沈氏家譜》稱沈天奎“於嘉慶十七年在澳門紅窗門街開仁茂洋貨店”。又稱沈天時有屋一間,坐落紅窗門横街。② 東坡塔檔載:“嘉慶六年,伊願將紅窗門鋪舍一間寫與蟻收租作利。”③可證,紅窗門街在澳門的出現,應在嘉慶六年(1801)之前。華商沈天爵、沈天奎在澳門紅窗門街開設仁茂洋貨店一間。④ 不知仁茂洋貨店是否爲茂記?

橋仔頭:澳門舊街名,稱橋仔頭街。橋仔頭街首見於嘉慶十七年(1802)東坡塔檔:“有夷目唩嚟哆家使用黑奴數人,拉住不識姓名孩子,經過橋仔頭街口。”⑤可知,橋仔頭街之名出現嘉慶十七年(1802)前。

桔仔圍:澳門舊街名。桔仔圍之名首見於嘉慶十一年(1796)東坡塔檔案:“案據該夷目禀稱,民人盲清,少欠夷人罷德肋・咹哆呢(Padre António)桔仔圍屋租銀。”⑥桔仔圍,又作橘子圍,嘉慶時李遐齡有詩稱:幾行緑樹龍嵩廟,一角青山橘子圍。⑦ “橘子圍”又作“橘仔園”。據潘日明神父公布的一份葡萄牙手稿稱,“香山縣丞從未在關閘及三巴門之間駐住。早期住在關閘以外的翠微(Choimé)。張保仔之役後,入居水坑尾内橘仔園。目前,駐

---

① 王文達:《澳門掌故》,第221—222頁。

② 〔清〕佚名編:《晋江東田沈氏族譜》不分卷《長房第七世》,澳門歷史博物館藏同治七年刊本,第84—88頁。

③ 《嘉慶十一年五月十二日澳門同知王衷札澳門夷目唩嚟哆》,檔案號:PT/TT/DCHN/1/6/000767。

④ 澳門歷史檔案館藏:《永田沈氏家譜》。

⑤ 《嘉慶十七年六月二十九日香山縣丞潘世綸諭澳門夷目唩嚟哆》,檔案號:PT/TT/DCHN/1/8/001093。

⑥ 《嘉慶十一年五月十二日澳門同知王衷札澳門夷目唩嚟哆》,檔案號:PT/TT/DCHN/1/6/000767。

⑦ 〔清〕李遐齡:《勺園詩鈔》卷1《俳體遣悶二首》,《廣州大典》總第450册,第372頁。

扎在鮮魚埠(PraiaPequena)海關處,向一葡人租用其宅"。[1] 到1818年,香山縣丞衙署曾一度設於此地。《祝志·濠鏡澳全圖》標"桔仔圍尾"在北灣接近澳夷抽分館處。1905年《澳門街道名册》"桔仔圍",葡文作 Beco do Matapau,位於澳門半島新填巷旁的横街。

植槐里:澳門古地名,今不存。《祝志·濠鏡澳全圖》標"植槐里水口"在北灣的蘆石塘處,與桔仔圍緊連。

一、墟亭水,分入門官圍、吉慶里、瑠珠圍、第頭巷等處出海。

墟亭:該墟亭從門官圍與吉慶里位置來看,當爲營地墟亭,葡萄牙東波塔檔案館藏檔案載:"切營地街墟亭,源於乾隆五十五年,蒙彭縣主見豬肉、鮮魚、鷄鴨、瓜菜等四行無實地擺賣,日曬風飄,因與在澳之西洋官目紳衿公同商議,將營地一段撥立墟亭,以便四行總歸擺賣。"[2]即營地街市,位於今澳門營地大街。墟亭之建,則始於乾隆五十五年(1790)。

門官圍:又名門官巷,葡文作 Pátio do Mercado,澳門街道名,位於今大堂區營地大街,入口在營地大街62號與64號樓之間,無出口。[3]

吉慶里:澳門街道名,《祝志·鏡澳全圖》標"吉慶里水口"在十八間尾水口旁,十八間爲營地大街的一條街,吉慶里應該就在十八間旁邊。1905《澳門街道名册》有"吉慶巷"一地,葡文作 Dos Bêcos,吉慶巷即吉慶里。位於今大堂區,由庇山耶街35號和37號建築物之間起,至營地大街44號和50號建築物之間,面向米糙巷處止。[4]

---

① 原件存《議事亭發果阿、里斯本公函登録簿》第74號手稿第127頁反面,轉引金國平《中葡關係史地考證》,第314頁;Manuel Teixeira, *Macau no Séc* XⅧ, p. 398.

② 《道光十五年八月營地墟亭豬肉行長吴中和等爲亭遭風損聯懇修復以便營生事》,檔案號:PT/TT/DCHN/1/10/001357。

③ 《澳門市街道及其他地方名册》,澳門:澳門市政廳,1993年,第135頁。

④ 《澳門市街道及其他地方名册》,第28頁。

一、石閘門關前水,由船澳口出海。

石閘門:毗鄰關前街與草堆街,乾隆五十六年(1791)時已有關於石閘門的記載。①

船澳口:葡文作 Dos Couláus,澳門古地名。《祝志·濠鏡澳全圖》,船澳口位置近香山縣丞衙署(佐堂署)。位於澳門半島騎樓街南邊横街。

各渠日久淤積,水不通流,皆因鋪屋民居壓塞渠道,兼之豪强填築海旁地段,幾無水口可尋。每大雨滂沱,多受淹浸之患。

案:《采訪册》提供了澳門地下排水系統的信息,《祝志》之"水利"及"澳門"部分没有采用這一部分資料,但在該志保存的一幅《濠鏡澳全圖》中則記載有十八間尾水口、舊茂記水口、第頭巷水口、桔仔園水口、植槐里水口、吉慶里水口、船澳口水口等。很明顯,這些水口即澳門城内排水溝渠的入海口。據《濠鏡澳全圖》所示,澳門半島所有水口主要集中北灣一綫,這是由半島的地勢所决定的,澳門半島北部、東部、南部均爲山地,唯中部及西邊(北灣)一綫爲平地,故澳門城内之積水均往西部北灣一綫排流入海。但這一排水系統到道光時"各渠日久淤積,水不通流",甚至"每大雨滂沱,多受淹浸之患"。爲什麽會出現這一現象?"皆因鋪屋民居壓塞渠道,兼之豪强填築海旁地段,幾無水口可尋",乾隆中葉以後,隨著大量華人的入城,澳門城市發展的速度甚快,居民建築鋪屋擁塞渠道,"豪强填築海旁地段"堵塞水口。因此,一到雨季,澳門城市便遭水澇之災。澳門早期城市建設的市政工程方面的資料極爲罕見,《采訪册》提供的以當地人調查而完成的這一地下排水工程的系統介紹及相關街道介紹就顯得尤爲寶貴。

① 澳門文化局發現同治十二年(1873)《草堆街中葡文石碑》。

道光八年(1828)《新修香山縣志·濠鏡澳全圖》

澳門泉

大龍喉泉、二龍喉泉、小龍喉泉,俱在東望洋山下右側。山水園泉在西望洋寺下,皆水自石出,清冽甘美。

案:山水園泉,澳門山泉名,是古代澳門人的生命泉,今不存,而有山水園圍,當因臨近山水園泉而得名。山水園泉葡文作"Mato de Bom Jesus",意即"好耶穌叢林"。在今西望洋山南麓,位於西坑街與學校巷和山水園巷之間。[①] 金豐居士稱:"在阿婆井附近,有山澗流泉,淙淙涓涓,匯流至西坑街口處,形成一潭,在形成一小溪。"[②]此小溪當即山水園泉,其位置在亞婆泉之下,其水係亞婆泉之水流下彙集而成。山水園的開發始於何時無文獻可考,但至少可以知道,到道光時,山水園泉已成爲葡萄牙人在澳門的最佳飲用水源。[③]

"大龍喉""二龍喉"及"小龍喉"三處山泉位於東望洋山下右側。澳門葡人何時發現并開發的這三處新飲水源?東波塔檔案中透露了一些信息,乾隆五十八年(1793)三月十八日澳門委黎多稟稱:"澳東城外山埔有泉,多夷人汲水飲用,由來已久。向無民人霸佔。今有民人楊亞苟、黄平章私行開墾,把截山泉,稟請禁止。"[④]澳東城外之泉即龍喉三泉,可知這三處山泉很早就被葡人發現并開發使用。葡文文獻中亦有關於二龍喉地方三泉水的記載:"二龍喉公園的高處有三個泉眼,流量不大但水質很好,富裕人家都派人去挑水。"三個泉眼當即大龍喉泉、二龍喉泉與小龍喉泉,但并未記載其名。據記載,1882 年 5 月 27 日,澳門工務司"對東望洋山下的二龍喉等處的泉水進行考察"和修建,10 月 7 日完工,共建成兩處出水口,前者稱"妒忌泉"(Fonte da Inveja),華人稱"魚够嘴";後者稱"植物泉"(Fonte da Flora),华人称"大龙喉"。[⑤] 因前已説明"對東望洋山下的二龍喉等處的泉水進行考察",推測二龍喉泉當在其列,妒忌泉當即二龍喉泉,但并未見小龍喉泉之

① Augusto de Souza Barbeiro, *Cadastro das Vias e Outros Lugares Públicos da Cidade de Macau*, Tipografia do Man Lau - Macau, 1925.

② 金豐居士:《澳門街道來龍去脉》,載《大衆報》2004 年 2 月 21 日。

③ 〔葡〕科斯塔(Maria de Lourdes Rodrigues Costa)著:《澳門建築史》,范維信譯,載《文化雜志》總第 35 期,1998 年;Manuel Teixeira, *Toponímia de Macau*, Vol. 1, Macau, 1997, pp. 244 - 246.

④ 《乾隆五十八年三月二十九日署香山縣丞朱鳴和諭澳門夷目唩嚟哆》,檔案號:PT/TT/DCHN/1/2/000212。

⑤ 〔葡〕科斯塔(Maria de Lourdes Rodrigues Costa)著:《澳門建築史》,范維信譯,載《文化雜志》總第 35 期,1998 年;Manuel Teixeira, *Toponímia de Macau*, Vol. 1, Macau, Instituto Cultural de Macau, 1997, pp. 244 - 246.

名。在《采訪册》中,這是中文文獻中第一次正式記録,後被《祝志》采納,首次向人們介紹了澳門的主要飲用水源。值得注意的是,大龍喉、二龍喉、小龍喉三地均在澳門城外,實在龍田村境,但《采訪册》的作者將之稱爲“澳門泉”,故知他們認爲龍田村一帶即屬“澳門”。

二龍喉:1814 年 7 月 16 日,馬禮遜在澳門東望洋山麓二龍喉溪泉處爲蔡軻(即蔡高)洗禮,同時祝禱蔡軻將是他日豐收中國百萬基督徒的第一人。①

澳門潮汐由洋海入澳門南環、媽角及芒洲、蜘洲、燈籠洲、挂椗一帶,海面直達南野角止

初一日寅末長,巳末消,申末長,亥末消。初二日卯初長,午初消,酉初長,子初消。初三日卯末長,午末消,酉末長,子末消。初四日辰正長,未正消,戌初長,丑正消。初五日辰末長,未末消,戌末長,丑末消。初六日巳初長,申初消,亥初長,寅初消。初七日巳正長,申正消,亥正長,寅正消。初八日巳末長,申末消,亥末長,寅末消。初九日午初長,酉初消,子初長,卯初消。初十日午正長,酉正消,子正長,卯正消。十一日未初長,戌初消,丑初長,辰初消。十二日未正長,戌正消,丑正長,辰正消。十三日申初長,亥初消,寅初長,巳初

① LMS/CH/SC/JO, Robert Morrison's Journal, 16 July 1814, R. Morrison, *Memoirs of the Life and Labours of Robert Morrison*, 1:410,轉自蘇精:《中國,開門! 馬禮遜及其相關人物研究》,第 213 頁。據《蔡高先生傳略》,蔡高洗禮在“澳門東望洋山清泉滔滔之處”,王文達先生考證爲二龍喉。參見王文達《澳門掌故》,第 148 頁。

消。十四日申正長,亥正消,寅正長,巳正消。十五日與十四日同。其十五六日至三十日與初二日至十四日略同。

《澳門記略》有關於澳門潮汐的記載:"初一日寅末長,巳末消,申末長,亥末消。初二日卯初長,午初消,酉初長,子初消。初三日卯末長,午末消,酉末長,子末消。初四日辰正長,未正消,戌初長,丑正消。初五日辰末長,未末消,戌末長,丑末消。初六日巳初長,申初消,亥初長,寅初消。初七日巳正長,申正消,亥正長,寅正消。初八日巳末長,申末消,亥末長,寅末消。初九日午初長,酉初消,子初長,卯初消。初十日午正長,酉正消,子正長,卯正消。十一日未初長,戌初消,丑初長,辰初消。十二日未正長,戌正消,丑末長,辰末消。十四日申正長,亥正消。至十五日寅正長,巳正消。其十六日至於三十日,與初二日至十四日略同。"《采訪册》記載稍異《澳門記略》。《澳門記略》載:"十二日未正長,戌正消,丑末長,辰末消。……十四日申正長,亥正消。至十五日寅正長,巳正消。"而《采訪册》作:"十二日未正長,戌正消,丑正長,辰正消。……十四日申正長,亥正消,寅正長,巳正消。十五日與十四日同。"從初一日至十一日之記載來看,潮汐每天張潮兩次,落潮兩次,而《澳門記略》所記却是十四、十五兩日每天一漲一消,《采訪册》所記更爲真實可信。

澳門纂略

案：《采訪册》目録并無"澳門纂略"之目，此目當爲目録中之"夷俗""物産"等部分。《澳門纂略》是一部記述自明嘉靖年間澳門開埠至清道光七年(1827)間澳門歷史、地理、城市建設、葡人建置、清朝治澳、物産民情及社會風俗的澳門全史，而且略古詳今。它是現存最早的一部由澳門本土人編纂的澳門史，亦爲《采訪册》中史料價值最高之部分。這是繼《澳門記略》之後的又一部澳門專傳。

濠鏡澳之名著於《明史》。其曰澳門，則以澳南有四山離立，海水縱横貫其中，成十字，曰十字門，故合稱"澳門"。澳有南、北二環，灣規圓如鏡，故曰濠鏡，是稱濠鏡澳焉。

《澳門記略》："濠鏡澳之名著於《明史》，其曰澳門，則以澳南有四山離立，海水縱横貫其中，成十字，曰十字門，故合稱'澳門'。或曰澳有南臺、北臺，兩山相對如門云。"又載："有南、北二灣，可以泊船，或曰'南環'。灣規圓如鏡，故曰'濠鏡'，是稱澳焉。"可知《采訪册》記載來自《澳門記略》。

案：濠鏡澳一名，有時指整個澳門半島，有時又指包括半島、半島南面海域及氹仔、路環在内的廣大區域。葡萄牙人進入澳門後，"濠鏡"之名逐漸成爲專指澳門半島的一個稱謂。《采訪册》所載之"濠鏡澳"即指澳門半島。東西方文獻中，關於澳門的稱謂不下十數種，有"濠鏡""濠鏡澳""阿媽港""香山澳""龍崖門""香岙""海鏡""馬交""蓮花洲""濠江""鏡湖"等，但除“澳門”“濠鏡澳”“香山澳”“馬交”與“龍崖門”外,其餘多不具備正式定名的意義。

最早出現的關於澳門半島的名稱是“濠鏡”或“濠鏡澳”,又作“壕镜”,“壕”“濠”通用,但正确写法当爲“蠔镜”,後可能因嫌其原名不雅训而改“蠔”爲“濠”。① 事實上,早在明朝正德年間“濠鏡”一詞即已出現。1515年,托梅·皮雷斯(Tomé Pires)所著《東方諸國記》中有“Oquem”一詞,當即“濠鏡”。中文“濠鏡”一詞或稍晚於此,但據考證,“濠鏡”之名在嘉靖八年(1529)已正式出現於文獻中,其名出現應更早於此。“濠鏡澳”這一地名在嘉靖、萬曆年間成爲對今日澳門的一個較爲固定的稱謂,而且是指整個澳門半島而言。龐尚鵬《撫處濠鏡澳夷疏》、陳吾德《條陳東粤疏》、郭尚賓《防澳防黎疏》、吴桂芳《議阻澳夷進貢疏》、沈德符《萬曆野獲編》、郭棐《廣東通志》諸書均以“濠鏡澳”稱澳門,其時間遠早於成書於乾隆四年(1739)之《明史》,可知“濠鏡澳之名著於《明史》”之説不確。

“澳門”一名中文形式最早見於明代龐尚鵬奏疏中,稱:“廣州南有香山縣,由雍麥至濠鏡澳,計一日之程,有山對峙如臺,曰南北臺,即澳門也。……議者却在澳門狹處用石填塞,杜番舶潛行,以固香山門户。”屈大均《廣東新語》亦載:“又十里至澳,有南臺、北臺。臺者,山也,以相對,故謂‘澳門’。”清代薛韞《澳門記》載:“遵澳而南,放洋十里許,右舵尾,左鶏頸;又十里許,右横琴,左九澳,灣峰表裏四立,象箕宿縱横成十字,曰十字門,又稱‘澳門’。”據薛韞所載,澳門之名得自十字門,即十字門爲澳門。《澳門圖説》因襲薛文記載。印光任、張汝霖亦贊同薛文:“澳南有四山離立,海水縱横貫其中,成十字,曰十字門,故合稱‘澳門’。”但又不確定,故又云:“或曰澳有南臺、北臺,兩山相對如門云。”上述“澳門”之名僅指今日澳門地區的某一特定地域,并不是今日澳門之地域概念。然而郭棐在《廣東通志》中則將記載濠鏡澳之事的卷目標爲“澳門”,表明已有人將“澳門”之名等同於“濠鏡澳”。但至明末,澳門半島的主要稱謂仍是“濠鏡澳”,稱“澳門”者甚

---

① 戴裔煊:《〈明史·佛郎機傳〉箋正》,北京:中國社會科學出版社,1984年,第52—53頁。

少。入清後,"澳門"之名逐漸興起,取代了"濠鏡澳"。龔翔《珠江奉使記》載:"今之澳門,即舊名濠鏡。"①

距縣城一百四十里。

案:澳門至香山縣城的距離,諸書記載不一。屈大均《廣東新語》載:"蠔镜在虎跳门外,去香山东南百二十里。"②《澳門記略》:"(前山)北距香山縣一百二十里而遥,南至澳門十有五里。"薛韞《澳門記》載:"自香山縣鳳栖嶺迤南,凡一百二十里至前山,又二十里爲濠鏡澳。"③《粤海關志》載:"前山營游擊守備駐扎所,北距香山縣一百二十里而遥,南至澳門十有五里而近。"④《田志》:"澳門一區,在廣州府香山縣之東南,距縣治一百三十餘里。"張甄陶在《澳門圖説》中記載更爲詳細:"澳門在廣州府香山縣之東南,去縣治陸路一百四十里,水路一百五十里。"⑤惟《祝志》所記載同《采訪册》:"濠鏡澳,在香山縣南虎跳門外,距縣城一百四十里。"可知,《祝志》采用了《采訪册》之記載。

僻處海島,北枕青洲山,南望十字門。波濤湃澎,間鯨魚出没,雲氣往來,實爲壯觀。

《暴志》:"澳門僻處海島,北枕青洲山,南望十字門,波濤澎湃,間鯨魚出没,雲氣往來,實爲壯觀。"《采訪册》記載出自《暴志》。

① 關於"濠鏡澳""澳門"諸名沿革與内涵,詳參湯開建:《澳門諸名芻議》,載《澳門開埠初期史研究》,北京:中華書局,1999年。

② 〔清〕屈大均:《廣東新語》卷2《地語·澳門》,第36頁。

③ 《明清時期澳門問題檔案文獻彙編》第6册《澳門記》,第605—606頁。

④ 〔清〕梁廷枏:《粤海關志》,廣州:廣東人民出版社,2002年,第411頁。

⑤ 〔清〕賀長齡等編:《清經世文編》卷83《兵政》14,第2976頁。

有明中叶,西洋夷人借居其地,而華人亦得錯處其間,數百年來,生齿日繁。惟我國家盛德覃敷,無遠弗屆,梯航萬里,輻輳五方,民夷安居樂業,同游光天化日中矣。

《暴志》:"有明中葉,西洋彝人借處其地,數百年來,生齒日繁。惟我聖朝覆載帡幪,故諸酋畏威懷德,萬里梯航,五方輻輳,猗歟休哉,蝟鬚魋結之徒同游光天化日中矣。"《采訪册》記載根據《暴志》改寫。

案:"有明中葉,西洋夷人借居其地,華人亦得錯處其間,數百年來生齒日繁",據此來看,在葡人據居澳門之初,即有華人在澳門居住。可是這個"澳門"究竟指的是澳門半島中部葡人所居之舊城區,還是指整個澳門半島呢?

事實上,早在澳門開埠之前,澳門半島即有華人居住。① 白樂嘉(J. M. Braga)稱:"在葡萄牙人抵達澳門之前,半島上已住有少數漁民。在今天普濟禪院即觀音堂一帶,是當時西江泥沙衝積的地方。寺院極古,但無實録可考。我們只知,此寺院的初期,是一間小祠堂,屬於福建移民所有。這些少數移民,也就是澳門的初期居民了。這些初期的居民,有的姓沈,有的姓何。他們居住在此,賴西江所衝積的肥美土壤,從事種植爲生。"②

葡萄牙人幫助廣東政府消滅香山地區"阿媽賊",廣東政府批准葡人僑寓濠鏡澳。③ 嘉靖三十六年(1557),澳門正式開埠,各地華人紛紛進入澳門。《明史・佛郎機傳》載:"閩粤商人,趨之若鶩。"《晉江英岱二房石門份洪氏族譜》載:"邦麗公,諱廷秀,謚懷津。公以家淡薄經商,適葵峰黄先生開澳與夷貿易,公即抵廣爲之,自後二弟爲巨商,白手成家,公始之也。邦質公,公孝友誠慤而有大度,故江外之人重之,裔夷亦賈以數萬金,終以成業歸

① 湯開建:《明代澳門地區華人居住地鈎沉》,載《澳門開埠初期史研究》,第255、259頁。

② José Maria Braga, *The Western Pioneers and their Discovery of Macau*, Boletim do Instituto Português de Hong Kong(Secção de História), Vol. 2, 1949.

③ 〔明〕韓霖輯:《守圉全書》卷3之1《委黎多報效始末疏》,臺北:"中研院"傅斯年圖書館善本書室藏明崇禎九年(1636)刊本,第87頁。

家,買地宅,構大厦。疏族之賣業,猶無吝價以相待,可謂創置,不惜小費也。"[①]龐尚鵬又稱:"其通事多漳、泉、寧、紹及東莞、新會人爲之。椎髻環耳,效番衣服聲音。"可知,華人已大批進入澳門,其中既有來自廣東、福建的商人,又有大批擔任葡人"通事"(翻譯)的漳州、泉州、寧波、紹興、東莞、新會之人。孫承澤《春明夢餘録》載:"而江西瓷器、福建糖品、果品之物,皆所嗜好。佛郎機之夷,則我人百工技藝有挾一技以往者,雖徒手,無不得食。民争趨之。"[②]可知,翻譯、商人、"百工技藝"與澳門葡人形成"民夷雜居"的局面。"華人錯處其間"的澳門當僅指葡人所居住的舊澳城。

澳者,舶口也。凡番船停泊,必以海濱之灣環者爲澳。

案:《廣東新語》載:"凡番船停泊,必以海濱之灣環者爲澳。澳者,舶口也。"[③]"澳",指海邊彎曲可以停船的地方,即爲船舶靠岸停留的地方。可知《采訪册》采自《廣東新語》。

明初諸番互市於浪白滘,嘉靖十四年,諸番以浪白遼遠,都指揮黄慶代請於上官,移泊口於濠鏡,歲輸課二萬金。澳之有番市,自黄慶始。

《明熹宗實録》"天啓元年六月丙子"條載:"至嘉靖十四年,指揮黄慶納賄,請於上官,許夷人僑寓蠔鏡澳,歲輸課兩萬金。"《明史·佛郎機傳》:"嘉靖十四年,指揮黄慶納賄,請於上官,移之壕鏡,歲輸課二萬金,佛郎機遂得混入。"《澳門記略》:"(嘉靖)十四年,都指揮黄慶納賄,請於上官,移舶口

① 洪英圖等編:《晉江英岱二房石門份洪氏族譜》,晉江金井鎮岱峰村洪氏宗祠藏,1995年洪英圖父子重修本。

② 〔清〕孫承澤:《春明夢餘録》卷42《浙省海寇》,扬州:江蘇廣陵古籍刻印社,1990年,第829頁。

③ 〔清〕屈大均:《廣東新語》卷2《地語·澳門》,第36頁。

於濠鏡,歲輸課兩萬金,澳之有蕃市,自黄慶始。”屈大均稱:“嘉靖間,諸番以浪白遼遠,重賄當事求蠔鏡爲澳。”①

案:關於黄慶其人,資料并不多。據《田志》:“初,蕃人之市中國也,願輸歲餉,求於近處泊船,(王)綽乃代爲申請。其後番以貯貨爲名,漸結爲舍宇,久之,成聚落。”②這段材料所述王綽事迹與《明史·佛郎機傳》及《明熹宗實録》所記録的“黄慶”事迹有相似之處,故戴裔煊先生極力否認黄慶其人的存在,認爲“黄慶”爲“王绰”傳抄錯誤所致。③ 以其他文獻没有關於黄慶其人之記載而否認《明史》《明實録》中關於黄慶的記載,這種説法證據不足。黄慶在嘉靖十四年(1535)即出任指揮,都指揮是正二品武官,是一位資深的高級武官,年齡當已不小,而王綽則不可能會在嘉靖三十四年(1555)和嘉靖三十七年(1558)两次参加武舉考試,二十年前已經擔任都指揮的黄慶怎麽可能還參加武舉考試呢? 而且還在萬曆五年(1577)陞任昭武將軍出鎮澳門。故知,黄慶不是王綽,文獻中“黄慶移舶口於濠鏡”應該是無誤的。

三十二年,番舶托言舟觸風濤,顧④借濠鏡地暴諸水漬貢物,海道副使汪柏許之。初僅茇舍數十間,商人謀利者,漸運瓴甓榱桷爲屋,佛郎機遂得混入。高棟飛甍,櫛比相望。久之遂專爲所據。番人之入居澳門,自汪柏始。

《澳門記略》:“三十二年,蕃舶托言舟觸風濤,願借濠鏡地暴諸水漬貢物,海道副使汪柏許之。初僅茇舍,商人謀奸利者,漸運瓴甓榱桷爲屋,佛朗機遂得混入。高棟飛甍,櫛比相望,久之遂專爲所據。番人之入居澳門,自汪柏始。”可知《采訪册》資料來自《澳門記略》。

案:關於葡萄牙人入居澳門,又可見諸《香山縣志》。《申志》:“時僅草

① 〔清〕屈大均:《廣東新語》卷2《地語·澳門》,第36頁。
② 〔清〕田明曜修:《重修香山縣志》卷13《列傳》,《廣州大典》總第297册,第273—274頁。
③ 戴裔煊:《〈明史·佛郎機傳〉箋正》,第62—63頁。
④ 根據文意,“顧”當爲“願”之誤。

舍數十間。後商人牟奸利者漸運磚瓦木石爲屋,若聚落然。"《暴志》:"明嘉靖三十二年,番船趨濠鏡者言舟觸風濤,水漬濕貢物,願暫借濠鏡海地晾曬。海道副使汪柏許之,時僅草舍數十間,後商人謀利者漸運磚瓦木石爲屋若聚落然,居住輪租,自是諸墺俱廢,惟濠鏡墺獨爲舶藪矣。"《舟車聞見録》載:"嘉靖三十二年,有蕃舶托言舟觸風濤,請借濠鏡暴水漬貨物,海道副使汪柏得賄許之。始至僅有茇舍而已,内地奸商代運榱桷瓴甓,乃建大厦焉,而佛郎機遂得混入。嗣後,高屋飛檐,櫛比相望矣。久之,遂爲所據。"①可以看出,王廷鈐等人在纂修《采訪册》的過程中參考了大量文獻資料。

海道副使:是明代專門管理澳門的重要官職。實際上就是提刑按察副使,在東南沿海省份,分管巡視海道,故稱"海道副使",爲正四品官員。②

案:"番人之入居澳門,自汪柏始"之"番人",并非指葡萄牙人,"入居"也不是今日意義上的定居。過去很多學者均根據這一記載,將嘉靖三十二年(1553)視爲葡萄牙人正式入居澳門的年份。其中以戴裔煊爲代表。此説頗有值得商榷之處。因爲明代提到嘉靖三十二年(1553)之事的僅有郭棐與王以寧二人。郭棐稱:"嘉靖三十二年,舶夷趨濠鏡者,托言舟觸風濤,縫裂水濕貢物,願暫借地晾曬,海道副使汪柏徇賄許之。"③王以寧言:"國初,占城諸國來修職供,因而互市,設市舶提舉以主之。稛載而來,市畢而去,從未有盤踞澳門者,有之,自嘉靖三十二年始。"④郭棐稱是"舶夷"入濠鏡,王以寧稱"占城諸國"盤踞澳門,并没有指佛郎機,而是指外國海船貿易商人或東南亞商人,故《明史・佛郎機傳》中并未將嘉靖三十二年(1553)葡人入居澳門之説納入傳中,這是當時修史者的準確判斷。又據《采訪册》所載"初僅茇舍數十間,商人謀利者,漸運瓴甓榱桷爲屋,佛朗機遂得混入。高棟飛甍,櫛比相望,久之遂專爲所據",可知最早到達澳門地區貿易的并非葡

① 〔清〕江藩:《舟車聞見録》續集3《澳夷》,臺北:臺北圖書館藏民國三十七年(1948)合衆圖書館叢書刻江藩遺著《炳燭齋雜著》本,圖書編號:綫847.1/735,第13—14頁。

② 詳參湯開建:《明朝在澳門設立的有關職官考證》,載《澳門開埠初期史研究》,第182頁。

③ 〔明〕郭棐:萬曆《廣東通志》卷69《外志》3《番夷》,《廣州大典》總第244册,第726頁。

④ 〔明〕王以寧:《東粵疏草》卷7《條陳東粵疏》,《廣州大典》總第182册,第575頁。

萄牙人,而是“商人謀利者”,葡人衹是後來“混入”。葡文文獻中亦有相似記載。澳門開埠前,《廣州葡囚信》中多次提及到廣東經商的“北大年”人。據澳門古地名沙梨頭葡文作“Patane”,即“北大年”,北大年本爲暹羅南部的一個地名。可知“番人”一詞,最早指進入澳門的東南亞商人無疑。且東南亞商人入澳,“其初止舟居,以貨久不脱,稍有一二登陸而拓架者”①,“時僅蓬累數十間”②,此時入澳的東南亞商人均居草棚寮屋,是爲季節性貿易而搭蓋的臨時住所。

“遂專爲所據”,指1557年,葡萄牙人正式入居澳門之事。③ 1557年12月2日,葡萄牙人幫助廣東政府平定漳州巨盗澳門“阿媽賊”老萬集團,廣東政府允許葡人僑寓濠鏡。④ 費爾南·平托記載爲:“1557年,廣東官員在當地商人的要求下,將澳門港劃給葡萄牙人做生意。”⑤《耶穌會會士在亞洲》稱:“是年(1557),廣東的官員將這澳門港給了葡萄牙居住。他們先是在上川,然後在浪白滘。從這些島嶼,他們同華人和日本人做了幾年的生意。”⑥《葡萄牙17世紀文獻》:“直至1553年,葡萄牙與華人在上川島進行交易。華人於1555年將他們由此移往浪白滘,并於1557年遷至澳門,官員將此港給他們進行貿易。葡萄牙人爲中國立下汗馬功勞,確認了澳城其港、其地的讓與這功勞便是殲滅了騷擾廣東的巨盗。爲此,華人將葡人遷至距廣州較近的這一港口。”⑦《16世紀澳門史資料》:“該城居民於1557年擊潰横行中

① 〔明〕郭棐:萬曆《廣東通志》卷69《外志》3《番夷》,《廣州大典》總第244册,第726頁。

② 〔明〕王以寧:《東粵疏草》卷7《條陳東粵疏》,《廣州大典》總第182册,第575頁。

③ 關於將葡萄牙人入居澳門時間定於1557年之問題,詳參湯開建:《委黎多〈報效始末疏〉箋正》,廣州:廣東人民出版社,2004年,第49—54頁。

④ 湯開建:《委黎多〈報效始末疏〉箋正》,第49—54頁。之所以將這一事件發生的時間定在12月2日,主要依據于薩賴瓦(Joaquim de Sousa Saraiva)主教手稿稱“此事發生於1557年12月2日星期五”。薩賴瓦主教手稿藏埃武拉公共圖書館及檔案館Cód, CXV I/2 – 5。

⑤ 〔葡〕費爾南·平托(F. M. Pinto)著:《遠游記》,金國平譯,澳門:澳門基金會,1999年,第698頁。

⑥ 阿儒達宫圖書館:《耶穌會會士在亞洲》,Cód. 49 – Ⅳ – 66, fl. 46.

⑦ 荷蘭殖民地檔案館藏:《葡萄牙17世紀文獻》,第12—13頁。

國沿海的漳州巨盗,所以從偉大的中國國王處獲一'chapa(劄)',將他們現居住的港口及其地賜給了他們。"①《1644年前日本紀事》:"1557年時,有若干中國叛人憑據澳門,抄掠廣州全境。省中官吏不能剿滅盜賊,求助於上川的葡萄牙人。葡萄牙人爲數僅400,賴天主及聖方濟各之助,擊散群盜。中國獎其功,許葡萄牙人在澳門停留居住,惟不許築城置炮。"②可見,1557年,澳門才爲葡萄牙人"專據"。

佛郎機既據澳,至萬曆二年,建閘於蓮花逕,設官守之,每逢一、六日開關,歲放米若干石,每月六啓,文武官會同驗放畢,由廣肇南韶道發符封閉之,自是諸番之來日益衆。

《申志》:"萬曆二年建設閘官守之,關閘上爲房三間。"《暴志》:"明萬曆二年設關閘,委官守之,每逢一、六日開關,歲放米若干③石,每月六啓閉,廣肇南韶道發封條六道,令文武官會同驗放,事已閉關。"《澳門記略》:"佛郎機既據澳,至萬曆二年,建閘於蓮花逕,設官守之,而蕃夷之來日益衆。"又有"蓮花逕一閘歲放米若干石,每月六啓,文武官曾同驗放畢,由廣肇南韶道馳符封閉之"。可知《采訪册》資料根據《暴志》和《澳門記略》改寫。

廣肇南韶道:此處所言之"道"爲明朝的一種行政區劃單位,明代的承宣布政使司、提刑按察使司與都指揮使司事務繁劇,轄區廣大,遂由布政使、按察使的同僚分司管理部分專務或一至數府州的民政、監察和軍事事務,此即被稱爲"道"。按系統劃分,有布政分司道和按察分司道;按職掌劃分,有分管專門事務的道和管轄地區(府州縣)的道,後者又有分守道、分巡道、整飭兵備道之分。據《明會要》,廣東有分道爲五:嶺南道,轄廣州、韶州、南雄三府;嶺東道,轄惠州、潮州二府;嶺西道,轄肇慶、高州二府;海北道,轄廉州、

① Jordão de Freitas, *Macau: Materiais para a Sua História no Século XVI*, 澳門文化學會重刊, 1988年, p. 20.

② 〔葡〕嘉爾定(António Francisco Cardim):《1644年前日本省報告》,第6頁。

③ "若干",原書缺,據《澳門記略》補。

雷州二府;海南道,轄瓊州府。其中并無廣肇南韶道,其具體劃分情况不詳。清代廣肇南韶道,下轄廣州府、肇慶府、南雄府、韶州府,駐肇慶府。①

案:關閘的修建時間,中葡兩國學者對這一問題存在分歧。葡國學者認爲關閘修建於 1573 年,徐薩斯(Montalto de Jesus)、高美士(Luis Gonzaga Gomes)及施白蒂(Beatriz Basto da Silva)均稱關閘建於 1573 年。② 蘇演存亦稱:"萬曆元年(1573)於澳門附近築壁爲界,殆默認界處爲葡人居留地;萬曆二年(1574),又於蓮花逕設閘官司啓用。"③但蘇演存及葡國學者之説均未提供證據。從現有資料來看,關閘修建於 1574 年。《申志》:"由前山村而南二十里曰濠鏡澳,未三里爲關,萬曆二年建,設閘官守之,關閘上爲樓三間,關閘歲放米若干石,每月六啓關。廣肇南韶道發封條六道,令文武官會同驗放。事已封關。"《崇德堂稿》則載:"澳之南與東若西通海洋,惟北行陸路五里許,有關閘爲界。其勢雄踞沙堤,翼以蠔墻,横亘約百許丈。界斷海岸。前明著令,每月中六啓閉,設海防同知、市舶提舉各一員,盤詰稽查,夷人出,漢人入,皆不得擅行。"④《澳門記略》:"佛朗機既據澳,至萬曆二年建閘於蓮花徑,設官守之。"裴化行稱:"1574 年,中國當局靠土腰的最窄處——蓮花逕,築起一道高墻,中間留有一道大門,門上置有崗警。大門每隔 5 日開放一次,專爲彼此交易,以後改爲每 15 日開放一次。除規定的時間外,門上貼有 6 道封條,城樓上面所寫的中國字大意是'孚威戴德'。"⑤美洛・卡斯楚(Melo Castro)《備忘録》記載:"起初,葡人爲了儲備糧食,在香

---

① 〔明〕龍文彬:《明會要》卷 73《方域》3,北京:中華書局,1956 年。

② 〔葡〕徐薩斯(Montalto de Jesus)著:《歷史上的澳門》,黄鴻釗、李保平譯,澳門:澳門基金會,2000 年,第 24 頁;Luis Gonzaga Gomes, *Efemerides da Histoica de Macau*, p. 15;〔葡〕施白蒂(Beatriz Basto da Silva):《澳門編年史:16—18 世紀》,小雨譯,澳門:澳門基金會,1995 年,第 17 頁。

③ 蘇演存編:《中國境界變遷大勢考》第 10 編《澳門邊界》,上海:商務印書館,1916 年,第 212 頁。

④ 〔明〕王植:《崇德堂稿》卷 2《香山險要説——復撫都堂王》,《四庫全書存目叢書》編纂委員會編:《四庫全書存目叢書・集部》第 272 册,濟南:齊魯書社,1997 年,第 176 頁。

⑤ 〔法〕裴化行(H. Bernard)著:《天主教十六世紀在華傳教志》,蕭濬华譯,上海:商務印書館,1936 年,第 123 頁。

山縣土地上耕植，可惜，時間一長，農田被荒棄，殖民地很不明智地依賴中國人供應糧食。而華人則爲這一已開墾的肥沃土地所吸引，幾乎毫不費力地佔據了這一本屬葡人的土地，慢慢地又住上了人。最後中國官員也開始在那裏行使其司法權。接著，中國人又在接連澳門半島與中國大陸的地峽上建起一道關閘。關閘顯然是分界的標志，同時也是爲控制殖民地的糧食供應。可當時中方却説是爲了防止澳門的黑奴逃入中國内地。閘門定期開放，這樣殖民地的居民就可以到墻那邊的一個集市采購必需的食品和日用品。集市完了就關起閘門。中國軍隊就駐扎在附近。這支軍隊，他們騷擾去集市的人。澳門兵頭聽到居民的抱怨聲後，就將這幫人中的 40 人抓到澳門，鞭打了一頓。一個當時在場的傳教士回憶道，這些人被打之後，哭喊著跑了，就像小孩一樣。"①萬曆四十年(1612)前，明朝關閘守軍數字不詳，到萬曆四十年時正式在關閘設有把總一員，統兵600 人守之。② 葡文資料大多認爲，明政府在蓮花莖建關閘，即是在内地與澳門兩地劃一分界綫，"直至 1573 年，中國政府在澳門海域建立關閘，以分該方面中葡交界"③。但中國政府一直認爲"查澳門原址，西北枕山，高建圍墻，東南倚水爲界，小門三，曰小三巴門，曰沙梨頭門，曰花王廟門；大門三，曰三巴門，曰水尾坑門，曰新開門，此爲澳門租界，有志書可考"④。中國政府認爲關閘以南及澳門城墻以北地區并没有租借給葡萄牙人。嘉慶時期完成的官方志書《欽定大清一統志》有一條記録值得注意："萬曆初，因於澳口設關，關外割爲諸番住所，今遷棄。"⑤"今遷棄"三字，表明《欽定大清一統志》采用的是康熙遷海時期的資料。這一資料表明，實際上明朝萬曆年間在蓮花莖修建關閘時，主要考慮的是如何方便對居住澳門半島上的葡萄牙人進行控制，并没有給葡萄牙

---

① 〔葡〕徐薩斯(Montalto de Jesus)著：《歷史上的澳門》，黄鴻釗、李保平譯，第 24—25 頁。

② 《明神宗實録》卷 576"萬曆四十六年十一月壬寅"條；湯開建：《明朝在澳門設立的有關職官考證》，載《澳門開埠初期史研究》，第 188 頁。

③ 〔清〕黄培坤：《澳門界務争持考》之《葡使第二説帖》，第 59—71 頁。

④ 〔清〕黄培坤：《澳門界務争持考》之《葡使第二説帖》，第 36—40 頁。

⑤ 〔清〕和珅等：《大清一統志》卷 339《廣州府・濠鏡澳山》。

人劃定哪些地區歸爲他們的居住區,哪些地區不是他們的居住區。而葡人爲加强自己的防衛,逐漸在他們居住範圍内修建高墻以與澳門半島的華人居住區分别,這就逐漸形成所謂"界址"。

番又潛匿倭賊。

案:明後期,大批日本基督徒進入澳門,其中又以1614年分爲前、後兩個階段:1614年前進入中國的日本基督徒主要是葡人的僕役,即葡人購買的日本奴隸(包括被日本人轉賣的朝鮮奴隸),還有部分到澳門神學院學習的傳教士和基督徒;1614年之後進入澳門的日本基督徒主要是由於日本政府推行禁教政策,大批基督徒退避澳門。該處所載"番又潛匿倭賊"指的是1614年之前到澳的日本人,同時還有相當數量被當作倭奴賣給葡萄牙人的朝鮮人①。

關於日本人進入澳門的時間,我們尚未找到最早的外文文獻記載。但中文文獻對此有明確的記載。萬曆四十一年(1613)王以寧稱:"濠鏡澳夷來自佛郎機諸國,從未有狡倭雜處其間者,有之,自萬曆二十年始。"②萬曆二十年即1592年,可知,日本人較大規模進入澳門應是在1592年之後。

在1592年之前已有日本人被作爲奴隸賣到澳門。16世紀中日貿易航路開通後,葡萄牙人從日本販賣很多人口。據賽爾凱拉(Cerqueira Dom Luis)主教記録:"當時的倭奴量多且很廉,以至於葡萄牙水手和厨子都可以購買奴隸,然後將他們帶到船上;甚至葡萄牙人的黑奴都敢購買倭奴。"③澳

---

① 參見湯開建、吴青:《明季寓居澳門的日本基督徒及廣東政府的管治與防範》,載《中華文史論叢》2008年第1期。

② 〔明〕王以寧:《東粤疏草》卷5《條陳海防疏》,《廣州大典》總第182册,第575頁。

③ 〔英〕C. R. 博克塞(Charles Ralph Boxer):《葡萄牙人在日本史補正(1542—1647)》,引《主教賽爾凱拉於1598年5月四日對購買、雇用日本以外的奴隸質詢》,載《殖民地總局局刊》卷324,1927年6月,第5—24頁。

門葡人家庭大量使用僕役,平均每家的僕役六人以上。[①] 可知,澳門葡人家庭中擁有的倭奴數量非常之多。

澳門是對日傳教的重要基地。澳門開埠後,即有到澳門學習的日本傳教士或修士在澳門停留。早在1572年耶穌會就開辦了一所讀寫學校,入學者除了澳門居民的子女,“還有葡萄牙人帶來服侍他們的童奴”[②]。這些童奴中應該包括有日本人。1587年,豐臣秀吉頒布驅逐傳教士的命令,日本禁教開始。爲了適應這種形勢,更好地培養日本神職人員,耶穌會決定在澳門創辦神學院培養日本傳教士。1594年澳門神學院創立後,當時即有“八或十名來自日本的學生”[③]。神學院初建時,院内通常有五十名修士。據1605年耶穌會年度報告:“耶穌會在澳門有座學院,里面住着三十位教士,但今年(1601)則近七十位,因爲其中有些在1600年和1601年前往日本的教士在這里過冬。”[④]范禮安神父去世前要求副教區長:“應竭盡全力,將盡可能多的日本修士送往該學院(指青洲住院)。他們應在那里滯留四至五年,學習德操與學問。”[⑤]耶穌會1598年信函稱:“由於(1561)年聖令的頒布,設在耶穌會士家中的小教堂成了更新靈魂的中心,前往那里的葡萄牙人達300名。在來自日本的傳教士的幫助下,還有許多人在主教堂完成這一善功。”《采訪册》作者不清楚居澳日本人與葡人之間的關係,故稱“番又潛匿倭賊”。

---

① 〔葡〕博卡羅(António Bocarro)《要塞圖册》稱:“本市的葡萄牙人已婚者連同他們的子女有850人……他們都有6個武裝奴隸。”載羅理路(Rui Manuel Loureiro)編:《16和17世紀伊比利亞文學視野里的中國景觀》,范維信、楊平等譯,鄭州:大象出版社,2003年,第219頁。

② 〔葡〕若瑟·蒙坦也:《澳門主教區史史料》,轉引自〔葡〕多明戈斯·馬烏里西奥·戈麥斯·多斯·桑托斯(Domingos Mauricio Gomes dos Santos, S. J):《澳門:遠東的第一所西方大學》,澳門:澳門基金會,1994年,第41頁。

③ 〔葡〕若瑟·蒙坦也:《澳門主教區史史料》,轉引自《澳門:遠東的第一所西方大學》,第44頁。

④ 〔葡〕費爾南·格雷羅:《耶穌會神父事務年度報告(1605年)》,載羅理路(Rui Manuel Loureiro)編:《16和17世紀伊比利亞文學視野里的中國景觀》,范維信、楊平等譯,第166—167頁。

⑤ 〔日〕高瀨弘一郎:《巡視員范禮安之死與澳門神學院的院長與管區代表》,載《基督教時代的文化諸相》,第311—312頁。

四十二年,總督張鳴岡檄令驅倭出海,因設參將於中路雍陌營,調千人戍之。

《澳門記略》:"四十二年,總督張鳴岡檄番人驅倭出海,因上言:'粤之有澳夷,猶疽之在背也;澳之有倭賊,猶虎之傅翼也。今一旦驅斥,不費一矢,此聖天子威德所致。惟是倭去而番尚存,有謂宜剿除者,有謂宜移之浪白外洋就船貿易者,顧兵難輕動。而壕鏡在香山内地,官軍環海而守,彼日食所需,咸仰於我。一懷異志,我即制其死命。若移之外洋,則巨海茫茫,奸宄安詰?制禦安施?似不如申明約束,内不許一奸闌出,外不許一倭闌入,無啓釁,無弛防,相安無患之爲愈也。'部議從之。居三年,設參將於中路雍陌營,調千人戍之,防禦漸密。"《采訪册》記載根據《澳門記略》資料删改而成。後《祝志》又删改爲:"四十二年,總督張鳴岡檄蕃人驅倭出海。"

張鳴岡:字治貞,號見菴,江西萬安軫塘人,生於嘉靖二十七年(1548),萬曆八年(1580)進士,萬曆三十八年(1610)任兩廣總督,在任三年,後陞任南京刑部尚書,在任三年,萬曆四十四年(1616)卒於官,時年六十八。①

案:關於張鳴岡此次治澳事件,諸書多有記載。《明史·佛郎機傳》:"(萬曆)四十二年,總督張鳴岡檄番人驅倭出海,因上言:'粤之有澳夷,猶疽之在背也;澳之有倭賊,猶虎之傅翼也。今一旦驅斥,不費一矢,此聖天子威德所致。惟是倭去而番尚存,有謂宜剿除者,有謂宜移之浪白外洋就船貿易者,顧兵難輕動。而壕鏡在香山内地,官軍環海而守,彼日食所需,咸仰於我,一懷異志,我即制其死命。若移之外洋,則巨海茫茫,奸宄安詰,制禦安施。似不如申明約束,内不許一奸闌出,外不許一倭闌入,無啓釁,無弛防,相安無患之爲愈也。'部議从之。居三年,設參將於中路雍陌營,調千人戍之,防禦漸密。"《申志》:"雍陌營在谷字都雍陌村,萬曆四十二年設。"《澳門記略》載:"然蕃又潛匿倭賊。四十二年,總督張鳴岡檄令驅倭出海,因上

① 〔清〕歐陽駿等修:同治《萬安縣志》卷12《人物志》,清同治十二年(1873)刻本,第1019頁。

言:‘粤之有澳夷,猶疽之在背也;澳之有倭賊,猶虎之傅翼也。今一旦驅斥,不費一矢,此聖天子威德所致。惟是倭去而蕃尚存,有謂宜剿除者,有謂宜移之浪白外洋,就船貿易者。顧兵難輕動,而濠鏡在香山内地,官軍環海而守,彼日食所需咸仰於我,一懷異志,我即制其死命,若移之外洋,則巨海茫茫,奸宄安詰?制禦安施?似不如申明約束,内不許一奸闌出,外不許一倭闌入,無啓釁,無弛防,相安無患之爲愈。’部方從之。因設參將於中路雍陌營,調千人戍之。”

澳門開埠後,葡萄牙人與日本保持着密切的貿易關係:“歲乙卯(1555),佛郎機夷人誘引倭夷來市廣東海上,周鸞等使倭扮作佛郎機,同市廣東賣麻街,遲久乃去。自是佛郎機夷頻年誘倭市廣東矣。”①葡萄牙商人還將大量違禁品販運日本:“惟烏鉛乃大明所出,有廣東香山澳發船往彼販賣,煉成鉛彈,各州俱盛。”②同時澳門葡人還向日本人出賣明朝的軍事情報,并夾帶日本間諜到中國。萬曆二十九年(1601)許儀後稱:“(萬曆十九年)七月,廣東蠔鏡澳佛郎機進我大明國天圖一幅,地圖一幅,犬一對,馬一對,絲緞香寶等件,共銀五萬餘兩。後下薩摩時,道遇之。”③萬曆二十二年(1594),許豫亦稱:“廣東香山澳佛郎機番每年至長岐買賣,裝載禁鉛、白絲、扣綫、紅木、金物等貨進見關曰(白),透報大明虚實消息。仍夾帶倭奴,假作佛郎機番人,潛入廣東省城,覘伺動静。”④當時正值“壬辰之役”。日本人對朝鮮的入侵引起了明王朝對日本的高度重視,而澳門葡人讓大量日本奴隸與基督徒居留澳門,更是引起明政府的警惕。嘉、隆時期已基本平息的“倭患”再次成爲沿海各省的關注重點。萬曆初期,霍與瑕稱:“番禺、東莞、順德之交,巨浸漫漫,直通海島,布涌板菰,蛋賊巢窟其中,接濟澳夷,勾引倭

① 〔明〕鄭舜功等輯:《日本一鑒》卷6《海市》,民國二十八年(1939)影印本,第4頁。

② 〔明〕陳子龍等選輯:《明經世文编》卷400《敬和堂集》卷1《請計處倭酋處》,第4337頁。

③ 〔明〕侯繼高:《全浙兵制》卷2附録《萬曆二十年二月二十八日朱均旺齎到許儀後陳機密事情》,《四庫全書存目叢書·子部》第31册,濟南:齊魯書社,1997年,第180頁下。

④ 〔明〕陳子龍等選輯:《明經世文编》卷400《敬和堂集》卷之1《請計處倭酋處》,第4336頁。

寇……是以濱海之民罹其凶害。”①萬曆三十八年(1610)王以寧稱:“倭奴……萬一垂涎澳門厚利,順風揚帆而至,内外應和,即諸夷恐不能制諸倭之死命,沿海將吏何以待之。”②萬曆四十一年(1613),郭尚賓疏稱:“番夷無雜居中國之理,彼且蓄聚倭奴若而人,黑番若而人亡命若而人,以逼處此土,夷人負固懷奸之罪不可掩也。”③同年,兩廣總督張鳴岡稱:“粵與閩浙同一防倭也,而浙未常與夷市。閩市有往無來。弼瞭海上,雙鳧亂飛,皆彎弧向之,無敢闖入。乃粵則與諸番互市,而謝絶之難。市則夾帶倭夷雜處,而辨别之難。澳夷盤踞内地,近且匿養倭奴以爲爪牙,則驅逐之難。閩廣奸人竄入澳中搬唆教誘,則提防之難。”④鑒於對居澳日本人的防範,驅逐澳門“倭奴”的呼聲此起彼伏。萬曆四十一年(1613)王以寧稱:“宜嚴飭澳夷,俾恪遵明例,抽市如法,一應役使倭奴,悉罷遣之,勿生銜心,尤可相安無事。”⑤郭尚賓亦稱:“夷人多蓄倭番,彼自滋中國之疑。……諭令即先遣回倭奴黑番,盡散所納亡命,亦不得潛匿老萬山中,仍立一限,令夷人盡攜妻子離澳。”⑥當時各種防範與管治澳門建議,大多要求將澳門的日本人全部驅逐,并且要求將葡萄牙人强制遷徙。面對種種呼聲,兩廣總督張鳴岡從實際利益出發,没有采納驅趕葡人出澳的意見,而是實施以驅逐澳門日本人爲主的措施,并加强對澳門的管治與防範。張鳴岡於萬曆四十二年(1614)再次上疏稱:“粵東之有倭夷,猶疽之在背也。澳之有倭賊,猶虎之傅翼也。”其主要施政措施如下:首先,“仍於塘基灣等處壘石爲關,守以甲士四百人”⑦;其次,張鳴岡建議加强雍陌營防守,先是調四百兵士“更班守汛”⑧,更提出“設

---

① 〔明〕霍與瑕:《霍勉齋集》卷22《陳文峰公生祠碑》,《廣州大典》總第428册,第415頁。

② 〔明〕王以寧:《東粵疏草》卷3《請蠲税疏》,《廣州大典》總第182册,第455—456頁。

③ 〔明〕郭尚賓:《郭給諫疏稿》卷1《防澳防黎疏》,《叢書集成初編》,第908册,第12頁。

④ 《明神宗實録》卷509“萬曆十一年六月庚戌”條。

⑤ 〔明〕王以寧:《東粵疏草》卷7《條陳海防疏》,《廣州大典》總第182册,第575頁。

⑥ 〔明〕郭尚賓:《郭給諫疏稿》卷1《防澳防黎疏》,《叢書集成初編》第908册,第12頁。

⑦ 《明神宗實録》卷499“萬曆四十年九月戊戌”條。

⑧ 《明神宗實録》卷499“萬曆四十年九月戊戌”條。

參將府於中路雍陌營，調千人守之”[①]。但據《明實録》及《申志》記載可知，香山參將設置時間是在萬曆四十六年（1618），張鳴岡萬曆四十二年（1614）僅是建立“雍陌營”，却也極大地加强了對澳門的防守力量。[②] 故知，《采訪册》所載“設參將於中路雍陌營”之説不確。

又奏請就其聚廬中大街，中貫四維，各樹高柵，榜以“畏威懷德”，分左右定其門籍，以《旅獒》“明王慎德，四譯咸賓，無有遠邇，畢獻方物，服食器用”二十字，分東西各十號，使互相維繫訊察，毋得容奸，一聽約束。皆用海道俞安性之議也。

萬曆《廣東通志》載：“陳督撫又奏：將其聚廬，中有大街，中貫四維，各樹高柵，榜以‘畏威懷德’四字，分左右定其門籍，以《旅獒》‘明王慎德，四夷咸賓，無有遠邇，畢獻方物，服食器用’二十字，分東西爲號，東十號，西十號，使互相維繫譏察，毋得容奸，諸夷亦唯唯聽命。”[③]《澳門記略》：“又奏請就其聚廬中大街，中貫四維，各樹高柵，榜以‘畏威懷德’，分左右定其門籍，以《旅獒》‘明王慎德，四譯咸賓，無有遠邇，畢獻方物，服食器用’二十字，分東西各十號，使互相維繫譏察，毋得容奸，一聽約束。皆用海道俞安性之議也。”《暴志》：“就其聚廬大街，中貫四維，各樹高栅，榜以‘畏威懷德’，分左右定其門籍，以《旅獒》‘明王慎德，四譯咸賓，無有遠邇，畢獻方物，服食器用’三十字，分東西各十號，使互相維繫譏察，毋得容奸，聽海防同知及市舶提舉司約束。”《采訪册》之記載完全根據《澳門記略》而寫。

俞安性：道光《廣東通志》作“喻安性”。俞安性，字中卿，號養初，浙江嵊縣人，萬曆戊戌科進士，初授南昌推官，萬曆三十六（1608）年任提刑按察

① 《明熹宗實録》卷 11“天啓元年六月丙子”條。

② 關於“參將府”的設立時間問題，詳參《明朝在澳門設立的有關職官的考證》一文，載湯開建：《澳門開埠初期史研究》，北京：中華書局，1999 年，第 189—190 頁。

③ 〔明〕郭棐：萬曆《廣東通志》卷 69《外志》4《番夷》，《廣州大典》總第 244 册，第 726 頁。

司僉事,後任廣東海道副使,最後陞任順天巡撫,卒年八十一。①

案:陳督撫即陳蕖。陳蕖,生卒不詳,字應虹,湖北應城人。明隆慶二年(1568)進士,萬曆二十一年(1593)至萬曆二十二年(1594)出任兩廣總督,任内曾爲澳門葡人議立保甲,又爲澳門大街立門牌號。康熙《廣東通志》載:"陳蕖,湖廣應城人,進士,萬曆二十一年以侍郎兼僉都御使任(兩廣總督)。"②《楊復所先生家藏文集》載:"壽南大司徒應翁陳老先生六十序:應虹陳公督於南都三載矣。……公督吾粤時,嘗擘畫諸經費,不欲以請節掩前而窘後豐,約務適其中。又嘗經略香山澳諸夷,不弛以縱,不擾以驚,數萬夷醜,翕然盡爲編户。此古人所謂非朝廷之力,能制其命,直以處置得宜,能服其心者也。"③《宗伯集》載:"答陳應翁老師:……王梧岡直指某同門舉者也,其推隆老師,以爲前無古人後無来者,而粤西陳如岡中丞,亦兢兢以紹休嗣,烈爲難能。某不盡聞制府事,第如推廠費歸縣官,是安可望之輓。近澳夷一約束,建威銷萌,勛埒乎銅柱,不然朝鮮之釜山,其殷鑒也。竊計此中事,有類廠費,澳夷者尚不乏,老師身爲法程,心爲籌畫,試一申令,俾有司者各洗爾垢,各弭爾患,嶺海萬年之安,其在斯乎。老師不以此時調停處置,樞衡之召,不出今春,彼林林者,安能久借節鉞也。"④萬曆《廣東通志》載:"近者督撫蕭、陳相繼至,始將諸夷議立保甲,聽海防同知與市舶提舉約束。陳督撫又奏:將其聚廬,中有大街,中貫四維,各樹高柵,榜以'畏威懷德'四字,分左右定其門籍,以《旅獒》'明王慎德,四夷咸賓,無有遠邇,畢獻方物,服食器用'二十字,分東西爲號,東十號,西十號,使互相維繫譏察,毋得容奸,諸夷亦唯唯聽命。"⑤

上述所請之事爲陳蕖之議,而《采訪册》稱其爲"皆用海道俞安性之

---

① 牛蔭麐:民國《嵊縣志》卷14《人物志》,上海:上海書店,1993年,第990—991頁。

② 〔清〕金光祖纂修:康熙《廣東通志》卷13《職官上》,《廣州大典》總第246册,第3頁。

③ 〔明〕楊起元:《楊復所先生家藏文集》卷2《序》,《四庫禁毁書叢刊·集部》第63册,第548—549頁。

④ 〔明〕孫繼臯:《宗伯集》卷6《尺牘》,《文淵閣四庫全書》第1291册,第334—335頁。

⑤ 〔明〕郭棐:萬曆《廣東通志》卷69《外志》3《番夷》,《廣州大典》總第243册,第725—727頁。

議”,乃誤采《澳門記略》之誤。

海道副使其屬有海防同知,安性復條具五事,勒石附後永禁。與澳夷約,惟海防同知命。

《澳門記略》:“海道副使其屬有海防同知,安性復條具五事,勒石永禁,與澳夷約惟海防同知命。”《采訪册》之記載根據《澳門記略》改寫。

案: 萬曆四十一年(1613),在張鳴岡的建議下,廣東政府决定徹底清查藏匿於澳門的日本人,并决定將他們驅逐出澳門。這次行動由海道副使俞安性與香山縣令但啓元執行。張鳴岡稱:“臣令道臣俞安性、香山縣令但啓元躬視澳中,宣上威德,獻出倭一百二十三名,待不以殺,令歸本國,已載舟挂帆矣。夷目咩吵啷姑你等,立狀爲之永禁。”[①]所立之“狀”當即管制澳門的《海道禁約五款》。萬曆四十二年(1614),俞安性繼續清剿藏匿於澳門的日本人,據田生金記載:“親履其地,宣布朝廷之恩威,曉諭目前之禍福。”[②]萬曆四十五年(1617),廣東政府將《海道禁約五款》的内容勒石立於澳門議事亭,以加强對澳門的管治。《澳門記略》記載:“(萬曆)四十二年,海道俞安性奉檄驅倭出海,凡九十八人,嚴其禁,患稍息。”《澳門記略》之“四十二年”當爲“四十一年”之誤。

關於俞安性萬曆四十一年(1613)下澳驅倭事,其《喻氏疏議詩文稿》内有專文進行詳細介紹:

香山澳散倭紀事:萬曆癸丑春,余以羅定備兵移巡海使。海中有濠

---

① 〔明〕方孔炤:《明代蒙古漢籍史料匯編·全邊略記》卷9《海略》,呼和浩特:内蒙古大學出版社,2006年,第349頁。

② 〔清〕田生金:《按粤疏稿》卷3《條陳海防事宜疏》,國家圖書館藏。據牛蔭麐修民國《嵊縣志》卷14《人物志》載:“(俞安性)左遷羅定州判時,倭踞香山澳,勢猖獗,臺使者欲發兵勦,安性單騎往,諭以利害,倭懾服遁去,不折一矢而數百年之積患頓消。人服其膽識,推邊才,補昌平副使按察。”該處所記當即俞安性1614年赴澳門事。

鏡壊,爲西洋諸夷蔫食者,凡六十年所矣。三面環海,惟塘基環一綫可通香山,若荷盤之梗,形勢極奇巧。西南夷貿易其中,不下三四十國。而主澳事者,惟佛郎機人,若判事①、若和尚頭②,皆共襄澳事。先時番舶至廣,易換唐貨,一出一入,皆徵税,毋敢匿。後緣閩中巨猾跳入撥置,或逃税,或略賣子女出海,或私販硝黄,及一切違禁之物。至又駕言,防衛紅毛,夾帶倭奴,潛住本澳,勢岌岌有窺逼會城狀。諸弁喜事者,復張皇其説,鄉士大夫憂形於色,朝議興十萬師搗其巢穴。制府張公集群僚議行止,余抗言曰:"夷不足患,患在蓄倭。倭去,夷不必兵也。"難者曰:"夷方廣製火器,高築城垣,復蓄倭千百,爲謀叵測。即倭去,夷不足患,倭果易去乎哉?"余直應曰:"受事後,當爲地方去之。"四月抵廣城,報益急。余密進香山,但令③圖所以去倭,行間諜諸事,隨單騎躡後行,有翠微村父老遮道訴曰:"澳蓄倭自雄,數被闌入,方築關以絶何入爲?"余曰:"澳,故中國地也。若築關以絶,是以澳棄夷也。余巡澳去倭,握諸夷於掌中,何以關爲?"遂逾關入澳門,諸酋長逆於海濱,疑懼未定,盛陳利器番樂,故令黑鬼叫跳道旁,我馬驚卻,胥吏色變。余霽顔遣諸酋長前導至澳中,諸酋長入謁羅拜。余南向宣布朝廷恩威,指陳諸夷禍福。而喫緊一語,惟在倭散則澳夷存,倭留則澳夷戮。諸酋長稽首言曰:"夷輩挾重貲,冒險遠與中國通有無,匪徒夷利,亦以利中國。倭故無良,動十萬師蕭蕙焚之,何忍爲?"余曰:"朝議果有之,我今親攬形勢,惟截住三面海艇,不使粒米渡澳,止用數百人掘斷塘環④一綫,絶汝内潰,不逾半月,汝萬千老幼,盡爲餓鬼,奚用十萬師爲?"諸酋長相顧錯愕稽首,復言曰:"澳中萬千生命,仰給天朝,若有叛志,是自絶其生命也。誠如明諭,百凡惟明諭是聽。"余即下令曰:"亟籍倭以報,倭去我乃歸。"諸酋長連夜索倭,夜半凡三四驚,詰旦,倭惧誅强不能入。余令

① 判事,即判事官,澳門葡萄牙人稱王室大法官(Ouvidor)爲"判事官"。

② 和尚頭,即澳門主教(Bispado de Macau)。

③ 但令,即但啓元。

④ 塘環,當爲"塘基環",此處疑脱一"基"字,即指澳門蓮花莖。

但令，每十人一牌，導以通事，尾以夷主，一牌出，入一牌，倭釋[1]疑，始魚貫入階下。每牌犒以斗酒豚蹏，立遣登海舶。余再宿，候帆渺而歸。明年，余復巡澳，諸夷投誠益篤，并以從幼婚嫁之倭，爲前所不忍遽遣者，悉遣之歸。更有從魚舠潛投海舶以去者，不知其數。於是，倭盡散，而澳夷悉受漢法惟謹。余亦再宿而還，諸酋長各携稚子送之海濱曰："此皆中國所産赤子也，望天朝毋夷視我。"欷歔感泣久之。余入翠微村，諸夷尚目送，不忍還。余憑軾嘆曰："忠信可以孚蠻貊，信哉？"及倭抵國，取有日本印結回繳制府張公鳴岡，以始末奏聞。逾三年，繼張公督撫者，是爲漢川周公嘉謨，復以散倭事宣揚於朝。余懼後來者因循不復巡澳，則十餘年後，倭必潛滋，仍爲粤患。故復追惟其略記之如此，若夫經略，澳務俾處置得宜，另有條議五款，勒石澳門，兹未暇殫述云。[2]

先是有利瑪竇者，自稱大西洋人，居澳門二十餘年，其徒來者日衆。

《澳門記略》："自瑪竇入中國，其徒來益衆。"《采訪册》根據《澳門記略》記載改寫而成。

案：大西洋，在中文文獻中多有出現，或指葡萄牙，兩廣總督百齡奏摺稱"澳門一隅，自前明嘉靖年間大西洋人納税租住，迄今二百餘年"[3]；或爲中國人對歐洲諸國之泛稱，明末清初時的中國人對"大西洋"并無一個清晰的概念，據載："迨正德間，佛郎西踞滿剌加之地，遣使臣請貢方物，後又乘倭寇之間，縱横海上，佔踞澳門，而荷蘭、葡萄亞繼之。然明之諸臣，迄不知其

---

① 原文作"什"，當爲"釋"，據文意改。

② 〔明〕俞安性：《喻氏疏議詩文稿》卷6《文稿・香山澳散倭記事》，故宫珍本叢刊明代詩文别集影印崇禎刻本，第535册，第180—181頁。

③ 《明清時期澳門問題檔案文獻彙編》第1册《兩廣總督百齡等奏報酌籌華夷交易章程摺》742頁。

爲大西洋人。直至萬曆間,利瑪竇至京師,始識大西洋之名,而迄不知其與佛、荷等國之或同或異也。"[①]《澳門記略》載:"意大里亞,居大西洋中。……其國人利瑪竇至京師。"可知"大西洋"有時即指意大利。《采訪册》係根據《澳門記略》改寫,可知《采訪册》中之"大西洋"指義大利。

佛郎機,在明代著作中又常作"佛朗機"。《重纂福建通志》最早提及"佛郎機"一詞在正德五年(1510),稱:"知縣范珪檄義民魏升等禦之。賊初至,營壘未定,伐木爲栅,魏升同典史黄管縱火焚其栅,并以佛郎機炮百餘攻之,楊昆侖敗走。"[②]這應是第一次出現在中國境内的佛郎機炮,該炮應由華商於海外貿易中帶回或仿製。這裏的"佛郎機"也是中文文獻最早出現的"佛郎機"一詞。《印度傳奇》稱,"佛郎機"(Frangues),意即基督徒。[③]《印度香藥談》記載:"若阿諾(Ruano)問:'爲何在本地稱葡萄牙人爲佛郎機?'加西亞·奥爾塔(Garcia da Orta)答曰:'不僅僅這樣稱葡萄牙人,還這樣稱所有的西方基督徒。原因是在亞洲的最早基督徒是法國人(Francezes),稱基督教世界爲法蘭克地。'"[④]文德泉亦稱,在近東,基督徒被稱爲"Franchi",因爲法國在十字軍中起到過突出的作用。[⑤]戴裔煊認爲,中國人稱葡萄牙爲佛郎機,有明顯的迹象表明是從滿剌加人的口中轉譯來的。[⑥]張維華稱:"佛郎機爲明人對於葡萄牙人與西班牙人之稱呼。"[⑦]金國平在戴、張二人研究的基礎上,進一步稱,佛郎機(Frangues)一詞源於"Franc",原意"法蘭克人",泛指西方基督教徒,葡萄牙人東进後,專指葡萄牙人。在中國明朝

---

① 〔清〕夏燮:《中西紀事》卷1《通番之始》,載沈雲龍主編:《近代中國史料叢刊》第11輯,臺北:文海出版社,1967年,第6頁。

② 〔清〕孫爾準修:《重纂福建通志》卷267《雜録·明外紀》,中國省志彙編影印清同治十年(1871)重刊道光十五年(1835)稿本,臺北:華文書局,1968年,第5061頁。

③ Gaspar Correia, *Lendas da India*, Vol. 2, p. 344.

④ Garcia da Orta, *Colóquios dos simples e drogas da India*, Vol. 2, p. 108.

⑤ Manuel Teixeira, *Primórdios de Macau*, p. 7.

⑥ 戴裔煊:《〈明史·佛郎機傳〉箋正》,第1頁。

⑦ 張維華:《明史歐洲四國傳注釋》,上海:上海古籍出版社,1982年,第1—2頁。

文獻中，"佛郎機"最早爲對葡萄牙人的稱呼，亦以此指西班牙人。①

"先是有利瑪竇者，自稱大西洋人，居澳二十餘年"之説不確。《利瑪竇書信集》載，應范禮安的要求，1582 年 7 月 3 日，利瑪竇、巴範濟（Francesco Pasio）等 8 人從麻六甲動身，於 8 月 7 日抵達澳門。② 裴化行稱："1583 年 9 月 1 日，羅明堅（Michele Ruggieri）與利瑪竇（Matteo Ricci）二人離開澳門，於 10 日抵達肇慶，并在知府王泮的支持下，羅明堅向中國朋友借錢開始興建耶穌會在中國境内的第一座教堂——仙花寺。"③又據費賴之稱："（利瑪竇）1582 年 8 月抵澳門，立時研究華語，次年隨羅明堅神父赴肇慶（1583 年 9 月）。"④而至 1595 年 4 月 18 日，利瑪竇率中國信徒黄明沙、鍾鳴仁離開韶州赴江西，則知利瑪竇在廣東居住時間爲 1582 年 8 月至 1595 年，居澳時間更短，爲 1582 年 7 月至 1583 年 9 月。

至國初，已盡易西洋人，無復有所爲佛郎機者。

《祝志》："國初，居澳盡西洋人，無復所爲佛郎機者。"可知《祝志》記載根據《采訪册》改寫。

案：天主教自明中後期開始傳入中國，到鴉片戰争前止，澳門一直是輸送傳教士進入中國内地的最重要渠道，有時甚至是唯一渠道。法國學者衛青心（Louis Wei Tsing - sing）言："自 16 世紀以來，澳門始終是所有歐洲傳教士進入中國傳教的一個中轉站和被逐出中國的傳教士藏身的地方。來自歐洲的傳教士可以在這裏等待中國當局發給進入中國的許可證，或者窺測

---

① 金國平編譯：《西方澳門史料選萃（15—16 世紀）》，廣州：廣東人民出版社，2005 年，第 2 頁。

② 〔意〕利瑪竇（Matteo Ricci）著：《利瑪竇書信集 · 羅明堅神父致麥爾古裏亞諾神父書》，羅漁譯，臺北：光啓出版社、輔仁大學出版社聯合出版，1986 年，第 439 頁；〔法〕榮振華（Joseph Dehergne）著：《在華耶穌會士列傳及書目補編》，耿昇譯，北京：中華書局，1995 年，第 142—143 頁。

③ 〔法〕裴化行（H. Bernard）著：《天主教十六世紀在華傳教志》，蕭濬華譯，上海：商務印書館，1936 年，第 241—246 頁；〔法〕裴化行（H. Bernard）著：《利瑪竇神父傳》，蕭濬華譯，北京：商務印書館，1998 年，第 179 頁。

④ 〔法〕費賴之著：《耶穌會士列傳及書目》，馮承鈞譯，第 32 頁。

時機,秘密潛入中國、日本東京灣或交趾支那。”①澳門爲鴉片戰争前傳教士進入中國内地的唯一通道。明末清初,来華傳教士日漸增加,有關澳門的地方文獻中多有關於傳教士之記載。王廷鈐等人不清楚傳教士所屬國别,而以其爲義大利人,故稱“至國初,已盡易西洋人”。

安性條具五事:

一、禁畜養倭奴。凡新舊夷商敢有仍前畜養倭奴,順搭洋船貿易者,許當年歷事之人前報嚴拿,處以軍法。若不舉,一并重治。

一、禁買人口。凡新舊夷商不許收買唐人子女,倘有故違,舉覺而佔吝不法者,按名究追,仍治以罪。

一、禁兵船騙餉②。凡番船到澳,許即進港,聽候丈抽,有抛泊大調環③、馬騮洲等處外洋,即係奸刁,定將本船人貨焚戮。

一、禁接買私貨。凡夷趁貿易貨物,俱赴貨城公賣論餉。如有奸徒潛運到澳與夷,報送提調司報道,將所獲之貨盡行給賞首報者,船器没官。敢有違禁接買,一并究治。

一、禁擅自興作。凡澳中夷寮,除前已落成遇有壞爛准照舊式修葺,倘有敢新建房屋,添造亭舍,擅興一土一木,定行折毁,仍加重罪。

《申志》:“一、禁畜養倭奴。凡新舊彝商,敢有仍前畜養倭奴順搭洋舡

---

① 〔法〕衛青心(Wei Tsingsing)著:《法國對華傳教政策》,黄慶華譯,北京:中國社會科學出版社,1991年,第67頁。

② 原文作“編餉”,當爲“騙餉”,據改。

③ 大調環,即大釣環。《祝志》載:“磨刀海自北來,至挂椗角左右分二道,東北道由秋風角經青洲抵澳門。北山、南屏諸村藉群山爲南障,其海面寬而淺,商舶入澳常侯潮於此,其東南一道直達馬騮洲,南岸爲大釣環,海面不甚廣。”又有:“大釣環越山而南爲内十字門。”

貿易者,許當年歷事之人前報嚴拿,處以軍法,不舉一并重治。一、禁買人口。凡新舊彝商,不許收買唐人子女,倘有故違,舉覺而佔吝不法者,按名究追,仍治以罪。一、禁兵船編餉。凡番船到澳,許即進港聽候丈抽,如有抛泊大調環、馬騮洲等處外洋,即係奸刁,定將本船人貨焚戮。一、禁接買私貨。凡彝趂貿貨物,俱赴貨城公賣輸餉,如有奸徒潛運到澳與彝,執送提調司報導,將所獲之貨盡行給賞首報者,船器没官。敢有違禁接買,一并究治。一、禁擅自興作。凡澳中彝寮,除前已落成遇有壞爛准照舊式修葺,此後敢有新建房屋,添造亭舍,擅興一土一木,定行拆毁焚燒,仍加重罪。"

《澳門記略》:"一、禁畜養倭奴。凡新舊夷商敢有仍前畜養倭奴順搭洋船貿易者,許當年歷事之人前報嚴拿,處以軍法。若不舉,一并重治。一、禁買人口。凡新舊夷商不許收買唐人子女,倘有故違,舉覺而佔吝不法者,按名究追,仍治以罪。一、禁兵船編餉。凡番船到澳,許即進港,聽候丈抽,如有抛泊大調環、馬騮洲等處外洋,即係奸刁,定將本船人貨焚戮。一、禁接買私貨。凡夷趂貿貨物,俱赴省城公賣輸餉,如有奸徒潛運到澳與夷,執送提調司報導,將所獲之貨盡行給賞首報者,船器没官。敢有違禁接買,一并究治。一、禁擅自興作。凡澳中夷寮,除前已落成遇有壞爛準照舊式修葺,此後敢有新建房屋,添造亭舍,擅興一土一木,定行拆毁焚燒,仍加重罪。"《暴志》所載與《申志》記載相同。《采訪册》所記載同上述史料記載有數字之别,當係《采訪册》抄録之誤。

案:"禁兵船編餉",其他文本均爲"禁兵船騙餉"。

"俱赴貨城公賣論餉",《申志》《澳門記略》《暴志》均作"俱赴貨城公賣輸餉"。

"定行折毁",《申志》《澳門記略》《暴志》均作"定行拆毁焚燒"。

《海道禁約五款》碑分中、葡兩種文字立於澳門議事亭前。葡文《海道禁約》同中文碑有一些不同的地方:

一、禁蓄養倭奴。爾等爲西方人,既有黑人爲奴,爲何仍就蓄養倭奴?因此倭奴來者日衆。朝廷法制森嚴,人見人誅。爾等蓄之爲奴,不啻養虎在室。本官巡澳,遇見倭奴多人,急令驅逐,凡九十幾人。令下勒石禁倭。倭奴去,爾等市夷,遂得相安樂土。恐日後仍招倭奴來澳,故此後市船駛日,不得帶來澳。在澳諸夷亦不許再蓄老幼倭奴。違者,論斬。

一、禁買當地男女。爾等購得華人後,將其髮辮剃光,著以葡式服裝,關入牢獄,後如同貨物般啓運出售。被販賣人數之多無以列舉,以致百姓訴説本官對此不聞不問。本官已下令將所有中國各地的爾等僕人遣返并嚴禁收留。本官已將此禀告兩院。兩院下令各水師不得收留此類僕人。望爾等勿再收買唐人子女。若爾等見到有人在澳拐賣人口,澳城城防司令、王室大法官、諸神甫請查訪購買之人并將其扭送澳官。若不顧當場送官,直至供出買賣夥人爲止。

一、禁兵船騙餉。據言係軍艦,但本官得知葡萄牙人再次光顧此澳時,從來照章納税,向無麻煩,和平交易。現欲藉口荷蘭人一事謊話連天,狡詐多變。有言荷蘭人在途中打劫,故大船爲商船而大帆船則爲軍艦。因此騙術,税額虧缺甚大,爲官員惹來重重麻煩。因缺税之故,官員向中國國王的子民攤派苛捐雜税,以湊齊原額。京廷大吏有言將爾等驅逐出澳,兩都十三省若大中國何需爾等二萬税金。或許此虧缺非爾等惡意爲之,乃中國奸人從中挑唆指使,故今後,不論大船、小船必須入港停靠,照章納税。勿將軍艦之故伎重演,否則本官定遣師船將人貨共焚。

一、禁接買私貨。若有偷運至澳者,請將其執送澳官。這樣,本官將把爾等視爲良民。爾等可至廣州進貨。其地物美價廉。從容者與購買者一并治罪。税餉鋭減原因所在,無收購者,便無私販至澳者。

一、禁擅自興作。因本澳臨近宫廷,故禁爾等在此居留。爾等獲准居住,本應建造矮小草屋,未想到爾等竟然起高樓大厦。既然落成,本官不予追究。但爲何建造大三巴如此寬宏高大之所,尚建炮臺,安放大炮?此爲合謀?均在禁之列。爲何違反王法?凡起造者,今後不依法予以追究,但勿得再有新建。遇有壞爛,只許修繕。外來商人,若無妻室,不得在此居留,起居限於來船之上。若惟本官之命是從,本官令澳官據實禀報大憲。敢有違抗,嚴懲不怠。華官執業者與業主一并究懲。①

"安性條具五事"即上述《海道禁約五款》。關於俞安性《條具五事》,《喻氏疏議詩文稿》有詳細記載:

澳門立石五禁:

一、禁蓄養倭奴。本夷出自西洋,所役使者,惟黑鬼耳,乃邇年收養倭奴漸衆。夫倭,爲中國峻絶,輕入内地,法在必誅,我之疾視若仇,彼反招爲牙爪。近該本道巡澳,諭以利害,勒碑嚴禁,各夷願將倭奴遵發回國矣。第恐日久法弛,復踵前轍,今與諸夷約,此後市舶不許夾帶一倭,在澳夷商亦不許再養幼倭,違者倭與夷一并擒拿,處以軍法。據夷目判事②、議事頭人③、夷商咩·吵唧·姑你④等僉具認狀稱:夷等栖澳六十餘年,業長子孫,毫無違律,先年叛賊曾一本、林道乾⑤犯城,蒙調夷等隨征,自出錢糧,冒死獲功,班師給賞,功案可據。兹蒙本道巡澳譯諭再三,除將經奉查出倭奴盡數驅逐回國,惟是夷等官商,父母、妻兒、主僕在澳栖址,咸遵憲法,各保身家,并無倭奴潛住内地,澳商亦不敢夾帶一名爲僕來澳,自罹取滅等情。⑥ 本道巡澳,復面訊前情無異,似應

① António Bocarro, *Década* 13 *da índia*, Chapater 2, Lisboa: Typographia da Academia Real das Sciencias, 1878, pp. 724-727。

② 判事,應指判事官,即澳門王室大法官,此處王室大法官爲路易斯·科埃略,葡文名文 Manuel Luís Coelho,其在任時間爲1608—1614年。

③ 議事頭人,當指議事會理事官,此時議事會理事官爲埃斯特旺·博吉斯(Estêvão Borges)。

④ 咩·吵唧·姑你(João Serrão da Cunha),葡萄牙商人,中日貿易巡航艦隊首領,1613—1614年任澳門地方兵頭。

⑤ 曾一本、林道乾,葡文作一名叫"Cherempum Litaoqiem"的海盜。

⑥ 安東尼奥·朴加羅(António Bocarro)在《旬年史之十三》記載了回答俞安性的五個問題的人爲多年與華人打交道的澳門葡商勞倫索·卡瓦略(Lourenço Carvalho)。這一節葡文回答的文字内容比中文要多,而且與中文多有不同。其中,特别提到了1608—1610年的日葡衝突,中文則没有提及。

俯從。

一、禁販賣人口。夷人得中國子女,輒削髮易服以供奴婢,甚或鈐鈦而禁錮之。俟舶開洋載往外夷賣爲臧,獲者歲以百十計,大爲粤民蟊害。夫夷人竊居華地,食我土毛,彼不奴華倖已,而反奴華人,其於尊崇國體何居? 本道當於巡澳日,據各夷控訴,夷奴盗逃充兵,當與之約,寨哨不許收夷奴充兵,夷商不許收買唐人子女,彼皆唯唯。業揭示禁,近且詳奉兩部允行刻榜矣。合再申飭,此後遇有奸棍拐誘唐人下澳,并不許夷人收買一人。如有違犯,提調澳官督同和尚頭、夷目,勒令本夷即時送出。若佔吝不發,就紀名於簿,俟各夷上省買貨,按名究追,仍治以罪。

據夷目判事、議事頭人、夷商咩·吵唧·姑你等僉具認狀稱:夷等老舊夷商,妻室在澳日久,不敢違犯,惟新到夷商,事靡周諳,澳中流徒,間有拐帶良人。新商誤買,出乎不知,情有可原。兹奉明禁,業經屢次拿獲唐奸拐誘人贓,解香山究罪案證,自後不敢故犯等情。① 本道巡澳,復面訊前情無異,似應俯從。

一、禁兵船騙餉。夷人互市之初,凡舶到澳,即報抽輸餉,凜凜奉約束惟謹。邇來狡譎日生,托言紅毛阻截,假稱護送兵船,抗丈匿税,額餉日虧,坐令受役者之蒙參,當事者焦勞拮据,那移抵補。兹部議云:堂堂天朝,豈少此二萬之餉,莫若亟捐,勿與之市。但念此端非自各夷本心,或出奸棍撥置,播弄機關耳。今與諸夷約,以後凡市舶到,不拘大小式様,即入澳投抽納餉。敢有仍前妄稱兵船,拋泊大調環、馬騮洲等處外洋,遷延不服丈抽,即聽丈抽,亦不許拋泊外洋。違者即時調集兵船,定將本船人貨焚戮,決不姑息。

據夷目判事、議事頭人、夷商咩·吵唧·姑你等僉具認狀稱:夷等自投澳以來,洋船等港,大小例有規則等第丈抽納餉,毫莫敢違,苦因紅毛中途阻截,掠貨燒船,殺死夷商,本傾命没,致嗚國主,撥發兵船護來,并無載

---

① 這一節回答内容,葡文與中文差異不大。

貨，難憑抵餉。蒙照貨船一例徵餉，各兵窮惶，飄風回國，苦累夷等賠納完官，書回國主後，并不許兵船護來，其若貨船到港，照例規則丈量納餉，不敢故違，自取罪戾等情。[①] 本道巡澳，復面訊前情無異，似應俯從。

一、禁接買私貨。往昔夷貨皆從省城置買，故多真實，邇來奸徒潛搬下澳發賣，緣爲奸欺瞞税餉。夫私貨，豈直白手交付，毋亦視價低昂耳。彼奸徒觸禁罔利，未有肯折本而售，公買私買，均用價值，諸夷亦何樂就於私販，而冒不法之名乎。且東粤無通販於夷，倘諸夷不與接買，則番貨無從所之，是必充積會城，任從揀擇，物之真僞，莫敢或欺，價之低昂，便能質正。而又盡數報官，輸錙銖之餉，明明正正，豈不順哉！今與諸夷約，此後如有奸徒潛運貨[②]物到澳，并不許接買絲毫，仍許夷人執送提調司驗明詳報，本道即將所獲之貨盡行給賞，船器没官。此法一行，而私販可杜矣。

據夷目判事、議事頭人、夷商咩・吵啷・姑你等僉具認狀稱：公私貨物價值均，然夷等何苦求私干法，詎因奸徒罔利，輒裝私貨下澳，以後遵禁密拿解究，求滋給賞等情。[③] 本道巡澳，復面訊前情無異，似應俯從。

一、禁擅自興作。濠鏡澳乃中國内地，豈外夷所敢竊窺，祇緣夷人慕義來王，初許結茅，暫爲栖息，不虞其擅自造作土木，并典謬爲世守不拔之業。如本澳房舍，猶謂爰居計耳，至築造三吧嚧寺，儼若雉堞，與高創銃臺，置頓大銃，以備禦敵之具，此其意向叵測，甚屬悖戾。今與諸夷約，除住舍前已落成，遇有朽壞準照舊修葺外，以後凡有夷商來市，原無家産在澳者，俱令就船住宿，不許新建房屋。在澳夷商，亦不許添創亭舍。敢有擅興一土一木，即係違禁。提調、備倭、巡緝官飛報本道，差官折毁焚燒，本夷重治。各官如有阿縱，隱匿不報，與報愆期者，并捆拿處

① 這一節回答内容，葡文與中文差異不大。

② 原文漶漫不清，當爲“貨”，據文意補。

③ 這一節回答内容，葡文回答有多方辯解，還提出了一些要求。

以軍法,决不姑息。

據夷目判事、議事頭人、夷商咩·吵啷·姑你等僉具認狀稱:夷等貿易來澳,搭寮栖址,因暴風雨飃茅露宿苦楚,隆冬火災,貨命焚喪,哀告憐準,蓋瓦存身。詎遭紅毛賊寇連至,三次劫殺夷等,縮首就刃不已,築閘關,攔銃臺,防懼紅毛,非敢他奸。其三吧嚧寺,通澳安供天主神佛,男女受戒禮拜,設於高山,以潔香火,戒惡勸善,并訓幼夷道理書字,專爲福事,可查可勘。况且澳地獨山,四邊洋海,又無田地,澳夷童叟,靠賴省城官票給商運米,得足日食。敢懷奸軌,自取父母、妻兒、親族滅門大禍?自後除舊房屋朽壞,告乞給發木瓦等料修葺,其新來貿易夷商,澳中原無妻室,并不許新建房屋等情。① 本道巡澳,復面訊前情無異,似應俯從。②

據俞安性《香山墺散倭記事》和《澳門立石五禁》可知,《海道禁約》五大條款是俞安性在"禁止澳門蓄倭"基礎上訂立的,分别涉及明政府對澳門實施土地、軍事、行政、司法及海關等諸多方面管理。這五條禁款均是廣東地方政府針對澳門葡人在當時進行的種種違反明朝法規的活動而制訂。《海道禁約五款》訂立後,"此輩(指澳門葡人)博心揖志,且懷且懼……無不唯唯聽命"③。

前山、澳門山,對峙於海南北,中有一沙堤亘其間,曰蓮莖。徑十里,廣五六十丈,莖尽處有山拔起,跗蕚連蜷,曰蓮花山。

---

① 這一節回答内容,葡文與中文差異不大。

② 以上關於喻安性與澳門葡人所立五條禁約及澳門葡商勞倫索·卡瓦略(Lourenço Carvalho)爲五禁的辯護詞的回答,原文載於 António Bocarro, *Decada 13 da História da India Academia de Ciências de Lisboa*, Vol. 2, pp. 724 – 727。葡文内容與中文略有不同,中文譯文見金國平《中葡關係史地考證》,澳門:澳門基金會,2000 年,第 71—72 頁。〔明〕俞安性:《喻氏疏議詩文稿》卷 5《議稿·澳門立石五禁》,故宫珍本叢刊明代詩文别集影印崇禎刻本,第 535 册,第 153—155 頁。

③ 〔清〕田生金:《按粤疏稿》卷 3《條陳海防事宜疏》,國家圖書館藏本。

《澳門記略》:"前山、澳山對峙於海南北,莖以一沙堤亘其間,徑十里,廣五六丈。莖盡處有山拔起,跗萼連蜷,曰蓮花山,莖從山而名也。"《采訪册》係根據《澳門記略》記載删改而成。

前山:參前文"前山"條。

澳門山:即前述"濠鏡澳山",指澳門半島。

案:《池北偶談》載:"澳門在香山縣大海中,忽起一石,埂廣十餘丈,長六里許,首尾相屬不斷。"[①]雍正《廣東通志》載:"濠鏡澳在城東南一百二十里,前山寨关闸之外,其地多居番人。東與東澳山相對,南有十字門,潮水環繞,西與横琴相對,北有青洲山。澳内有三巴寺、東西望洋寺。舊志未載,今查出。"[②]《大清一統志》載:"濠鏡澳山,在香山縣東南一百二十里,突出海中。明初,番舶往來,泊無定所,率擇濱海地之灣環者爲澳。"[③]

關於蓮花莖有多處史料提及,前《澳門記略》有載。又有檔案記載:"蓮花莖,長徑七里,横寬五六十丈,兩面皆海,中僅河脊一道。"[④]通過多方史料比較可以發現,王廷鈐等人纂輯的《香山縣下恭常都十三鄉采訪册》修正了《澳門記略》中關於蓮花莖"五六丈"記載的錯誤。

萬曆二年,莖半設閘,閘口置炮二位,閘上樓三間,歲久圮。康熙十二年,知縣申良翰重修,復於旁建官廳二間,後又於翼墻左右設更樓二間。

《申志》:"由前山村而南二十里曰濠鏡澳,未至三里爲關,萬曆二年建,設閘官守之。關閘上爲要三間,歲久圮。知縣申良翰重修,其旁官廳二間,申良翰建。"《暴志》:"由前山村而南二十里曰濠鏡澳,未至三里爲關。萬曆

① 〔清〕王士禎:《池北偶談》卷22《香山岙》,第516頁。

② 〔清〕郝玉麟修:雍正《廣東通志》卷10《山川志》,《廣州大典》總第248册,第296頁。

③ 〔清〕和珅等:《大清一統志》第26册《廣州府》卷441,《四部叢刊續編・史部》。

④ 《明清時期澳門問題檔案文獻彙編》第1册《廣東巡撫韓崶奏報查閱澳門夷民安謐并酌籌控制事宜前山寨關閘仍舊防守摺》,第724頁。

二年建設閘官守之,關閘上爲要三間,歲久圮。知縣申良翰重修,其旁官廳二間。"又載:"明萬曆二年設關閘,委官守之。"《澳門記略》:"萬曆二年,莖半設閘,官司啓閉。上爲樓三間,歲久圮。康熙十二年(1673),知縣申良翰修,增建官廳於旁,以資成守。"又載:"佛郎機既據澳,至萬曆二年建閘於蓮花莖,設官守之。"《大清一統志》亦載:"濠鏡關,在香山縣東南濠鏡山北三里,明萬曆二年,建設閘官守之,以防澳夷。"①《采訪册》所載同《申志》《暴志》相近,又有新增"後又於翼墻左右設更樓二間"的記録。

案:關閘閘口"置炮二位"從未見前代史料及後來方志有載,此爲《采訪册》獨家記録。因是當地人采訪調查所得,其載應該可信。但萬曆二年(1574)閘口置炮應是後人附會,何時在關閘上置炮,文獻中没有明確交待。萬曆年間建關閘後,即有明軍駐守。雍正年即有"關閘汛"之職。到乾隆時,"左營左哨都司把總一員,駐防關閘,專管關閘、十字門等汛,關閘陸汛目兵二十二名"②。

嘉慶十年(1805)以後,由於澳門地區海盜猖獗,加上嘉慶十三年(1808)英軍擅入澳門事件,廣東政府大力加强澳門的軍事防禦。據嘉慶十四年(1809)廣東巡撫韓崶的奏報:"於該協兩營内抽撥兵丁三十二名添戍關閘,足成六十名,稽查出入,按時啓閉,庶足以壯聲援而成犄角。距澳北里許有蓮花峰,其巔與澳夷東望洋炮臺對峙,且爲自澳入縣陸路要隘,又蓮花峰之西内海中有島,名青洲,與澳夷大炮臺對峙,其勢可以控制全澳。此二處似應酌建炮臺各一座。"③韓崶的建議實行了一半,關閘汛由原來的22人補充爲60人,但建議在蓮花峰和青洲各修建一座炮臺事則未見實行。我懷疑,《采訪册》所載"閘口置炮二位"當是此時完成。"後又於翼墻設更樓二間",大體也應是與"置炮"時同建,作守護炮位之用。

---

① 〔清〕和珅等:《大清一統志》第26册《廣州府》卷441。

② 〔清〕暴煜修:乾隆《香山縣志》卷3《兵制》,《廣州大典》總第296册,第84頁。

③ 《明清時期澳門問題檔案文獻彙編》第1册《廣東巡撫韓崶奏報查閱澳門夷民安謐并酌籌控制事宜前山寨關閘仍舊防守摺》,第726頁。

乾隆時，當閘之中建有武帝廟。

這是《采訪册》獨家記録，《暴志》《澳門記略》等各種文獻檔案均未提及。

武帝廟：又稱“關帝廟”。

案：澳門的廟宇修建，大多是民間修建，或者是官商合建。但這座修建在關閘之中的關帝廟很顯然由清政府出資修建，其目的意義十分明顯，即以關公的“忠義”“神勇”之品格和能力來激勸守衛關閘的清軍士兵，使他們能在國家的邊境綫上抵禦外夷，保衛疆土。《采訪册》没有交待關閘武帝廟建於乾隆何年，《澳門記略》亦無載。我们推測，關閘武帝廟與乾隆十三年（1748）澳督文東尼（António José Teles de Menezes）的行爲有關。是年，澳門華民李廷富、簡亞二被葡兵亞嗎盧、安多尼打死，清政府緝拿凶手，“兵頭若些（即安東尼）庇之，匿不出”①，公然與清政府對抗，“若些且增兵繕械，爲負隅狀”②。不僅如此，安東尼還指使黑奴，以清政府關部行臺新建的海關柵欄妨礙交通爲由，將柵欄全部拆除。即張甄陶所言“鬼兵擅拆税館栅門，抗不就逮”③。中葡關係一度陷於十分緊張的狀態。清政府一方面製定頒布了新的《管理澳夷章程》，一方面做好軍事防禦準備。關閘的防禦最爲重要，故於此時修建關帝廟以激勵人心。後 1849 年葡兵攻佔關閘，至 1874 年時，因葡人建新關閘，遂拆毁關閘及汛墻。從此，關閘連同閘内的武帝廟在澳門歷史上消失，遂使今人不知澳門歷史上尚有一座關閘武帝廟。

嘉慶十三年，紅毛夷兵入澳。

《祝志》：“十三年（1808）八月初二日，暎咕唎夷人入澳門，欲據之縣

① 〔清〕印光任、張汝霖：《澳門記略 · 官守篇》，《廣州大典》總第 221 册，第 340 頁。

② 〔清〕祝淮修：《新修香山縣志》卷 4《海防》，《廣州大典》總第 296 册，第 441—442 頁。

③ 《明清時期澳門問題檔案文獻彙編》第 6 册《論澳門形勢狀》，第 611 頁。

册。"《祝志》記載較《采訪册》更爲詳細。

紅毛:"紅毛"一詞,明清中國人對其認識并不明確,耶穌會士馮秉正(Joseph Francois Marie Anne de Moyriac de Mailla)在信中稱:"紅毛,是這些蠻族人的統稱,其中有英吉利人,也有荷蘭人。"①一般來説"紅毛"在明代或清初主要指荷蘭人。《明史·和蘭傳》載:"和蘭,又名紅毛番,地近佛郎機。"《雲隱堂文録》載:"紅夷:紅毛番自稱和蘭,載籍無所考。"②楊詢英稱:"所謂荷蘭者即紅毛也。"③清中期以後,很少稱荷蘭爲"紅毛",而是稱英吉利人爲"紅毛",《清朝通典》載:"英吉利,一名'英圭黎紅毛',番種也。"④兩廣總督楊應琚稱:"紅毛國,即嘆咭唎國。"《史料旬刊》收録的乾隆朝檔案亦稱:"紅毛國即嘆咭唎國。"⑤英使馬戛爾尼(George Macartney)訪華檔案載:"十月二十五日接蒙憲臺札諭内開,欽奉廷寄諭旨,紅毛國即嘆咭唎國遣使臣嗎嘎𡀔呢賚送貢物由天津海口進京一案。"⑥夏燮考辨"紅毛"一詞時如是説:"《明史》所謂駕四舶由虎跳門薄廣州者,乃英吉利,非荷蘭也。明人但聞紅毛之名,即以爲荷蘭,遂并其非荷蘭者亦闌入焉。是則英吉利之名,雖不著於《明史》,而終明之世,不得謂其未至中國焉。"⑦

案:關於嘉慶十三年(1808),英國侵入澳門事,當時文獻檔案中多有記

---

① 〔法〕杜赫德(Jean – Baptiste Du Halde)著:《耶穌會士中國書簡集》第2册,吕一民等譯,第186頁。

② 〔明〕張鏡心:《雲隱堂文録》卷9《兩粤諸夷議》,國家圖書館藏清光绪十六年(1890)磁州张瑯重刻本,第15—17頁。

③ 《明清時期澳門問題檔案文獻彙編》第1册《巡按廣東監察禦史楊詢英題報荷蘭船泊虎門與住澳葡人夙稱讎隙請敕部確議應否允許通貢互市本》,第31頁。

④ 《明清時期澳門問題檔案文獻彙編》第1册《兩廣總督楊應琚奏覆赴寧波貿易船上不留髮辮人等俱係澳門番人摺》,第298頁。

⑤ 北京故宫博物院編:《史料旬刊·乾隆朝外洋通商案·楊應琚摺二》,北京:北京圖書館出版社影印民國十九至二十年(1930—1931)故宫博物院鉛印本,第754頁。

⑥ 《英使馬戛爾尼訪華檔案史料彙編》第769號《乾隆五十八年嘆咭唎國入貢始末》,北京:國際文化出版公司影印中國第一歷史檔案館藏清抄本,1996年,第593—594頁。

⑦ 〔清〕夏燮:《中西紀事》卷1《通番之始》,載沈雲龍主編:《近代中國史料叢刊》第11輯,臺北:文海出版社,1967年,第6頁。

載。據當時兵頭英兵船頭目喊嗹·啊嗥嘐·啵㗈唎(William O'Brien Drury)稱:"禀呈廣東總督大人:喊嗹·啊嗥嘐·啵㗈唎奉本處將軍命,發此兵船來天朝地方,今禀知大人。因呿𡅏哂佔了大西洋國都地方,該國王所有合家大小人口俱係我們保護,搬遷往咪唎㗂巴喇哂唎西洋地面居住,我國王發了許多船隻前往幫扶他。呿𡅏哂攪亂了各祖家地方,又要發兵船往取咪唎㗂巴喇哂唎西洋地面,我國王亦發兵船時常留心保護咪唎㗂西洋地面,不許呿𡅏哂佔取。今呿𡅏哂有無數人佔據西洋國都地方居住,呿𡅏哂尚無厭足,他已得了許多國分,尚要各處侵佔,十分奸毒,各國都被他攪亂。因暎咭唎與西洋係舊日親友相好,是以多發船隻保護各港脚以及澳門。因暎咭唎及西洋皆與中華貿易,往來不斷,以免呿𡅏哂佔住澳門,暎咭唎及西洋就不能與中華貿易,現在海面呿𡅏哂兵船日積日多,又在小吕宋地方裝造多船,我國王發許多兵船往各處港脚搜擒呿𡅏哂船隻,攔截呿𡅏哂兵船不許到澳。今我國王發此戰船來澳,爲幫扶澳門西洋人。今禀知總督大人,本國兵船灣泊澳門,防備呿𡅏哂來澳,以備御敵。因澳門西洋人微弱,故此著些夷兵上岸,好幫扶西洋人,兼且各人在船日久,亦得抖擻精神,其兵船仍往外洋巡緝呿𡅏哂兵船。今此夷兵在澳,并非想奪西洋貿易,實係來防護西洋,恐西洋如有糧食往來,免被呿𡅏哂搶劫。我等謹遵天朝制度,不敢違犯,斷不敢生事。因嗌吖喇將軍聞得近來洋匪滋事,情願將此兵船代天朝效力,保佑我國與中華永遠兩相和好。特此禀明,如蒙賞見,就十分歡喜。恭請總督大人金安。"①據此信可知,英國進攻澳門找的借口就是當時從越南兵敗下來的法國軍隊有可能要奪取澳門,所以英國人要派軍隊來保護澳門。

又據清人凌揚藻《蠡勺編》載:"嘉慶十三年(1808)七月,暎咭唎兵頭都路釐②率千人駕戰艦經達香山澳,挾逐西洋人,奪壕鏡居之。聲言粵中大吏

---

① 《明清時期澳門問題檔案文獻彙編》第1册《嘉慶十三年七月二十九日譯出英國兵頭啵㗈唎致兩廣總督吴熊光禀文》,第669—670頁。

② 都路釐,又作"喊嗹·啊嗥嘐·啵㗈唎""咭㗇·啋啊庇·嘟嚧唎""劣爾哩臣""啵路唎""嘟㗈哩",即威廉·奥布莱恩·德鲁里(William O'Brien Drury)。

許其分估西洋船額,辭甚蹇傲。制軍遣知廣州府事福明往諭,都路鼇與明争禮,各不相下。嘗領番兵百人詭服持械至廣州城下,迫見制軍,制軍拒不納,仍令明等與會於十三行。都路鼇桀驁不屈,制軍益堅壁自固,水陸戒嚴,炮石之聲,晨夕不絶者四閲月。乃命嚴禁内地不許運出薪米,斷其日食。都路鼇令兩舸薄魚珠,主客相持,官軍四集,人心惶恐,後得俞旨,自度無所得利,乃稍退出。旋復搜括在澳諸番,責賠兵餉,始遠去。先是,罷職欽天監副西洋人劉思永①寓廣州者,近二十年言語飲食幾同土著,賄賂夤緣,狡黠叵測,人謂都路鼇之來由思永勾引,將欲效嘉靖中海澄人李錦誘和蘭奪彭湖故事,乃獲之,爲香山縣彭昭麟所獲。而復令兔脱,故莫能窮究本源。十四年春,上命百齡來制兩粤,未下車,即巡視沿海炮臺,引夷商喇咈等詰責之。乃具結略曰:舊歲嘆咭唎兵丁來澳,因咈囒西屢欺西洋人物,其國王遭逐於咪唎堅地方,我們孟呀以兵頭都路鼇聞其欲來犯澳,將嘆咭唎市易阻隔,不及稟知國王,即就近來澳防護,并無他意。屢求見前任制臺,總不准見,後報謝,復不見納。嗣奉大皇帝俞旨,不許在澳,都路鼇立即退回。但都路鼇不先稟明即行登岸,實屬冒味。幸天恩浩蕩,僅予驅逐,感激無地。喇等已將本末馳稟國王,必將治都路鼇專擅之罪。至傳言喇等欲分估西洋船額,實無此心。嗣後,倘有訛言,仍懇准見,俾得上達。喇等即當稟知國王,斷不許兵船再擾云云。十四年三月二十四日,嘆咭唎國夷商喇咈等稟結。五月二十日奉旨議覆,嗣後各國護貨兵船俱不許駛入内港,夷商銷貨,合即依限回國,并令洋商早清夷欠。其澳内西洋人不准再行添屋,人民眷口亦不准再有增添,引水船户給照銷照,俱責成澳門同知辦理。"②

關於嘉慶十三年(1808)英軍入侵澳門事,《田志》收録:"英咭唎人早已垂涎其地,自嘉慶十三年間,夷突佔澳門炮臺,旋經天朝官兵驅逐從此西夷始有戒心。"《香山鄉土志》關於英軍入侵澳門有最爲詳細的記載:"十三年

① 劉思永(Rodrigo da Madre de Deus,1761—?),葡萄牙遣使会士。1782 年隨湯士選抵達澳門,1784 年進京,居住北京南堂,1794 年被驅逐到澳門,1795 年在澳門議事會任翻譯,1809 年因爲入澳英軍服務,而被清政府逮捕,獲釋後離澳回國。

② 〔清〕凌揚藻:《蠡勺編》卷 37《嘆咭唎犯澳》,《續修四庫全書》第 1155 册,第 557—558 頁。

八月初二日，英吉利人入澳門，欲據之。……乃俯首服罪，隨回澳門歸國，十一月七日也。”

十四年添設兵房，東三間，西五間。守閘把總一員，兵六十名。

在關閘建兵房事爲《采訪册》獨家資料，增兵關閘汛和建望厦汛事見嘉慶十四年(1809)兩廣總督百齡之《控制澳門方略》：“派撥把總一員，帶兵六十名，專防關閘汛地；外委一員，帶兵二十名，協防關閘外里許之望厦村。”① 《祝志》亦載：“望厦汛，外委一員，分防兵二十名。關閘汛，把總一員，分防兵六十名。”

案：嘉慶十四年(1809)清政府在關閘添設兵房、關閘增添汛兵爲60人及建望厦汛事，均爲嘉慶十三年(1808)英軍入澳事件引發。此事在其他文獻亦有記載。據廣東巡撫韓崶稱：“(關閘)向設把總一員，兵二十八名。”②兩廣總督百齡稱：“關閘亦僅派兵二十八名在彼巡查，地要兵單，殊非慎重邊防之道，必須設立專營，内護香山，外控夷澳，始足以壯聲威而昭體制。請改設游擊一員、中軍守備一員、水師千總一員、把總二員、外委二員、額外外委二員，招募眷兵馬步戰守四百名，分左右二哨，作爲前山營。其游擊、守備，駐扎寨城鎮守，均改爲陸路題缺；派撥把總一員，帶兵六十名，專防關閘汛地；外委一員，帶兵二十名協防關閘外里許之望厦村。”③可知，嘉慶十四年(1809)之前，關閘有防守兵力28名，後百齡上奏請求加强關閘防守，兵力增至60名。

---

① 《明清時期澳門問題檔案文獻彙編》第1册《兩廣總督百齡等奏覆籌議控制澳門添設營汛并酌建炮臺各事宜摺》，第740頁。

② 《明清時期澳門問題檔案文獻彙編》第1册《廣東巡撫韓崶奏報查閱澳門夷民安謐并酌籌控制事宜前山寨關閘仍舊防守摺》，第725頁。

③ 《明清時期澳門問題檔案文獻彙編》第1册《兩廣總督百齡等奏覆籌議控制澳門添設營汛并酌建炮臺各事宜摺》，第740頁。

出閘徑蓮花山,下有慈護宫,側有先鋒廟。

上文"徑"當爲"經",《澳門記略》:"出閘經蓮花山,下有天妃廟。"《澳門記略》的"天妃廟"就是《采訪册》的"慈護宫",但《采訪册》又增加了新内容,稱慈護宫側有先鋒廟,《采訪册》記載當爲采訪人參照《澳門記略》和實地考察而作。

慈護宫:又名"天妃廟""蓮峰廟"。參見後"蓮峰廟"條。

先鋒廟:澳門先鋒廟祭祀神祇爲先鋒將軍,民間相傳爲北宋時期抗遼名將楊繼業。澳門有兩座先鋒廟,其中一座位於沙梨頭麻子街,早在嘉庆二十二年(1817)冬,就立有"重修先锋庙碑"。① 另有一座則爲此處所涉及的位於望厦村外者,該廟立於清道光年間,此"先鋒廟"爲《采訪册》新增。據王文達解釋,該廟的創建象徵當時保護國土的深意。②《澳門建築史》中也提及先鋒(Sin Fong),衹是這個"先鋒"供奉在媽閣廟内,并没有單獨的廟宇供奉。③《澳門衆廟》中亦提及先鋒廟,稱:"這座廟位於麻子街,在土地廟左邊,原稱先鋒廟,後來改爲梨山聖母(應指"聖母先鋒殿"),現在叫 Lei To 佛。"④

過爲望厦汛,嘉慶十四年建。守汛,外委一員,兵二十名。

道光《廣東通志》載:"望厦汛在本營南十六里,外委一員,分防兵二十

① 譚世寶:《金石銘刻的澳門史——明清澳門廟宇備課鐘銘集録研究》,第 281 頁。

② 王文達:《澳門掌故》,第 86 頁。

③ 〔葡〕科斯塔(Maria de Lourdes Rodrigues Costa)著:《澳門建築史》,范維信譯,載《文化雜志》總第 35 期,1998 年。

④ 〔葡〕文德泉(Manuel Teixeira)著:《澳門衆廟》,范維信譯,載《文化雜志》總第 56 期,2005 年。

名。上至關閘汛一里，下至澳門娘媽閣海八里。”[1]《祝志・經政》完全照抄道光《廣東通志》，稱：“望厦汛在本營南十六里，外委一員，分防兵二十名。上至關閘汛一里，下至娘媽閣海八里。”《采訪册》根據道光《廣東通志》略作删减。

案：阮元稱：“望厦汛在前山營南十六里，外委一員，分防兵二十名。”[2]時任兩廣總督百齡奏摺中稱：“外委一員，帶兵二十名，協防關閘外里許之望厦村。”[3]望厦汛原在望厦村，即後來的汛地街。“望厦汛在前山營南十六里。”道光二十九年(1849)，澳葡政府向北擴張界址，位於望厦村的香山縣丞衙署被毁，縣丞衙署遷往前山城内，望厦汛外委退屯白石村三山宫。

東北麓右有馬蛟石，左爲望厦村。有縣丞官署舊址及普濟禪院縣丞署日久傾頹，尚未修復，今公館在草堆街舊杜元鋪屋。

《澳門記略》：“蓮花山北麓有馬蛟石，橢而磽，無趾，三小石承之，相傳浮浪至此。稍南爲望厦村，縣丞新署在焉。舊有普濟禪院。”關於馬蛟石與望厦村的位置，《采訪册》記載與《澳門記略》有很大不同，《采訪册》當是根據采訪人實地走訪如實記録。

馬蛟石：王文達稱：“馬交石，考諸古籍無其名，惟自清朝乾隆時，海防同知印光任及張汝霖二人合纂《澳門記略》始。”[4]《嶺南勝概》稱：“馬蛟石：在蓮花峰之北麓，石下有三小石乘之，相傳浮海至。”[5]《香山七修北山楊氏族

---

① 〔清〕阮元修：道光《廣東通志》卷175《經政略》18《兵制》3，《廣州大典》總第254册，第538頁。

② 〔清〕阮元修：道光《廣東通志》卷175《經政略》18《兵制》3，《廣州大典》總第254册，第539頁。

③ 《明清時期澳門問題檔案文獻彙編》第1册《兩廣總督百齡等奏覆籌議控制澳門添設營汛并酌建炮臺各事宜摺》，第739—742頁。

④ 王文達：《澳門掌故》，第293頁。

⑤ 〔清〕賴國慶：《嶺南勝概》卷4《澳門》，《廣州大典》總第228册，第690頁。

譜》稱乾隆五十三年(1788),楊宏章去世時葬於"澳門土名馬蛟石"之處。①

縣丞官署舊址:應爲原設於望厦村的香山縣丞衙門。《暴志》:"(縣丞署)雍正八年復設,移駐望厦村。"《祝志》稱"乾隆八年移縣丞衙署至望厦村"。

普濟禪院:參後"普濟禪院"條。

縣丞署日久傾頽,尚未修復:乾隆三十三年(1767)時香山縣丞興聖讓致澳門理事官路易斯·科埃略(Luis Coelho)信記載:"望厦村縣丞衙署被颱風吹塌。"②《采訪册》記載即科埃略所述之事。

今公館在草堆街舊杜元鋪屋:"公館"即縣丞衙署。1767望厦村縣丞衙署被颱風吹毁後,香山縣丞興聖讓以及賈奕都曾試圖在澳門境内重新建立縣丞衙署,但未果。1789年4—5月,在廣州十三行經商的義成行行商葉廷勛重游澳門,留下《己酉初夏重游澳門二首》有:"翠微山下有官衙,香山縣丞在此村中。"③

爲了加强和方便對澳門的管理,香山縣丞爲將衙署遷入澳門城内與澳門政府進行了多次交涉。直至張保仔之役(1810年4月)後,香山縣丞"入居水尾坑内橘仔園,目前,駐扎在鮮魚埠(Praia Pequena,一般譯作"北灣")海關處,向一葡人租用其宅。"④《祝志·濠鏡澳全圖》在船澳口與大關之間標有"佐堂署",與葡文資料方位相合。⑤《采訪册》稱:"縣丞署日久傾廢,尚未修復,今公館在草堆街舊杜元鋪屋。"可知,道光七年(1827)之前,香山縣丞衙署進入澳門。當時華人商户多向葡人租屋經商,故知"舊杜元鋪屋"亦是葡人之物業,故葡文資料稱"向一葡人租用其宅"。草堆街亦在大關之

---

① 〔清〕楊紹棨編:《香山七修北山楊氏族譜》卷7《次房十七世傳》,美國哈佛大學燕京圖書館藏咸豐七年(1857)紹經堂刊本,圖書編號:Chungshan/301972,第16頁。

② 《乾隆三十二年五月初三日香山縣丞興聖讓爲飭行查議事》,檔案號:PT/TT/DCHN/1/1/000021。

③ 〔清〕葉廷勳:《梅花書屋書鈔》卷4《己酉初夏重游澳門二首》,第21頁。

④ 參《議事亭發果阿、里斯本公函登録簿》第74號手稿第127頁反面,轉引自金國平:《中葡關係史地考證》,澳門:澳門基金會,2000年,第314頁。

⑤ 〔清〕祝淮修:《新修香山縣志》卷4《海防》,《廣州大典》總第296册,第450頁。

前、船澳口之後，可知中西資料完全吻合。①《采訪册》的新資料對於我們瞭解縣丞署遷入澳門之事件有了更爲準確的認識。

迤逦而東，上有龍環村，下爲龍田村。劏狗環繞其後。

龍環村：參前“龍環村”條。

龍田村：參前“龍田村”條。

劏狗環：又作湯狗環，劏狗環，澳門地名。香山縣知縣蕭丙堃爲租税界限事給澳葡政府官員信中稱：“望厦村後則爲湯狗環。”②道光二十二年(1842)陳亞友供詞稱：“梁亞安雇有不知姓名的新安蟹艇一隻，即於廿二晚一同坐駕開行，廿三晚七點鐘時候到澳，在劏狗環地方抛泊。”③可知劏狗環應該靠海。1622年荷蘭人進攻澳門時登陸地點就是東望洋山脚下的劏狗環海灣。④

新橋、舊橋在澳西北，爲入澳之總路。新橋以木，舊橋以石。

新橋、舊橋：《澳門記略》及《采訪册》之前的香山各志均無此二地名。

案：新橋，原爲澳門一橋梁。“新橋”應爲相對“舊橋”而言，舊橋修建在前，新橋在後。據《祝志・香山濠鏡澳全圖》，舊橋在蓮溪廟右側，新橋在蓮溪廟左側。後舊橋消失，衹存新橋之名。今之新橋，是澳門一地名，在澳門半島東部，指鏡湖醫院馬路北段及渡船街一帶。關於“新橋村”得名，當是

---

① 〔清〕王廷鈐等纂修：《香山縣下恭常都十三鄉采訪册》，第34頁。

② 《明清時期澳門問題檔案文獻彙編》第3册《香山縣知縣蕭丙堃爲請照會葡官所有租税界限仍照舊章辦理事稟文》，第195頁。

③ 《道光二十二年十月香山縣民陳亞友爲夥同黑奴偷竊殺死蕃婦供詞》，檔案號：PT/TT/DCHN/1/10/001489。

④ 〔荷〕邦特庫(W. Y. Bontekoe)著：《東印度航海記》，姚楠譯，北京：中華書局，1982年，第73—74頁；〔葡〕徐薩斯(Montolto de Jesus)著：《歷史上的澳門》，黄鴻釗、李保平譯，第54頁。

先有木橋之修建,後演變爲一地名。王文達稱:"往昔在脂花巷口側,本有小橋一道,稱爲'舊橋'。後又在石街及橋巷口處(該處乃通往沙梨頭之總道)另架一拱橋,稱爲'新橋','新橋區'即由此得名。"又稱:"新橋,原乃澳中一道橋梁之名。當時斯橋新建,人皆稱之爲'新橋';後以此橋附近街坊稱爲'新橋坊'。"①濠江客稱:"'新橋村'之得名,乃因一百多年前該處有一座新修築的木橋,相對於原有的另一座'舊橋'而被稱爲'新橋'。舊橋只是一座小木橋,新橋則壯觀。"②濠江客所記并不確切。東波塔檔案中已有關於"新橋"的記載。③ 可知新橋在乾隆五十七(1792)年就已變爲一地名,"新橋"的修建年代應是在1792年之前。

蓮花廟在新橋側,嘉慶二十二年建。

蓮花廟在《采訪册》之前的中文文獻均無記載,爲《采訪册》首次記載。

蓮花廟:又稱爲"蓮溪廟""新橋廟",《祝志·濠鏡澳全圖》在新橋右側標"蓮溪廟","蓮花廟"即爲"蓮溪廟",葡文作"Templo do Regato Plangente",位於今澳門大纜巷。

案:關於蓮花廟(蓮溪廟)的創建時間,《澳門掌故》載:"蓮溪廟,創建於道光十年。"④譚世寶亦認爲:"據該廟現存清光緒六年的重修碑記,可知其鼎建於道光十年。"⑤光緒元年《重修蓮溪廟碑記》:"道光庚寅歲,都人士建廟於此。"⑥王文達、譚世寶均爲重修碑誤導,將道光十年(1830)視爲蓮溪廟鼎建的時間,實爲大誤。《祝志·濠鏡澳全圖》中已明確標示出蓮溪廟。

---

① 王文達:《澳門掌故》,第161—162頁,

② 濠江客:《新橋·新橋村·新橋坊》,載《澳門日報》2000年10月31日。

③ 《嘉慶二十一年四月初三日香山知縣馬德滋諭澳門夷目唩嚟哆》,檔案號:PT/TT/DCHN/1/9/001219。

④ 王文達:《澳門掌故》,第80頁。

⑤ 譚世寶:《金石銘刻的澳門史——明清澳門廟宇碑刻鐘銘集録研究》,第302頁。

⑥ 譚世寶:《金石銘刻的澳門史——明清澳門廟宇碑刻鐘銘集録研究》,第303頁。

《祝志》成書於道光八年(1828),蓮溪廟的建成時間一定早於《祝志》成書。《澳門纂略》經當地人實地調查采訪的資料,明確告訴我們"蓮花(溪)廟"創建於嘉慶二十二年(1817),而非道光十年(1830)。道光十年應是該廟的重修時間。完成於道光七年(1827)之前的《濠鏡澳全圖》標有"蓮溪廟"亦可作爲旁證。通過這一個案可以看出,關於碑刻中所載廟宇的"鼎建"或"創建"之類用詞,是需要謹慎辨析和考證的。蓮溪廟、蓮峰廟、媽閣廟均如此。

入澳迴旋右折,雲根攢簇。屏山襟海,別踞雄疇,爲沙梨頭社稷壇。壇之始建,無可考。乾隆乙酉繼修,嘉慶乙亥重修,里人趙允菁有記。

該記載出自趙允菁《沙梨頭社稷記》:"入澳迴旋右折,雲根攢簇,屏山襟海,別距雄疇,爲沙梨頭社稷壇。"見《采訪册·藝文門·沙梨頭社稷記》。《申志》《暴志》《祝志》均未載。

沙梨頭社稷壇:即沙梨頭土地廟,又稱"永福古社",位於澳門麻子街。參見後《沙梨頭社稷記》。

案:沙梨頭社稷壇始建年代不詳,故言"壇之始建,無可考"。乾隆五十四年(1789),由兩廣總督、粵海關澳門總口以及各分關領銜捐銀新建"永福古社亭",并立有"新建永福古社亭碑"於亭前,這是永福古社第一次重修。現存沙梨頭土地廟有此次重修碑文"新建社亭序",可知這次重修是"新建社亭"。碑文稱:"沙梨頭,永福古社,由來久矣。"①澳門先賢王文達等人均懷疑沙梨頭社稷壇即宋端宗之行宫,②此説證據不足。但據"由來久矣"可知,永福古社已有很久的歷史,但具體創建時間不詳,與《采訪册》記載相

① 譚世寶:《金石銘刻的澳門史——明清澳門廟宇碑刻鐘銘集録研究》,第277頁。

② 王文達:《澳門掌故》,第72頁。

合。民國十三年之碑志則稱永福古社"曩自明季,以迄於兹"①。汪兆鏞稱:"澳門西偏,土名沙梨頭,有永福古社。石欄峻偉,如殿陛剃,石坊題水月宫,大學士何吾騶書,年月漫滅,當在明季永曆之時。"②據此推斷,沙梨頭社稷壇建立的大致年代在南明永曆時。

蓮峰廟在蓮花山下,舊名慈護宫,合澳紳民鋪商公建。創於雍正初,繼修於乾隆庚子,重修於嘉慶庚申、乙亥。南邑羅復晋,順德杜繼書,邑人卢文起、何昶皆有記。廟前爲天后殿,中觀音殿,後文昌閣,左武帝殿,右仁壽殿,瑰偉特絶,文武大憲因公臨澳,多駐於此。

《暴志》:"新廟,祀天後諸神,在澳門蓮峰山,土人建。"《暴志》關於蓮峰廟的記載十分簡略,而《采訪册》依據《蓮峰廟慈護宫天妃廟鼎建碑》對蓮峰廟的創建進行了詳細記録,當爲文獻中的獨家資料。

蓮峰廟:古名"天妃廟",清雍正元年(1723)擴建後,更名爲"慈護宫",乾隆年間又重修,名爲"蓮峰新廟"。清嘉慶年間,香山知縣許乃來手書門額"蓮峰廟",從此天妃廟更名爲"蓮峰廟",譚世寶稱:"蓮峰廟本名蓮蓬廟。"③

南邑:在古文獻中有多重含義。一爲福建省南安縣之古稱。《石井本宗族譜》載,鄭成功族人"鄭纘祖,字哲遠,號遠公,南邑廪生"④,此處南邑即指福建南安縣。二爲"廣東省南海縣在本省慣用之簡稱"⑤,譚世寶將"許望官"定爲南海人。三爲代表南方的某一縣,《江西通志》:"永樂初,分封寧獻

---

① 王文達:《澳門掌故》,第71頁。

② 汪兆鏞:《微尚齋詩續稿》之《永福社行詩序》。

③ 譚世寶:《金石銘刻的澳門史——明清澳門廟宇碑刻鐘銘集録研究》,第120頁。

④ 臺灣銀行經濟研究室編:《臺灣文獻叢刊》第69册《鄭氏關係文書·石井本宗族譜》,臺北:臺灣銀行經濟研究室,1959年,第44頁。

⑤ 譚世寶:《金石銘刻的澳門史——明清澳門廟宇碑刻鐘銘集録研究》,第98—99頁。

王居藩司，乃居藩司於府基，而府居於南邑之故居。”[1]此處“南邑”爲江西某縣。《江南通志》稱劉沆“里黨咸被其惠，南邑修理儒學，沆一身肩之”[2]，此處“南邑”指江南某縣。《采訪册》中出現的“南邑羅復晉”一詞，羅復晉爲（東莞）城西人，南邑也可指東莞。如果没有其他資料證明，許望官的籍貫不能確定爲南海。

羅復晉：譚世寶根據碑文“予告假南還，偶游其地，與澳中諸親友登蓮峰之頂”等將其推定爲香山縣澳門人。如果羅復晉確爲澳門人，何來“偶游其地”之説？據《撫州府志》，羅復晉自稱爲“廣東寶安人”。雍正《東莞縣志》：“羅復晉，字荔山，由翰林院孔目歷户部郎中、江西撫州知府。”[3]嘉慶《東莞縣志》：“羅復晉，字巨錫，（東莞）城西人……康熙三十五年，邑大飢，首倡捐賑，援例得翰林院孔目。”[4]《清代官員履歷檔案全編》載：“羅復晉，廣東廣州府東莞縣人。”[5]可知，譚世寶關於羅復晉籍貫之推斷有誤。

杜繼書：字次山，順德大良人。咸豐《順德縣志》：“（繼書）乾隆乙卯舉於鄉，方弱冠。至七十卒，從無一刺入公門，粗衣糲食以終。”乾隆乙卯年爲乾隆六十年（1795），可知該處所稱杜繼書留下的關於蓮峰廟的記載當爲發生於嘉慶年間之事，但碑記至今未見。

盧文起：字深潮，香山上栅人。受知惠學使士奇補諸生第一，旋即食餼。乾隆十三年（1748）进士。據《清代官員履歷檔案全編》載：“盧文起，廣東廣州府香山縣人，年四十二歲，乾隆十三年進士，候選知縣。九卿驗看眼目有疾，擬改教職，備知縣一員。”又有：“盧文起，廣東廣州府香山縣人，進士，年

---

① 〔清〕劉坤一等修，〔清〕劉鐸、趙之謙等纂：光緒《江西通志》卷67《建置略》，《續修四庫全書》編纂委員會編《續修四庫全書》第656册《史部・地理類》，上海：上海古籍出版社，1995年，第564頁。

② 〔清〕黄之雋編，〔清〕趙弘恩監修：乾隆《江南通志》卷161《人物志》，《文淵閣四庫全書》第511册《史部・地理類》，臺北：臺灣商務印書館，1983年，第631頁。

③ 〔清〕周天成修：雍正《東莞縣志》卷8《選舉》4，《廣州大典》總第285册，第512—513頁。

④ 〔清〕彭人傑、范文安修：嘉慶《東莞縣志》卷26《選舉》5，《廣州大典》總第286册，第165頁。

⑤ 秦國經等主編：《清代官員履歷檔案全編》第1册，上海：華東師範大學出版社，1997年，第39頁。

五十八歲,原任貴州仁懷縣知縣,病痊引見,著照例用令坐補貴州遵義府仁懷縣知縣缺,預備扣除餘缺。"①後擔任貴州遵義府仁懷縣知縣,後改韶州府教授。②

何昶:字鴻文,香山小欖人,乾隆乙酉拔貢生,丁酉舉人,署南康崇義兩縣,旋署德安縣。縣之烏石門爲八省通津,江漲岸圮。昶捐俸倡修,行旅德之。庚戌,補鉛山縣。土豪某恣睢甚,前令廉知之而無如何。昶捕之解省,舉邑相慶,而大吏素嗛,昶直炮之,土豪乘間反噬,遂挂吏議歸。築閣於鳳山之麓,以詩酒自娱,年七十五卒。③

按:王文達稱:"(蓮峰廟)不知建自明朝何代,相傳該廟址,本屬順德縣龍涌杜姓鄉人之旅澳廢祠,因爲當時有一游方僧人寄宿廡下,每日則到龍田村爲人治病,以其能擅醫術,且均著手成春,故募獲頗多,并得祠主施與,遂將破祠改建,闢爲一座小小廟宇,是爲蓮峰廟之始。"④廟中文物"中外流恩"匾中所銘"萬曆壬寅",即萬曆三十年(1602),送匾人爲創建值事崔吟翰。又有《蓮峰廟嘗業契券圖側記事册》:"溯自澳門之有蓮峰古廟,創建於明萬曆壬寅歲(1602)。"⑤科斯塔(Maria de Lourdes Rodrigues Costa)稱"1592年在望厦山脚下關閘横路一側建起了蓮峰廟"⑥,不知科斯塔所據爲何?雍正元年(1723)擴建,更名爲慈護宫。乾隆十七年(1752),蓮峰廟首事羅三錫、主持無相等重修蓮峰廟觀音殿,更名爲"蓮峰新廟"。清嘉慶年間,香山知縣許乃來手書門額"蓮峰廟",從此天妃廟更名爲"蓮峰廟"⑦。《采訪册》所載"繼修於乾隆庚子"爲一獨家史料,現存碑刻中無此碑記,乾隆庚子爲乾

---

① 秦國經等主編:《清代官員履歷檔案全编》第17册,第709、716、723頁;秦國經等主編:《清代官員履歷檔案全编》第20册,第15頁。

② 〔清〕祝淮修:《新修香山縣志》卷4《選舉》,《廣州大典》總第296册,第395頁。

③ 〔清〕田明曜修:《重修香山縣志》卷14《列傳》,《廣州大典》總第297册,第300頁。

④ 王文達:《澳門掌故》,第47頁。

⑤ 陳煒恒:《蓮峰廟史乘》,澳門:澳門傳媒工作者協會,2008年,第39—40頁。

⑥ 〔葡〕科斯塔(Maria de Lourdes Rodrigues Costa)著:《澳門建築史》,范維信譯,載《文化雜志》總第35期,1998年。

⑦ 王文達:《澳門掌故》,第47—49頁。

隆四十六年(1780),蓮峰廟中無該年重修碑記,《香山縣志》中亦無該年重修記録。蓮峰廟在該年小有修補,而没有碑刻留存的可能性也是存在的,如屬此種情況,則《采訪册》提供了新的關於蓮峰廟修建的史料。又有"重修於嘉慶庚申、乙亥",嘉慶庚申爲嘉慶五年(1800),乙亥年爲嘉慶二十年(1815)。據《重修蓮峰廟碑記》,蓮峰廟於嘉慶年間首次重修於"嘉慶六年歲次辛酉季冬吉旦"①,而《采訪册》稱"重修於嘉慶庚申",據此可推知這一次重修始於嘉慶五年(1800),完成於嘉慶六年(1801)。嘉慶年間第二次重修則是嘉慶二十年(1815)之事,不見於其他史料。《采訪册》關於蓮峰廟的記録可補其他史料之不足。

嘉慶、道光以後,蓮峰廟成爲澳門一座十分重要的廟宇,由於嘉慶五年(1800)對蓮峰廟進行了一次大規模的重修,所以嘉慶十二年(1807),香山縣丞吴兆晉稱該廟爲"新廟"。② 香山知縣彭昭麟亦稱:"蓮峰有廟曰新廟,迤邐五六里乃結。"③嘉慶十四年廣東巡撫韓崶巡視澳門時亦將蓮峰廟稱爲"新廟":"臣於二十七日自省起程,二十八日酉刻舟抵香山縣城,次日登陸,於酉刻行抵離澳里許之新廟地方。"④1839 年的《林則徐日記》稱:"二十六日……過望厦村,有廟曰新廟,祀關聖,先詣神前行香。在廟中傳見夷目,與之語,使通事傳諭。"⑤徐薩斯稱:"中國大吏來訪澳門時,下榻此廟。"⑥科斯塔亦稱:"當年前來澳門的中國高級官員在該廟下榻,中國傳統的建築布局

---

① 譚世寶:《金石銘刻的澳門史——明清澳門廟宇碑刻鐘銘集録研究》,第 146 頁。

② 《嘉慶十二年二月十四日香山知縣彭昭麟諭澳門夷目唩嚟哆》,檔案號:PT/TT/DCHN/1/6/000837。

③ 〔清〕彭昭麟:《從征詩草》卷 4《嶺南草》,國家圖書館藏嘉慶十四年(1809)刊本,圖書編號:26470,第 20 頁。

④ 《明清時期澳門問題檔案文獻彙編》第 1 册《廣東巡撫韓崶奏報查閲澳門夷民安謐并酌籌控制事宜前山寨關閘仍舊防守摺》,第 724 頁。

⑤ 林則徐全集編輯委員會編:《林則徐全集》第 9 册《日記》,福州:海峽文藝出版社出版,2002 年,第 403 頁。

⑥ 〔葡〕徐薩斯(Montalto de Jesus)著:《歷史上的澳門》,黄鴻釗、李保平譯,第 65 頁。

在這裏被廣泛應用,全都是南北走向的院落。"①譚世寶更進一步稱:"(蓮峰廟)是清朝在澳門半島内最早而且是最大型、完整的官建宗教文化建築物的遺存。"②

關於蓮峰廟,在清人著述中多有詩歌吟咏,首任澳門同知印光任有《蓮峰夕照詩》稱:"蓮峰來夕照,光散落霞紅。樓閣歸金界,烟林入錦叢。"黄培芳《澳門蓮峰寺》詩稱:"奇闢蓮花逕,蓮峰翠作屏。海浮天外白,山擁寺前青。"③

普濟禪院在望厦村,其始建及重修向無碑志,年月莫考。嘉慶丙子重修,戊寅落成。殿宇宏深,廊徑幽邃。里人趙允菁有記。

《澳門記略》雖也介紹"普濟禪院",但只有一句話:"舊有普濟禪院。"《重修澳門望厦村普濟禪院碑志》載:"村故有普濟寺禪院,爲閩之三山温陵世居澳地者,合力公建香火,以奉祀神明。廊徑幽邃,殿宇宏深。入其境者,翛然塵□之外,而與沕穆者屬,其始建及重修,向無碑志,年月莫考。"很明顯,《采訪册》的史料來源應當是根據趙允菁所撰碑志。

案:中文文獻中最早提到"普濟禪院"者爲明遺民釋迹删,他大約在康熙三十一年(1692)至康熙三十六(1697)之間曾寓居澳門普濟禪院,其詩中多次提及"普濟禪院"。因此,第一個正式介紹澳門普濟禪院者仍是《采訪册》。普濟禪院又稱"觀音堂",今存普濟禪院大雄寶殿内銅鐘重"四百餘斤",爲信士許萃濱"奉於觀音堂",獻鐘時間爲"崇禎五年正月吉日"。④可證普濟禪院即觀音堂。觀音堂應該是民間對該廟的俗稱,而普濟禪院是官

① 〔葡〕科斯塔(Maria de Lourdes Rodrigues Costa)著:《澳門建築史》,范維信譯,載《文化雜志》總第35期,1998年。

② 譚世寶:《澳門蓮峰廟碑刻鐘銘的一些新發現》,《文物》2004年第12期。

③ 〔清〕黄培芳:《嶺南樓詩鈔》卷9,《廣州大典》總第453册,第151頁。

④ 譚世寶:《金石銘刻的澳門史——明清澳門廟宇碑刻鐘銘集録研究》,第112頁。

方的正式名稱。故雍正八年(1730)郝玉麟的雍正《廣東通志・澳門圖》即在望厦村側標有"觀音堂",而無普濟禪院。《澳門記略・澳門正面圖》亦在望厦村側標有"觀音堂"而無普濟禪院。趙允菁的《重修普濟禪院碑志》載:"(望厦)村故有普濟寺禪院,爲閩之三山温淩世居澳門者合力公建香火以奉祀明神。廊徑幽遂,殿宇宏深。入其境者,翛然塵埃□之外,而與沕穆者游。其始建及重修向無碑記志,年月莫考,歲久風雨蠹蝕,慮無以妥神靈而肅觀瞻也。"譚世寶推斷,崇禎五年(1632)正月即爲觀音堂的鼎建時間。這一推斷是合理的,廟宇大殿的建立與主殿懸挂大鐘爲同一時間,可以在許多廟宇中找到相同的案例。

普濟禪院的創建者,是普濟禪院歷史研究的又一難題。據《重修望厦祀壇碑記》記載,觀音堂最初由到澳福建人創建。譚世寶稱,望厦村祀壇爲廣東人所建,認爲《重修望厦祀壇碑記》"碑文之誤改歷史,就在於把廣東南海縣之簡稱'南邑',誤説爲'閩省南邑'。其'閩省'一詞,似遭人挖毁而尤其不清,當是不滿其謬説者所爲"。其目的在於"以達到吞并轉移廟宇産業産權"①。這種説法甚爲危險,首先"南邑"一詞,并非僅僅是南海縣的簡稱,參前關於"南邑"條的考證。其次,根據重修於崇禎十三年(1640)鄭芝龍作序的崇禎《鄭氏族譜》,鄭氏家族之鄭訓、鄭迪、鄭珪死後,葬於"香山澳乞子廟下","河(疑爲"濠"之誤)鏡澳乞子廟下"和"廣澳乞子廟下"。② 該"乞子廟"即觀音古廟。與王文達所稱"未有觀音堂之前,村之西,早有一所觀音古廟"説法相合,在觀音堂創建之前,望厦村有一座小觀音古廟。③ 鄭氏家族成員葬於"乞子廟",可證觀音堂爲閩人所建。

觀音堂由入澳福建人創建於崇禎五年(1632)。但觀音堂改名爲"普濟禪院"始於何時并無明確證據。王文達《澳門掌故》稱:"後來之大汕法師營繕廣州之長壽寺,乃來此將觀音堂重修,擴建爲一所較大寺宇,并稱之爲'普

① 譚世寶:《金石銘刻的澳門史——明清澳門廟宇碑刻鐘銘集録研究》,第100頁。

② 〔明〕鄭芝龍編:《鄭氏族譜》,載《臺灣文獻匯刊》第1輯第5册,影印明崇禎庚辰年鄭芝龍修鄭氏族譜,北京:九州出版社,2004年,第545、557、603頁。

③ 王文達:《澳門掌故》,第59—60頁。

濟禪院'焉。今日普濟禪院之祖師堂,供大汕法師之畫像,所以示溯本追源也。"①汪兆鏞亦稱:"普濟禪院在香山縣南望厦村,今歸葡界。康熙初,僧自安南歸,至澳門,建此道場。"②汪兆鏞稱大汕建普濟禪院,王文達稱大汕將觀音堂重新擴建,改稱爲"普濟禪院"。姜伯勤雖援引王文達《澳門掌故》,但修正了王文達的説法稱:"1696年秋,大汕回到了廣州,他運用從越南王阮福淍等處得來的布施,重修了廣州長壽寺,并重修了澳門普濟禪院。"③"普濟禪院"一名,早在康熙三十一年(1692)即見於釋迹删的詩中,因此大汕建普濟禪院之説明顯有誤。大汕是否重修和擴建了普濟禪院,直至目前爲止,我們還找不到一條確切的證據來加以證明,甚至大汕從安南返回後,是否到過澳門均需存疑。值得注意的是,釋迹删在康熙三十一年(1692)至康熙三十六年(1697)時寓居澳門普濟禪院,丁丑歲(1697)還留下《丁丑夏客岙門島普濟禪院贈劍平師》的詩中也没有提及1696年大汕重修普濟禪院事。姜伯勤提到普濟禪院祖堂的《西天東土歷代祖師菩薩蓮座》称:"洞宗第二十九世開建長壽、飛來石濂大汕太祖太老和尚。"④如果普濟禪院確爲大汕重修擴建,爲什麽普濟禪院僧衆對自己尊崇的祖師爺重修自己的禪院不著一字呢?爲什麽不著成"洞宗第二十九世開建長壽、飛來、重修普濟大汕太祖大老和尚"呢?由此可見前説之誤。

《采訪册》稱普濟禪院"其始建及重修向無碑志,年月莫考"。嘉慶二十四年(1819)趙允菁《重修澳門望厦村普濟禪院碑記》亦稱:"其始建及重修向無碑記志,年月莫考。"可見,到嘉慶時,澳門望厦村人已經不知道普濟禪院建於何時,何時重修。而且以前廟裏的碑志一概無存。譚世寶稱趙允菁"向無碑志"之説,"客觀上掩飾了毁舊碑而歪曲廟宇創建史,以達到吞并轉移廟宇産業産權的真相。因至今尚存觀音堂明崇禎五年(1632)巨鐘可證

① 王文達:《澳門掌故》,第61頁。

② 汪兆鏞:《椶窗雜録》卷4,民國三十二年(1943)鉛印本。

③ 姜伯勤:《石濂大汕與澳門禪史:清初嶺南禪學史研究初編》,上海:學林出版社,1999年,第398頁。

④ 姜伯勤:《大汕大師與禪宗在澳門及南海的流播》,《文化雜志》總第13—14期,1993年。

該廟早在明末已規模宏大,豈有有鐘而無碑志之理,趙氏乃本地土著官紳,撰重修寺廟之碑文皆如此妄語欺騙神人,良可嘆也"①。譚世寶稱趙允菁"毁舊碑而歪曲廟宇創建史,以達到吞并轉移廟宇産業産權的真相",批評趙氏"毁碑改史"但無任何直接證據,很難令人信服。就算崇禎五年(1632)鼎建觀音堂時,當時確實立有碑石,但從明末至清初,歷經戰亂,特别是康熙初年廣東沿海遷界,望厦村即在被遷之列。② 據《采訪册·事略》記載,這次遷界,"寨兵驅逐人眷,焚祠毁屋,平墻伐木,梓里悉爲荒墟"。可知,康熙初年的香山遷界,望厦村的觀音堂已經遭到破壞,原立碑石很可能就是毁於其時,毁碑應非趙允菁所爲。

由禪院過龍田村中,有石路二百餘丈。

案:早在道光初年,出澳門舊城至華人村莊龍田村、中國廟宇普濟禪院的道路已大致修成。這條路的修建大致有兩種可能:一、嘉道時期,澳門舊城與澳門半島華人村莊的聯繫日益密切,大批華人進出澳門謀生,爲此修建了這條石路;二、這條石路連接華人村莊——龍田、龍環與中國廟宇——普濟禪院,或許是華人出於宗教信仰的需要修建了這條石路。無論修建這條石路的目的是什麽,《采訪册》"由禪院過龍田村中,有石路二百餘丈"之記載爲澳門城市交通建設提供了新的史料。

洋船石,在澳西南。相傳明萬曆③時,閩賈巨舶被颶殆甚,俄見神女立於山側,一舟遂安。立廟祀天妃,名其地曰"娘媽角",名其廟曰"媽祖閣"。於廟前石上鎸舟形及"利涉大川"四字,以昭神異。其廟創於明萬曆乙巳,崇禎己巳重修,廟柱

---

① 譚世寶:《金石銘刻的澳門史——明清澳門廟宇碑刻鐘銘集録研究》,第104頁。

② 〔清〕申良翰修康熙《香山縣志》卷首《濠鏡澳圖》上標有"原望厦村"。《申志》成於康熙十二年(1673),可見,望厦村在康熙初年已被遷界。

③ 原文作"歷",爲"曆"之誤,據改。

石刻可據。石室天生,重成殿宇。由殿後凌磴層折而登,爲觀音閣,閣外怪石虬松,峋嶙鬱勃,憑空遠眺,則馬騮雞頸諸山,引潮汐而上,日月之所沐浴,蛟龍之所噴薄,靡不在指顧間。

《澳門記略》:"洋船石,相傳明萬曆時,閩賈巨舶被颶殆甚,俄見神女立於山側,一舟遂安,立廟祀天妃,名其地曰'娘媽角'。娘媽角者,閩語'天妃'也。於廟前石上鎸舟形及"利涉大川"四字,以昭神異。"可知《采訪册》之記載除了前半部分采自《澳門記略》外,後面增補了很多内容,從"其廟創於明萬曆乙巳"開始,全爲《采訪册》獨家所載。《澳門記略》僅提天妃廟建於明萬曆時,《采訪册》則明確提出媽閣廟的創建時間是萬曆三十三年(1605)。這應該是《采訪册》最具史料價值的記載。

洋船石:《嶺南勝概》亦稱:"洋船石,石上鎸舟形,石刻'利涉大川'四字,以昭神異。"①據今人稱,洋船石現有兩塊,俱在今澳門媽閣廟内。媽閣廟位於今澳門半島西南,此處"洋船石,在澳西南"雖未説明洋船石具體位置所在,但知其最初位置在媽閣廟前,後因填海而移至媽閣廟内。據稱,洋船石原本在近海處只有一塊,後因海水常將該石淹没,有人在正覺禪林前空地另刻一洋船石。後媽祖閣重修,廟宇石欄向新填海地延伸,首塊洋船石被納入石欄之内。②

案:關於媽閣廟的創建時間,學術界争論甚大,也甚爲激烈。大體來講分四種觀點。

一是,媽閣廟創建於景泰三年至天順二年(1452—1458),由閩商嚴啓盛創建。③

二是,媽閣廟創建於澳門開埠前,即弘治元年(1488)説,此説源於汪兆

① 〔清〕賴國慶:《嶺南勝概》卷4《澳門》,《廣州大典》總第228册,第690頁。

② 張卓夫:《澳門海島石景》,香港:生活·讀書·新知三聯書店,2009年,第90頁。

③ 徐曉望、陳衍德:《澳門媽祖文化研究》,北京:中國文史出版社,1998年,第107—111頁;石奕龍:《關於澳門媽祖信仰形成問題的辨識》,《文化雜志》總第49期,2003年。

鏞《澳門雜詩》中《媽閣》一詩之後語:“案:媽閣廟楹額,刻弘仁殿三字,上款弘治元年,辛亥冬,余初到尚見,今已毁。”於是澳中傳統學人名宦俱以弘治爲媽閣廟的創建時間,即爲創建500年之説。①

三是,媽閣廟創建於明萬曆三十三年(1605)之前説,其主要依據:1.《利瑪竇中文札記》中記録利瑪竇到澳門後(1582)看到澳門海岬頂端有一天妃神像“一尊叫作阿媽(Ama)的偶像”②;2. 德禮賢(Pasquale M. D' Elia)《利瑪竇全集》記載“那里敬奉一座廟宇(Pagoda),叫 Ama”③;3. 荷蘭人林旭登(JanHuygenvanLinschoten)《葡屬印度水路志》1587年以前資料記録澳門半島南端的岬角有一座官廟④;4. 葡萄牙吉爾·德·戈伊斯(Gil de Góis)使團評述一文中記録了1564年明朝副總兵湯克寬到澳門與葡人談判時,看到在(澳門)村落頂端,面對大海有一座廟。⑤ 據此可將媽閣廟有確鑿文字的歷史上限推至1564年之前。

四是,媽閣廟創建於萬曆三十三年(1605),其主要依據是在媽閣廟“神山第一亭”的神龕背面發現有“欽差總督兩廣珠池、市舶、税務監管鹽法太監李鳳建”字樣,與原刻在“神山第一亭”門口石横梁上“萬曆乙巳年(1605)德字街衆商建”字相配合爲主要内證,再加《澳門記略》載“相傳明萬曆時,閩賈巨舶被颶殆甚,俄見神女立於山側,一舟遂安,立廟祀天妃,名其地曰娘媽角”的記録爲旁證,證明神龕與“神山第一亭”是同時建於萬曆乙巳年即三十三年(1605),兩者同時構建而組成一座最原始簡單的小廟。⑥特别應該强調的,是《采訪册》亦稱媽閣廟“其廟創於萬曆乙巳,崇禎己巳重修,廟柱石刻可據”。可以證明,《采訪册》的作者也是根據媽閣廟神山第一

---

① 李鵬翥:《澳門古今》,香港:生活·讀書·新知三聯书店,2001年,第21—23頁。

② 〔意〕利瑪竇(Matteo Ricci)、金尼閣(Nicolas Trigault)著:《利瑪竇中國札記》,何高濟等譯,何兆武校,北京:中華書局,1983年,第140頁。

③ Pasquale M. D' Elia, *Fonti RIcciane*, Roma: La libreria dello stato, 1942, Vol. 1, p. 152.

④ 金國平、吴志良:《澳門與媽祖信仰早期在西方世界的傳播》,載《過十字門》,第77—80頁。

⑤ Rui Manuel Loureiro, *Em Busca das Origens de Macau*, Museu Maritimo de Macau, 1996, p. 154.

⑥ 譚世寶:《澳門媽閣廟的歷史考古研究新發現》,《文化雜志》總第29期,1996年。

亭的欄柱石刻得出的結論。

以上四説,景泰、天順間説推論多於實證,其説欲立,尚需確鑿材料證明。弘治元年(1488)説是没有史料依據者,僅清末民初一學者并不可靠的記録不足爲憑。第三説徵引了葡萄牙文、法文及義大利文的原始資料記載,如果這些資料不存在問題的話,應該可以相信。在1605年之前,媽閣廟已經出現,其有文字記載的歷史上限可推至1564年。第四種説法根據石刻考古資料及清人的記録力圖確證"神山第一亭"及"神龕"建於1605年,而且還獲得了《采訪册》新資料的印證,似乎可以成立。然而陳樹榮又公布媽閣廟石殿嵌鑲在神龕的石碑上有"四街重廐"四字,上款爲"萬曆乙巳歲",下款爲"仲夏吉日立"等字樣,與大門木横梁上"萬曆乙巳年德字街衆商建"相呼應。① 又可證明該殿并非乙巳年(1605)創建,而是乙巳年重修。因此,《采訪册》所記載的"明萬曆乙巳"仍衹能算作媽閣廟的重建時間。我們認爲是在1605年以前,所謂的媽閣廟衹是海邊樹立的一座天妃神像或小廟,并没有建成具有完整檐梁欄柱的廟堂。

海覺石,在媽祖閣上左側,壁立十數尋,鐫"海覺"二字,字徑丈餘。

《澳門記略》:"海覺石,在娘媽角左,壁立數十尋,有墨書'海覺'二字,字徑逾丈。"《采訪册》有關海覺石的記載當爲轉録《澳門記略》。

案:今澳門媽閣廟附近有海覺石,"海覺"二字,爲乾隆三年(1738)林國垣題。② 清人賴國慶稱:"海覺石,在娘媽廟左,壁立數十丈,有墨書海覺二字。"③清代澳門人趙同義有《游海覺寺》詩:"蓮峰臨鏡海,倚石構危亭。舟

---

① 陳樹榮:《澳門媽祖文化的形成及發展——從媽閣廟石殿神龕"萬曆乙巳四街重修"碑記談起》,載《媽祖文化研究》,第35—53頁。

② 〔清〕印光任、張汝霖:《澳門記略·形勢篇》,《廣州大典》總第221册,第323頁。

③ 〔清〕賴國慶:《嶺南勝概》卷4《澳門》,《廣州大典》總第228册,第690頁。

慣呼蒼兕,山疑擘巨靈。腥風吹浪黑,香篆矗霄青。默坐龍能制,襟期豁渺冥。"①葉廷樞亦有《海覺石》詩:"銀濤高涌撼南灣,海覺澄觀足解顔。碧眼老夷多閱歷,醉譚天外水晶山。"②李遐齡《媽祖閣》詩後注云:"石壁有海覺二大字,不知何人書也。"③黃培芳有詩稱:"海覺石:海水群飛處,天吴夢覺中。石多危折徑,樹古亂拿空。落日千峰耀,歸帆萬里通。岩前搜舊刻,仿佛頌神功。"④

乾隆十六年(1751)《澳門記略》附圖中洋船石與海覺石的位置

① 〔清〕趙同義:《鏡江公詩稿》,澳門中央圖書館藏吴利勳先生捐望厦趙氏家藏抄本,第5頁。

② 〔清〕葉廷樞:《芙蓉書屋近體詩鈔》卷4《五七言絶》,《廣州大典》總第448册,第728頁。

③ 〔清〕李遐齡:《勺園詩鈔》卷1,《廣州大典》總第450册,第373頁。

④ 〔清〕黃培芳:《嶺海樓詩鈔》卷9,《廣州大典》總第453册,第151頁。

蝦蟆石,一名"蟾蜍石",在澳西南海傍,其形圓,其色青潤,每風雨當夕,海潮初上,則閣閣有聲。

《澳門記略》載:"蝦蟆石,其形圓,其色清潤,每風雨當夕,海潮初上,則閣閣有聲。"《采訪册》應是根據《澳門記略》資料并結合采訪人的實地考察而成。

案:清人賴國慶稱:"蝦蟆石,形圓而色青潤,每當海潮初上,則閣閣有聲。"①《采訪册》稱:"蝦蟆石,一名'蟾蜍石',在澳西南海傍。"不但沿襲了《澳門記略》關於蝦蟆石名稱來源的記載,而且詳細地記載了蝦蟆石所處的具體位置:在澳西南海傍。蝦蟆石原在澳西南海傍(媽閣門前淺水中),1850年在下環街和媽閣廟之間處填海時,將媽閣廟前的蝦蟆石移於媽閣廟内。

會館在澳之西南隅,舊名"蓮峰小舍",經始無可考。乾隆五十七年重修,嘉慶九年繼修。

《暴志》和《澳門記略》均未載。《祝志》采用了《采訪册》的資料,但僅録"會館在澳之西南隅",删去了後面的四句話。

會館:又稱"三街會館",位於今澳門亞美達利庇盧大馬路(Avenida do Conselheiro Ferreira de Almeida)東。

案:《采訪册·澳門纂略》稱會館"舊名蓮峰小舍,經始無可考"。小舍,即小客館或小旅館。由於該處離蓮峰山較近,故稱"蓮峰小舍"。這應該是我們見到的澳門歷史上最早的有關澳門旅館或客棧的中文記録,即在三街會館修建之前澳門城内的商業中心街即建有供旅澳貿易、旅游人員居住的旅館和客棧。三街會館建於何時,《澳門纂略》的作者稱"無可考"。譚世寶

① 〔清〕賴國慶:《嶺南勝概》卷4《澳門》,《廣州大典》總第228册,第690頁。

根據乾隆五十七年(1792)《重修三街會館碑記》資料斷言,會館之鼎建"當在雍正末至乾隆初年之間"①。如是,爲什麽成書於乾隆十五年(1750)的《暴志》和成書於乾隆十六年(1751)的《澳門記略》没有記録"三街會館"這一"清代澳門城市之中國官方基層組織"②? 以此推知,三街會館的創建應比其推斷的時間要晚一些,或在乾隆十六年(1751)之後。乾隆十六年距第一次重修的時間尚有40年,故《重修三街會館碑記》稱:"奈經世遠歲增,墻壁傾圮,棟桷崩頹,凡客若商入而睹斯館者,莫不以風雨漂摇爲憾。"③故於乾隆五十七年(1792)發起重修,葡萄牙東波塔檔案館藏清代澳門漢文檔案對這次重修亦有記載:"舊有會館略爲修葺增添。"④又載:"澳内營地街舊有會館一所,年久壞爛,闔街修理,將直一間,横爲兩間。"⑤再經20年,會館"風墜其檐,雨淋其角,鼠穴其墉",再次損毁,再於嘉慶九年(1804)繼修。重修碑及繼修碑均存於澳門營地街市對面的關帝古廟中。《采訪册》稱"乾隆五十七年重修,嘉慶九年繼修"當是研讀原碑而言。

營地在澳東南隅,與會館相接。原爲屯營之所,後就其地市焉。初茇舍以居,與夷溷迹有争狀,官治之,遷其市於沙梨頭。沙梨頭距澳夷居絶遠,夷又以爲不便。乾隆五十三年,請築墟亭於營地之四隅,以爲市,知縣彭翥許之。越明年三月,墟亭成,分魚、肉、鷄、鴨、瓜菜爲四行,亭繞四圍,中空其地。彭君親臨榜署,星榆布列,民夷稱便,軍民府侯學詩記之,彭君勒諸石存會館内。**嘉慶戊寅二十三年四月初二晚營地**

① 譚世寶:《金石銘刻的澳門史——明清澳門廟宇碑刻鐘銘集録研究》,第117頁。

② 譚世寶:《金石銘刻的澳門史——明清澳門廟宇碑刻鐘銘集録研究》,第117頁。

③ 譚世寶:《金石銘刻的澳門史——明清澳門廟宇碑刻鐘銘集録研究》,第249頁。

④ 《乾隆五十七年正月二十五日香山知縣許敦元諭澳門夷目唩嚟哆》,檔案號:PT/TT/DCHN/1/2/000128。

⑤ 《乾隆五十七年三月初九日香山知縣許敦元諭澳門夷目唩嚟哆》,檔案號:PT/TT/DCHN/1/10/001498。

火,墟亭成燼,夷人捐資重修。復華人經理其事,就墟亭舊址改分爲五條,而市利日絀前墟亭魚行係歸腌製者擺賣,其鮮魚則在四圍中空地,朝晚販賣。後改爲五條,鮮魚着一條半,鹹魚半條,争訟日久乃息,大不如前之妥協便利,而此時係縣丞周飛熊主之。

《祝志》:"營地在澳東南隅,與會館相接,舊屯營所,就其地市焉,築亭於四隅,後毁於火,就故址改築《采訪册》。"很明顯,《祝志》是根據《采訪册》記載而作。

營地:即《暴志》提到萬曆時期昭武將軍王綽出鎮澳門時,明朝軍隊屯營之地。《澳門掌故》亦有記載。後該處就稱爲"營地大街"(Rua dos Mercadores),該街爲澳門最古老的街道,北端在關前後街口由草堆街起,南段越過新馬路以後至通天街與紅窗門街之間。

彭翥:字竹林,雲南蒙化廳人,乾隆五十一年(1786)香山知縣,稱"滇西彭翥"。①

侯學詩:字起叔,號葦原,江蘇上元人,乾隆四十六年(1781)以進士被授予三水縣知縣,乾隆五十一年(1786)代理香山知縣,乾隆五十三年(1788)擔任澳門同知。②《清代官員履歷檔案全編》載:"侯學詩,江蘇人,五十六歲由進士,乾隆四十六年七月内籤掣廣東知縣海疆,三年俸滿,五十一年十月内奏陞廣州府海防同知,保舉勘勝知府,五十六年九月内用江西撫州知府。"③又載:"侯學詩,江蘇江寧府江寧縣人,年四十七歲,乾隆三十六年進士,候選知縣,今籤掣廣東惠州府和平縣知縣缺。"④道光《廣東通志》稱侯學詩乾隆五十一年(1786)任香山知縣,五十三年(1788)任澳門同知。《清代官員履歷檔案全編》中記載侯學詩於乾隆五十一年(1786)任澳門同

① 〔清〕田明曜修:《重修香山縣志》卷12《宦績》,《廣州大典》總第297册,第256頁。

② 〔清〕史澄:光緒《廣州府志》卷28《職官表》12,《廣州大典》總第268册,第487頁;〔清〕阮元修:道光《廣東通志》卷257《宦績録》27,《廣州大典》總第256册,第217頁。

③ 秦國經等主編:《清代官員履歷檔案全编》第2册,第294頁。

④ 秦國經等主编:《清代官員履歷檔案全编》第21册,第317、324頁。

知。據其"三年俸滿"之語,侯學詩擔任香山知縣的時間似乎也應提前至乾隆四十九年(1784)。

周飛熊:又作"周飛鴻"。道光《廣東通志》載:"周飛熊,湖南人,十六年任。"①《仁宗睿皇帝實録》有關於周飛熊的記載,却無周飛鴻其名。《祝志》載:"周飛鴻,湖南湘潭人,十七年任。"《田志》沿襲了《祝志》的記載,均作"周飛鴻"。光緒《廣州府志》載:"周飛熊,湖南湘潭人,(嘉慶)十六年任,以上二人縣志俱作'十七年任','熊'作'鴻'。"②葡萄牙東波塔檔案館藏清代澳門漢文檔案中都作"周飛鴻"③。章文欽稱"嘉慶十七年至二十五年(1812—1820)任香山縣丞",此説不確。周飛熊(鴻)首次擔任署理香山縣丞的時間當爲嘉慶十六年(1811),最後卸任香山縣丞時間在嘉慶二十三年(1818)之後,具體時間不詳。據葡萄牙東波塔檔案館中有關周飛鴻檔案資料統計,嘉慶十六年至嘉慶二十三年(1811—1818)間擔任香山縣丞或署理香山縣丞的依次:周飛鴻、李、周飛鴻、潘世倫、顧遠承、周飛鴻、劉、周飛鴻,共八任。

案:關於營地大街墟亭的建立,并無確切資料記録。據香港海事博物館藏《早期澳門圖》④,圖中畫圈處即爲澳門營地大街的集市,可見到一群澳門人在該處購買各種物品。可以看出這時候營地街市的墟亭尚未建立,所謂豬肉、鮮魚、鷄、鴨、瓜菜等四行的墟亭在圖畫中并没有體現。

---

① 〔清〕阮元修:道光《廣東通志》卷45《職官表》36,《廣州大典》總第251册,第726頁。

② 〔清〕史澄:光緒《廣州府志》卷28《職官表》12,《廣州大典》總第268册,第485頁。

③ 《嘉慶十六年四月三十日署香山縣丞周飛鴻論澳門夷目唛嚟哆》,檔案號:PT/TT/DCHN/1/8/001033;《道光十五年八月營地墟亭豬肉行長吴中和等爲亭遭風損聯懇修復以便營生事》,檔案號:PT/TT/DCHN/1/10/001357。

④ 香港海事博物館藏真蒂洛尼家族原藏中國貿易港繪畫系列:廣州(十八世紀晚期),作品編號:HKMM2010.0031.0002。

香港海事博物館藏18世紀《早期澳門圖》

最早記録營地街墟亭的是葡萄牙東波塔檔案館藏漢文檔案：

切營地街墟亭，源於乾隆五十五年(1790)，蒙彭縣主見豬肉、鮮魚、鷄鴨、瓜菜等四行無實地擺賣，日曬風飄，因與在澳之西洋官目紳衿公同商議，將營地一段撥立墟亭，以便四行總歸擺賣。但其建造銀兩，悉蒙貴呵吖捐給，致成其美。由此數十年來，和等四行得斯樂土營生者，固沐彭縣憲倡議設立之恩，并賴貴呵吖義捐勷成之德也。①

《祝志》采納《采訪册》之資料，但進行了刪改：

營地在澳東南隅，與會館相接，舊屯營所就地市焉。亭於四隅，後毁於火，就故址改築。

這一刪改，致墟亭之歷史發展沿革變得模糊不清，如無其他資料佐證，後人根本無法讀懂。

① 《道光十五年八月營地墟亭豬肉行長吴中和等爲亭遭風損聯懇修復以便營生事》，檔案號：PT/TT/DCHN/1/10/001357。

《采訪册》之記載是關於澳門營地街市發展興衰過程的寶貴史料，亦是研究澳門商業史的極佳材料。乾隆五十五年（1790），爲了加强對澳門營地市集的規範管理，改變營地商業區亂搭蓬寮佔地貿易的混亂局面，在澳門同知侯學詩的主持下，由香山知縣彭翥同澳門議事會協商修建營地墟亭。此事《澳門記略》及香山各舊志均無澳門城内商業貿易的記載。據《采訪册》資料，營地墟亭之歷史一目瞭然。

葡萄牙東波塔檔案館保存多份檔案資料可補充和佐證營地街市的發展歷史，一是乾隆五十七年（1792）《香山知縣許敦元爲民蕃相安各循本份事下理事官諭》：

> 該夷等出銀建立墟亭，以爲民夷交易之所，漢夷相安，良爲美事。爾等駐澳二百餘年，原屬兩相和好，本縣深爲喜悦。近有外來爛崽，於中搭蓋寮篷，夜則藏奸聚賭，深爲民夷之害。本縣業已出示曉諭，嚴行拆毁。其薪蔬魚肉，各照石刻擺賣，不得擁塞街道，紊亂舊章。①

二是道光十五年（1835）《營地墟亭豬肉行行長吴中和等爲修復遭風瓦面以便營生事呈理事官投詞》：

> 切營地街墟亭，源於乾隆五十五年，蒙彭縣主見豬肉、鮮魚、鷄鴨、瓜菜等四行無實地擺賣，日曬風飄，因與在澳之西洋官目紳衿公同商議，將營地一段撥立墟亭，以便四行總歸擺賣。但其建造銀兩，悉蒙貴哃吖捐給，致成其美。……迨至嘉慶二十三年四月，墟亭盡遭火災，時得左堂周臺合議建復，改爲亭行五條，給與和等四行分亭擺賣，其銀兩仍係貴哃吖捐出。至道光四年，續遭延燒鷄鴨行一條及肉行半條，亦蒙貴哃吖修復。後於道光十二年七月，亭遭風飓打爛，亦復經和等四行具

① 《乾隆五十七年三月初九日香山知縣許敦元諭澳門夷目唩嚟哆》，檔案號：PT/TT/DCHN/1/2/000135。

詞投懇前任管庫大人,轉請呵吩各官紳士集議,亦蒙捐金修復瓦面,迄今四載。

豈期本年閏六月十一日,該亭五條復遭風颸飄傷瓦面,現被熱日曬雨淋,擺賣不便,和等艇欲各自捐修,奈何力薄資微,難於捐援。惟思墟亭之設原經貴呵吩捐金創建於前,繼而遭火延燒,仍蒙兩次將瓦面修葺。①

值得注意的是,乾隆五十五年(1790)興建墟亭時,《采訪册·澳門纂略》未提始修墟亭的經費源於何處,僅提嘉慶二十年(1815)重修是"夷人捐資"。而葡萄牙東波塔檔案館藏清代澳門漢文檔案則明言,乾隆五十五年(1790)建墟亭,"其建造銀兩,悉蒙貴呵吩(議事會)捐出",嘉慶重修"其銀兩仍係貴呵吩捐出",後道光十二年(1832)再修,"亦蒙捐金修復瓦面",道光十五年(1835)又遭風毁瓦面,再次商請"再捐金修復墟亭瓦面"。雖然修建墟亭同澳門葡人的生活息息相關,但這畢竟是清政府對華人商販進行管理的營業場所,澳門議事會能一次又一次捐錢修建,亦可證明這一時期中葡關係極爲融洽。

夷地東北枕山,高建圍墻,西南以水爲界,於西炮臺上復建有圍墻。

《暴志》:"彝地東北枕山,高建圍墻,西南倚水爲界。"但無西炮臺圍墻之記載。《采訪册》當根據《暴志》資料結合實地采訪而作。

西炮臺:又稱"南灣炮臺""燒灰爐炮臺",葡文稱"順産聖母炮臺"(Fortaleza do Bomparto)。

案:中文文獻未見有記録在西炮臺之上建圍墻事。查澳門古圖,1635

① 《道光十五年八月營地墟亭豬肉行長吴中和等爲亭遭風損聯懇修復以便營生事》,檔案號:PT/TT/DCHN/1/10/001357。

年《澳門要塞圖》即在西望洋教堂與南灣炮臺(燒灰爐炮臺)之間繪了一道城墻。[1] 康熙前期的《洋畫澳門圖》亦在燒灰爐炮臺與西望洋教堂之間繪有一道城墻,在西望洋炮臺與媽閣炮臺之間繪有一道城墻。[2] "西炮臺"之上的圍墻即是今日被稱爲"萬里長城街"處的圍墻。後人布衣《澳門掌故》稱:

> 1622 年,西望洋構築了一道城墻,其起端在今西望洋山聖母堂附近,分東西雙翼向下延伸。東翼的城墻,循東面山坡蜿蜒而下,一直伸展至燒灰爐炮臺而至;西翼的城墻,則分爲兩幅,南幅城墻,則止於西望洋聖母堂的西南山脊上,北幅的城墻,一直伸至媽閣廟的海鏡石。由於萬里長城者這條街的背後山坡,城墻蜿蜒,因而就把這條街稱爲萬里長城了。"[3]

這應是布衣實地考察而得,惜澳門從未爲此做出這一類的遺址發掘,亦無考古報告。布衣所言與澳門古圖所繪相合。布衣又稱:"這些城墻,早在二百多年前已經拆毁了。"[4]但《澳門市區及港口平面圖》還標有"西南面圍墻"。[5] 據此可知,至 1834 年時澳門西南面城墻尚存,布衣"早在二百多年前已經拆毁"之言有誤。

---

① 澳大利亞國家圖書館藏:《澳門要塞圖》。

② 中國第一歷史檔案館、澳門一國兩制研究中心選編:《澳門歷史地圖精選》,第 36—37 頁。

③ 布衣:《澳門掌故》,香港:廣角鏡出版社,1977 年,第 155—156 頁。

④ 布衣:《澳門掌故》,第 156 頁。

⑤ 〔瑞典〕龍思泰(A. Ljungstedt)著:《早期澳門史》附録 10《澳門市區及港口圖》,吴義雄等譯。

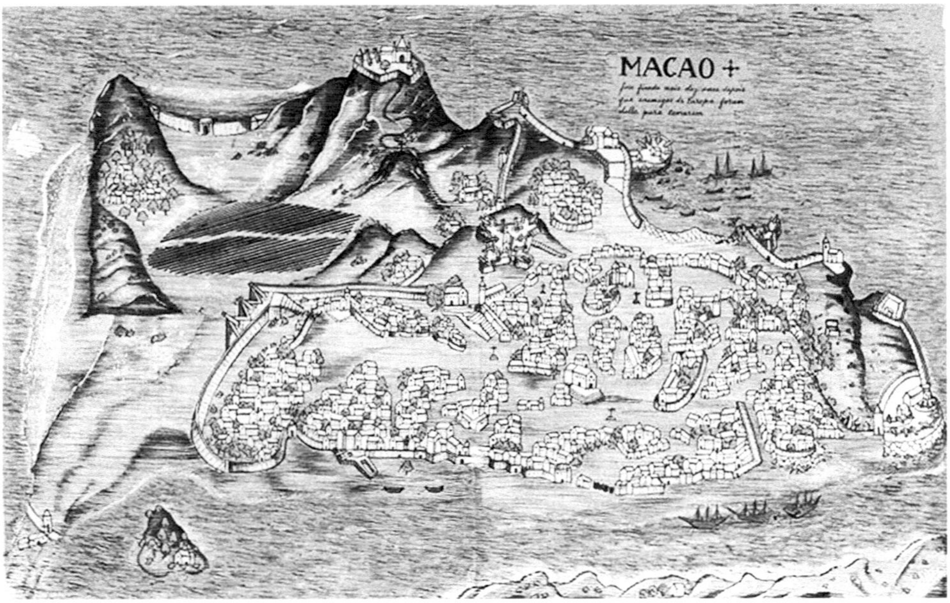

澳大利亞國家圖書館藏 1635 年《澳門要塞圖》

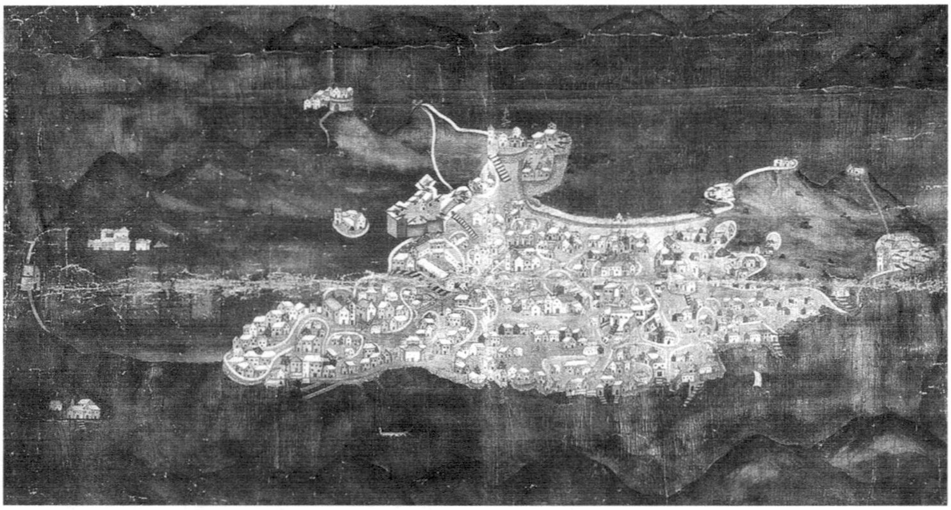

康熙前期《洋畫澳門圖》

夷居四百九十餘户《記略》載四百三十有奇。

《澳門記略》:“凡爲户四百三十有奇,丁口十倍之。”《采訪册》根據采訪人實地調查結果記載。

案:《采訪册》中所載490餘户總人口數也應大致維持在4500人左右,則平均每户至少有9人,可知澳門非華人人口乾隆初期爲430餘户,至道光七年(1827)增加到490餘户。道光十八年(1838)《洋事雜録》稱:“西洋澳夷,大中小户,約五百餘家。巨富十七八家,小康三四十家,餘爲窮乏。”①可見,到道光十八年(1838),澳門西洋人口已增至500餘家。

每歲輸地租銀五百兩,繳縣解司庫。

《澳門記略》:“澳地歲租銀五百兩,則自香山縣征之。”《采訪册》當是根據《澳門記略》改寫而成。

案:隆慶六年(1572),葡人爲居住澳門而繳納海道的賄金變成正式納入國庫的地租,而廣東政府亦正式開放對葡人的廣州貿易。當時的情況是,1571年或1572年當葡萄牙人到廣州參加交易會時,官員按照慣例身穿紅袍,出大城門來收葡萄牙人帶來的税金。通事佩得羅·貢薩爾維斯(Pedro Gonçalves)對海道説他們帶來了澳城的500兩租銀。在其他官員的面前,海道衹得説這是澳城交的地租,要給皇帝的司庫。從那時起,澳城每年納地租,入皇帝金庫。② 杜臻稱澳門葡人“初至時,每歲納地税五百金”,又稱,

---

① 《洋事雜録·史濟泰口述澳門情形》,清代稿鈔本八編影印廣東省立中山圖書館藏清代檔案稿本,第354册,第395頁。

② 阿儒達宫圖書館:《耶穌會會士在亞洲》,Cód. 49 - V - 10, fls. 10v - 11,見金國平編譯:《西方澳門史料選萃(15—16世紀)》,廣州:廣東人民出版社,2005年,第276—277頁。

“澳有地租,大約不離乎萬曆中者近是”①。繳地租的儀式十分簡單,在關閘前,澳門葡人將一個裝有白銀的口袋交給中國官員,然後領取收據。中國官員則向交租葡人贈送一壇中國酒和一些糕點。② 澳門葡人通過由繳海道賄金向正式交納地租的轉化,也證明葡人寓居澳門已獲得明朝政府的認可,并取得寓居澳門的合法權利。從此,澳門葡人向明清政府交納地租就成爲每年必須承擔的一項義務,葡萄牙國家檔案館内收藏的幾十份香山縣收繳澳門地租的回執即爲明證,兹録其中一份以資佐證:

> 署香山縣事英德縣正堂加五級紀録八次楊爲督征錢糧事:現據西洋理事官唛嚟哆③等完解後項銀兩前來。除兑收貯庫外,合給庫收遵照,須至庫收者。計實收濠鏡澳乾隆四十年分地租額銀五百兩正。院司養廉銀壹拾伍兩正。④

小門三:曰小三巴門,曰沙梨頭門,曰花王廟門,今俱堵塞。
大門三:曰三巴門,曰水坑尾門,曰新開門道光四年開。

《澳門記略》:“今城固而庳,大門一,曰三巴門。小門三,曰小三巴門,曰沙梨頭門,曰花王廟門。”比較《澳門記略》與《采訪册》兩書,很明顯,到道光時,澳門城門已發生了很大的變化。乾隆十六年(1751)以前的澳門城墻的三個小門全部堵塞,大門則由一變三。祝淮和田明曜的兩部縣志完全采

---

① 〔清〕杜臻:《粤閩巡視紀略》卷中“康熙二十二年二月乙未”條,《廣州大典》總第217册,第103頁。

② 〔葡〕潘日明(Benjamin António Videira Pires)著:《殊途同歸:澳門的文化交融》,蘇勤譯,澳門:澳門文化司署,1992年,第98頁。

③ 此唛嚟哆,即澳門葡萄牙富商多明戈斯·馬葵士(Domingos Marques),1776年擔任澳門議事會理事官。

④ 《乾隆四十年十二月初四日署香山知縣楊椿爲督征錢糧事》,檔案號:PT/TT/DCHN/1/1/000038。

納了《采訪册》的資訊,且一字不差地照録,肯定了《采訪册》的資料。

案:由於關於澳門城門的資料并不多見,所以上述記録很難找到資料佐證。但如果我們找到乾隆十六年(1751)西阪草堂版的《澳門記略》之《正面澳門圖》和《側面澳門圖》就可發現,兩圖均在澳城北部都繪有三道城門,但僅位於中間的大門"三吧門"標有城門名,東、西兩邊的小門均未標城門名,以地理位置推證,三吧門之東的小門應是"水坑尾門",三吧門之西的小門應即"沙梨頭門"。《正面澳門圖》又在"小三巴"處繪有一道城門,《側面澳門圖》則將這一道城門繪於"龍鬆廟"旁。這四道城門均繪有出入的道路虚綫。

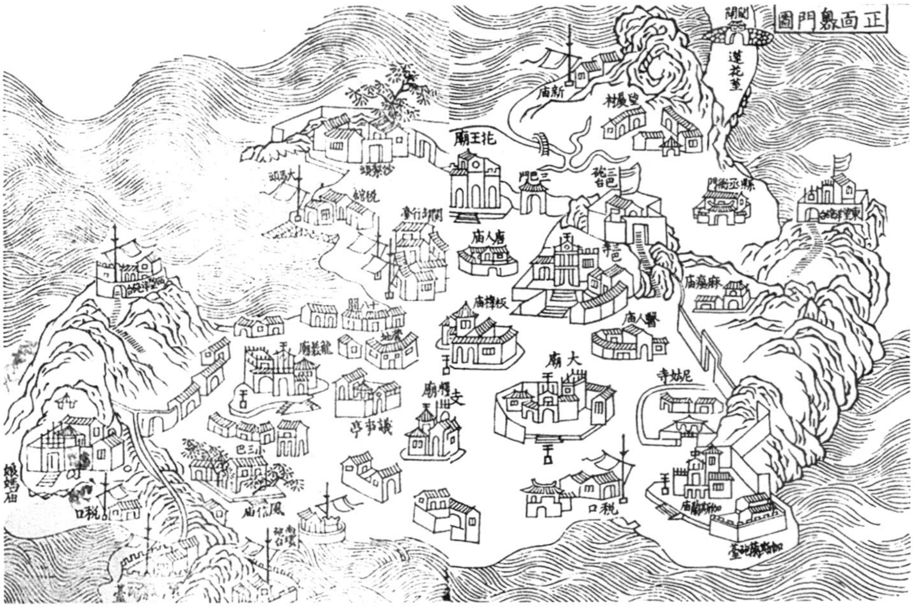

正面澳門圖 乾隆十六年(1751)

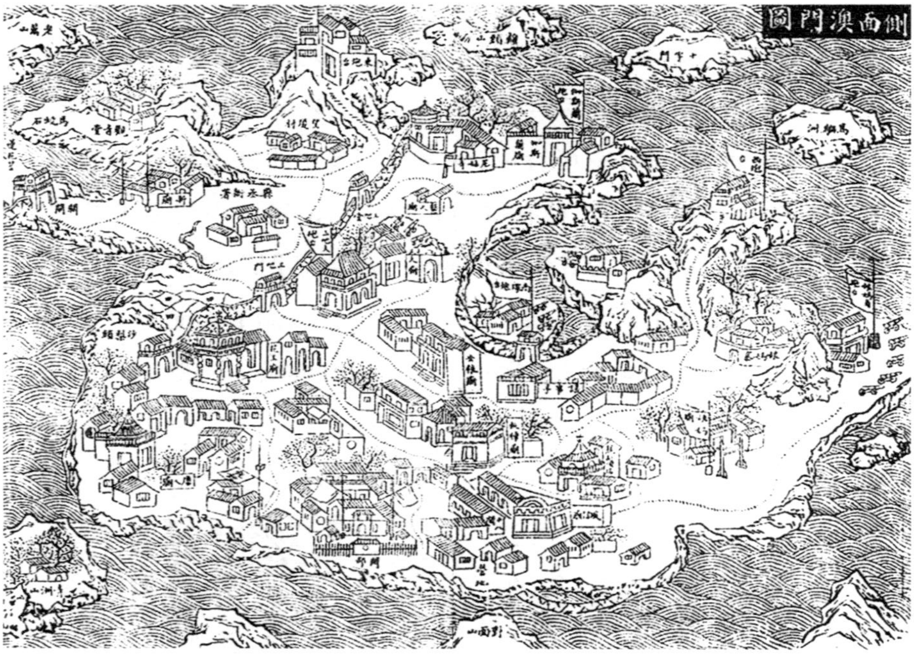

側面澳門圖 乾隆十六年(1751)

據圖可知，這四道門就是《澳門記略》中的大門一和小門三。但正、側面兩幅《澳門圖》與《澳門記略》不同的是，《澳門圖》有“水坑尾門”無“花王廟門”，而《澳門記略》則有“花王廟門”無“水坑尾門”。問題就出在《澳門記略》上，我們翻檢葡文資料，聖安多尼堂，即花王廟。葡人稱三巴門均爲“聖安多尼堂門(Porta de Santo António)，直譯作花王廟門”。余認爲，張汝霖不諳葡文故將三巴門與花王廟門重複列出，其實三巴門即花王廟門。而張汝霖又漏列了水坑尾門。由於《澳門記略》出現的錯誤長期被後人沿用，直至同光時期郭嵩燾調查澳門時還將三巴門與花王廟門并列爲兩個門。如果上證不誣，我們就解決了文獻中多處長期相互矛盾而又無法解釋的一個難題，這樣《澳門記略》中的文字記述與《正面澳門圖》的城門標志則可相合。

《采訪册・澳門纂略》稱，到道光時，三座小門均已“堵塞”，但《澳門記略》未載小門堵塞之事。這三座小門堵塞於何時？小三巴門關閉的時間葡文資料有記録，1720 年 2 月 7 日的議事會會議上通過決定，封閉通向内港的街道。2月10日的會議又决定,沿媽閣街關閉澳門,并設兩個哨所。沿媽閣街關閉的澳門城門應即小三巴門。什麼原因關閉?“澳門城在西邊與東北邊地方是敞開的,於是,竊賊趁機涌入。對這種社會公害,迫切需要采取措施。”①故知小三巴門關閉在康熙五十九年(1720)後。

另外水坑尾門和沙梨頭門的關閉,余以爲與張汝霖乾隆十二年(1747)關閉唐人廟事件有關。唐人廟,又稱“蔭庇聖母小堂”,1602年建址在今澳門關前後街,葡文名爲“Rua da Nossa Senhoro do Amparo”,即蔭庇聖母街。唐人廟是專爲華人進教而設立的教堂。入清以後,香山、順德、新安、東莞、番禺、南海等地的華人到該堂進教者“接踵而至”,人數甚多,而且影響日大。乾隆十一年(1746)福安教案爆發後,引發全國性的大禁教。此次禁教亦波及澳門,乾隆十二年(1747),權澳門同知張汝霖遂率兵丁入澳門封閉唐人廟。② 爲了進一步防止華人到澳門傳教,很可能清政府下令議事會將除“三吧門”以外的東北邊有陸路通關閘的兩道小門即沙梨頭門和水坑尾門全部關閉,以阻止華人隨意入城。當時華人進入澳門搭棚佔地已成爲澳門葡人十分憂慮之事。故堵塞兩座小門既符合清政府禁止華人入澳進教之意,亦與澳門葡人的利益相合。因此,大概在乾隆十二年(1747)封閉唐人廟不久後,這兩座城門亦遭堵塞。因當時張汝霖已離開澳門,未獲三座城門已堵塞的消息,所以《澳門記略》未記載堵塞之事。

葡萄牙東波塔檔案館藏清代澳門漢文檔案中還保存了一些澳門城門的零星記録,這些零星資料提供的綫索亦可幫助我們得知澳門城門的興廢。嘉慶二年(1797)容平立泥水合同稱:“今接得水坑尾門屋上瓦面估補破爛,内外爛墻修補。”③嘉慶三年(1798)八月,香山縣丞吴兆晉稱:“該夷目具

---

① 〔葡〕潘日明(Benjamin António Videira Pires)著:《殊途同歸——澳門的文化交融》,蘇勤譯,第109頁。

② 〔清〕印光任、張汝霖:《澳門記略·官守篇》,《廣州大典》總第221册,第338—339頁。

③ 《嘉慶二年七月二十八日容平立承接水坑尾門泥水修葺合約》,檔案號:PT/TT/DCHN/1/10/001431。

稟,澳内沙環仔、大井頭小閘門,請示修復。"[①]嘉慶五年(1800),香山知縣許乃來稱:"照舊修復大井頭小閘門,可免虞患。"[②]道光六年(1826),澳門同知馮復晉稱:"竊查澳路止有三巴門及沙欄仔兩路可以往來,但三巴門於定更後關閉,惟沙欄仔路可以通行。"[③]上檔中的"沙環仔"即"沙欄仔",故知沙欄仔曾建小閘門,而沙欄仔稍北即是沙梨頭。故余疑檔案中的"沙欄仔小閘門"即是"沙梨頭門",文獻中的沙梨頭門、沙欄仔門都是指的同一道門。上檔中出現的"大井頭小閘門"與"水坑尾門"實際上也是一道門的兩個名字。大井頭,即在今水坑尾街的高可寧大屋處。晚清時《知新報》報館即設在水坑尾大井頭4號。大井頭、水坑尾兩地相距咫尺,澳門城墻不可能在此開闢兩道城門。在城門名字無法律固定的情況下,一般人采用不同的名稱是完全正常的。因此,我們完全可以認定檔案中的"大井頭門"即是文獻中的"水坑尾門"。

獲得上述認識後,再來分析前引檔案所透露的訊息。由於沙欄仔門(沙梨頭門)和大井頭門(水坑尾門)在乾隆十六年(1751)左右被堵塞,則出入澳城的城門僅余一大門"三吧門"。隨著澳門葡人對澳門以北地區青洲、白鴿巢、望德堂地區的開發及澳城北部農村的發展,葡人出入北部地區的交通甚爲不便。故此,在嘉慶三年(1798)時,澳門議事會又向香山縣政府提出要修復"澳内沙欄仔、大井頭小閘門",即請求修復原來被堵塞的"沙梨頭門"和"水坑尾門"。[④] 此事在當時未獲批准。但到道光六年(1826)時,據前引資料,"惟沙欄仔路可以通行",且將"沙欄仔路"與"三吧門"并列,可證,"沙欄仔小閘門(沙梨頭門)"在道光六年(1826)時已經修復。余以爲,

---

① 《嘉慶三年八月初十日香山縣丞吴兆晉諭澳門夷目唩嚟哆》,檔案號:PT/TT/DCHN/1/3/000347。

② 《嘉慶五年三月初九日香山知縣許乃來諭澳門夷目唩嚟哆》,檔案號:PT/TT/DCHN/1/3/000361 及 PT/TT/DCHN/1/3/000377。

③ 《道光六年二月二十三日澳門同知馮晉恩諭澳門夷目唩嚟哆》,檔案號:PT/TT/DCHN/1/10/001330。

④ 三巴仔門堵塞後,未見要求修復之議。

這修復的“沙欄仔門”是由過去的小閘門擴建爲大門,亦即是《采訪册·澳門纂略》中的“新開門”,爲道光四年(1824)擴建。水坑尾門重新修復的時間却找不到證據。

在此尚需提及的是,“新開門”道光四年(1824)擴建完成後,使用的時間并不長。1834 年的《澳門市區及港口圖》上僅保留了“三吧門”和“水坑尾門”,直到 1865 年郭嵩燾調查澳門時仍稱:“澳門舊有門四:曰三巴門,曰花王廟門,曰沙梨頭門,曰小三巴門。今門二:曰大井頭門,曰三巴門。”①

《采訪册》上述關於澳門城門的記載後爲《祝志》所采納。

炮臺六。

《暴志》最早報道澳門“設有炮臺六座”,但未記録炮臺名。《澳門記略》亦載“炮臺六”,分别爲三巴炮臺、東望洋炮臺、西望洋炮臺、娘媽角炮臺、南環炮臺、葛斯蘭炮臺。《采訪册》所載六座炮臺爲三巴炮臺、東望洋炮臺、西望洋炮臺、媽閣炮臺、南灣炮臺仔、咖斯囒炮臺。《洋事雜録》稱:“西洋澳夷設立澳炮臺六座,爲日已久。一在澳尾媽閣;一在西望洋;一在架思闌;一在南灣中約,係防海口;一東望洋炮臺,在入澳陸路口,一大炮臺,居澳之中,二者最爲緊要。”②但不知爲何,乾隆十五年(1750)張甄陶在《澳門圖説》稱:“澳中爲炮臺五。”③比傳統的六座炮臺少一座。很可能是因爲“南灣炮臺仔”又稱“伯多禄小炮臺”,是一座小炮臺,所以未納入其中。

---

① 《明清時期澳門問題檔案文獻彙編》第 2 册《廣東巡撫郭嵩燾查明澳門前後大概情形清摺》,第 757 頁。

② 《洋事雜録·史濟泰口述澳門情形》,清代稿鈔本八編影印廣東省立中山圖書館藏清代檔案稿本,第 354 册,第 395 頁。

③ 〔清〕賀長齡等編:《清經世文編》卷 83《兵政》14,沈雲龍主編《近代中國史料叢刊》影印清道光六年(1826)自序光緒十二年(1886)刊本,正編第 74 輯,第 2976 頁。

最大者爲三巴炮臺，居澳之中，又名"中炮臺"，臺冠山椒，方廣數十畝，列炮四十七，銅具一十六，餘鐵《記略》載"二十八"。上宿番兵。臺垣四周爲磚龕，以置守夜者。臺下爲窟室，貯焰硝。

《澳門記略》："最大者爲三巴炮臺。臺冠山椒，列炮二十八，上宿蕃兵。臺垣四周爲磚龕，以置守夜者。臺下爲窟室，貯焰硝。"《采訪册》係根據《澳門記略》資料結合實地調查而作，比《澳門記略》詳細。

案：三巴炮臺，又稱"大三巴炮臺""三巴門炮臺""漫地炮臺""中炮臺""大炮臺"，葡文作"Fortaleza de S. Paulo do Monte"。三巴炮臺始建於1617年，正式建成於1626年。由兵頭羅伯斯・卡拉斯科(Fran Lopes Carrasco)和耶穌會士老駱入禄(Jerônimo Rodrigues)設計。博卡羅(António Bocarro)記載："山頂上築了一道圍墻，從墻基以上20拃[①]寬、6拃高，用大理石築成，再上邊的用土、石灰和乾草混合築成，這一部分用夯打得非常結實，非常堅固，比石頭還更能經受炮擊。圍墻沿山坡往下，越來越窄，最後胸墻下的寬度爲15拃。圍墻高50拃，即5英尋。這座炮臺爲正方形，各邊長100步，每邊都同樣長的圍墻，4個角上各有一座垛式堡壘。再往上邊就是那個由4排房子圍起的城堡，1排房子兵頭居住，3排士兵們居住，城堡中間是分爲3層的堡壘，每層都有火炮。火炮共有18門，都由金屬製造，分別布置在城堡和上述4個垛形堡壘中。"[②]葡人著作《澳門的炮臺》一書稱：

> 該炮臺爲不規則四邊形，約佔地10萬平方尺。東北、西南、東南三側墻身是建在花崗岩基礎上的。炮臺正門向南，門上方嵌有石浮雕碑，

---

① 葡萄牙长度单位，1拃=21厘米。

② 〔葡〕安東尼奥・博卡羅(António Bocarro)著：《要塞圖册》，范維信譯，載澳門文化局編：《16和17世紀伊比利亞文學視野裏的中國景觀》，鄭州：大象出版社，2003年，第222頁。

上半部份爲聖伯多禄像,下半部份爲葡國國徽,徽號下方有"Annodni 1626"字樣,表明三巴炮臺建成的時間。炮臺是有四排房子圍成的城堡,其中一排是澳門總督的居所,剩餘3排房子由士兵居住。城堡中央爲一三層建築,每層都有火炮,共18門。炮臺周圍有數座軍火庫。①

對比《澳門記略》與《采訪册》的記載,列炮數量由乾隆時期的28門,到道光初期的47門,可以看出三巴炮臺的防衛力量在逐步加强。

次則東望洋、西望洋,東西兩山對峙。東山上爲炮臺,列炮二十,銅具五,餘鐵《記略》載"炮七"。西山上爲寺,下爲燒灰爐炮臺,名西望洋炮臺,列炮十二,銅具五,内大炮三,餘鐵《記略》載"炮五"。

《澳門記略》:"次則東望洋、西望洋,兩臺對峙。東置炮七,西五,餘制與三巴略同。"《采訪册》係根據《澳門記略》資料結合實地調查而作,《采訪册》較《澳門記略》詳細。

東山:即東望洋山,山上建有東望洋教堂。

西山:指西望洋山,山上建有西望洋教堂。

案:東山上爲炮臺,該處炮臺即指東望洋炮臺(Fortress of Nossa Senhora da Guia)。東望洋炮臺又名"松山炮臺"、"基亞炮臺"(Fortalez de nossa Senhora da Guia)、"東炮臺",與西望洋炮臺(西炮臺)相對。該炮臺在1623年澳督馬士加路也的防禦體係中,即已列爲應建炮臺之處,至1626年前已初步建成。炮臺建於東望洋山頂,置火炮5門。山上建有幾座營房,可容一連士兵居住,還有一個地下蓄水池。但由於該炮臺地勢最高,位於大三巴炮臺之上,明朝官員勸澳門葡人拆毁此炮臺,并願爲此付出7000兩白銀的拆賠費,故在1635年拆除東望洋炮臺。1635年東望洋炮臺拆毁後,澳門市民再次

① Jorge Graça, *The Fortifications of Macau*, pp. 50－52。

出資興建。1637 年 9 月動工,至 1638 年 3 月重建竣工。領導修建炮臺者爲要塞司令黎伯禄(António Ribr Raia)。該炮臺約 800 平方米,入口在北,四周築以圍墻,高 6 米,内有哨房、機庫、火藥庫等。臺上有塔樓 4 座。① 乾隆十六年(1751)時,東望洋炮臺有炮七具,但至道光七年(1827)時,《采訪册》稱東望洋炮臺有炮"二十門",表明道光年間東望洋炮臺的守衛力量大大加强。

《采訪册》稱"燒灰爐炮臺名'西望洋炮臺'",誤。西望洋炮臺,又名"竹仔室炮臺",葡人稱"佛蘭珊聖母炮臺"(Forte de Nossa Senhora da Penha de Franca),該炮臺建在俗稱"主教山"的西望洋山,它與當時的澳門古城墻相連。1622 年馬士加路也修建炮臺範圍計劃中有西望洋炮臺。該炮臺於 1626 年建成,架設 2 門銅炮。② 而燒灰爐炮臺又名"南環炮臺"(Baluarte de Nossa Senhora do Bomparto)、"蓬巴爾底炮臺",又可譯作"博姆·巴爾托聖母炮臺",該炮臺位於南灣街的西端,西望洋山之東南麓,也就是現今民國大馬路的起點。該炮臺 1622 年建成,在荷蘭人襲澳時發揮了重要作用。它與西望洋炮臺分别爲位於西望洋山腰和山麓的兩個不同的炮臺。而《采訪册》將其誤爲一個炮臺。乾隆十六年(1751)時的《澳門記略》稱西望洋炮臺的炮數爲 5 座,《采訪册》則稱"列炮十二",故知到道光時西望洋炮臺炮數增加了 7 座。

又媽閣炮臺,列炮二十五,銅具一十二,餘鐵《記略》載"炮二十六"。

《澳門記略》稱媽閣炮臺爲"娘媽角炮臺,在西望洋下,炮二十有六","娘媽角"即媽閣之另名。《采訪册》所記媽閣炮臺數量比《澳門記略》少一

---

① 〔葡〕博卡羅(António Bocarro):《要塞圖册》,載〔葡〕羅理路(Rui Manuel Loureiro)編:《16 和 17 世紀伊比利亞文學視野里的中國景觀》,范維信、楊平等譯,第 221 頁;Jorge Graça, *The Fortifications of Macau*, pp. 82 – 84. ;Manuel Teixeira, *Macau e a Sua Diocese*, Vol. 9, p. 237.

② 郭永亮:《澳門香港之早起關係》,臺北:"中研院"近代史研究所,1990 年,第 33 頁;Jorge Graça, *The Fortifications of Macau*, pp. 73 – 74.

門。《采訪册》係根據《澳門記略》資料結合實地調查而作。

案:媽閣炮臺,又稱"馬角炮臺""娘媽閣炮臺""娘媽角炮臺""西灣炮臺""聖地亞哥炮臺""罷辣炮臺",葡文作"Forte de S. Tiago da Barra"。媽閣炮臺位於澳門半島西南岸海端,用來保衛和控制内港的船隻進出。與從南灣炮臺到内港的城墻相連。城墻里也有指揮官的住宅、兵營、倉庫和一些民宅。炮臺長 150 步,寬 55 步。炮臺筑以圍墻,墻上架炮 4 門。署理此要塞的司令官由葡王直接委任,澳督無權過問。該炮臺始建於 1612 年,但因爲明朝政府的干預進展極其緩慢,到 1622 年方才建成一座很小的炮臺。馬士加路也抵達澳門後,加快媽閣炮臺的修建工作。由西班牙炮臺專家莫拉萊斯(Fernando de Moranes)指導於 1629 年建成。①

南灣炮臺仔,列銅炮四《記略》載"炮三"。

《澳門記略》:"南環炮臺,置炮三。"此"南環炮臺"即《采訪册》中之"南灣炮臺仔"。《采訪册》係根據《澳門記略》資料結合實地調查而作。

案:南灣炮臺仔,又稱"聖伯多禄小炮臺""伯多禄炮臺""小炮臺""嘉斯欄小炮臺",葡文作"Forte de S. Pedro"。南灣炮臺仔位於南灣街中部,即今歐維士石像前。該炮臺建成於 1626 年。初建成之時,規模很小,僅有大炮 3 門。博卡羅稱:"1635 年該炮臺有發射 7 英磅炮彈的大炮兩門。"②《采訪册》記載南灣炮臺仔有銅炮 4 門,比乾隆十六年(1751)時多一門。

---

① 〔葡〕博卡羅(António Bocarro):《要塞圖册》,載〔葡〕羅理路(Rui Manuel Loureiro)編:《16 和 17 世紀伊比利亞文學視野里的中國景觀》,范維信、楊平等譯,第 220 頁;科斯塔(Maria de Lourdes Rodrigues Costa)著:《澳門建築史》,范維信譯,《文化雜志》總第 35 期,1998 年;Jorge Graça, *The Fortifications of Macau*, pp. 63 – 66。

② 〔瑞典〕龍思泰(Anders Ljungstedt)著:《早期澳門史》,吴義雄等譯,第 32 頁;博卡羅(António Bocarro):《要塞圖册》,載〔葡〕羅理路(Rui Manuel Loureiro)編:《16 和 17 世紀伊比利亞文學視野里的中國景觀》,范維信、楊平等譯,p. 220;Jorge Graça, *The Fortifications of Macau*, p. 110. Jorge Graça, *The Fortifications of Macau*, pp. 73 – 74,載:此炮臺可能建於 1622 年之後。

咖斯𠺘炮臺，炮臺列炮一十八，銅具七，内大銅具一，重一萬餘斤，長二丈許，大十餘圍，受藥數石，餘鐵。

《澳門記略》:“噶斯蘭炮臺，置炮七，設火藥掲於左側。”《采訪册》係根據《澳門記略》資料結合實地調查改寫而成。

案: 咖斯𠺘炮臺，又作“嘉思欄炮臺”“法蘭濟斯炮臺”，葡文作“Fortaleza de S. Francisco”，因炮臺附近爲方濟各修院的舊院址，又名“圣方濟各炮臺”。該炮臺建成於 1629 年。炮臺呈橢圓形，東西兩邊各有一座炮塔，圍墻内還有指揮官和士兵的住房，一座彈藥庫和一座教堂。初期置炮 7 門，後有所增加。這座炮臺是防禦海上進攻澳門的前沿，其大炮射程可達氹仔鷄頸山，覆蓋兩岸間的全部空間。[①]《采訪册》與《澳門記略》比較，乾隆時該炮臺列炮 7 門，到道光時增加至 18 門。

各炮臺俱設火藥局，有番兵防守，通計炮一百二十六，内銅具四十九，餘鐵。

《澳門記略》:“噶斯蘭炮臺，置炮七，設火藥掲於左側。通計炮七十有六，大者六十一，餘差小。銅具四十六，餘鐵。其大銅具者重三千斤，大十餘圍，長二丈許，受藥數石。”《采訪册》係據《澳門記略》結合實地調查改寫而成。

案:《采訪册》詳細地記録了澳門六座炮臺置炮情況，與《澳門記略》比較，已發生了很大的變化。爲了準確認識這些變化，我們將乾隆十六年(1751)《澳門記略》、道光七年(1827)《澳門纂略》和道光十四年(1834)

---

① 〔瑞典〕龍思泰(Anders Ljungstedt)著:《早期澳門史 · 澳門市區及港口圖》，吴義雄等譯;博卡羅(António Bocarro):《要塞圖册》，載(葡)羅理路(Rui Manuel Loureiro)編:《16 和 17 世紀伊比利亞文學視野裏的中國景觀》，范維信、楊平等譯，第 220 頁;Jorge Graça, *The Fortifications of Macau*, p. 63－66;〔清〕印光任、張汝霖:《澳門記略 · 澳蕃篇》，《廣州大典》總第 221 册，第 360 頁。

《籌海初集》中記録的澳門各炮臺置炮情况列表比較：

不同文獻記載的澳門各炮臺置炮數量對比表

表 4

《澳門記略》		《采訪册·澳門纂略》		《籌海初集》①	
炮臺名	炮位數	炮臺名	炮位數	炮臺名	炮位數
三巴炮臺	28	中炮臺	47(銅16)	三巴門炮臺	47
東望洋炮臺	7	東炮臺	20(銅5)	東望洋炮臺	20
西望洋炮臺	5	燒灰爐炮臺	12(銅5)	西望洋炮臺	13
娘媽角炮臺	26	媽閣炮臺	25(銅12)	娘媽閣炮臺	29
南環炮臺	3	南灣炮臺	4(全銅)	南灣炮臺	5
噶斯蘭炮臺	7	咖嘶蘭炮臺	18(銅7)	咖思囒炮臺	18
總計	76	總計	126(銅49)	總計	132(另有30餘炮,安放於西洋税館)

從上表《澳門記略》與《采訪册·澳門纂略》比較可以看出,乾隆十六年(1751)到道光六年(1826)的不到80年間,澳門葡人的炮臺軍事防禦力量大大加强,除媽閣炮臺外,其餘各炮臺均增加了炮位的設置特别是三巴炮臺、東望洋炮臺及燒灰爐炮臺,也就是位於澳門東部、中部及西部的三座山峰上的炮臺均較前增加了一倍或一倍以上的炮火部署。澳門城防大規模增加的火炮的來源并不是澳門自己生産,而是嘉慶十五年(1810)張保仔投降時澳門所分配到的戰利品。高美士(Luís Gonzaga Gomes)據葡文檔案稱:

---

① 布拉姆斯頓1834年所繪《澳門市區及港口圖》中記載有澳門各炮臺置炮數量:三巴炮臺,銅炮13門,鐵炮34門;東望洋炮臺,銅炮5門,鐵炮13門;伽思闌炮臺,銅炮7門,鐵炮11門;小炮臺,銅炮2門,鐵炮3門;南灣炮臺,銅炮6門,鐵炮7門;娘媽角炮臺,銅炮13門,鐵炮16門,共計有炮130門,《籌海初集》的記録只差2門。參〔瑞典〕龍思泰(A. Ljungstedt)著:《早期澳門史》之《澳門市區及港口圖》,吴義雄等譯。

> 至於戰利品的分配,不知什麽使得眉額帶歷大法官那麽慷慨。有人説他要把海盗的1200門火炮送給攝政王對付拿破侖,有人説儘管按協議平分戰利品,但他衹給澳門留下50門火炮。①

《采訪册·澳門纂略》記録的炮位比《澳門記略》記録的炮位恰恰就是多出“50門火炮”。余以爲《澳門纂略》記録的炮臺炮位之安置應是嘉慶十五年(1810)之後完成的。其中還記述了一門大銅炮“重一萬餘斤,長二丈許,大十餘圍,受藥數石”。《澳門記略》記載的大銅炮最重爲“三千斤”。因此,余以爲,這門重一萬餘斤的大銅炮亦是澳門分獲的戰利品。到道光十四年(1834)時,澳門北部和東部的炮臺保持炮位數量與道光七年(1827)大致相同,但南部的南灣、媽閣及燒灰爐炮臺設置的炮位則略有增加。這種炮火防禦的改變與當時海上形勢有關,亦提醒我們對此問題的深入關注。

舊有提調、備倭、巡緝行署三所,今惟關部行臺、大馬頭税館、南灣、媽閣、關閘税口及議事亭不廢。

《申志》有載:“舊有提調、備倭、巡緝行署三所,今惟關部税署及議事亭。”《澳門記略》:“前明故有提調、備倭、巡緝行署三,今惟議事亭不廢。國朝設有海關監督行臺及税館。”《祝志》:“明故有提調、備倭、行署三,今惟議事亭不廢。”

提調:全名爲“提調澳官”,亦可簡稱爲“澳官”。《兵部題〈失名會同兩廣總督張鏡心題〉殘稿》載:“十一月廿日,據香山參將楊元報稱,據提調澳官脱繼光禀報本月初八日,據通事林德齋投澳夷目嘍囉哆等狀内稱,因紅夷犯境,蒙唤哆等五人赴省領紅夷回澳開洋。緣紅夷舡五隻……并檄提調澳

---

① 〔葡〕高美士(Luís Gonzaga Gomes)著:《張保仔船隊的毁滅》,李飛譯,《文化雜志》1987年第3期。

官嚴督濠鏡澳夷,不許煽誘復來……督令海防解同知親至澳中,帶領澳官脱繼光,澳攬吴萬和、吴培宇等示以中國豢養澳夷多年,不圖報效,反愚弄紅夷貪勒貨物,致其徘徊海外,殊干法紀。"[①]前稱"提調澳官脱繼光",後稱"澳官脱繼光",可知"澳官"爲"提調澳官"之簡稱。龐尚鵬《撫處濠鏡澳夷疏》載:"(葡人)凌轢居民,蔑視澳官。"[②]俞大猷《論商夷不得恃功恣横》載:"商夷用强梗法蓋屋成村,澳官姑息,已非一日。"[③]

又稱"守澳官"。此處"守澳官"之"澳",并非指澳門,而是指港口。守澳官并非是明政府設立的專門守衛澳門的官職,而是明政府在某些港口設立的守衛之官。早在澳門開埠之前,明政府在浪白澳等港口即設立守澳官,龐尚鵬稱:"往年俱泊浪白等澳,限隔海洋,水土甚惡,難於久駐,守澳官權令搭蓬栖息。"[④]《大清一統志》稱:"蕃舶往來,泊無定所,率擇海之灣環者爲澳。香山有浪白、濠鏡、十字門,皆置守澳官。"[⑤]嘉靖四十年(1564)时,廣東巡按御史龐尚鵬《陳末議以保海隅萬世治安事》稱:"(澳門)乃番夷市舶交易之所,往年夷人入貢,附至貨物,照例抽盤,其餘番商私賫貨物至者,守澳官驗實,申海道聞於巡按衙門,始放入澳。"[⑥]嘉靖四十四年(1565)游澳的葉權亦言:"今數千夷團聚一澳,雄然巨镇,役使華人妻奴子女,守澳武職及抽分官但以美言奬誘之,使不爲異。"[⑦]龐、葉二氏所載内容,離澳門開埠僅七八年時間,可證,守澳官爲明代在澳門最早設立的職官之一。

---

① "中研院"歷史語言研究所編:《明清史料》乙編第 8 本《兵部題〈失名會同兩廣總督張鏡心題〉殘稿》,上海:商務印書館,1936 年,第 755 頁。

② 〔明〕龐尚鵬:《百可亭詩集摘稿》卷 1《陳末議以保海隅萬世治安事》,《廣州大典》總第 427 册,第 272 頁。

③ 〔明〕俞大猷:《正氣堂集》卷 15《論商夷不得恃功恣横》,《四庫未收書輯刊》第 5 輯,第 20 册,第 310 頁。

④ 〔明〕龐尚鵬:《百可亭詩集摘稿》卷 1《陳末議以保海隅萬世治安事》,《廣州大典》總第 427 册,第 271 頁。

⑤ 〔清〕和珅等:《大清一統志》卷 339《廣州府》。

⑥ 〔明〕龐尚鵬:《百可亭詩集摘稿》卷 1《陳末議以保海隅萬世治安事》,《廣州大典》總第 427 册,第 271 頁。

⑦ 〔明〕葉權:《賢博編》附《嶺南游記》,北京:中華書局,1987 年,第 44 頁。

又稱“管澳官”。《廣東賦役全書》載:“每年洋船到澳,該管澳官俱報香山縣,通譁布政司并海道俱批。”①

提調澳官應是明政府派駐澳門的最高官員,并在澳門設有專門的機構,稱爲“提調司”。萬曆四十一年(1613)郭尚賓稱:“我設提調司以稍示臨馭,彼縱夷醜於提調衙門,明爲玩弄之態以自恣。”②同時期的海道副使俞安性亦稱:“如有奸徒潛運到澳與夷,執送提調司報道。”③天啓時陳熙昌稱:“堂堂漢官,不能玩弄於股掌;沿街提調,猶曰非武弁即雜流。”④田生金稱:“其提調司,務擇武弁之能者居之,期於杜絶勾引,潛消窺伺,此亦内夏外夷之大防也。”⑤可知提調司這一機構在明王朝對澳門的管理中發揮了重要作用,引起明王朝的重視。

“擇武弁之能者居之”表明提調澳官爲一武職。由於澳門行政隸屬香山縣管轄,管理澳門的“提調澳官”級别較低,一般由中下級武官擔任。

守澳官的職責是駐守澳門,全面負責澳門的管理,并直接同澳門葡人打交道。俞安性稱:“如有奸徒潛運到澳與夷,執送提調司報道。”馬士(Hosea Ballou Morse)稱:“據記載,1587 年以前,中國曾派遣一位官員駐守澳門,承皇帝之旨管理該城,凡牽涉到中國人在内的案件,不論他是原告或被告,都歸他裁判。”⑥可知,萬曆十五年(1587)之前駐守澳門的中國官員即“守澳官”,其職能類似於清代所設“香山縣丞”,《澳門記略》載:“查前明曾設有澳官,後改爲縣屬。”⑦清設“香山縣丞”駐於望厦,後移駐澳門城内,即以“香山縣丞”取代明朝“提調澳官”。

---

① 〔清〕王弘祚:順治《廣東賦役全書》,《廣州大典》總第 311 册,第 90 頁。

② 〔明〕郭尚賓:《郭給諫疏稿》卷1《防澳防黎疏》,《廣州大典》總第 60 册,第 160 頁。

③ 〔清〕申良翰修:康熙《香山縣志》卷 10《澳彝》,《廣州大典》總第 295 册,第 468 頁。

④ 〔明〕高汝栻辑:《皇明續紀三朝法傳全録》卷 13《陳熙昌奏疏》,《續修四庫全書》總第 357 册,第 830 頁。

⑤ 〔明〕田生金:《按粤疏稿》卷 3《條陳防海事宜疏》,國家圖書館藏本,第 265 頁。

⑥ 〔美〕馬士(Hosea Ballou Morse):《中華帝國對外關係史》第 1 卷,張匯文等譯,北京:商務印書館,1963 年,第 49 頁。

⑦ 〔清〕印光任、張汝霖:《澳門記略・官守篇》,《廣州大典》總第 221 册,第 335 頁。

備倭：爲一不定品級、不設定員的武職官員，地位在守備以下。《明史·職官志》載："凡鎮戍將校五等：曰鎮守，曰協守，曰分守，曰守備，曰備倭。"①備倭爲防禦倭寇而設，後在無倭寇之時，備倭官亦主管沿海各地的外商貿易之事。明初，廣東沿海各港多設有備倭。道光《廣東通志》載："明初，陽江、海朗、雙魚三所各設備倭官一員，每年駕船汛海。"②嘉慶《新安縣志》載："備倭總兵署，在城内東南隅。明正德五年，總兵王德化建。"③香山亦設有備倭，但其設立時間文獻無載。康熙《香山縣志》載："明洪武二十三年，設香山守御千户所，千户五員……備倭守城，俱本所旗軍。"④儘管該處"備倭"不是指具體職官，但可反映明初香山地區已設有倭警。明代廣東沿海各千户所多設備倭官，香山地區備倭官設立也應該是在這一時期。

備倭，又稱"指揮"。《明史·佛郎機傳》載："嘉靖二年，遂寇新會之西草灣，指揮柯榮、百户王應恩御之。"⑤"指揮柯榮"在《明世宗實録》中稱爲"備倭指揮"⑥。康熙《東莞縣志》則有："張通，鳳陽人，惠州衛指揮，陞備倭官。馮文綽，嘉靖二十五年以雷州衛指揮陞備倭官。"⑦可知當時的備倭官多稱爲"指揮"，據此推斷"嘉靖十四年，指揮黄慶納賄，請於上官，移之壕鏡"的黄慶即爲當時香山地區的備倭官。嘉靖三十六年(1557)，葡萄牙人及東南亞各國商人大批移居澳門後，香山備倭官亦隨之移駐澳門，負責澳門海域的巡汛。在無倭患之時，備倭官則負責對番舶的管理、海上巡汛、護番舶入港。澳門開埠後，明政府將香山備倭一職移駐澳門，并建有備倭行署。明政府設立的澳門備倭直至明末未廢，《兵部題〈失名會同兩廣總督張鏡心

---

① 〔清〕張廷玉：《明史》卷72《職官》1，第1753頁。

② 〔清〕阮元修：道光《廣東通志》卷124《海防略》2，《廣州大典》總第253册，第566—567頁。

③ 〔清〕舒懋官修：嘉慶《新安縣志》卷7《建置略》，《廣州大典》總第301册，第298頁。

④ 〔清〕申良翰修：康熙《香山縣志》卷9《兵防志總序》，《廣州大典》總第295册，第460頁。

⑤ 〔清〕張廷玉：《明史》卷325《佛郎機傳》，第8431頁。

⑥ 《明世宗實録》卷24"嘉靖二年壬戌"條。

⑦ 〔清〕申良翰修：康熙《香山縣志》卷6《職官》5，《廣州大典》總第285册，第79頁。

題〉殘稿》稱:“臣九月初八日隨市舶司呈,稱到澳會同香山縣差官及提調、備倭各官,唤令通事、夷目、攬頭至議事亭宣諭。”①此檔形成時間爲明崇禎十三年(1640),可知直至明末,駐扎澳門的備倭官一直保存,至清朝時廢。

巡緝:澳門巡緝一職,《明史·職官志》無載,其職能可能和巡檢司中的“巡檢”相近,負責巡查緝捕工作。《明史·職官志》載:“巡檢司:巡檢、副巡檢,俱從九品,主緝捕盜賊,盤詰奸僞。凡在外各府州縣關津要害處俱設,俾率徭役弓兵警備不虞。”②香山亦設巡檢司,一直保持至明末。《蒼梧總督軍門志》載:“香山縣香山巡檢司,巡檢一員,徭編弓兵五十名。”③《申志》:“明周嘉懋,浙江人,機警有勇略,崇禎十四年任香山巡檢司。”香山巡檢司一設在大欖,一設在小黄圃村,并未移駐澳門,一直到明末都如此,因此可否定該處“巡緝”爲香山巡檢之可能。《申志》:“香山守禦所:明洪武二十三年設香山守禦千户所……成化間,始設立民壯,謂之民兵,原額守庫、守營、守海、巡捕、守城民兵,共叁百貳拾伍名。”守禦所中之負責“巡捕”的民兵應當就是澳門城内的“巡緝”。霍與瑕《霍勉齋集》載:“香山舊以澳夷在境,加編民壯叁百名。”④此“民壯”當即維護澳門治安的“巡緝”,負責澳門的治安保衛,緝捕盜賊,其主官當即爲“巡緝”,亦在澳門設有衙署,入清後廢除。

關部行臺:《暴志》稱“關部税署”。《澳門記略》:“國朝設有海關監督行臺及税館。”⑤即清代粤海關澳門分關監督行署。1684年12月,粤海關在澳門花王堂區臨近李家圍(patio da Mina)的北灣(Praia Pequena,意爲“小海灣”)建立,重開海上貿易。不久又在南灣(Praia Grande,“大海灣”)設立一

---

① “中研院”歷史語言研究所編:《明清史料》乙編第8本《兵部題〈失名會同兩廣總督張鏡心題〉殘稿》,第754頁。

② 〔清〕張廷玉:《明史》卷75《職官》4,第852頁。

③ 〔明〕應檟修:《蒼梧總督軍門志》,北京:全國圖書館文獻縮微復製中心,1991年,第106頁。

④ 〔明〕霍與瑕:《霍勉齋集》卷19《呈揭》,《廣州大典》總第428册,第373頁。

⑤ 〔清〕印光任、張汝霖:《澳門記略·形勢篇》,《廣州大典》總第221册,第323頁。

個海關。葡萄牙將前一個在北灣的海關叫作“大海關”，後一個在南灣的海關叫“小海關”。① 這個設在北灣的大海關，清政府又稱之爲“關部行臺”，又作“關部行廨”“澳門正税總口”“澳門總口”。澳門關部行臺設立監督一員，又稱爲“關澳委員”，外國人稱之爲“Hoppo”。② 澳門分關設立後，市舶司這一機構正式撤銷。粵海關在澳門設有關部行臺，爲澳門徵税總口，由澳關委員駐扎，就近處理有關事務，主要負責監督海關税收，在澳門各水陸要衝之處均設有税口，以監管船隻進出和人員往來，履行徵收關税和查緝走私的職能。關部行臺設在澳門“顯榮里”，汪兆鏞稱：“是年(1848)，葡人并毁拆沙梨頭顯榮里之中國官署。”③據1905年《澳門街道名册》顯榮里，葡文作Do Amparo，位於澳門半島大關斜巷的西南。清人樊屏《駐防廣州小志》稱：“粵東與外夷通商，特設監督一員，以司貿易，歲征税銀四萬三千七百五十兩零，其他雜税以船貨多少加計。凡大關、澳門兩處例派防校前往監理之。其奉委以一年爲率，丈船查私，皆其責任，不輕簡派也。”④澳關委員又稱“關澳委員”“澳門總口税務防禦府”。據《粵海關志》，澳門關澳委員任職起於乾隆五十二年(1789)，止於道光十八年(1838)。現將澳門關澳委員列表如下：

① Manuel Teixeira, *Macau no Sec XVII*, Macau, 1982, p. 131, pp. 135 – 136.

② 戴裔煊：《〈明史·佛郎機傳〉箋正》，北京：中國社會科學出版社，1984年，第57頁；陳國棟：《清代前期粵海關監督的派遣》，《史原》1980年第10期。

③ 汪兆慵：《澳門雜詩》不分卷《關閘》，近代中國史料叢刊影印民國七年排印本，第74輯，第1—4頁。

④ 〔清〕樊屏：《駐防廣州小志》卷2《大關澳門監税》，海外廣東珍本文獻叢刊影印加拿大不列顛哥倫比亞大學圖書館藏道光二十二年(1842)自序本，第1輯，第12册，第490—491頁。

清乾隆二十一年(1766)至道光十八年(1838)澳關委員名單

表5①

時間	人名	備注
乾隆二十一年(1766)	楊某某	PT/TT/DCHN/1/1/000017
乾隆三十二年(1777)	唤某某	PT/TT/DCHN/1/10/001417
乾隆四十一年(1786)	伊賞納哈	PT/TT/DCHN/1/1/000049
乾隆五十二年(1787)	興家保	澳門
乾隆五十三年(1788)	翰章阿	澳門
乾隆五十四年(1789)	金源	澳門
乾隆五十六年(1791)	蕭聲遠	澳門
乾隆五十七年(1792)	蕭永林	澳門
乾隆五十七年(1792)	倪廣泰	澳門
乾隆五十八年(1793)	王綺瑞	澳門
乾隆五十八年(1793)	王文輔	澳門
乾隆五十九年(1794)	張玉	澳門
乾隆六十年(1795)	羅錦	澳門
嘉慶元年(1796)	蕭聲遠	澳門
嘉慶二年(1797)	丁如玉	曾任澳門同知
嘉慶二年(1797)	鍾溥澤	澳門
嘉慶三年(1798)	李培滔	澳門
嘉慶四年(1799)	海興	澳門
嘉慶五年(1800)	伊賞納哈	澳門
嘉慶六年(1801)	伊賞納哈	PT/TT/DCHN/1/10/001439
嘉慶八年(1803)	套住	澳門
嘉慶九年(1804)	金源	澳門
嘉慶十年(1805)	胡湛	澳門
嘉慶十一年(1806)	曾成龍	澳門
嘉慶十二年(1807)	李璋	澳門

① 表5中的材料主要來源於《粤海關志》卷7《設官・職官表》,其餘皆見葡萄牙東波塔檔案館檔案。參〔清〕梁廷枏:《粤海關志》卷7《設官・職官表》,《廣州大典》總第323册,第220—235頁。

（续表）

時間	人名	備注
嘉慶十三年（1808）	李璋	澳門
嘉慶十六年（1811）	萬仕耀	澳門
嘉慶十六年（1811）	汪旭耀	澳門
嘉慶十七年七月（1812）	汪旭耀	PT/TT/DCHN/1/8/001100
嘉慶十八年（1813）	菩薩保	澳門
嘉慶十九年（1814）	李璋	澳門
嘉慶二十年（1815）	烏林岱	澳門
嘉慶二十一年（1816）	廣亮	澳門
嘉慶二十二年（1817）	京金	澳門
嘉慶二十三年（1818）	董明文	澳門
嘉慶二十三年（1818）	興瑞	澳門
嘉慶二十四年（1819）	蔡琦	澳門
嘉慶二十五年（1820）	楊承雯	澳門
道光元年（1821）	章世型	澳門
道光二年（1822）	興瑞	澳門
道光三年（1823）	楊承雯	澳門
道光四年（1824）	文通	澳門
道光五年（1825）	吉拉明阿	澳門
道光六年（1826）	章世型	澳門
道光七年（1827）	余清華	澳門
道光十年（1830）	鍾承武	澳門
道光十三年（1833）	興林	澳門
道光十五年（1835）	楊承雯	澳門
道光十八年（1838）	徐懷懋	澳門

大馬頭稅館、南灣、媽閣、關閘稅口：爲澳門總口下轄之稅口。除澳門分關總口徵稅外，其餘各口均爲巡緝口。張甄陶《澳門圖説》稱："澳有關稅：一主抽稅，曰小稅館；一主譏察，曰南環稅館，專稽察夷民登岸及探望蕃舶出

入,曰娘媽角税館,專稽察廣東、福建二省寄港商漁船隻,防透漏,杜奸匪。"①梁廷枏《粤海關志》稱:"澳門總口圖,大碼頭口、南灣口、關閘口、娘媽閣口附。謹案:澳口係正税總口,在廣州府香山縣,距大關三百里。大碼頭口距澳門總口一里,南灣距澳門總口二里,關閘距澳門總口一里,并在香山縣,係稽查口。"②又載:"澳門總口:總書一名;櫃書一名;家人二名;巡役五名,内奥門口、關閘口、大碼頭口、南灣口、娘媽閣口各一名;水手十五名;火夫二名。"③

清道光間《粤海關志·澳門總口圖》

① 〔清〕賀長齡等編:《清經世文編》卷83《兵政》14,沈雲龍主編《近代中國史料叢刊》影印清道光六年(1826)自序光緒十二年(1886)刊本,正編第74輯,第2976頁。

② 〔清〕梁廷枏:《粤海關志》卷5《口岸》,《廣州大典》總第323册,第170—171頁。

③ 〔清〕梁廷枏:《粤海關志》卷7《設官》,《廣州大典》總第323册,第216頁。

凡文武官因夷事至澳，大事到議事亭上，夷目列坐進茶。小事在公館，有言則通事傳之。公館在關部行臺後街，係夷人將伊樓屋撥出，爲香山縣往來駐足辦公之所。通事係唐人進夷教换着番衣者爲之，其衣食房屋悉夷人給予之。

《申志》："凡文武官下澳，率坐議事亭上，彝目列坐進茶畢，有欲言則通事番譯傳語。通事率閩粤人，或偶不在側，則上德無由宣，下情無由達。"《暴志》："凡文武官至澳，坐議事亭上，彝目列坐，進茶畢，有欲言則通事傳之。"《采訪册》這一段文字，前面部分録自《暴志》："凡文武官至澳，坐議事亭上，彝目列坐進茶畢，有欲言則通事傳之。"而後面部分則是《采訪册》作者對《暴志》的補充。特别説明中國官員抵澳，衹有大事才到議事亭，而小事則在公館處理。公館就設在關部行臺後街。

議事亭：葡文作"O Senado"。《澳門記略》稱議事亭的葡文讀音爲"事打的"，"事打的"之原文爲"Cidade"，即城市，此處不作原解。在古葡語中，"Cidade"與"Senado"（元老院）同義，而"Senado"也稱"Senado da Câmara"。關於議事亭，中文文獻多有記載。《申志》作："文武官下澳，率坐議事亭上，彝目列坐進茶畢。"吴歷《三巴集·岙中雜咏》詩自注云："凡海上事，官紳集議亭中，名議事亭。"①由於《申志》將議事亭同明清政府之提調、備倭、巡緝、海關監督行臺及税館并列，加之《澳門記略》附《議事亭圖》所繪議事亭爲一中式建築，故多有學者將議事亭視爲明朝政府在澳門設立的官方機構，實際上這是對文獻的誤解。議事亭建築原爲一兩扇門的院落，中有一座八根梁柱撑起四面無墻的亭子式結構的建築。因爲議事會之理事官員負責與明清政府打交道，故明清政府文武官員抵澳視事，到議事會宣讀上級的檔批示或同理事官共同處理澳中事務，這是當然的事情，但并不代表議事亭這一機構

---

① 〔清〕吴歷：《三巴集》之《岙中雜咏》，小石山房叢書本。

爲中國政府所建。①《洋事雜録》明確指出:“澳夷向建司打②一所,樓房寬闊,係辦事公所,凡遇會議事件,兵頭、番差、判事咸至司打會議,判斷事畢,各散回館。”③

雍正《廣東通志》中的澳門議事亭

《澳門記略·正面澳門圖》中的議事亭圖

乾隆十六年(1751)《澳門記略》中的議事亭圖

① 湯開建:《委黎多〈報效始末疏〉箋正》,廣州:廣東人民出版社,2004年,第17—22頁;金國平、吴志良:《“議事亭”歷史》,載《過十字門》,澳門:澳門成人教育學會,2004年,第150—155頁。

② 司打,即議事會。

③ 《洋事雜録·史濟泰口述澳門情形》,清代稿鈔本八編影印廣東省立中山圖書館藏清代檔案稿本,第354册,第395頁。

參照雍正《廣東通志·澳門圖》中的議事亭圖,議事亭爲一座兩層樓的帶拱門圓柱的西式建築。《澳門記略·正面澳門圖》中的議事亭雖與雍正《澳門圖》的議事亭形制不同,但也可以看出,該建築是一座具有西洋風格的建築。再《澳門記略·南灣税館圖》在南灣税館後面的建築即爲議事亭,從建築物裝飾花紋可以看出,議事亭應爲西洋建築,在建築之上還有十字架,完全可以證明,議事亭建築就是一具有西洋風格的兩層樓的西式建築,而非中式建築。舊的澳門議事亭一直維持到18世紀80年代。1783年,澳門議事會以2000澳門幣購買原議事亭地段的土地,重建大樓及監獄。建築方案設計者爲帕德里西奥(Patrício de S. José)。1784年,新議事會大樓竣工。①

英國畫家拉特雷(Alexandre Rattray)1857年繪澳門議事會大樓②

公館:即議事亭公館,《澳門記略》與香山各志均無資料記載。龍思泰《早期澳門史》載:

> 澳門的人口混雜,其政治存在因中國臣民未經改變的臣屬關係而發生分歧,從而使衝突不時發生。當公共事務需要有本地區的中國地方官員在場時,議事會就爲他租一個臨時住處。直到1779年,做出了購買一座房屋,以接待本省低級官員的決定。這所房子被稱作"中國官

① Rogério Beltrão Coelho, *Leal Senado de Macau*, Macau, 1998, p. 17, p. 27.

② Fernando António Baptista Pereira, *Os Fundamentos da Amizade Cinco Séculos de Relações Culturais e Artísticas Luso – Chineseas*, Lisboa: Centro Científico e Cultural de Macau, 1999, p. 95.

邸"(Mandarin's house - Casa do Mandarin)。還要找一些寬敞、方便的住所,以接待高官或總督。①

澳門議事會設立公館接待中國官員早在康熙七年(1668)及乾隆十三年(1767)的中葡文檔案中即有記録,但這些公館是議事會"爲官員租的一個臨時住處"。② 直到乾隆四十四年(1779),澳門議事會才在"關部行臺後街"購買了一處樓房作爲接待到澳門公幹的廣東省低級官員的固定的"公館"。故從乾隆四十五年(1780)以後,在葡萄牙東波塔檔案館藏清代澳門漢文檔案中就有幾份香山知縣、香山縣丞下達要求議事會"備辦公館"的命令,有些檔案則直接要求"將白鴿稠公館預備"③。據庇禮喇(A. Marquês Pereira)考證,這座普通公館的館址,位於花王堂街和聖方濟各巷的拐角處,聖方濟各巷由此開始至聖保禄學院側街。④ 而"關部行臺後街"亦在今花王堂街處。檔案中的"白鴿稠"當即"白鴿巢"。白鴿巢應是一個較大的地名,而花王堂街就在今天的白鴿巢公園附近。故知,白鴿巢公館應即位於關部行臺後街的公館,且是一座接待普通官員的公館。⑤《林則徐集》亦稱:"該夷原禀,有預設公館,虔潔鋪陳,恭迓大憲駕臨。"⑥《采訪册》稱:"公館在關部行臺後街,係夷人將伊樓屋撥出,爲香山縣往來駐足辦公之所。"與前述相合。

通事:即澳門議事會通事。《申志》:"通事率閩粵人,或偶不在側,則上

---

① 〔瑞典〕龍思泰(A. Ljungstedt)著:《早期澳門史》,吴義雄等譯,第129頁。

② Marques Pereira, *Uma Ressurreição Historica: Paginas Inéditas d'um Visitador dos Jesuítas* (1665 - 1671), TA - SSI - YANG - KUO, Série 1, Vol. 1 - 2, p. 750;《乾隆三十二年十月十九日香山縣丞興聖讓諭澳門夷目唛嚟哆》,檔案號:PT/TT/DCHN/1/1/000031。

③ 《乾隆五十八年正月十五日香山縣丞朱鳴和諭澳門夷目唛嚟哆》,檔案號:PT/TT/DCHN/1/2/000209。

④ Marques Pereira, *Uma Ressurreição Historica: Paginas Inéditas d'um Visitador dos Jesuítas* (1665 - 1671), TA - SSI - YANG - KUO, Série 1, Vol. 1 - 2, p. 759, 注釋113,轉引自金國平、吴志良:《過十字門》,第177頁。

⑤ 《中國官員臨澳駐節地考》,載金國平、吴志良:《過十字門》。

⑥ 中山大學歷史系、中國近代現代教研組研究室編:《林則徐集·公牘》6第97號《批澳門同知爲唛嚟哆呈明實無鴉片情願具結禀》,北京:中華書局,1963年,第117頁。

德無由宣,下情無由達。彝人違禁約,多由通事導之。或奉牌拘提,輒避匿。"通事,即傳譯。在澳門活動的通事應有兩種,一種是中國政府雇請的通事,爲中國政府服務,即張甄陶《制馭澳夷論》中所言:

> 澳夷言語不通,必須通事傳譯。歷來俱以在澳門商,傳宣言語。該商人之鼻息,兩相浹洽,言語易從。後於設立同知定議章程之時,内有將同知標兵撥出二名,充爲通事一條,商人即欲卸責地方。而標兵充當通事,既與澳夷不相諳熟,不能得澳夷要領,且人微言輕,反以啓侮;更或侵漁生事,關係非輕;仍請照前用洋商通事。①

一種即是澳門議事會聘用的通事,爲澳門政府服務。這種通事即《采訪册·澳門纂略》所言:"通事係唐人進夷教换着番衣者爲之,其衣食房屋悉夷人給予之。"也就是作爲澳門議事會的通事,一般都是由進教受洗且生活習俗已經"葡化"的華人擔任,其衣食住行之費用均由澳門政府供給,實際上也就是早期澳門政府的公職人員。

抽分館,一名"呵吖"。

抽分館:《祝志》稱"澳夷抽分館",《粤海關志》稱"呵吖夷税館",即澳門葡萄牙海關,是澳門議事會對澳門葡萄牙船隻運回貨物按比例徵收貨税的機構。嚴格來説,在1784年葡萄牙王室頒布《王室制誥》之前澳門没有海關。② 這個抽分館應該就是1784年以後澳門葡萄牙人設立的海關。在乾隆十六年(1751)正、側面《澳門圖》中,并没有繪抽分館。但在道光八年

---

① 〔清〕賀長齡:《皇朝經世文編》卷83《兵政》14,第2982—2985頁。

② 1775-10-21 Copia do assento sobre a recepção de uma carta do superior Governo da India em que pedia a causal por que nesta cidade não houvesse uma Casa de Alfandega. *Arquivos de Macau*, 3ª Série, pp. 101-102. 稱:"自澳門建立以來,從來没有過海關。貨物是以貨物本身來繳税的(即以實物繳税,而不是用現錢支付),這就給貨主造成很大損失。"

(1828)《濠鏡澳全圖》中則標出了"澳夷抽分館",在澳門半島北灣。道光十二年(1832)成書的《粤海關志》中的《澳門總口圖》則有"呞吔夷税館",標在"夷小三巴廟"和"三街會館"之間。① 道光十八年(1838)成書的《洋事雜録》記載:"澳門西夷設立税館一所,西洋額設舡隻裝載貨物,出洋入澳,均須報税,每年約可收艮七萬元。税館設總理一人,分司八人,係住澳夷承充。"②查澳門抽分館(澳門税館)應當位於今天澳門紅窗門街(Rua da Alfandega,直譯爲"海關街")和司打口(Praça de Ponte e Horta)之間。"司打"一詞,一説源於葡萄牙語"fazenda"一詞。③ 葡語"fazenda"原意指貨物,也指財政。司打口也即是澳門葡萄牙船隻回港後將貨物查驗、卸載、儲存、繳税的水口,實際上也就是澳門專門裝卸、儲存貨物的公棧。

案:值得注意的是,《采訪册》稱:"抽分館,一名'呞吔'。""呞吔"爲何意?《澳門記略》將"議事亭"譯作"事打的",將"四頭人"(議事會市政議員)譯作"事打丁"。很明顯,"事打"即"呞吔",其意當即爲"議事會"。金國平稱,"事打的""事打丁"爲葡語"Cidade"的讀音。"Cidade"本作"城市"解釋,但在古澳門葡語中作"議事廳"解釋,故"呞吔"源於"Cidade"的可能性大。現存中文文獻中,最早出現"四頭人"和"呞吔"的記録在乾隆後期。乾隆四十九年(1784)"徐若翰證詞"中提道:"把總説那些事都是這澳門四頭人鬼子們亂説亂講。"④乾隆五十七年(1792)載:"查知戎廳在營地街起建公館,司達并未允諾,請即拆去。"⑤乾隆五十九年(1794)的檔案亦

① 〔清〕梁廷枏:《粤海關志》卷5《口岸》,《廣州大典》總第323册,第170頁。

② 《洋事雜録·史濟泰口述澳門情形》,清代稿鈔本八編影印廣東立中山圖書館藏清代檔案稿本,第354册,第395頁。

③ 王文達:《澳門掌故》,澳門:澳門教育出版社,1999年,第206—207頁。

④ 此檔案來自原美國舊金山大學利瑪竇研究中心資料室1980年代從中國大陸購回的一批文獻。

⑤ 《乾隆五十七年正月二十五日香山知縣許敦元諭澳門夷目唩嚟哆》,檔案號:PT/TT/DCHN/1/2/000128。

載:"據該夷船主聲稱:該船等從前欠有司達等處銀兩"。[①] 嘉慶十四年(1809)澳門紳士呈香山縣丞稟文:"懇即檄諭澳門呞哃衆夷目,遵留舊番差眉復任。"[②]上述檔案中"四頭人""呞哃"或"司達",均可作"議事會"解。爲什麽《采訪册》將"呞哃"解釋爲"抽分館",抽分館又名"呞哃"呢?余以爲,應是承襲其舊的稱呼,據《祝志·濠鏡澳全圖》和1834年《澳門市區及港口圖》,"澳夷抽分館"(Custom House),即海關就設在澳門半島西部的北灣,即今火船頭街、蓬萊新街及聚寶街之間。正因爲這座"抽分館"歷來就是議事會來掌管税收的,所以華人徑直呼其爲"呞哃"。1784年後,雖然澳門海關的職權有一些變化,但議事會仍具有澳門海關全部税收的管理權,而華人并不明白澳門葡人海關的内部變化,故仍然將這一座位於北灣的葡人海關(抽分館)稱爲"呞哃",或"呞哃館""呞哃夷館""呞哃夷税館",還有的則稱之爲"澳夷抽分館"。也正因爲如此,"澳夷抽分館"當時設在内港北灣,即今火船頭街與河邊新街之間,故這一地方被華人稱爲"司打口"。

凡夷船到澳,將船上貨起至該館,計值抽分,悉歸廟中爲公費,與關上總口無涉。其關税俟客商與夷人交易報貨上省,然後輸餉。惟夷船入澳,每隻須丈量廣闊,以便計貨之多少,又按其船之大小徵收船頭銀若干。

案:《采訪册》以前的香山各志及《澳門記略》均無葡人抽分館的記載。因此,可以得知,澳夷抽分館的建立,就是前引葡文資料中1784年建立的葡萄牙海關。雖然在《采訪册》前的中文文獻中找不到"澳夷抽分館"的記載,但是,澳門葡萄牙人對自己出外貿易的船隻是要徵税的,因此,澳門議事會建立以後,一定設有自己的税收機構。徐薩斯《歷史上的澳門》記載:

---

① 《乾隆五十九年二月十三日香山知縣許敦元諭澳門夷目唩嚟哆》,檔案號:PT/TT/DCHN/1/3/000254。

② 《嘉慶十四年十一月澳門職員稟爲聯懇轉詳諭飭留辦事》,檔案號:PT/TT/DCHN/1/8/001006C。

殖民地的歲入全部來自海上貿易税收。税收是以實物形式徵收的。徵收的貨物得到議事會官員的允許後,削價 5% 公開拍賣,拍賣總收入的一半給孤兒院的姑娘做嫁妝。另一半給賈尼勞主教在澳門建立的仁慈堂。最初,假如殖民地的收入大於支出,議事會成員則有權處理剩餘的部分;另一方面,假如殖民地入不敷出,就要由議員自己設法解決不足部分。①

至少在澳門議事會建立時,澳門即建有税收機構。乾隆時張甄陶稱:

今考其輸税……抽其所得,先輸本國之税,以養夷僧、夷目、夷兵,又施其半入寺行教。是彼方以澳爲利藪。②

張甄陶又稱:

惟澳夷之舶,并不向關上税,先將貨搬入澳,自行抽收,以充番官番兵俸餉,又有羡餘,則解回本國。至十三行商人赴澳承買,然後赴關上税,是所科乃商人之税,與澳夷無與。又則例甚輕,每一舶不過收税三四千金不等。③

這些材料均可説明,澳門議事會設立税收機構,自行抽税,所得税收,用於澳門政府的行政、軍事等開支,還有很大一部分捐給教會使用。但是,早期的澳門税收機構祇是澳門議事會自己設立的徵税機構,并不是代表葡萄

---

① C. A. Montalto de Jesus, *Historic Macao*, Hong Kong: Oxford University Press, 1984, p. 47.

② 〔清〕賀長齡編:《皇朝經世文編》卷 83《兵政》14,沈雲龍主編《近代中國史料叢刊》影印清道光六年(1820)自序光緒十二年(1886)刊本,正編第 74 輯,第 2980 頁。

③ 〔清〕賀長齡編:《皇朝經世文編》卷 83《兵政》14,沈雲龍主編《近代中國史料叢刊》影印清道光六年(1820)自序光緒十二年(1886)刊本,正編第 74 輯,第 2984 頁。

牙國家在澳門設立的海關。故在1784年,爲了加强澳門總督的權力而削弱議事會的權力,葡萄牙王室頒布《王室制誥》,其中第四條聖諭稱:

> 著令在那個據點(案:澳門)建立一個海關,設立關長一名及少量的官員爲之服務。①

1784年3月29日,澳門正式設立葡萄牙海關,設立關長一名,并頒布海關規定。② 據龍思泰《早期澳門史》,葡萄牙海關設立後,除海關關長不由議事會的人而由王室大法官兼任外,其海關收入仍由議事會管理:

> 對所有進口貨物徵收公開的關税,議事會的司庫根據海關的單據,每月月底收到數字,并將其交給議事會的國王金庫,每6個月期滿,以及一年期滿時,司庫在總督的主持下和王室大法官的幫助下,將帳目呈送議事會。所有支出都要根據議事會的指令。③

海關税收的第五項屬於國王,其餘屬於市政資金。二者都由議事會管理,從1714年開始就是這樣。④

可以看出,1783年的《王室制誥》的所謂“建立一個海關,設立一名關長”的命令實際上衹是在舊税收機構的基礎上進行的改革,舊税收機構就是新海關,衹不過性質發生了變化。過去的税收機構屬於澳門議事會,而《王室制誥》以後建立的海關則是代表葡萄牙國家在澳門設立的海關。徵税權

---

① 轉引自吴志良《生存之道——論澳門政治制度與政治發展》,澳門:澳門成人教育學會,1998年,第391頁。

② 〔瑞典〕龍思泰(A. Ljungstedt)著:《早期澳門史》,吴義雄等譯,第81頁;J. R. Morrison, *Chinese Commercial Guide*, pp. 25,42; Manuel Teixeira, *Macau no Século* XⅧ, p. 634, Macau, Imprensa Nacional, 1984.

③ 〔瑞典〕龍思泰(A. Ljungstedt)著:《早期澳門史》,吴義雄等譯,第81頁。

④ 〔瑞典〕龍思泰(A. Ljungstedt)著:《早期澳門史》,吴義雄等譯,第75頁。

力的掌握者發生了變化,過去是澳門議事會理事官,《王室制誥》後則是兼任關長的王室大法官。但是,海關的税收管理與支配没有發生變化,仍由澳門議事會管理。

澳門洋船定額,雍正三年經總督孔毓珣,題定二十五隻有疏附後。**每歲自十月起至出年**[①]**三月止,陸續開往外國貿易。近者五六月回澳,遠者七八月。若遇貨物到該埠頭不通行,必至隔歲方回,亦有於所到之國買賣,又往别國發賣,一二年未回者。是以澳船之回帆,難與别省商船一例比也。**

《暴志》:"澳門洋船,奉總督孔題定二十五隻,每歲自十月起至出年三月止,陸續開往外國貿易,近者五六月回澳,遠者七八月,若遇貨物不行,必至隔歲方回,亦有於所到之國買貨,又往别國發賣,一二年未回者,是以澳船之回帆難與别省商船一例比也。"《澳門記略》:"雍正三年,定澳門夷船額數,從總督孔毓珣之請也。"雍正二年(1724)十月二十六日孔毓珣《兩廣總督臣孔毓珣謹題爲酌陳澳門事宜事》有詳細記載:

竊照廣東香山縣屬澳門,向有西洋人居住,臣到任後,委驗形勢,查點彝漢户口及西洋船隻。據稱西洋人男婦共三千五百六十七名口,大小洋船共二十五隻,内舊有一十八隻,從外國新買回澳船七隻。又附近民人在澳居住生理,共男婦二千五百二十四名口。臣思此等西洋住久人衆,守法納租,與中國人錯雜而居,原無容異視。惟是定例禁止南洋[②]貿易,澳門西洋人不在禁内,近年貿易得利,每從外國買造船隻駕回,若不限以定數,將來船隻日多,來者日衆。將現在洋船二十五隻,編列字號,即爲定額,不許添置。此外,無故前來西洋人,不許容留居住,則西

① 出年,即爲明年、下年。

② 原文作"陽",當爲"洋",據改。

洋人既得貿易資生，亦不敢種類繁庶，溷雜内地。謹會題請旨。①

可知《采訪册》係根據《暴志》和《澳門記略》改寫。《祝志》則根據《澳門記略》改寫稱："雍正三年，從總督孔毓珣之請，定夷船額數。"

孔毓珣：字東美，山東曲阜人。雍正三年（1725），任兩廣總督。雍正六年（1728），廣東、廣西總督再次分設時，專任廣東總督。

案：《采訪册》稱題定洋船"二十五隻"，該二十五艘額船名録在今之《采訪册》不存。據《采訪册》原書按語稱"有疏附後"，實際上《采訪册》編修者并未完成二十五艘額船的記録工作，否則《祝志》不可能舍近求遠，去轉録道光《廣東通志》之二十五艘額船名單。以下是根據幾種史料匯補的額船名單以及葡文翻譯：

澳門二十五艘額船名單

表 6

序號	中文船名	葡文船名
1	央·打華離	João Tavares
2	安多尼·古魯蘇	António Grosso
3	萬威·必都盧	Manuel Pedro
4	祿地裏古·多尼	Rodrigo António
5	尼阿古·西離華	Niagu Silva
6	知古·列地	Chicau Leite
7	戎務·名禺	Ivo Milho
8	尼古勞·啡嗚味	Nicolau Fiumes
9	若瑟·亞彼留	José Amparo
10	明旺·疏戛	João Sousa
11	畢度盧·山度·地·古魯蘇	Pedro Santo de Grosso
12	利安度路·魯馬	Leandro Lima
13	萬威·列味·西華	Manuel Meiva Silva

① 中國第一歷史檔案館編：《清中前期西洋天主教在華活動檔案史料》第1册，《兩廣總督孔毓珣酌陳澳門事宜事》，北京：中華書局影印第一歷史檔案館藏漢文檔案，2008年，第60頁。

(续表)

序號	中文船名	葡文船名
14	馬諾・哥思達	Manuel Costa
15	萬威・利瓜路	Manuel Regallo
16	委星的・黎威魯	Vicente Relveiro
17	素些・變若・加喇華盧	Sousa Beija Carvalho
18	弗浪斜・撈呢勞	França Noronha
19	類斯・山治	Luis Sanche
20	山度・安多呢	Santo António
21	郎皮羅・西牙裹	Lebre Serra
22	若望・蒙打惹	João Monteiro
23	華貓殊	Manuel Favacho
24	萬威・微先地	Manuel Vicente Rosa
25	弗浪西古・打・剌家度	Francisco de Ricardo

資料來源:根據〔清〕阮元的道光《廣東通志》卷180《經政略》23,葡萄牙東坡塔檔案館藏清代澳門漢文檔案,祝淮的《新修香山縣志》及梁廷枏《粵海關志》等,確定25艘額船編號名錄,且對25艘額船葡文名進行翻譯,25艘額船的葡文名對應是在李長森《明清時期澳門土生族群的形成發展與變遷》第4章表36的基礎上進行的補譯。

寺首三巴,在澳之中,依山爲之,高十數尋,石作雕鏤,綺疏瑰麗。所奉曰天母,名瑪利亞,貌如少女,抱一嬰兒,曰天主耶穌。旁貌二十餘人,鬚眉欲活。側有樓鐘懸其上,按時發響,曰自鳴鐘。旁有定時臺,以測日影向。僧寮百十區,番僧充斥其中。今寮已毀,僧亦非舊。

《申志》稱澳門教堂"崇閎瑰麗,以三巴寺爲最"。《暴志》稱:"若崇閎瑰麗,惟三巴寺爲最。"《澳門記略》:"寺首三巴,在澳東北,依山爲之,高數尋。屋側啓門,制狹長。石作雕鏤,金碧照耀,上如覆幔,旁綺疏瑰麗。所奉曰天母,名瑪利亞,貌如少女,抱一嬰兒,曰天主耶穌。衣非縫製,自頂被體皆采飾平畫,障以琉璃,望之如塑。旁貌三十許人,左手執渾天儀,右乂指若方論説狀,鬚眉竪者如怒,揚者如喜,耳重輪,鼻隆準,目若矚,口若聲。上有樓,藏諸樂器。有定時臺,巨鐘覆其下,立飛仙臺隅,爲擊撞形,以機轉之,按時發響。僧寮百十區,蕃僧充斥其中。”可知《采訪册》之記述出自《澳門記略》,但行文不僅進行了删節,還做了許多考訂與補充。三巴寺,《澳門記略》作“高數尋”,《采訪册》作“高十數尋”。今測大三巴牌坊高度爲 27 米,故知《采訪册》記録較《澳門記略》準確。

自鳴鐘:一種能按時自擊以報告時刻的鐘。有時亦泛指時鐘。朝鮮李德懋《清莊館全書》稱:“自鳴鐘,俗名‘時計’。有樓時計臺,形如鐘樓,上安自鳴鐘;有懷中時計,形甚少,可入懷中,始出於阿蘭陁。有鈎時計挂,柱邊有二錘,一錘垂下,一錘自陞。”①伴隨耶穌會傳教士進入中國。澳門教堂開始有自鳴鐘,首見於萬曆十九年(1601)明人王臨亨到澳後,他看見澳門有“自然漏,以銅爲之,於正午時下一籌,後每更一時,籌從中一響,十二時乃已”②。1603 年,澳門聖保禄教堂建成完工後,後來法王路易十四(Louis XIV)贈送了一架大自鳴鐘,裝在教堂的塔樓。③ 聖保禄學院的自鳴鐘被稱爲“三巴寺鐘”,不僅成了澳門的標志,而且在明清詩文中多有反映。如僧釋迹删詩稱:“山鐘近接三巴寺,海氣晴分十字門。”④葉廷樞詩稱:“大小三巴兩寺門,玉闌干影照黄昏。鐘聲忽動游人近,來謁樓頂十字尊。”⑤彭昭麟詩稱:“三巴寺里暮鐘鳴,奇景都從眼底生。”⑥

三巴寺:又稱“聖保禄教堂”,葡文作“Igreja de S. Paulo”。前身爲聖母瑪利亞教堂,又稱“三巴堂”“大三巴教堂”,這是耶穌會日本教省在澳門建

---

① 〔朝〕李德懋:《清莊館全書》卷 65《蜻蛉國志·器服》,載《韓國文集叢刊》第 259 册,首爾:景仁文化社,1990 年,第 183 頁。

② 〔明〕王臨亨:《粤劍編》卷 3《志外夷》,凌毅點校,北京:中華書局,1987 年,第 92 頁。

③ Maria Regina Valente, *Igrejas de Macau*, pp. 15 – 17.

④ 〔清〕釋迹删:《咸陟堂詩文集》詩集卷 13《七言律》4,《廣州大典》總第 441 册,第 135 頁。

⑤ 〔清〕葉廷樞:《芙蓉書屋近體詩鈔》卷 4《五七言絶》,《廣州大典》總第 448 册,第 727 頁。

⑥ 〔清〕彭昭麟:《從征詩草》卷 4《嶺南草》,國家圖書館藏嘉慶十四年(1809)刊本,圖書編號:26470,第 9 頁。

立的第一間住院和教堂。該教堂始建於嘉靖四十四年(1565)初,并於1565年12月21日正式建成,地點位於花王堂附近。該堂先後多次被燒毁。1602年,耶穌會再次籌建該教堂,1603年12月新教堂正式落成。1603年1月19日《澳門總院年信》記録了澳門總院整個建築的規模:

> 在入冬之前,總院的教堂就完成了封頂工程。這次重建的教堂總共有3間大殿堂,3間禮拜室,另外在交叉甬道處還有2個祭壇,就像果阿的聖保禄教堂裏的那樣。主禮拜室及其兩側的小禮拜室的拱頂都是用方石搭砌而成,由於方石非常堅硬,因此上面的雕花費了不少時間和精力。另外,總院大門的門廊也是用同樣材質的方石搭砌而成的。如今總院的布局大致如下:這間重建起來的帶有主禮拜室的教堂坐落於學院的北部;學院的正門位於學院的南面,這樣總院在夏天的時候就可以感受到凉爽的海風吹拂,而到冬天的時候則可以避開寒風的襲擊。這間教堂的主體長160拃(palmo,約等於21厘米),寬84拃。主禮拜室的長度則爲62拃,寬45拃。兩側的小禮拜室長爲27拃,寬17拃。①

直至1637年,大三巴牌坊完工,聖保禄教堂才最終完成。② 中文資料也有反映聖保禄教堂規模的記載。清人焦祈年雍正七年(1729)時稱:"進澳城,入三巴寺,彝所崇禮也,極壯麗,樓可走馬,洋琴錚錚,然有太古音。"

---

① João Paulo Oliveira e Costa, *Cartas Ânuas do Colégio de Macau* (1594 - 1627), Macau: Fundação Macau, 1999, p. 98.

② Domingos Maurício Gomes dos Santos, *Macau, Primeira Universidade Ocidental do Extremo Oriente*, p. 15; 費爾南·格雷罗神父(Fernão Guerreiro):《耶稣会神父事务年度报告》,載載羅理路(Rui Manuel Loureiro)編:《16和17世紀伊比利亞文學視野里的中國景觀》,范維信、楊平等譯,第167页;Maria Regina Valente, *Igrejas de Macau*, pp. 12 - 19; Peter Mundy, *The Travels of Peter Mundy in Europe and Asia*: 1608 - 1667, Vol. 3, pp. 162 - 163.

葡萄牙里斯本東方藝術博物館藏屏風中所繪的澳門聖保禄教堂圖 清乾隆間

僧寮百十區,番僧充斥其中,今寮已毁,僧亦非舊:“僧寮”指的是大三巴寺内的“聖保禄修道院”的住院。該住院爲一座三層樓的洋樓,在三巴寺的左側。三巴寺與聖保禄修道院住院均屬耶穌會日本教省。吴歷有詩稱:“第二層樓三面聽,無風海浪似雷霆。去來畢竟輸鷗鳥,長保群飛入畫屏樓房概有三層,予眠食第二層上。”①1760年,歐洲各國發起了驅逐耶穌會的運動,葡萄牙國王亦下令抓捕耶穌會士。1762年,澳門政府執行葡萄牙首相龐巴爾(Marques Pombal)侯爵逮捕與驅逐耶穌會士,三巴寺及聖保禄修道院住院均被關閉。教堂與修院的財産被拍賣。教堂與修院一直閑置。嘉慶三年(1798),葡攝政王子騎兵團將該地征作駐軍之地。② 澳門騎兵撤出後,至嘉慶十九年(1814),聖保禄修院再次被改作兵營。③ 聖保禄修院被改作兵營後,院内堆滿柴薪,遍地多爲馬糞。故《采訪册》稱“今寮已毁”,即原來的修道院完全被毁。據里斯本海外歷史檔案館“澳門檔”,1776年有提議,將空置的澳門總院交給其他修會以繼續培養中國傳教人員,1797年,修院

① 〔清〕吴歷:《墨井詩鈔·三巴集·岙中雜咏》,國家圖書館藏清光緒四年(1878)重刻陸道淮飛霞閣康熙藏版,圖書編號:15900,第4頁。

② 王文達:《澳門掌故》,第97頁。

③ 里斯本海外歷史檔案館,澳門檔,第37盒,第76號文件,轉自李向玉:《漢學家的摇籃——澳門聖保禄學院研究》,北京:中華書局,2006年,第44頁。

正式交給巴黎外方傳教會,巴黎外方傳教會賬房入駐聖保禄學院。嘉慶三年(1797)的粤海關文件亦稱:"隨至三巴廟吧哋唎家,轉請西洋人保禄剃髮改裝,更名'蘇起文'。"[①]這位蘇起文(又譯作"蘇維宏"),法文名爲"Paul Souviron",爲法國巴黎外方傳教會神父,1796 年 6 月 9 日從法國到澳門。[②] 前引檔案稱"三巴廟吧哋唎家"指的就是蘇起文的家,即可證明,巴黎外方傳教會在嘉慶二年(1797)時已進入聖保禄修院。原來爲耶穌會士的修院,已成巴黎外方傳教會神父的"家"。故《采訪册》稱聖保禄修院"僧亦非舊"。這些資訊的透露,可以反映《采訪册》的采訪調查工作是相當深入的。

西有小三巴寺,爲大三巴之外庫。

《澳門記略》:"澳西有小三巴寺,規制差約,而軒豁過之,三巴之外庫也。"《采訪册》來源於《澳門記略》。

小三巴寺:位於風順堂上街,又稱"聖若瑟教堂""三巴仔堂""若色堂""落膝堂"[③],葡文作"Igreja de S. José"。據記載,聖若瑟教堂建造工作開始於 1746 年,至 1748 年兩年完成聖若瑟教堂的正面和塔樓,1751 年 8 月 1 日開始建築教堂墻體,1752 年 9 月墻體建造完成,直至 1758 年 9 月整個教堂才建造完成。[④]《澳門記略》成書於 1751 年,此時聖若瑟教堂修建并未完

---

① 《嘉慶二年三月初四日粤海關監督書魯諭澳門口委員等》,檔案號:PT/TT/DCHN/1/3/000313。

② Manuel Teixeira, *Macau e a Sua Diocese*, Vol. 3, p. 759, Macau Tipografia Soi Sang, 1956 – 1961;保罗·苏维宏讣告,来源巴黎外方传教会亚洲档案室:http://archivesmep. mepasie. org/annuaire/chine/notices – necrologies/1700 – 1799/1768 – 01. htm.

③ 葡萄牙東波塔檔案館藏清代澳門漢文檔案有"有義和號番信一封,係壆門落膝堂鬼子帶交重慶堂羅教主查收",《嘉慶二年三月初四日粤海關監督書魯諭澳門口委員等》,檔案號:PT/TT/DCHN/1/3/000313。

④ 〔葡〕文德泉(Manuel Teixeira):《耶穌會士於澳門開教四百周年》,第 28 頁;Manuel Teixeira, *Macau e a Sua Diocese*, Vol. 8, pp. 244 – 251;〔瑞典〕龍思泰(Anders Ljungstedt)著:《早期澳門史》,吴義雄等譯,第 24 頁。

成,可知"小三巴寺"指的是創辦於1727—1728年的聖若瑟修院。①

案:聖若瑟修院是耶穌會爲培養中國傳教士及向中國輸送傳教人才而在澳門建立的重要機構。《澳門編年史》載:"1728年2月28日,根據省區副主教若奧·德·薩神父——省區總務長塞格依拉命令,中國副教區各神父從聖保禄教堂遷往聖若瑟新堂。"②榮振華稱:"1728年2月23日成爲澳門聖約瑟新傳教區的第一任會長,中國副省的耶穌會士們於是便離開了澳門聖保禄修道院(當時該修院屬於日本省)前往該副省的這一住院。"③文德泉稱:"聖若瑟神學院於1728年的建立是一突出事件,它的目的是爲中國培養傳教士。"④林家駿亦稱:"聖若瑟修院創辦之初,只可算是聖保禄書院的分院,專爲培植中國傳教士用,因此華人便俗稱它爲'三巴仔',而稱前者爲'大三巴'。"⑤所以被稱爲聖保禄修院的"外庫"。小三巴寺建立後,又成爲澳門的一著名景點。清代詩人在詩中多有提及,嘉道時期詩人廖赤麟就有《澳門竹枝詞十首》,其中提到"今日聽經歸去早,拈香重過小三巴"⑥。

---

① 關於聖若瑟修院創辦的時間分歧較大,有1672年説、1732年説、1749年説、1762年説,甚至有1630年説等不一而足。較爲合理的説法應是1728年,一是有省區副主教若奧·德薩神父的命令稱遷往聖若瑟新堂,二是有1728年2月成爲澳門聖若瑟新傳教區第一任會長的秉多,這應是聖若瑟修院正式成立的標志。

② 〔葡〕施白蒂(Beatriz Basto da Silva)著:《澳門編年史:16—18世紀》,小雨譯,第114頁。

③ 〔法〕榮振華(Joseph Dehergne, S. J.)著:《在華耶穌會士列傳及書目補編》,耿昇譯,第510頁。

④ Manuel Teixeira, *The Church in Macau*, R. D. Cremer: Macau 1 Origins and History, p. 42, Hong Kong, 1987.

⑤ 林家駿:《澳門教區歷史掌故文摘》,載《澳門教區大事編年記録》,澳門:澳門主教公署,1982年,第19頁。

⑥ 〔清〕廖赤麟:《湛華堂佚稿》卷1《澳門竹枝詞》,《廣州大典》總第451册,第609頁。

乾隆後期澳門箱蓋圖中的聖若瑟教堂

1787 年貝内伊繪《澳門南灣景色圖》中的聖若瑟教堂①

1819 年張寶《澳門遠島》圖中的聖若瑟教堂

1825 年錢納利繪聖若瑟教堂

1890 年澳門聖若瑟教堂

① La Pérouse, Jean—François de Galaup, *Voyage de La Pérouse autour du monde*, publié conformément au décret du 22 avril 1791, rédigé par M. L. A. Milet—Mureau, Tome premier, Paris : De l' Imprimerie de la République, 1797 一書之插圖。

南板樟廟,狀麗特甚。

《暴志》首載“板障廟”。《澳門記略》:“有板樟廟,相傳廟故庳隘,貧蕃析樟板爲之,今壯麗特甚。”可知《采訪册》資料源出《澳門記略》。

板樟廟:即華人對聖多明我教堂的俗稱,該堂又稱“玫瑰聖母堂”“玫瑰堂”,葡文作“Igreja de S. Domingos”或“Nossa Senhora do Rosário”。位於澳門舊城中部板樟堂前地兩條街巷交界處。該堂於1587年10月23日由西班牙多明我會士興建,最初是以木板相隔的簡陋建築。

案:1644年,因爲澳門反西班牙事件的發生,板障堂被搗毁,不久被重建,改爲後來的磚木結構。1829年再度重修,由一位擅長建築的西班牙神父參與工程建設,奠定了今日的規模。由於受葡萄牙和西班牙的雙重影響,所以重建後的教堂特點在於耶穌會風格的平面表現手法。據日本近藤守重《阿媽港紀略稿》記載:“此地有很多漂亮的教堂,其中尤其多名我教堂極爲壯觀,特別突出於所有教堂之上。”①與《采訪册》中“壯麗特甚”之語相合。

1590年亞馬港全圖之板樟廟

1632年澳門要塞圖之板樟堂

① 〔日〕近藤守重:《亞媽港紀略稿》,東京:國會刊行會,1905年,第9頁。

雍正《廣東通志·澳門圖》之板樟堂

1751 年《澳門記略》之板樟廟

1830 年板樟堂①

1830 年錢納利繪板樟堂立面

龍嵩廟,在澳西南,即飛來寺。舊志另載飛來寺,誤。

《澳門記略》:"龍鬆廟者,在澳西北,初廟就圮,或覆之以蓑,鬅鬆如髯龍,後廟鐘不擊自鳴,衆神之,恢崇其制,仍呼爲龍鬆廟。"《申志》《暴志》記述澳門教堂時,均分别載有"龍嵩廟"和"飛來寺",將它們視爲兩個教堂。但《澳門記略》記述澳門教堂時,就没有"飛來寺"之名。《采訪册》編修者經過實地調查考證後稱:"龍嵩廟,在澳西南。"《采訪册》不僅糾正了《澳門

① 此圖由錢納利繪,年代不詳,Patrick Conner, *George Chinnery* (1774—1852):*Artist of India and the China Coast*, Woodbridge, Suffolk: Antique Collectors' Club,1993,p. 185.

記略》關於龍嵩廟記載的地理方位之誤,則更進一步指出,龍嵩廟即飛來寺。這應該是《采訪册》作者們經過采訪調查後得出的結論。後來的《祝志》采納了《采訪册》這一考證。

龍嵩廟:又作"龍鬆廟",即聖奥斯定堂、恩寵聖母修道院,葡文作"Igreja de S. Agostinho",華人又稱之爲"飛來寺",《洋事雜録》稱之爲"隆松廟"①。該教堂位於崗頂前地附近。龍嵩廟始建時間爲1587年12月,由奥斯定會孟利格(Frei Francisco Manrique)所建。1591年,該教堂又搬到磨盤山上,即今日之崗頂。教堂最初建築非常簡陋,教士們只能用木板及蒲葵葉覆蓋屋頂遮擋風雨。澳門颱風一起,屋頂的茅草蒲葵隨風飄起,像龍鬚一樣,故稱爲"龍鬆廟"。1814年重建。

案:今龍嵩堂(奥斯定教堂)位於澳門崗頂的龍嵩正街,在聖若瑟修道院的正對面,其方位在澳門半島的西南部。清人王軫有竹枝詞云:"新病懨懨體倦扶,明朝又是獨名孤。修齋欲禱龍鬆廟,夫趁哥斯得返無。"②嘉慶時李遐齡詩稱:"穀穀蕃鷄叫矮扉,軒窗雲影弄晴暉。幾行緑樹龍嵩廟,一角青山橘子圍。"③

1590年代亞馬港全圖之龍嵩廟

1632年澳門要塞圖之龍嵩堂

---

① 《洋事雜録·史濟泰口述澳門情形》,清代稿鈔本八編影印廣東省立中山圖書館藏清代檔案稿本,第354册,第399頁。

② 〔清〕賴國慶輯:《嶺南勝概》卷4《澳門》,《廣州大典》總第228册,第691頁。

③ 〔清〕李遐齡:《勺園詩鈔》卷1《俳體遣悶二首》,《廣州大典》總第450册,第372頁。

《澳門記略》龍嵩廟

1783 年法國人繪南灣圖中的小三巴(左)和奥斯定堂(右)

拾級而上的聖奥斯定修院舊貌,錢納利,1829 年

大廟,即望人寺,在澳東南,夷人始至澳門所建也舊志另載望人寺,俱誤。

《澳門記略》:"大廟者,夷人始至澳所建也,在澳東南。"關於大廟即望人寺的説法,《采訪册》當誤。大廟,又稱"大堂",即主教座堂,葡文作"Igreja de S. Sé",位於今大堂前地。望人寺,又稱"望德堂""發瘋寺""聖拉匝禄堂",葡文作"Igreja de São Lázaro",在澳門東南城外。望德堂建於 1558—1560 年,爲澳門最早建立的三座教堂之一。1576 年,教宗格里高利十三世(Gregorio XⅢ)頒布敕令,將望德堂陞格爲主教座堂,望德堂成爲澳門第一座主教座堂。[①]1622 年,澳門另建主教座堂於大廟頂,望德堂便成爲仁慈堂產業發瘋院的附堂。[②]《申志》将“大庙”與“望人寺”分列两处。康熙十二年(1673),此時主教座堂還在望德堂,也許是申良翰的記載根據的是口耳相傳的資料,將“大廟”與“望德堂”當作兩個教堂來記載。《暴志》中僅有望德堂,而無大堂之記載。《暴志》成書於乾隆八年(1743),此時澳門的主教座堂——大堂已經建成,所以《暴志》没有記載大堂之名,應是漏載。《澳門記略》:“大廟者,夷人始至澳所建也。”就是説,《澳門記略》中的大廟就是指望德堂,這是葡萄牙入居澳門後兩三年間建立的,所以説是“夷人始至”。《澳門記略》成書於乾隆十六年(1751),還將澳門主教堂——大廟等同於望德堂,這一認識也是錯誤的。《采訪册》亦沿襲了前人的錯誤,將大廟和望德堂視爲一個教堂,并認同了《澳門記略》的説法,認爲“夷人始至澳門所建”。《祝志》又沿襲《采訪册》的錯誤,稱:“大廟,即望人寺。”

大廟:即澳門主教座堂,又稱“大堂”。1576 年 1 月 23 日,根據教宗格里高利十三世的敕諭,設立了主教座堂。林家駿認爲:

> 教宗格里高利十三世於1576 年1 月23 日下諭成立澳門教區,立望德堂爲第一座主教座堂,由領銜安提約俾阿署理主教的賈尼勞署理教務。[③]

署理主教賈尼勞當時選擇望德堂作爲臨時辦公的公署,很可能是爲了方便處理當時的麻風病院的事務。正因爲當時賈尼勞將望德堂作爲主教辦公的公署,而望德堂又有“望人寺”之稱,故乾隆時《澳門記略》稱:“大廟者,夷人始至所建也,在澳之東南。”《祝志》亦載:“大廟在澳之東南,即望人寺,夷人始在澳所建也。”“大廟即望人寺”就來源於此。

---

① 〔葡〕施白蒂(Beatriz Basto da Silva)著:《澳門編年史:16—18 世紀》,小雨譯,第 18 頁。

② 林家駿:《澳門教區歷史掌故文摘》,第 17、21 頁。

③ 林家駿:《澳門教區歷史掌故文摘》,澳門:澳門主教公署,1982 年,第 17 頁。

案:正式的主教座堂始建於1622年或1623年,根據澳門歷史檔案館提供的一份1857年的資料:

> 最初建築是一個很小的木制禮拜堂……一所另外的教堂取代了它,建築改爲石砌(地面采用夯實的三合土)。但是堂門朝東,使得主教府處於一個幾乎全部被大堂遮住的角落裏,這似乎應是17世紀初期(1622年或1623年)發生的事。[①]

根據這份檔案可以知道,大概在1622—1623年,澳門主教區將一座原有的木制小教堂改建成爲主教座堂,而且教堂全部用花崗石砌成,在教堂旁邊還建有主教府。郭永亮稱:"今天的主教座堂,或稱'大堂',乃建於1622年。"[②]《澳門記略》及《祝志》均言大廟在"澳之東南",而且還説葡萄牙人剛到就建主教座堂於澳門城的東南。據《澳門記略·正面澳門圖》,大廟位於南環税口附近。[③] 嘉慶十三年(1808)兩廣總督吴熊光奏摺所附《澳門圖》大廟亦在南灣。故知《澳門記略》及《祝志》中的"大廟"實指今澳門大廟頂上的"大堂",亦即今日之主教堂。而望德堂則在澳門城之東北,很明顯,中文資料所言之大廟(主教座堂)不是指望德堂。這就是文獻中出現矛盾記載的原因。

1780年10月11日,由於建築已經破敗,位於澳門大廟頂的主教座堂開始重修,翌年5月20日完工,耗時半年餘。這一期間主教堂的宗教活動均在仁慈堂進行。[④] 1835年左右,主教座堂再次重修,宗教活动一度轉移到板樟堂中。由於該堂靠近鬧市,不適合作爲主教座堂,1844年12月開始計畫重建主教座堂,由托馬斯·達基諾設計,將教堂的正立面改爲朝西北,與主

① Maria Regina Valente, *Igrejas de Macau*, Macau: InstitutoCultural de Macau, 1993, p. 72.

② 郭永亮:《澳門香港之早期關係》,臺北:"中研院"近代史研究所,1990年,第44頁。

③ 〔清〕印光任、張汝霖的《澳門記略》書後附《正面澳門圖》將大廟標在澳之東南,而另一幅《側面澳門圖》則在三巴堂緊連處標"大廟",側面圖明顯有誤(澳門:澳門文化司署校注本,1992年)。

④ 〔葡〕施白蒂著:《澳門編年史:16—18世紀》,小雨譯,第178頁。

教府圍合形成前地。[1] 工程於 1849 年 12 月竣工。1850 年 2 月 14 日,澳門主教熱羅尼莫・馬塔主持啓用儀式。1862 年,大堂開始出現破損。1873 年 2 月 22 日,澳門總督歐美德子爵撥款進行部分修繕,1874 年 1 月 1 日修繕完成。[2] 是年,颱風再度摧毀了大堂。經過多次修繕後,於 1937 年再度重建,采用鋼筋混凝土結構,主體高約 12 米,鐘樓高約 13 米。[3]

現在主教座堂位於澳門城内最高處的大堂前地幾條狹窄街巷之交匯處,爲澳門城内早期三大堂區教堂之一。

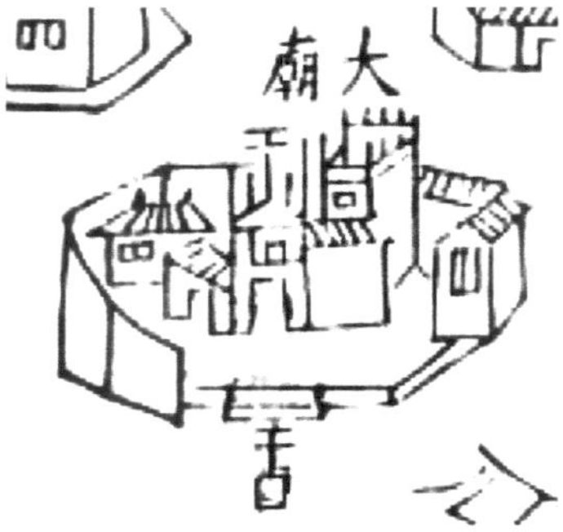

《澳門記略》中的大廟圖

西南即有風順廟,番舶既出,家人日跂其歸,祈風順於此廟。

《申志》作"風汛寺"。《暴志》作"風信廟"。《澳門記略》:"西南則有風信廟,蕃舶既出,室人日跂其歸,祈風信於此。"《澳門記略》稱此廟爲"風信廟",而《采訪册》稱其爲"風順廟"。

風順廟:位於澳門舊城東南方向的風順堂街,因該堂前有風汛旗杆,故稱之爲"風汛堂",又作"風信堂""風信廟""風汛寺",而訛爲"風順堂

---

① Maria Regina Valente, *Igrejas de Macau*, Macau :Instituto Cultural de Macau,1993,pp. 72 –73.

② 〔葡〕施白蒂著:《澳門編年史:19 世紀》,姚京明譯,第 103—104、191—193 頁。

③ 劉先覺、陳澤成主編:《澳門建築文化遺産》,南京:東南大學出版社,2005,第 51—52 頁。

(廟)"。葡人稱之爲"聖老楞佐堂""聖老良佐堂",葡文作"Igreja de S. Lourenço". 是澳門早期城内最古老的三座教堂之一。該教堂始建於1558—1560年。最初該教堂是一座木制小教堂,1618年改建爲一座花崗石教堂。1768年重建,1844年再次改建,由澳門土生建築師托馬斯·達·阿基諾(José Tomas da Aquino)主持,形成今日之規模,於1846年1月25日啓用。清人廖赤麟云:"澳有風信廟,夷人有出販他國者,其婦每於此望之。"①

1590年亞馬港全圖之風信堂

1632年澳門要塞圖之風信堂

1830年錢納利繪的風信堂②

① 〔清〕廖赤麟:《湛華堂佚稿》卷1《澳門竹枝詞》,《廣州大典》總第451册,第609頁。

② Patrick Conner, *George Chinnery (1774—1852): Artist of India and the China Coast*, Woodbridge, Suffolk: Antique Collectors' Club, 1993, p. 208.

東隅咖斯噸廟。

《申志》作“賣家私寺”。《暴志》作“家司欄廟”。《澳門記略》:“東隅噶斯蘭廟。”《采訪册》采自《澳門記略》將“噶”改爲“咖”。

咖斯噸廟:位於澳門南灣附近的小山上,又稱“聖方濟各教堂”“聖方濟各天主聖母修院”,又稱爲“恩寵聖母教堂”,或記作“嘉思欄堂”“伽思欄堂”,亦稱爲“袜奴邊也”,葡文作“Igreja de S. Francis”或“Nossa Senhora dos Anjos da Prociúncula”。[1] “嘉思欄”,當即西班牙語“Castillas”或葡語“Castela”,漢籍中稱作“干係臘”,利瑪竇《坤輿全圖》稱“加西郎”,即指西班牙。

案:咖斯噸教堂由西班牙方濟各會士建立於1580年,其創始人爲西班牙方濟各會士阿爾法羅(Pedro de álfaro)。1665年,荷蘭人繪製的《澳門鳥瞰圖》中嘉思欄及其修道院已成爲佔地面積非常廣闊的建築群。

1665年荷蘭人所繪方濟各修道院及教堂

雍正《廣東通志·澳門圖》嘉思欄廟

清人印光任《蘭寺濤光》留下了乾隆時期對嘉思欄教堂海上風光的描寫:“僧言臨海岸,縱目極蒼茫。爽闢煙雲界,飛騰日月光。晴空如蜃伏,浩

① 〔清〕佚名輯:《洋事雜録》不分卷《史濟泰口述澳門情形》,清代稿鈔本八編影印廣東省立中山圖書館藏清代檔案稿本,第354册,第398頁。

蕩覺天長。風外鐘聲杳,泠泠萬頃霜。"①

1818 年的葡文資料記載了聖方濟各教堂的詳細情况:

> 這樣一座燈火通明的教堂,正位於聖弗朗西斯科的廣場之上,名爲"恩寵聖母教堂"。這座宏大的教堂建築是按照羅馬風格建造的,呈現出的是一座矗立在底座之上的宏偉建築,底座直徑 100 英尺,環繞着 8 級臺階,以便所有的人能够從四面無阻礙進入;在路面上,放置有 24 根石柱,用來支撑一巨大飛檐,飛檐環繞着教堂,形成了一個圍遶式的四面八角的露臺,而整個建築是由栅欄固定,而在中間的則是巨大的 30 英尺高的圓形頂峰。除去從頂上超出的瞭望臺,是被石柱及金字塔形包圍的。整體建築從中心算高達 80 英尺,寬 35 英尺;所有的石柱飛檐及其他部分都是由油氣點燃中間的燈火,營造出迷人的華麗的景色,也引得所有人,包括國際友人的稱贊;其照明由 8000 盞燈火延續,不包括裝飾在天花板頂的 60 盞吊燈。在瞭望臺的中心的一個優雅的石柱之上,有一個神話寓言中的塑像,該塑像的雙手後都有翅膀支撑,并持有桂冠;在頂峰的 4 個主要面上,放置了 4 幅大畫板,代表着澳門商業的徽章。②

直到 19 世紀初,嘉思欄教堂還是澳門最宏偉的一座宗教建築。1834 年,由於葡萄牙國王下令驅逐澳門的西班牙人,屬於西班牙修會的嘉思欄教堂被迫關閉。1861 年,葡萄牙政府下令拆除嘉思欄修道院。1862 年,在原址修建嘉思欄兵營。

---

① 〔清〕印光任、張汝霖:《澳門記略·澳蕃篇》,《廣州大典》總第 221 册,第 361 頁。

② *Arquivosde Macau*, 1ª Série, Vol. I, No. 1, Macau, 1929, p. 53.

北隅花王廟。

《申志》《暴志》俱作“花王廟”。《澳門記略》:“北隅一廟,凡蕃人男女相悦,詣神盟誓畢,僧爲卜吉完聚,名曰花王廟。”可知《采訪册》資料來自《澳門記略》。

花王廟:位於今澳門白鴿巢前地附近,又稱“花夷廟”“花王堂”,葡人稱“聖安東尼奥堂”或“聖安多尼堂”,葡文作“Igreja de Santo António”,建於1558—1560年,爲澳門最古老的三大教堂之一。

案:“花王”之名,本爲中國人對於民間信仰金花夫人的稱呼。清人黄桐孫詩稱:“祈花王粤女祈子必稱花王,不知何神也,祈得白花爲男,紅花爲女,金花夫人廟尤靈顯:女勿犯緑郎,男勿犯紅娘。婚假苟得時,再拜祈花王。入寮鼓,出寮舞,白花男,紅花女,紅花白花兩相映,偷得銀燈爲花慶,金花夫人好司命偷燈亦祈子土俗,詩中多用土謡。”①但澳門葡萄牙人則以花王廟中奉葡國聖人安東尼奥爲主保,是葡人舉行婚禮的專用教堂。花王堂初建時爲茅草覆蓋的簡陋教堂,到16世紀末已變成有塔樓的多棟“人”字形屋頂的磚石建築。到1638年,該教堂重建,教堂前保留有十字架,上面鎸刻的日期爲1638年。從此,花王堂全部改建爲花崗岩建築。嘉慶時期李遐齡詩稱:“齊雲高閣罷調箏,朱鳥鏘鳴越以清。剛道彈棋誰唤覺,花王廟裏曙鐘聲。”②道光時期十三行商人潘有度詩云:“十字門中十字開,花王廟裏證西來澳門有花王廟。祈風日日鐘聲急,千里梯航瞬息回。”③花王堂多次遭風災、火災毁壞,并予以重建。特别是1874年9月的風災引發的大火燒毁教堂的全部,僅留下直立的石墻。1875年,重建爲今狀。

---

① 〔清〕黄桐孫:《古干亭詩集》附《嶺外雜言》,浙江省圖書館藏清光緒十七年(1891)刻本,圖書編號:普814.08999/44801/c1c2,第21頁。

② 〔清〕李遐齡:《勺園詩鈔》卷1《游仙四首》,《廣州大典》總第450册,第372頁。

③ 〔清〕潘義增編:《番禺潘氏詩略》第2册《義松堂遺稿》,潘飛聲校,《廣州大典》總第508册,第338頁。

1632年《澳門要塞圖》之花王堂

雍正《廣東通志·澳門圖》之花王廟

1874年9月被毁後的花王堂

南隅有廟曰支糧,如内地育嬰堂制,門側穴轉斗懸鐸,有棄其子者,掣繩響鐸,置懸斗中。僧聞鐸聲,收而育之。

《暴志》首載"支糧廟"之名。《澳門記略》:"南隅有廟曰支糧,如内地育嬰堂制,門側穴轉斗懸鐸,有棄其子者,掣繩響鐸,置轉斗中。僧聞鐸聲至,收而育之。"《采訪册》依據《澳門記略》略作删改。

支糧廟:位於今澳門議事亭前地,即仁慈堂,中文又作"安娘廟",又稱

“慈善兄弟會”“仁慈聖母會”,《洋事雜録》作“米自萬地廟”①,當爲“Misericórdia”音譯,葡文作“Santa Casa da Misericórdia”。支糧廟是澳門第一個慈善機構,由賈尼勞(Belchior Carneiro)署理主教於1568年創建。

案:澳門開埠之初,因爲仁慈堂内設有育嬰堂,收容遺棄孤兒,所以又被稱爲“野仔廟”。在很多華人眼中,“天主堂爲野子廟”②,實際上并非所有天主堂都收留棄嬰,當時收留棄嬰的主要是仁慈堂内的育嬰堂。《嶺海名勝記》有《澳門記》稱:“夷俗黑鬼無配偶,多野合,設野仔廟收其遺孽。”③《洋事雜録》稱:“米自萬地廟,收育嬰兒,所雇乳媽,亦有華婦在内。廟門旁設一窗洞,安置小床,并墊棉絮數寸,另繫一鈴,如遇有人於天未明時送嬰兒置於小床,按鈴即走。内聞鈴聲,即將嬰兒收育。稍長,男教識字,女學針黹。俟至成童,分給富庶之家。故内地人咸呼之‘野仔廟’。”④

1590年《亞馬港全圖》之仁慈堂

1632年《澳門要塞圖》之仁慈堂

① 《洋事雜録·史濟泰口述澳門情形》,清代稿鈔本八編影印廣東省立中山圖書館藏清代檔案稿本,第354册,第399頁。

② 《康熙三十二年二月十八日香山知縣陳常爲懇恩禁飭積弊以杜後患以廣皇仁事》,檔案號:TNA/F01048/17/52。

③ 〔清〕陳蘭芝輯:《嶺海名勝記·澳門記》卷7《詩類》,《廣州大典》總第277册,第543頁。

④ 《洋事雜録·史濟泰口述澳門情形》,清代稿鈔本八編影印廣東省立中山圖書館藏清代檔案稿本,第354册,第399頁。

雍正《廣東通志·澳門圖》支糧廟作安娘廟

别爲醫人廟，在澳之東，醫者數人。凡夷人有疾不能自療者，許就廟醫，其費給自支糧廟。

《申志》首稱"醫人寺"，《暴志》作"醫人廟"。《澳門記略》："别爲醫人廟，於澳之東，醫者數人。凡夷人鰥寡煢獨，有疾不能自療者，許就廟醫，其費給自支糧廟。"故知《采訪册》資料來自《澳門記略》，略作删改。

醫人廟：又作"貧民醫院""聖辣非醫院""聖拉法爾醫院""白馬行醫院"，葡文"Hispital de S. Rafael"。貧民醫院在大三巴炮臺南麓，澳城外水坑尾一帶，清道光時附近有白馬商行，故華人稱之爲"白馬行醫院"。醫人廟隸屬仁慈堂，又稱"仁慈堂醫院"。

案：貧民醫院由署理主教賈尼勞（Belchior Carneiro）於1568年創建，最初設在仁慈堂内，後搬遷至澳門水坑尾附近。1747年4月，在仁慈堂主席科埃略（Luís Coelho）的主持下，貧民醫院重建工作正式動工。重建後的仁慈堂醫院改稱爲"市民醫院"。雍正《廣東通志》和《澳門記略》都有醫人廟的圖像資料，據圖可知醫人廟的主樓應爲一座兩層樓的建築。1840年，仁慈堂又對貧民醫院進行大規模擴建，1842年擴建完成，擴建完成後的醫院開始略具現代醫院的格局。

雍正《廣東通志·澳門圖》之醫人廟

《澳門記略·正面澳門圖》之醫人廟

尼姑寺,在澳東南,扃鑰嚴毖。如十歲以下許入寺,即入,終其身不復出。雖至親不能入視。

《申志》《暴志》均作"尼姑寺"。《澳門記略》:"尼寺在澳東北,扃鑰嚴毖,女十歲以下許入寺,即入終其身不復出,雖至親不能入視。"又稱:"一女爲尼,一家爲佛眷,家人罹重辟,得女尼片紙,立宥之。然必捐千金致諸公,故入寺者鮮。寺中尼凡四十有奇。"《采訪册》部分采納了《澳門記略》的資料,但對《澳門記略》内容進行修正。《澳門記略》稱尼姑寺"在澳東北",有誤。《采訪册》稱尼姑寺"在澳東南",考尼姑寺在今東望洋山東南麓,南灣街與水坑尾街交界處,又稱"聖家辣堂",其地即位於澳門半島東南方向,故知《采訪册》是經過實地考察而確定的尼姑寺的方位,修正了《澳門記略》的錯誤。

尼姑寺:又稱"尼寺""彌姑寺""聖家辣堂",即方濟各會聖家辣修道院,葡文作"Mosteiro de St. Clara"。該寺爲早期唯一一座女修院,屬於方濟各會第二會。

案:1633 年 11 月 5 日,澳門船隊總指揮方濟各會會士菲亞略·費雷拉(Fialho Ferreira)從馬尼拉護送 6 名聖家辣(又譯"聖克拉拉")修女抵達澳門,受到澳門人的熱烈歡迎。第二年 4 月 30 日,澳門議事會在東望洋山麓,今南灣街與水坑尾交會處建起一座聖堂,奉獻給"無原罪聖母"。聖家辣堂建成時,堂内有12名修女居住。① 到1751年時,該堂有修女40人。聖家辣堂於1825年被一場大火燒毁,1834年重建。② 該堂後改建爲聖羅薩·利馬學校。《洋事雜録》稱:"彌姑廟生落水坑尾坊,閉門扃户,廟規整肅潔淨,衣服飲食俱自實。進入廟爲尼,俱係富家之女,貧者不得進去。有女爲尼,父母俱爲極榮。同行番官司打簽字粘貼廟中,入廟之日,宴會親朋,番官司打咸送至廟門首。女入,當家老尼出接拉手而入,扃閉門,終其身不得復出。父母每年至廟外隱窗見面三次。女甫進廟,司門三年,招遞法内習教讀經。老死則火葬,埋於廟後。西夷尊尼最爲鄭重,如父母有事致書司打、番官,俱係依從。現在奉禁鴉片,聞女曾有書致番官、司打人等,令其當與各夷一體遵繳云。此語係問之澳夷不興販鴉片者所傳。"③

東南城外有發瘋寺,内居瘋番,月有廪。

《申志》和《暴志》均載"發瘋寺"。《澳門記略》:"東南城外有發瘋寺,内居瘋蕃,外衛以兵,月有廪。"《采訪册》資料來自《澳門記略》,略有删減。

發瘋寺:又名"望德堂""聖拉匝禄堂""發瘋寺",葡文名爲"lgreja de Santo Lázaro",是澳門最爲古老的三座教堂之一。據若瑟·熱蘇斯·瑪利亞(José de Jesus Maria)1744—1745年在澳門完成的《中國與日本的亞洲》稱,望德堂建立於1558—1560年間。④ 1568年,署理主教賈尼勞(Belchior Carneiro)建立麻風病院後,又將望德堂作爲麻風病人的教堂。潘日明(Benja-

① Manuel Teixeira, *Macau e a Sua Diocese*, Vol. 3, As Ordens e Congregações Religiosas em Macau, Macau: Tipografia Soi Sang, 1956 - 1961, pp. 483 - 484.

② 〔瑞典〕龍思泰(Anders Ljungstedt)著:《早期澳門史》,吴義雄等譯,第26—27頁。

③ 《洋事雜録·史濟泰口述澳門情形》,清代稿鈔本八編影印廣東省立中山圖書館藏清代檔案稿本,第354册,第399頁。

④ José de Jesus Maria, *Ásia Sínica e Japónica*, Vol. I, Macau: Instituto Cultural de Macau, 1988, p. 126.

min Videira Pires)甚至認爲,望德堂很可能是澳門的第一座教堂。[①]

案:望德堂初建時,其旁并無麻風病院。麻風病院建於1568年,最開始設在仁慈堂内,稍後才遷到望德堂旁。所以,望德堂并不是一開始就有"發瘋寺"之稱,而是因爲麻風病院搬到望德堂附近,人們才將望德堂又稱爲"發瘋寺"。

初蓋的望德堂應該是木板加茅草屋頂之建築,到16世紀末已改成磚石結構的"人字屋頂"的兩層樓建築。[②] 在澳門主教座堂建成之前,望德堂曾經一度被作爲澳門主教的辦公場所,所以有很多早期葡文文獻稱望德堂爲"澳門主教座堂"。1623年起,該教堂成爲澳門華人社會中的天主教宣道中心。1633年時,有規定稱:"該教堂衹爲麻風病人舉行宗教儀式,但也會向其他的信徒開放。"1637年再次重建,至今教堂前地一側還有一座刻有銘文的十字架,其底座標有"希望十字架,1637年"[③]。教堂重建後,獲得了教會的某些特權,因爲原有的3個堂區已經容納不下數字龐大的信徒,所以在1633年時該堂曾被改爲堂區教堂。[④] 之後,又經過多次拆建。1814年荷蘭畫家克拉克·萬彤(Clark Wathen)在澳門完成了《望德堂》水彩畫,給我們留下了一幅完整的關於望德堂的證據。今天所見的望德聖母堂乃1885年拆除,1896年重建而奠定的規模。[⑤]

望德堂(又名"望人廟")除了給麻風病人作爲宗教場所之外,也是夷婦期盼出海經商的親人平安歸來的禱告場所。清人廖赤麟詩云:"郎趁哥斯萬里間,計程應近此時還。望人廟外佔風信,腸斷遥天一髪山。澳有望人廟,夷

---

① 〔葡〕潘日明(Benjamin Videira Pires):《耶穌會傳教士在澳門400周年》,轉自 Maria Regina Valente, *Igrejas de Macau*, Macau :Instituto Cultural de Macau,1993,p. 84.

② 参见 Theodor de Bry,Israel de Bry(eds.),*Petites Voyages*,Vol. 8,Frankurt – am – Main,1606之插圖《亚马港全圖》。

③ Maria Regina Valente, *Igrejas de Macau*, Macau :Instituto Cultural de Macau,1993,p. 84.

④ Marco de Avalo, "Descrição de Macau, em 1638", in C. R. Boxer ed., *Macau na época da Restauração*, Macau:Impresensa Nacional, 1942, p. 83.

⑤ Maria Regina Valente, *Igrejas de Macau*, Macau :Instituto Cultural de Macau,1993,p. 87.

人有出販他國者,其婦每於此望之。"①

關於望德堂與發瘋寺之間的關係,早期方志記載均不清晰。望德堂始建於 1558—1560 年。而麻瘋院由賈尼勞創建於 1568 年,因爲當時中國南方有許多麻風病人,他希望通過麻風院對麻風病人進行拯救。麻風病院最初設於貧民醫院的隔間内,後遷於城外望德堂之旁,以爲教堂之屬。因爲望德堂成了麻風病人進行宗教活動的場所,故澳門人又將其稱爲"發瘋寺"。《申志》和《暴志》均將"望人寺"及"發瘋寺"并列爲兩座教堂。《澳門記略》也將"發瘋寺"和"望人廟"同記爲兩個教堂。可知,望德堂與發瘋寺早年是兩座教堂,後來麻風病院從貧民醫院遷出至望德堂附近,人們才將這兩個機構視爲一座教堂。特别是在早期的一些圖畫中,這兩個機構的建築物是連在一起的,所以人們很難區分。從 1632 年《澳門要塞圖》和康熙初年西洋澳門圖中的望德堂圖均可看出,望德堂是由四五幢一至二層樓的房屋組成,既包括望德堂的教堂,也有麻風病院的住房。1814 年,荷蘭畫家克拉克·萬彤在澳門完成《望德堂圖》,從圖中可以看出十字架後的房屋爲望德堂教堂,十字架前的房屋爲麻風病院。

1632 年《澳門要塞圖》之望德堂

1751 年《澳門記略》之望德堂

① 〔清〕廖赤麟:《湛華堂佚稿》卷 1《澳門竹枝詞》,《廣州大典》總第 451 册,第 609 頁。

1814 年荷蘭畫家克拉克·萬彤在澳門完成的《望德堂》水彩畫

三巴寺下舊有天主堂，名爲進教寺，一名“唐人寺”。乾隆十二年封禁案詳舊志。

《申志》和《暴志》均載“唐人寺”。《澳門記略》：“澳門三巴寺下建有天主堂，名爲進教寺，專爲唐人進教之所，建於康熙十八年，五十八年重修擴大，係蕃僧倡首，而唐人醵金以建者。”又載：“澳門諸夷寺外别立天主堂，名曰唐人廟，專引内地民人入教，法在當禁，遂密揭臺院，請封之。”《采訪册》獨稱“唐人寺”爲“進教寺”，并稱進教寺在聖保禄教堂下面。

進教寺：又稱“唐人寺”，初稱“蔭庇之母小堂”，又稱“聖阿白露聖母教堂”“阿巴羅堂”“庇護聖母堂”，葡文作“Igreja de Nossa Senhora Amparo”。

案：1602 年，大三巴教堂建成後，耶穌會士在大三巴脚下初建蔭庇之母小堂，專爲華人講授福音，後被燒毁。[①] 蔭庇之母小堂被毁後，1634 年，耶穌

① 林家駿：《澳門教區歷史掌故文摘》，第 51 頁。

乾隆十六年(1751)《澳門記略》之唐人寺

會中國副省會長班安德(André Palmeiro)"爲中國進教之人"在聖阿白露聖母街(即澳門關前後街,葡文名"Rua da Nossa Senhora do Amparo"的地方修建了一座"我等之望堂"。①《澳門記略·澳蕃篇》:"進教寺,專爲唐人進教之所,建於康熙十八年,五十八年重修擴大,係蕃僧倡首,而唐人醵金以建者。"但據葡文文獻記載,唐人寺建於1634年,該堂專爲居住在營地大街和沙欄仔地區的華人改變信仰而建,康熙十八年(1679)和五十八(1719)年都應爲擴建。② 唐人廟於乾隆十二年(1747)被清政府封禁,《暴志》記載乾隆十二年(1747),香山知縣張汝霖奉命發布"爲嚴禁愚民私習天主教,以安民夷,以肅法紀事"的告示,稱:"近聞在澳番人尚俱遵守法紀,轉有一等内地奸民竄入澳内,改效番名,私習其教,如林姓自改其名曰咭吠嘰吵,并以番名其子曰啞嘀嗦,其徒李姓,名曰嗎哪嘶者,盤踞澳門之進教寺内,引誘内地愚民,如南海、番禺、順德、東莞、新會、香山等附近之人多有被其煽惑,諸寺入教,向其取經,并於每歲清明、冬至之期,聚集持齋,習其禮拜,不特爲害人心,抑且大干禁令,甚屬不法。除林姓等已逃,現飭地方文武各官嚴拿,務獲重治示儆,并將進教寺飭令地方官督令該澳夷目嚴加封錮看守,不許擅開。"唐人廟從此被關閉,不復存在。據《澳門記略·澳門正面圖》,唐人廟爲一座建有圍墻和大門的小院落,内有三四間房屋,規模不大,但都是中式的民居。這應該就是澳門唐人廟的基本規模。

---

① BAJA, Cód. 49 – V – 3, fl. 160.〔葡〕潘日明(Benjamin Videira Pires)著:《殊途同歸:澳門的文化交融》,蘇勤譯,第38頁。

② 〔葡〕潘日明(Benjamin Videira Pires)著:《殊途同歸:澳門的文化交融》,蘇勤譯,第38頁;郭永亮:《澳門香港之早期關係》,臺北:"中研院"近代史研究所,1990年,第48頁。

乾隆六十年前，三巴寺下尚有進教圍存，圍内小屋十餘間，爲老嫗進教者居住。嘉慶初年，夷人將此圍拆改夷樓，於水坑尾門外發瘋寺側建造房屋，老嫗新舊進教者盡居於此。地方官踏勘，屢次押拆，俱爲胥差彌縫瞞飾，日久成爲故址，莫可誰何。

此處關於進教圍之記載追溯至乾隆後期，故《暴志》和《澳門記略》均没有相關記載。《祝志》亦未記載。此處爲《采訪册》獨載。

進教圍：一般指華人天主教徒聚集的地方，世界各地也有一些以此爲名的地方，如香港灣仔的進教圍，上海徐家匯的進教圍，廣州育人坊的進教圍。澳門在明清時期也有進教圍，即今天的若翰亞美打街的望德堂坊，又稱"瘋堂坊"，葡語作"Freguesia de São Lázaro"，位於澳門半島中部，望德堂區西南，爲大炮臺山、鏡湖馬路、水坑尾、荷蘭園大馬路與西墳馬路所包圍。明清時期，這裏是華人天主教徒聚集的地方，故稱"進教圍"。今人著作《澳門天主教堂》記載：

> 這裏的華人進教歷史最早可追溯至1851年，1854年望德堂已有專職的華人傳教事務出現，直至19世紀末，華人教友增加，很多教友便聚集在望德聖母堂附近。形成聚落。①

此説不確，因爲《采訪册》已經明確將澳門進教圍的歷史追溯到乾隆六十年（1795）前，而且《采訪册》詳細記載了進教圍的變遷。乾隆十二年（1747）封禁進教寺一事，《暴志》和《澳門記略》記載甚詳，而關於澳門進教圍的早期歷史則爲《采訪册》的獨家記録，殊爲珍貴。

---

① 黄建威、吕志鵬：《澳門天主教堂》，澳門：澳門基金會，香港：生活・讀書・新知三聯書店，2009年，第35頁。

案:澳門進教圍原在三巴寺下面,乾隆六十年(1795)前即已存在,圍内有十幾間房屋,爲老年婦女進教者在此居住。到嘉慶初年,澳門葡人將三巴寺下的進教圍拆除改建樓房,而在水坑尾門外的瘋堂側建造房屋,供進教者居住。葡萄牙東波塔檔案館中保存了幾份瘋堂旁邊"進教圍"的檔案。嘉慶十六年(1811)七月初二日檔:

> 竊照澳門發瘋寺山脚,土名"水坑尾"浮沙一段,現已圍築成田。又寺右高坡,坐西向東,向係坑山,近有客民築蓋茅寮瓦屋居住。詢悉夷人費唎哒·嘮嗹嚓(Philipe Lourenço),於乾隆五十年間逐漸圍築,種植瓜菜。其山坡房屋,共五十七間,内瓦屋三十四間,茅屋二十三間。詢悉客民鄧朝籍等三十一家,及已革通事陳亞滿共三十二家,陸續架蓋居住。①

嘉慶二十三年(1818)九月三十日檔:

> 訪聞水坑尾地方,現有民居九十八家,其中稱爲番民,番服番音者五十四家,皆係本地貧民冒爲番人,冀免驅逐。②

這些"番民""番服""番音者",即進教的基督徒,在瘋堂旁陸續"圍筑"的房屋即《采訪册》所稱之新的"進教圍"。今天被澳門老居民稱作"進教圍"的地區是,西起大炮臺斜巷,東迄荷蘭園正街,中間夾著聖禄基街(Rua de S. Roque)、聖味基街(Rua de S. Miguel)、瘋堂新街(Rua Nova de S. Lazaro)及和隆街。③ 後來這個進教圍即嘉慶初從三巴寺下遷至瘋堂側來

---

① 《嘉慶十六年七月初二日署澳門同知辛朝俊爲札飭遵照事》,檔案號:PT/TT/DCHN/1/8/001037。

② 《嘉慶二十三年九月三十日澳門同知署理香山知縣鍾英諭澳門夷目唩嚟哆》,檔案號:PT/TT/DCHN/1/10/001283。

③ 劉炎新、梁潔芬:《澳門進教圍》,《文化雜志》總第21期,1994年。

的。教會研究進教圍者,多從鴉片戰爭後談起,蓋不知早在乾隆時澳門進教圍即已建成於三巴寺下。

關於澳門進教寺修建及封閉情況,《澳門記略》中有張汝霖《請封唐人廟奏記》,載:

> 遵查香邑逼近澳夷,誠恐境内有稱係天主教誘人誦習者,細加密訪,通邑城鄉實無此等不法之徒。惟澳門一處,唐夷雜處,除夷人自行建寺奉教不議外,其唐人進教者約有二種:一係在澳進教,一係各縣每年一次赴澳進教。

清政府針對不同的進教者作出不同規定,於澳門華人進教者而言:

> 惟是在澳進教一種,有稍宜熟籌者。伊等挾有資本,久與夷人交關,一經迫逐,猝難清理。其妻室子女若令離異,似覺非情;若許攜歸,則以鬼女而入内地,轉恐其教易於傳染。應否分别辦理:其未經娶有鬼女,又無資本與夷人合夥,但經在澳進教、自行生理者,不論所穿唐衣、鬼衣,俱勒令出教,回籍安插;其但有資本合夥、未娶鬼女者,勒限一年清算,出教還籍;其娶有鬼女、挾資貿易,及工匠、兵役人等,穿唐衣者勒令出教,穿蕃衣者勒令易服出教,均俟鬼女身死之日,攜帶子女回籍。其未回籍之日,不許仍前出洋貿易及作水手。出洋充當蕃兵等項,應先勒令改業。至買辦、通事,澳夷所必需,但勒令易服出教,不必改業,仍各取具地保、夷目,收管備查。其往來夷人之家、仍打鬼辮者,一并嚴行禁止。至現在十九人之外,或有未經查出者,除再密查外,應令自行首明,并飭夷目查明呈報,隱匿者察出治罪,似亦逐漸清除在澳進教之一法也。
>
> 抑更有請者,夷人在澳,有必需用唐人之處,勢難禁絶,然服其役即易從其教,苟非立法稽查,必致陰違陽奉。應請飭行夷目及地保人等,將夷人應用唐人之處,逐一查明,造册具報,歲終出具并無藏留進教唐

人甘結,繳查其册,一年一造,有事故更换者,據實聲明。如此則稽查較密,而唐夷不致混雜矣。澳門進教,原與夷人在内地開堂設教者不同,且積重之勢,返之當有其方,故斟酌情法,期於妥便。①

而《采訪册》中新增乾隆六十年(1795)前進教圍,及嘉慶初年澳門葡萄牙人拆除進教圍改建樓房,於水坑尾門外新建房屋,以爲老嫗新舊進教者所居之地,并詳細説明清政府禁止澳門華人入教屢禁屢復的原因:“地方官踏勘,屢次押拆,俱爲胥差彌縫瞞飾,日久成爲故址,莫可誰何。”

凡夷廟所奉天主教者,必奉十字架。每日皆跪廟,七日一禮拜,至期,男女分投各廟,跪聽番僧演説,進教者亦如之。歲中,天主出游,風順廟則以四月,花王廟則以五月,大廟、龍嵩廟、咖斯囒或正月、二月、十二月不等。

《澳門記略》:“奉教者必奉十字架,每七日一禮拜。至期,男女分投諸寺,長跪聽僧演説。歲中天主出游,三巴則以十月,板樟以三月、九月,支糧三月,大廟則二月、五月、六月凡三。出游率先夕詣龍鬆廟,迎像至本寺,燃燈達旦,澳衆畢集,黑奴舁被難像前行,蕃童誦咒隨之。又以蕃童象天神,披髮而翼,來往騰躍,諸僧手香燭步其後。又用老僧抱一耶穌像,上張錦棚,隨衆如前儀。”《采訪册》這一段文字雖出自《澳門記略》,但所載天主出游時間與《澳門記略》完全不同,可見《采訪册》是經過實地調查訪問後改寫的。

天主出游:即指澳門的天主教徒捧天主神像游行。這種游行是澳門常見的一種宗教活動,分别由各種不同的天主教社團進行。1620 年的耶穌會年信最早記録:“在一次環繞教堂游行時,巡視員駱入禄(Jerónimo Ro-

① 〔清〕印光任、張汝霖:《澳門記略·官守篇》,《廣州大典》總第 221 册,第 338—339 頁。

drigues)也有參與,他帶著聖母的頭髮,放在聖體匣裹。"[1]1622 年,葡萄牙人在聖若奧日(6 月 24 日)神奇地擊敗了荷蘭人對澳門的進攻後,澳門議事會遂定聖若奧·巴布蒂斯塔爲澳門的城市主保神。聖若奧·巴布蒂斯塔兄弟會每年6 月 24 日都要組織對澳門城市保護神聖若奧的紀念活動。每逢聖若奧節,都要在東望洋教堂舉行感恩彌撒,最後游行至大堂。[2]

夷人無揖讓進退之儀,以脱帽、拉手、拖脚爲行禮。每有宴會,主人上坐,酒酣則擲玻璃杯爲樂。

《暴志》:"脱帽、拖脚、扯手是爲行禮。"《澳門記略》:"出必張蓋乘輿,相見脱帽以爲禮·慶吊無牢醴帛之儀,燕飲不修賓主揖讓之節,飲酣則擲玻璃盞以爲樂。"《采訪册》所載葡人禮節風俗應是參照《暴志》和《澳門記略》改寫而成。

案:關於澳門葡人的禮節風俗,明清中文文獻多有記載。明葉權《賢博編》稱葡人"男子以除帽半跪爲禮,婦人如中國萬福"[3]。康熙時的廣東詩人梁佩蘭,其有詩稱澳門葡人"脱帽以爲禮,帶劍不相授"[4]。清人屈大均《廣東新語》載:"人以黑氈爲帽,相見脱之以爲禮,每晨食必擊銅鐘,以玻璃器盛物,薦以白布,人各數器,灑薔薇露、梅花片腦其上。坐者悉置右手褥下不用,曰此爲觸手,惟以溷。食必以左手攫取,先擊生鷄子數枚啜之,乃以金匕割炙,以白氎巾拭手,一拭輒棄置,更易新者。食已皆卧,及暮乃起,張燈作人事。"[5]清初畫家吴歷亦有澳門詩描寫澳門葡人的禮節:"來人飲罷言鄉

---

① Manuel Teixeira, *Macau e a sua Diocese*, Vol. XI, as confrarias em Macau, Macau: Tipografia da Missão do Padroado, 1975, p. 284.

② Manuel Teixeira, *Macau e a sua Diocese*, Vol. XI, as confrarias em Macau, pp. 292 – 293.

③ 〔明〕葉權:《賢博編》,凌毅據萬曆黄應臺刻本整理標點,北京:中華書局,1987 年,第 47 頁。

④ 〔清〕梁佩蘭:《六瑩堂集·五言古·觀海篇贈龔蘅圃権使》,廣州:中山大學出版社,1992 年,第 134 頁。

⑤ 〔清〕屈大均:《廣東新語·地語》,第 38 頁。

事,禮數還同祇免冠。發有金絲,拳被者矜重。戴黑多絨帽,帽式如笠,見人則免之爲禮敬。"①他還稱澳門葡人:"禮文俗尚與吾鄉倒行相背,如吾鄉見客必整衣冠,此地見人免冠而已。"②清初的王士禎亦稱葡人:"戴黑氈笠,相見脱之以爲禮。"③錢以塏《嶺海見聞》亦稱:"男帶黑倭帽,相見脱之以爲禮。"④焦祈年《巡視澳門記》稱葡人"有問則脱帽夾肘間以對"⑤。清姚元之《竹葉亭雜記》中對於澳門葡人禮節風俗更有詳細記載:"其俗,有尊客至,當家老翁出迎,禮以脱帽爲恭,以婦女出見爲敬,男子無少長則避之。客至,款留酒果,設大横案,鋪以白布,列果品茶酒於其上。近門處爲尊客座,排列依次而北,其婦坐於案之横頭。女子環案坐,客西向則坐於客右,東向則坐於客左。案前各置磁片,盤内置刀一、叉一,疊白布於上,布即飯單也。飲以熬茶,和以白糖,一女斟茶,則一女調糖,令鬼奴按客座以進。食果,則女子切片置盤内,鬼奴遞送客前,取客前之盤返於主人,别置他果,往復傳送。酒貯以玻璃罌,紅黄白各色俱備。杯亦玻璃,大小羅列,以酒之貴賤分杯之大小。飲時則主翁自酌,鬼奴傳送,客飲愈多、食愈多則主人愈樂。"⑥嘉慶時詩人張琳亦稱:"灑衣花露氣清芬,脱帽相逢禮數頻。"⑦潘有度《西洋雜咏》稱西洋夷人交往禮節:"簡略儀文無拜跪,逢人把手道相親。"還有:"弟恭兄友最深情,出入相偎握手行。夷人兄弟之情甚重,出入握手同行。"⑧

除了《采訪册》提到的脱帽、拉手、拖脚等禮節外,葡人還有抵掌爲禮。

---

① 〔清〕吴歷:《吴漁山集箋注·三巴集》,章文欽箋注,北京:中華書局,2007年,第161頁。

② 〔清〕吴歷:《吴漁山集箋注·墨井畫跋》,章文欽箋注,第443頁。

③ 〔清〕王士禎:《池北偶談》卷21《談異·香山岙》,北京:中華書局,1982年,第517頁。

④ 〔清〕錢以塏:《嶺海見聞》,《四庫全書存目叢書·史部》第250册,影印上海圖書館藏清康熙刻本,濟南:齊魯書社,1996年,第239頁。

⑤ 〔清〕郝玉麟修:雍正《廣東通志》卷62《藝文志》4,《廣州大典》總第250册,第634頁。

⑥ 〔清〕姚元之:《竹葉亭雜記》卷3《廣東香山屬有地曰澳門》,第90頁。

⑦ 〔清〕張琳:《玉峰詩鈔》卷15《澳門竹枝詞》,《廣州大典》總第451册,第191頁;《嶺南叢談》,廣州:廣東人民出版社,2015年,第707頁。

⑧ 〔清〕潘義增編:《番禺潘氏詩略·義松堂遺稿·西洋雜咏》,潘飛聲校,光緒二十年(1894)刊本,第2頁。

男人與男人相見,雙方對擊手掌,表示雙方關係更爲親密。清人吴𨰿詩稱:“天朝之客如天至,傾島争迎狂至喜。中孚真信及豚魚,傾蓋抵掌輸情摯。”①這裏的“抵掌”就是雙方以手掌相碰。此外,還有把臂之禮,把臂也是葡萄牙人表示雙方關係親密的一種禮儀。在兩個男子相見時,雙方互把手臂表示親熱。吴𨰿亦有言稱“番人脱帽把臂爲禮”②。

屋多樓居,樓一二三層不等,方者、圓者、三角者、六角、八角者,肖諸花果狀者,以巧麗相當。垣以磚,或築土爲之,其厚四五尺,周垣多開窗門,軒爽異常。

《澳門記略》:“屋多樓居。樓三層,依山高下,方者、圓者、三角者、六角、八角者,肖諸花果狀者,其覆俱爲螺旋形,以巧麗相尚。垣以磚,或築土爲之,其厚四五尺,多鑿牖於周,垣飾以堊。牖大如户,内闔雙扉,外結瑣窗,障以云母。樓門皆旁啓,歷階數十級而後入,窗寮詰屈,己居其上,而居黑奴其下。門外爲院,院盡爲外垣,門正啓。”《采訪册》參照《澳門記略》記録了澳門葡人的住房問題,但并没有完全照抄。《澳門記略》稱“樓三層”,《采訪册》根據調查寫出“樓一二三層不等”的真實記録,更符合當時的實際。

案:關於澳門葡人的居所,清人文獻中多有記録,屈大均《廣東新語》載:“其居率爲三層樓,依山高下。樓有方者、圓者、三角者、六角、八角者,肖諸花果形者,一一不同,争以巧麗相尚。己居樓上,而居唐人其下,不以爲嫌。”③王士禎《池北偶談》載:“番人安其業者已數世,所居率依山爲樓,三層,方者、圓者、三角者、六角八角者,俱爲螺旋形以入。”④姚元之《竹葉亭雜

---

① 〔清〕陳蘭芝輯:《嶺海名勝記·澳門記》卷7《游澳門同人詢土風以長歌述之》,《廣州大典》總第217册,第542頁。

② 〔清〕陳蘭芝輯:《嶺海名勝記·澳門記》卷7《游澳門同人詢土風以長歌述之》,《廣州大典》總第217册,第542頁。

③ 〔清〕屈大均:《廣東新語》卷2《地語·澳門》,第36頁。

④ 〔清〕王士禎:《池北偶談》卷22《香山嶴》,第517頁。

記》:"其人皆樓居,高樓峻宇,窗扇悉以玻璃,軒敞宏深,令人意爽。樓下多如城之瓮洞,賤者處之。其屋用白石攢灰塈之,宛如白粉,潔净可玩。"①姚元之已經見到澳門房屋中用玻璃裝飾。鍾啓韶稱:"所居必樓,樓必辟户臨街,入門輒登石級數十。"②19 世紀前期法國人伊萬(Melchior Yvan)對澳門的描述是:"大部分房舍都衹有兩層。"③美國人亨特(William Hunter)也稱:"澳門葡人的宅邸大多爲兩層,很寬敞。"④還稱澳門葡人的兩層樓房:"上面一層環以寬闊的陽臺,以供家人居住之用。下層則適合做商務辦事處,用來儲存貨物的貨站,或做僕役和苦力的住處。"⑤兩層樓的樓宇爲澳門葡人較爲普遍的一種居住形式。

夷人男婦、奴婢共三千六百餘口舊志載"夷人五百一十七名,夷奴六百六十三名,夷婦一千三百九十七口,夷婢九百九十口"。

舊志:指《暴志》,載:"雍正八年册,夷人五百一十七名,夷奴六百六十三名,夷婦一千三百九十七口,夷婢九百九十口。"根據上述記載,雍正八年(1730)澳門人口合計爲3567 人。《澳門記略》稱:"凡爲户四百三十有奇,丁口十倍之。"則乾隆十六年(1751)時澳門人口有 4300 餘人。嘉慶十四年(1809)包含澳門士兵和黑人在内的澳門人口總計 3963 人,如果不包含士兵在内澳門總人口爲 3698 人。與《采訪册》所載"三千六百餘口"相合。《祝志》稱:"嘉慶十四年,總督百齡臨澳,點閲夷人一千七百十五,夷婦女一千六百十八,夷兵二百六十五,黑奴三百六十五縣册。今男婦奴婢共三千六百餘《采訪册》。"

---

① 〔清〕姚元之:《竹葉亭雜記》卷 3《廣東香山屬有地曰澳門》,第 90 頁。

② 〔清〕鍾啓韶:《聽鐘樓詩鈔》卷 3《澳門雜事詩十二首并序》,道光十年(1830)刻本,第 20 頁。

③ Melchior Yvan, *Six Months among the Malays and a Year in China*, London: James Blackwood, Paternoster Row, 1855, p. 281.

④ 〔美〕亨特著:《舊中國雜記》,沈正邦譯,廣州:廣東人民出版社,2009 年,第 357 頁。

⑤ 〔美〕亨特著:《舊中國雜記》,沈正邦譯,第 357—358 頁。

案:關於澳門人口,清代中文文獻中多有記録。乾隆十年(1745)薛醞《澳門記》澳門人口:"其户四百二十有奇,其丁口三千四百有奇。白主黑奴,内刺兵一百五十名。"道光十五年(1835)時"住澳夷人共五百餘家,男丁大小一千餘人,黑夷奴二百餘人"①。清自道光十八年(1838)時,澳門人口有所增加,《洋事雜録》稱:"西洋澳夷,大中小户,約五百餘家,老幼男女,五千餘名。大夷館七十餘所,中夷樓二百餘所,小夷房二百餘間。巨富十七八家,小康三四十家,餘爲窮乏。"②道光十九年(1839)林則徐巡視澳門時查出"西洋夷人七百二十户,男女五千六百一十二丁口;嘆咭唎僦居夷人五十七户"③,與《洋事雜録》人口數大致相符。葡文資料也有人口數據,徐薩斯稱:"1825 年澳門有葡萄牙人 4500 人。"④龍思泰稱:"1830 年澳門除軍隊和教士外,估計爲 4628 人。"⑤《采訪册》記録的是道光七年(1827)之前的澳門人口數據,爲 3600 餘人。

夷目爲判事官,來自大西洋,五年一任一名"番差",一名"大西洋國使",**掌刑名。**

《澳門記略》:"判事官掌刑名,有批驗所、挂號所,朔望、禮拜日放告。赴告者先於挂號所登記,然後向批驗所投入。既受詞,集兩造聽之,曲者予鞭,鞭不過五十。亦自小西洋遣來。"又稱"其小事則由判事官量予鞭責"。《采訪册》并未采用《澳門記略》的説法,而是記録了自己調查的結果,稱"判事官來自大西洋",而不是《澳門記略》所載"自小西洋遣來","大西洋"指

---

① 蔣廷黻輯:《道光朝籌辦夷務始末補遺》第 2 册,北京:北京大學出版社,1988 年影印蔣廷黻輯録故宫大高殿軍機處檔案稿本,第 156—169 頁。

② 《洋事雜録·史濟泰口述澳門情形》,清代稿鈔本八編影印廣東省立中山圖書館藏清代檔案稿本,第 354 册,第 395 頁。

③ 中山大學歷史系、中國近代現代教研組研究室編:《林則徐集》第 2 册《奏稿》9《欽差使粤任内摺片》,北京:中華書局,1965 年,第 682 頁。

④ 〔葡〕徐薩斯(Montalto de Jesus)著:《歷史上的澳門》,黄鴻釗、李保平譯,第 169 頁。

⑤ 〔瑞典〕龍思泰(A. Ljungstedt)著:《早期澳門史》,吴義雄等譯,第 37 頁。

的是葡萄牙國王,"小西洋"指的是葡印總督。澳門的判事官都由葡萄牙國王遣派,所以《采訪册》稱"來自大西洋"是準確的。特别重要的是,《采訪册》記録了判事官"五年一任",這是《澳門記略》没有的記録。所以《祝志》采納了《采訪册》的説法"判事官,掌刑名,來自大西洋,五年一代"。

判事官:即王室大法官,葡文稱"Ouvidor"。《崇德堂稿》稱:"判事官,理刑名。"①澳門的王室大法官,在明清時期澳門的司法治理和管治架構中佔有舉足輕重的地位。文德泉認爲,王室大法官的職能遠遠超過地區法官,"監督所有的政府部門——財政、市政、救濟會、教堂及教育。在司法方面,行使法官和法律解釋者的作用,甚至可以擴至軍事領域。换句話説,堪比小國王"②。澳門第一任王室大法官於1580年抵達澳門。③ 1587年,葡萄牙國王授予王室大法官處理民事、刑事、司法案件的權限。④ 後由於澳門議事會和澳門總督的反對,王室大法官於1740年被撤銷。⑤ 1783年《王室制誥》頒布後,重設王室大法官。1803年,王室大法官職務正式恢復,除原有權限以外,還兼任審計官、海關行政法官、孤兒法官等職務,且不受澳門總督制約。⑥ 1836年,葡萄牙王室頒布《行政法典》,重組海外省,王室大法官正式廢除。⑦ 澳門王室大法官制度從1580年設立開始,到1836年廢除,前後歷經257年,期間多次廢止和重設,先後派出和委任58位王室大法官,是澳門司法制度最爲重要的一部分。

番差:華人對澳門王室大法官的俗稱。清人姚瑩稱:"文官名'加文

① 〔清〕王植:《崇德堂稿》卷2《香山險要説——復撫都堂王》,《四庫全書存目叢書·集部》第272册,第176頁。

② 〔葡〕文德泉:《澳門名人》,澳門:澳門文化司署,1982年,第99頁。

③ 〔葡〕徐薩斯(Montalto de Jesus)著:《歷史上的澳門》,黄鴻釗、李保平譯,第31頁。

④ *Arquivos de Macau*, 1ª Série, Vol. 1, No. 2, Macau, 1929, pp. 57-63.

⑤ *Arquivos de Macau*, 3ª Série, Vol. 10, No. 5, Macau, 1968, p. 277.

⑥ 吴志良:《生存之道——論澳門政治制度與政治發展》,第101頁。

⑦ *Arquivos de Macau*, 3ª Série, Vol. 5, No. 1, Macau, 1968, p. 64.

打'，華謂之'番差'。"[①]加文打，當爲葡語"Juiz"的音譯，意爲法官。道光中後期，清人稱："澳夷向有番差一人，以約束理詞訟。"[②]東波塔檔有"香山縣正堂馬劄西洋國番差眉額帶歷·吃架·啢隆·哆·士喱喊嘛知悉"[③]"香山縣左堂周劄番差眉額"[④]之公文。眉額，即澳門王室大法官眉額帶歷之名。《洋事雜録》稱："番差一名，係由國王發來，五年一更换。"[⑤]又稱："番差飾个嗦家眷未來，俱住南灣。"[⑥]飾個嗦，當即巴士度，1838年出任澳門按察使，即爲首任澳門地區法官。其葡文名爲"José Maria Rodrigues de Bastos"。

大西洋國使：由於澳門王室大法官由葡萄牙國王派遣，故稱爲"大西洋國使"，又稱"西洋國使"，又簡稱"國使"，如葡萄牙東波塔檔案館藏清代澳門漢文檔案記載："西洋國使恭請兩廣總督崇福鴻安禀爲叩謝鴻恩略陳衷曲事：惟眉身爲國使，留任多年。"[⑦]"眉"，即眉額帶歷，爲道光時期澳門最爲重要的王室大法官。又稱"澳門欽差"，如東波塔檔記載"澳門欽差大人及兄臺茶種寄來"[⑧]，又有"澳門欽差大人細茶，仁甚多"[⑨]。這個"欽差大人"也是指的澳門王室大法官眉額帶歷。

① 〔清〕姚瑩：《康輶紀行》卷16《夷酋顛林繪圖進呈説》，《四庫未收書輯刊》影印清同治刻本，第5輯，第14册，第374—375頁。

② 〔清〕無㝵老人輯：《煙海庚辛録》第1册《暎咭唎等國夷情記略》，《廣州大典》影印國家圖書館藏咸豐九年(1859)鈔本，第178册，第259—264頁。

③ 《嘉慶十九年八月二十一日香山知縣馬德滋札澳門西洋番差啁嚷嚕嚦》，檔案號：PT/TT/DCHN/1/9/001186。

④ 《嘉慶十八年九月初八日香山縣丞周飛鴻札澳門番差啁嚷嚕嚦及夷目唛嚟哆》，檔案號：PT/TT/DCHN/1/8/001150。

⑤ 《洋事雜録·史濟泰口述澳門情形》，《清代稿鈔本》八編影印廣東省立中山圖書館藏清代檔案稿本，第354册，第395頁。

⑥ 《洋事雜録·史濟泰口述澳門情形》，《清代稿鈔本》八編影印廣東省立中山圖書館藏清代檔案稿本，第354册，第395頁。

⑦ 《嘉慶十五年三月□□□日澳門西洋國使啁嚷嚕嚦恭請兩廣總督大人崇福鴻安禀爲叩謝鴻恩略陳衷曲事殘件》，檔案號：PT/TT/DCHN/1/8/001028。

⑧ 《嘉慶十七年七月赴巴西茶農石保致澳門鋪户南、四二兄書》，檔案號：PT/TT/DCHN/1/8/001101。

⑨ 《嘉慶十七年赴巴西華工亞騰致澳門鋪户南兄函》，檔案號：PT/TT/DCHN/1/10/001502。

理事官一名"管庫",一年一任,向在澳之四大頭人中公舉爲之,近在小西洋[①]旨意着某某爲之,而仍係在澳之有面者遴選,督理濠鏡澳事務。凡有事聞於官,以唛嚟哆出名文,上縣用呈字,遵漢文。縣行拘提,則牌仰[②]理事官。通事一名唐人進教者爲之,番書一名。

《暴志》:"國朝澳中彝目爲西洋理事官,督理濠鏡澳事務,通事一名、番書一名。文上縣用呈,縣行拘提則牌仰理事官。"《澳門記略》:"理事官,一曰'庫官',掌本澳蕃舶税課、兵餉、財貨出入之數,修理城臺街道,每年通澳僉舉誠樸殷富一人爲之。蕃書二名,皆唐人。凡郡邑下牒於理事官,理事官用呈禀上之郡邑,字遵漢文,有蕃字小印,融火漆烙於日字下,緘口亦如之。"《采訪册》部分采用《暴志》和《澳門記略》的説法,但增加了許多前所未有的史料,其中"一年一任,向在澳之四大頭人中公舉爲之,近在小西洋旨意着某某爲之,而仍係在澳之有面者遴選"均爲《采訪册》的獨家記録。《祝志》"理事官,掌税餉財貨,澳夷推擇,一年一代,皆夷目也",其中"一年一代"應來自《采訪册》。

理事官:即澳門議事會成立時的城市檢察官,中文文獻稱其爲"委黎多"。葡文作"Procurador de Cidade",《澳門記略》所附《澳譯》稱管庫爲"備喇故路多盧"[③],《澳門番語雜字全本》亦稱管庫爲"備喇故路多盧"[④],與葡文音相合。據康熙三十二年(1693)艾未大(Jacques Vidal)的家人王良報

---

① 小西洋,古地名,即今印度西南沿海的果阿,《海録》有專條記述。因葡印總督駐果阿,此處用"小西洋"指代葡印總督。

② 仰,舊時公文用語,上行文中用在"請""祈""懇"等字之前,表示恭敬;下行文中表示命令舊時公文中上級命令下級的慣用詞,有"切望"的意思,如"仰即遵照""仰個知照"。

③ 〔清〕印光任、張汝霖:《澳門記略·澳蕃篇·澳譯》,《廣州大典》總第221册,第376頁。

④ 《澳門番語雜字全本·人物類》,德國普魯士州立圖書館、柏林國家圖書館藏清廣州第七甫五桂堂藏板,圖書編號:n. 4/849,第3頁。

告:“督理濠鏡澳事務之員,西音稱嘶大德,譯言理事官,二載一任。”①此處的“嘶大德”即《澳門記略》中的“事打的”,此處稱澳門議事會理事官“二載一任”,當爲王良的誤識。議事會理事官是每年選舉一次,但不排除有一人連任兩届理事官的情況。

管庫:又稱“庫官”,張甄陶《澳門圖説》稱:“其夷目曰庫官,主文移申覆。”②《澳門記略》:“理事官,一曰‘庫官’,掌本澳蕃舶稅課、兵餉、財貨出入之數。”

四大頭人:即指三名市議員及一名檢察官(理事官)。③ 清初龔翔麟稱:“澳中有議事亭,番目四人,受命於其國,更番董市事。凡事經四人議,衆莫敢違。及官司有令,亦必下其議於四人者,議得當以報聞。”④康熙三十二年(1693)艾未大(Jacques Vidal)的家人王良報告:“理事官爲四頭人。”⑤羅馬梵蒂岡檔案康熙四十九年(1710)徐若翰證詞:“把總説那些事都是這澳門四頭人鬼子們亂説亂講,攛掇我們唐官做的。”⑥《洋事雜録》稱爲:“判事四人,係澳夷公舉,一年一更換。”⑦又有:“名頭人者四,公事集議則與焉,皆兵頭所定,一年一易。而承接協縣公務者,惟理事官是問。”⑧

---

① 《康熙三十二年二月十八日香山知縣陳常爲懇恩禁飭積弊以杜後患以廣皇仁事》,檔案號:TNA/F01048/17/52。

② 〔清〕賀長齡等編:《清經世文編》卷83《兵政》14,沈雲龍主編《近代中國史料叢刊》影印清道光六年(1826)自序光緒十二年(1886)刊本,正編第74輯,第2976頁。

③ 〔清〕王士楨《池北偶談》卷22《香山岙》載:“澳中有議事亭,番目四人。”印光任、张汝霖《澳門記略·澳蕃篇·澳譯》稱四頭人爲“事打丁”;〔清〕祝淮《新修香山縣志》卷4《海防》稱“四大頭人如中國紳士”。

④ 〔清〕王士祯:《池北偶谈》卷21《谈异》2《香山岙》,第517—518頁。

⑤ 《康熙三十二年二月十八日香山知縣陳常爲懇恩禁飭積弊以杜後患以廣皇仁事》,檔案號:TNA/F01048/17/52。

⑥ 《康熙四十九年二月十一日徐若翰證詞》,羅馬梵蒂岡耶穌會檔案館藏手抄本。

⑦ 《洋事雜録·史濟泰口述澳門情形》,《清代稿鈔本》八編影印廣東省立中山圖書館藏清代檔案稿本,第354册,第395頁。

⑧ 〔清〕王植:《崇德堂稿》卷2《香山險要説——復撫都堂王》,《四庫全書存目叢書·集部》第272册,第176頁。

唩嚟哆:即理事官。在中國人正式的公牘中,“委黎多”三字均加“口”,而葡人自述時不加“口”。清代香山檔案中均作“唩嚨哆”或“唩嚟哆”。“唩嚟哆”一詞比較複雜,從對音而言,“唩嚟哆”應是“Vereador”,意爲市政官員。澳門議事會之常設機構爲市政委員會,其成員爲市政委員,每位市政委員均執掌一定的管理職能,故“唩嚟哆”之原意本應指市政委員。但實際在清政府給澳門議事會的檔中,“唩嚟哆”一詞專指理事官,葡萄牙東波塔檔案館藏清代澳門漢文檔案第38號檔稱“督理濠鏡澳事務西洋理事官唩嚨哆爲稟明事”[①],第49號文件稱“西洋理事官唩嚨哆稟”[②]。在所有的檔案中“唩嚨哆”的對應詞即理事官。《澳門記略》又稱“管庫”的葡文對音爲“備喇故路多盧”,即葡語“Procurador”。金國平解釋:“‘Procurador’在葡語中最基本的詞義是代理人、委托人。唩嚟哆是受市政委員會之托,代表其同中方打交道的代理人。其初期職能主要是管理公共財政,兼理華務。因爲市政委員是他的職務,可能向華官介紹時,自稱‘Vereador’,於是約定俗成,華人遂稱其爲‘唩嚟哆’。唩嚟哆在中方公函中確指‘理事官’。凡漢語文書中使用‘夷目唩嚟哆’處,相應葡譯件均作‘Procurador de Cidade’或‘Procurador do Senado’。”[③]可知,中文‘唩嚟哆’一詞原爲葡文‘Vereador’(市政委員)之音譯,但實際上是指‘Procurador’(理事官、檢查官)。[④] 道光十五年(1835)檔案稱:“該國派有唩嚟哆一名,在澳管理。”[⑤]《洋事雜録》稱:“嘁嚟哆,亦係公舉住澳之夷承充,一年一更换。”[⑥]道光十九年(1839)

---

① 《嘉慶二年八月二十一日澳門西洋理事官唩嚟哆爲稟明事及澳門同知翟批文》,檔案號:PT/TT/DCHN/1/3/000327。

② 《嘉慶二十三年四月二十三日澳門西洋理事官唩嚟哆稟爲據情轉稟乞恩飭毁押遷事》,檔案號:PT/TT/DCHN/1/9/001266。

③ 金國平:《夷目唩嚨哆考正》,載《西力東漸:中葡早期接觸追昔》,第108—113頁。

④ 關於“委黎多”一詞之詳細解釋,詳參湯開建:《委黎多〈報效始末疏〉箋正》,第24—25頁。

⑤ 蔣廷黻輯:《道光朝籌辦夷務始末補遺》第2册,北京:北京大學出版社,1988年影印蔣廷黻輯録故宫大高殿軍機處檔案稿本,第156—169頁。

⑥ 《洋事雜録·史濟泰口述澳門情形》,第395頁。

的中文資料稱:“該夷議事亭内,如遇會議事件,陳設公案,惟兵頭與番差二人正坐,判事四人旁坐,喽嚟哆并無座位,而且旋舉旋換,久暫無常。”①這一段中文記録并不十分準確,但“喽嚟哆無座位”正反映了《王室制誥》頒布後理事官的地位大大下降。

案:文德泉稱:“議事會是在 1582 年 12 月 18 日澳門城向菲利普二世宣布效忠之後不久創建的。”②據葡文資料記載:“1583 年 4 月,澳門議事會作爲市政當局首次由澳門市民選舉産生。”③可知,澳門議事會創建的確切時間應是 1583 年 4 月。徐薩斯對議事會的選舉制度有簡明扼要的介紹:

> 議事會每 3 年選舉 1 次,每一位葡萄牙居民都有權利投票。在王室大法官的召集下,居民被召集起來投票,選出 6 位選民。他們必須莊嚴宣誓,并被分成 3 組,而且他們之間必須没有任何聯繫。之後,他們來到議事會,互相隔絶,每組成員都要選出 21 位市政議員。之後,王室大法官再將這 3 份名單合成 1 份,發給葡印總督,之後葡印總督再次製作 3 份不同的名單,密封後寄回澳門。在每一届議事會的 3 年間,每年的年底會在委員會中將其中的 1 份名單打開,名單包括 2 位法官、3 位市議員及 1 名理事官。④

這就是説,澳門議事會的四名市政議員,都是每年選舉一次,理事官也是每年選舉一次。理事官是代表議事會與中國政府打交道的澳門葡萄牙官

---

① 中山大學歷史系、中國近代現代教研組研究室編:《林則徐集 · 公牘》6 第 97 號《批澳門同知爲喽嚟哆呈明實無鴉片情願具結稟》,第 116 頁。

② Manuel Teixeira, *O Leal Senado*, Macau: Leal Senado de Macau, 1978, p. 4.

③ 《市政廳古文獻》第 91 册,第 8—9 頁。轉引自〔葡〕潘日明(Benjamin Videira Pires)著:《殊途同歸:澳門的文化交融》,蘇勤譯,第 95 頁。

④ Montalto de Jesus, *Macau Histórico*, Hong Kong, Kelly & Walsh Limited, 1902, p. 46. 本處采用徐薩斯書的英文本,因中譯本〔葡〕徐薩斯(Montalto de Jesus)著,黄鴻釗、李保平譯《歷史上的澳門》第 27 頁這段文字翻譯有一些問題,其中稱“果阿總督據此確定 3 個人選”這句話實際應譯爲“葡印總督再次製作三份不同的名單”,這一誤譯,導致了很多學者理解上的錯誤。

員,爲澳門議事會四位市政議員之一。

澳門議事會成立後,實行内部自治,理事官在澳門議事會内部産生。其初期職能主要是管理公共財政,兼理華務。據1863年3月21日《關於起草澳門華人司法組織意見的委員會報告》稱,1583年第一届議事會確定理事官除正常職務之外,亦行使對華人的司法權。1587年12月16日頒布的《王室大法官章程》取消了這一許可權。① 理事官還行使同明清政府打交道的權力。19世紀初,著名澳門王室大法官眉額帶歷評價理事官稱:"理事官在中華帝國縣官的眼中不過是一下級官吏,縣官及其下屬(指縣丞)可就本澳及其政府的一切問題向理事官發號施令。但它是與中國官衙接觸的唯一機構。"②清代的中文材料也有類似的記録,《崇德堂稿》稱:"一曰理事官,典錢糧。又有名頭人者四,公事集議則與焉,皆兵頭所定,一年一易。而承接協縣公務者,惟理事官是問。"③

澳門議事會成立之初,議事會理事官負責稅務、財政和海關,故《澳門記略》稱其爲"庫官",《采訪册》稱其爲"管庫"。但自1738年5月2日起,理事官收稅之職權由教區的一位由議員們選出的司庫接替,理事官不再兼任司庫一職。④ 這裏的"司庫"亦即後來的"公物會"(Junta da Fazenda Pública de Macau),即管理公帑之機構。《澳門記略》成書於乾隆十六年(1751),《采訪册》成書於道光七年(1827),應該説這一時期的議事會理事官已經不再兼任庫官了,而作爲華人記録者,印光任、張汝霖所采用是舊資料,《采訪册》又采用《澳門記略》的記載,亦稱"理事官,亦名管庫",這一説法應該是錯誤的。

---

① 〔葡〕葉士朋(António Manuel Hespanha)著:《澳門法制史概論》,周艷萍、張永春譯,澳門:澳門基金會,1996年,第41頁。

② José de Aquino Guimarães Freitas, *Memoria Sobre Macáo*, p. 31.

③ 〔清〕王植:《崇德堂稿》卷2《香山險要説——復撫都堂王》,《四庫全書存目叢書·集部》第272册,第176頁。

④ 〔葡〕施白蒂(Beatriz Basto da Silva)著:《澳門編年史:16—18世紀》,小雨譯,第126頁;Manuel Teixeira, *Macau no Séc.* XVIII, p. 371.

18 世紀中葉，葡萄牙王室權力加强。1783 年頒布《王室制誥》，從此葡萄牙國王指派的澳門總督有權干預澳門葡萄牙人的内部管理事務，其職權開始凌駕於議事會之上。[①]《采訪册》中記録有“向在澳之四大頭人中公舉爲之，近在小西洋旨意，着某某爲之”，就是説過去澳門議事會推選的理事官是在澳門的四大頭人中推選，而到道光時却是根據小西洋的葡印總督的意志指派某某人爲之，這一資料的公布，正可説明《王室制誥》頒布後議事會權力日漸衰落。

通事一名唐人進教者爲之：通事，指翻譯人員。澳門議事會通事由華人擔任，但必須是基督徒。

番書一名：番書，即指澳門議事會的書記官。據 1586 年 4 月 10 日的法令，議事會即設有書記官一職，必須由有少尉軍銜的軍人擔任，3 年一任，後來改爲 6 年一任，從 1630 年開始再改爲終身制。[②]

兵頭遣自小西洋，轄番兵一百八十名。

《澳門記略》：“夷目有兵頭，遣自小西洋，率三歲一代。”《采訪册》資料來自《澳門記略》。《祝志》作：“兵頭遣自小西洋，轄蕃兵，分戍三巴門及諸炮臺。”

兵頭：文獻中一般又作“西洋兵頭”[③]，又稱“總兵官”[④]，嘉慶時稱“瑪羔城總兵官知府大老爺”[⑤]，指澳門葡萄牙總督。《明清史料》則稱：“夷言啵

---

① 吴志良：《澳門政治發展史》，第 48—49 頁。

② Manuel Teixeira, *O Leal Senado*, p. 4.

③ 《康熙朝汉文批奏折彙編》第 8 册第 2669 號，北京：中國檔案出版社，1985 年影印本，第 268 頁。

④ 《康熙三十二年二月十八日香山知縣陳常爲懇恩禁飭積弊以杜後患以廣皇仁事》，檔案號：TNA/F01048/17/52。

⑤ 《嘉慶六年十月十五日英咭唎嗰呀嗲大將軍嘍啉士類致澳門總督便鐸函》，檔案號：TNA/F233—189。

嘮,即華言兵頭也。"[①]"吺嘮"即兵頭,亦即總督,早期澳門總督僅具軍事權,故稱之。葡文總督爲"Governador","吺嘮"即譯其後半部"nador"。英國國家檔案館藏康熙三十二年(1693)檔案稱:"官兵之員,西音稱'嘉必當熱臈爾',譯言總兵官。"[②]"嘉必當熱臈爾"即葡文"Capitão – mor"的音譯,意爲大船長或艦隊司令,中文一般譯爲"甲必丹末",也可以翻譯爲"兵頭"。《澳門記略》稱兵頭作"个患多慮",當爲葡文"Governador"一詞的音譯。道光時姚瑩又稱:"武官名知你蒚,華謂之兵頭。"[③]"知你蒚"當爲"militar"(軍官)一詞的音譯。乾隆十五年(1750)張甄陶《澳門圖説》稱澳門"其夷目曰兵頭,主約束夷兵"[④]。乾隆時張嗣衍《廣州府志》稱澳門"有兵頭鎮戍,三年一更,遣自小西洋"[⑤]。葡萄牙東波塔檔案館藏乾隆五十八年(1793)檔案稱:"西洋國向設有總兵官一員,在澳督理番兵事務,三年一任,或换或留,悉聽西洋國王調度。"[⑥]《洋事雜録》稱:"澳夷兵頭一名,係由國王發來,五年一更换。"又稱:"兵頭哦呍吺携有家眷,住南灣。"[⑦]"哦呍吺",當即邊度,1837—1843年出任澳門總督,其葡文名爲"Adriao Acácio da Silveira Pinto"。該書還將兵頭分爲大兵頭和二兵頭,"西洋大兵頭名士[⑧]唎嗶喇・邊嘜[⑨],二兵頭名唎喱吔"[⑩]。中文資料明顯有矛盾之處,有的稱澳門總督"三年一

---

① "中研院"歷史語言研究所編:《澳夷築城殘稿》,上海:商務印書館,1936年,第614頁。

② 《康熙三十二年二月十八日香山知縣陳常爲懇恩禁飭積弊以杜後患以廣皇仁事》,檔案號:TNA/F01048/17/52。

③ 〔清〕姚瑩:《康輶紀行》卷16《夷酋顛林繪圖進呈説》,《四庫未收書輯刊》影印清同治刻本,第5輯,第14册,第375頁。

④ 〔清〕賀長齡編:《皇朝經世文编》卷83《兵政》14,沈雲龍主編《近代中國史料叢刊》影印清道光六年自序光緒十二年(1886)刊本,正編第74輯,第2976頁。

⑤ 〔清〕張嗣衍修:乾隆《廣州府志》,《廣州大典》總第267册,第660頁。

⑥ 《乾隆五十八年六月十四日香山知縣許敦元諭澳門夷目唛嚟哆》,檔案號:PT/TT/DCHN/1/2/000223。

⑦ 《洋事雜録・史濟泰口述澳門情形》,第395頁。

⑧ 原文作"吐",當爲"士",據改。

⑨ 士唎嗶喇・邊嘜,即哦云奴,參見前注。

⑩ 《洋事雜録・史濟泰口述澳門情形》,第395—396頁。

任”，有的則稱澳門總督“五年一任”。兵頭除掌控澳門軍事以外，還掌控了澳門的司法權力，即如《澳門記略》所言：“蕃人犯法，兵頭集夷目於議事亭，或請法王至，會鞫定讞，籍其家財而散其眷屬，上其獄於小西洋，其人屬獄候報而行法。其刑或戮或焚，或縛置炮口而燼之。”①

案：據葡文資料，1557 年 11 月，中國及日本巡航首領弗蘭西斯科・瑪律廷斯(Francisco Martins)率兩艘葡萄牙大黑船從日本平户返回澳門，成爲第一位有記載的駐澳門的巡航首領。② 這是澳門有葡萄牙行政長官之始。一份 1581 年的葡萄牙文獻稱：“在澳門，没有一個常駐在這裏的兵頭，衹有中國及日本巡航首領每年來這，當他在這座城鎮時，充當地方兵頭，當他走了，另一位巡航首領來。因此，幾乎很少或是没有兵頭的時候。巡航首領在那裏駐留期間，就充當葡人居留地的行政長官，擁有民事和刑事司法權，同時也是停泊在那裏所有葡萄牙船的船隊長。除了巡航首領的船以外，其他任何船不得從該港開往日本。因此，澳門居民及從事對日貿易的商人都將自己的貨物裝進巡航首領的船，付給他高額的往返運費。這種運費數額很大，構成對日航行的主要收入。”③葡萄牙人進入澳門之初，應是按照其傳統的殖民統治形式，建立一商站或商業要塞。商站職能主要是商業性的，目的是保障王室的商業利益，創造必須的條件及機會來鼓勵貿易。因此，常常集商業、軍事、外交職能於一身。通常一個商站即是一座軍事要塞，它需要注意尊重要塞周圍的居民與權貴，并與他們維持友好關係。葡國人到澳門的最初階段即采用這種管理模式，在商貿和後勤方面，王室派一位商站站長或代理爲代表；在政治軍事方面，由一位每年在前往日本中途在澳門逗留的巡航首領(Capitão das Viagens)負責。④ 1622 年以前的兵頭均由中國及日本巡航首領充任，是臨時性的。1623 年 3 月 18 日，葡印總督弗蘭西斯科・伽瑪决

---

① 〔清〕印光任、張汝霖：《澳門記略・澳蕃篇》，《廣州大典》總第 221 册，第 362 頁。

② Manuel Teixeira, *Macau no Séc XVI*, p. 41.

③ Francisco Paulo Mendes da Luz, *Livros das Cidades e Fortalegas da índia*(1580), pp. 106,128.

④ 〔葡〕葉士朋(António Manuel Hespanha)著：《澳門法制史概論》，周艷萍、張永春譯，第 14—15 頁。

定任命弗蘭西斯科·馬士加路也(D. Francisco de Mascarenhas)爲澳門首任總督。① 早期的澳門總督并不是澳門的最高行政長官,因爲當時澳門政府的行政權力全部掌握在議事會手中,總督或兵頭衹能够掌握澳門的軍隊。故中文檔案稱澳門"自設兵頭等官,兵頭管理番兵,如内地武員"②。湯彝《盾墨》亦稱澳門"兵頭一,掌兵"③。直到1783年《王室制誥》頒布以後,才擴展澳門總督的職權範圍,總督不再僅是澳門的軍事首領,還可以干預澳門當地的日常行政事務,對議事會的决議擁有否决權。此後澳門總督才正式成爲全面掌管澳門政治、經濟及軍事大權的行政長官。

轄番兵一百八十名:關於澳門軍隊人數數量的變化,最早見於《暴志》稱:"設有炮臺六座,撥番兵防守。"衹稱有"番兵",未指明人數。張甄陶乾隆十五年(1750)《澳門圖説》稱澳門"夷人自設夷兵一百二十名,司夜禁,察漏税"。④ 乾隆十六年(1751)《澳門記略》載"轄蕃兵一百五十名,分戍諸炮臺及三巴門。"⑤到道光初,1827年《采訪册》記録蕃兵人數比乾隆時《澳門記略》多了30名,爲180人。據道光十五年(1835)哈豐阿奏章稱:"其番梢原設四百八十名,嗣因經費不足,裁汰二百四十名。"⑥"番梢"即番兵,原設480名,那就是説澳門早年的軍隊人數最高達到過480人。到1835年還有240人。《洋事雜録》載1838年事稱澳門有"西洋叙跛五百名,每月給兵糧艮六員,一月共須艮三千員。歲發兵裝二套,每二套須艮十兩,每年須艮五千兩"⑦。叙跛,西文作"sepoy",指澳門的印度土著士兵。道光十八年

① *Documentos Remetidos da Índia ou Livros das Monções*, Vol. 9, p. 178.

② 《道光三年六月十八日兩廣總督阮元奏聞澳門夷人驅逐番差、兵頭事》,檔案號:TNA/F01048/23/8。

③ 〔清〕湯彝:《盾墨》卷4《澳門西番》,《續修四庫全書》影印清道光十六年(1836)居溥序刊本,第445册,第104頁。

④ 〔清〕賀長齡編:《皇朝經世文編》卷83《兵政》14,沈雲龍主編《近代中國史料叢刊》影印清道光六年(1826)自序光緒十二年(1886)刊本,正編第74輯,第2976頁。

⑤ 〔清〕印光任、張汝霖:《澳門記略·澳蕃篇》,《廣州大典》總第221册,第362頁。

⑥ 蔣廷黻輯:《道光朝籌辦夷務始末補遺》第2册,第160頁。

⑦ 《洋事雜録·史濟泰口述澳門情形》,第396頁。

(1838)時有叙跛兵五百人,大體上和道光十五年(1835)的數據相近。

案:據葡文資料,1623年第一任澳門總督馬士加路也抵達澳門後帶來了一個連隊的葡萄牙軍隊,人數125名。① 1634年時,澳門六個炮臺駐有150名歐洲士兵。② 1640年時,由於明末澳門海上緊張的政治局勢,澳門的駐軍士兵人數增加到8000人,其中有陸軍也有海軍。③ 到1681年時,澳門駐軍又回到了150名士兵。④ 1784年,《王室制誥》頒布後,葡印總督又派遣了150名印度士兵,包括100名的火槍連和50人的炮兵隊。⑤ 1810年在澳門正式成立攝政王炮兵營,由來自果阿的400名士兵組成。⑥ 據1835年的統計,澳門還有300名士兵。根據中葡資料記録比較,各時間記録的澳門軍隊人數大體相同。

其屬有兵總數人,内有大總、小總名目。

兵總:據林則徐稱,澳門"兵總,如中國總兵官。"⑦應是指澳門總督轄下之各炮臺、要塞軍事長官,甚至一般的軍官也可以稱之爲兵總。因各炮臺駐軍人數多寡不一,故有大總、小總之分。如媽閣炮臺和大炮臺均爲澳門最大的炮臺,故媽閣炮臺和大炮臺的司令官均應爲"大總";其他如東望洋炮臺、西望洋炮臺南灣炮臺,其炮臺戍守官當即爲"小總"。據道光十五年(1835)

---

① C. R. Boxer, *Macau na época da Restauração*, Macau, Imprensa Nacional de Macau, 1942, p. 84.

② Manuel A. Ribeiro Rodrigues, 400 *Anos de Organização e Uniformes Militares em Macau*, Macau, Insitituto Cultural de Macau, 1999, p. 179.

③ Manuel Teixeira, "Os Macaenses", in *Revista de Cultura*, edição do Instituto Cultural de Macau, No. 20, 1994, p. 70.

④ C. R. Boxer, *Fidalgos in the Far East*(1550 – 1770), *Fact and Fancy in the History of Macau*, The Hague: Martinus Nijhoff, 1948, p. 203.

⑤ Manuel Teixeira, *Macau no Séc. XVIII*, Macau, Imprensa Nacional, 1984, p. 637。

⑥ Eduardo A. Veloso e Matos, *Forças de Segurança de Macau*, Macau, 1999, pp. 39 – 40;李長森:《明清時期澳門土生族群的形成發展與變遷》,北京:中華書局,2007年,第284頁。

⑦ 林則徐全集編輯委員會編:《林則徐全集》第10册《譯編》,第5159—5160頁。

哈豐阿的奏摺稱，澳門“頭目兵總五六十人，番梢分守炮臺”①，有五六十位兵總，應該就是指葡萄牙軍官。

番僧不一類，司教者曰法王，由大西洋來，澳酋無與敵體②者。尼曰聖母，其敬尤甚於法王。

《澳門記略》：“蕃僧不一類。三巴寺僧削髮，披青，冠斗帽。司教者曰法王，由大西洋來，澳酋無與敵體者。有大事、疑獄，兵頭、蕃目不能决，則請命，命出奉之惟謹。”《采訪册》據《澳門記略》的資料進行删改而成。

法王：原意爲佛教中一教説法之主，元明兩代對藏傳佛教中的一些教派首領的封號。澳門華人以此名稱澳門主教，甚至有人稱“主教學士爲和尚王”③。明清文獻中有大量關於“法王”的記録，清初談遷稱：“法王曰俾斯玻。”④屈大均亦有詩稱：“禮拜三巴寺，蕃官是法王。”⑤李珠光又有澳門詩：“持家蠻富貴，主教法王尊。”⑥釋迹删有詩：“到處不妨吾道在，島夷今識法王尊。”⑦羅天尺有詩稱：“花錢唐堉重，蠻律法王尊。”⑧朝鮮學者李圭景《五洲衍文長箋散稿》稱三吧寺“寺中曰法王，其所奉曰天母，名瑪利亞，抱一嬰兒，曰天主，爲耶穌”⑨。又有清人何大猷有“蕃官惟有法王尊”⑩之句。澳

① 蔣廷黻輯：《道光朝籌辦夷務始末補遺》第2册，第160頁。

② 敵體，指彼此地位相等，無上下尊卑之分。

③ 《康熙三十二年二月十八日香山知縣陳常爲懇恩禁飭積弊以杜後患以廣皇仁事》，檔案號：TNA/F01048/17/52。

④ 〔清〕談遷：《北游録》不分卷《紀郵上》，北京：中華書局，1960年，第46頁。

⑤ 〔清〕屈大均：《翁山詩外》卷8《五言律》5，《廣州大典》總第437册，第293頁。

⑥ 〔清〕黄紹昌、劉熽芬纂輯：《香山詩略》卷4《清代·李珠光》，中山：中山詩社，1989年，第218頁。

⑦ 〔清〕釋迹删：《咸陟堂詩文集·詩集卷》13《七言律》4，《廣州大典》總第441册，第135頁。

⑧ 〔清〕羅天尺：《瘦暈山房詩删》卷7《五律》2，《廣州大典》總第443册，第577頁。

⑨ 〔朝〕李圭景編著：《五洲衍文長箋散稿》卷36《天地編·地理類·州郡·濠鏡墺門辨證説》下編，漢城：東國文化社，1959年，第79頁。

⑩ 〔清〕何大猷等輯：《欖山花谿詩鈔初集·松菊山房》，《廣州大典》總第512册，第38頁。

門甚至出現有婦女與法王生子則貴重的説法。清人張琳詩稱:“娉婷同到三巴寺,笑願生兒仗法王。自注云,寺奉耶穌天主,僧號法王者司其教。男女朝夕禮拜,女惟法王所欲,與法王生子則貴重。”①陳蘭芝亦有詩歌:“嫁郎未必他年悔,生子還當愛法王。”②屈大均稱:“女入寺,或惟法王所欲,與法王生子,謂之天主子,絶貴重矣。”③清人范端昂稱:“番人有罪,法王不許懺悔,即斬;許懺悔,自以鐵鈎鈎四體流血。”④

聖母:當指聖母瑪利亞。此處稱“尼日聖母”,則表示修女的地位崇高。

案:第一個進入澳門的神父當爲貢薩雷斯,進入的時間是 1555 年,進入的當年就授洗了 7 人。1556 年他仍留在島上,建起了茅草教堂,授洗的華人基督徒增加到 75 名。⑤ 1557 年,澳門開埠以後,葡萄牙人在短短幾年内建起了澳門最早的三座教堂:望德堂、花王堂和風順堂。1560 年,第一批耶穌會士抵達澳門。⑥ 到 1563 年時,澳門的天主教徒已發展到了相當規模。⑦裴化行稱:“1565 年時,澳門已有教友 5000 名以上,住在聖拉匝禄主教大堂附近。”⑧1576 年 1 月 23 日,教宗格裹高利十三世(Gregory XⅢ)頒布通諭,正式陞澳門爲澳門主教區,脱離麻六甲主教管轄區,澳門主教區領轄包括日本、中國、朝鮮、安南及這些國家的毗鄰島嶼等處教務。并任命薩主教(D. Leonardo de Sà)爲澳門主教區首任主教。薩主教於 1581 年才到澳門履任就職,所以 1557—1581 年,澳門主教一職就由賈尼勞署理。賈尼勞處理

① 〔清〕張琳:《玉峰詩鈔》卷 15《七言絶句》,《廣州大典》總第 451 册,第 191 頁。

② 〔清〕陳蘭芝:《嶺海名勝記·澳門記》卷 7《詩類》,《廣州大典》總第 227 册,第 539 頁。

③ 〔清〕屈大均《廣東新語》卷 2《地語》,《廣州大典》第 218 册,第 27 頁。

④ 〔清〕范端昂:《粤中見聞》卷 2《地部》1《澳門》,《廣州大典》總 217 册,第 267 頁。

⑤ 〔葡〕羅理路著:《澳門尋根·格雷戈裏奥·岡薩雷斯神父給胡安·德·波爾哈的信》,陳用儀譯,澳門:澳門海事博物館,1997 年,第 140 頁。

⑥ 〔葡〕施白蒂(Beatriz Basto da Silva)著:《澳門編年史:16—18 世紀》,小雨譯,第 15—16 頁。

⑦ 〔葡〕羅理路編:《澳門尋根·曼努埃爾·特謝拉神父給果阿耶穌會士們的信(澳門,1563 年 12 月 1 日)》,陳用儀譯,第 84 頁。

⑧ 〔法〕裴化行著:《天主教 16 世紀在華傳教志》,蕭濬華譯,上海:商務印書館,1936 年,第 126 頁。

了澳門教區成立最初6年的實際教務,所以人們都習慣稱其爲澳門的第一任主教。早期澳門城市和天主教事務的發展在很大程度上得益於澳門教區署理主教耶穌會士賈尼勞。[①] 1571年,賈尼勞在望德堂搭木蓋屋,作爲辦公之地,這就成爲澳門的第一座主教座堂。[②] 1576年澳門主教區建立後,又擴建原有的聖瑪利亞堂(Santa Maria),并陞格爲主教堂,是爲澳門第二座主教堂。[③] 直到1622年,澳門才正式於澳門大廟頂建成主教座堂聖伯多禄堂,俗稱"大堂"。[④]

1576年澳門主教區建立後,由於天主教各修會紛紛駐足澳門,并將澳門定位爲各修會對中國及遠東地區傳教的基地。因此,在澳門開埠後的百餘年間,澳門天主教獲得了空前的發展。據1578年一位神父的記録稱,澳門已有1万居民,還有5座每天做彌撒的教堂,它們是聖安東尼堂、主教座堂、聖母堂和老楞佐堂,以及在城墻外面的望德堂。在這些教堂前面都開闢了很大的廣場,當地澳門人稱爲"前地",從而在各教堂四周形成居住中心,即與教區教堂相適應的教區。[⑤] 據1623年雷戈的報告稱:"本市有奥古斯丁教派、多明我會和聖方濟各會,有很好的教堂和修會,一般居住著七八個教士。有時多一些,有時少一些。有1座主教堂和2個教區,每個教堂和修道院都有很多教友會;還有2座聖母小堂。所有這些教堂都有所需的傳教士,布置得富麗堂皇,有很多用於進行聖事活動的銀質聖器,在裏邊進行宗教儀式規模宏大。"[⑥]

---

① 戚印平:《遠東耶穌會史研究》,北京:中華書局,2007年,第479頁。

② 郭永亮:《澳門香港之早期關係》,臺北:"中研院"近代史研究所,1990年,第44頁。

③ 〔葡〕施白蒂(Beatriz Basto da Silva)著:《澳門編年史:16—18世紀》,小雨譯,第18頁。

④ Manuel Teixeira, *Macau e a Sua Diocese, Vol. XII, Bipos, Missionários, Igrejas e Escolas*, Macau: Tipografia da Missão, 1976, p. 173;郭永亮:《澳門香港之早期關係》,第44頁。

⑤ 〔葡〕巴拉舒著:《澳門中世紀風格的形成過程》,范維信、喻慧娟譯,《文化雜志》總第35期,1998年。

⑥ 〔葡〕雷戈著:《澳門的建立與强大記事》,范維信譯,載澳門文化局編《16和17世紀伊比利亞文學視野裏的中國景觀》,鄭州:大象出版社,2003年,第196—197頁。

寺中尼今存二十八《記略》載"四十有奇"、番僧六十有七。

《申志》和《暴志》均載有"尼姑寺",但并無"尼姑"數據。《澳門記略》稱"寺中尼凡四十有奇",又稱"一女爲尼,一家爲佛眷,家人罹重辟,得女尼片紙,立宥之。然必捐千金致諸公,故入寺者鮮"。《澳門記略·澳譯》載"尼姑,非利也立",當爲葡文"Freira"的音譯,意爲"修女"。《采訪册》未采用《澳門記略》的資料,而稱"寺中尼今存二十八",比《澳門記略》的"四十有奇"少十餘人,可證《采訪册》資料來源是纂修者調查所得。

案:澳門原無修女。1633 年,澳門貿易艦隊隊長方濟會士安東尼奥·菲亞略·費雷拉(António Fialho Ferreira)抵達馬尼拉,馬尼拉女修道院院長安娜·德·克裹斯托(Ana de Cristo)爲滿足修女阿森桑的遺願,請求派女修士到澳門傳教,經葡印總督米格爾·德·羅郎也(D. Miguel de Noronha)批准,命令費雷拉船長將 6 名西班牙聖家辣修女帶到澳門,建立澳門女修道院。① 11 月 4 日,修女們抵達澳門時,"這些姑娘受到了熱烈的歡迎,澳門人灑上香水,舉著鮮花,列隊歡迎她們。她們走過的每條街道、每座房屋都修飾一新,炮臺和軍艦都鳴槍向著這些基督的配偶表示敬意"②。

1634 年 4 月 30 日,修女們到澳門不到半年,就在方濟會修道院旁邊就建起一座新修道院,新修道院由萊蘇雷考(António da Ressurreicao)修士利用幾何學原理設計,他經驗豐富,是建築學方面的專家。③ 修道院建成後,被命名爲"聖克拉拉女修道院",當地華人稱爲"聖家辣堂"。澳門修女的選拔條件很高,1731 年賈修利(D. João de Casal)主教重組聖克拉拉修道院時,將修院的修女名額定爲 40 名,以後大致都維持這一水平。④ 故《澳門記略》

① Manuel Teixeira, *Macau e a Sua Diocese*, Vol. 3, As Ordens e Congregações Religiosas em Macau, Macau, Tipografia soi sang, 1956—1961, p. 483.

② 〔葡〕徐薩斯(Montalto de Jesus)著:《歷史上的澳門》,黄鴻釗、李保平譯,第 82 頁。

③ Manuel Teixeira, *Macau e a Sua Diocese*, Vol. 3, pp. 488 - 489.

④ Manuel Teixeira, *Macau e a Sua Diocese*, Vol. 3, p. 501.

稱"寺中尼凡四十有奇"。但《采訪册》修成時"寺中尼今存二十八"。據龍思泰記載,1822 年聖克拉拉修道院還有 45 名修女。① 爲什麼至道光七年(1827)時,該院的修女會從過去的 40 餘名減至 28 名呢? 據記載,1824 年 12 月 31 日聖克拉拉修道院發生了一場大火,當時有 31 位修女逃生。② 經過這場大火後,修道院重新整頓,故修女人數減成"二十八"人。

至於《采訪册》記録的澳門神父 67 人,雖無法加以佐證,但可反映,1762 年耶穌會被解散後,澳門天主教雖然遭到很大打擊,但隨著遣使會與巴黎外方傳教會不斷派遣傳教士到華,其中大部分都要在澳門居停一段時間,所以這一時期澳門的傳教士人數又達到了一定的規模。據統計,1784—1827 年,有 26 名葡萄牙遣使會士到澳門,并在澳門聖若瑟修道院擔任教師。1789—1827 年還有葡萄牙和中國内地的修士 29 人在澳門學習神學。另外還有兩位法國遣使會士在此期間進入澳門。③ 再加上澳門各個教堂的神父,《采訪册》稱當時澳門神父數量爲 67 人,應該是可以相信的。

夷官有大紅棍、二紅棍、小紅棍。小紅棍如内地保甲者,晨昏訊察兼守獄。

《澳門記略》:"紅棍官二等,曰大紅棍、曰二紅棍。大紅棍於夷人就暝時,察其貲財,而籍記之,詢其人以若干送寺廟,若干遺子女,若干分給戚屬,詳書於册,俾無後争。二紅棍於夷人既没,有子女俱幼、不能成立者,即依大紅棍所開應給之數,撫育其子女,而經理其餘財,待其既長婚嫁,舉以付之。如無子女,悉歸其貲於寺廟。其晨昏譏察,如内地保甲者,曰小紅棍,兼守獄。"《采訪册》記録全部來自於《澳門記略》,但做了很大删節。

---

① 〔瑞典〕龍思泰(Anders Ljungstedt)著:《早期澳門史》,吴義雄等譯,第 36—37 頁。

② 参〔葡〕施白蒂(Beatriz Basto da Silva)著:《澳門編年史:19 世紀》,姚京明譯,第 33 頁;Manuel Teixeira, *Macau e a Sua Diocese*, Vol. 3, p. 509.

③ 湯開建:《天朝異化之角:16—19 世紀西洋文明在澳門》,廣州:暨南大學出版社,2016 年,第 913—917 頁。

大紅棍:即孤兒法官,葡文稱"Juíz dos órfãos",又稱"孤兒書記官",葡文爲"Escrivão dos órfãos"。孤兒法官是議事會内設立的專職司法人員,可以由普通法官出任,亦可由王室大法官兼任。紅棍是一種圓木棍,葡語稱之爲"vara vermelha",漢語可譯爲"權杖"或"官杖",爲象徵某種權利的短手杖,多爲政治、司法或軍警人士使用。葡萄牙古代司法制度中有兩種權杖:法官所使用爲一白棍,上飾有國徽,所以葡萄牙法院中的各庭仍以"vara"表示;紅棍則是市政議員的權力象徵,上有市徽。①

二紅棍:即死者遺産管理人,葡語稱"Proredor dos defuntos",即是葡文档案中出现的"孤儿书记員"②,是隶属於孤儿法官下的官員。有些时候,孤儿法官也兼任死者遗产管理人。此職位由議事會委任。③

案:孤兒法官和孤兒書記官,是葡萄牙早期的一種特殊司法制度,在葡萄牙每個市鎮中都設有一位孤兒法官。由於葡萄牙的海外殖民擴張,很多葡萄牙貴族和軍人死於征戰的途中或海上,他們留下的孤兒寡婦就成爲了葡萄牙社會的一個重要問題。由於亡逝的貴族、軍人都願意將自己的財産留給後代,所以這其中許多的孤兒并不需要物質的援助。對處於這種狀况的孤兒,更重要的是對他們以後將繼承的財産進行托管,由專門的司法人員來負責清點造册,孤兒法官一職開始出現。他的職責是管理孤兒的財産。澳門孤兒法官的設立則大概在16世紀80年代。④ 1582年完成的《市堡書》稱澳門"還有一位公文、司法與記録文書官,他也兼任爲死者與孤兒開證明的文書官(即孤兒法官)。上述文書官在三年期間也可以得到2500～3000克魯梨多的純收入。這個職位通常每三年任命一次,由不同的人擔任"⑤。

---

① 金國平、吴志良:《紅棍與紅杖》,載《鏡海飄渺》,第272—273頁;葉士朋(António Manuel Hespanha):《澳門法制史概論》,周艷萍、張永春譯,第62頁。

② *Arquivos de Macau*, 1ª Série, Vol. I, No. 1, Macau, 1929, p. 17; *Arquivos de Macau*, 3ª Série, Vol. 2, No. 6, Macau, 1930, p. 336.

③ 金國平、吴志良:《紅棍與紅杖》,載《鏡海縹緲》,第273頁。

④ 〔葡〕施白蒂(Beatriz Basto da Silva)著:《澳門編年史:16—18世紀》,小雨譯,第20頁。

⑤ 〔葡〕佚名:《市堡書》,陳用儀譯,載澳門文化局編:《十六和十七世紀伊比利亞文學視野裏的中國景觀》,第117—118頁。

1587年時葡萄牙國王任命王室大法官兼任孤兒法官。[1] 1596年由於澳門市民的反對,葡萄牙國王菲利普一世(Philip Ⅰ)又宣布,取消王室大法官兼任孤兒法官,改由"已婚并稱職之市民"擔任。[2] 孤兒法官主要管理孤兒們背後的一筆巨大的遺産,被稱爲"孤兒金庫"。在葡文檔案中,有些時期孤兒法官和孤兒書記官爲同一個人擔任,一般都由澳門議事會的普通法官兼任,任期爲一年。1603年1月24日,葡印總督授予澳門議事會選出孤兒法官的特權及任命孤兒法官書記官。[3] 1783年《王室制誥》頒布後,在1785年2月的法令中,王室大法官又兼任了孤兒法官。王室大法官廢除後,孤兒法官職位又由澳門按察使(即澳門地區法官)兼任。據1844年9月20日條例,澳門按察使繼續出任孤兒法官職位,處理孤兒銀庫事務,他將擁有該銀庫的一把鑰匙。[4]

小紅棍:即澳門監獄典獄長。澳門監獄屬議事會管轄,1587年頒布的法令就有"一名庶務官效力於王室大法官,他還負責管理監獄,每年的薪金是24000雷亞爾,他們4人的薪金由麻六甲商館支付"[5]。1624年4月26日,葡印總督授予澳門議事會任命監獄典獄長的權力。[6] 典獄長即《澳門記略》中的"小紅棍"。《澳門記略》和《采訪册》稱"小紅棍如内地保甲者,晨昏訊察兼守獄"。這就是説小紅棍除了承擔典獄長的責任外,還像内地保甲長一樣晨昏訊察,維護澳門的治安,故知小紅棍也是澳門的治安警察。

案:據葡文資料,澳門巡邏隊(ordenança)成立於1698年。據1689年4月30日文件規定,像過往的做法一樣,議事會(Senado)有權任命巡邏隊隊

---

① 〔葡〕葉士朋著:《澳門法制史概論》,周艷平、張永春譯,澳門:澳門基金會,1996年,第62頁。

② 〔葡〕施白蒂(Beatriz Basto da Silva)著:《澳門編年史:16—18世紀》,小雨譯,第28頁。

③ 何永靖:《早期澳門議事會研究(1586—1850)》,暨南大學博士學位論文,2003年,第52—54頁。

④ *Boletim do Governo da Provincia de Macao, Timor, e Solor*, Vol. I, 8 de Janeiro de 1846, No. 1, pp. 1 – 2.

⑤ *Arquivos de Macau*, 1ª Série, Vol. I, No. 2, Macau, 1929, p. 58.

⑥ 何永靖:《早期澳門議事會研究(1586—1850)》,第52—54頁。

長(os capitães da ordenança)。[1] 1691年3月14日,議事會這個權力再次被重申,該日期後來被定爲澳門治安警察(Polícia de Segurança Pública)的成立紀念日。[2] 1712年2月6日,澳門議事會致函澳門總督:"鑒於本市公民隨船出海。單由市巡邏隊士兵巡夜無法防止習慣於夜間出没的中國小偷爲非作歹。本議事會故請求閣下下令派你的士兵在每天後半夜到天亮幫助巡邏,因爲這段時間最令人擔心,但星期天則仍由市巡邏隊負責。"[3]澳門巡邏隊設立固定的警營(即"堅屋"),并規定其組織制度可追溯到1719年。1719年12月26日,經澳門總督文彌壬(António da Silva Teles Meneses)批准,市議事會正式録用風順堂、花王堂和大堂三區的巡邏隊長,同時分配給每人七名非正規編制的巡邏兵。[4] 巡邏士兵的任務是"常年放哨,擔任警戒。當然,夜間和特殊情況下(如船隻抵達駛離),看守澳門内港,特别是大堂區和風順堂區。當時這兩個區像今天一樣是人口最密集的地方,又是商業最繁盛、刑事犯罪活動最猖獗的地方"[5]。這是在澳門設立的第一支陸上的警察隊。不管是典獄長還是巡邏隊長,澳門的華人都將其稱爲"小紅棍"。

獄設議事亭後,名曰"矢牢"。爲屋二進,樓一層以上居白皙夷人之有罪者,樓下居黑奴之有罪者。按其罪之輕重而分内外進,封禁之。其有官職及船主人等犯罪,則坐炮臺,不在矢牢收禁。夷人犯法輕者予鞭,稍重則發遣哋满。其死刑或勒,或焚,或縛置炮口,擊入海中。

《澳門記略》:"獄設龍嵩廟右,爲樓三重,夷人罪薄者置之上層,稍重者縶於中層,最重則桎梏於下。有土窟委乾牛馬矢,炷火其中,名曰'矢牢'。

---

① Eduardo A. Veloso e Matos, *Forças de Segurança de Macau*, Macau,1999, pp. 37–38.

② Eduardo A. Veloso e Matos, *Forças de Segurança de Macau*, p. 38.

③ 〔葡〕施白蒂(Beatriz Basto da Silva)著:《澳門編年史:16—18世紀》,小雨譯,第84頁。

④ 〔葡〕潘日明(Benjamin Videira Pires)著:《殊途同歸:澳門的文化交融》,蘇勤譯,第108頁。

⑤ 〔葡〕潘日明(Benjamin Videira Pires)著:《殊途同歸:澳門的文化交融》,蘇勤譯,第109頁。

皆無禄。"又有"澳夷罪不至死者,遣戍之(地滿),終其身無一生還者",還稱"蕃人犯法,兵頭集夷目於議事亭,或請法王至,會鞫定讞,籍其家財而散其眷屬,上其獄於小西洋,其人屬獄候報而行法。其刑或戮或焚,或縛置炮口而燼之"。比較《采訪册》與《澳門記略》兩書的記録,有很大的不同。《采訪册》部分采用了《澳門記略》的資料,但也提出了不同的看法。《澳門記略》是根據罪的輕重而分置上、中、下三層,而《采訪册》則稱一層以上居白人罪犯,樓下居黑人罪犯。又根據罪之輕重,分别將犯人關置於内屋和外屋。值得注意的是,《澳門記略》稱監獄爲三層,而《采訪册》則監獄爲二進,這種變化的原因是《澳門記略》成於乾隆十六年(1751),當時議事會大樓還是舊大樓,監獄保持爲三層。《采訪册》成書於道光七年(1827),此時已建成了新議事會大樓,所以監獄也一并進行了改造。"屋二進"應該是改造後的監獄建築。《采訪册》還提出,有官職之人或船主犯罪,并不關進監獄,而是關押到炮臺,澳門監獄主要關押一般犯罪的人。這一點也與《澳門記略》不同。

1783 年貝内伊繪《澳門南灣景色圖》中的澳門監獄

案:監獄是澳門議事會的屬下機構,澳門監獄設置起於何時,文獻無明確記載,文德泉(Manual Teixeira)稱:"澳門議事會大樓最初的建築物要追溯到 1584 年,那時該建築已附設監獄或牢房。從那時起,舊監獄巷和牢房街的命名,與公共街道連在一起。"①就是説,在議事會成立的第二年就設立了監獄。澳門監獄最早就設在今東方斜巷處,當時稱之爲"監牢斜巷"。1587 年頒布的《王室大法官》中就已提到了由庶務官管理監獄。②

① 金豐居士:《議事會大樓,大將登臺氣象萬千》,《新報》2009 年 7 月 9 日。

② *Arquivos de Macau*, 1ª Série, Vol. I, No. 2, Macau, 1929, p. 58.

1754 年 1 月 12 日,澳督羅德里格・賈士度向葡印總督建議,將位於奥斯定教堂前地的政府監獄遷至議事亭旁邊。因爲原監獄既無能力,又無堡壘,更不安全。而議事會旁邊有一幢政府的房子,可將其改建爲安全的監獄,此建議在後來獲得實行。① 故《澳門記略》稱"獄設龍嵩廟右"。龍鬆廟位於今澳門崗頂,實際上監獄即在議事會大樓與龍鬆廟之間,其旁有一條街道被稱爲"監牢斜巷"。1783 年法國人貝内依繪南灣圖,非常清楚地繪製了澳門監獄的真實狀態。監牢爲一磚石砌成的四方碉堡形狀,碉堡共爲 3 層,每層每面有兩個窗户。該碉樓與龍鬆廟的後背緊相連。②

1784 年議事亭擴建議事會大樓,監獄亦隨之改建,變爲一座二層樓建築。③ 故《采訪册》記載監獄爲兩層。

矢牢:又作"屎牢",即澳門監獄,附屬於議事亭。"屎牢"一詞至清末仍見於文獻記載,《鏡海叢報》載:"八月十四日之事,通澳宣傳,何連旺坐屎牢,衆口歡騰,人心快慰。"④

吔滿:即帝汶(Timor),又作"古里地悶"⑤,"居連迦羅之東,蒲山茂林,皆檀香樹,無别産"⑥。其地在今小巽他群島。《澳門記略》載:"有地滿在南海中,水土惡毒,人黝黑,無所主,大西洋與紅毛分據其地。有兵頭鎮戍,三年一更,遣自小西洋,由澳而後達於地滿。亦歲輪一舶往。澳夷罪不至死者,遣戍之,終其身無一生還者。"⑦

---

① 〔葡〕施白蒂(Beatriz Basto da Silva)著:《澳門編年史:16—18 世紀》,小雨譯,第 151 頁。

② La Pérouse, Jean – François de Galaup, *Voyage de La Pérouse autour du monde, publié conformément au décret du* 22 *avril* 1791, rédigé par M. L. A. Milet – Mureau, Tome premier, Paris: De l' Imprimerie de la République, 1797 一書之插圖。

③ Rogério Beltrão Coelho, *Leal Senado de Macau: Esboço de um Edifício*, Leal Senado de Macau, 1995. p. 17, p. 27;〔瑞典〕龍思泰(A. Ljungstedt)著:《早期澳門史》,吴義雄等譯,第 28—29 頁;〔葡〕施白蒂(Beatriz Basto da Silva)著:《澳門編年史:16—18 世紀》,小雨譯,第 181 頁。

④ 《鏡海叢報》第二年第十號(1894 年 9 月 26 日)"聲告"。

⑤ 〔元〕汪大淵:《島夷志略校釋》,蘇繼廎校釋,北京:中華書局,1981 年,第 209 頁。

⑥ 〔明〕王圻:《續文獻通考》卷 236《四裔考》,續修四庫全書影印明萬曆三十年(1602)松江府刻本,第 766 册,第 586 頁。

⑦ 詳參彭蕙:《16—19 世紀澳門和帝汶關係研究》,暨南大學博士學位論文,2007 年,第 12 頁。

雖然明清時期的澳門和帝汶同爲葡萄牙管轄地,但是因爲帝汶生存環境更爲惡劣,也就成爲澳門發配犯人的流放地。18 世紀,從澳門發配犯人到帝汶的現象逐漸普遍,葡文檔案中保存了大量關於澳門罪犯遣戍帝汶的資料記録。據統計,1712—1826 年,有明確記載的從澳門發配到帝汶的犯人數量達 346 人。①

其俗貴女賤男,婚姻不由媒妁,男女相悦則相耦。婚期诣廟跪,僧誦經畢,訊其兩諧,即以兩手携男女手送之廟門外,謂之交印。男家富則歸男家,女家富則歸女家。

《申志》:"彝俗貴女賤男,生女則喜,長則贅婿入其家爲後"。《暴志》:"貴女賤男,生女則喜,女年及笄,父母與擇偶,通知子女,如允從,女則解戒指以定。男媒聞於僧,僧訪無故舊之親,方准其匹配。至婚期,媒引男女至廟,僧即面問:你夫婦日後有無怨悔呢? 均曰無之。僧誦經文,令媒引其齊至女家,設席以待,父母姊妹將女送到男家,亦設席,名曰交印。"《澳門記略》記載最爲詳細:"重女而輕男,家政皆女子操之,及死女承其業。男子則出嫁女家,不得有二色,犯者女訴之法王,立誅死。或許悔過,則以鐵鈎鈎其手足,血流被體而後免。女則不禁。得一唐人爲婿,皆相賀。婚姻不由媒妁,男女相悦則相耦。婚期父母携之詣廟跪,僧誦經畢,訊其兩諧,即以兩手携男女手,送之廟門外,謂之交印。廟惟花王、大廟、風信三分蕃户而司其婚,餘皆否。"《采訪册》所載根據《暴志》和《澳門記略》的資料進行删削、改寫。其中"男家富則歸男家,女家富則歸女家"則是《采訪册》的獨家報道。《祝志》參照《采訪册》記録,内容如下:"貴女賤男,家政女操。婚姻不由媒妁,相悦則相耦。婚期詣廟跪,僧誦經畢,訊其兩諧,即以兩手攜男女手,送之門外,謂之交印。男富歸男家,女富歸女家。"

貴女賤男:這種記載常見於清代資料中,清初王士禎稱澳門葡人"貴女

---

① P. Manuel Teixeira, *Macau no Sec. XVIII*; *Arquivos de Macau*, 3ª Série. 1968 – 1969.

而賤男"[①],清檀萃稱"澳夷貴女"[②],張琳《玉峰詩鈔》稱"夷俗貴女賤男"[③],傅恒《皇清職貢圖》稱"俗重女輕男,相悦爲婚"[④],陳蘭芝《嶺海名勝記》亦稱"貴女賤男,生女則喜"[⑤]。這種説法在清代澳門文獻中比較普遍,但實際上澳門的葡萄牙族群并没有重女輕男的風俗,女子在家庭中的地位也未超過男子,但由於澳門葡萄牙人中有一部分是"家政女子操之,父死,女襲其業",而且澳門葡人信仰天主教,葡人家庭都是實行的一夫一妻制,并規定"男子不得有二色,犯者殺無赦"[⑥]。澳門還有男子入贅女家的現象,再加上歐洲人對女性普遍尊重,這就給當地華人留下了爲"貴女賤男"的印象。

婚姻不由媒妁:澳門葡萄牙人的婚姻是自由婚姻,在明清中文文獻中有大量澳門葡人自由婚姻的記載。明蔡汝賢《東夷圖説》:"婚娶論財,無媒妁,家世相敵,即詣佛前相配。"[⑦]陳仁錫《皇明世法録》亦稱:佛郎機……婚娶論財,責女奩貲數倍。無媒妁,詣佛前相配,以僧爲證,謂之交櫻。國有大故,亦多與僧謀。[⑧] 乾隆時傅恒的《皇清職貢圖》澳門葡萄牙人"相悦爲婚"[⑨]。道光時潘有度《西洋雜咏》詩中稱:"婚姻自擇無媒妁,男女自主擇配,父母皆不與聞。"[⑩]《洋事雜録》:"男女婚姻,自行擇配者多,由父母做主者少,或贅或娶,亦無一定。"[⑪]道光十九年(1839)林則徐亦稱:"婚配皆由

① 〔清〕王士禛:《池北偶談》卷21《談異》2《香山墺》,第517頁。

② 〔清〕檀萃:《説蠻》卷34,叢書集成續編影印昭代叢書本,巳集第57册,第441頁。

③ 〔清〕張琳:《玉峰詩鈔》卷15《澳門竹枝詞》,《廣州大典》總第451册,第191頁。

④ 〔清〕傅恒:《皇清職貢圖》卷1《大西洋國夷人》,瀋陽:遼沈書社,1991年影印本,第81頁。

⑤ 〔清〕陳蘭芝輯:《嶺海名勝記·澳門記》卷7《夷族》,《廣州大典》總第227册,第526頁。

⑥ 〔清〕屈大均:《廣東新語》卷2《地語·澳門》,第38頁。

⑦ 〔明〕蔡汝賢:《東夷圖説》,濟南:齊魯書社,1996年,第428頁。

⑧ 〔明〕陳仁錫:《皇明世法録》卷82《南蠻·佛郎機》,北京:北京出版社,2000年,第401頁。

⑨ 〔清〕傅恒:《皇清職貢圖》卷1《大西洋國夷人》,第81頁。

⑩ 〔清〕潘義增編:《番禺潘氏詩略》第2册《義松堂遺稿·西洋雜咏》,潘飛聲校,第2頁。

⑪ 《洋事雜録·史濟泰容林同述》,清代稿鈔本八編影印,廣東省立中山圖書館藏清代檔案稿本,第354册,第377頁。

男女自擇,不避同姓,真夷俗也。"①

交印:應該有兩種解釋,一是指澳門葡萄牙人一種婚姻儀式,就是男女雙方交換信物;還有一種就是指澳門葡萄牙人結婚的全過程。明清文獻多有記録。明代蔡汝賢《東夷圖説》載:"詣佛前相配,以一僧爲證,謂之交印,遂携婦歸。"②和珅《大清一統志》載:"佛前相配,以僧爲證,謂之交印。"③清陸鳳藻《小知録》載:"婚娶佛前相配,謂之交印。"④尤侗《佛郎機竹枝詞》稱:"婚姻詣佛前相配,以僧爲證,謂之交印。"⑤上面所説的"交印"都是指在證婚人面前交换信物。擔任過香山知縣的彭昭麟《從征詩草》對"交印"一詞有更爲詳細的解釋:"澳夷俗,男受女聘,定議後,其父母率領男女至三巴寺謁法王。法王者,番僧也。僧訊明男女俱無怨悔,然後爲之諷誦經文,令其禮拜。拜畢,引至嫁。設席以待其父母,女適男家亦設席待其父母,謂之交印。"⑥很明顯,彭昭麟所説的"交印"是指整個結婚過程。清人屈大均《廣東新語》稱:"女子持家計,承父資業,男子則出嫁女子,謂之交印。"⑦張琳《玉峰詩鈔》載:"以男嫁女謂之交印。"⑧屈大均和張琳均認爲男嫁女家稱爲"交印",這種認識是錯誤的,"交印"一詞指的祇是澳門葡萄牙人結婚的過程或交换信物的儀式,并非男嫁女家。

案:根據葡文資料,澳門葡萄牙人的風俗主要體現爲:婚姻是自由的,子女具有否决權和自主選擇權,婚前有自由戀愛的機會,也不需要媒妁之言,但自由观念是相對的,葡人婚姻仍然爲門第觀念所制約,葡萄牙社會也講究

---

① 林则徐全集编辑委員会编:《林则徐全集》第9册《日记卷·道光十九年七月二十六日》,福州:海峡文艺出版社,2002年,第4596頁。

② 〔明〕蔡汝賢:《東夷圖説》,第428頁。

③ 〔清〕穆彰阿等纂修:《嘉慶重修一統志》卷560《法蘭西》,四部叢刊續编上海涵芬樓影印清史館藏道光二十二年(1842)進呈寫本,第3頁。

④ 〔清〕陸鳳藻輯:《小知録》卷3《四裔》,上海:上海古籍出版社,1991年,第73頁。

⑤ 〔清〕尤侗:《西堂全集》第11册《外國竹枝詞》,康熙間刊本,第12頁。

⑥ 〔清〕彭昭麟:《從征詩草》卷4《嶺南草》,國家圖書館藏嘉慶十四年(1809)刊本,第16頁。

⑦ 〔清〕屈大均:《廣東新語》卷2《地語·澳門》,第38頁。

⑧ 〔清〕張琳:《玉峰詩鈔》卷15《澳門竹枝詞》,《廣州大典》總第451册,第191頁。

婚姻的門當户對,而且同姓也可通婚。在澳門的婚姻嫁娶中,很注重雙方家庭的財富,女方往往要有數倍的嫁奩,甚至有葡萄牙本土或印度的葡人爲了澳門的巨額嫁妝到澳門。① 到清代中期後,葡裔社會"嫁娶論財"的婚姻觀愈演愈烈,在葡人社會中,有錢的寡婦比無嫁妝的年輕姑娘更容易嫁出。② 由於澳門葡人的天主教信仰,澳門婚姻制度的法律規定了他們的一夫一妻制,即姚元之稱"其俗男子不得置妾,不得與外婦私"③,潘有度亦稱"夷人娶妻不納妾,違者以犯法論"④。但屈大均所言"男子不得有二色,而女子不禁"則有很大的誤解成分。澳門葡萄牙社會對於一夫一妻制度下的男子有婚外的性關係予以譴責是對的,但并不是説女子就可以允許婚外性關係。澳門城裹面在很長一段時間出現婦女道德敗壞"葡萄牙女人有更多的男人"的現象,并非該城葡萄牙婦女的風俗,而是澳門經濟衰落時期出現的特殊情況,如阿馬羅所稱:"17 世紀中葉,這座城市因爲與日本的貿易減少而窮困,許多男人離開了澳門,其中不少拋離了在那兒的家庭。貧窮使得很多婦女過上了淪落的生活。"⑤康熙六年(1667)由於清政府的海禁,澳門政府的極度貧困,澳門的婦女不得不靠出賣肉體爲生,當時就有 60 名靠出賣肉體爲生的女人被澳門主教驅逐出境。⑥ 1793 年澳 門馬主教(Marcelino José da Silva)的信稱,澳門的葡萄牙人"將自己的妻子租給那些希望享用和蹂躪她們的外國人及其他人。許多做父母的用自己的女兒和收養的孩子做這種

---

① C. R. Boxer, *Fidalgos in the Far East*(1550 – 1770), *Fact and Fancy in the History of Macau*, The Hague: Martinus Nijhoff, 1948, p. 143.

② Jack M. Braga, *A voz do passado: redescoberta de a colecção de vario factos acontecidos nesta mui nobre cidade de Macao*, Macau: Instituto Cultural, 1987, p. 53。

③ 〔清〕姚元之:《竹葉亭雜記》卷 3《廣東香山屬有地曰澳門》,北京:中華書局,1982 年,第 92 頁。

④ 〔清〕潘義增編:《番禺潘氏詩略》第 2 册《義松堂遺稿 · 西洋雜咏》,潘飛聲校,第 2 頁。

⑤ 〔葡〕安娜 · 瑪里亞 · 阿馬羅(Ana Maria Amaro)著:《澳門婦女:據 16—19 世紀旅行家的記載》,田光明譯,《文化雜志》總第 17 期,1993 年。

⑥ 〔西〕閔明我(Domingo Fernandes de Navarrete):《上帝許給的土地——閔明我中國行記和禮儀之争》,何高濟等譯,鄭州:大象出版社,2009 年,第 181 頁。

事"①。故阿馬羅 稱:"由於澳門城道德敗壞和經濟上的衰落,已達到了使一家之長爲了錢而把女人和親生女兒讓給外國人的地步。"②

家有喪訃,於廟入錢,廟則鳴鐘延僧,至舍誦經,舁支糧廟公匣,至殮畢,僧鳴鐘前導入廟,出諸匣穴地槁葬,舊無棺,今聞有之,掩以土,上蓋以板。葬日,其家人閉户不出,數日不舉火,親友餽之食。妻子不臨喪,不執紼。奴婢葬於廟外,别國夷葬水坑尾門外,墳上蓋以石塊,勒字其上。

《暴志》:"凡父母殁,報於僧,僧即鳴鐘以示遐昇之義。先於廟内開穴置棺,延僧至舍,同親朋送尸至廟,入棺蓋定,以土掩之,誦經文,親朋各散,子女回家閉門不出八日,不舉火,不炊爨,親朋送飲食。越八日,方往謝。服制三載。"《澳門記略》:"尤薄於送死。家有喪,號哭不過七日,不炊,親友饋之食。無棺槨,舁支糧廟公匣,至殮,以布帛覆以罩,僧鳴鐸前導,赴素所禮拜之廟而葬之。既至,出諸匣,富者入貲多,許於天主前穴地槁葬,鎸志姓名於石,貧者葬廟外。其富者又分貲獻諸廟,葬之日争爲鳴鐘,其妻子讫無一送者,故僧以日饒。葬逾年,出骨瘞之他所。如尚肉,謂獲罪不上昇,僧鞭其屍而掩之,需其化而改葬。喪期或一年,或數月,有吉事即不至期亦釋服。産子未彌月而夭,遍告戚友,聚而焚香,置諸盤,插花纏彩,送廟中葬之。僧勞其父母以鏹,謂之仙童。遇黑奴無道,不匹配,錮之終其身,示不蕃其類也。"很明顯,《采訪册》參照了《暴志》和《澳門記略》的部分材料,但又進行了很大的修改,特别是"奴婢葬於廟外,别國夷葬水坑尾門外"這兩句是其他志書所没有的。《祝志》稱"尤薄於送死,無棺槨,槁葬於廟,妻子無一送者,禫服六月,哭不過七日,近間效華人用薄板棺",可見《祝志》没有采用

① Manuel Teixeira:"*The Macanese*", Review of Culture, №. 20, July/September, 1994.

② 〔葡〕安娜・瑪利亞・阿馬羅(Ana Maria Amaro):《澳門婦女——據16—19世紀旅行家的記載》,田光明譯,載《文化雜志》總第17期,1993年。

《采訪册》的説法,而是自己另外撰寫。

舊無棺,今聞有之:關於澳門喪葬中有無棺柩,各處記載不一致。《暴志》稱"先於廟内開穴置棺",又稱"入棺蓋定",這是喪葬中有棺柩。《澳門記略》則稱"無棺椁,舁支糧廟公匣,至殮,以布帛覆以罩",是無棺柩。但《采訪册》稱"舊無棺,今聞有之"。《祝志》亦稱"無棺椁,槁葬於廟,近間效華人用薄板棺",亦無棺椁。这就是説以前是没有棺椁,到道光以後,開始使用棺椁。歐洲人喪葬使用棺椁,是相當晚近時期才開始的,特别是對於下層社會人士而言,早期喪葬都没有使用棺椁,都是由當地的慈善機構提供公匣裝載屍體下葬。

案:澳門葡人喪葬由天主教堂管理,《壞門記》載"聖安多尼、聖老楞佐,皆統於聖伯多禄,雖潔身修行,而稍存世俗,專於統理教衆之婚娶喪葬之典焉。"①關於澳門葡萄牙人的喪葬,一般來説,葡萄牙人的上層人士死後均葬在天主教堂内。1709 年,江西代牧主教白萬樂(Alváro de Benavente)去世,下葬在聖奥斯定堂的墓地。1799 年 5 月,葡萄牙海軍上校卡斯特羅·布朗科(Joaquim Carneiro Machado Castelo Branco)在澳門去世,葬於聖·奥古斯定教堂。② 1833 年哈麗特·洛(Harriett Lous)稱:"嘉思欄教堂是一個非常整潔美麗的地方,位置極佳,修道院與其渾然一體。他們常常將死者埋葬在教堂裏。"③可見嘉思欄教堂也埋葬了不少的葡萄牙上層人士。但澳門的貧窮人士和奴僕葬却没有資格葬進教堂,他們衹能在教堂外的土地埋葬。應該説,乾隆二十五年(1760)澳門住冬政策頒布之前,很少有外國人在澳門定居,乾隆二十五年以後,大批外國人移居澳門,他們的喪葬開始出現問題,

---

① 〔清〕陸希言:《壞門記》,《法國國家圖書館明清天主教文獻》第 11 册,臺北:利氏學社,2009 年,第 428 頁。

② Manuel Teixeira, *Macau e a Sua Diocese, Vol. III, As Ordens e Congregações Religiosas em Macau*, Macau, Tipogafia soi sang, 1956 – 1961, p. 580; Manuel Teixeira, *Macau no Séc. XVIII*, Macau, Imprensa Nacional, 1984, p. 722.

③ Katharine Hillard ed., *My Mother's Journal: A Young Lady's Diary of five Years Spent in Manila, Macao, and the Cope of Good Hope From* 1829 – 1834, Boston, 1900, p. 176.

因爲澳門葡人信仰天主教,他們的教堂不可能容納英美新教徒。那麼這些新教徒死後葬於何處,就一直成爲澳門城内的一大問題。1782 年 9 月 23 日,法國東印度公司駐廣州領事沃克蘭(Pierre - Charles François Vauquelin)逝世,葬禮在澳門舉行。① 1813 年去世的東印度公司大班喇佛(John W. Roberts)就葬於白鴿巢花園②。1814 年,英國水手亟力與葡兵罷畏知、咖厘時鬥毆,被戳傷身死後屍體葬於水坑尾門外。③ 1818 年 9 月,英國皇家海軍的軍官弗雷德裏克・温特雷(Frededick B. Wintle)中尉的遺體從伶仃島運到澳門,葬在水坑尾門外的山坡上。④ 馬禮遜到華不久,他的小兒子死亡後就埋在水坑尾外的一個小山坡上。⑤ 直到 1821 年馬禮遜夫人去世,馬禮遜在澳門白鴿巢附近購買了一塊地,埋葬其夫人。後來這塊地就成了基督新教徒的墳場。⑥《采訪册》成書於 1827 年,所以這裏的"别國夷葬水坑尾門外"就是指 1782—1827 年間英美等國基督新教徒死後都葬於水坑尾門外這一事實。"别國夷葬水坑尾門外"這一資料是編纂者實地調查所得,該資訊對於研究澳門城市的發展提供了新的證據。

---

① 〔美〕馬士(H. B. Morse)著:《東印度公司對華貿易編年史》第 1—2 卷,區宗華等譯,第 397 頁。

② Lindsay and May Ride, *An East India Company Cemetery*: *Protestant Burials in Macao*, HongKong University Press, 1998, p. 59.

③ 《嘉慶十九年八月十六日香山知縣馬德滋札澳門夷目唛嚟哆》,檔案號:PT/TT/DCHN/1/9/001181。

④ 〔美〕馬士(H. B. Morse)著:《東印度公司對華貿易編年史》第 3 卷,區宗華等譯,第 315 頁;Lindsay and May Ride, *An East India Company Cemetery*: *Protestant Burials in Macao*, p. 61 稱此事發生在 1817 年。

⑤ 〔英〕艾莉莎・馬禮遜(Eliza Morrison)編:《馬禮遜回憶録》,楊慧玲等譯,鄭州:大象出版社,2008 年,第 157 頁。

⑥ 〔英〕艾莉莎・馬禮遜(Eliza Morrison)編:《馬禮遜回憶録》,楊慧玲等譯,第 178 頁;*Chinese Repository*, Vol. 11, №. 1, pp. 48 - 51.

夷人孝服衣皂，爲其國王重服六月，禫服[①]六月；父母有禫服，無重服，餘無服《記略》所載不同。

《暴志》稱“服制三載，以衣青爲孝服”。《澳門記略》稱“青又次之，用諸凶服”，青即皂，均爲黑色。《澳門記略》又載“喪期或一年，或數月，有吉事即不至期亦釋服”。《采訪册》參照了《暴志》和《澳門記略》的部分資料，更補充了一些《暴志》和《記略》所無。

案：關於澳門葡萄牙人的“服制”，明清文獻還有記載，葉權稱：“唯有喪者衣青長衫，戴青帽，不用他顔色。”[②]《洋事雜録》稱澳門葡人“遇父母喪，帽以黑巾纏繞，衣黑服，至穿孝若干月，殊不知其詳”[③]。歐洲人的喪服均爲黑色，與中國人的白色喪服完全不同。艾儒略《西方答問》稱：“敝邦白色用爲吉服，貴其清潔未染也。喪禮則忌白而用玄黑，玄黑者，取幽冥之意也。父母之喪，初年服粗毛羊絨；次年用玄色，亦略光潔；三年始除。若兄弟妻子各有其期。開吊送葬之日，不但人服玄色，且居室堂墻壁俱挂玄色布帛云。”[④]可知，澳門天主教徒的喪服一律使用黑色，與歐洲是一脉相承的。艾儒略所稱的父母之喪，服喪三年，與《暴志》所載“服制三年”相同。但 17 世紀荷蘭人達伯爾（Olfert Dapper）稱：“（中國人）根據一項不可褻瀆的法律，子女要嚴格地爲父母守喪三年整，原因是他們要回報父母，感激父母的三年懷抱之恩和幼年時爲撫育自己付出的辛勞。但他們爲其他親屬服喪時間要短得多，有些一年即可脱下

---

① 禫服，指禫祭至吉祭之間的丧期。禫，音 dàn。

② 〔明〕葉權：《賢博編》，凌毅點校，北京：中華書局，1987 年，第 46 頁。

③ 《洋事雜録·史濟泰容林同述》，清代稿鈔本八編影印，廣東省立中山圖書館藏清代檔案稿本，第 354 册，第 376 頁。

④ 葉農整理：《艾儒略漢文著述全集·西方答問》，桂林：廣西師範大學出版社，2011 年，第 142 頁。

喪服,有些是三個月,這些都和歐洲一樣。"①這一説法則與《澳門記略》"喪期或一年,或數月,有吉事即不至期亦釋服"説法相同。可以反映,當時澳門葡萄牙人的服制應該與歐洲人的服制基本相同。

夷人服飾,男以黑氈爲帽,檐折爲三角,飾以鏨花金銀片,間用藤草,形如笠而小,蒙以皂絹。衣之制,上不過腹,下不過膝,過腹者大衫,過膝者爲大褄,多以羽毛、哆呢絨、嗶嘰、金銀絲緞及佛山所織洋絹爲之。寒暑無甚分辨,而貼身不過腹之衣則以白洋布爲之,貧者用紫花布、蘇藍布不等。袴以絹,以布、哆呢絨爲之。襪用絲棉,綿束迫如行藤;躡黑革履。衣袴皆有表裏,雖盛暑襲之數重。女衫僅及腰下,裳數重。首則蒙以帕,謂之巾縵,飾革以爲履。服色尚白、朱、紫,青次之,黑又次之,用諸凶服。

《暴志》稱:"衣服内着緊身、窄袖、密鈕,外被長闊褂。番帽名札標,以氈搥成,抽爲三角,皂色,頭披假髮,然後戴之。"《澳門記略》:"服飾男以黑氈爲帽,檐折爲三角,飾以鏨花金片,間用藤形,如笠而小,蒙以青絹。衣之制,上不過腹,下不過膝,多以羽毛、哆囉、辟支、金銀絲緞及佛山所織洋緞爲之,邊緣以錦金銀鈕聯綴,胸腋間衷以白氎衫。袖屬於腕,摺疊如朵蓮。褲襪用織文束迫,如行縢。躡黑革屐,約以金銀屈戌。衣褲皆有表裏,雖盛暑襲之數重。裏有小囊,貯鼻煙壺、自鳴鐘諸物。女則隆冬惟一衫,僅及腰。下裳三重:一至膝,一掩脛,一覆其足,以五色洋絹爲之。髻盤於額,希用簪。無珥,爲華靨,貼穿孔前後。手金釧。初皆跣足不襪,近有丹其革以爲履者,然短不納趾。出則以錦帕蒙諸首,謂之巾縵。黑奴男女皆衣布,無冠履。色

① Olfert Dapper, *Gedenkwaerdig bedryfder Nederlansche Oost – Indische Maetschappye op de Kuste en in het Keizerrijk van Tasing of Sina*, pp. 407 – 408,轉自〔比〕鍾鳴旦(Nicolas Standaert)著:《禮儀的交織:明末清初中歐文化交流中的喪葬禮》,張佳譯,上海:上海古籍出版社,2009 年,第 39 頁。

尚白,朱紫次之,青又次之,用諸凶服。"《采訪册》基本按照《澳門記略》的記録略加删削修改而成,詳細記載了外衣、内衣、鞋襪等的規制、顔色、材料等,所記尤爲確切。《祝志》完全没有采納《采訪册》的記載,僅簡單地記爲:"其人以黑氈爲帽,錦毯裹身,無襟袖縫綻之制。"

巾縵:是一種絲綢的手帕,可能來自葡文詞"mantel",是16世紀在葡國盛行的一種头巾。

案:關於澳門葡萄牙人的服飾,明清文獻還有一些記載。明葉權《賢博編》稱:"頂紅帽,著褲襖,以撒哈喇爲之,或用雲彩綢緞鑿梅花八寶之類於其上,皆鮮艷美好。足登革履,俱勾身爲便利,以軟皮爲指套,套掌上。天稍寒,則戴氈笠子,披氅衣,如袈裟。富者用紅撒哈喇,以紫剪絨緣領。"①又記載澳門葡人婦女服飾:"婦人更潔白,華鬘被首,裹以幅布,或用錦繡,耳綴金環,拽皮履,以大幅布或錦繡從頂上披下拖地,止露其面,雜佩珊珊。"②蔡汝賢《東夷圖説》稱葡萄牙人"上著衫,腰穿長袴,下垂至脛,足有皮屨。衣服極潔,用瑣袱、西洋布、瑣哈喇或中國絲綿、綢段爲之,顔色惟意"③。《粤劍編》稱葡萄牙人"身着花布衣,精工奪目"。吴歷《墨井畫跋》稱葡萄牙人"服短毳衣,兩袖甚窄,衣之中間,四旁多鈕扣"④。嵇璜《清朝文獻通考》稱葡萄牙人"衫袴至垂脛,皮屨,服用瑣袱西洋布"⑤。日本學者近藤守重編纂的《亞媽港紀略稿》則稱澳門葡人"頭戴黑色毛氈樣帽子,脚穿草布靴,靴上

---

① 〔明〕葉權:《賢博編·游嶺南記》,北京:中華書局,1987年,第45頁。

② 〔明〕葉權:《賢博編·游嶺南記》,第45頁。

③ 〔明〕蔡汝賢:《東夷圖説》,《四庫全書存目叢書》影印明萬曆丙戌刻本,史部第255册,第429頁。

④ 〔清〕吴歷撰:《吴漁山集箋注》卷5《墨井畫跋》,章文欽箋注,北京:中華書局,2007年,第445頁。

⑤ 〔清〕嵇璜:《清朝文獻通考》卷298《四裔考·佛郎機》,杭州:浙江古籍出版社,2000年,第7473頁。據18世紀初期耶穌會内部印製的材料《拜客問答》記録,耶穌會傳教士對一位中國人的問話回答稱:"敝國衣服與貴國做法不同,若做衣服,物料也同,亦有絲綢,有緞子,但多鎖服,鎖鞋襪,若布匹都是一般。"參見李毓中等:《〈拜客訓示〉點校并加注》,載臺灣清華大學人文社會科學研究中心編:《季風亞洲研究》2015年第1卷第1期,第155頁。

有時有銀飾。雨天時手持絲織傘或布傘,脚穿長達膝蓋的靴子。身穿白色筒袖服,腰下穿件島上的包裹布一樣的喇叭狀服裝。赤足行走。此等人在富裕之家者穿毛呢,在清貧人家者穿棉布"①。據葡文資料,1565 年澳門開埠後的 10 年有一份檔案詳細記録了當時澳門葡萄牙人的服飾,留下了非常寶貴的資料:"居民點的人,大家穿著各種錦緞、紅綢和天鵝絨,還有許多華麗的服飾和豪華的金器。若奥·佩雷拉(D. João Pereira,駐地首領)穿著一件獅子皮色緞子的法國衣服,瓖以金銀絲綫,他的褲子和背心也是這種材料做的,還戴著一頂天鵝絨的帽子,上面有一個十分華麗的紋章,有一條兩圈的鏈圈,挂著基督騎士團的標志,標志上有一層十分華麗的珐琅質。他的跟班們也衣著華麗,全都是紅綢衣服。"②可以反映,葡萄牙男人對穿著是極爲講究的,即使是淪落成爲乞丐,葡萄牙男子仍然衣著華貴體面,據 19 世紀英國人李文斯敦記録澳門街上的葡萄牙人乞丐,稱他們"穿著絲綢蕾絲服裝,戴著羽毛裝飾的帽子,腰挂寶劍,與周圍環境格格不入"③。

葡萄牙的男子都喜欢披斗篷,女性則喜披風。吴曆稱葡萄牙婦女"全身以紅紫花錦覆披,微露眉目半面"④。又稱:"少婦凝妝錦覆披,那知虚髻畫長眉。全身紅紫花錦,尖頂覆掩,微露眉目半面。"⑤

王士禎又稱其"女子則華縟寶曆,出以錦被蒙其首,而跣足不襪"⑥。葡萄牙女子不僅身穿漂亮的衣服,頭披輕柔錦被,而且"跣足不襪",這應該是當時葡萄牙婦女的典型裝束。故阿馬羅認爲:"這種服飾也許興起於果阿,頗受印度—馬來婦女服飾的影響。十分巧合的是,這種服飾就其整體而言十分相似於當時伊比利半島婦女的服飾。這種服飾亦反映了伊斯蘭文化的

① 〔日〕近藤守重:《亚妈港纪略稿》,東京:國書刊行會,1905 年,第 34 頁。

② 〔葡〕羅理路(Rui Manuel Loureiro)著:《澳門尋根·若奥·德·埃斯科巴爾〈評述〉》,陳用儀譯,澳門:澳門海事博物館,1997 年,第 112 頁。

③ 〔英〕艾莉莎·馬禮遜(Eliza Morrison)編:《馬禮遜回憶録》,楊慧玲等譯,第 10 頁。

④ 〔清〕吴歷撰:《吴漁山集箋注》卷 5《墨井畫跋》,章文欽箋注,第 444—445 頁。

⑤ 〔清〕吴歷撰:《吴漁山集箋注》卷 2《三巴集》,章文欽箋注,第 165 頁。

⑥ 〔清〕王士禎:《池北偶談》卷 21《談異》2《香山香》,第 517 頁。

影響。這種服飾輕爽,適於在季風亞洲地區炎熱的夏季中使用。這種服飾名叫'薩拉瑟巴褥'由三件組成:其一爲一圍腰布,作裙子用,形同馬來人的紗籠;其二爲一和服狀,無領口,質地輕薄的短衫;其三爲一塊布,同第一件,婦女們外出時蒙在頭上做面罩或披風使用。在澳門管這一披風叫'薩拉瑟'。此詞源自馬來話'Sarásan'(薩拉桑),原爲許多不同的民族的婦女們使用的圍腰布的稱謂。從馬來西亞或馬尼拉進口的印花棉布及在印度各港購得的印花綢布在澳門是爲最受青睞的紡織品。"①

16 世紀葡萄牙大衆的服飾

《澳門記略·女蕃圖》

法國畫家貝內伊繪穿着葡萄牙傳統服裝的澳門婦女(1787 年)

---

① Ana Maria Amaro, *Filhos da Terra*, Macau: instituto cultural de Macau, 1988, p. 76.

夷目皆乘轎,其轎方長如櫃,從頂蓋上出入,入則仍以頂板覆之。舁者四人,一人執傘前導,二人執長槍以從。又有軟轎、硬轎。今更有四縫撒網轎,女則用前所爲如櫃者,然形差短,亦旁啓門出入。

《澳門記略》:"夷目亦乘轎。其轎方長如櫃,人從頂蓋上出入,入則仍以頂板覆之,舁者四人,止則揭板以出。編竹葉爲傘。白竹爲柄,一人執傘前導,一人負板箱,二人執長槍以從。近改用黄油大傘,其柄朱,其旒彩。又有軟轎,有硬轎。軟轎結繩爲之,形如大箕。硬者以木。皆無帷蓋。仰卧而舁之,承肩之木曲如弓,以采以斫。女則用前所爲如櫃者,然亦旁啓門出入。法王轎制如内地,障以玻璃,飾以珍貝,華美無敢與儷者。"可知,《采訪册》的記載出自《記略》,然而其中提到"四縫傘網轎",不見於其他記載,不知其形狀、規制,疑即《澳門記略》中"結繩爲之"的軟轎。

软轎:《澳門記略》附圖中有軟轎圖,果阿印度人檯的軟轎與《澳門記略》中的大體相似。

《澳門記略·軟轎圖》

果阿印度人抬的软轿

硬轎:《澳門記略》附圖中有硬轎圖,長崎葡人乘坐的硬轎與《澳門記略》中的硬轎形制有差異。

《澳門記略・硬轎圖》

長崎硬轎圖

女轎:《澳門記略》附圖中有女轎圖,果阿印度人檯的女轎與《澳門記略》中的女轎形制略有差異。

《澳門記略・女轎圖》

果阿印度人抬的女轿

官轎:《澳門記略》無法王轎圖。

澳門官轎圖

印度官轎圖

案:關於澳門葡人的轎制,明清中西文獻中還有一些其他的記載。清康熙時人吴震方《嶺南雜記》稱:“澳門彝官亦乘轎,其轎方長如櫃,官從頂蓋上出入,入則仍以頂板蓋之。四人舁之。止則揭蓋板以出。”①

18 世紀後期在澳門的法國人嗊士噔記載澳門的轎子稱:“澳門的西洋轎子有 5 名轎夫,4 人抬轎,1 人撑陽傘。”②道光十七年(1837),兩廣總督鄧廷楨的奏摺稱:“洋夷居澳門,聞近日多乘内地大轎,用内地民人杠抬。西洋夷人向有自置眠轎、大轎兩種。眠轎則方長如櫃,從頂蓋上出入,入則仍以頂板蓋之,大轎則四圍均用板簾,無綢紗玻璃等物,俱與華制不同。自雇夷奴二人扛抬,黑奴借此生資,不許華民攙越。”③這裏的“眠轎”大體就是“夷目”所乘之轎,而“大轎”則應是指女轎。從上面的記述可以看出,澳門的轎輿是分等級的,總督、王室大法官及議事會官員都是乘坐四人肩抬的大轎;主教的轎子又與前者不同,其轎制與内地相同,轎子開有玻璃窗,裝飾十分華麗;澳門上層社會婦女則乘坐四面封閉的轎子;一般人出行則乘坐兩人或四人肩抬的硬轎和軟轎。

澳門葡萄牙人的乘轎習俗并非來自中國,我們找到 16—17 世紀時期印度人乘轎的一些圖畫。

Figura 4 – Mulher portuguesa (*"Lectuli quibus Uxores et Filie Lusitanorum contecte gestantur"*). (Fonte: Linschoten, 1604)

果阿葡萄牙女子乘用的轿子

Figura 3 – Rei do Balagate (*"Legati Regis Ballagatte in urbe Goa comitatus"*). (Fonte: Linschoten, 1604)

果阿城里乘坐轿子的印度国王使节

① 〔清〕吴震方:《嶺南雜記・澳門》,《廣州大典》總第 214 册,第 800 頁。

② Louis Dermigny, *Les mémoires de Charles de Constant sur le commerce à la Chine*, Paris: S. E. V. p. E. N, 1964, p. 149.

③ 《明清時期澳門問題檔案文獻彙編》第 2 册《兩廣總督鄧廷楨等奏報遵旨查明住澳夷人并無毁墳抗毆等情片》,第 295—298 頁。

從上述圖片中轎輿的形式與澳門記略中的《硬轎圖》《軟轎圖》及《女轎圖》比較，就可以發現澳門葡人的轎輿應該來自印度。葡萄牙人在印度即已養成了出行乘坐轎輿的習俗，這從南蠻屏風畫中即可看出，他們又從將印度的這種轎輿習俗帶到澳門。

舶以鐵力木厚二三尺者爲之，錮以瀝青、石腦油，碇以獨鹿[①]木，束以藤，縫以柳索。底二重，或二檣、三檣，度可容數百人，行必以羅經，掌之者曰火掌，爲一船司命。小艇曰三板。

《澳門記略》："蕃舶視外洋夷舶差小，以鐵力木厚二三寸者爲之，錮以瀝青、石腦油。碇以獨鹿木，束以藤，縫以椰索。其碇以鐵力水㭬底二重。或二檣、三檣，度可容數百人。行必以羅經，掌之者爲一舶司命。每舶用羅經三，一置神樓，一舶後，一桅間，必三針相對而後行。……小艇曰三板，長丈餘，張紅油革幔，以二黑奴駕，出不越澳。"[②]《采訪册》并未完全照抄《澳門記略》資料，《澳門記略》作"鐵力木厚二三寸"，《采訪册》作"鐵力木厚二三尺"。查屈大均《廣東新語》載洋舶"底二重，皆以鐵力木厚三四尺者爲之。錮以瀝青、石腦油、泥油，填以礧石，碇以獨鹿木，扎以藤，縫以椰索"[③]。可見，《采訪册》是依據《廣東新語》記載寫成。

火掌：又作"火長"。指船舶上掌管羅盤的人，又可指揮船隻航行的人，爲行船的引水負責。趙翼稱"今番舶職事之人曰'火長'"。劉獻廷《廣陽雜記》載"海舶上司羅盤者曰'伙長'"[④]。

三板：即舢板，近海或江河上用槳划的小船。《采硫日記》卷上載"二十三日乘三板登岸"。原注作"三板即脚板也。海舟大，不能近岸，凡欲往來，

---

① 原文爲"𢈪"，當爲"鹿"之誤。參《澳門記略》《廣東新語》等記載。

② 〔清〕印光任、張汝霖：《澳門記略·澳蕃篇》，《廣州大典》總第221册，第364頁。

③ 〔清〕屈大均：《廣東新語》卷18《舟語》，第481—482頁。

④ 〔宋〕吴自牧：《夢粱録》卷12《江海船艦》，知不足齋本；〔清〕劉獻廷：《廣陽雜記》卷5，北京：中華書局，1997年標點本，第240頁。

則乘三板。至欲開行,又拽上大船載之。”①

案:關於澳門洋舶的記録,明清文獻中還有多種記載。據《明會要》載,荷蘭船形制爲“舟長三十丈,廣六丈,厚二尺餘。樹五桅,桅下置二丈鐵炮,發之可洞裂石城,震十里”②。屈大均《廣東新語》稱“洋舶之大者,曰獨檣舶,能載一千婆蘭③。一婆蘭三百斤,番語也。其碇以鐵力、水桫,釘以桄榔、簕竻,淬釘以蛇皮内膏。蓋海水鹹,爛鐵妨磁石,故皆不用鐵物云。桅凡三,一桅常植,二桅以風而植。桅長者十四五丈,或二三接,中皆横一杆,上有望斗,容四十餘人。又以木爲人,或陞或降,遍置梯繩之間。前木照後柁,以黑鬼善没者司之。”④趙翼稱番舶:“桅竿高數十丈,大十餘抱,一桅之費數千金。船三桅,中桅其最大者也。中國之帆上下同闊,西洋帆則上闊下窄,如摺扇展開之狀,遠而望之幾如垂天之雲,蓋闊處幾及百丈云。中國之帆曳而上衹一大繩著力,其旁每幅一小繩,不過攬之使受風而已。西洋帆則每繩皆著力,一帆無慮千百繩,紛如亂麻,番人一一有緒,略不紊。又能以逆風作順風,以前兩帆開門,使風自前入觸於後帆,則風折而前,轉爲順風矣,其奇巧非可意測也。紅毛番舶,每一船有數十帆,更能使横風、逆風皆作順風云。”⑤由此可見,歐洲船體龐大。荷蘭船隻厚“二尺餘”,葡萄牙船隻亦應大體相近。

其器悉數難終。準天文以候氣測時者,則有日規、月影、渾天球、量天尺、寒暑針、自鳴鐘、大小鐘錶、鵝卵沙漏、十二辰盤之屬。

《澳門記略》:“器用有天文器、兵器、樂器。三巴寺有十二辰槃,揭之定

---

① 〔清〕郁永河:《采硫日記》,《廣州大典》總第46册,第409頁。

② 〔明〕龍文彬:《明會要》卷78《外蕃》2。

③ 婆蘭,爲南亞地區泰盧固語單詞“Bharam”,爲中古印度及其以東地方慣用之重量名。

④ 〔清〕屈大均:《廣東新語》卷18《舟語》,第481—482頁。

⑤ 〔清〕趙翼:《檐曝雜記》卷4《西洋船》,李解民點校,北京:中華書局,1982年,第65頁。

時臺前,俟某時鐘動,則蟾蜍移指某位。自鳴鐘有數種:曰桌鐘,曰挂鐘,小者圓如銀鋌。皆按時發響,起子末一聲,至午初十二聲,復起午末一聲,至子初十二聲。鳴時八音并奏者謂之樂鐘。欲知其辰而非其應鳴之時,則掣繩轉機而報響,謂之問鐘,小者亦可問。自行表、大小銅日規、月影,以及璇璣諸器。又一物如鵝卵,實沙其中,而顛倒滲泄之,以候更數,名曰鵝卵沙漏。"《采訪册》并没有抄録《澳門記略》的資料,而是自行表述,與《澳門記略》有很大的不同。《祝志》作:"其制器有天文器、兵器、樂器。天文器則十二辰盤、自鳴鐘、自行表、日規、月影、鵝卵沙漏形如鵝卵,實沙其中,顛倒滲之,以候更數。寒暑針管長二尺許,注水銀其中,隨節氣爲盈縮。"《祝志》亦未按《采訪册》行文。

關於西洋傳入的器物,《在園雜志》稱:"自西洋人入中華,其製造之奇,心思之巧,不獨見所未見,亦并聞所未聞。如風琴、日規、水輪、自鳴鐘、千里眼、順風耳、顯微鏡、雀籠之音樂、聚散之畫像等類,不一而足。其最妙通行適用者,莫如眼鏡,上古未聞,眼昏而能治者,杜陵老年花似霧中看,唯聽之而已。自有眼鏡令昏者視之明,小者視之大,遠者視之近。雖老年之人,尚可燈下蠅頭。且製時能按其年歲,以十二時相配合,則更奇矣。黑晶者,價昂難得,白晶者亦貴,惟白玻璃之佳者,不過數星,今上下貴賤男女無不可用,真寶物也。人人得用,竟成布帛菽粟矣。至於算法,又超出尋常之外,遠近高低,大小多寡,頃刻而知,燎如指掌,更上古所未有者。"①

候氣:占驗節氣的變化。古人將葦膜燒成灰,放在律管内,到某一節氣,相應律管内的灰就會自行飛出,據此,可預測節氣的變化。

日規:《澳門記略》作"大小銅日規",即日晷,又作"日影",又稱"晷儀",中文文獻中多作"晷表"。日晷是中國古代測定時間的一種工具,根據日影方向、位置以指定當時的時辰、刻數,是我國古代普遍使用的計時儀器。朝鮮學者李器之稱"日晷亦精妙,但以西洋字書十二時不可解",又稱:"是日指所持來日晷曰:此是公晷,普天之下俱用得。蓋以銅作半月形,爲圓圈

① 〔清〕劉廷璣:《在園雜志》卷4《自西洋人入中華》,《續修四庫全書》第1137册,第98頁。

四分之一,刻九十度,此以周天三百六十度分爲四破也,以此側立爲柱,又以圓圈加於柱上,隨意高低,各隨其地之度數。圓圈上刻十二時,當中立表以測日影,蓋北極出地,諸處度數各異。我國則北極出地三十六度,故如是耳。"①清人周篆有《日晷》詩:"誰言日東陞,衹可云轉輾。假如天體方,方有東西辨。君能遁地行,地亦未嘗遍。試取意戴日,從幽周至顯。何西不成東,左旋所以典。下士莫大笑,我説最易闡。若云日有角,知者更加鮮。"②日規也作爲歐洲商品進口到廣州市場,乾隆十八年(1753)《粤海關税則》就有"銅日規(Copper Sun Dyals),每貳個比千里鏡壹個,每個叁分"③。朝鮮金舜協稱:"日影,圓大如平盤,周刻十二辰。"④

月影:《澳門記略》亦作"月影",又名"月晷"。月晷與日晷相似,是一種用來測量時間的工具。清人錢泳稱:"測十二時者,古來惟有漏壺,而後世又作日晷、月晷。日晷用於日中,月晷用於夜中。"⑤又有人將月影稱爲"月魄",周篆有《月魄》詩:"月中茫昧處,人言如目瞳。或雲山河影,似是皆愚蒙。月瞳何必黑,地影當常中。况謂搗藥兔,及稱丹桂叢。月體雖如珠,曾見誰磨礱。其突借日光,其坳因朦朧。談天指諸掌,遠鏡今來東。占驗請視此,聚訟宜始終。"⑥

渾天球:又稱"渾天儀"。清錢泳稱:"測天象,又作渾天儀,以南北定極,衆星旋轉,玩二十八宿於股掌之間,妙法矣。"⑦清陸隴其稱"南懷仁來答

① 〔朝〕李器之:《一菴燕记》卷4《十月二十四日丁巳》,復旦大學文史研究院、韓國成均館大學大東文化研究院編《韓國漢文燕行録文獻選編》影印韓國銀行知識情報室藏寫本,第13册,第35—40頁。

② 〔清〕周篆:《草亭先生集》詩集卷1《古體詩》,《續修四庫全書》第1416册,第489頁。

③ 《粤海關税則》第3册《比例》,德國柏林國家圖書館藏乾隆十八年(1753)手寫本,圖書編號:J. H. DUNK Hang,4 -17,第1—66頁。

④ 〔朝〕金舜協:《燕行日録》卷2《十月十二日》,林基中編《燕行録全集》第38卷,漢城:韓國東國大學校出版部,2001年,第354頁。

⑤ 〔清〕錢泳:《履園叢話》卷12《藝能·銅匠》,《續修四庫全書》第1139册,第185—186頁。

⑥ 〔清〕周篆:《草亭先生集》詩集卷1《古體詩》,《續修四庫全書》第1416册,第488頁。

⑦ 〔清〕錢泳:《履園叢話》卷12《藝能·銅匠》,《續修四庫全書》第1139册,第185—186頁。

帖言,去年所製渾天儀,在司天臺,其木者則留天主堂。同屠尹和至天主堂,觀渾天儀球,其製如鷄卵,畫三垣、二十八宿、黄赤道於其上,東西斜轉外爲一圈,以象地平渾天求,半在其上,半在其下。蓋地本在田中,今却在天外;星本在天下,今却在天上,以人從外視之也。蓋古之所謂渾天象者如此,若渾天儀則又不如此。"①李約瑟稱:"在十七世紀發明望遠鏡之前,渾天儀是所有天文學家在測定天體方位時都缺少不了的儀器。"②

量天尺:即象限儀(Quandrant),亦稱"地平綫儀"。天文學所用的儀器。可測知星體在地平綫上的高度。其構造與六分儀(Sextant)相似。因其刻度圓弧狀如圓周四分之一,即一象限,故名。象限儀與六分儀爲航海時所必備,可在航行中測之船隻的方位。《和漢三才圖會》稱"星尺,可以知星之度"③。量天尺在清代乾隆時由西洋人帶入中國的商品之一。據乾隆十八年(1753)《粤海關税則》載:"量天尺(quadrants),每架比自鳴鐘例,每個一兩。"④清人程日炌稱:"荷蘭巧出意外,作量天尺,測海淺深。"⑤《海島逸志》載:"和蘭行舟不重指南車,以量天尺量之,則知舟行幾許。"⑥清人徐灝《疇人歌》詩載:"何人手操絫黍尺,四餘七政從天量今測七政、四餘躔度,謂之量天尺。"⑦

寒暑針:又作"寒暑表",即温度計。《祝志》載:"寒暑針,管長二尺許,注水銀其中,隨節氣爲盈縮。"⑧清人蔡顯原於道光五年(1825)在澳門見到

---

① 〔清〕陸隴其:《三魚堂日記》卷3《乙卯》,《續修四庫全書》第559册,第485頁。

② 〔英〕李約瑟(Joseph Needham):《中國科學技術史》,北京:科學出版社,1976年,第400頁。

③ 〔日〕寺島良安:《和漢三才圖會·外夷人物》,日本國會圖書館藏明治十七年(1884)東京中近堂書肆翻刻正德壬辰寺島良安序刊本,第794—795頁。

④ 《粤海關税則》第3册《比例》,德國柏林國家圖書館藏乾隆十八年(1753)手寫本,檔案號:J. H. DUNKHang,4-17,第30頁。

⑤ 〔清〕程日炌:《噶喇吧紀略拾遺》,載〔清〕王大海著:《海島逸志》卷5《聞見録·量天尺》,姚楠等校注,香港:香港學津書店出版,1992年,第183頁。

⑥ 〔清〕王大海著:《海島逸志》卷5《聞見録·量天尺》,姚楠等校注,香港:香港學津書店出版,1992年,第123頁。

⑦ 〔清〕徐灝:《靈洲山人詩録》卷3《七言古詩》,《廣州大典》總第464册,第224頁。

⑧ 〔清〕祝淮修:《新修香山縣志》卷4《海防》,《廣州大典》總第296册,第446頁。

葡萄牙人有"寒暑針、自然火二種,器小用奇,實出思慮外"[①]。清人邱毓章有詩贊寒暑針:"寄迹水晶域,秉心朱提銀,象異指南針,形如倒乖綸。外畫辨分寸,中條判厓垠,驗暑見進上,占寒觀退屯。"[②]潘正亨《寒暑表》詩稱:"昔針直指南,今表曲應節。迎寒豳詩吹,逆暑土鼓設。春氣噓清和,秋陽蓄煩熱。四序頻推遷,一日亦更迭。製作圓其筒,琉璃光以澈。旁木鏤分刻,底壺聚芳烈。中貫以銀汞,或紅如雌蜺。下上視寒暄,銖黍不侵軼。"[③]

自鳴鐘:《澳門記略·澳譯》稱"自鳴鐘"爲"列羅西吾",稱"時辰表"爲"列那西丫",俱應爲葡文"Relogio"和"Relogia"的音譯,即鐘錶,又稱"時辰表",俱稱"西洋鐘表"。目前所見到西洋鐘表傳入中國的時間應該是1581年。當時進入廣州的意大利傳教士羅明堅將一架鐘錶帶進了廣州,并送給了廣東總兵黄應甲。[④] 萬曆十九年(1591)《粵劍編》載澳門有西洋鐘錶:"自然漏,以銅爲之,於正午時下一籌,後每更一時,籌從中一響,十二時乃已。"[⑤]"自然漏"即自鳴鐘。萬曆二十九年(1601)利瑪竇進北京時帶了一大一小的兩架鐘獻給萬曆皇帝。[⑥] 趙翼稱:"自鳴鐘、時辰表,皆來自西洋。鐘能按時自鳴,表則有針隨晷刻指十二時,皆絶技也。"[⑦]清代阮元有對自鳴鐘詳細記載:"自鳴鐘來自西洋,其制出於古之刻漏。……自鳴鐘以鐵爲卷,置銅鼓之中,捩之使屈其力,力由屈求伸,亦由重而漸減爲輕也。[⑧] 明萬曆中後期自鳴鐘即已通過澳門、廣州傳入中國内地,至明末,個别地區已經出現國人學習鐘

---

① 〔清〕蔡顯原:《銘心書屋詩鈔》卷1《古今體詩二百三十八首》,《廣州大典》總第461册,第508—509頁。

② 〔清〕張維屏:《國朝詩人徵略二編》卷60《邱毓章》,《續修四庫全書》。

③ 〔清〕潘正亨:《萬松山房詩鈔》卷1《五古》,廣東省立中山圖書館藏道光十三年(1833)松蔭堂刻本,第10—11頁。

④ 〔意〕利瑪竇(Matteo Ricci)、金尼閣(Nicolas Trigault)著:《利瑪竇中國札記》,何高濟等譯,何兆武校,第146頁。

⑤ 〔明〕王臨亨:《粵劍編》卷3《志外夷》,北京:中華書局,1987年標點本,第92頁。

⑥ 〔意〕利瑪竇(Matteo Ricci)著:《利瑪竇書信集·利氏向大明皇帝萬曆呈現禮物的奏疏》,羅漁譯,第551—552頁。

⑦ 〔清〕趙翼:《檐曝雜記》,第36頁。

⑧ 〔清〕阮元:《揅經室集》3集卷5《自鳴鐘説》,《續修四庫全書》第1479册,第248—249頁。

錶技術和自鳴鐘的仿製生産。至清代,廣州、厦門、上海、南京、蘇州、杭州等地出現多處專門的自鳴鐘製造作坊,并成爲一個特殊的行業。① 清代中後期歐洲輸入廣州的商品中有很多鐘錶記録。乾隆四十二年(1777)《各國夷船入口貨總簿》記載英國商船帶進廣州的貨物中有自鳴鐘236架。②《乾隆四十三年各國夷船入口總貨部》記載英國商船帶進廣州的貨物中有自鳴鐘373架。③

鵝卵沙漏:《澳門記略·澳譯》稱“沙漏”爲“英波列達”,葡文作“Ampulheta”,古代計時儀器之一種。《堅瓠集》載:“鵝卵沙漏,狀如鵝卵,實沙其中,而颠倒滲泄之,以候更数。”④《澳門記略》:“一物如鵝卵,實沙其中,而顛倒滲泄之,以候更數,名曰鵝卵沙漏。”《祝志》:“鵝卵沙漏,形如鵝卵,實沙其中,顛倒滲之,以候更數。”道光《廣東通志》亦有載。

十二時辰盤:《澳門記略》:“三巴寺有十二辰槃,揭之定時臺前,鐘動則蟾蜍移指某位。”《祝志》作“十二辰盤”。明清時期計時儀器之一種,當爲鐘錶之一種。

《古今圖書集成》繪鬧鐘

《皇朝禮器圖式》繪清宫製自鳴鐘

① 湯開建、黄春艷:《清朝前期西洋鐘錶的仿製與生産》,《中國經濟史研究》2006年第3期。

② 《四十二年分各國夷船入口貨總簿》,英國利兹大學布勞瑟頓圖書舘藏 Special Collections Chinese R. A. S. 685。

③ 《乾隆四十三年各國夷船入口總貨部》,英國利兹大學布勞瑟頓圖書舘藏 Special Collections Chinese R. A. S. 686。

④ 〔清〕褚人穫:《堅瓠集》秘集卷4,清康熙刻本。

清宫藏時辰醒鐘

《皇朝禮器圖式》繪清宫製時辰表

協音樂者,則有風琴、銅絃琴、八音鐘、銅鼓、番笛之屬。

《澳門記略》:"三巴寺樓有風琴,藏革櫝中,排牙管百餘,聯以絲繩,外按以囊,嘘吸微風入之,有聲嗚嗚自櫝出,八音并宣,以和經吹,甚可聽。有銅絃琴,削竹扣之,錚錚琮琮,然是則鞮鞻所未隸,而兜離之别部也。"《祝志》:"樂器則有風琴、銅弦琴、銅鼓、蕃笛。"可見《采訪册》并非取材於《澳門記略》,但是《祝志》則取材於《采訪册》。

風琴:此處所指的風琴應是一種由西方傳入中國的樂器。最早見萬曆十九年(1591)《粤劍篇》:"有自然樂,製一木櫃,中置笙簧數百管,或琴絃數百條,設一機以運之。一人扇其竅,則數百簧皆鳴;一人撥其機,則數百絃皆鼓,且疾徐中律,鏗然可聽。""自然樂"當爲一種管風琴。萬曆二十九年(1601)利瑪竇進北京時,給萬曆皇帝進獻的風琴也應該是管風琴。屈大均稱:"寺有風樂,藏革櫃中不可見,内排牙管百餘,外接以囊,嘘吸微風入之,有聲嗚嗚自櫃出。音繁節促,若八音并宜,以合詩唄,甚可聽。"[①]《琴隱園集》有關於風琴形制的記載:"琴制藏金絲於木櫝,飾牙牌十餘,於櫝面按牌成聲,牌仍隨指而起。尋以訪輯朱逆得,遍歷諸夷之家。夷女爲尋鼓琴一曲,曰《咦海魚不一》,其名厥狀甚異。"[②]徐珂稱:"風琴,外爲長方形木櫃,内列多數管簧,以音之清濁高下爲序。上有鍵盤,下連鞲韝鼓氣,以振動鼓

① 〔清〕屈大均:《廣東新語》卷2《地語》,第36—38頁。

② 《明清時期澳門問題檔案文獻彙編》第6册《琴隱園詩集》,第22頁。

簧,手按其鍵則發聲。創自希臘國,吾國能仿製之。"①

銅絃琴:疑其爲洋琴。《清稗類鈔》載:"康熙時,有自海外輸入之樂器,曰洋琴。半於琴,而略闊。鋭其上而寬其下,兩端有銅釘,以鋼絲爲弦,張於上,用錘擊之。錘形如筯。其音似箏筑,其形似扇。我國亦能自造之矣。"②清人黄培芳有詩稱:"夷樓聽蕃女彈洋琴:美醖纔供又獻茶,天然眉黛洗鉛華。洋琴一曲鳴蕃女,記取高樓兵總家。"③

八音鐘:即八音琴,是一種帶有西洋音樂的鐘錶,亦由西方傳入。清人李調元稱:"自鳴鐘出西洋,以索轉機,機激則鳴,晝夜十二時皆然。按自鳴鐘,每交一時,又有衆音并作,鏗鏘如度曲聲,少頃乃止。今謂之樂鐘,又謂之'八音鐘'。"④《清稗類鈔》載:"八音琴,由西洋傳入,道咸間已有之。製爲方匣,内裝發條,機轉輪動,輪上之刺,與櫛齒狀之鋼鐵相觸成音。"⑤

銅鼓:此處當指番鼓,《祝志》稱澳門樂器有"銅鼓"。早在葡萄牙人進入雙嶼港建立貿易基地時,很多西洋樂器就傳入了該港。當時葡萄牙商人平托到"Liampo"(宁波)後就見到了這個港口的小号、笛号、定音鼓、高音笛、大鼓等乐器。⑥ 康熙時兩廣總督吴興祚到澳門有詩稱:"隱隱聞鐘鼓,鑾歸議事亭。"⑦此處的"鼓"就是指的澳門的西洋鼓。嘉慶時李遐齡《澳門雜詩》:"街前坎坎搥銅鼓,廟裏嗚嗚擪鐵簫。"⑧这里的"銅鼓""鐵簫"均應是西洋乐器。

番笛:《祝志》作"蕃笛",亦當爲明清時期傳入中國的西洋樂器。1645年7月份,澳門議事會理事官和司庫羅伊斯(Roiz)的開支單上有"支付給演

① 徐珂編撰:《清稗類鈔》第10册《音樂類》,北京:中華書局,1986年,第4961—4962頁。

② 徐珂編撰:《清稗類鈔》第10册《音樂類》,第4963頁。

③ 〔清〕黄培芳:《嶺海樓詩鈔》卷9,《廣州大典》總第453册,第151頁。

④ 〔清〕李調元輯:《南越筆記》卷6《自鳴鐘》,《廣州大典》總第217册,第563頁。

⑤ 徐珂編撰:《清稗類鈔》第10册《音樂類》,第4964頁。

⑥ 〔葡〕費爾南·門德斯·平托著:《游記》,范維信譯,載澳門文化局編:《16和17世紀伊比利亞文學視野裏的中國景觀》,第186頁。

⑦ 章文欽箋注:《澳門詩詞箋注(明清卷)》,珠海:珠海出版社,2002年,第41頁。

⑧ 〔清〕李遐齡:《勺園詩鈔》卷1《澳門雜咏》,第8頁。

奏了五次的喇叭手和吹風笛者”。①《臺灣外紀》載:“安平荷蘭擊鼓吹笛,即掌號。”②此處的笛就是指番笛。

備武事者,則有大銃、鳥銃、機銃、屈刀、小刀、長短劍之屬。

《澳門記略》:“大銃語具炮臺記。鳥銃有長槍,有手槍,有自來火槍。其小者可藏於衣袖之中,而突發於咫尺之際。皆精鐵分合而成,分之二十餘事,合之牝牡櫜籥相茹納,紐篆而入,外以鐵束之五六重,圍四寸,修六七寸,小石如豆嚙皮,函外鐵牙摩戛,則火激而銃發。有銃必有帶,采革爲之,或有繡者,凡帶一佩可插小銃二十,謂之機銃,一名覿面笑。又有緘銀花火器。刀狹而長,制如魚腸劍,有可盤曲如帶者,所謂繞指鬱刀也。刀頭二層,一置羅經,一置遠視鏡。有長劍、短劍,又有銀柄武器。其割食小刀,輕薄如紙,以金珠、珊瑚、琥珀飾把。”《祝志》:“兵器則大銃、鳥銃、機銃、長槍、手槍、自來火槍小者可藏於衣袖中,皆精鐵分合而成,分之二十餘事,合之牝牡櫜簽相茹納,紐篆而入,外以鐵束之五六重,圍四寸,修六七寸,小石如豆嚙皮,函外鐵牙摩戛,則火激而銃發,緘銀花火器,繞指鬱刀,銀柄武器,長劍、短劍。”《祝志》采自《澳門記略》,《采訪册》依《澳門記略》删改而成。

大銃:指西洋大炮。澳門在明天啓以後就生産西洋大炮,并在澳門半島的東南海角燒灰爐處建立博卡羅鑄炮廠,生産的火炮極爲有名,遠銷東南亞和印度,明朝政府也派人到澳門采購西洋大炮。③《廣東新語》載:“其曰西洋大銅銃者,重三千斤,大十餘圍,長至二丈許,藥受數石,一發則天地晦冥,

---

① *Arquivos de Macau*, 1ª Série, Vol. 2, No. 3, Macau, 1930, pp. 141—146.

② 〔清〕江日昇:《臺灣外紀》卷11《何斌獻策取臺灣黄公密疏還五省》,美國哈佛大學燕京圖書館藏道光十三年(1833)刻康熙四十三年(1704)陳祈永序刊本,圖書編號:T3072. 8/3166,第21頁。

③ C. R. Boxer, Portuguese Military Expeditions in Aid of the Mings against the Manchus, 1621－1647, in *Estudos para a História de Macau, Séculos XVI a XVIII*, Lisboa: Fundação Oriente, 1991, p. 111.

百川騰沸，蟄雷震燁，崩石摧山，十里之内，草木人畜無復有生全者。紅毛擅此大器，載以巨舶，嘗欲窺香山澳門，脅奪市利。澳夷乃仿爲之，其制比紅毛益精，安置南北兩臺，以守要害。發時以銃尺量之，測遠鏡度之，無不奇中，紅夷乃不敢犯。"①

鳥銃：即火槍，由葡萄牙人最早傳入日本。《南浦文集》稱："賈胡之長有二人（實爲三人），一曰牟良叔舍，一曰喜利志多、佗孟太，手携一物，長二三尺。其爲體也，中通外直，而以重爲質。其中雖常通，其底要密塞。其傍有一穴，通火之路也。形象無物之可比倫也。其爲用也，入妙藥於其中，添以小團鉛，先置一小白於岸畔，親手一物，修其身、眇其目，而自其一穴放火，則莫不立中矣。其發也，如掣電之光；其鳴也，如驚雷之轟，聞者莫不掩其耳矣。置一小白者，如射者之栖鵠於侯中之比也。此物一發，而銀山可摧、鐵壁可穿也。"②此處所談就是葡萄牙人傳入日本的火槍。後來日本的火槍又被中國人繳獲。戚繼光稱："鳥銃之準在於腹長而直，火藥之不奪手在於前手拿在銃腹，點放之直在於兩手俱托執銃身而無點火之誤，鉛子之利在合藥之方。其神機銃用木馬，繁而多誤，勢難再發；邊銃執後尾，其重在前，一手點火，眼不能照，皆不及此銃之妙而速也。鳥銃傳自西番，未得其妙。歲戊申，盧鏜破雙嶼，獲善銃者，授其肯綮命馬憲製器，李槐製藥始精絶云。一行營之内，鳥銃雖速準而力小，難禦大隊，難守險阻，難張威武。佛狼機又大重，難於扛隨。今以臆創一器，名爲賽貢銃，既無下木馬延遲之艱，又不坐後，其鉛子猶勝佛狼機之大，其聲勢可比發貢，其速即可比鳥銃。每五百人之中，用以五六門以備守路截險，甚妙！"③

機銃：應是西方傳入中國的一種小型火器，相當於手槍。《廣東新語》載："至如機銃，名覿面笑，弢藏於衣被之中，而突發於咫尺之際，殺機不測，良可寒心。其制也，小石如豆，嚙皮函外，鐵牙摩戛，火透函中。蓋皆精鐵分

---

① 〔清〕屈大均：《廣東新語》卷16《器語》，第442—443頁。

② 〔日〕南浦文之：《南浦文集·鐵炮記》，日本國會圖書館藏寬永乙丑仲秋四條寺町校正刊行本，第6頁。

③ 〔明〕王鳴鶴編：《登壇必究》卷29《火器》，《續修四庫全書》第961册，第351—352頁。

合而成,分之二十餘事,邈不相屬;合之各以牝牡橐籥相茹,納紐篆而入蝸户。栝轉相制,機轉相發,外以五六鐵勑勑之,大四寸,圍長六七寸,以帶繫置腰間,帶有銅圈,可插機銃二十枚,鉛彈亦懷於身,用時乃入,彈重八九分,用止二枚不可多,多則壞銃。危急時,一人常有二十銃之用,百不失一,此亦防身之奇技也。"①區懷瑞《機銃銘》載:"有械咫尺,出自島舶。具銃之型,焰煙小弱。支緒瑣陳,煉鋼而作。輻輳委蛇,洞空橐籥。節短勢長,旋螺屈蠖。魚乙畛分,犬牙銹錯。關鍵相須,石金噴薄。渾合自然,不焚而灼。激射摧殘,等於戲謔。迅擊尋丈,不爽錙銖。蜕胎重器,巧捷於兹。觸毫末,鋒鏑爲威。變生衽席,狃而不知。明信在躬,聖鐵是衣。君子警斯,毋中於微。"②清人張九鉞稱:"袖裏機槍法蘭錫。"③"袖裏機槍"即機銃。

屈刀:即繞指鬱刀。《粵東聞見録》載:"有繞指鬱刀,卷之,首尾相連;舒之,勁直自若。可以穿鐵甲,洞堅石。上有龍虎細文,或旋螺花,或芝麻、雪花。"④《南粵筆記》載:"繞指鬱刀也,刀頭凡作二層,一層金羅經,一置千里鏡,澳夷往往佩之。又有兩刀如劍,隱出層紋,可沾積毒藥,然皆不可多得。"⑤道光《廣東通志》載:"繞指鬱刀,出自日本。"⑥《皇清職貢圖》稱:"翁加里亞國⑦,在波斯泥亞國南,其人仿佛蒙古,衣服甚短,束縛袴襪,有如行縢,極穎悟,尚禮貌,幼習馳馬,短頸善奔,常帶彎刀,長四尺,每在馬上舞試。"此處彎刀即繞指鬱刀。

小刀:即西餐餐刀。《竹葉亭雜記》稱葡萄牙人:"案前各置磁盤,盤内置刀一、叉一,疊白布於上,布即飯單也。"⑧此處的刀即指餐桌上的小刀。

---

① 〔清〕屈大均:《廣東新語》卷16《器語》,第444頁。

② 〔清〕印光任、張汝霖:《澳門記略·澳蕃篇》,《廣州大典》總第221册,第370頁。

③ 〔清〕張九鉞:《紫峴山人全集》卷11《粵游集·番行篇》,《續修四庫全書》第1443册,第655頁。

④ 〔清〕張渠:《粵東聞見録》,《廣州大典》總第394册,第89頁。

⑤ 〔清〕李調元輯:《南越筆記》卷6《番刀》,《廣州大典》總第217册,第559頁。

⑥ 〔清〕阮元修:道光《廣東通志》卷97《輿地略》15,《廣州大典》總第253册,第72頁。

⑦ 翁加里亞國,即匈牙利(Hungria)之古稱。

⑧ 〔清〕姚元之:《竹葉亭雜記》卷3《廣東香山屬有地曰澳門》,第90頁。

小刀是明清時期歐洲商人對華貿易的重要商品,數量巨大。乾隆四十二年(1777)《各國夷船入口貨總簿》載當年歐洲商船帶到廣州的"洋小刀叉一萬五千九百零二支"①。據《阿戈特廣州商館日記》,1788 年貿易季 26 艘英國公司船輸入廣州的貨物中有"刀叉 78812 對"②。

長、短劍:指葡萄牙人所佩戴的長劍和短劍。明人葉權稱:"腰懸八剌烏,長咫尺,以金銀錯之,其色稍黑,乃匕首有毒者。隨四五黑奴,張朱蓋,持大創棒長劍。劍之鐵軟而可屈,縱則復伸。"③"八剌烏"即短刀,即是匕首,以金銀飾之,趙翼有詩云:"腰帶金錯刀,手斟玉色釀。"④雍正五年(1727),葡萄牙國王曾進貢長劍一柄、短劍一柄。⑤清人張九鉞稱:"懷中短劍大西洋。"⑥"懷中短劍"即指葡萄牙人的短劍。

《澳門記略·男蕃圖》中
佩戴長短劍的葡萄牙人

---

① 《四十二年分各國夷船入口貨總簿》,英國利兹大學布勞瑟頓圖書館藏 Special Collections Chinese R. A. S. 685。

② Museo Marítimo Vasco: *Diario de Manuel de Agote*, R. 631 (Año 1789), p. 67.

③ 〔明〕葉權:《賢博編·游嶺南記》,第 45 頁。

④ 〔清〕趙翼:《趙翼詩編年全集》,天津:天津古籍出版社,1996 年,第 447 頁。

⑤ 〔清〕梁廷枏:《海國四説·粤道貢國説》卷 4《西洋諸國》,北京:中華書局,1993 年,第 227 頁。

⑥ 〔清〕張九鉞:《紫峴山人全集》卷 11《粤游集·番行篇》,《續修四庫全書》第 1443 册,第 655 頁。

鑒物辨形者，则有眼鏡、照身鏡、千里鏡、顯微鏡、火鏡之屬。類皆備極工巧，精緻絶倫。

《澳門記略》:"有照身大鏡。有千人鏡，懸之物物在鏡中。有多寶鏡，合衆小鏡爲之，遠照一人作千百人。有千里鏡，可見數十里外。有顯微鏡，見花鬚之蛆，背負其子，子有三四；見蠅毛黑色、長至寸許，若可數。有火字鏡。有照字鏡，以架皮而照之。有眼鏡，西洋國兒生十歲者即戴一鏡以養目，明季傳入中國。"《采訪册》所載不同於《澳門記略》。《祝志·海防附澳門》:"他如眼鏡、照身鏡、千里鏡、顯微鏡、火鏡之屬，皆工致，餘多淫巧。"

眼鏡:是用水晶、玻璃等材料磨成的透鏡。《澳門記略》:"眼鏡，惡古路。""惡古路"爲眼鏡的葡文 óculo 音譯。明中後期西洋眼鏡傳入中國。《明語林》稱:"西洋人利瑪竇，精歷象推算，勾股圭測之術。規玻璃爲眼鏡。"①《開成紀要》載:"凡眼鏡欲中高，則玻璃體薄者，不能如法，法作二面凸酌量爲之，令合目乃已。若近視眼鏡，則作窪體，但與前鏡大小不同，須半徑稍長，窪稍淺，用水晶，乃可作二面，玻璃無此厚體，但可作一面耳。"②日本《阿媽港記略》稱:"又見表凸裏平之眼鏡，以是見物，則一物分而爲數物，蓋以面背不平，故如此。"③李漁稱:"近視、遠視諸眼鏡者更佳，得者皆珍爲異寶。"④關於西洋眼鏡記載最詳細者莫過於孫雲球《鏡史》，其中記載有二十四種昏眼鏡、二十四種近視鏡和二十四種童光鏡。⑤

照身鏡:《開成紀要》作"玻璃照面大鏡"。《鏡史》作"端容鏡"，稱:"鏡

---

① 〔清〕吴肅公:《明語林》卷10《巧藝》,《續修四庫全書》第1175册,第616頁。

② 〔意〕利瑪竇(Matteo Ricci)撰:《開成紀要》,〔明〕徐光啓校,浙江省圖書館藏,善本編號:2789,第10頁。

③ 〔日〕林羅山:《羅山先生文集》下册卷56《雜著》1,日本帝國圖書館藏日本京都史迹會大正七年翻刻本,第229頁。

④ 〔清〕李漁:《十二樓》,北京:人民文學出版社,1986年,第66頁。

⑤ 〔清〕孫雲球:《鏡史》,康熙辛酉年刻本,上海圖書館藏。

小如錢,用以鑒形,鬚眉畢備,既不如銅鏡之累贅,可免衣冠不飾之譏,更與美女相宜,懸之扇頭,係諸帕角,隨時掠鬢,在處修容,顧影生妍,香閨異寶。”①康熙二十五年(1686),荷蘭國進貢物品中有“照身大鏡二面”。雍正九年(1731)六月,西洋國王阿豐肅遣陪臣奉表入貢方物有大玻璃鏡等物。在英國東印度公司進口廣州的商品中有大量的玻璃鏡記録,1771 年有 654 塊,1775 年有 765 塊。②

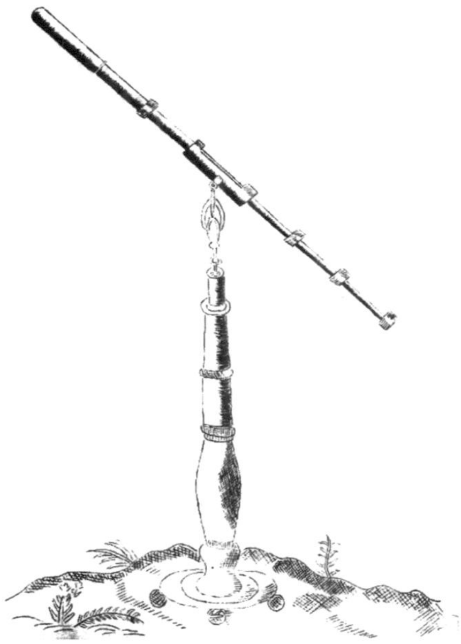

清初《遠鏡説·望遠鏡圖》

千里鏡:即望遠鏡。16 世紀中葉,歐洲人就發明了望遠鏡,最早將望遠鏡東傳者爲沙勿略(St. Francis of Xavier)。1549 年他到日本時就將望遠鏡獻給了日本的大名。③ 望遠鏡傳入中國最早者爲利瑪竇。《明史》載:“望遠鏡,亦名窺筒,其制虚管層疊相套,使可伸縮,兩端俱用玻璃,隨所視物之遠近以爲長短。不但可以窺天象,且能攝數裏外物如在目前,可以望敵施炮,有大用焉。”④《玉塵新譚》:“番僧利瑪竇有千里鏡,能燭見千里之外,如在目前。以視天上星體,皆極大;以視月,其大不可紀;以視天河,則衆星簇聚,不復如常時所見。又能照數百步蠅頭字,朗朗可誦。瑪竇死,其徒某道人挾以游南州,好

---

① 〔清〕孫雲球:《鏡史》。

② 〔美〕馬士(H. B. Morse)著:《東印度公司對華貿易編年史》第 5 卷,區宗華譯,第 179—188、253—255 頁;BL:IOR/G/12/58,Import.

③ 湯開建:《歐洲望遠鏡究竟何時傳入中國?——“番僧利瑪竇有千里鏡”説考實》,《南國學術》2019 年第 1 期。

④ 〔清〕張廷玉:《明史》卷 25《志》第 1,第 361 頁。

事者皆得見之。"[①]《正字通》稱:"今西洋國千里鏡,磨玻璃所成者,以長筒窺之,見數十里。"[②]《鏡史》載:"此鏡(遠鏡)宜於樓臺高處用之,遠視山川、河海、樹木、村落,如在目前。若干十數里之内,千百步之外,取以觀人鑒物,較之覿面,更覺分明。利用種種,具載湯道未先生《遠鏡説》中。兹不贅叙。"[③]千里鏡在明代後期已經成爲商品進入市場。明人韓霖稱:"望遠鏡,來自大西洋國,用筒數節,安玻璃兩端,置架上,視遠如近,視小爲大,可以遠望敵人營帳、人馬、器械、輜重,豪發不爽。我可預備戰守,安放銃炮,曾 海上一鏡,因天氣晴明,見魚網於一百二十里外,亦奇矣。近日西洋陪臣貢獻御前,間有鬻者,直四五十金。"[④]1775年,瑞典東印度公司商人一次帶進廣州市場銷售的望遠鏡就有22架。[⑤]

顯微鏡:顯微鏡是由一個透鏡或幾個透鏡的組合構成的一種光學儀器。明人陳子升有詩:"《咏西洋顯微鏡》以鏡視小物,皆成大形,虱蟻眉目皮毛,靡不畢見:大道粲中天,奇淫出窮海。兹鏡西洋來,微顯義兼在。雕棘具猴體,穿楊貫虱胸。何如造兹鏡,微妙生其中。"[⑥]《鏡史》載:"鏡用俯視,以極微細之物,置三足之中,視醯鷄頭尾瞭然,視疥蟲毛足畢現,蚊蟲宛如燕雀,蟻虱幾類兔猿。博物者不特知所未知,信乎見所未見。"[⑦]清人袁佑稱:"顯微鏡:纖毫照眼羨離朱,誰使纖毫影更殊。物態雲翻千萬狀,空明檢取入冰壺。"[⑧]道光《廣東通志》載:"顯微鏡,見花鬚之蛆,背負其子,子有三四,見

---

① 〔明〕鄭仲夔:《玉塵新譚》卷8《寶遺》,《續修四庫全書》第1268册,第510頁。

② 〔明〕張自烈:《正字通・金部・鏡》,《四庫全書存目叢書・經部》第198册,第545頁。

③ 〔清〕孫雲球:《鏡史》不分卷。

④ 〔明〕翰霖輯:《守圉全書》卷3《製器篇》,臺北:"中研院"傅斯年圖書館善本室藏明崇禎十年(1637)刻本(殘本),第15頁。

⑤ BL:IOR/G/12/58,1775,Import.

⑥ 〔明〕陳子升:《中洲草堂遺集》卷5《五言古》2,哈佛大學燕京圖書館藏南海伍氏詩雪軒道光二十年(1840)刻崇禎十一年(1638)陳子壯序刊本,圖書編號:5429/7912,第6頁。

⑦ 〔清〕孫雲球:《鏡史》不分卷。

⑧ 〔清〕袁佑:《霽軒詩鈔》卷4《補史集》,《四庫未收書輯刊》第7輯,第27册,第45頁。

蠅虱黑毛,長至寸許。”①

火鏡:又稱“點火鏡”,通過將太陽光綫彙聚於焦點而生火,因爲可以用來取火,故稱。明人揭暄《揭子戰法》載:“有亞而機默得(即阿基米德)者,極穎智,以意造一鏡,凹其面,斜受日光,對敵艘映射,須臾光熱火發,數百艘,傾刻燒盡,名日火鏡。今中國傳其制,特小者可取火。”②明人韓雲稱:“有映日火鏡,發火燒敵。”③《鏡史》載:“周官司烜氏取明火於日,司爟氏四時改火,以救時急。古先王用心於火政,必非無故也。李時珍先生云,石中之火,損人頭目。今習之不察者久矣。此鏡於日中取火,無煤自燃,用以代燧,且大似金錢,便於携帶,舟車途次,尤所必需。”④

技藝莫先於曆學,今之所謂西法也詳載《記略》。

《澳門記略》:“其技藝莫先於曆學,今之所謂西法也。”《祝志》亦作“其技藝莫先於曆學,今之所謂西法也”。可見《采訪册》和《祝志》均來自於《澳門記略》。

曆學:這裏的曆學指的是西方的曆法。中曆和西曆有很大的差距,歐洲耶穌會士進入中國後,發現中曆存在的一些問題,遂提議明朝政府設局重新修曆。《辨學》稱利瑪竇“知深明天文度數之學,因命纂修曆日”⑤。《天學集解》載:“自是西儒接踵來賓,修曆法,守都城,歷著忠勤。”⑥《談往》載:“改曆之議,談不齒寒。適承首善書院之室主,爲門户被擊,顔其門曰修曆局。畢竟修之一字爲改字之底本宜。其三十年後,遂爲通微教師之尊主。

---

① 〔清〕阮元修:道光《廣東通志》卷97《輿地略》15,《廣州大典》總第253册,第73頁。

② 〔明〕揭暄:《揭子戰法》卷8《遠邦篇》,北京:軍事科學出版社,2009年,第160—161頁。

③ 〔明〕韓霖輯:《守圉全書》卷3《製器篇》,第108頁。

④ 〔清〕孫雲球:《鏡史》不分卷。

⑤ 〔清〕静樂居士:《辯學·大西修士行略纂》,臺北:臺灣政治大學社會科學資料中心藏方豪舊藏清鈔本,第38頁。

⑥ 〔清〕劉凝:《天學集解》卷9《建寧縣正堂左爲遵明旨褒天學以一趨向事》,俄羅斯聖彼得堡公共圖書館藏清抄本,第56頁。

嘗見千古來挂冠東門,瞻視異常,重華二千日享福,無不歷驗。明末幾年,夢夢之夢征逐夢夢之天,惟此利馬竇一人,實爲清朝頒曆之人,非明朝非曆之人。"①《上海縣志》載:"崇禎二年,文定以禮部侍郎入朝,遂以龍華民、鄧玉函、羅雅谷、湯若望四先生薦修曆法。朝廷諭欽天監正與西士有日食遲速多少驗之,唯西學不爽毫黍,於是遂命督同修曆,有欽褒天學之額,懸之各堂,而上海居最先。"②

字以二十三母互配而成,凡萬國語言,風雨鳥獸之音,皆可隨音成字。其書右行,與梵書同。鄭樵所謂"梵以口傳,有無窮之音者"也。

《澳門記略》:"字以二十三母互配而成,凡萬國語言,風雨鳥獸之音,皆可隨音成字。其書右行,與梵書同。鄭樵所謂'梵以口傳,有無窮之音者'也。華以目傳,故華有無窮之字者也。"《祝志》:"其字以二十三母互配而成,凡萬國語言、風雨鳥獸之聲皆可隨音成字。鄭樵所謂華以目傳,故華有無窮之字;梵以口傳,故梵有無窮之音者也。其書右行與梵書同。"《采訪册》與《祝志》均采自《澳門記略》。

二十三母:應指葡萄牙文的二十三個字母。尤侗《外國竹枝詞》稱:"字以二十三母互配而成。凡萬國語言,風雨鳥獸之聲,皆可寫出,隨音成字。耶穌,天主也,以十字罹法。"③朝鮮學者黄胤錫稱:"明末西洋人利瑪竇等東來,所用字音又止二十三母。我東則世宗御製訓民正音,本據洪武正韻字

① 〔清〕花村看行侍者:《談往》不分卷《西洋來賓》,四庫全書存目叢書影印清康熙刻本,史部第55册,第666頁。

② 《上海縣志》第7卷《天學附》,載鍾鳴旦編《徐家匯藏書樓明清天主教文獻續編》第14册,臺北:利氏學社,2013年,第6頁。

③ 〔清〕尤侗:《西堂集》第11册《外國竹枝詞》,康熙間刊本,第17頁。

母,所以通解漢語也。其用之方言,則又減爲十四母而已。"①清人謝啓昆詩《嘆咭唎貢使歌》稱:"天鵝絨服哆囉嗹,文字詰屈語誕譚。"②就是指西洋文字。

醫以外科擅名。

《澳門記略》:"在澳蕃醫有安哆呢,以外科擅名久。"《采訪册》資料來自《澳門記略》。

醫:指的是西洋醫學。西方醫學最早由葡萄牙人傳入日本。日人淺田宗伯稱:"長崎諸醫傳外蕃法者,益行於世,是爲南蠻流。"③後耶穌會士入中國後,西洋醫學傳入中國,利瑪竇即爲精通醫學之人,明人程侖稱:"己酉來京,客有稱利西泰聰慧而巧,洞醫玄奥,予往造焉。西泰曰:'吾國人病,鮮有論脉者,惟取玻璃瓶溺之,映日觀色,知五臟受病之從來,用藥一以攻伐去毒爲主。'神矣哉! 岐伯,誠天師也;西泰,西方之人。"④湯若望亦爲精通西方醫學之人,清人稱:"命若望等理欽天監事,即醫學亦間用之。"⑤故朝鮮學者成海應稱:"西洋人多技術,最精曆法醫方。"⑥

外科:西文名作"surgery",是一種醫學分科,與内科相對應。西方醫學傳到中國後,也出現了醫學外科之説。1672 年 5 月,西班牙方濟各會中國傳教團會長文度辣(Buenaventura Ibáñez)帶領同會傳教士林養默(Jaime

① 〔朝〕黄胤錫:《頤齋遺稿》卷 26《雜著》,《韓國文集叢刊》第 246 册,漢城:景仁文化社,1990 年,第 570 頁。

② 〔清〕謝啓昆:《樹經堂集》卷 8《補梅軒草》,《續修四庫全書》第 1458 册,第 107 頁。

③ 〔日〕淺田宗伯:《皇國名醫傳》,日本内閣文庫藏嘉永五年(1852)刻勿誤藥室藏版,圖書編號:和 16051/3/157,第 28 頁。

④ 〔明〕程侖:《程原仲醫案·論八篇·原道》,高新彦校注,北京:中國中醫藥出版社,2015 年,第 1—2 頁。

⑤ 〔清〕阮元修:道光《廣東通志》卷 330《列傳》63《外蕃附》,《廣州大典》總第 257 册,第 623 頁。

⑥ 〔朝〕成海應:《研經齋全集》卷 56《草榭談獻》3,漢城:景仁文化社,1990 年,第 165 頁。

Tartí)和世俗修士艾腦爵(Braz Garcia)從馬尼拉到達澳門。[①] 艾腦爵是一名著名的外科醫生。他在澳門開辦了一間診所(botica),救治了不少澳門貧民。[②] 1697 年,西班牙方濟各會修士安哆呢(Antonio de la Concepción)到達澳門。安哆呢更擅長於外科手術,故《澳門記略》稱其"以外科擅名久"。他用精湛的外科醫術救治了很多清朝貴族和官員。[③]

畫則有海洋全圖、法郎人物、山水及織成各種故事。

《澳門記略》:"其餘技則有西洋畫。三巴寺有《海洋全圖》,有紙畫,又有珐琅人物、山水、織成各種故事畫、繡花畫。"《采訪册》采自《澳門記略》。

畫:最早記録澳門西洋畫的爲嘉靖後期的葉權,他到澳門後見到:"其畫似隔玻璃,高下凸凹,面目眉宇如生人,島中人咸言是畫。余細觀類刻塑者,以玻璃障之,故似畫而作濛濛色,若畫安能有此混成哉!"[④]明人熊明遇稱:"西極之國有畸人來,最先西泰利氏,所携圖畫巧作及陳説海外謡俗風聲,異哉所聞。"[⑤]《珊瑚網》載:"大西洋琍瑪竇所携諸畫像俱蠟地,重著色,人物儼映冰壺間,是六法别傳異派,今西士在漳南者,以此爲生涯矣。"[⑥]《星湖先生全集》載:"比年使燕還者多携西國畫,其殿闕廉陛,人物器用,棱隅方圓,宛若真形。"[⑦]阮元詩稱:"萬曆中年利生至,手畫天文并輿地。乾坤何處歐

① 崔维孝:《明清之际西班牙方济会在华传教研究(1579—1732),北京:中华书局,2006 年,第 208 頁。

② 崔维孝:《明清之际西班牙方济会在华传教研究(1579—1732)》,第 225 頁。

③ 崔维孝:《明清之际西班牙方济会在华传教研究(1579—1732)》,第 230 頁。

④ 〔明〕葉權:《賢博編・游嶺南記》,第 45 頁。

⑤ 〔明〕熊明遇:《緑雪樓集》,《四庫禁毁書叢刊》集部 185 册,第 167 頁。

⑥ 〔明〕汪砢玉:《珊瑚網》卷 42《名畫題跋》18,《文淵閣四庫全書》第 818 册,第 802 頁。

⑦ 〔朝〕李瀷:《星湖先生全集》卷 56《題跋》,韓國文集叢刊第 199 册,漢城:景仁文化社,1990 年,第 535 頁。

羅巴,日月倒懸本無蒂。”①

海洋全圖:此處實際上是指西方人繪製的世界地圖。1589 年利瑪竇到肇慶後即繪製了第一幅世界地圖,初名《大瀛全圖》:“利生入中國,即束髮加櫛,即習漢音,能漢言,即攻次仲書,以所携《大瀛全圖》譯而視人。其言天地形皆圜如瓜,無所謂四旁上下,地在天中,水介地中,脉理浮絡,常而不遷。就中差次爲南北,北之極爲蒂,南爲底,日月運於中央爲赤道,以赤道歧而南北各二十三度半爲南北道。按中國在北道之北,故日行南晝短,行北晝長。”②此圖即利瑪竇後來在北京刊刻出版的《坤輿萬國全圖》。當時由西方傳教士傳入澳門的世界地圖有很多種,故稱澳門“畫則有海洋全圖”。

法郎人物:指用景泰藍色彩繪製的一種人物畫像。

飲食喜甘辛,多糖霜,以丁香爲糝,盛以玻璃瓷器,薦以白氈布,灑薔薇露,梅花片腦其上。男女雜坐,以銀刀叉割食,以白氈布拭手,以杏酪、牛乳、欖仁、鷄蛋、糖霜爲餦餭、餺飥、粔籹。七日屠牛一次,五日葷食,二日素食,不食牛豕肉,蝦魚不之禁。

《澳門記略》:“飲食喜甘辛,多糖霜,以丁香爲糝。每晨食必擊鐘,盛以玻璃,薦以白氎布,人各數器,灑薔薇露、梅花片腦其上。無幾案匕箸,男女雜坐,以黑奴行食品進,以銀叉嘗食炙。其上坐者悉置右手褥下不用,曰此爲觸手,惟以溷,食必以左手攫取,先擊生鷄子數枚啜之,乃割炙。以白氎巾拭手,一拭輒棄,更易新者。亦爲餦餭、餺飥、粔籹。凡七日屠牛一次,五日葷食,二日素食,但不食牛豕肉,蝦菜不之禁。食餘,傾之一器,如馬槽,黑奴男女以手摶食。”《采訪册》記載既有同《澳門記略》相同者,又有“以杏酪、

---

① 〔清〕阮元:《兩浙輶軒録》卷 1《利瑪竇天地圖屏風歌》,哈佛燕京圖書館藏仁和朱氏嘉慶六年(1801)刻本,第 53—54 頁。

② 〔明〕徐時進:《鳩茲集》卷 6《歐羅巴國記》,四川省圖書館藏明萬曆三十六年(1608)張萱刻、四十五年(1617)徐時進增刻本,第 22 頁。

牛乳、欖仁、鷄蛋、糖霜爲餦餭、餺飥、粔籹”詳細記録之不同者。

糖霜:此處的糖霜,指的是外國運進澳門的糖,即西洋糖。《澳門記略》稱糖爲“亞家喇”,葡文作“Açucar”。《天工開物》載:“造白糖:凡閩廣南方終冬老蔗,用車同前法,榨汁入缸,看水花爲火色。其花煎至細嫩,如煮羹沸,以手捻試,粘手則信來矣。此時尚黄黑色,將桶盛貯,凝成黑沙。然後以瓦溜置缸上。其溜上寬下尖,底有一小孔,將草塞住,傾桶中黑沙於内。待黑沙結定,然後去孔中塞草,用黄泥水淋下。其中黑滓入缸内,溜内盡成白霜。最上一層厚五寸許,潔白異常,名曰‘西洋糖’。西洋糖絶白美,故名,下者稍黄褐。”①朝鮮任守幹《東槎日記》稱:“雪糖、五花糖,俱非日本所産,産於南蠻、南京等地,自長崎入來。”②1775 年貿易記録荷蘭東印度公司五艘船運進廣州的貨物中有糖“524.75 擔”③,1788 年 3 艘西班牙船隻帶到廣州砂糖“152 擔”④。

丁香:明清時期外來商品之一。《祝志》稱:“丁香樹,澳門有之,葉如榕,捻之有香。”荷蘭國亦産“丁香”。⑤ 荷蘭屬地咖喇吧亦産“丁香”。⑥ 順治十年(1653)荷蘭國進貢物品中有“丁香”。⑦ 康熙六年(1667)葡萄牙國王進貢“丁香一籠”⑧。丁香亦是歐洲人輸入廣州的重要商品。1775 年,荷

---

① 〔明〕宋應星:《天工開物》,北京:中國社會出版社,2004 年,第 197 頁。

② 〔朝〕任守幹:《東槎日記》,載《朝鮮通信使文獻選編》第 3 册,上海:復旦大學出版社,2015 年,第 214 頁。

③ BL:IOR/G/12/58, Import.

④ Ander Permanyer Ugartemendia, Españoles en Cantón: los Diarios de Manuel de Agote, primer factor de la Real Compañía de Filipinas en China (1787—1796), in *Itsas memoria revista de estudios marítimos del País Vasco*, No. 7, 2012, pp. 533 – 534.

⑤ 〔清〕穆彰阿等纂修:《嘉慶重修一統志》卷 551《荷蘭》,第 4 頁。

⑥ 〔清〕阮元修:道光《廣東通志》卷 330《列傳》63《外蕃附》,《廣州大典》總第 257 册,第 626 頁。

⑦ 〔清〕張嗣衍修:乾隆《廣州府志》卷 60《雜録》2《外番附》,《廣州大典》總第 267 册,第 653 頁。

⑧ 〔清〕金光祖纂修:康熙《廣東通志》卷 28《外志》,《廣州大典》總第 247 册,第 451—452 頁。

蘭東印度公司輸入廣州的“丁香 234.56 擔、母丁香 22.88 擔”①。1777 年英國東印度公司輸入廣州的“丁香一百五十一擔九十五斤”②。1796 年英國散商輸入廣州的丁香達“1017 擔”③。可以看出丁香在廣州市場的需求量很大。

薔薇露:即薔薇水,又稱“玫瑰油”“花露水”,爲薔薇花的蒸餾液。談遷稱:“薔薇露,出大西洋國,花如牡丹,花露晶瑩芬芳襲人,澤體膩髮經年不減。”④清人梁松年稱:“夷人貨粵,又有一種醿醾露。《華夷考》曰:‘海國所産,天氣淒寒,零露凝結,著他草木,乃冰澌木稼,殊無香韻。惟醿醾花上,瓊瑶晶瑩,芬芳襲人,若甘露焉。夷女以澤體髮,膩香經月不滅,暹羅尤特愛重,競買略不論直。’”⑤清代薔薇水也是外國商人輸入廣州的重要商品。乾隆四十二年(1777)《各國夷船入口貨總簿》英國散商船帶進廣州的貨物就有花露水三百瓶,法國船帶進廣州的薔薇露有一百三十四罐。乾隆四十三年(1778)《各國夷船入口總貨部》記載英國商人輸入廣州花露水一千二百罐,法國船運入花露水六十罐。⑥

梅花片腦:又稱“片腦”“龍腦”“梅片”,即冰片。《澳門記略》:“有龍腦、梅花片腦,皆樹液所結。”萬曆十七年(1589)廣東政府向進口龍腦征税“龍腦每十斤上者税銀三兩二錢,中者税銀一兩六錢,下者税銀八錢”⑦。清人蔡方炳《增訂廣輿記》稱:“浡泥國、彭亨國,産片腦。”⑧清人謝清高稱:

---

① 劉勇:《近代中荷茶葉貿易史》,北京:中國社會科學出版社,2018 年,第 223—224 頁。

② 《四十二年分各國夷船入口貨總簿》,英國利兹大學布勞瑟頓圖書舘藏 Special Collections Chinese R. A. S. 685。

③ BL:IOR G/12/117, List of Country Ships, p. 15, import.

④ 〔明〕談遷:《棗林雜俎》,《續修四庫全書》第 1135 册,第 73 頁。

⑤ 〔清〕梁松年著,劉正剛整理:《梁松年集》,廣州:廣東人民出版社,2018 年,第 47 頁。

⑥ 《四十二年分各國夷船入口貨總簿》,英國利兹大學布勞瑟頓圖書舘藏 Special Collections Chinese R. A. S. 685;《乾隆四十三年各國夷船入口總貨部》,英國利兹大學布勞瑟頓圖書舘藏 Special Collections Chinese R. A. S. 686。

⑦ 〔明〕周嘉胄:《香乘》卷 25《獵香新譜》,《文淵閣四庫全書》第 844 册,第 559 頁。

⑧ 〔清〕蔡方炳:《增訂廣輿記》卷 24《外譯》,美國哈佛燕京圖書館藏清康熙四十六年(1707)帶勾樓刻本,第 4 頁。

"麻六呷、噶喇叭土産有片腦。"①越南阮文超《方亭隨筆録》稱:"噶喇叭,土産有片腦。"②乾隆四十二年(1777)《各國夷船入口貨總簿》英國東印度公司船帶進廣州的貨物中就有"冰片一擔三十斤",荷蘭船運入廣州的"冰片二十一斤",法國船帶進廣州的"冰片二十五斤"。③ 乾隆四十三年(1778)《各國夷船入口總貨部》英國散商船帶進廣州的"冰片二十四斤;冰片·六十一斤",荷蘭船運入廣州的"冰片三十斤"。④

餦餭:是一種乾飴糖的古稱,這裏實際上指的是澳門有西洋糖果。清人姚元之到澳門所見葡萄牙人"食果,則女子切片置盤内,鬼奴遞送客前,取客前之盤返於主人,别置他果,往復傳送"⑤。西洋糖果也是歐洲商人輸入廣州的商品之一。康熙六年(1667),進入澳門的外國船就帶進了西洋糖果。這些糖果被香山知縣姚啓聖買去送禮。⑥《粤海關則例》載,輸入廣州的糖果征税率爲"番蜜餞各色糖果,每百斤伍錢"⑦。

餺飥:湯餅的别名,古代一種水煮的麵食。《澳門記略》將餅譯爲"麼蘆"。葡文作"Milho"。《粤劍編》中有荷蘭酋長給税使李鳳進獻"兩盤餅餌"⑧之記載。

粔籹:古代一種食品,以蜜和米麵,油煎而成。《和漢三才圖會》有"環餅",日語作"介牟比"。倭如稱之"乾菓子矣",又呼曰"南蠻菓子"。《本

① 〔清〕謝清高口述:《海録》,《廣州大典》總第38册,第250、260頁。

② 〔越〕阮文超:《方亭隨筆録》卷4《南及西海諸國形勢大略》,河内:越南國家圖書館藏嗣德三十五年刻本,圖書編號:NLVNPF—0699,第21頁。

③ 《四十二年分各國夷船入口貨總簿》,英國利兹大學布勞瑟頓圖書舘藏 Special Collections Chinese R. A. S. 685。

④ 《乾隆四十三年各國夷船入口總貨部》,英國利兹大學布勞瑟頓圖書舘藏 Special Collections Chinese R. A. S. 686。

⑤ 〔清〕姚元之:《竹葉亭雜記》卷3《廣東香山屬有地曰澳門》,第90頁。

⑥ 《香山明清檔案輯録》第3《政法》,上海:上海古籍出版社,2006年,第165頁。

⑦ 〔清〕毛克明、鄭伍賽:《粤海關則例·粤海關税則》,法國國家圖書館藏粤海關則例清刻本,圖書編號:Chinois2285,第30頁。

⑧ 〔明〕王臨亨:《粤劍編》卷3《志外夷》,中華書局,1987年,第91頁。

綱》:“環餅①,以糯粉和麵,麻油煎成,以糖食之;或以糯粉和麵,入少鹽,牽索紐捻成環釧之形,油煎食之,故名‘環餅’。”②

飲以葡萄酒洋酒太多,此酒爲最,**注以玻璃高杯。**

《申志》《暴志》均無載。《澳門記略》:“酒以葡萄、以香春。”又有:“酒以葡萄,注以玻璃高碗。”《采訪册》當據《澳門記略》結合實地所見而寫。

葡萄酒:此處應指西洋人帶進澳門的洋酒。《澳門記略·澳譯》將酒譯爲“尾虐”。葡文作“Vinho”。《賢摶編》稱澳門葡萄牙人“飲西洋酒,味醇濃,注玻璃杯中,色若琥珀”③。清人杜臻到澳門時稱:“獨取其洋酒一筒,其酒釀以葡萄,色如琥珀,亦貯玻硫罌,内外澄澈,十二罌共一筒也。”④勞之辨《葡萄酒》詩云:“西洋美酒貯冰壺,光摇赤日薄屠蘇。携將萬里爲親壽,海底珊瑚勝此無。”⑤朝鮮李器之稱:“頃惠葡萄酒,味極清冽,此能治病乎?答:大補氣血,養精長力。問:釀法如何?答:須九月内收極熟葡萄一百斛,用細羅布做成帒,濾出清汁,然後放大鍋内,煮收一半,每一斛加上好滴火燒酒一斛,入罈内藏過一年後,所看顔色即成。”⑥《燕行記事》載:“西洋國所謂葡萄酒,色清而緑,味如倭酒而亦佳云。”⑦吴歷《墨井題跋》載澳門葡萄牙

① 環餅,日本稱之爲“萬加利”,原文假名注音爲“まがり”,意即麻花。

② 〔日〕寺島良安:《和漢三才圖會》,日本國會圖書館藏明治十七年(1884)東京中近堂書肆翻刻正德壬辰寺島良安序刊本,第1806頁。

③ 〔明〕葉權:《賢博編·游嶺南記》,第45頁。

④ 〔清〕杜臻:《粤閩巡視紀略》卷中“康熙二十二年二月乙未”條,《廣州大典》總第217册,第104—105頁。

⑤ 〔清〕勞之辨:《静觀堂詩集》卷4《甲子乙丑詩五十七首》,清代詩文集彙編影印清康熙刻本,第153册,第588頁。

⑥ 〔朝〕李器之:《一菴燕記》卷4《十月二十日癸丑》,載復旦大學文史研究院、韓國成均館大學大東文化研究院編《韓國漢文燕行録文獻選編》影印韓國銀行知識情報室藏寫本,第13册,第8頁。

⑦ 〔朝〕李坤:《燕行記事》,上海:復旦大學出版社,2011年,第435頁。

人:“飯後以玻璃杯飲葡萄酒,每客數陞,不用酒政,且從無爛醉。”[①]

案:歐洲輸入中國的洋酒品種很多,葡萄酒衹是洋酒中的一種,在現存的中西文獻檔案中能見到當時進入中國的酒的品種分别爲葡萄酒、杜松子酒、亞叻酒(Anack)、阿拉克酒(燒酒,Arrack)、帕姆酒(Palm Wine)、龍舌蘭酒(Aloces)、白蘭地酒、啤酒、黑啤酒、朗姆酒、雪利酒、伏特加、賓治酒、巴爾撒木酒、露酒、包酒、順酒、惠泉酒、豆酒(Callavance Wine)、桂酒,馬德拉斯酒、東印度汗酒、唎哥酒[②],啤喱囒哋酒[③]、麥芽酒、蘋果酒、金酒、波特酒、蒲酒等。這些輸入中國的洋酒中,最常見的爲葡萄酒、亞叻酒、朗姆酒、杜松子酒、白蘭地酒。啤酒到乾隆以後也是經常見到的外國產品。輸入中國的洋酒不僅品種多,而且量很大,如雍正四年(1726)輸入廣州的酒類有葡萄紅露酒 12 瓶、葡萄黄露酒 12 瓶、白葡萄酒 12 瓶、紅葡萄酒 12 瓶。[④] 1764 年荷蘭商船輸入廣州亞叻酒“1457.34 擔”。1775 年英國商人輸入廣州爲洋酒 2492 桶。[⑤] 在清代歷史上輸入廣州洋酒最多的一年是 1752 年,是年瑞典輸入廣州的亞叻酒達 6 噸之多。[⑥] 從這些數據可以看出,早在清代洋酒已經大規模進入中國市場,以輸入數量來分析,如此大規模的洋酒進入中國市場,絶對不是局限於中國的上層社會,很可能在一般的老百姓中間也有飲用洋酒的習慣。

服鼻煙,檳榔亦食。

---

① 《明清時期澳門問題檔案文獻彙編》第六卷《墨井題跋》,第 748 頁。

② 唎哥酒,又作“利哥酒”,18—19 世紀傳入廣東的一種歐洲酒,馬禮遜《廣東省土話字匯》中稱之爲 liqueurs。

③ 啤喱囒哋酒,啤喱,又作“車厘”,英文作“Sherry”,應即櫻桃酒;囒哋,又作“啤蘭地”,即白蘭地,羅存德的《英華字典》作“Brandy”。啤喱囒哋應即爲一種酒名,很可能是用櫻桃釀製的燒酒。

④ 〔清〕郝玉麟修:雍正《廣東通志》卷 58《外番志》,《廣州大典》總第 250 册,第 459 頁。

⑤ L:IOR/G/12/58, Import.

⑥ 〔瑞典〕彼得·奥斯貝克(Pehr Osbeck)著:《中國和東印度群島旅行記》,倪文君譯,桂林:廣西師範大學出版社,2006 年,第 168 頁。

《澳門記略》:“檳榔裹以扶留葉,纏以紅緑絨。服鼻煙。”《采訪册》據《澳門記略》删改而成。

鼻煙:《澳門記略》載“鼻煙,布輝路盧”。布輝路盧,葡文作 polviho,爲鼻煙葡文之音譯。十六世紀中葉傳入中國。據蘇薩記載,鼻煙分爲精選、普通、上好三個等級,此外還有一種稱爲黄鼻煙(Amostrinha)的品種,這是專門爲迎合中國人口味而引進的。[①] 中文文獻中有“上品飛煙”與“鴨頭緑者”,當即後文提及的專門引進的、適合華人吸食口味的品種,《采訪册》將其稱爲“上品”。清康熙時期開始,吸食鼻煙成爲一種風尚。1719 年葡萄牙進貢物品中就有鼻煙 4 箱。[②] 清人趙之謙稱:“鼻煙來自大西洋意大里亞國。明萬曆九年,利瑪竇泛海入廣東,旋至京師獻方物,始通中國。國人多服鼻煙,短衣數重,裹爲小囊,藏鼻煙壺。至國朝雍正三年,其國教化王伯納第多貢獻方物,始有各色玻璃鼻煙壺、咖什倫鼻煙罐、各寶鼻煙壺、素鼻煙壺、瑪瑙鼻煙壺及鼻煙,居六十種之六。”[③]《青煙録》載:“鼻煙者,自西洋來,極細潤,以鼻煙嗅嘗之,能明目,利關竅,爽精神。淡碧爲上,黄茸次之,粗黑者下。貴介風雅之士,争以美玉、瑪瑙、紫瑛、髮晶、頗黎等物,琢小瓶器貯之。瓶有蓋,文以寶石,嵌小牙匙其上。飲酒高會,各出所攜交讓之以爲禮。又談者手持之,如古人麈柄玉,亦雅玩也。其煙内地亦有製者,多不佳。”[④]《煙譜》載:“所謂鼻煙者,屑葉爲末,雜以花露,一器或值數十金,貴人饋遺以爲重禮。置小瓶中,以匙取之入鼻,則嚏輒隨之。服久相習,亦可不嚏。有紅色者,玫瑰露所和也;有緑色者,蒲萄露所和也,有白色者,梅花露所和也。所貯之瓶,備極工巧,多用瑪瑙、玻璃、玳瑁或洋磁、金銀爲

---

① 〔葡〕蘇薩(George Bryan Sousa):《澳門與葡屬印度:殖民地治理、行政官及商業——以煙草爲例》,載吴志良、金國平、湯開建《澳門史新編》,第 2 册,第 527 頁。

② 〔瑞典〕龍思泰(A. Ljungstedt)著,吴義雄等譯:《早期澳門史》,第 94 頁。

③ 〔清〕趙之謙:《勇盧閒詰》不分卷《鼻煙來自大西洋意大里亞國》,《叢書集成初編》第 1481 册,第 1 頁。

④ 〔清〕王沂:《青煙録》卷 8《食煙考》,美國哈佛大學燕京圖書館藏嘉慶十年刻百尺樓藏版,圖書編號:6690/1102,第 205 頁。

之。”[①]《老稼齋燕行日記》稱:“傍有一宦,於囊中取出寸許小瓶,傾黄色藥末,入鼻取嚏,仍問曰:你會鼻煙否? 答不知。曰:這是西洋人所造,能治痰,皇上亦用之。”[②]鼻煙吸食方法與香煙不同,《勇盧閒诘》載:“鼻煙非煙也,吸煙以口,此受以鼻,火不可然,無煙者也。”[③]《巴西和印度來函》稱:清朝官員是華人的精英階層,鼻煙是他們青睞的煙草製品。[④] 清人張九鉞有詩稱:“咏鼻煙應公平方伯索:西洋傳名煙,厥味受以鼻。種超淡巴菰,品埒波吉利。其屑金絲薰,其色檀心細。露灑薔薇潤,葉藏貝多膩。堆瓶緑玻璃,拭布絞節智。天朝始珍賞,澳門列海肆。分自婆蘭舶,臺岡相飴餽。寶玉鏤壺圓,錦繡飄囊繫。把持鏗几案,出入鬬袖袂。臭味不差池,同心若蘭氣。取用重刀圭,呼吸在息吹。麴塵黏滿指,百末香盈帨。掃垢化查滓,辟寒免鼽嚏。鬅無蔡澤蹙,捉比謝公異。豈徒鼻觀清,兼使神池衛。灌頂等醍醐,天眼發智慧。遠殊呂宋産,呑火灼肝肺。欲將莊生醒,决彼世人鼻。何時載食品,補入東京記。”[⑤]因此鼻煙成爲西方商人輸入中國的重要商品。在葡萄牙東波塔檔案館藏清代澳門漢文檔案中有多份清政府委託澳門購買鼻煙的記録。乾隆二十一年(1756),“購覓上好洋鼻煙十五瓶,務須揀選味酸色黄而細眞實洋煙,繳赴本府,并開明價値,聽候給發”[⑥]。乾隆三十九年(1774),英國商人輸入廣州的鼻煙達 93.4 擔。[⑦] 乾隆四十一年(1776),

① 〔清〕陸燿編:《煙譜》不分卷《好尚第四》,《續修四庫全書》第 1117 册,第 484 頁。

② 〔朝〕金昌業:《老稼齋燕行日記》卷 4《癸巳正月二十五日癸卯》,韓國漢文燕行文獻選編影印首爾大學奎章閣藏寫本,第 9 册,上海:復旦大學出版社,2011 年,第 402 頁。

③ 〔清〕趙之謙:《勇盧閒诘》卷首《自序》,《叢書集成初編》第 1481 册,第 5 頁。

④ 〔葡〕蘇薩(George Bryan Souza):《澳門與葡屬印度:殖民地治理、行政官及商業——以煙草爲例》,載《澳門史新編》第 2 册,第 525 頁。

⑤ 〔清〕張九鉞:《紫峴山人詩集》外集卷 9《咏鼻煙應公平方伯索》,《續修四庫全書》第 1444 册,第 235 頁。

⑥ 《乾隆二十一年五月二十三日澳門同知魏綰諭澳門夷目喽嚟哆》,檔案號:PT/TT/DCHN/1/1/000012。

⑦ BL:IOR/R/10/9, Imports 1774, pp. 116.

“所有帶囬鼻煙,該夷目即傳知夷商,預留四百餘辣”①。

檳榔:澳門葡萄牙人喜吃檳榔,來自馬來的風俗。《澳門記略》將檳榔譯爲“亞力家”。葡文作“Areca”。《廣東新語》稱澳門“青洲,林木芊鬱,桄榔、檳榔之中爲樓榭,差有異致”②。《寒秀草堂筆記》稱:“蒌即扶留藤。又云即蒟也。嶺南人取其葉合檳榔食,今名櫓葉,惟西洋人有之。”③朝鮮文獻《寒皋觀外史》稱:“檳榔種將求之於南蠻。”④檳榔是清朝輸入中國的大宗商品之一。康熙六年(1667)暹羅正貢新船一次運到廣州的就有“檳榔伍百擔”“象船檳榔叁百擔”⑤。1750年,四艘荷蘭商船運到廣州的檳榔達“1020擔”。⑥

煙以纸捲葉如筆管狀,燃火吸而食之,名爲“哘孖姑”,或食吕宋煙此煙自吕宋来的,哘孖姑係唐人捲来發買,其式樣大概始自夷人帶來,今唐番通行,**上臺夷人不食,夷婦亦不見食,惟住澳日久土生者食之。**

《澳門記略》:“食煙草,紙卷如筆管狀,燃火吸而食之。”《采訪册》部分采用《澳門記略》資料,但增添了關於吕宋煙的介紹,而且説華人發來買賣的煙名哘孖姑,上臺夷人不吸哘孖姑,澳門婦女也不吸哘孖姑。衹有長期居住在澳門的土生葡人吸食。

---

① 《乾隆四十一年五月十五日香山知縣楊椿諭澳門夷目唩嚟哆》,檔案號:PT/TT/DCHN/1/1/000041。

② 〔清〕屈大均:《廣東新語》卷2《地語》,第36頁。

③ 〔清〕姚衡:《寒秀草堂筆記》卷4《賓退雜識》,載《咫進齋叢書》第2集,美國哈佛大學燕京圖书馆藏道光十九年(1839)刊本,圖書編號:CHL9100.7833,第9頁。

④ 〔朝〕曹伸、金安老:《寒皋觀外史》卷8,“韓中研”藏書閣藏寫本,藏書編號:MF 35－1524－9,第28頁。

⑤ 《香山明清檔案輯録》第3《政法·總督兩廣文武事務兼理糧餉兵部右侍郎兼都察院右副都御史臣盧興祖爲縣官事敗投到等事》,第170頁。

⑥ BL:IOR/G/12/54, good imported to canton anno 1750, p. 68.

哘孖姑:爲葡文"Tabaco"(煙草)的音譯,《澳門記略》作"煙,大孖古",又作"淡巴孤(菰)""淡婆姑""淡把姑""多波古"等。明人談遷稱:"金絲煙,出海外番國,曰'淡巴菰',流入閩粵,名'金絲煙'。性燥有毒,能殺人。天啓二年,貴州道梗,借徑廣西,始移其種,葉似薤,長莖采而乾之刃批如絲,今藝及江南北。崇禎十六年,勑禁私販至論死而不能革也。"①熊人霖稱:"近粤中有仁草,一曰八角草,一曰金絲煙。治驗亦多,其性辛散,食已氣令人醉。故一曰煙酒,其種得之大西洋。"②《蔫録》載:"今用莟跛菰者,有路倭古莟跛菰即吸煙莟跛菰、斯乃伊膚莟跛菰鼽莟跛菰,乃鼻煙二種,貴賤、男婦皆美其盒子以盛之,密其開闔以保收其氣味,貴重之,愛玩之,不能以已已也。"③《結髦居别集》稱:"淡把姑:煙葉,本草未載。萬暦年間,偶見閩人有食之者,崇禎年間,食者頗多,崇禎先帝禁之,至於殺賣煙者以儆之,而州縣貪墨之官吏借此名以破人之家者不可勝計。"④在澳門市場出售的煙草主要有三類,分别是"Amostra""Cidade"和"Simonte"。⑤ 煙草是清代西方商人輸入中國的大宗商品之一。清政府到澳門大規模地購買煙草的記録始於乾隆三十三年(1768)。據澳門議事會葡文檔案:"1768 年 8 月有廣東香山地區的中國人已經先後向澳門派遣了好幾艘船,希望訂購定量的煙草即每個人 300arrateis(合 459 克),最近五天就有兩個小商船來跟我們要貨,但是鑒於上個季風季使得煙草價格有所提陞,每 arratel 的煙草價格提到了 2 葡幣 patacas。廣東省的中國人意欲在本市建立一所由中國商人組成的公司,旨在購買、銷售由我們的船隻運輸入港的煙草。"⑥1783—1784 年貿易季,歐洲商

① 〔明〕談遷:《棗林雜俎》,《續修四庫全書》第 1135 册,第 72 頁。

② 〔明〕熊人霖:《地緯》,美國國會圖書館藏清順治五年(1648)刻本,第 40 頁。

③ 〔日〕大槻茂質:《蔫録》,日本早稻田大學藏寬政丁巳長府田泰序刊本,第 5 頁。

④ 〔日〕稻生若水:《結髦居别集》卷 1《淡把姑》,日本内閣文庫藏正德四年(1714)英賀室直清序刊本,第 4 頁。

⑤ M. A. H. Fitzler, *Die Handelsgesllschaft Felx v. Oldenbury & Co.* 1753 – 1760 : *Ein Beitrag zur Geschichte des Deutschtums in Portugal im Zeitalter des*, Stuttgart: W. Kohlhammer, 1931, S. 278, Anhang, Dok. 24; S. 169ff.

⑥ *Arquivos de Macau*, 3ª Série, Vol. 3, No. 6, Macau, pp. 377 – 379.

人輸入廣州的煙草有"110 擔"。[①] 1804 年,三艘瑞典船隻運進廣州煙草"10 擔"。[②] 嘉慶十二年(1807)英國散商一次運入廣州的煙草達"87 擔"。[③] 煙草(Tobacco Stacks)價格較高,因此 專賣收入是澳葡政府的財政來源之一。康熙五十九年十二月二十三日(1721 年 1 月 20 日)前澳督馬玉利用上年澳門煙草專賣收入換成超過 35 盎司的黄金轉回果阿,這些黄金以 21669 色勒芬的價格出售,後購得 368 擔胡椒,運回里斯本。[④]

吕宋煙:指菲律賓吕宋島所産香煙。明人姚旅稱:"吕宋國出一草'淡巴姑',一名'醺',以火燒一頭,以一頭向口,煙氣從管中入喉,能令人醉,且可避瘴氣,有人携漳州種之,今反多於吕宋。"[⑤]

上臺夷人:即指葡萄牙國王委派的澳門總督、王室大法官等澳葡政府當權者。

土生者:這是在中文文獻中第一次出現澳門"土生者"之名,所謂土生者即指澳門土生葡人。澳門土生葡人是澳門葡萄牙人中人數最多的社群,自明中葉以來,土生族群就已經在澳門存在,隨著時間的推移,進入澳門的真正的來自於歐洲的葡萄牙人越來越少,土生葡人則成爲澳門最爲主要的葡萄牙族群。《采訪册》將上臺夷人和土生者分爲兩種不同階層,即澳門政府高官都是來自歐洲的葡萄牙人,而其餘的葡萄牙人都是土生葡人。

食貨有花露水,即薔薇水,以注飲饌,番女或以沾灑人衣。

《澳門記略》:"食貨則有厚福水,藥水,花露水,即薔薇水,以琉璃瓶試

---

① Louis Dermigny, *Les Memoires De Charles De Constant Sur Le Commerce A La Chine*, S. E. V. p. E. N. 13, Rue Du Four, Paris, VIe, 1964, pp. 299.

② BL: IOR G/12/149, List of foreign ships, p. 62, Imports.

③ BL: IOR G/12/157, Country Ships List for 1807, p. 45, Imports.

④ 《巴西和印度來函》,轉自〔葡〕索薩(George Bryan Souza):《澳門與葡屬印度:殖民地治理、行政官及商業——以煙草爲例》,載《澳門史新編》第 2 册,第 526 頁。

⑤ 〔明〕姚旅:《露書》卷 10《錯篇下》,《續修四庫全書》,第 1132 册,第 704 頁。

之,翻摇數四,泡周上下者爲真;荼蘼露,以注飲饌,蕃女或以沾灑人衣。”《采訪册》根據《澳門記略》删改而成。

花露水:此處花露水即薔薇水,參前“薔薇露”條。

藥露有蘇合油、丁香油、桂花油、檀香油,皆以瓶計,冰片油以瓢計。

《澳門記略》:“藥露有蘇合油、丁香油、檀香油、桂花油,皆以瓶計,冰片油以瓢計。”《采訪册》根據《澳門記略》删改而成。

蘇合油:西文作“Rose Aloes”,蘇合樹膠所製成之油。衛三畏(Samuel Wells Williams)稱蘇合油是一種濃稠如焦油的物質,從波斯和印度輸入中國。① 蘇合油是一種外來進口商品,萬曆十七年(1589)税額爲“蘇合油每十斤税銀一錢”②。乾隆十八年(1753)《粤海關税則》載其價格爲“每百斤叁兩”③。康熙十七年(1678),西洋國王阿豐肅遣使具表進貢,其中就有蘇合油等物。④

丁香油:丁香油是由丁香花榨取的一種花露,是一種外來進口商品,萬曆十七年(1589)税額爲“丁香每百斤税銀一錢八分”⑤。乾隆十八年(1753)《粤海關税則》載其價格爲“每斤伍錢”⑥。康熙十七年(1678),西洋國王阿豐肅遣使具表進貢,其中就有丁香等物。⑦ 康熙二十五年(1686)荷蘭國王遣使進貢物品中有丁香油。⑧《百草鏡》載:“丁香油出南番,乃用

---

① 〔瑞典〕龍思泰(A. Ljungstedt)著:《早期澳門史》,吴義雄等譯,第357—358頁。

② 〔明〕周嘉胄:《香乘》卷25《獵香新譜》,《文淵閣四庫全書本》第844册,第559頁。

③ 《粤海關税則》,德國柏林國家圖書館藏手寫本,圖書編號:J. H. DUNK Hang,4-17。

④ 〔清〕伊桑阿等纂修:《康熙朝大清會典》卷72《禮部·主客清吏司》,北京:綫裝書局,2006年,第18—19頁。

⑤ 〔明〕周嘉胄:《香乘》卷25《獵香新譜》,《文淵閣四庫全書》第844册,第559頁。

⑥ 《粤海關税則》,德國柏林國家圖書館藏手寫本,圖書編號:J. H. DUNK Hang,4-17。

⑦ 〔清〕伊桑阿等纂修:《康熙朝大清會典》卷72《禮部·主客清吏司》,第18—19頁。

⑧ 〔清〕梁廷枏:《粤海關志》卷22《貢舶》2,《廣州大典》總第323册,第511頁。

母丁香榨取其油,色紫芳香辛烈。番人貯以琉璃器,蓋偶不密,即香達於外。粵澳門多有之。"《藥性考》載:"丁香油出西番。氣味甘辛,性大熱,透關竅,驅寒,力更速於丁香,治胃寒痛,或滴少許入煎藥,或以油塗臍上痛處。暖丹田,除水瀉,塗暖臍膏貼。解蟹毒,以一滴同薑湯服,揩牙,治口臭。"①丁香油是明清時期歐洲商人輸入廣州的商品之一。1778 年,英國東印度公司商船運到廣州的丁香油有"25.82 擔"②。1792 年,荷蘭商船一次運入廣州的丁香油有"8 磅"③。

桂花油:亦爲外來進口商品,澳門有之。康熙二十五年(1686)荷蘭國王遣使進貢物品中有桂花油。④《池北偶談》載:"荷蘭國自康熙六年入貢,今二十五年。臺灣平,設郡縣……丁香油,薔薇花油,檀香油,桂花油各一罐。"⑤

檀香油:即檀香木樹榨取的一種油,亦爲外來進口商品,澳門有之。康熙二十五年(1686)荷蘭國王遣使進貢物品中有檀香油。⑥《藥性考》載:"出粵中,舶上帶來。味苦,除惡,開胃,止吐逆。"⑦檀香油價格與蘇合油相同"檀香油(Oyl of Sandal Wood),比蘇合油,每百斤叁兩"⑧。

冰片油:即龍腦香,具有清熱瀉火解毒之功效,治褥瘡。⑨ 乾隆十八年(1753)《粵海關税則》載其價格爲"冰片油(Oyl of Carnppir),比蘇合油,每百斤叁兩"⑩。《寒秀草堂筆記》載:"冰片油十一斤九兩四錢二十玻璃瓶罐,二磁瓶,係冰片蒸成,其用法與冰片同。"⑪

---

① 〔清〕趙學敏著:《本草綱目拾遺》,劉從明校注,北京:中醫古籍出版社,2017 年,第 181 頁。

② BL:IOR/G/12/54, good imported to canton anno 1750, p. 68.

③ 劉勇:《近代中荷茶葉貿易史》,北京:中國社會科學出版社,2018 年,第 206 頁。

④ 〔清〕梁廷枏:《粵海關志》卷 22《貢舶》2,《廣州大典》總第 323 册,第 511 頁。

⑤ 〔清〕王士禛:《池北偶談》卷 4《談古》4《荷蘭貢物》,第 80 頁。

⑥ 〔清〕梁廷枏:《粵海關志》卷 22《貢舶》2,《廣州大典》總第 323 册,第 511 頁。

⑦ 〔清〕趙學敏著:《本草綱目拾遺》,劉從明校注,第 169 頁。

⑧ 《粵海關税則》,德國柏林國家圖書館藏手寫本,圖書編號:J. H. DUNK Hang,4 - 17。

⑨ 謝觀編:《中國醫學大辭典》,北京:中國中醫藥出版社,1994 年,第 451 頁;孫顯軍、劉利主編:《土單方》,南昌:江西科學技術出版社,2014 年,第 213 頁。

⑩ 《粵海關税則》,德國柏林國家圖書館藏手寫本,圖書編號:J. H. DUNK Hang,4 - 17。

⑪ 〔清〕姚衡:《寒秀草堂筆記》卷 3《賓退雜識》,載《咫進齋叢書》第 2 集,第 3 頁。

有番鹽,有辣茶,以枚計。

《澳門記略》:"有蕃鹽,有辣茶。茶以枚計。"《采訪册》根據《澳門記略》進行了修改。

番鹽:又作"蕃鹽",應指外國進口的一種鹽。《澳門記略·澳譯》稱鹽爲"沙蘆"。葡文作"Sal"。《開成紀要》稱:"海中鹽略加少許弗爾哲草,疑即鹹蓮,燒灰淋汁煮乾,名'瑣達鹽'。"[①]此"瑣達鹽"即番鹽。

辣茶:喝茶應該是澳門土生葡人的一種生活習慣,《澳門記略·澳譯》稱茶爲"渣些石"。葡文作"Chá"。1720年,"大西洋國進貢辣茶一櫃,計三百片"[②]。嘉慶時,松筠到澳門時留下關於葡人獻茶記録:"至伊等公事樓獻茶。奴才察其詞色,出於至誠,是日赴娘媽閣炮臺,於天后宫行香後,隨至該夷等兩處茶畢,分别賞賚,誠以各國貿易俱宜和睦,不可以强凌弱,致滋事端。有唤咭唎夷目請示可否准令伊妻獻茶,用伸誠敬,奴才諭以爾等誠心,本督部堂俱已嘉悦,可以無庸婦人獻茶,該夷等亦俱欣然聽從。"但不知"辣茶"是一種什麼茶。

酒以白葡萄爲上,紅葡萄次之,皆以瓶計,外貯以箱。

《澳門記略》:"酒以白葡萄爲上,紅葡萄次之,所謂色如琥珀、氣類貂鼠者。又有葡萄紅露酒、葡萄黄露酒,皆以瓶計,外貯以箱。"《采訪册》根據《澳門記略》删削而成。

酒:參見前"葡萄酒"條。

---

① 〔意〕利瑪竇(Matteo Ricci)撰:《開成紀要》,〔明〕徐光啓校,浙江省圖書館藏清咸豐七年(1857)韓應陛抄并校跋本,善本編號:2789,第13頁。

② 〔清〕郝玉麟修:雍正《廣東通志》卷58《外番志》,《廣州大典》總第250册,第459頁。

有西國米，色紫柔滑，益胃健脾。

《澳門記略》："有西國米，色紫柔滑，益胃和脾，僞者以葛粉爲之，煮之輒化。"《采訪册》根據《澳門記略》删削而成。

西國米：又稱"西米""沙谷米"，西文作"sago"。《瀛涯勝覽》載："西國米，山野有樹名沙孤，以此物之皮，如中國葛根，搗浸澄濾，其粉作丸如緑豆大，曬干而賣，作飲喫。按西國米，本出滿剌加國、浡泥國等，故名之。"①崇禎《海澄縣志》稱："西國米，亦名'沙孤米'，其樹名沙孤，身如蕉，空心，取其裏皮，削之以水，搗過舂以爲粉，細者爲王，米最精。其粗者民家食之，以此代穀。今賈舶慮爲波濤所濕，衹携其粉歸，自和爲丸。"②《嶺南雜記》載："西國米，出西洋，僞者以葛粉爲之，以多煮不化而色紫柔滑者爲真，宜胃和脾，夙病初起者宜食之。"③

有燕窩，烏、白二色，紅者尤佳。

《澳門記略》："有燕窩，烏、白二色，紅者尤佳。"《采訪册》采自《澳門記略》。

燕窩：是指雨燕和金絲燕屬的幾種燕子分泌出來的唾液，再混合其他物質所築成的巢穴，分紅、白二種，以白色爲優。《采訪册》根據《澳門記略》稱燕窩"紅者尤佳"，不確，燕窩實以白色爲優。乾隆十八年《粤海關税則》記載"燕窩（Birds Nest），每壹百斤估價銀壹百伍拾兩"④。同時稱白燕窩征税"每百觔四兩"，而紅燕窩征税"每百觔二兩"，可證白比紅貴。《澳門記略》燕窩譯作"連奴巴素蘆"，葡文作 ninho de pássaros，又稱"燕菜""燕根""燕蔬

① 〔日〕寺島良安：《和漢三才圖會》，第 1753 頁。

② 〔明〕蔡國楨：崇禎《海澄縣志》卷 11《風土志》，日本藏中國稀見中國地方志匯刊影印明崇禎六年（1633）王志道序刻本，第 442 頁。

③ 〔清〕吴震方：《嶺南雜記・西國米》，《廣州大典》總第 214 册，第 820 頁。

④ 《粤海關税則》，德國柏林國家圖書館藏手寫本，圖書編號：J. H. DUNK Hang，4－17。

菜”,是一種外來進口商品。明人何喬遠稱:“加留巴,又出西國米、燕窩,他番所無。”[①]《吕宋記略》稱:“吕宋貨衹有紅木、烏木、燕窩、海參,餘皆由别國來,不可買燕窩,蘇禄出者成瓣,白色者即名官燕,吕宋出者名條菜,燕窩之中至高者。”[②]燕窩爲西方商人輸入廣州的商品之一。乾隆五十八年(1718),法國商船帶到廣州黄埔港的物品中就有燕窩。[③] 1775年荷蘭東印度公司運入廣州的燕窩荷蘭東印度公司五艘船運進廣州的貨物中有燕窩“57.91擔”。[④]

有海參,無刺。

《澳門記略》:“有海參,無刺。”《采訪册》采自《澳門記略》。

海參:是一種外來進口商品。《澳門記略·澳譯》譯作“未胙孖立”。葡文作“Bicho do mar”。《粵海關則例》英文作Beeckderner,《方亭隨筆録》稱:“西嶺亦荷囒所轄地,土番名‘高車子’,風俗與明呀哩同,内山爲乃弩王國。土産海參,海參生海中石土之下……海邊各國有之,惟西洋諸國不産。”[⑤] 1718年到達澳門的法國商船所載貨物中就有海參。[⑥] 1768年英國東印度公司運到廣州的貨物中有海參“28.71擔”。[⑦]

有糖腌百果。

---

① 〔明〕何喬遠:《鏡山全集》,日本内閣文庫藏明崇禎十年(1637)淡柳讀書堂藏版,第15頁。

② 〔清〕葉羌鏞:《吕宋記略》,載王錫祺輯《小方壺齋輿地叢鈔》第19册《再補編》第10帙,杭州:杭州古籍出版社,1985年。

③ Susan E. Schopp, *Sino-French Trade at Canton*, 1698-1842, HongKong University Press, 2020, p. 138.

④ BL: IOR/G/12/58, Import.

⑤ 〔越〕阮文超:《方亭隨筆録》卷4《南及西海諸國形勢大略》,河内:越南國家圖書館藏嗣德三十五年(1882)刻本,圖書編號:NLVNPF-0699,第23頁。

⑥ 《康熙朝漢文朱批奏摺彙編》第8册,第2592號,北京:中國檔案出版社,1985年影印本,第76頁。

⑦ BL: IOR/R/10/5, 1768-01-18, Diary 1768, p. 1.

《澳門記略》:“有糖腌百果。”《采訪册》采自《澳門記略》。

糖腌百果:即蜜餞。

有鼻煙,上品曰“飛煙”,次則鸭頭緑,色味微酸,謂之“豆煙”,紅者爲下。又有其色黑,名曰“辣啤”,其質甚粗,用花露水拌匀,味甚香,夷人常服。其上品飛煙及鴨頭緑者,惟唐人通用,夷人服之百無一二。

《澳門記略》:“有鼻煙,上品曰‘飛煙’,稍次則鴨頭緑色,厥味微酸,謂之‘豆煙’,紅者爲下。又有鵶片煙,初如泥,炮製之爲煙,有禁勿市。”《采訪册》部分采用《澳門記略》資料,但增加了很多《澳門記略》没有的記載,如辣啤爲澳門葡萄牙人常服用的一種鼻煙,而上品飛煙和鴨頭緑則是澳門華人服用的鼻煙。不知爲何《采訪册》無“鵶片煙”的記載。

鼻煙:参见前“鼻煙”條。

珠以意蘭者爲上。

《澳門記略》:“珠以意蘭者爲上。土人取蚌,置日中晒之,俟其口自開,然後取珠,鮮白光瑩,有大如鷄卵者,光照數里。其大如豆,似夜光,中空易碎者,謂之玻璃珠,洋珠之下乘也。”《采訪册》采自《澳門記略》。

意蘭:即錫蘭。《坤輿圖説》載:“海中有大島,曰則意蘭。”①《海産》載:“海産以明珠爲貴,則意蘭最上。土人取海蚌,置日中曬之,俟其口自開,然後取珠,則珠鮮白光瑩。有大如鷄子者,光照數里。南海皆剖蚌出珠,故珠色黯無光。”②

珍珠是西方商人輸入中國的重要商品之一。1768 年,英國東印度公司

---

① 〔比〕南懷仁(Ferdinand Verbiest):《坤輿圖説·亞細亞洲》,北京:商務印書館,1937 年。

② 〔比〕南懷仁(Ferdinand Verbiest):《坤輿圖説·海産》。

商船運到廣州的物品中有珍珠"2.68 擔"。① 1775 年兩廣總督楊應琚即向西方商人購買珍珠 15 顆。② 珍珠價值甚高,1775 年文獻中提及僅一顆珍珠的價值即達 5400 兩白銀。③

珊瑚有紅、白二種,紅者堅而密,白者鬆脆。

《澳門記略》:"有珊瑚島,下多珊瑚,初在海中,色緑而質軟,出水則堅,有紅、黑、白三種,紅者堅而密,白黑者鬆脆。"《采訪册》根據《澳門記略》删改而成。

珊瑚:《澳門記略》譯作"過喇盧",爲"Coral"之音譯。珊瑚有珊瑚枝,有珊瑚珠。明代陳良弼的《水師輯要》載蘇禄、汶來土産有珍珠。④《廣東新語》載:"珊瑚,水之木也。生海中磐石之上,初白如菌,一歲乃黄。海人以鐵網先沈水底,俟珊瑚貫出其中,絞網得之。或以鐵猫兒墜海中得之。在水直而耎,見風則曲而堅,得日光乃作鮮紅、淡紅二色。其五七株合成者,名珊瑚林,夜有光景,常爗爗欲然,南越王以爲烽火樹是也。狀多如柏,亦曰'烽火柏'。"⑤朝鮮《清莊館全書》載珊瑚:"淺紅色鮮明者,産於阿媽港者,上也;深赤者,號血玉,下品也。"⑥明人陳繼儒有荷蘭人"獻珊瑚明珠"⑦的記録。《静虚齋惜陰録》記載葡萄牙人"所進方物有珊瑚樹"⑧。《守圉全書》

---

① BL:IOR/R/10/5,1768-01-18,Diary 1768,p. 1.

② 《臺北故宫博物院藏清代宫中檔奏摺——乾隆朝》,文獻編號:403008281,統一編號:故宫033969。

③ BL:IOR/G/12/58,1775-08-10-1776-01-25,p. 70.

④ 〔明〕陳良弼:《水師輯要》,《續修四庫全書》第 860 册,第 373 頁。

⑤ 〔清〕屈大均:《廣東新語》卷 15《貨語》,第 417 頁。

⑥ 〔朝〕李德懋:《清莊館全書》卷 65《蜻蛉國志·物産》,漢城:景仁文化社,1990 年,第 186 頁。

⑦ 〔明〕陳繼儒:《眉公先生晚香堂小品》卷 14《賀叙》,哈佛大學燕京圖書館藏明崇禎湯大節簡緣居刻本,圖書編號:T5427/7922C2,第 5 頁。

⑧ 〔明〕顧應祥:《静虚齋惜陰録》卷 12《雜論》3,北京圖書館古籍珍本叢刊影印明嘉靖四十三年(1564)顧應祥自序刊本,第 64 册,第 156 頁。

有荷蘭人"以珍珠、珊瑚樹等物來嘗某,求贖前銅山俘夷"①的記録。雍正九年六月,西洋國王阿豐肅遣陪臣奉表入貢方物有珊瑚樹、珊瑚珠等物。明清時期,珊瑚已經成爲中西貿易的重要商品。1665 年,荷蘭商船進貢物品中有"珊瑚四斤"。② 1749 年,法國第二東印度公司商船到達廣州黄埔,所帶貨物中包含珊瑚"25.37 擔"。③ 1775 年,英國東印度公司到廣州的商船携帶貨物包含珊瑚"81.3 擔"。④

他如琥珀、寶石、金剛石、玻璃、瑪瑙、水晶、吸毒石、火石,靡不畢備。

《澳門記略》:"波羅尼亞多琥珀,曰金珀,曰水珀。寶石大如巨栗者曰'紅靺鞨'。金剛石出鷙鳥糞中,以之鎸鏤,無堅不破。五色鴉鶻石。玻璃,古稱琉璃,大秦國出赤、白、黑、黄、青、緑、紺、縹、紅、紫十種琉璃是也。或曰千年積冰,或曰以自然灰治石爲之,大抵以藥燒成,潘尼所謂'凝霜不足方其潔,澄水不能喻其清'者也。瑪腦,以中有柏枝及五色纏絲者爲上,白者爲殿。水晶,色白,古人大食國以爲屋柱,是洋晶也。咖石喻,褐色,金星的爍,初相誇尚,邇鮮有購者。吸毒石,出西洋島中,毒蛇腦中石也,大如扁豆,能治毒。火石,紅毛者尤佳。若蜜蠟、玳瑁、法琅。若龜筒、猫睛、鶴頂、騏驎竭。"《采訪册》根據《澳門記略》删削而成。

琥珀:《澳門記略·澳譯》譯作"藍比利牙"。葡文作"Âmbar"。《廣東新語》載:"琥珀,來自雲南者多血珀,來自洋舶者多金珀、蜜蠟、水珀,廣人雕琢爲器物特工,餘則以作丸藥之用。琥珀者,龍陽而虎陰,龍爲魂而虎爲魄。蓋得松液之陰精,因己土而結者也。"⑤丹麥的琥珀很有名,多種中文文獻中記載

---

① 〔明〕韓霖輯:《守圉全書》卷 5《協力篇》,《四庫禁毁書叢刊補編》第 32 册,第 712 頁。

② 中國第一歷史檔案館:《康熙初年荷蘭船隊來華貿易史料》,《歷史檔案》2001 年第 3 期。

③ BL:IOR/G/12/54, good imported to canton anno 1750, p. 68.

④ BL:IOR/ G/12/58, Import.

⑤ 〔清〕屈大均:《廣東新語》卷 15《貨語》,第 419 頁。

該國産琥珀,如《大清會典》中記載嗹國産琥珀。① 《和漢三才圖會》記載荷蘭産"琥珀"。② 《清莊館全書》也記載荷蘭産"琥珀"。③ 1777 年,兩艘丹麥船運進廣州的琥珀有"2.92 擔"。④ 當時輸入廣州的貨物不僅有琥珀,還有人造琥珀。1777 年,東印度公司運進廣州的人造琥珀有"172.3 擔"。⑤

寶石:《賢摶編》稱葡萄牙人"戒指鑲以西洋寶石"。清人張嗣衍稱:"西洋國,西洋地最大,産寶石。"⑥1719 年,葡萄牙人進獻從海外帶到澳門的 5 塊加斯帕爾·安東尼(Gaspar Anthony)寶石,共 12 盎司。⑦ 由於寶石是屬於御用物品,作爲商品進入廣州者并不多,故清政府下令禁止鋪户不得擅自買賣。⑧

金剛石:即鑽石,西文作"Diamond"。《天中記》稱:"徼外出金剛石。石厲而似金,有光彩,可以刻玉。外國人帶之,云'避惡氣'。"⑨雍正九年(1731)六月,西洋國王阿豐肅遣陪臣奉表入貢方物有金剛石等物。⑩ 越南阮文超稱:"鑽石即金剛砂。産此山者,色多白。産亞洋哩隔者,色具五采。大者,雖黑夜置之密室,光能透徹,諸番甚貴之,有夥值白金十餘萬兩。西洋人得極大者,奉爲至貨,雖竭資購之,不惜也。小者以爲鑽用,治玉石玻璃,堅無不破。"⑪在粤海關進口的歐洲商品中就有瑪瑙鑲鑽石鼻煙罐、瑪瑙鑲鑽石小規矩、瑪瑙鑲鑽石大規矩、鑲鑽石扣、洋法藍鑲鑽石鼻煙盒、鑲鑽石戒指(Diamonds set in Rings)、鑲鑽石時表等。⑫

---

① 《嘉慶朝續修大清會典》卷 31《禮部·主客清吏司》,北京:綫裝書局,2006 年,第 3—4 頁。

② 〔日〕寺島良安:《和漢三才圖會》,第 794—795 頁。

③ 〔朝〕李德懋:《清莊館全書》卷 65《蜻蛉國志·異國》,第 194 頁。

④ BL:IOR/12/62, Imports, p. 144.

⑤ BL:IOR/12/62, Import, p. 138.

⑥ 〔清〕張嗣衍修:乾隆《廣州府志》,《廣州大典》總第 267 册,第 652 頁。

⑦ 〔瑞典〕龍思泰(A. Ljungstedt)著:《早期澳門史》,吴義雄等譯,第 94 頁。

⑧ 〔美〕馬士(H. B. Morse)著:《東印度公司對華貿易編年史》第 5 卷,區宗華譯,第 36 頁。

⑨ 〔明〕陳耀文:《天中記》卷 8《金剛石》,文淵閣四庫全書本。

⑩ 〔清〕梁廷枏:《海國四説·粤道貢國説》卷 4《西洋諸國》,第 216—221 頁。

⑪ 〔越〕阮文超:《方亭隨筆録》卷 4《南及西海諸國形勢大略》,第 14 頁。

⑫ 《明清宫藏中西商貿檔案》第 2 册,北京:中國檔案出版社,2010 年,第 202 件;臺北故宫博物院藏清代宫中檔奏摺—乾隆朝,文獻編號:403009283,統一編號:故宫 034971。

玻璃:玻璃是明代以來歐洲人帶入中國的一種西洋物品。《新增格古要論》載:"玻瓈出南蕃,有酒色、紫色、白色,與水晶相似。"①《博物要覽》紀玻璃所産地:"一産西洋國。玻璃本作'頗黎',國名也。其瑩如水,其堅如玉,故名水玉,與水晶同名。"②《廣東新語》載:"玻璃來自海舶。《南州異物志》云:'琉璃本質是石,欲作器,以自然灰治之。'自然灰狀如黄灰,生南海濱,今西洋人不知亦用此灰否。每裁鋸爲大小物,或以鑲嵌壁障。潘尼所謂灼爚旁燭,表裏相形,凝霜不足方其潔,澄水不能喻其清者。廣人或鑄石爲之,然殊不及。"③1702 年,行商晏官承銷英國貨物就有玻璃鏡 155 塊,玻璃瓶 6 個。④ 雍正三年(1724),西洋教化王進貢物品中有"小玻璃鏡、玻璃鼻烟壺、玻璃棋盤棋子"⑤。在英國東印度公司運進廣州的貨物中還有大量的玻璃,如 1771 年有玻璃 24 塊,窗玻璃"142.96 擔"⑥,1772 年有"窗玻璃 3435.52 擔,玻璃鏡 492 件"⑦。

瑪瑙:是明清時期歐洲人帶入中國的西洋物品之一。《博物要覽》載:"瑪瑙非石非玉,産於西洋國,有紅色,赤爛如馬之腦,故名。有纏黑白合子等,惟以紅色爲勝。"又有:"錦紅瑪瑙,産西洋及大食等國,質地明瑩,紅如朱纓,周身有錦雲花紋,或作山水、人物、禽獸、樹木之類。又有纏絲旋繞,更有桃紅絲纏彩者爲最勝。若色近淡紅,或紅中帶紫,或紅紫夾雜帶白色斑駁者,其價不貴。"⑧《清莊館全書》有荷蘭産"瑪瑙"的記録。⑨ 雍正三年(1724)西洋教化王進貢物品中有"瑪瑙扣、瑪瑙蜜蠟咖石斋色員球、瑪瑙水

---

① 〔明〕曹昭:《新增格古要論》卷 6《珍寶論》,清惜陰軒叢書本。

② 〔明〕谷泰:《博物要覽》卷 14《紀玻璃所産地》,《續修四庫全書》第 1186 册,第 70 頁。

③ 〔清〕屈大均:《廣東新語》卷 15《貨語》,第 419 頁。

④ Paul A. Van Dyke, Amoy Anqua (1696 – 1723) and the China Trade before the Rise of the Canton System, *Review of Culture*, 2021, 66, pp. 96 – 109

⑤ 〔清〕郝玉麟修:雍正《廣東通志》卷 58《外番志》,《廣州大典》總第 250 册,第 459 頁。

⑥ BL:IOR/R/10/9, Imports Goods of the Company's Ships, pp. 77 – 80.

⑦ BL:IOR/ R/10/9, 1773 – 02 – 15, Imports, pp. 217 – 220.

⑧ 〔明〕谷泰:《博物要覽》卷 12《論瑪瑙所産地》,《續修四庫全書》第 1186 册,第 60 頁。

⑨ 〔朝〕李德懋:《清莊館全書》卷 65《蜻蛉國志・異國》,第 194 頁。

晶鼻烟壺、瑪瑙刀把、瑪瑙鼻烟壺、瑪瑙珠、瑪瑙寶石”等物品。乾隆十八年(1753)《粤海關税則》記載,瑪瑙進口税爲“每拾斤壹兩”①。

水晶:《博物要覽》紀玻璃所産地:“一産西洋國。玻璃本作‘頗黎’,國名也。其瑩如水,其堅如玉,故名水玉,與水晶同名。”参見“玻璃”條。

吸毒石:《嶺南雜記》載:“吸毒石,乃西洋島中毒蛇腦中石也,大如扁豆,能吸一切腫毒,即發背可治。今貨者乃土人捕此蛇,以土和肉舂成,大如圍棋子,可吸平常腫毒及蜈蚣、蛇蝎等傷。置患處粘吸不動,毒盡自落。”②《秇苑日涉》載:“吸毒石,出西洋,蠻名須蘭漒須氏吽,此云膿吸石。”③《石友贊》載:“吸毒石:石出西洋,色與磁石相類,凡身有腫毒,或受蟲蝎毒處,置石其上,毒盡收石内,其患即平,隨以石浸水中一晝夜,出毒便可再用不窮《嶺南方物紀》。人有疾患,苦莫可告,我切恫瘝,無方以療,石本西洋,力兼衆妙,能收能出,循環愈效。”④《燕行日録》稱:“所謂吸毒石者,其國有異種之蛇,而蛇頭有骨,故取其骨與他石并作末而和作之,其大如黑棋而稍大,色如漆黑,人有毒腫,或值虫毒,以此石付於當處,石付不動,盡吸毒氣而自落之,豫煮人乳而待之,及其落而即投乳中,至乳色變而扱之,以爲他日復用之資焉。”⑤《清宫海錯圖》載:“吸毒石,産南海,大如棋子,而黑緑色。凡有患癰疽對口、釘瘡發背,諸毒初起,以其石貼於患處,則熱痛昏眩者,逾一二日後不覺清凉輕快乃揭而援之人乳中,有頃則石中迸出黑沫,皆浮於乳面,蓋所吸之毒也。乃又取石仍貼患處,以毒盡爲度,石不能貼而落則毒盡矣。凡治患必投乳以出毒,否則毒蘊結於石中,石必碎裂而無用。”又有《吸毒石

---

① 《粤海關税則》,德國柏林國家圖書館藏手寫本,圖書編號:J. H. DUNK Hang,4－17。

② 〔清〕吴震方:《嶺南雜記》,《廣州大典》總第214册,第827頁。

③ 〔日〕村瀨栲亭:《秇苑日涉》卷12《吸毒石》,德國巴伐利亞州立圖書館藏居易齋文化四年(1943)京師書肆刊本,第11頁。

④ 〔清〕王晫:《石友贊》卷46《吸毒石》,叢書集成續編影印世楷堂藏板昭代叢書,乙集第87册,第6—7頁。

⑤ 〔朝〕金舜協:《燕行日録》,載林基中編《燕行録全集》第38卷,漢城:韓國東國大學校出版部,2001年,第377頁。

贊》曰："石有吸毒，本命娑娑，真者難得，僞者甚多。"①

火石：又稱"燧石"，西文作"Flint Stone"。雍正《廣東通志》載："火石，出紅毛國者佳。"②《本草綱目拾遺》稱："紅毛石皮，出粵澳門，來自紅毛國，中國用作火石。"③朝鮮俞彦述《松湖集》載："荷蘭國，順治十三年進貢，貢物有火石。"④乾隆十八年(1753)《粵海關税則》將進口火石的税率定爲"每百斤貳分"⑤。火石在廣州市場的貿易量很大，如1775英國東印度公司進口火石達"5109.72擔"⑥。乾隆四十二年(1777)英國東印度公司進口的"火石一千三百五十六擔八十四斤"⑦。

至若布，備各色各紋，可爲被，爲褥，爲帳，爲大小漫天。絨以紅爲上，黄藍黑次之，天鵝、大呢、小呢亦有差等。緞有金花緞、金銀絲緞。冬服之羽緞、羽紗，春秋服之氈，以毛織備。

《澳門記略》："卉服爲布，鳥服爲絨、爲緞、爲紗。布有紅，有白，有藍，有花，有織金頭，有棋子紋，有柳條紋。細者謂之幼，闊者廣四尺，爲被，爲褥，爲帳，爲大小漫天。漫天者，仰塵也，大者縱數丈，横丈餘，亦獨幅。絨以紅爲上，有黄，有藍，有黑，有藍質紫花。爲天鵝絨，爲大呢，爲小呢。緞有金絲，有銀絲，有金銀絲，皆以金銀抽綫和絲織之。有金花緞。有羽緞，冬服之。羽紗春秋服之，備諸色，可以卻雨。唐安樂公主使尚方合百鳥毛織爲裙，正視、旁視各爲一色，日中影中各爲一色，而百鳥之形狀皆見。齊文惠太子織孔雀毛爲裘，華貴無比。滿剌加所云瑣袱，鳥毳爲之，紋如紈綺者也。有嗶吱緞，亦備諸色。

① 〔清〕聶璜：《清宫海錯圖》第3册《吸毒石》，北京：故宫出版社，2014年，第271頁。

② 〔清〕郝玉麟修：雍正《廣東通志》卷52《物産志》，《廣州大典》總第250册，第336頁。

③ 〔清〕趙學敏：《本草綱目拾遺》卷2《石部》，《續修四庫全書》第994册，第577頁。

④ 〔朝〕俞彦述：《松湖集》卷6《雜著・燕京雜識》，韓國文集叢刊第54册，漢城：景仁文化社，1990年，第427頁。

⑤ 《粵海關税則》，德國柏林國家圖書館藏手寫本，圖書編號：J. H. DUNK Hang，4－17。

⑥ BL：IOR/G/12/58，Import/Export Lists.

⑦ 《四十二年分各國夷船入口貨總簿》，英國利兹大學布勞瑟頓圖書舘藏。

《新語》謂西北多獸服,東南多鳥服,然《異物志》言大秦(國以野繭絲雜群獸五色毛織爲氍毹,狀鳥獸、人物、草木、雲氣,千奇萬變。《明一統志》言瑣里國産撒哈剌布,以毛織之,蒙戎如氈毾,有紅緑二色。則是西南亦尚獸服,且可爲布。今賀囒有大氈,西洋有大花絨氈。今之氈,古之所謂罽也。又有火浣布,今罕有市者。"《采訪册》根據《澳門記略》删削而成。

布備各色各紋:指澳門的西洋布有各種各樣的顏色和各種各樣的紋路,即印度生産的一種棉布。崇禎《海澄縣志》稱:"西洋布出啞齊,《一統志》名'闊布',《華夷考》曰'西洋布',幅廣至闊五尺,精者價乃勝緞。"①屈大均稱"西洋布,來自番舶者爲真"②。《粤中見聞》載:"棉布,名爲西洋布,以來自番舶者爲正,今廣州巧匠亦能爲之。"③乾隆十八年(1753)《粤海關税則》記録"布匹花幔類"有:一等西洋布,每匹伍錢;二等西洋布,每匹貳錢貳分;交趾粗布,每百斤肆錢;交趾粗花布(cochin – china flowered linen cloth),每百斤肆錢;番斜紋布,每匹貳錢貳分;番布幔,每匹貳錢貳分;番紅棉紗(foreignredcottontread),每百斤壹兩;番小帳係棉花被面,每張貳錢;西洋葛布,每匹壹錢伍分;西洋粗布(foreign coarse linnen cloth),每匹伍分;番邊,每匹壹錢。"④李景圭解釋西洋布有"五色花布、西洋白幼布、小白布、大白布、幼花布、織金頭白幼布、闊紅布、描金花布、白幼洋布"⑤等品種。當時西洋布傳入中國的很多,價格很低"西洋布一匹,僅價數錢"⑥。

大小漫天:《澳門記略》:"漫天者,仰塵也,大者縱數丈,横丈餘,亦獨幅。"漫天,應爲一種歐洲進口的織造品,當是紗帳之類。

絨:指明清時期外來進口的一種毛織品。據《明會典》載,明代進口的物

---

① 〔明〕蔡國楨:崇禎《海澄縣志》卷11《風土志》,第440頁。

② 〔清〕屈大均:《廣東新語》卷15《貨語》,第421頁。

③ 〔清〕范端昂:《粤中見聞》卷23《物部》3《棉布》,《廣州大典》總第217册,第380頁。

④ 《粤海關税則》,德國柏林國家圖書館藏手寫本,檔案號:J. H. DUNK Hang,4 – 17。

⑤ 〔朝〕李圭景:《五洲衍文長箋散稿》卷45《人事篇 · 服食類 · 布帛 · 布帛錦緞辨證説》下編,漢城:東國文化社,1959年,第470頁。

⑥ 〔明〕鄧士亮:《心月軒稿》卷13《書牘》,《四庫未收書輯刊》第6輯,第26册,第118頁。

品中有“紅絨褐,名撒哈剌”①。《賢摶編》稱葡萄牙人“富者用紅撒哈喇,以紫剪絨緣領”②。乾隆十八年(1753)《粤海關税則》記録:“絲絨類有姑羢(Guoyong)、剪絨(velvet)、皮金、金綫(goldthread)、絨綫,以上每百斤貳兩二錢;番牛朗③(foreign paduasoys),每丈伍錢;瑣鞋喇④(Canvas cloth),每丈伍錢;番鎖伏,每丈叁錢;嗶吱緞,每丈壹錢伍分。羢毯類有西洋大氈(foreign-largeblanket),每張壹兩;西洋中氈(foreignmiddlelargeblanket),每張伍錢;西洋毛毯(foreigncarpet),每張伍錢;西洋小氈(foreignsmallblanket)係剪絨錦花被面,每張伍錢;西洋小坐氈,每張壹錢。”⑤李景圭考證“絨”甚爲詳細:“外洋錦緞紗毯之物,既入中土,或及我邦,則不可不知,故略引曾所聞知者:荷蘭絨、哆哦絨、大哆囉絨、中哆囉絨、織金大絨毯、五色絨毯、五色毛毯等物。”⑥英國東印度公司檔案中則記載了歐洲各國輸入廣州的絲絨類織物:長毛絨、寬幅絨、長厄爾絨、華麗絨、騎士絨、羽紗、羽緞等。

天鵝:即天鵝絨,又名“鳥服”,英文作“Velvet”,日語作“比吕止”,爲歐洲傳入中國的一種比較貴重的毛織品,先傳入日本,後又傳入中國福建地區,尤以漳州出名,故稱之‘漳絨’。《福建通志》稱:“天鵝絨,本出倭國。今漳人以絨織之,置鐵綫其中。”⑦明代已有大量生産。李時珍稱:“鵠大於雁,羽毛白澤,其皮毛可爲服飾,謂之天鵝絨。”⑧《粤劍編》載:“天鵝絨、瑣袱皆産自西洋,會城人效之,天鵝絨贋者亦足亂真。”⑨《廣東新語》所載甚詳:“鳥服:朔漠

---

① 〔明〕顧應祥:《静虚齋惜陰録》卷12《雜論》3,第156頁。

② 〔明〕葉權:《賢博編・游嶺南記》,第45頁。

③ 番牛朗,外國進口的一種厚實的絲綢織物,用於製作帷幔、法衣等。英文作“foreign paduasoys”。

④ 瑣鞋喇,是指一種外國進口的棉織帆布,英文作“Canvas cloth”。

⑤ 《粤海關税則》,德國柏林國家圖書館藏手寫本,檔案號:J. H. DUNK Hang,4-17。

⑥ 〔朝〕李圭景:《五洲衍文長箋散稿》卷45《人事篇・服食類・布帛・布帛錦緞辨證説》下編,第470頁。

⑦ 〔清〕孫爾準:道光《重修福建通志》卷59《物産》1,同治十年(1871)刻本。

⑧ 〔明〕李時珍:《本草綱目》卷47《禽》1,原國立北平圖書館甲庫善本叢書影印明萬曆三十一年(1603)張鼎思刻本,第503册,第1389頁。

⑨ 〔明〕王臨亨:《粤劍編》卷3《志外夷》,《廣州大典》總第217册,第38頁。

多獸服，南方多鳥衣。鳥衣者，諸種鳥布所成，一曰天鵝絨，夷人剪天鵝細管，雜以機絲爲之，其制巧麗，以色大紅者爲上。有冬、夏二種，雨灑不溼，謂之雨紗、雨緞。粤人得其法，以土鵝管或以絨物，品既下，價亦因之。一曰瑣袱，出哈烈國，亦鳥毳所成，紋如紈綺，其大紅者貴。然服之身重不便，粤人仿爲之，似素紡絹而自起雲，殊不逮也。又有以孔雀毛績爲綫縷，以綉譜子及雲肩袖口，金翠奪目，亦可愛。其毛多買於番舶，毛曰‘珠毛’，蓋孔雀之尾也。每一屏尾價一金，一屏者一孔雀之尾也。以其尾開如錦屏，故曰‘屏’。”①李景圭考證“絨”甚爲詳細：“天鵝絨。《清會典》：‘外洋進貢，多天鵝絨。’《蜻蛉國志》：‘東京即交趾之都府也，其土産有天鵝絨。’《和漢三才圖會》：‘天鵝絨，其美光澤，似天鵝之翼，故名。’《本草綱目》李時珍曰：‘其皮毛可爲服飾，謂之天鵝絨。其絨治刀杖金瘡，貼之立愈。’予嘗得天鵝，養之自斃，家僮剥解其皮，去其大毛，則下有毳毛鮮白，如新彈綿花，堪可爲裘。附衣内著之，温暖如火，絶勝貂狨。《嶺南異物志》：‘邕州蠻人選鵝腹毳毛爲衣被絮，柔暖而性凉，嬰兒尤宜之，能辟驚癇。’柳子厚詩‘鵝毛禦臘縫山罽’即此。《酉陽雜俎》‘臨邑人春夏羅取鴻雁，毛以禦暑，非徒天鵝絨可爲絨氈也。’”②英國東印度公司檔案中則記載了每年歐洲各國輸入廣州的天鵝絨的數量，多時爲 138 匹，少時爲 34 匹。③

大呢、小呢：《澳門番語雜字全本》譯大呢爲“巴奴”，葡文作“Pano”。呢爲“西而非拿”，葡文作 serafina。大呢爲粗毛製品，小呢爲細毛製品。《蕉軒隨録》載：“今外洋所織羽毛、大呢各料，即古之西番褐也。”④《海國圖志》稱：“稔社部：東界含社，北界俄羅洗斯達，南界落爾什，西界疏馬什。領小部落十一，産大呢、小呢、織細地氈。”⑤《粤東管見》記載葡萄牙人运送之物

① 〔清〕屈大均：《廣東新語》卷 15《貨語》，第 427 頁。

② 〔朝〕李圭景：《五洲衍文長箋散稿》卷 45《人事篇・服食類・布帛・布帛錦緞辨證説》下編，第 470 頁。

③ IOR/G/12/254，Imports，p. 10；IOR/G/12/245，Imports，p. 214.

④ 〔清〕方濬師：《蕉軒隨録》卷 3《洋呢》，北京：中華書局，1995 年，第 84 頁。

⑤ 〔清〕魏源：《海國圖志》卷 50《大西洋》，長沙：嶽麓書社，2002 年，第 1387 頁。

有“大呢”。①《燕轅直指》記載葡萄牙人交易物品中有“大呢”。②

緞:此處緞并非指中國的綢緞,而是指來自西洋的一種毛製品。《和漢三才圖會》記載了“莫卧爾緞”,日語作“毛宇留”,稱:“莫卧爾,天竺國名,所出之綺,似閃緞,而有少異。本朝所織者,亦不劣。木綿,莫卧爾緞,是亦出於京師,民俗以爲襦衣,或爲涕紙袋。”③耶穌會的《拜客問答》涉及很多西洋緞:“有緞子,敝國另外又有金花緞,每一匹價值一二百兩。”又稱:“假如這邊有緞子,常叫倭緞,實落是敝處出的。”④李景圭考證“緞”有“外洋錦緞紗毯之物,既入中土,或及我邦,則不可不知,故略引曾所聞知者。嗶吱緞、烏羽緞、新機嗶嘰緞、中嗶嘰緞、織金花緞、白倭緞、五色大花緞、大紫色金緞、紅銀緞、大紅羽緞、金絲緞、金銀絲緞、金花緞、洋緞”⑤等。

1712年《和漢三才圖會》中的“莫卧爾緞”

羽緞、羽紗:《澳門記略》譯羽緞爲“家羊羅以”,葡文作“Camalote”。羽紗爲“家羊浪”,葡文作“Camelo”。也是以鳥的羽毛生産的毛製品。《嶺南雜記》記載澳門的土産就有“羽緞、羽紗”⑥。《香祖筆記》稱:“羽紗、羽緞出

---

① 〔清〕華仲起:《粵東管見》,《廣州大典》總第217册,第472頁。

② 〔朝〕金景善:《燕轅直指》,上海:復旦大學出版社,2011年,第106頁。

③ 〔日〕寺島良安:《和漢三才圖會》,第1152頁。

④ 〔意〕利瑪竇(Matteo Ricci):《拜客答問》,法國國家圖書館藏手稿,檔案號:CHINOIS7024,第6頁。

⑤ 〔朝〕李圭景:《五洲衍文長箋散稿》卷45《人事篇·服食類·布帛·布帛錦緞辨證説》下編,第470頁。

⑥ 〔清〕吴震方:《嶺南雜記·澳門》,第12頁。

海外荷蘭、暹羅諸國,康熙初入貢,止一二匹,今閩廣多有之。蓋緝百鳥氄毛織成。……又滿剌加、哈烈出鎖袱,一名梭服,鳥毳爲之,紋如紈綺,今閩中最多,價不甚高,非羽紗、羽緞比。"①清代各國進口的最重要的和最貴重的毛製品就是羽紗,嘉慶時期曾發生多起羽紗走私案。② 行商潘崑水官因走私羽紗 48 匹,遭到粤海關的罰款。③

諸色香之品,莫貴於龍涎。

《澳門記略》:"香之品莫貴於龍涎,每兩不下百千,次亦五六十千,以大食國出者爲上,西洋産於伯西兒海,焚之則翠煙浮空,結而不散,坐客可用一剪以分煙縷。"《采訪册》采自於《澳門記略》。

龍涎:即龍涎香,明清時期進口的最爲貴重的香料。萬曆《廣東通志》載:"蘇門答剌:貢獻方物,有龍涎香,傳蘇門答剌西一晝夜程,有龍涎嶼,獨峙南巫里洋之中,群龍交戲其上遺涎,國人駕獨木舟伺采之,每一斤值其國金錢一百九十二枚,準中國銅錢九千文。嘉靖三十四年三月,司禮監傳諭户部:取龍涎香一百斤,遍市京師不得,下諸藩司采買。八月部文馳至臺司集議,懸價每斤銀一千二百兩,浮梁縣商汪弘請同綱紀何處德往澳訪買,僅得十一兩以歸。十月,遣千户朱世威馳進,内驗不同,姑存之,亟取真者。部文再至,廣州獄斬罪夷囚馬那别的④,貯有一兩三錢,上之,黑褐色。密地都⑤、

① 〔清〕王士禎:《香祖筆記》卷 1《羽紗羽緞》,臺灣商務印書館影印文淵閣四庫全書本,第 870 册,第 382 頁。

② 《嘉慶六年三月初十日粤海關監督佶山下廣州行商潘致祥等諭文》《嘉慶六年七月十七日㗛咭唎大班未氏哈上兩廣總督覺羅吉慶禀文》《嘉慶六年七月十七日㗛咭唎大班未氏哈上粤海關監督佶山禀文》,英國國家檔案館藏清代澳門漢文檔案,第 44 頁、第 52—55 頁,檔案號:TNA/FO233 - 189。

③ 〔美〕馬士(H. B. Morse)著:《東印度公司對華貿易編年史》第 2 卷,區宗華譯,第 391 頁。

④ 馬那别的,葡萄牙商人,嘉靖二十八年(1549)在福建詔安被明軍俘獲,囚禁廣州獄中。其葡文名爲"Mateus de Brito"。

⑤ 密地都,疑爲印度尼西亞蘇門答臘島上棉蘭市(Medan),今爲北蘇門答臘省省會。

密地山[①]夷人繼上六兩,褐白色。細問狀皆云:褐黑色者采在水,褐白色者采在山,皆真不贋。而密地山商周鳴和等再上,通前共得十七兩二錢五分。次年八月,差千户張鷥入進,内辨論是真,留用。萬曆二十一年十二月,太監孫順爲備東宫出講,題買五斤,司劄驗香把總蔣俊訪買,於二十四年正月初九曰進,内十六兩,差廣州照磨王應龍再取。又於二十六年十二月初五曰買進四十八兩五錢一分,差南海主簿徐一中。又再於二十八年八月十八日買進九十七兩六錢二分,差本司經歷懷獻章。自嘉靖至今,夷舶聞上供,稍稍以龍涎來市,民間鮮有售者,始定買解事例,每香一兩,價一百金。然得此甚難。"[②]《廣東新語》載龍涎香係"(龍之)精華在浮沫,時噴薄如瀑泉如雨,争承取之,稍緩則入地中矣,是爲龍涎。謂龍涎者,多積於海上枯木,如鳥遺狀,其色青黎,其薌腥,雜百和焚之,翠煙千結,蜿蜒蟠空,經時不散,可以剪分香縷,然多不真。從番舶來者,出大秦、波斯。蓋龍本純陽之精,故其氣絶香。又龍屬木,木之氣得太陽多者必香。故諸香以龍涎爲最"[③]。《結髦居别集》載:"龍涎香:萬曆二十二年,行兩粤買龍涎香。此香不産於粤,在廣東澳門買之。一兩費可百金,但其真贋難辨。"[④]龍涎香到清時,仍是西方商人對華貿易商品之一。1778 年荷蘭商船到廣州貿易,有龍涎香"12.73 擔"。[⑤] 1792 年,英國東印度公司船隻運到廣州的龍涎香爲"10 擔"。[⑥] 至嘉慶朝則未見到龍涎香的貿易記録。

其次安息香、伽楠香、檀香、降香、速香、乳香,品类尤夥。

---

① 密地山,疑爲印度尼西亞蘇門答臘島上的棉蘭山(Gunung Medan),位於西蘇門答臘省。

② 〔明〕郭棐:萬曆《廣東通志》卷69《外志》3《番夷》,《廣州大典》總第244册,第722—723頁。

③ 〔清〕屈大均:《廣東新語》卷22《鱗語》,第545頁。

④ 〔日〕稲生若水:《結髦居别集》卷4《龍涎香》,第15頁。

⑤ BL:IOR G/12/64, Imports, pp. 147.

⑥ BL:IOR/G/12/104, List of Ships Belonging to the English East India Company 1792, ; G/12/104, Imports of Company's Ships, p. 114.

《澳門記略》:“有龍腦、梅花片腦,皆樹液所結。有巴爾酥麻者,即安息香。伽楠香,剖之香甚輕微,然久而不滅。他如檀香、降香、速香、乳香、衣香,品類尤夥。”《采訪册》根據《澳門記略》删削而成。

安息香:又稱“巴爾酥麻油”,即巴爾撒木油。西文作 Balsam,爲一種香膏。據樂雲主人稱:“安息香,即巴爾撒木油。”①明代《東西洋考》載:“安息香,每百斤税銀一錢二分。”又:“安息香,每百斤税銀一錢四釐。”②清代《萬壽盛典初集》載王鴻緒進獻的物品中有“西洋巴爾撒木油二盒”和“西洋巴爾撒木香珠十挂”的記載。③ 雍正三年(1725)羅馬教宗使臣進貢的番物中也有巴爾薩木油。④ 1791 年英國東印度公司船隻到廣州貿易,貨物中有“40 擔安息香”。⑤ 1792 年運抵廣州的安息香爲“31 擔”。⑥

伽楠香:又稱“奇楠香”,即沉香。伽楠是從唐代佛經梵語翻譯詞。當時譯爲“多伽羅”,後又譯爲“伽藍”“伽楠”。伽楠香是奇楠樹上長出的沉香,爲一種貴重香料。康熙十七年(1678)葡萄牙國王曾進貢“伽楠香二段”⑦。乾隆時期清涼道人稱黄慎作畫“非伽楠香作潤筆不可”⑧。

檀香:爲檀香樹上生長的木材製成的一種香料。《大明一統志》記載:“檀香出廣東、雲南,及佔城、真腊、爪哇、渤泥、暹羅、三佛齊……等國,今嶺南諸地亦皆有之。”有黄檀、白檀、紫檀,黄檀最香,白檀最佳。朝鮮成應海

---

① 〔清〕樂雲主人:《净緣一助》卷 1《補益類成方》,國家圖書館藏清嘉慶九年(1804)序稿鈔本,第 31 頁。

② 〔明〕張燮:《東西洋考》卷 7《餉税考》,北京:中華書局,1981 年,第 142—143 頁、第 145 頁。

③ 〔清〕王掞編:《萬壽盛典初集》卷 59《慶祝》5《貢獻》6,臺灣商務印書館影印文淵閣四庫全書本,第 654 册,第 84 頁。

④ 〔清〕允裪編:《欽定大清會典則例》卷 93《禮部 · 朝貢》,臺灣商務印書館影印清文淵閣四款全書本,第 622 册,第 907 頁。

⑤ 〔美〕馬士(H. B. Morse)著:《東印度公司對華貿易編年史》第 2 卷,區宗華譯,第 286 頁。

⑥ BL:IOR/G/12/104, List of English Country Ships 1792, p. 50, Imports, p. 112.

⑦ 〔清〕郝玉麟修:雍正《廣東通志》卷 58《外番志》,《廣州大典》總第 250 册,第 459 頁。

⑧ 〔清〕清凉道人:《聽雨軒筆記》卷 1《雜紀》,上海:商务印书馆,1931 年,第 1 頁。

稱荷蘭出産有檀香。[①] 明代福建的走私商人即將“檀香拾把”走私從澳門運進内地。[②] 明代對外來的檀香征税“成器者每百斤税銀五錢,不成器者每百斤税銀二錢四分”[③]。《粤東聞見録》稱:“檀香,樹葉皆似荔枝,皮堅而黄者,黄檀;白者,白檀;即斾檀皮腐而紫者,紫檀。皆有香,而白檀爲勝,俱來自番舶,嶺南間有之。”[④]檀香是明清時期西方對華貿易中的重要商品。康熙四年(1665)貿易貨品中包含檀香“250 擔”。[⑤] 1760 年丹麥亞洲公司運到廣州的檀香木高達“1335.33 擔”,價值“12017.97 兩”。[⑥]

降香:即花梨木,又稱“降香黄檀”,爲蝶形花科黄檀屬喬木,也是珍貴香料的一種,可供藥用,又可作上等家具的良材。明代對外來的降香征税“每百斤税銀三分四釐”[⑦]。清代歐洲商人將花梨木大量輸入廣州市場。[⑧] 安南在嘉隆三年(1804)曾頒布“禁民間毋得采買降香,違者以重論;外國商船盜買者,其罪同禁[⑨]”。降香是西方輸入中國的商品之一。1667 年西方商人運到澳門的降香爲“58 擔”。[⑩] 乾隆四十三年(1778),《各國夷船入口總貨部》記載十艘英國散商船帶進廣州的貨物中有降香“四擔七十八斤”[⑪]。

速香:又稱“黄熟香”,是一種以沉速和檀香等爲原料配製而成的名貴香

---

① 〔朝〕成應海:《研經齋全集》外集卷 33《尊攘類 · 丁未傳信録 · 問答》,《韓國文集叢刊》第 276 册,漢城:景仁文化社,1990 年,第 12 頁。

② 〔明〕顔俊彦:《盟水齋存牘》卷 2《讞略》,《廣州大典》總第 340 册,第 135 頁。

③ 〔明〕張燮:《東西洋考》卷 7《餉税考》,第 141 頁。

④ 〔清〕張渠:《粤東聞見録 · 諸香》,《廣州大典》總第 394 册,第 85 頁。

⑤ 中國第一歷史檔案館:《康熙初年荷蘭船隊來華貿易史料》,《歷史檔案》2001 年第 3 期。

⑥ BL:IOR/R/10/4, Canton 1760, 1760-05-04-12-22, L/MAR/B/452A.

⑦ 〔明〕張燮:《東西洋考》卷 7《餉税考》,第 144 頁。

⑧ 中國第一歷史檔案館編:《清宫廣州十三行檔案精選》,廣州:廣東經濟出版社,2002 年,第 116 頁。

⑨ 〔越〕張登桂等纂修:《大南實録 · 世祖高皇帝實録》第 3 册,正編第 1 紀,卷 24,日本慶應義塾大學言語文化研究所藏昭和四十三年(1968)刊本,第 659 頁。

⑩ 中國第一歷史檔案館編:《香山明清檔案輯録》第 3《政法》,第 160—161 頁。

⑪ 《乾隆四十三年各國夷船入口總貨部》,英國利兹大學布勞瑟頓圖書館藏 Special Collections Chinese R. A. S. 686。

料。乾隆十八年(1753)《粤海關税則》中有"好番速香,每百斤征税二兩,低番速香,每百斤一兩四錢"①。

乳香:别名"熏陸香""乳頭香",貴重香料的一種,爲橄欖科植物樹皮滲出的樹脂,主要生長在東北非索馬里、埃塞俄比亞及南阿拉伯半島等地區。明代外國船隻帶進中國的貨物中就有乳香一項。② 明代對外來乳香的征税爲"乳香,每百斤税銀二錢"③。明代《兵部題失名會同兩廣總督張鏡心題殘稿》中就有"盤得乳香、木香一百五十包"④的記録。清代歐洲商人將大量乳香運進廣州市場。1726年,英國東印度公司船隻運載"205擔"乳香進入廣州市場。⑤ 1750年,荷蘭東印度公司商船運載"529擔"乳香進入廣州市場。⑥

明中後期,香料爲明宫室大宗消費品,地方争相進貢。因缺乏上供香料及廣東軍餉,廣東左布政司使吴廷舉於正德十二年(1517)首倡立番舶進貢交易之法:"番國進貢并裝貨舶船,不拘年分,至即抽貨,榷十之二,解京及存留軍餉者,俱如舊例。此法并獲廣東撫按及户部的批准。舊例:凡番船入貢,必須依期;凡番舶抵岸,由備倭官軍押赴布政司,比對勘合相同,貢期不違,方轉與呈提督,市舶太監及巡按等官,具奏起送。"⑦這一政策對於促進中外貿易的發展有巨大作用。

銀皆範錢,錢有數等,大者曰馬錢,次曰花邊(錢),又次曰十字錢。

---

① 《粤海關税則》,德國柏林國家圖書館藏手寫本,檔案號:J. H. DUNK Hang,4 -17。

② 〔明〕顔俊彦:《盟水齋存牘》卷1《公移》,《廣州大典》總第340册,第648頁。

③ 〔明〕張燮:《東西洋考》卷7《餉税考》,第142頁。

④ "中研院"歷史語言研究所編:《明清史料》乙編第8本,北京:北京圖書館出版社,2008年,第752頁。

⑤ 〔美〕馬士(H. B. Morse)著:《東印度公司對華貿易編年史》第1卷,區宗華譯,第270頁。

⑥ BL:IOR/G/12/54, good imported to canton anno 1750, p. 68.

⑦ 〔明〕鄭曉:《吾學編·名臣記》卷25《尚書吴公》,《北京圖書館古籍珍本叢刊》第12册,第470—471頁。

《澳門記略》:"有錫堅而白,製器如銀,久不渝色。鉛市自内地,至彼每鉛百斤煉取銀十餘兩,仍載入内地而售之。金亦自内地出,然爲鍍,爲鑲,爲法琅,爲金銀纍絲,靡不精者。銀皆範錢。錢有數等,大者曰馬錢,有海馬象;次曰花邊錢;又次曰十字錢。花邊錢亦有大、小、中三等,大者七錢有奇,中者三錢有奇,小者錢餘。或言吕宋行銀如中國行錢,故轉輪及於諸國,然《明史》載西洋忽魯謨斯交易用銀錢,而貝喃國用小金錢,名曰巴南,則行使早遍於二洋。然易滋僞,十字錢尤甚。有銅,不時至。硫磺,賈舶多以之壓舟,然有厲禁。有洋紅,有洋青。洋紅特貴,白銀一金易一兩四兩爲一金,色殊鮮麗可久,歲以之供内庫。有漆,可飾器。有火漆,圓長如指雍正三年(1725)大西洋貢火漆八包,以印以緘。"《采訪册》根據《澳門記略》删削而成。

馬錢:明清時期外來貨幣的一種。清人梁思澤稱:"有一番鬼手楂一口劍,騎在馬上者。"①《清朝文獻通考》載:"至於福建、廣東近海之地,又多行使洋錢,其銀皆範爲錢,式來自西南二洋,約有數等:大者曰馬錢,爲海馬形。"②

馬錢形制③

① 〔清〕梁思澤:《銀經發秘》卷1《雜樣銀名》,美國哈佛大學燕京圖書館藏道光二十四年(1844)刻本,圖書編號:FEB11/1948,第39頁。

② 〔清〕嵇璜:《清朝文獻通考》卷16《钱币考》,商務印書館萬有文庫本,1937年。

③ 〔清〕梁思澤:《銀經發秘》卷1《各銀圖式》,美國哈佛大學燕京圖書館藏道光二十四年(1844)刻本,圖書編號:FEB11/1948,第11頁。

花邊錢:爲明清時期外來貨幣的一種。《清朝文獻通考》載:"至於福建、廣東近海之地,又多行使洋錢,其銀皆範爲錢,式來自西南二洋,次曰花邊錢……花邊錢亦有大小中三等:大者重七錢有奇,中者重三錢有奇,小者重一錢有奇……閩粤之人稱爲番銀,或稱爲花邊銀。凡荷蘭、佛郎機諸國商船所載,每以數千萬圓計。"①清李調元稱:"花邊錢,以銀鎔爲錢様,面有水草、燭臺諸紋,間有作人馬形者,邊輪有花,俗稱'花邊錢'。自洋外來,以便於鬻物,市中多用之。然内地亦能製,故真贋相錯云。"②李調元有詩稱:"新出武彝茶百餅,花邊錢滿十三行。"③《銀經發秘》稱:"花邊,乃紅毛國所出。"④

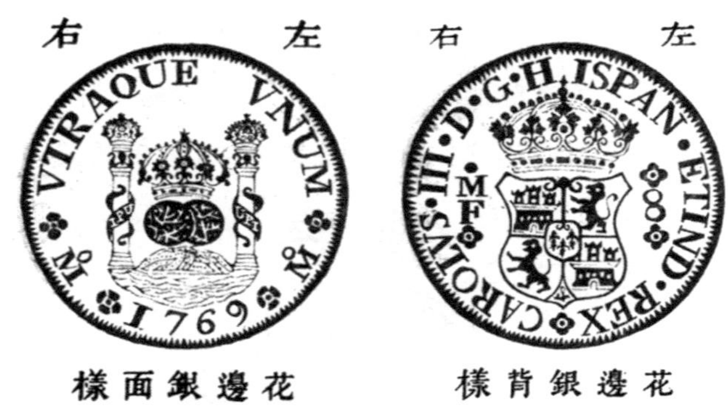

花邊銀様

十字錢:葡文作"cruzado",即爲克魯扎多,是中國舊時對葡萄牙銀元的一種俗稱。幣面圖案爲基督教教徽,因有"十"字,漢語文獻記載爲"十字錢"。12世紀起,葡萄牙的專用貨幣,國王阿豐索一世(Dom Afonso Henriques)開始鑄造,硬幣的正面有一個大十字架。後其圖案和形制有所變化。乾隆年間(1736—1795)盛行於廣東、福建地區的十字錢較初期圖案有較大

① 〔清〕嵇璜:《清朝文獻通考》卷16《钱币考》。

② 〔清〕李調元輯:《南越筆記》卷6《花邊錢》,《廣州大典》總第217册,第562頁。

③ 〔清〕李調元:《童山詩集》卷16《甲午》,《續修四庫全書》第1456册,第271頁。

④ 〔清〕梁思澤:《銀經發秘》卷1《雜様銀名》,第40頁。

不同。《清朝文獻通考》載:“至於福建、廣東近海之地,又多行使洋錢,其銀皆範爲錢,式來自西南二洋……又次曰十字錢。”①《嶺海見聞》稱葡萄牙“有十字錢”②。清代屈大均稱鸚鵡:“出西洋國至澳門者,以銀十字錢四五枚,可易其一。”屈大均詩稱:“十字錢多是大官,官兵枉向澳門盤。”③

乾隆時期流行於中國廣東、福建地區的十字錢

有洋紅,有洋青,洋紅特貴。

《澳門記略》:“有洋紅,有洋青。洋紅特貴,白銀一金易一兩四兩爲一金,色殊鮮麗可久,歲以之供内庫。”《采訪册》依據《澳門記略》删削而成。

洋紅:西文名“Vermivion”,是由一種名爲胭脂蟲的介殼類昆蟲體内提煉出的洋紅酸製作的粉紅色染料,故通常又稱洋紅爲“胭脂蟲”,原産於美洲。《粤海關税則》稱“洋紅,每兩估價銀一兩”④。《寒秀草堂筆記》載“漳州印泥,海内無不稱譽,其研工實甲於他處,他貴不在朱也,八寶洋紅之名,

① 〔清〕嵇璜:《清朝文獻通考》卷16《钱币考》。

② 〔清〕錢以塏:《嶺海見聞》卷2《澳門》,《廣州大典》總第393册,第794頁。

③ 〔清〕屈大均:《翁山詩外》卷14《七言絶句》2,《廣州大典》總第437册,第514頁。

④ 《粤海關税則》,德國柏林國家圖書館藏手寫本,檔案號:J. H. DUNK Hang,4-17。

特以之欺瞽俗耳"①。

洋青:明清時期外國進口的青色染料一種,西文作 Foreign Blue,乾隆六年(1741)有内地人到澳門購買"洋青"的記録。② 清代歐洲人也將洋青這種染料大量輸入廣州市場,1783 年,英國東印度公司運進洋青 103.22 擔。③ 清代進口商品中還有"大二青",其對應的英文名爲 Blue,即一、二等青色顔料。

有漆,可飾器。有火漆,圓長如指,以印以緘。

《澳門記略》:"有漆,可飾器。有火漆,圓長如指,雍正三年大西洋貢火漆八包,以印以緘。"《采訪册》根據《澳門記略》删削而成。

火漆:爲一種封印蠟,又稱"封口漆",西方在大約 16 世紀開始使用火漆封口。中國使用火漆的時間不詳。《海國四説》記有"石頭火漆印把一樹、火漆八包"④。《澳門記略》:"有蕃字小印,融火漆烙於日字下,緘口亦如之。"《粤海關志》中亦有對火漆征税的記録:"火漆,比紫梗,每百斤四錢。"⑤

其草則有菖蒲、蓽茇、葡萄、荼蘼、茉莉、梅桂、西番莲、鳳尾草、西洋牡丹。

《澳門記略》:"有菖蒲、蓽茇、盧薈、葡萄、白豆蔻、肉豆蔻、荼蘼、天寒始

① 〔清〕姚衡:《寒秀草堂筆記》卷 4《賓退雜識》,載《叢書集成初編》,上海:商務印書館,1935 年,第 101 頁。

② 吴旻、韓琦編校:《歐洲所藏雍正乾隆朝天主教文獻彙編》,上海:上海人民出版社,2008 年,第 242 頁。

③ BL:IOR/G/12/78, p. 140.

④ 〔清〕梁廷枏:《海國四説・粤道貢國説》卷 4《西洋諸國》,第 224 頁。

⑤ 〔清〕梁廷枏:《粤海關志》,廣州:廣東人民出版社,2002 年,第 182 頁。

花,芬鬱異常。蓮,蔓生籬落間,花初開如黄白蓮十餘出,久之,十餘出者皆落,其蕊復變而爲菊,故又名西洋菊。牡丹,以葉爲花。茉莉,一名耶悉茗,花開千葉,香最烈,當春時摘其葉,葉少花乃繁,然苦爲飛絲蟲所食……此花移自别國,不隨水土而變,不知蕃人一種尤勝也。"《采訪册》的澳門之草,部分根據《澳門記略》,部分自己增補。

菖蒲:一种产自东南亚地区的兼具香料和药用价值的植物。[①] 有石菖蒲、白菖蒲之分。[②] 清樂雲主人稱"德裹押戛"藥方中有"菖蒲六兩"的記載。[③]《香山七修北山楊氏族譜》中有"菖蒲澳"[④]一地名,可知菖蒲傳入廣東後,香山縣有地方種植菖蒲,并以此命名。

蓽茇:爲胡椒科多年生草質攀援藤本植物,别名"蓽撥",又稱蓽撥子,蓽拔子,乾隆十八年《粤海關則例》記録其西文名爲 Pipper Longum。[⑤] 爲一種藥材。《東西洋考》對外來物品征税名單中有"蓽撥,每百斤税銀六分"[⑥]。《嶺海輿圖》稱大坭國的貿易物品中有蓽撥。[⑦] 嘉慶元年(1796)暹羅國進貢的物品中有蓽撥。[⑧] 乾隆四十二年(1777),《各國夷船入口貨總簿》有荷蘭棟欄船運進廣州"蓽撥子二十七擔二十七斤"。[⑨]

葡萄:《澳門記略》稱葡萄爲"任無朗",葡文作"Uva",爲葡萄科葡萄屬

---

① 〔澳〕安东尼·瑞德(Anthony Reid)著:《东南亚的贸易时代:1450—1680》第1卷,吴小安等譯,北京:商務印書館,2010年,第37页。

② 〔清〕屈大均:《廣東新語》卷27《草語·諸異草》,第723頁。

③ 〔清〕樂雲主人:《净緣一助》卷16《通治類方》,國家圖書館藏清嘉慶九年序稿鈔本,第29頁。

④ 〔清〕楊紹榮編:《香山七修北山楊氏族譜》卷7《次房十八世世傳》,美國哈佛大學燕京圖書館藏咸豐七年(1857)紹經堂刊本,圖書編號:Chungshan/301972,第92頁。

⑤ 〔清〕佚名:《粤海關税則》不分卷,德國巴伐利亞圖書館藏,清鈔本,圖書編號:PPN3346157598,第11頁。

⑥ 〔明〕張燮:《東西洋考》卷7《餉税考》,第141—142頁。

⑦ 〔明〕姚虞:《嶺海輿圖》,《文淵閣四庫全書·史部》,第494册,第96頁。

⑧ 〔清〕昆岡編:《欽定大清會典事例》卷504《禮部》215《朝貢》,北京:中華書局,1991年,第837頁。

⑨ 英國利茲大學布勞瑟頓圖書館藏 Special Collections Chinese R. A. S. 685,《四十二年分各國夷船入口貨總簿》稿本,共一册,無頁碼。

高大纏繞藤本植物,其果實爲一種水果。葡萄早在漢代就從西域傳入中國,但明清時期亦有西洋人將葡萄帶入澳門。《澳門記略》稱澳門土産草之屬有“葡萄”,并以“葡萄”釀酒,可以證明澳門本土亦生産葡萄。①《閩小記》中有詩稱:“葡萄天酒製尤殊。”其注云:“葡萄則依西洋人製之。奉其教者,閩俗甚熾,取此酒以祀天主,名曰天酒。”②

荼蘼:亦爲薔薇科草本植物,又稱“酴醾”。其花可以提煉爲一種香水。《廣東新語》稱:“廣人多種荼蘼,以甑蒸之取露,或取其瓣,拌糖霜,暴之兼旬,以爲粉果心餡,名荼蘼角,甚甘馨可嗜。然猶以大西洋所出者爲美。”③《祝志》稱:“荼蘼花,小欖鄉多植之,以畝計。洋荼蘼,夷人用以蒸露。”

茉莉:又名“茉莉花”“耶悉茗”,原産於印度、巴基斯坦,爲木樨科素馨屬常緑灌木或藤本科植物,可以製茉莉露。由於茉莉最早來自外國,故又稱“番茉莉”,《裨海紀游》稱臺灣“草花有番茉莉,一花十瓣,望之似菊;既放可得三日觀,不似内地茉莉暮開晨落,然香亦少遜焉”④。《廣東新語》載:“茉莉,本有藤,月本,其花有實珠,有千葉,有重臺。春間分種,或黄梅時扡之,六月六日種尤宜。”⑤《味水軒日記》稱吕宋國“茉莉花,大如牡丹”。《祝志》稱:“茉莉,有蕃茉莉花,大如龍眼,鮮有開足者。”

梅桂:爲《采訪册》新增的澳門植物,即玫瑰,又稱“薔薇”,爲薔薇科薔薇屬多種植物和培育花卉的通稱名字,其花朵可以提煉玫瑰油(又稱“花露水”)。《明書》稱歐羅巴“花以香爲美,其名玫瑰者最貴,與中國花不同,取蒸爲露,可當香,亦可當藥”⑥。《品茶要録補》稱:“李大司徒當玫瑰盛開時,令豎子清晨收花上露水煮茶,味似歐邏巴國人利西泰所製薔薇露。”⑦

---

① 〔清〕印光任、張汝霖:《澳門記略》卷下《澳蕃篇》,《廣州大典》總第221册,第377頁。

② 〔清〕周亮工:《閩小記》卷1《莆田宋去損祖謙閩酒曲》,《續修四庫全書》第734册,第143頁。

③ 〔清〕屈大均:《廣東新語》卷14《食語》,第390頁。

④ 〔清〕郁永河:《裨海紀游》,《叢書集成續編》,戊集,第28卷,第64册,第842頁。

⑤ 〔清〕屈大均:《廣東新語》卷27《草語・諸異草》,第644頁。

⑥ 〔清〕傅維鱗:《明書》卷166《列傳》21,《四庫全書存目叢書・史部》,第40册,第445頁。

⑦ 〔明〕程百二:《品茶要錙補・程氏叢刻》,北京圖書館古籍珍本叢刊影印明萬曆四十三年(1615)刻本,第83册,第543頁。

《西堂詩集》稱:“天主堂開天籟齊,鐘鳴琴響自高低。阜成門外玫瑰花,杯酒還澆利泰西。利瑪竇始入中國,賜葬阜成門外二里溝,曰‘利泰西墓’。天主堂有自鳴鐘、鐵琴、地球等器,國中玫瑰花最貴,取蒸爲露,可當香藥。”①《祝志》稱:“玫瑰花,夷人用以蒸露。”

西番蓮:又作“西洋蓮”“西洋菊”,屬多年生常緑攀援木質藤本植物,原産於美洲海島。《廣東新語》稱:“西洋蓮,蔓細如絲,朱色,繚繞籬間,花初開,始黄白蓮十餘出,久之,十餘出者皆落,其蕊復變而爲菊,瓣爲蓮而蕊爲菊,以蓮始而以菊終,故又名西洋菊。”②陳恭尹有《咏西番蓮花歌》。③ 清人平恕稱:“西番蓮草本,春夏作花,其異處始於蓮而終於菊也。其詩云:極西歐邏巴,花事異且絢。蔓草出青蓮,倏作優曇現優鉢曇,華言菊也。”④

鳳尾草:爲《采訪册》增補之澳門植物,屬多年生草本植物。鳳尾草并非外來植物,《采訪册》之所以增收,很可能是因爲香山或澳門地區有鳳尾草,故録之。但未見他處記載。

西洋牡丹:屬年生宿根草本花卉。屈大均稱:“廣州牡丹,每歲河南花估持根而至,二三月大開,多粉紅,亦有重疊樓子,惟花頭頗小。花止一年,次年則不花,必以河南之土種之,乃得歲歲有花。予詩:由來南海上,未有雒陽花。”⑤從屈大均的詩可以看出,西洋牡丹是由外國傳入。此處的“廣州牡丹”當指西洋牡丹,故《祝志》亦稱:“洋牡丹,以葉爲花。”

洋葱如獨蒜而無肉頭,極甘美。

《澳門記略》:“葱,如獨蒜而無肉,縷切爲絲,玲瓏滿盤,以之餉客,味極

---

① 〔清〕尤侗:《西堂詩集·外國竹枝詞》,《續修四庫全書》,第1407册,第111頁。

② 〔清〕屈大均:《廣東新語》卷27《草語·西洋蓮》,第698頁。

③ 〔清〕陳恭尹:《獨漉堂詩集》卷4《江村集》,《廣州大典》總第438册,第428頁。

④ 〔清〕平恕:《留春書屋詩集》卷3《驛梅稿》,清代詩文集彙編影印嘉慶二十三年(1818)王家相序刊本,第403册,第494頁。

⑤ 〔清〕屈大均:《廣東新語》卷25《木語》,第642頁。

甘辛。"《采訪册》根據《澳門記略》删改而成。

洋葱:屬於石蒜科葱屬植物,漢代始傳入中國,當時稱爲"胡葱"。《嶺南雜記》稱:"洋葱,形似獨顆蒜而無肉,剥之如葱。澳門白鬼餉客,縷切爲絲,瓏玢滿盤,味極甘辛。余携歸二顆,種之,發生如常葱,至冬而萎。"①可見澳門確實有洋葱。

番薯,蔓生如瓜萎,其皮薄,有紅、白二色心亦有紅、白二色**,可生食、熟食。**

《申志》稱澳門蔬品二十二種,其中有"薯",《暴志》稱"薯,種類不一,村落種之以充食"。《澳門記略》載:"薯,蔓生如瓜蔞,根如山藥,其皮薄而朱,去皮可生食,熟食色如蜜,亦可釀酒。閩人截其蔓以來,今遍於八閩五嶺間,曰蕃薯,從其本也。"《采訪册》根據《澳門記略》删改而成。

番薯:又作"甘薯",俗稱"紅薯"。16 世紀末由美洲傳入中國的多年生草質藤本植物。《鏡山全集》有《食番薯》詩:"東南海中夷,有國名吕宋。人無水耕勞,野有木實衆。番薯類蹲鴟,被疇不待種。"②《味水軒日記》稱萬曆時"吕宋國有番薯,大如屋柱,極易生,熟之可爲飯,碎之爲粉糍,釀之爲酒,俱妙。"③《閩小記》稱:"蕃薯,萬曆中閩人得之外國,瘠土砂礫之地皆可以種。初種於漳郡,漸及泉州,漸及莆,近則長樂福清皆種之。吕宋有朱薯,被野連山,而是不待種植,彝人率取食之。"④《五雜俎》稱:"百穀之外有可以當穀者,芋也,薯蕷也。而閩中有番薯,似山藥而肥白過之,種沙地中易生,

① 〔清〕吴震方:《嶺南雜記·洋葱》,第 52—53 頁。

② 〔明〕何喬遠:《鏡山全集》卷 7《食番薯》,日本内閣文庫藏明崇禎十年(1637)溪柳讀書堂藏版,第 6 頁。

③ 〔明〕李日華:《味水軒日記》卷 8《萬曆四十四年》,《續修四庫全書》第 558 册,第 512—513 頁。

④ 〔清〕周亮工:《閩小記》卷 3《蕃薯》,《續修四庫全書》第 734 册,第 157 頁。

而極蕃衍。饑饉之歲,民多賴以全活,此物北方亦可種也。"①《棗林雜俎》載:"甘薯,即俗名紅山藥也。"②《農政全書》云:"薯有二種,其一名山薯,閩廣故有之。其一名番薯,則土人傳。云近年有人在海外得此種,海外人亦禁,不令出境。此人取薯藤絞入汲水繩中,遂得渡海,因此分種移植,略通閩廣之境也。兩種莖葉多相類。但山薯植援附樹乃生。番薯蔓地生。山薯形魁壘。番薯形圓而長。其味則番薯甚甘,山薯爲劣耳。蓋中土諸書所言薯者皆山薯也,今番薯撲地傳生,枝葉極盛,若於高仰沙土深耕厚壅大旱則汲水灌之無患不熟。閩廣人賴以救饑,其利甚大。"③《嶺南雜記》載:"番薯有數種,江浙近亦甚多而賤,皆從海舶來者。形如山藥而短,皮有紅、白二種,香甘可代飯。十月間遍畦開花,如小錦葵。粵中處處種之。康熙三十八年,粵中米價踴貴,賴此以活。有切碎晒乾爲糧者,有製爲粉如蕨粉藕粉者。又有甜薯圓如鵝鴨卵,有豬肝薯形如豬肝,重十餘斤,皮紫,皆出粵地,唯番薯種自洋中來也。"④

荷蘭薯有紅、白二種,出自荷蘭國,實結於根,累累如貫珠,性熱而質鬆,宜熟食。

《澳門記略》無荷蘭薯之名。《祝志》稱:"和蘭薯,外國種也。"《祝志》資料來自《采訪册》。

荷蘭薯:爲《采訪册》新增的一種傳入澳門薯類植物。荷蘭薯,即馬鈴薯,俗稱"土豆",爲茄科類一年生草本植物。荷蘭薯原産於美洲,後經荷蘭人傳入中國,故名"荷蘭薯"。17 世紀中期,最早提及馬鈴薯傳入中國的是荷蘭人亨利·斯特儒斯(Henry Struys),他在 1650 年訪問荷據臺灣時,已經

① 〔明〕謝肇淛:《五雜俎》卷 11《物部》3,上海:上海书店出版社,2001 年排印本,第 23 頁。

② 〔明〕談遷:《棗林雜俎》中集《榮植》,《續修四庫全書》第 1135 册,第 72 頁。

③ 〔明〕徐光啓:《農政全書》卷 27《樹藝》,《四庫提要著録叢書·子部》,第 64 册,第 339 頁。

④ 〔清〕吴震芳:《嶺南雜記》卷下《番薯》,《廣州大典》總第 214 册第 821 頁。

提到馬鈴薯在臺灣的種植。[①]《家乘略鈔》稱:"前山白石北山嶺之田近澳,每年有荷蘭薯、紅薯、黄瓜、白瓜、豆角、絲瓜、節瓜各種可以排落澳門發賣,利市三倍。此三處田若耕得三畝,可以養一家數口。種荷蘭薯,遇好時運每畝可出三十擔。"[②]又稱:"凡種禾及紅薯、芋、荷蘭薯必須一百日方能成功。"《南鄭縣志》中載有"爪哇薯"。[③] 舟山定海縣亦有種植馬鈴薯的西文記載。[④] 中文文獻中亦很早就有馬鈴薯之記載。成書於 1682 年的《畿輔通志》載:"土芋,一名'土豆',蒸食之味如番薯。"[⑤]《授時通考》稱:"土芋一名土豆,蒸食之味如番薯。"[⑥]這個土豆當即馬鈴薯。《海國圖志》稱瑞典居民"五穀不足用,居民惟種荷蘭薯以養生"[⑦]。《田志》載:"和蘭薯,外國種也。"《新會鄉土志》載:"荷蘭薯,近由外國移植,邑中西南鄉貧户,每以之代米。"[⑧]有很多資料分不清荷蘭薯和番薯的區别,將他們視爲一種植物。《民國安東縣志》載:"紅薯,本名甘薯,一名荷蘭薯,以種傳自荷蘭地,俗名地瓜。"[⑨]《民國開平縣志》稱:"荷蘭薯,形如小芋,與西洋薯同爲洋種。"[⑩]

椰菜,種出自西洋,百葉合成,與椰相似。惟澳内地生,别處

---

① William Campbell, *Formosa under the Dutch*, London, 1903, p. 254.

② 〔清〕趙仲漳編:《家乘略鈔·雜録》6,澳門歷史檔案館藏澳門吴利勳先生捐贈清抄本,圖書編號:L. 2484,第 81 頁。

③ 郭鳳洲、柴守愚、劉定鐸等:《續修南鄭縣志》卷 5《風土·物産》,民國十年(1921)刊本。

④ 參何炳棣:《美洲作物的引進、傳播及其對中國糧食的影響》,載《香港大公報卅周年紀念論文集》下册,1978 年。

⑤ 〔清〕黄彭年等纂:《畿輔通志》卷 13《風俗·附物産》,清光緒十年(1884)刻本。

⑥ 〔清〕蔣溥纂:《授時通考》卷 60《農餘》,清乾隆七年(1742)武英殿刻本。

⑦ 〔清〕魏源:《海國圖志》卷 58《大西洋歐羅巴洲》2《北洋·瑞國》,《續修四庫全書》第 744 册,第 195 頁。

⑧ 〔清〕譚鑣等:《新會鄉土志》卷 14《物産》,《廣州大典》總第 221 册,第 230 頁。

⑨ 于雲峰纂:民國《安東縣志》卷 2《物産》乙《植物》,中國方志叢書影印民國二十年(1931)鉛印本,東北地方第 18 號,第 249 頁。

⑩ 余棨謀纂:民國《開平縣志》卷 6《輿地下》,《中國地方志集成》影印民國二十二年(1933)刊本,《廣東府縣志輯》第 34 册,第 314 頁。

不結。葉老時每於葉罅發芽，插芽於地，種之，每芽出菜一株，外老葉，其色緑，内嫩葉，白色。春種至冬乃結，春初尤盛，宜熟食，味清甜，其性微寒，亦可腌以爲菹，極爽脆。

《澳門記略》未記載“椰菜”。《祝志》稱其爲“椰珠菜”：“椰珠菜，一名番芥藍而大，一棵重至數斤，莖端嫩葉團結似椰子内珠，味甘脆，其種來自番舶，邑人多種之。”

椰菜：屬十字花科植物。吴其濬在《植物名實圖考》中稱椰菜作“葵花白菜”，并附有中文文獻中關於椰菜的最早插圖。① 香山詩人鍾啓韶《澳門雜事詩》有詩云：“椰菜經霜甲，桃枝破臘花。前山信衝要，膻酪判桑麻。”②《采訪册》關於椰菜之記載稍遲於《澳門雜事詩》，二處記載是目前所見“椰菜”進入中國的最早記録。《清稗類鈔》載：“椰菜，俗稱捲心菜，爲甘藍之變種。歐洲種也，近移植於滬。其葉層層包捲成球形，色淡緑，曰‘球葉甘藍’，俗又稱‘包心菜’。又有一種亦歐洲種而滬有之，開花甚多，花莖花蕾皆可作蔬，曰‘球花

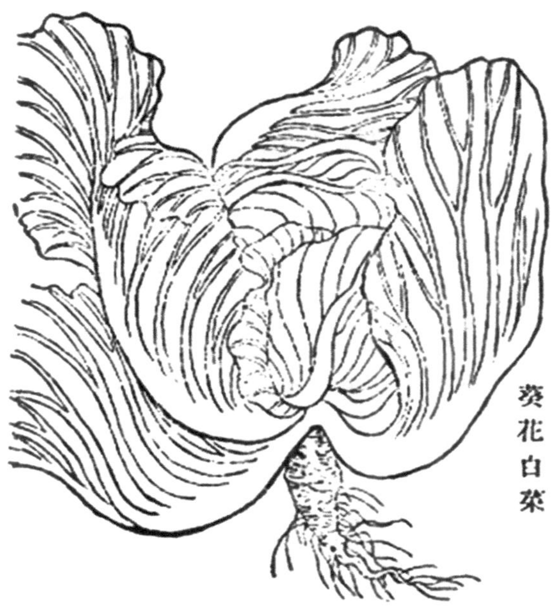

道光二十八年(1848)《植物名實圖考》中的“葵花白菜”

① 〔清〕吴其濬：《植物名實圖考》卷3，北京：中華書局，1963年，第69頁。

② 〔清〕鍾啓韶：《聽鐘樓詩鈔》卷3《澳門雜事詩十二首并序》，《廣州大典》總第450册，第569頁。

甘藍’,别稱‘花椰菜’,俗名‘花菜’。”①《采訪册》稱“惟澳内地生,别處不結”,這就是説至道光七年(1827)之前,椰菜這種植物衹有澳門葡萄牙人種植,而内地其他地方没有椰菜種植。

洋桃,一名“五棱子”,澳門有數株,高六七丈,種至大西洋来。花紅,一蒂數子,大而甘,無渣滓。

《澳門記略》:“羊桃,如田家礴碌狀,又曰‘五棱子’,粤産味酸,澳門數株高六七丈,種自西洋來,花紅,一蒂數子,大而甘。”《采訪册》根據《澳門記略》删削而成。《祝志》:“楊桃,五斂子,上有五棱,南人呼‘棱’爲‘斂’,故以爲名。”《草木狀》又有“三廉子,出熙安諸郡,南人呼‘棱’爲‘廉’”。陳祈暢《異物志》:“今人通呼三廉子,歲再熟,治風熱,生津止渴,産澳門者良。”《田志》載:“楊桃,三廉子,歲再熟,治風熱,生津止渴,産澳門者良。”

洋桃:是一種産於熱帶、亞熱帶地區的水果,被子植物門,即楊桃(羊桃),又稱爲“五棱子”,原産於印度,《澳門記略》載“種自西洋來”。《采訪册》當是采納《澳門記略》之記載而出現筆誤,才會有“種至大西洋來”之説。《采訪册》將其歸入草本類植物,誤。《嶺南雜記》載:“羊桃,一名‘三斂子’,一名‘五斂子’。以其觚棱而分也。色青味黄甘酸,内有小核。能解肉食之毒,有人食豬肉,咽喉腫,病欲死,仆飲肉汁亦然。人教其取羊桃食之,須臾皆起。又能解蟲毒嵐瘴。士人蜜漬鹽腌以致遠。”②《粤中見聞》稱:“洋桃:種自大洋來,樹高四五丈,花紅色,一蒂數子。七八月間熟,色如蠟,亦有一年兩次開花結實,以糯米、泔水澆之,則結實甜。一名‘三斂者’,斂,棱也。亦有‘五棱者’。”③《本草綱目拾遺》稱:“羊桃。《粤語》:‘其種來自大洋,一曰洋桃’。高五六丈,大者數圍,花紅色,一蒂數子,七八月間熟。

① 徐珂編撰:《清稗類鈔·植物類》,第12册,第5731頁。

② 〔清〕吴震方:《嶺南雜記》卷下《羊桃》,《廣州大典》總第214册,第821頁。

③ 〔清〕范端昂:《粤中見聞》卷29《物部》9《洋桃》,《廣州大典》總第217册,第414頁。

色如蠟，一名三斂子，亦曰山斂斂棱也。”①《寒秀草堂筆記》稱：“羊桃引，《粵語》：‘其種來自西洋，一曰洋桃。’《毛詩》‘隰有萇楚’，注‘洋桃也’。則非自重洋矣，土人呼爲山葷土音似之者，酸不可食。羊桃之大者，如甜瓜，香而甘，清而不俗。”②清人夏之蓉有《洋桃酒》詩稱：“羊桃，一名‘三斂子’。有五棱者，名‘五斂’。”其詩云：“佳種海上來，磊砢結黄實。森森苦寒味，入齒帶微澀。”③

番荔枝，小如桃，大如碗，似殼非殼，擘之，中有小白瓤黑子，味如波羅蜜，六七月成熟。

《澳門記略》：“有蕃荔枝，大如桃，色青，似殼非殼，擘之中有小白瓤，黑子，味如波羅密，康熙三十八年，駕幸杭州，總兵藍理進之。”《祝志》：“蕃荔枝，大如桃，色青，皮似荔枝殼，而非殼也。頭上有葉。一種擘開，白瓤黑子。味似波羅蜜。種出西洋，邑處處植之，皮内有細沙如梨，中數十苞，每苞一核，味甘芳，雖名荔枝，實非其族也。”《采訪册》根據《澳門記略》删改而成

番荔枝：番荔枝科番荔枝屬植物，其果實似荔枝，故名，即佛頭果、釋迦果。原産於熱帶美洲，後中國有種植。《嶺南雜記》稱：“番荔枝，大如桃，色青，皮似荔枝殼，而非殼也。頭上有葉一宗，擘開白穰黑子，味似波羅蜜。康熙三十八年，上幸杭州，總兵藍理進此果。”④

禽之屬，如鸚鵡，有紅者、黄者、緑者、白者、備五色者。復有

---

① 〔清〕趙學敏：《本草綱目拾遺》卷7《果部》下，《續修四庫全書》影印清同治十年（1871）吉心堂刻乾隆三十年（1765）自序刊本，第995册，第50頁。

② 〔清〕姚衡：《寒秀草堂筆記》卷4《賓退襍識》，載《咫進齋叢書》第2集，美國哈佛大學燕京圖书馆藏道光十九年（1839）刊本，圖書編號：CHL9100.7833，第10頁。

③ 〔清〕夏之蓉：《半舫齋編年詩》卷9《古今體五十首丁夘嶺南作》，四庫未收書輯刊影印清乾隆夏味堂等刻本，第9輯，第25册，第712頁。

④ 〔清〕吴震方：《嶺南雜記・番荔枝》，《廣州大典》總第214册，第830頁。

倒挂鳥、時辰雀、駝鷄、火鷄、料哥、山麻雀。

《澳門記略》:"禽之屬:爲鸚䳇,有大紅者,毛内黄;大緑者,毛内赤,每抖擻其羽,則陸離炫目。有純白者,五色者,翅作翠縹、青黄裏、白腹者。其五色鸚䳇常栖丁香樹上,以丁香未熟者爲餌,子既收,則啄其皮。能兼蕃漢語,性畏寒,然撫摩其背則瘖。倒挂鳥,身嫩緑色,額青,胸前一朱砂點,頂有黄茸,舞則茸開,每收香翅中,時一放之,氤氲滿室。又輒自旋轉首足如環,以自娱。鷄類不一。有頭高尾蹺、備黑白雜色者。有短足昂首、毛片如鱗、與孔雀仿佛者。有駝鷄,高三尺許,花冠翠羽,背有雙峰似駝,肉鞍可乘,能食鐵石。又有火鷄,毛純黑,毿毿下垂,高二三尺,能食火,吐氣成烟,又鷄大如鵝,羽毛華彩,吻上有鼻如象,上屬於冠,可伸可縮,縮止寸餘,伸可五寸許,嗉間無毛,有物如癭,平時嗉與冠色微藍,怒則癭起而冠赤,血聚於鼻,垂垂自下,尾張如孔雀屏,雌者如常鷄差大,謂之異鷄,非綬鷄也。綬鷄曰旨藹,其綬藏於咽下小囊,每吐之爛然文錦,謂之錦功曹,西洋亦時有之。鴨如小鵝,有冠緌,毛羽斑然。有鳥無足,腹下生長皮如筋,纏於樹枝以立,毛五彩,名無對鳥。一鳥名厄馬,最大,長頸高足,翼翎美麗,不能飛,足若牛蹄,善奔走,馬不能及,卵可作杯器,即今蕃舶所市龍卵也。又有巨鳥,其吻能解百毒,一吻值金錢五十。駱駝鳥,首高於乘馬之人,行時張翼,大如棚,腹熱能化鐵。"《采訪册》根據《澳門記略》資料,并根據實地考察情況進行記録,新增時辰雀、料哥與山麻雀之記載。

鸚䳇:《澳門記略》譯爲"架架都呀",葡文作"Cacatua",爲鸚形目攀禽,形目衆多,於色艷麗,在世界各地的熱帶地區均有分布,在拉丁美洲和大洋洲種類最多。《賢搏編》稱:"廣州有五色鸚䳇及赤者,俱番舶携至,但畏寒,間可帶回吾土。"①《廣東新語》載:"澳門有西洋鸚䳇,大紅者内毬毛黄,大緑者内毬毛赤,每抖擻其羽,則赤者爲黄,緑者爲赤,表裏俱變。有純白者、五色者、翅尾作翠縹青,黄裏白腹者,皆來自海舶。……鐵了品最下,一名

---

① 〔明〕葉權:《賢博編·游嶺南記》,第47頁。

‘了哥’,亦曰‘咧哥’,亦曰‘咧咧’,常有畜者。番酋以多金買取,咧咧言,我漢禽,不願入番,遂不食而死。”①《明史》稱滿剌加貢物中有“鸚鵡”②。《欽定鳥譜》稱:“洋緑鸚鵡,黑睛,紅黄重暈,白臉,金紅觜,通身翠緑色,翠青肩,翠青翮,腹毛根隱紅色,近翮處有鮮紅毛一片。青緑尾黄尖,尾旁毛帶黑,青灰足,黑爪。《粵志》云:澳門有洋鸚鵡緑者,内絨毛赤,每抖擻其羽,緑者爲赤,表裏俱變。”③《嶺海見聞》稱:“禽則紅、白鸚鵡、緑毛,澳中番物也。”④《粵中見聞》稱:“鸚鵡能言……五色者,能兼番、漢二語,澳門有西洋鸚鵡,大紅者,内絨毛黄;大緑者,内絨毛赤。每抖擻其羽則赤者爲黄,緑者爲赤,表裏俱變。有純白者,其頂黄,毛上聳,喜則披敷。”⑤

倒挂鳥:爲一種海外傳入中國的珍禽,據學者考論,唐人所稱的“桐花鳥”“桐花鳳”“緑毛麽鳳”即指倒挂鳥。蘇軾稱:“所謂緑毛麽鳳,俗名‘倒挂’,一名‘收香倒挂’,又名‘探花使’。”⑥費信《星槎勝覽》稱:“其倒挂鳥身如雀大,被五色羽,日間焚香於其旁,夜則張羽翼而倒挂,張尾翅而放香。”⑦倒挂鳥又被稱爲“麽鳳”“倒挂雀”,《廣東新語》載:“有曰麽鳳,似鸚鵡而小,緑衣黄裹,色甚姣麗。常倒懸架上。屈體如環,東西相穿,轉旋不已。一名‘倒挂子’。”⑧又稱:“一曰倒挂雀,産瓊州,有風則倒挂,無風則否。予詩:風來禽倒挂。”⑨此鳥亦引入澳門。《皇明世法録》稱:“百花國,有倒挂鳥,今附舶香山濠鏡澳貿易。”⑩《池北偶談》稱:“廣東香山縣呑門,

---

① 〔清〕屈大均:《廣東新語》卷20《禽語·鸚鵡》,第514頁。

② 〔清〕張廷玉:《明史》卷325《外國傳》6,第8419頁。

③ 〔清〕愛新覺羅·玄燁:《欽定鳥譜》第2册《洋緑鸚鵡》,《續修四庫全書》第1119册,第496頁。

④ 〔清〕錢以塏:《領海見聞》卷2《澳門》,《廣州大典》總第393册,第795頁。

⑤ 〔清〕范端昂:《粵中見聞》卷31《物部》11《鸚鵡》,《廣州大典》總第217册,第423頁。

⑥ 〔宋〕施元之、〔宋〕顧禧注:《施注蘇詩(注東坡先生詩)》卷35《十一月二十六日松風亭下梅花盛開》,清同治光緒間孔氏三十有三萬卷堂重刻古香齋袖珍十種本。

⑦ 〔明〕費信:《星槎勝覽》之《爪哇國》,北京:中華書局,1954年,第14頁。

⑧ 〔清〕屈大均:《廣東新語》卷20《禽語·鳳》,第510頁。

⑨ 〔清〕屈大均:《廣東新語》卷20《禽語·四雀》,第521頁。

⑩ 〔明〕陳錫仁:《皇明世法録》卷82《南蠻》,《四庫禁毁書叢刊·史部》第16册,第396頁。

有麼鳳倒挂。”内地亦産倒挂鳥,但澳門倒挂鳥是從東南亞輸入,與内地所産者不同。道光《廣東通志》稱:“西洋倒挂鳥,番人携至廣州,畏寒,輒死,不能常畜,與内地之倒挂麼鳳不同,西洋倒挂收香,内地所産形雖相似,然不能收香也。”①

時辰雀:鳴禽類。爲《采訪册》新增一種禽類,此鳥不見其他文獻記載。據其名,可理解爲能報時辰的鳥,或與布穀鳥有關。又一説,金絲雀又稱“時辰雀”。

火鷄:爲鷄形目吐綬類鷄屬的鳥類,清代又稱“額摩鳥”“厄慕鳥”,在爪哇島當地人稱之爲“額摩”,爪哇語作“emeu”。葡萄牙人稱之爲“格素爾”(Casuar)。《嶺南雜記》載:“火鷄,毛黑毿毿下垂,高二三尺,能食火炭。相傳火鷄、火鼠毛爲火布。此鷄毛焚之,亦稱灰燼,恐非。此鷄亦來自國外。”②清人鍾啓韶稱:“白鴿巢園有大鷄,昂首則高與人等,足如鐵。”③此“大鷄”當即食火鷄。日本學者對食火鷄和駝鳥已有清晰考辨:“食火鷄:和蘭貢舶往往賫而致之。先朝樊畜官苑以備游觀云,近又有市街懸牌供觀場者,俗以爲駝鳥。或曰李氏《本草綱目》駝鳥混入食火鷄,以爲一物,然二名二物,各爲别種。今所觀者,即食火鷄而非駝鳥也,余亦得一觀焉。因參閲西洋諸書,稽之於其圖説,彼邦呼曰‘噎滅鳥’,其圖其説詳且盡矣。又被李氏所集録諸説,或謬或疏,混淆紛亂,殆不可辨。其引鄭曉《吾學編》云,洪武初,三佛齊國貢火鷄,鋭觜,軟紅冠,毛色如青羊者,似説此物,然未盡其形狀。蓋漢人多徒載其傳聞,不窮其實,顧未知駝鳥、噎滅鳥二物有同類異形之别也。特明季南懷仁《坤輿外記》云,百露國有一鳥名厄馬,最大,長頸,高足,翼翎美麗,不能飛者,即是也。而其説亦略。又云,其足如牛蹄,善奔走,馬不能及,卵可作杯器,今蕃舶所市龍卵即是也。又白石先生《采覽異言》云,孛露出極大之鳥,名厄慕,有翅不能飛,其足如馬,行最速,馬不能

① 〔清〕阮元修:道光《廣東通志》卷99《輿地略》17,《廣州大典》總第253册,第104頁。

② 〔清〕吴震方:《嶺南雜記》卷下《火鷄》,《廣州大典》總第214册,第826頁。

③ 〔清〕鍾啓韶:《聽鐘樓詩鈔》卷3《澳門雜事詩十二首并序》,《廣州大典》總第450册,第568頁。

及，羽可爲盔纓，啄亦厚大，可爲杯者，亦復混説駝鳥。按‘厄馬’‘厄慕’，俱‘噎滅烏’之轉也，且今所譯無載食火之事，曾閲與安蒲拉所撰《輿地圖》，其傍載此物之圖説有雖熾炭冰塊不擇而食之文。按此圖之刻，距今二百年，所漢人已名食火鷄者，蓋以此也。若夫駝鳥，《坤輿外記》曰‘南亞墨利加洲産駱駝鳥，形似駱駝，禽中最大者，首高於乘馬之人，走時張翼大如栩，疾於馬，腹中甚熱，能化生鐵’者是，而祇其説所産之地則誤矣。西洋呼曰斯多留篤，其狀態稍似食火鷄，而同種别物也。因摸今所見食火鷄，與西書所載駝鳥二圖，且并譯其概略，使和漢從來誤認此物者，明知其二物之殊異爾。”①

火鷄圖

駝鳥圖

料哥：即了哥，爲西洋鸚鵡之一種。《通雅》稱：“結遼，即吉了，鸚鵡之

① 〔日〕大槻磐水：《蘭畹摘芳》卷 3，《食火鷄》，日本早稻田大學圖書館藏發兑書客文政己卯刊本，圖書編號：文庫 08/C0007，第 13—16 頁。

大者也,今曰'了哥'。"①《廣東新語》稱:"鐵了品最下,一名'了哥',亦曰'咧哥',亦曰'咧咧',常有畜者。番酋以多金買取,咧咧言,我漢禽,不願入番,遂不食而死。"②

山麻雀:雀科麻雀屬鳥類,爲《采訪册》新增一種禽類,不見其他文獻記載。山麻雀通常被歸入麻雀屬,主要分布在印度東北部及喜馬拉雅山山脉地區。

獸之屬,有牛、羊、犀、象、馬、鹿、猴、狸、猫、狗。狗以小者爲貴,備五色,番人與之同寢食。其稍大如獅者,尤獰醜。又有大者,其威如虎之可畏。

《澳門記略》:"獸之屬:爲象,爲犀,爲獅。象有識人言者,命負物至某處,往輒不爽。又象極大,一牙重至二百斤。犀角照之有血暈,四周圓整,注沸酒有香。蕃人謂牙爲白暗,犀爲黑暗。有黑熊,黑猿,白麂,白獺。有小白牛,大如犬,斑衣,有肉峰如橐駝。有小鹿,長僅二寸許,雙角嶄然。狗以小者爲貴,有黑者,有黄色者,蕃人與之同寢食。其稍大而長毛襹褷、深目短喙如獅子者,尤獰獰。又有般第狗,晝潛於水,夜卧地,以黑者爲貴,能嚙樹木,其利如刀。獴猧似猫而大,高足而結尾,有黄、白、黑三種,善捕鼠,海鼠大至百斤者,嚙其目而斃之,蕃人子女卧起抱持。又猫有肉翅,如蝙蝠,能飛。宋太宗有桃花犬,明時大内猫犬皆有官名、食俸,此類是已。有獸如猫,名亞爾加里亞,尾有汗,得之爲奇香。有乳羊,頂生兩乳,下垂。又山産乳羊,一尾重十斤。獨角獸,大如馬,毛色黄,頭有角,長四五寸,其鋭能觸大獅,若誤觸樹,則角不能出,反爲獅斃。角色明,作飲器,能解百毒。有獸似羊,腹内生一石,可療百病,名曰把雜爾。有海馬,其牙堅白瑩浄,文理細如絲髮,可爲

① 〔明〕方以智:《通雅》卷45《動物·鳥》,中華再造善本影印清康熙五年(1666)姚氏浮山此藏軒刻本,第9頁。

② 〔清〕屈大均:《廣東新語》卷20《禽語》,第514—515頁。

念珠等物。”《采訪册》所載當根據《澳門記略》删改而成，新增馬、狸兩種。

狗：此處指的是西洋狗、番狗。關於西洋狗文獻記載尤多，《廣東新語》載：“濠鏡澳多産番狗，矮而小，毛若獅子。可值十餘金。然無他技能。番人顧貴之，其視諸奴囝也，萬不如狗。寢室與俱，甘脆必先飼之。坐與立，番狗惟聽其命。”①《嶺南雜記》載：“西洋狗，小者最貴。有黑者，有黄色者，鬼子與之同飲食寢處。又有一種稍大，而毛長尺許，深目短喙，狀如獅子，尤獰醜。”②《南越筆記》稱：“蠔鏡澳多産番狗，矮而小，尾若獅子，可值十餘金，然無他技能。番人顧貴之，其視諸奴囝也，反不如狗。寢食與俱，甘肥必先飼之。坐與立，番狗惟其所命，故其地有語曰：寧爲番狗，莫作鬼奴。”③《田志》載：“蕃狗小者呼蟻狗，澳夷人與同寢食。大者長毛褵褷，深目短喙，邑人多畜以守户。”清人鍾啓韶稱：“白鴿巢園有獒如豹，客至則以鐵檻禁之。”④此處的“獒”即西洋的大狗。《采訪册》所載“又有大者，其威如虎之可畏”，是當時采訪人看到白鴿巢所養的西洋大狗進行的記録。

鱗屬奇異者不載，擇其常見者志之：**鳳尾、獅頭、尋龍、老虎、燕子、鶯歌、牛尾、鵝毛、沙烏、河豚、鶴浸、龍盾、狗哽、蛇驚、馬鰟、塘虱、田留、牛魚、洋魚、金魚、銀魚、錫魚、血鱔、藤鱔、沙鱔、黄鱔、水晶、銅鼓、石班、沙鑽、海鯽、泥鰍、撻沙、黄澤、火點、土鯪、白倉、黑倉、花倉、赤魚、墨魚、白鱔、紅衫、白帶、黄雀、錦鱗、烏寄、白寄、黄花、白花、青鮫、白鴿、曹魚、郎麗、青鱗、黄翼、馬友、庵丁、正鼻、左口、蝦姑、水母、芒魚、泥魚、鯆魚、鱸魚、孤雜、遲魚、巨魚、鮎魚、壁魚、汶魚、鯉魚、魷魚、章魚、臈魚、鮒魚**俗名“三黎”、**狗吐、黄板跳、白扁絲、銀硃筆、鎖匙**

---

① 〔清〕屈大均：《廣東新語》卷21《獸語·番狗》，第540頁。

② 〔清〕吴震方：《嶺南雜記》卷下《西洋狗》，《廣州大典》總第214册，第827頁。

③ 〔清〕李調元輯：《南越筆記》卷9《番狗》，《廣州大典》總第217册，第583頁。

④ 〔清〕鍾啓韶：《聽鐘樓詩鈔》卷3《澳門雜事詩十二首并序》，《廣州大典》總第450册，第568頁。

排、烏頭鱒、縮頸扁、大頭崇魚、挽魚、或頭、鱲魚。

介屬：龍蝦、沙蝦、明蝦、銀蝦、蝦沽、鱟、蠔有大有小、蜆、沙白、蟛蜞有紅、緑二種，紅者形扁而長，緑者形圓而高、香螺、田螺、東風螺、九爪螺、白蟹、花蟹、血蟹、膏蟹、釃蟹、黄油蟹、軟殼蟹、老虎蟹、章龟、大鳖。

《澳門記略》："鱗介之屬：曰仁魚，嘗負一兒登岸，鬐偶傷兒，兒死，魚亦觸石死。取海豚者，常取仁魚爲招，每呼仁魚入網，即入，海豚亦與之俱，俟豚盡，復呼仁魚出，而網海豚。曰刺瓦而多魚，鱗堅尾修，利爪鋸牙，其行甚遲，小魚百種隨之，以避他魚吞啖，生子初如鵝卵，漸長至二丈許，每吐涎於地，人畜踐之即仆，因就食之。凡物啓口動下頦，此魚獨動上腭，人遠則笑，近則噬，故西國稱爲假慈悲，鰐類也。然其腹下有軟處，仁魚鬐利，能刺殺之。又有乙苟滿，大如猫，善以泥塗身令滑，俟此魚張口，輒入腹嚙其五臟而出，又能破壞其卵。曰把勒亞魚，長數十丈，首有二大孔噴水上，出見海舶，則昂首注水舶中，頃刻水滿舶沉。遇之者以盛酒巨木罌投之，連吞數罌，俯首而逝。淺處得之，熬油可數千斤。曰飛魚，僅尺許，能貼水而飛。有狗魚，善窺飛魚之影，伺而啖之，飛魚急，輒上舟，爲人所得。舟人以鷄羽或白練繫利鈎，飄揚水面，爲飛魚狀，狗魚躍而吞之，亦被獲。曰風魚，可以佔風暴，爲臘挂於房，以其身首所向，即爲風起之方。一魚長丈許，有殼，六足，足有皮，如欲他徙，則竪半殼當舟，張足皮當帆，乘風而行，名曰船魚。有蟹，徑逾丈，其螯以箝人首立斷，其螯覆地如矮屋然，可容人卧。"關於鱗介之屬，《采訪册》與《澳門記略》所載完全不同。《澳門記略》所録的各種魚很可能是從當時某種西洋書有關魚類的記載翻譯而成，并非指澳門當地鱗介之屬的原型反映。而《采訪册》則是根據香山和澳門地區實際出産的鱗介之屬進行的介紹，并稱："奇異者不載，擇其常見者載之。"可見，上述鱗屬類動物均是采訪人親自所見調查而録。

鳳尾：即鳳尾魚，鳳鱭之别稱，又稱"烤子魚"，學名爲"Coilia mystus"。魚綱，鯷科，體側扁，尾部延長，銀白色，口大，端位，胸鰭上部具游離鰭條，尾鰭不對稱，腹部具棱鱗，雌雄大小不等。《鄧志》稱："鳳尾，子極細，味珍。"[①]《廣東新語》稱："鳳尾魚，一名馬鮩，其子宜醢。"[②]《祝志》："鳳尾魚，馬鮆狀，如鮆而略小，鮆亦作鱭。"

獅頭：獅頭魚，爲棘頭梅童魚別稱，學名爲"Collichthys lucidus（Richardson）"，梅童魚屬，係小型魚類，一般體長12～14厘米，體爲長橢圓形，側扁，尾柄細，頭大。珠江口最爲密集。《祝志》："黄皮魚，類黄花鱸而小，皮黄如金，亦呼獅頭魚。"

尋龍：即鱘龍魚，爲鱘形目脊索動物亞門。《大德南海志》："尋龍魚，頭類龍而無角，鱗亦然，惟香山古鎮海及南海逢村等處有之，大者或長丈餘。人得而烹之，亦可爲鮓，其骨脆美。"[③]《廣東新語》："鱘龍魚，長至丈，有甲無鱗，魚之至貴者也。"[④]《暴志》："鱘魚，一名尋龍。"《祝志》："鱘魚，背脊一行，腹二行，鱗皆十三，兩翅兩行，鱗皆三十。《南越筆記》'即《詩》《禮》所謂鮪也'，邑海中小者時時有之，體有嫩沙者，潛龍鯊也，味略鹹《采訪册》。"[⑤]

老虎：即老虎魚，又名"海蝎子"，爲毒鮋科鮋屬的魚類，屬海底層雜魚，分布於朝鮮、日本本州中部以南及廣西北海等海域。《祝志》稱："老虎魚，長數寸，有斑，類虎，作羹如乳汁，食之已瘧，鬐刺螫人身冷逾時。"

燕子：即燕子魚，又名"張鶯"，屬脂鯉目斧魚科，魚尾與燕子形似，故稱。可以躍出水面，飛行數米距離。《祝志》稱："張鶯，魚似脯，爾翅尤闊，有風濤即飛於波上，一名'燕子魚'，首尾翅皆如燕故名。"清末郭柏蒼《海錯百一録》稱："飛魚，頭大尾小有肉翅，善跳連躍十餘丈，福州呼'鯡魚'。

① 〔明〕鄧遷主修：嘉靖《香山縣志》卷2《物産》，《廣州大典》總第295册，第150頁。

② 〔清〕屈大均：《廣東新語》卷22《鱗語》，第555頁。

③ 〔元〕陳大震：《大德南海志》，《廣州大典》總第263册，第19頁。

④ 〔清〕屈大均：《廣東新語》卷22《鱗語》，第555頁。

⑤ 〔清〕祝淮修：《新修香山縣志》卷2《物産》，《廣州大典》總第296册，第324頁。

……亦稱'燕子魚',又名'海燕魚'。"①

鶯歌:即鸚哥魚,學名"Amphilophus",輻鰭魚綱鱸形目隆頭魚科魚類。

牛尾:即牛尾魚。《大德南海志》介紹物産中有"牛尾魚"。②《閩中海錯疏》載:"黑魟形如團扇,口在腹下,無鱗,軟骨,紫黑色,尾長於身,能螫人。此魚頭圓禿如燕,身圓褊如簸,尾圓長如牛尾,其尾極毒,能螫人,有中之者日夜號呼不止,以其首似燕名燕魟魚,以其尾似牛尾故又名牛尾魚。"③

鵝毛:即鵝毛魚,《廣東新語》稱:"鵝毛魚,取者不以網罟,乘夜張燈火艇中,鵝毛魚見光輒上艇,須臾而滿,多則滅火,否則艇重不能載,其氣味絶香。"④

沙鳥:未見其他文獻記載。

河豚:是魨形目魨科暖水性海洋底栖魚類,學名"Tetraodontidae",又名"氣泡魚""魨魚"。河豚因其常見在江中,外形似豚,因此得名。《廣東新語》載:"取河豚以秋潮始盛,垂千百鈎於網中,河豚性嗔,觸網輒不去,欲與網鬥,以故往往中鈎。"⑤《祝志》:"河豚魚,狀類蝌蚪,目能開合,觸物鼓腹如氣球,色淡黑有斑點者、方頭褐色如麻雀斑者最毒,食之必殺人。"

鶴浸:未見其他文獻記載。

龍盾:未見其他文獻記載。

狗哽:未見其他文獻記載。

蛇鶯:未見其他文獻記載。

馬鱭:參前"鳳尾魚"。《大德南海志》關於嶺南物産的記載中有"馬鱭"。⑥《廣東新語》載:"鳳尾魚,一名馬鱭,其子宜醢,葵鯉出羅旁水口,圓

---

① 〔清〕郭柏蒼:《海錯百一録》卷2《記魚》,《續修四庫全書·子部·譜録類》第1120册,上海古籍出版社,1995年,第545頁。

② 〔元〕陳大震:《大德南海志》卷7《水族》,《廣州大典》總第263册,第19頁。

③ 〔明〕屠本畯撰:《閩中海錯疏》卷中《鱗部》下,《文淵閣四庫全書·子部》第590册,第510頁。

④ 〔清〕屈大均:《廣東新語》卷22《鱗語》,第556頁。

⑤ 〔清〕屈大均:《廣東新語》卷22《鱗語》,第563頁。

⑥ 〔元〕陳大震《大德南海志》卷7《水族》,《廣州大典》總第263册,第19頁。

如葵扇。”①可知，馬鰶魚即鳳尾魚，《采訪册》誤爲兩種。

塘虱：是鯰形目胡子鯰科胡子鯰屬熱帶魚類，學名“Clarias fuscus”，又稱“塘鯴魚”“塘角魚”。塘鯴廣布於中國南方各地。《瓊臺志》：“塘虱，風雨將作，則群引涎濕越坡，乾則後越前以濡。遇者或獲擔而歸。凡此魚穴處多聚蛇食涎，捕者防之。”②《祝志》稱：“黄顙魚，無鱗，古名‘黄鱨’，一名‘黄頰魚’。詩曰‘生溪塘石隙，俗名塘蝨’。”《廣東新語》稱：“塘虱亦可膾。”③

田留：未見其他文獻記載。

牛魚：早在唐宋時期就已見於文獻記載。《海錯百一録》稱：“牛魚，北方名鮪，南方爲鱘，海産者嘴長，鱗鯁，頭有脆骨，重百斤，小者七八尺。”④

洋魚：不知爲何魚？

金魚：《廣東新語》稱：“金魚者，分鯉、鯽二種，春深咬子。《田志》亦載有“金魚”，但未解釋。

銀魚：是鮭形目銀魚科魚類的總稱，學名“Salangid”。《廣東新語》載：“銀魚，以秋九月出，九月有風曰銀魚風。”⑤《暴志》：“銀魚，俗名‘白飯魚’。”《祝志》：“身圓如箸，潔白如銀，亦可作臘。”

錫魚，未見其他文獻記載。

血鱔：學名爲“Monopterus albus”，合鰓魚科黄鱔屬種魚類。民國以前，血鱔在浙江寧波、廣東等地出産，以澳門出産者口味最佳。今已成爲陽江特産，在平岡等地海水與河水鹹淡水交匯處。《祝志》稱：“鱔，有涎沫，夏月於淺水作窟。出澳門涌口門等處味最甘。”

藤鱔：即泥魚，爲鱔魚的一種，色青。《廣東新語》載：“藤鱔，其曰泥鰍，長二三寸，無鱗，以涎沫自染，曰温魚。與泥鰍相似而多肉，與諸鱔皆喜伏水

---

① 〔清〕屈大均：《廣東新語》卷22《鱗語》，第555頁。

② 〔明〕唐胄：正德《瓊臺志》卷9《土産下》，明正德十六年(1521)刻本。

③ 〔清〕屈大均：《廣東新語》卷22《鱗語》，第559頁。

④ 〔清〕郭柏蒼輯：《海錯百一録》卷1，《續修四庫全書・子部》第1120册，第531頁。

⑤ 〔清〕屈大均：《廣東新語》卷22《鱗語》，第555—556頁。

土之下,味甘可以滋陰。"①《祝志》:"藤鱔,肉多刺。光緒《廣州府志》載:"藤鱔,出沙頭堡尤佳。"②

沙鱔,即沙鰍,又稱"沙墜""泥鰍",學名爲"Botia almorhae",是鰍科沙鰍屬的一種魚類。體長而側扁,頭側扁,吻尖,體被細鱗,頰部有鱗或裸露,通身亮黄色。沙鰍外形酷似一般野生小魚,成年鰍體長15~22厘米。

黄鱔:爲中國特産,學名爲"Monopterus albus",又稱"鱔魚""黄鱔魚""田鱔"。《南越筆記》載:"黄鱔,黄質,黑章,多涎沫,大者長二三尺,小者佳。"③

水晶:即水晶魚。《廣東新語》稱:"水晶魚也,長不盈寸,大不過分,其色瑳潔,無乙有丙,八九月有之。"④道光《廣東通志》載:"水晶魚,長不滿寸,大不過分,味甚甘美,八九月間惟西新橋、鐵陵橋、三靈祠有之,唐子西呼爲'白魚',俗呼爲'白飯魚'《嶺海名勝記》。"⑤可知水晶魚當與銀魚爲同一種。

銅鼓:又稱"金鼓魚"。《祝志》:"金鼓魚,又名'銅鼓魚',體圓如鯧,色斑斑黑,其皮苦,去之乃可食。"

石班:即石斑魚,學名"Epinephelusspp",是鱸形目鮨科石斑魚屬的魚類動物。分布於廣西沿海、東海南部及南海等海域。《祝志》:"石斑魚,長者尺餘,春月與蛇交,故其子有毒,亦名'高魚',有雌無雄,與蜥蜴合於水上,其胎毒人。澳門海多有之。"

沙鑽:《大德南海志》有"沙鑽魚"。⑥《祝志》:"沙鑽魚,似黄鱔而短。"

海鯽:學名"Ditrema temmincki Bleeker",又稱"九九魚""海鯿""福鯽""海刀子"。《海錯百一録》載:"海鯽,骨鯁,味遜於池鯽、溪鯽,而勝於江

---

① 〔清〕屈大均:《廣東新語》卷22《鱗語》,第563頁。

② 〔清〕史澄:光緒《廣州府志》卷16《輿地略》8《物産》,《廣州大典》總第268册,第312頁。

③ 〔清〕李調元輯:《南越筆記》卷10《鱔》,《廣州大典》總第217册,第590頁。

④ 〔清〕屈大均:《廣東新語》卷24《蟲語》,第593頁。

⑤ 〔清〕阮元修:道光《廣東通志》卷98《輿地略》16,《廣州大典》總第253册,第85頁。

⑥ 〔元〕陳大震:大德《南海志》卷七《水族》,《廣州大典》總第263册,第19頁。

鯽、湖鯽。豫之淇鯽爲天下最。[①]

泥鰍:學名"Misgurnus anguillicaudatus",又稱"魚鰍""泥鰍魚"。《祝志》:"泥鰍,類鱔而短壯。"

撻沙:學名"Cynoglossusbilineatus",即龍脷魚。

黄澤:學名"Sardinella lemuru",又稱"小沙丁魚""沙丁魚"。

火點:火點魚,又名"金焰笛鯛",爲笛鯛科笛鯛屬的一種魚類。

土鯪:鯪是鯉形目鯉科鯪屬魚類,又名"土鯪""鯪公"。

白倉、黑倉、花倉:《本草綱目》稱:"鯧魚,釋名鯧魚。"[②]正德《瓊臺志存》稱:"鯧有烏鯧、黄蠟鯧、白鯧、涕鯧,又小者曰鯧匾。"[③]道光《廣東通志》稱:"鯧魚生南海,狀如鯽身,正圓,無硬骨。"又稱:"鏡魚,圓如鏡,或云即鯧魚。"[④]

赤魚:即赤魟,學名爲"Dasyatis akajei"。《祝志》:"赤魚,身藍黑,無鱗,肉赤,大者數十斤。二三月入,自大洋望之,若黑雲。至蕉門稚者多變爲鰣。"

墨魚:烏賊的俗稱,英文名"cuttle - fish",是烏賊目烏賊科軟體動物。《祝志》:"墨魚,吸波噀黑自防。九月,寒烏入水化爲此魚。"

白鱔:鱔魚之一類。《廣東新語》稱:"白鱔,以産池塘中烏耳者爲佳。"[⑤]

紅衫:又稱"金絲魚""紅三魚"。金綫魚科金綫魚屬的一種魚類。《祝志》:"紅衫魚,長者七八寸。"

白帶:未見其他文獻記載。

黄雀(魚):海洋魚類,又稱"薄雀""黄鯽",鯡形目,學名"Pomacentrus moluccensis"。《廣東新語》稱:"有黄雀魚者,多産惠州。八月化爲黄雀,十

---

① 〔清〕郭柏蒼:《海錯百一録》卷1,《續修四庫全書·子部·譜録類》第1120册,第534頁。

② 〔明〕李時珍:《本草綱目》卷44《鱗部》,《文淵閣四庫全書·子部》第774册,第287頁。

③ 〔明〕唐胄:正德《瓊臺志》卷9《土産下》,天一閣藏明代方志選刊,北京:中國書店,1964年。

④ 〔清〕阮元修:道光《廣東通志》卷98《輿地略》16,《廣州大典》總第253册,第83頁。

⑤ 〔清〕屈大均:《廣東新語》卷22《鱗語》,第563頁。

月後復比爲魚。魚與黄雀迭相化也。”①《祝志》:“黄雀魚,身扁、細鱗、色黄,形近馬鰲魚,每歲八月化爲黄雀,十月復化爲魚。”

錦鱗:即錦鱗魚。《廣東新語》載:“錦鱗魚者,大可二指,長寸許,身有横理十二道,鱗如錯錦,具五色,尾長於身,如帶金彩縷縷,以盤盂畜之。於午日中投花一二瓣皆争覆陰,不得者忿而相鬥,翩反鼓舞,各有態度,鬥罷復比月而游。”②

烏寄:未見其他文獻記載。

白寄:未見其他文獻記載。

黄花:學名“Larimichthys”,又稱“石首魚”,是鱸形目石首魚科黄魚屬的魚類統稱,分爲大黄花魚和小黄花魚。《廣東新語》載:“黄花惟大澳乃有。大澳者,咸水之邊也。自十月至十一月,以日昃盡浮出水,漁者必以暮取之。聽其聲稚,則知未出大澳也,聲老則知將出大澳也。聲老者,黄花魚嘯子之候也。其嘯子必於大澳,故於大澳取之。”③

白花:白花魚同黄花魚相對應。《廣東新語》載:“又曰黄、白二花,味勝南嘉。……黄者黄花魚,白者白花魚也。”④《翁山詩外》稱:“黄、白二花,黄花魚、白花魚也,味勝南嘉。”⑤《爾雅》曰“鰋”⑥。

青鮫:學名“Scomberomorus sinensis”,又稱“馬鮫”“牛皮鮫”,是鱸形目鯖科馬鮫屬魚類。《閩中海錯疏》載:“青鮫類黄雀,而不甚大。”⑦《祝志》:“青鮫魚,藍白色,首尾尖鋭,長者二尺餘。”

白鴿:未見其他文獻記載。

曹魚:當即鰽魚。《格致鏡原》稱:“鰽魚,一名‘鰲魚’,一名‘鯬魚’,一

---

① 〔清〕屈大均:《廣東新語》卷22《鱗語》,第551—552頁。

② 〔清〕屈大均:《廣東新語》卷22《鱗語》,第556頁。

③ 〔清〕屈大均:《廣東新語》卷22《鱗語》,第553頁。

④ 〔清〕屈大均:《廣東新語》卷22《鱗語》,第553頁。

⑤ 〔清〕屈大均:《翁山詩外》卷15,《廣州大典》總第437册,第535頁。

⑥ 〔清〕方旭:《蟲薈》卷4《鱗蟲》,北京大學圖書館藏。

⑦ 〔明〕屠本畯:《閩中海錯疏》卷中《鱗部》下,《文淵閣四庫全書·史部》影印本,第590册,第509頁。

名‘望魚’,一名‘鰽魚’。”[①]《祝志》:“鰽魚,别是一種,非《異物志》所言烏化之魚,邑海中甚多,類鱸,色微黑,無毒。”

郎麗:未見其他文獻記載。

青鱗:鯡形目鯡科青鱗魚屬魚類,俗稱“青皮”“柳葉魚”。《祝志》:“青鱗魚,鱗色青,長二三寸,類黄魚,小而狹。”

黄翼,未見其他文獻記載。

馬友:學名“Eleutheronema tetradactylum”,馬鮁科四指馬鮁屬魚類,《祝志》:“馬母魚,闊口,細鱗,肉白,少刺,出二三月,重者七八斤。俗名‘馬友’。”

庵丁:學名“中華海鮎”。《祝志》:“庵丁,鬐翅多硬刺,如釘螫人,類赤魚而小,長數寸。”

正鼻:未見其他文獻記載。

左口:又稱“比目魚”。《祝志》:“左口魚,狀類魼沙,身闊箬葉魚,亦類魼沙,體有横理,青白相間。”

蝦姑:學名“Mantis shrimp”,亦称“螳螂蛄”,又稱“攋尿虾”“螳螂虾”。《廣東新語》稱:“有曰蝦姑者,一名‘海馬’,亦曰‘水馬’,蝦類也,主催生。其扁如蜈蚣者,燒服,主夜遺。”[②]

水母:學名“Medusozoa”,是一種低等的無脊椎肉食動物。《廣東新語》稱:“水母,生海中,以咸水之渣滓爲母,故名‘水母’。鮮煮之輒消釋出水,一名‘海蜇’。氣最腥,爲蟲之所宅。蟲者蝦也。水母以蝦爲浮沉,故曰‘水母目蝦’,性冷,能化物,不能自化,脾胃弱者勿食。乾者曰‘海蜇’,腹下有脚紛紜,名曰‘蜇花’。八月間乾者肉厚而脆,名八月子。尤美。”[③]《田志》:“海蜇即水母。”

芒魚:不知爲何魚。道光《肇慶府志》稱:“芒魚,出陽江,口大身圓,似

---

① 〔清〕陳元龍輯:《格致鏡原》卷92《水族類》3,《文淵閣四庫全書·子部》第1032册,第671—672頁。

② 〔清〕屈大均:《廣東新語》卷24《蟲語》,第608頁。

③ 〔清〕屈大均:《廣東新語》卷24《蟲語》,第594頁。

鱠而小,多肉少骨,膩脂細潤,甘脆亞於鱠魚。”①

泥魚:俗稱“海鮎魚”“赤魚”。《田志》:“烏魚,色純黑,長三四寸,尾有月暈,肉嫩味清,作羹最美,俗名‘泥魚’,出金斗灣潮田中。”

鯆魚:《祝志》載:“鯆鱼,状如盘尾,长有节,螫人甚毒,腹中有洞,养子如海鲨。”《清稗類鈔》載:“海鰩魚之‘鰩’,亦作‘鷂’,即鰩魚,俗稱“鯆魚”,體扁平如盤,大者方五六尺,尾薄而尖長,背鰭生其上,胸鰭闊大,圍於體之周緣,背蒼,黑腹,白眼,後有噴水孔,口鼻鰓孔均在腹面,游泳甚拙,常伏於海底泥沙中吞食小魚。”②

鱸魚:學名“Lateolabrax japonicus”,《廣東新語》載:“鱸魚,以冬初從江入海趨鹹水以就暖,以夏初從海入江趨淡水以就凉。漁者必惟其時取之。”③《祝志》:“鱸,巨口細鱗,微似鱖,四五月出。”

孤雜:未見其他文獻記載。

遲魚:未見其他文獻記載。

巨魚:《廣東新語》稱其爲“潛龍鯊”:“南海有巨魚,曰‘潛龍鯊’,蓋魚種而龍者也。有網得者長五尺許,重百斤,其小魚從者數千。”④

鮎魚:學名“Silurus asotus”,又稱“鬍子鮎”“黄骨魚”。《祝志》:“鮎魚,北人曰‘鰋’,南人曰‘鮧’,大首偃額,大口大腹,有齒有胃有鬚。生流水者色青白,生止水者色青黄。大者三四十斤,赤目赤須無腮者食之殺人。”

壁魚:此處之壁魚不知爲何魚種。

汶魚:即赤鱗魚,爲多鱗白甲魚,無其他文獻記載。

鯉魚:學名“Cyprinus carpio”,是鯉形目鯉科鯉,属淡水鱼类。《祝志》載:“海鯉,金赤色,大者十數斤,畜池塘者大不過二斤。”

魷魚:學名“Teuthida”,又稱“柔魚”“槍烏賊”,是槍形目槍烏賊科槍烏

---

① 〔清〕屠英:道光《肇慶府志》卷3《輿地》,《中國地方志集成》之《廣東府縣志輯》第46册,上海書店、巴蜀書店、江蘇古籍出版社,2003年,第123頁。

② 徐珂編撰:《清稗類鈔·動物類》,第12册,第5640—5641頁。

③ 〔清〕屈大均:《廣東新語》卷22《鱗語》,第553頁。

④ 〔清〕屈大均:《廣東新語》卷22《鱗語》,第551頁。

賊屬的海洋頭足類軟體動物，在中國分布在福建、廣東沿海及南海，日本、韓國及東南亞各國亦有分布。

章魚：學名"Octopodidae"，又名"八爪鱼"，爲章魚科海洋軟體動物的通稱。《廣東新語》稱："章魚，足有八，一名'章舉'。"①道光《廣東通志》稱："章舉，似烏賊而差大，生南海。有八足，身上有肉如臼，亦曰'章魚'。閩粵人多采鮮者薑醋食之，味如水母。"又稱："石矩亦章舉。"②

臘魚：《嶺表録異》載："黄臘魚，即江湖之横魚，頭嘴長而鱗皆金色。南人臠爲炙，雖美而毒，或煎炦或乾，夜即有光如燭。"③道光《廣東通志》稱："含光謂臘魚，正黄而美，夜則有光，即江湖之衡魚。"④

鮒魚俗名三黎：又作"鲥鱼"，鰣魚學名爲"Tenualosa reevesii"。乾隆《番禺縣志》載："鰣魚，土人名'三黎魚'。"⑤道光《廣東通志》載："鰣魚，絶無味，土人名'三黎'，土音'黎'曰'來'。"⑥《祝志》："鰣，當魱，海魚也，似鯿而大鱗，肥美多鯁，江東呼最大長三尺者爲當魱。鰣魚腹下有三角硬鱗，俗名'三黎'。"

狗吐：未見其他文獻記載。

黄板跳：不知爲何魚種。《田志》："黄蠟鱠魚，長三尺餘，扁身闊肚，色似黄蠟，味甘美。一種黄板跳，肉勒味遜。"

白扁絲、銀硃筆、鎖匙排、烏頭鱒、縮頸扁、大頭崇魚：未見其他文獻記載。

挽魚：疑其爲莞魚。

或頭：未見其他文獻記載。

蠟魚：一般指黄鰭棘鯛，學名"Acanthopagrus latus"。《廣東新語》稱：

① 〔清〕屈大均：《廣東新語》卷22《鱗語》，第555頁。

② 〔清〕阮元修：道光《廣東通志》卷98《輿地略》16，《廣州大典》總第253册，第83頁。

③ 〔唐〕劉恂：《嶺表録異》卷下，《叢書集成初編》，第17頁。

④ 〔清〕阮元修：道光《廣東通志》卷98《輿地略》16，《廣州大典》總第253册，第86頁。

⑤ 〔清〕任果：乾隆《番禺縣志》卷17《物産》，《廣州大典》總第277册，第410頁。

⑥ 〔清〕阮元修：道光《廣東通志》卷98《輿地略》16，《廣州大典》總第253册，第85頁。

"蠟魚,産陽江,似鯽而白,肉柔膩性,喜温暖,臘月時漁人立水中,魚争附足,可掇也。紅者肉稍粗。"①

龍蝦:十足目龍蝦科動物的統稱。《廣東新語》稱:"龍蝦,巨者重七八斤,頭大徑尺,狀如龍。采色鮮燿,有兩大鬚如指,長三四尺。其肉味甜稍粗,於常蝦以殼作燈光赤如血珀,曰'龍蝦燈'。"②道光《廣東通志》稱:"海蝦,圍徑寸許,有長盈尺者,色青有黑文,無赤色者,土人謂之'龍蝦'。市人蒸熟曝乾作赤色。"③《祝志》:"龍蝦首似龍巨者七八斤,皮殻嫩紅色,最大者七八尺至一丈。"

沙蝦:十足目對蝦科新對蝦屬甲殼動物,又名"蘆蝦"。《廣東新語》稱:"蝦至則鬚尾穿罥,弗能脱也。兩兩乾之爲對蝦,以充上饌鮮者,肉肥白而甘。其次曰黄蝦、白蝦、沙蝦,最小者銀蝦。"④《祝志》:"沙蝦,一名'麻蝦',大者長三四寸,涌口門内海者爲最。白蝦色白,黄蝦色黄,紅蝦殻硬色紅,竹節蝦身如竹節,尿蝦溺尿形,類百足,銀蝦色似銀,可作蝦醬,蝦春者水蝨也。"

明蝦:學名"Penaeus chinensis",又名"對蝦"。《祝志》載:"棱蝦,長者三四寸,似沙蝦而大,背有紅膏一條,俗謂之棱,晒乾可致遠。肉色明透者明蝦,無棱者曰'大蝦'。"《清稗類鈔》載:"蟳蝦産鹹水中,大者長五六寸,出水即死,俗亦謂之明蝦。"⑤

銀蝦:《廣東新語》稱:"蝦之最小者銀蝦,狀如綉針,以紵布爲網綢,大丈有二尺,以二罾戚繫之口,向上流取蝦卵及禾蟲亦復如是。銀蝦稍大者出新安銅鼓角,海名銅鼓蝦,以鹽藏之味亦美。其蝦醬則以香山所造者爲美,曰'香山蝦'。"⑥乾隆《番禺縣志》載:"白蝦、黄蝦、沙蝦、塘蝦,最小者銀蝦,

① 〔清〕屈大均:《廣東新語》卷22《鱗語》,第555頁。
② 〔清〕屈大均:《廣東新語》卷22《鱗語》,第565頁。
③ 〔清〕阮元修:道光《廣東通志》卷98《輿地略》16,《廣州大典》總第253册,第87頁。
④ 〔清〕屈大均:《廣東新語》卷24《蟲語》,第593頁。
⑤ 徐珂編撰:《清稗類鈔·動物類》,第12册,第5695頁。
⑥ 〔清〕屈大均:《廣東新語》卷24《蟲語》,第593頁。

狀如針大。”①《祝志》:“沙蝦,一名‘麻蝦’,大者長三四寸,涌口門内海者爲最。白蝦色白,黄蝦色黄,紅蝦殼硬色紅,竹節蝦身如竹節,尿蝦溺尿形,類百足,銀蝦色似銀,可作蝦醬,蝦春者水螆也。”

蝦沽:未見其他文獻記載。

鱟:西文名“horseshoe crab”,是一種古老的海洋節肢動物。《廣東新語》載:“鱟,大者尺餘如覆箕,其甲瑩滑而青緑,眼在背,口藏在腹。其頭蜣螂而足蟹,足蟹而多其四。尾三棱,長一二尺。其血碧,凡諸血皆赤,惟鱟碧色。碧生於鹹,赤生於淡,海之水鹹,故色碧。鱟之血與海水同得鹹之氣多故也。其子如粒珠,出而爲鱟者僅二,餘多爲蟹,爲蟳蝦,麻蝦及諸魚族。蓋淡水之魚多生於魚,鹹水之魚多生於鱟,鱟乃諸魚蝦之母也。”②

蠔有大有小:《廣東新語》稱:“蠔,鹹水所結,其生附石。磈礧相連如房,故一名‘蠣房’,房房相生,蔓延至數十百丈,潮長則房開,消則房闔,開所以取食,闔所以自固也。鑿之,一房一肉,肉之大小隨其房。色白而含緑粉,生食曰‘蠔白’,腌之曰‘蠣黄’,味皆美。以其殼累墻,高至五六丈不仆,殼中有一片瑩滑而圓,是曰‘蠔光’,以砌照壁,望之若魚鱗然,雨洗益白。小者真珠蠔,中嘗有珠。大者亦曰‘牡蠣’。蠣無牡牝,以其大,故名曰‘牡’也。③《祝志》稱:“蠔,即牡蠣也。水淡則蠔死,然太鹹則蠔瘦。大約淡水多處蠔易生,咸水多處蠔易肥。黄梁都崖口等處多蠔塘,塘在海中無實土,但生蠔處即是各分疆界,丈尺不必争。海邊居人婦女能打蠔,潮退乘木器行沙坦,鑿蠔肉納於筐,潮長乃返。釋今種《打蠔歌》:‘一歲蠔田兩種蠔,蠔田片片在波濤。蠔生每每因陽火,相疊成山十丈高。冬月真珠蠔更多,漁姑争唱打蠔歌。紛紛龍穴洲邊去,半濕雲鬟在白波。’”

蜆:軟體動物的一種,介殼形狀像心臟,表面暗褐色,有輪狀紋,内色紫,栖淡水軟泥中。肉可食,殼可入藥。亦稱“扁螺”。蜆分不同品類,分白蜆、

---

① 〔清〕任果:乾隆《番禺縣志》卷17《物産》,《廣州大典》總第277册,第411頁。

② 〔清〕屈大均:《廣東新語》卷23《介語》,第570頁。

③ 〔清〕屈大均:《廣東新語》卷23《介語》,第576—577頁。

沙蜆、黄蜆、黑蜆、金鋑蜆、無耳蜆等。《廣東新語》稱:“凡生於海者曰‘白蜆’,生於江者曰‘黑蜆’‘黄蜆’,而金鋑蜆者,生大海中獨珍。白蜆多生於霧,每當春暖,白霧彌空,冥冥霡霂之中,土人知爲白蜆落也,名‘落蜆天’。白蜆者,霧之屑也。霧白者曰‘南霧’,南風之霧也。白蜆以春南霧而生,以冬南風而熟,皆宜暄暖。若天盛寒則瘦矣。蜆之利以白蜆塘爲最,豪右家擅奪海中深澳以爲塘。白蜆之所生,或多或少,視其人造化所至。蛋人佃其塘以取白蜆,亦複如之。故諺曰:‘今年白蜆多,蛋家銀滿籮。’”①《祝志》:“白蜆,一曰霧蜆,多生於霧邑海中深澳處,豪右擅爲蜆塘。沙蜆,形如白蜆,肉白,微有沙屑,多出崖口村外沙頭海中。”

沙白:未見其他文獻記載。

蟛蜞有紅緑二種,紅者形扁而長,緑者形圓而高:蟛蜞是淡水産小型蟹類。又稱“磨蜞”“蟧蜞”,學名“相手蟹”。《明經世文編》稱:“香山、順德、番禺、南海、新會、東莞之境,皆産一虫,曰‘蟛蜞’,能食穀之牙,大爲農害,惟鴨能啖食焉。故天下之鴨惟廣南爲盛,以有蟛蜞能食鴨也,亦以有鴨能啖蟛蜞,不能爲農稻害也。”②《廣東新語》載:“蟛蜞,凡春正二月,南風起,海中無霧,則公蟛蜞出。夏四五月,大禾既蒔,則母蟛蜞出。其白者曰‘白蟛蜞’,以鹽酒腌之,置荼蘼花朵其中,曬以烈日,有香撲鼻。生毛者曰‘毛蟛蜞’,嘗以糞田飼鴨,然有毒,多食發吐痢,而潮人無日不食以當園蔬,食惟白蟛蜞稱珍品。”③

香螺:螺之一種,學名:“Neptunea cumingi Crosse”,是軟體動物門腹足綱新腹足目蛾螺科軟體動物,别稱“響螺”“金絲螺”“馬螺”。《閩中海錯疏》載:“香螺,大如甌,長數寸,其掩雜衆,香燒之使益芳,獨燒則臭。諸螺之中,此螺味最厚。《本草》謂之甲香鈿螺,光彩如鈿,可飾鏡背。”④

---

① 〔清〕屈大均:《廣東新語》卷23《介語》,第578—579頁。

② 〔明〕陳子龍等選輯:《明經世文編》卷188《霍文敏公文集》,北京:中華書局,1962年,第1946頁。

③ 〔清〕屈大均:《廣東新語》卷23《介語》,第575—576頁。

④ 〔明〕屠本畯:《閩中海錯疏》卷中《鱗部》下,《文淵閣四庫全書·史部》第590册,第522頁。

田螺:螺之一種,學名“Viviparidae”,是中腹足目田螺科田螺屬軟體動物,又稱“大田螺”“田中螺”“黄螺”“螺坨”。《閩中海錯疏》稱螺有“田螺、溪螺、黄螺、紅螺、蓼螺、梭尾、馬蹄、指甲、江橈、鵓鴿、花螺、竹螺、油螺、醋螺、莎螺。田螺似黄螺而差小,生水田中。溪螺似田螺差小而長。黄螺殼硬色黄味美,其黑而微刺者尤佳。紅螺肉可爲醬。蓼螺,大如拇指,有刺,味辛。蓼梭尾殼細而長,文如雕鏤,味佳。馬蹄,形似故名。指甲,以形似名之”①。弘治《八閩通志》載:“螺,其類不二。田螺生水田中,溪螺似田螺差小而長。已上俱出淡水。黄螺殼硬,色黄,其味珍,黑而微刺者充佳。”②

東風螺:文獻中未見“東風螺”之名。

九爪螺:文獻中未見其名。

白蟹:《祝志》載:“白蟹名‘花蟹’,俗呼‘小娘蟹’。九月後肥。”光緒《廣州府志》載:“白蟹名‘花蟹’,俗呼‘小娘蟹’,九月後肥,是又以爲常有天壤間,此所盈即彼所絀。”③

花蟹:参見“白蟹”條。

血蟹:《祝志》:“血蟹,肉紅凝如血,最鮮美。”

膏蟹:學名“Scylla serrata”。《廣東新語》載:“蟹,其未蜕者曰‘膏蟹’,蓋蟹黄應月盈虧,爲月之精所注,故以膏爲美。膏多則又曰‘母蟹’。蟹以有膏爲母,猶蚌以有珠爲母也。次者肉蟹,自扶胥以上水淡,多肉蟹。近大、小虎門水鹹,多膏蟹。蓋水淡則蟹多肉,水鹹則蟹多膏。鹹者,火之所爲,火之膏也。淡者,水之所爲,水之肉也。”④道光《廣東通志》載:“粤東之蟹産於鹹水,故其味鹹而腥。有肉無黄者謂之肉蟹,有黄首謂之膏蟹。”⑤屈大均有詩稱:“兒喜何爲者?金杯各入唇。競將膏蟹好,來送肉芝春。”⑥

---

① 〔明〕屠本畯:《閩中海錯疏》卷中《鱗部》下,《文淵閣四庫全書·史部》第590册,第522頁。

② 〔明〕陳道:弘治《八閩通志》卷25《食貨》,京都大學近衛文庫藏明弘治刻本。

③ 〔清〕戴肇辰:光緒《廣州府志》卷16《輿地略》8,《廣州大典》總第268册,第312頁。

④ 〔清〕屈大均:《廣東新語》卷23《介語》,第573頁。

⑤ 〔清〕阮元修:道光《廣東通志》卷98《輿地略》16,《廣州大典》總第253册,第88頁。

⑥ 〔清〕屈大均:《翁山詩外》卷7《五言律》3,《廣州大典》總第437册,第215頁。

𧍪蟹:未見其他文獻記載。

黄油蟹:黄油蟹生長在鹹淡水域交界地區,産地有一定局限性,多見於香港的流浮山、珠江流域,尤其是東莞市虎門太平(本灣)以及深圳市後海灣海面。晚清時期澳門尚有黄油蟹,《田志》稱:"黄油蟹,産澳門青洲,一歲中不可多得,邑人多移船携酒傍青洲擘之,云稍耐久則味變。"

軟殼蟹:是蟹褪殼後不久的一個短暫形態。《大德南海志》載蟹有"軟殼蟹、白蟹、虎蟹,沙洲亦有之惟泮塘海南石頭海所産者爲佳,名'金錢口'"①。《茶香室叢鈔》載:"秋初,鄉閒有賣軟殼蟹者,其新蜕之蟹乎?"②

老虎蟹:香山澳門文獻中未見其名。

章龟:未見其他文獻記載。

大鼈:學名"Pelodiscus sinensis",俗稱"甲魚""團魚""水魚""王八"。《祝志》載:"鼈,團魚,純雌無雄,與蛇爲匹,遇蚊叮則死,熏蚊亦用鼈甲。鮀鼈背隆起,水缸養之,日取水煮飯可治勞瘵。"

蠃屬:田鷄、螻蝈、石鱗似田鷄而小。

田鷄:《廣東新語》載:"蛤,生田間,名田鷄,冬藏春出。"③乾隆《番禺縣志》載:"石蛤,一名'坐魚',即蛙之大者,廣東土人云即'田鷄'。百粤之民以蛙爲上味。此物北人去皮而食之。南人終不欲脱錦襖其值。頗尊於諸鮮則群嗜之故也。"④《祝志》:"蛤,即蝦蟆,又名'坐魚''田鷄''黄蛤',隨方土所呼。農人以聲卜水旱,章孝標文。"⑤

螻蟈:《格致鏡原》載:"蛙鳴始於二月,驗立夏而鳴者,其形小,其色褐

---

① 〔元〕陳大震:《大德南海志》卷7《水族》,《廣州大典》總第263册,第19頁。

② 〔清〕俞樾:《茶香室叢鈔·續鈔》卷24,清光緒二十五年(1900)刻春在堂全書本。

③ 〔清〕屈大均:《廣東新語》卷23《介屬》,第579頁。

④ 〔清〕任果:乾隆《番禺縣志》卷17《物産》,《廣州大典》總第277册,第411頁。

⑤ 〔清〕陳元龍輯:《格致鏡原》卷98《昆蟲類》3,《文淵閣四庫全書·子部》第1032册,第766頁。

黑,好聚淺水而鳴其聲如自呼爲‘渴於’者是螻蟈也。”①《事物異名録·水族加恩簿》載:“螻蛄,一名‘仙姑’,一名‘螗蛄’,一名‘螻蟈’,一名‘石鼠’,一名‘梧鼠’。”②

石鱗:即石鱗魚。可知,香山有石鱗。《鄧志》載:“石鱗魚,似田鷄而小,居木石間,吸風飲露,極爲潔净,可食。”

田鷄,螻蟈,石鱗在《廣東新語》中被歸入介屬,《采訪册》將其歸入蠃屬。

---

① 〔清〕陳元龍輯:《格致鏡原》卷98《昆蟲類》3,《文淵閣四庫全書·子部》第1032册,第760—761頁。

② 〔清〕厲荃:《事物異名録》卷38《水族部》,清乾隆刻本。

前山纂略

前山爲澳枏背扼吭地，北距香山縣城一百二十五里，南至澳門十有五里。

《申志》:"前山寨去縣南一百二十里恭常都前山村。"《暴志》:"前山寨距縣一百二十里。"《澳門記略》:"前山爲枏背扼吭地。北距香山縣一百二十里而遥，南至澳門十有五里而近。"《祝志》完全采自《澳門記略》，《粤海關志》與道光《廣東通志》均沿襲《澳門記略》之記載。《采訪册》根據《澳門記略》略作修改而成，這種修改應該説比《澳門記略》所説的距離更準確。康熙《廣東輿圖》稱:"澳門，亦名'濠鏡澳'，在城東南一百二十里前山寨關閘之外。"①惟《采訪册》記載"(前山)北距香山縣城一百二十五里"。《采訪册》經王廷鈐等人實地調查采訪輯録而成，其記載應更爲準確。

其寨自明天啓元年始立參將府。前爲轅門，置鼓吹亭二，中爲正衙、後衙，左鐘樓，右書齋，後爲燕室，爲庖、湢、井、厠，規制宏備。

---

① 〔清〕蔣伊:康熙《廣東輿圖》卷2《香山縣圖説》，載廣東省地方史志辦公室輯《廣東歷代方志集成·省部》27，廣州:嶺南美術出版社，2006年。

《申志》:“雍陌營,在谷字都雍陌村,萬曆四十二年設。戊午,紅彝犯澳,移營鷹魚浦,隨請南頭游師帶兵四百名哨船六隻防守。及天啓元年,建立前山寨參將衙門,前營廢。”《暴志》:“協鎮署原在前山寨,明天啓元年建。正堂三間,川堂一間,後堂三間,左爲鐘樓,右爲書房三間,燕堂三間,厨舍各具。其後倚山大堂,前爲露臺,臺下爲方墀,中爲甬道,東、西兩廊爲牢舍、稿房,甬道南爲儀門三間,左爲土地祠,又南爲大門三間,前爲東西轅門,鼓亭二所。國朝康熙七年,移駐西門城内,舊署就傾。五十七年,建爲左營守備署,後守備移駐縣城,其署旋圮。今弁兵建造營房居住。”《澳門記略·官守篇》:“其有寨,自明天啓元年始,立參將府。前爲轅門,置鼓吹亭二,中爲正衙、後衙,左鐘樓,右書齋,後爲燕室,爲庖、湢、井、厠,規制宏備。”《采訪册》根據《澳門記略》删改而成。

《申志》:“前山寨,去縣南一百二十里,恭常都前山村。明天啓元年,建正堂一座三間,川堂一間,後衙正廳一座三間,左爲鐘樓,右爲書房一座三間。廳後燕室一座三間,厨舍各具,後倚山。大堂前爲露臺,臺下爲方墀,中爲通道,東、西兩廊爲牢舍稿房甬道。南爲儀門一座三間。左爲土地祠。又南爲大門一座三間。前爲東、西轅門,鼓吹亭二所。”《澳門記略》:“有寨,自明天啓元年始,立爲參將府。前爲轅門,置鼓吹亭二,中爲正衙、後衙,左鐘樓,右書齋,後爲燕室,爲庖、湢、井、厠,規制宏備。”《暴志》稱爲“協鎮署”。《粤東管見》稱:“香山縣以南,陸路八十里,前山門外,地曰夻門。外面臨海,内藉前山,門爲阸塞,設有前山營參將一員,澳門同知專理番事。”

案:關於香山參將的設立時間,諸書記載各異。據考證,香山參將設置時間是在萬曆四十六年(1618),萬曆四十二年(1614)僅是建立“雍陌營”。萬曆四十八年(1620),胡文烜被任命爲首任香山參將。① 參將府應該就是伴隨胡出任參將而移至前山寨。據諸書記載,前山寨參將府設立於天啓元年(1621),胡也應是在這一年正式出任。

---

① 〔清〕申良翰修:康熙《香山縣志》卷4《秩官志》,《廣州大典》總第295册,第338頁。

國初因之,康熙三年,改爲副將府。未幾,以左營都司代康熙七年秋,海賊從寨右登岸,攻劫果福園村,副鎮遂請移駐縣城,坐令扼寨之地,武備損威,**相仍至今。**

《申志》:"國朝康熙三年以前,參將一員,左右營千總兩員,把總四員,共官兵一千員名。康熙三年内,改設副總府衙門,添設左右營各都司一員,各守備一員,各千總一員,各把總二員,添設官兵一千員名。本寨副總府一員,左右營共都司二員,守備二員,千總四員,把總八員。"《澳門記略》:"國初因之。康熙三年,改爲副將府。未幾,以左營都司代何準道曰:康熙七年秋,海賊從寨右登岸,攻劫果福園村。副鎮遂請移駐縣城,令扼塞之地武備損威,相仍至今。"《采訪册》完全根據《澳門記略》而作。

《暴志》:"左營都司署,在前山寨。"道光《廣東通志》載:"香山協副將,駐香山縣,都司二員,一駐前山寨,一駐黄梁都。"①

五十六年建土城,周圍四百七十五丈,崇九尺,厚三之一。每城二十丈,增築子城一丈,凡二十四丈。爲門四,北逼於山《記略》載無北門。**起炮臺兵房於西南二門之上,臺各置炮四,分置城上者六,二門外復建臺,列炮各十,皆知縣陳應吉經理之。**

《暴志》:"康熙五十六年,建前山寨土城,在縣城南一百二十里,周圍共四百七十五丈,高九尺,下厚三尺,上厚二尺。寨西南建二炮臺,西南城門上各設臺,建房三間,安炮四位,共炮二十四位,又炮六位,分布城上。圍墻外每二十丈再築堞墻一丈,計堞墻二十四丈,俱用二合土。知縣陳應吉經理之。"《澳門記略》:"五十六年,建土城,周圍四百七十五丈,崇九尺,厚三分之一。每城二十丈,增築子城一丈,凡二十四丈。爲門三。北逼於山,故不

① 〔清〕阮元修:道光《廣東通志》卷43《職官表》34,《廣州大典》總第251册,第686頁。

門。起炮臺、兵房於西、南二門之上,臺各置炮四,分置城上者六。二門外復建臺,列炮各十。皆知縣陳應吉經理之。”《采訪册》主要依據《澳門記略》,但進行了重要修改。

陳應吉:浙江會稽人,康熙五十三年(1714)任香山知縣。《暴志》稱其爲“例貢”,《祝志》則稱其爲“監生”。

爲門四:《澳門記略》稱前山寨“爲門三”。根據《澳門記略·前山寨圖》,三門分别爲物阜門、前豐門和晏清門,北邊靠山處無門。《采訪册》稱前山寨“爲門四”,是在乾隆十六年(1751)以後,前山寨新開一北門。比較《廣東廣州府輿圖》和《澳門記略·前山寨圖》,可知《采訪册》所載無誤。

康熙二十四年(1685)《廣東廣州府輿圖》所示前山寨城門①

雍正八年,設縣丞署。

《暴志》:“原縣丞公署久傾,康熙四十四年,知縣龐嗣焜詳建大門三間,儀門一間,講堂三間,東、西兩廊各三間,後厨三間。康熙四十七年,知縣龐嗣焜修建縣丞署在堂右。康熙四十四年奉裁,知縣龐嗣焜詳請改爲義學。

① 中國第一歷史檔案館、澳門一國兩制研究中心選編:《澳門歷史地圖精選》,第20—21頁。

雍正八年，復設移駐望夏村，大堂三間，吏房四間，儀門三間，土地祠一間，大門一間，後堂三間，厨舍各具。"《澳門記略》："雍正八年，設縣丞署。"《采訪册》完全采自《澳門記略》。《粤海關志》載："香山縣丞一員，康熙四十三年裁，雍正八年復設。"①

按：關於香山縣丞的駐地，祝淮稱："雍正八年，督臣郝玉麟奏請添設香山縣丞，駐扎前山寨。"據《乾隆七年廣東按察使潘思渠奏請於澳門地方移駐同知一員專理夷務摺》載："雍正八年，前督臣郝玉麟因縣務紛繁，離澳寫遠，不能兼顧，奏請添設香山縣縣丞一員，駐扎前山寨，就近稽查。"②

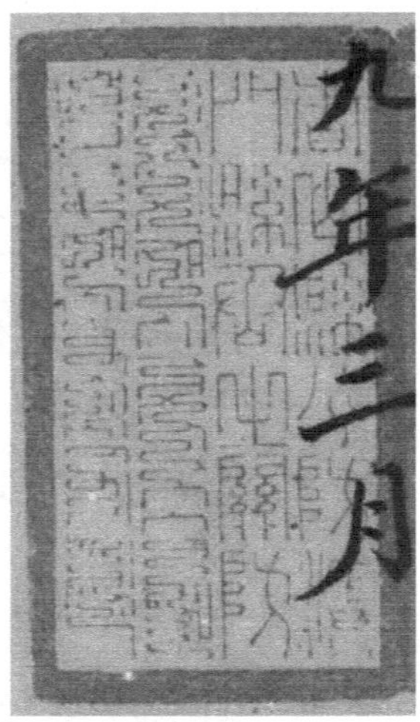

嘉庆九年"香山縣分防澳門縣丞之關防"

乾隆九年建海防同知署於副將府地，悉如舊制，旁增兵舍百間，以縣丞署爲海防把總署，而前山之勢益重。東門外有八株松，是爲較場。出南門不數里爲蓮花莖，前山、澳門對峙於海南北。

---

① 〔清〕梁廷枏：《粤海關志》卷 7《設官》，《廣州大典》總第 323 册，第 214 頁。

② 《明清時期澳門問題檔案文獻彙編》第 1 册《廣東總督郝玉麟等奏報遵旨會議營製事宜請添設香山縣縣丞駐扎前山寨就近控制摺》，第 161 頁。

《澳門記略》:“乾隆九年,建廣州府海防同知署於副將府地,悉如舊制,旁增兵舍百間,以縣丞署爲海防營把總署,而前山之勢益重。東門外有八株松,是爲教場。出南門不數里爲蓮花莖,即所謂一徑可達者。前山、澳山對峙於海南北,莖以一沙堤亘其間,徑十里,廣五六丈。莖盡處有山拔起,跗萼連蜷,曰蓮花山,莖從山而名也。萬曆二年,莖半設閘,官司啓閉。上爲樓三間,歲久圮。康熙十二年,知縣申良翰修,增建官廳於旁,以資戍守。”乾隆八年(1743),香山縣丞署從前山寨移至關閘以南的望厦村。潘思榘稱:“前山寨既設同知,所有香山縣縣丞,應移駐澳門,專司稽查民蕃,一切詞訟,仍詳報該同知辦理。”①位於前山寨的原香山縣丞署則於第二年變爲海防把總署。《采訪册》所載同《澳門記略》相合。

海防同知署:據《澳門記略・前山寨圖》,海防同知署位於前山寨城的最中央,圖中標爲軍民府,左邊爲把總署,右邊爲左營都司。

海防把總署:據《澳門記略・前山寨圖》,海防把總署位於前山寨城内左側,圖中標爲把總署,左邊爲軍民府,右邊爲物阜門。

八株松:《嶺南勝概》稱:“八株松,在東門外。”②

較場:又作“教場”“校場”。《暴志》載:“前山寨教場在東門外八株松。”

南門:當指前山寨南門——前豐門。

參將:明代鎮守邊區的統兵官,在總兵和副總兵之下。無品級,無定員,明初多以功臣及外戚充任。

把總:也稱“百總”,爲明代及清代前中期陸軍基層軍官名,秩比正七品,地位低於守備和千總,麾下統兵440名。

案:《明熹宗實録》“天啓元年六月丙子”條載:“萬曆四十二年,始設參將府於中路雍陌營。”此時“參將”應尚處於議設階段,雍陌營爲香山地區軍

---

① 〔清〕印光任、張汝霖:《澳門記略・官守篇》,《廣州大典》總第221册,第335頁。

② 〔清〕賴國慶:《嶺南勝概》卷4《澳門》,《廣州大典》總第228册,第691頁。

事駐地。《申志》:"雍陌營,在谷字都雍陌村,萬曆四十二年設。戊午,紅彝犯澳,移營鷹魚浦,隨請南頭游師帶兵四百名哨船六隻防守。及天啓元年,建立前山寨參將衙門,前營廢。"

天啓元年,改設參將於前山寨,陸兵七百名,把總二員,哨官四員。順治四年,設前山寨,官兵五百名,參將領之如故。兩王入粤,增設至一千名,轄左右營,千總二,把總四。

《申志》:"天啓元年,建參將府衙門。陸兵七百,把總二員,哨官四員。水兵一千二百,把總三員,哨官四員。大小哨船五十隻。國朝順治四年,本寨額設官兵伍百員名。兩王入粤,改設官兵一千員名。"《澳門記略》:"天啓元年,改設參將府於前山寨,陸兵七百名,把總二員,哨官四員;水兵一千二百餘名,把總三員,哨官四員,哨船大小五十號。順治四年,設前山寨,官兵五百名,參將領之如故。兩王入粤,增設至一千名,轄左右營,千總二,把總四。康熙元年,以撫標汰兵五百名增入寨額,分戍縣城。三年改設副將,增置左右營都司、僉書、守備,其千總、把總如故,共官兵二千名。"乾隆《廣州府志》載:"順治初,設立參將。"①

案:康熙《廣東通志》載:"香山縣前山寨,順治四年額設官兵五百員名。平藩入粤,改設官兵一千員名。"②《采訪册》中"兩王入粤"即清順治六年(1649)尚可喜、耿繼茂入粤事件,與"平藩入粤"的記載一致。《清實録》有關於"兩王入粤"的詳細記載,順治六年(1649),清政府以耿仲明③爲靖南王,率舊兵2500人及新增兵7500人;以尚可喜爲平南王,率舊兵2300人及新增兵7700人,共兩萬人往剿廣東,棄家駐防,史稱"二王入粤"。④ 即《采訪册》所稱之"兩王入粤"。

---

① 〔清〕張嗣衍:乾隆《廣州府志》卷7《海防·設營汛》,《廣州大典》總第266册,第180頁。

② 〔清〕金光祖:康熙《廣東通志》卷12《兵防》,《廣州大典》總第245册,第596頁。

③ 耿仲明,爲耿繼茂之父。順治六年(1649),繼茂隨父征廣東,仲明死,繼茂代領部衆。

④ 《清世祖順治實録》卷44,順治六年(1649)五月丁丑。

康熙元年,以撫標汰兵五百名增入寨額,分戍縣城。三年,改設副將,增置左右營都司、僉書、守備,其千總、把總如故,共官兵二千名。時嚴洋禁,寨宿重兵。

《暴志》:“康熙元年七月内添撥撫標,奉裁兵五百名入在寨額,駐防縣城。康熙三年改設副將衙門,添設左右營,都司二員,守備二員,千總二員,把總四員,官兵一千名,通共官兵二千名。後奉文裁減,除陸續抽撥及逃故不准頂補外,左營尚實存兵九百三十四名,右營兵九百三十五名。”《澳門記略》:“康熙元年,以撫標汰兵五百名增入寨額,分戍縣城。三年,改設副將,增置左右營都司、僉書、守備,其千總、把總如故,共官兵二千名。時嚴洋禁,寨宿重兵,而蓮花莖一閘歲放米若干石,每月六啓,文武官曾同驗放畢,由廣肇南韶道馳符封閉之。”故《采訪册》稱“寨宿重兵”。

撫標:明清時巡撫直轄的軍隊。《清史稿》:“浙江巡撫統轄撫標二營。”

案:清初順治、康熙時期,清政府爲了打擊鄭成功海上勢力,實行禁海、遷界。[1] 康熙三年(1664),清政府續遷番禺、順德、東莞、香山等縣沿海之民。“先劃一界,以繩直之,其間多有一宅而半棄者,有一室而中斷者,浚以深溝,别爲内外,稍逾跬步,死即隨之。於是,香山龍眼都小欖、古鎮、黄圃諸鄉皆徙。督遷兵士恣俘掠,知縣姚啓聖力争之,稍戢。香山縣黄梁都民奉遷時,民多戀土。都地山深谷邃,藏匿者衆。平藩左翼總兵班際盛計誘之曰:‘點閲報大府即許復業。’愚民信其然。際盛乃勒兵長連埔,按名令自前營入,後營出。入即殺,無一人幸脱者,復界後,枯骨遍地。”[2]故稱“時嚴洋禁”。

① 韋慶遠:《有關清初禁海和遷界的若干問題》,載韋慶遠《澳門史論稿》,廣州:廣東人民出版社,2005 年,第 1—47 頁。

② 〔清〕田明曜修:《重修香山縣志》卷 22《紀事》,《廣州大典》總第 297 册,第 459 頁。

康熙七年,副將以海氛故,請移保香山。留左營都司及千總守寨,分把總一哨戍閘。

《申志》:"康熙七年(1668)戊申秋八月,海賊從寨右海口登岸,攻劫附寨果福園村,殺擄甚多。副鎮遂請移寓縣城,以爲城垣憑依,賊不敢犯,坐令扼塞之地,武備損威,萬一狡賊乘間突入村莊,褒掠貨財,擄鬻子女。澳彝日益富庶,我民户口殘傷,田野荒蕪,豈惟一邑之憂,抑亦省會之羞?惟是協鎮衙門所在,照原經制,仍前駐扎,則體勢森嚴,加以汛防整飭,澳奸海寇欲生釁,得乎?"但并未提及派兵戍守關閘事。《澳門記略》:"七年,副將以海氛故,請移保香山,留左營都司及千總守寨,分把總一哨戍閘。二十三年,海宇大寧,弛洋禁。五十六年,禁商船出貿南洋。明年,復以澳夷及紅毛諸國非華商可比,聽其自往吕宋、噶囉吧,但不得夾帶華人,違者治罪。碣石總兵陳昴言,夷船入廣貿易,宜起其炮火,另設關束,以嚴防範。凡夷船入口,起炮封舵,扃之一舍,故閩例也,昴故以爲言,不果用。方是時,國家威德無遠弗届,臺灣既入版圖,南澳復建重鎮,申巡海之令。總督楊琳因上防海六議,分全省爲三路,以大鵬而西、廣海寨而東爲中路,虎門、香山二水師裨將爲統巡,餘爲分巡。"《澳門圖説》載:"康熙七年移於邑城,以都司統兵一百駐其地。與都司官署對峙者,海防同知也。由寨而東十五里爲關閘,設把總守之,爲民夷出入要隘。"《采訪册》所載係根據《澳門記略》删改而成。

海氛:即指康熙七年(1668)海盜攻打果福園村事。

副將衙署:原在前山寨正中,康熙七年(1668)毁壞,衙署遂遷往香山縣城西門永寧街。《暴志》:"國朝康熙七年,移駐西門城内,舊署就傾。"《祝志》:"副將署在西門内永寧街,康熙七年建。"乾隆九年(1744),原參將衙署改爲澳門同知衙署。《祝志》:"海防同知署在前山寨城内,原副將署,乾隆九年改建。"

雍正八年,禁西洋海船勿得販黄金出洋。

《澳門記略》:“八年,禁西洋海舶毋得販黄金出洋。”雍正《廣東通志》載:“雍正八年禁黄金販往外洋。海關監督年希堯上言:‘廣東省城每歲有貿易洋船收買黄金,金價日貴,禁止爲便。’上從之。命通飭沿海官吏,違者,視鐵貨銅錢出洋律。”又載:“禁西洋海舶毋得販黄金出洋。”①《采訪册》完全采自《澳門記略》。

康熙五十六、五十七年(1717—1718),清政府禁止禁止南洋貿易,對中國海外貿易産生重大影響。雍正二年(1724),藍鼎元上書雍正帝請求開放海禁。雍正五年(1727),雍正帝頒旨開放南洋貿易。《清會典事例》載:“往販東洋、西洋大船每船准携炮二門,火藥不得超過三十斤。”②《田志》:“凡澳門夷船係本省發往外洋者照本省洋船例科税,其外洋抵澳之西洋船仍照外洋本條科税則例。”可知,雍正八年(1730),清政府并未禁止海外貿易,衹是禁澳門葡萄牙船隻及歐洲船隻運黄金出洋。

九年,移香山縣丞於前山寨,議者以澳門民番日衆,而距縣遼遠,爰改爲分防澳門縣丞,察理民夷,以專責成。

《澳門記略》載:“九年,移香山縣丞於前山寨。議者以澳門民蕃日衆,而距縣遼遠,爰改爲分防澳門縣丞,察理民夷,以專責成。”《采訪册》記載完全采自《澳門記略》。

案:香山縣丞衙署移駐前山寨之議,最早由廣東總督郝玉麟於雍正八年(1730)提出。郝玉麟稱:“香山縣屬之澳門,離縣城一百二十餘里,地居濱海,漢彝雜處,縣令遠難兼顧,雖附近前山、關閘設有都司、千把駐守,但武員不便管理民事。臣等請添設香山縣縣丞一員,駐扎前山寨城,就近點查澳内居民保甲,稽查奸匪,盤驗船隻,則彈壓有官,奸匪自當斂迹矣。”而該議最

---

① 〔清〕郝玉麟:雍正《廣東通志》卷7《編年志》2,《廣州大典》總第248册,第250頁;〔清〕阮元:道光《廣東通志》卷180《經政略》23,《廣州大典》總第254册,第674頁。

② 《清會典事例》卷629《兵部》88《緑營處分例》。

終落實則在雍正九年(1731)。[1]

乾隆[2]九年,始以肇慶府同知改設前山寨海防軍民同知,以縣丞屬之,移駐望厦村。用理猺、南澳同知故事,增設左右哨把總,馬步兵凡一百名,槳櫓哨船四舵,馬十騎。於香、虎二協改撥,别爲海防營,直隸督標,轄首邑一,曰番禺;支邑三,曰東莞,曰順德,曰香山。一切香、虎各營春秋巡洋及輪防、老萬山官兵沿海汛守機宜,皆得關白辦理。其體貌崇,而厥任綦巨焉。

《澳門記略》載:"今上御宇之九年,始以肇慶府同知改設前山寨海防軍民同知,以縣丞屬之,移駐望厦村。用理猺、南澳同知故事,增設左右哨把總,馬步兵凡一百名,槳櫓哨船四舵,馬十騎,於香、虎二協改撥,别爲海防營,直隸督標。轄首邑一,曰番禺;支邑三,曰東莞,曰順德,曰香山。一切香、虎各營春秋巡洋,及輪防老萬山官兵沿海汛守機宜,皆得關白辦理,其體貌崇,而厥任綦巨焉。"[3]《澳門記略》成書於乾隆十六年(1751),故稱"今上"。《記略》記載詳細,《采訪册》即依據《澳門記略》删改而成。

前山寨海防軍民同知:即廣州府海防軍民同知,又稱"澳門同知"。道光《廣東通志》載:"楊冀成,乾隆四年任肇慶府同知。謹按:此缺移改廣州府澳門同知。"

乾隆八年,總督策楞奏改設海防同知,九年即以授印光任。

---

① 《明清時期澳門問題檔案文獻彙編》第1册《廣東總督郝玉麟奏報遵旨會議營制事宜請添設香山縣縣丞駐紮前山寨就進控制摺》,第161頁。

② 原文作"乾龍",當爲"乾隆",據改。

③ 〔清〕印光任、張汝霖:《澳門記略・官守篇》,《廣州大典》總第221册,第335頁。

策楞: 鈕祜禄氏,滿洲鑲黄旗人,尹德長子。乾隆初,爲御前侍衛。後被任命爲廣州將軍,乾隆十年(1745)正式被任命爲兩廣總督。後因平叛不利,被下獄移送京師,病死途中。該處記載乾隆八年(1743),此時策楞擔任署理兩廣總督。①

案: 對於澳門同知的設立的緣由、任命與職能,黄鴻釗在《澳門同知與近代澳門》一書中進行研究,并統計澳門同知任期表,但還有深入空間。②

澳門同知設立前,居澳葡人"陵轢居民,玩視官法"。爲管理澳門葡人,雍正八年(1730),郝玉麟奏請移駐香山縣丞於前山寨,次年,縣丞衙門移駐前山寨。乾隆時期廣東按察使潘思榘稱:"雍正八年,前督臣郝玉麟因縣務紛繁,離澳窵遠,不能兼顧,奏請添設香山縣縣丞一員,駐扎前山寨,就近稽查。"③《澳門記略》載:"(雍正)八年,禁西洋海舶毋得販黄金出洋。九年,移香山縣丞於前山寨。"④

至乾隆七年(1742)潘思榘奏請設立同知一職管理澳門:"第縣丞職分卑微,不足以資彈壓,仍於澳地無益,似宜仿照理猺撫黎同知之例,移駐府佐一員,專理澳夷事務,兼管督捕海防,宣布朝廷之德意,申明國家之典章。凡住澳民夷,編查有法,洋船出入,盤驗以時,遇有奸匪竄匿,唆誘民夷鬥争、盜竊及販買人口,私運禁物等事,悉歸查察辦理,通報查核,庶防微杜漸,住澳夷人不致蹈於匪彝,長享天朝樂利之休,而海疆亦永荷敉寧之福矣。"⑤乾隆帝硃批"告之督撫,聽其議奏"。乾隆八年(1743)陳輝千案發生,對這一案件的處理暴露出清政府對澳門管理機制的不健全。策楞、潘思榘等人認識到設立澳門同知的必要性和迫切性。策、潘等向清廷提出"夷人聚居之地,

---

① 趙爾巽:《清史稿》卷314《列傳》101,北京:中華書局,1998年,第10689—10691頁。

② 黄鴻釗:《澳門同知與近代澳門》,廣州:廣東人民出版社,2006年,第49—55頁。

③ 《明清時期澳門問題檔案文獻匯編》第1册《廣東按察使潘思榘奏請於澳門地方移駐同知一員專理夷務摺》,第193頁。

④ 〔清〕印光任、張汝霖:《澳門記略》卷上《官守篇》,《廣州大典》總第221册,第335頁。

⑤ 《明清時期澳門問題檔案文獻匯編》第1册《廣東按察使潘思榘奏請於澳門地方移駐同知一員專理夷務摺》,第193頁。

海洋出入,防範不可不周,現駐縣丞一員,實不足以資彈壓",要求增設職權更大的"海防軍民同知"。潘思榘《爲敬陳撫輯澳夷之宜以昭柔遠以重海疆事》載:"香山之澳門,尤夷人聚居之地,海洋出入,防範不可不周,現駐縣丞一員,實不足以資彈訊。查澳門之前山寨,現有城池衙署,但添設官吏,未免又增經費,似應於通省同知、通判内酌爲裁并。"①乾隆九年(1744),清政府以肇慶府同知改設前山寨海防軍民同知。《澳門記略》載:"今上御宇之九年,始以肇慶府同知改設前山寨海防軍民同知,以縣丞屬之。"②清廷於當年即設立前山寨海防軍民同知一職,爲知府級官員,正五品,級别在知縣之上。③

前山寨海防軍民同知即澳門同知,李侍堯稱:"第查澳門同知係專管海防夷務之員,向駐前山寨,距澳門僅止十五里,該處向有城垣,并有都司分駐,在於該處圈禁,庶易於管束稽查。"④前山寨海防同知管理權限較大,包括軍事防務、民事案件、刑事案件以及貿易的管理等:"令其專司海防,查驗出口進口海船,兼管在澳民番……該同知職司防海,兼理蕃民,較諸理猺廳員,其責尤重,若不優其體統,無以彈壓夷人。"但是沙務不在其管轄范圍。據兩廣總督策楞等奏稱:"請特設同知專駐彈壓,澳夷始稍收斂,不特深憂。初秋洋船至粵,有須該員防範,即平時夷人之出入,夷奸之往來,亦須同知稽查,事務似簡,責任實重。以臣愚見,邊海要地,同知惟常駐澳門,不便兼管沙務。况沿海各沙坐落六縣,周遭環折不下千里,争訟之事無日無之,曲直非勘不明,是非不能遥度。從前六邑分理猶苦,案牘多處,今若專責一人逐一親詣勘丈,切恐奔走往來,日不暇給,而各邑轉得借端推諉。况夏秋二季又須在澳巡防,不暇勘丈乎。且使六邑争沙民人環往澳門赴訴,近者百餘里,遠者五六百里,賫糧跋涉,既不無拖累株連,而聚數邑之萬民群集澳門,

① 〔清〕印光任、張汝霖:《澳門記略》卷上《官守篇》,《廣州大典》總第221册,第336頁。

② 〔清〕印光任、張汝霖:《澳門記略》卷上《官守篇》,《廣州大典》總第221册,第335頁。

③ 黄鴻釗:《澳門同知與近代澳門》,第52頁。

④ 《明清時期澳門問題檔案文獻匯編》第1册《兩廣總督李侍堯奏覆違法英商洪任輝已押送澳門圈禁代筆人劉亞匾業經正法摺》,第336頁。

島夷往來其間,觀瞻亦屬未便。”①潘思榘稱:“查肇慶府同知移駐前山寨,令其專司海防,查驗出口、進口海船,兼管在澳民蕃,其所遺捕務,歸并肇慶府通判兼理。”②

前山寨海防同知照例應被授予同知官防,因其“專管海防夷務”,故其印信有“廣州府海防同知關防”字樣。潘思榘稱:“(前山寨海防)同知職司防海,管理蕃民。所有在澳民夷一切詞訟,責令移駐縣丞稽查,仍詳報該同知辦理。其應給同知關防,應照該署督等所擬廣州府海防同知關防字樣。”③策楞稱:“肇慶府同知,原係部選之缺,今移駐前山寨,有防海撫夷之責,其缺甚爲緊要,必得熟悉風土之員,方克勝任,并請改爲題缺。分防同知例給關防,以昭信守,謹擬爲廣州府海防同知關防字樣。”④

乾隆十九年四月“廣州府海防同知之關防”印文

① 《奏陳澳門同知不可兼管沙務摺》,宫中檔奏摺—乾隆朝,文獻編號:403005479,統一編號:故宫031167。

② 〔清〕印光任、張汝霖:《澳門記略》卷上《官守篇》,《廣州大典》總第221册,第336頁。

③ 〔清〕印光任、張汝霖:《澳門記略》卷上《官守篇》,《廣州大典》總第221册,第336頁。

④ 《明清時期澳門問題檔案文獻匯編》第1册《廣州將軍策楞等奏請移同知駐扎澳門前山寨以重海防摺》,第197頁。

澳門縣丞屬前山寨海防同知管轄,潘思榘稱:"肇慶府同知,准其移駐廣州府屬前山寨稽查彈壓,屬廣州府管轄,原管捕務準其歸於肇慶府通判管理。香山縣縣丞,亦准其移駐澳門,專司稽查,屬該同知管轄。"①策楞稱:"至前山寨,既設同知,所有香山縣丞應移駐澳門,專司稽查,民番一切詞訟,仍詳報該同知辦理。"②

1744年,清政府任命印光任爲首任澳門同知。③ 澳門同知的設立,加强了清政府對澳門的管治力量。

十三年春三月,海防同知張薰擢守潮州,上從兩府請,以張汝霖承其乏。

張薰:河南祥符(今開封)人,增生,乾隆元年擔任揭陽縣知縣,乾隆十二年(1747)任澳門海防同知,十三年(1748)陞任潮州知府。④

两府:指當時兩廣總督策楞和廣東巡撫岳濬。

案:關於張薰卸任澳門海防同知之事,據檔案記載,乾隆十二年(1747)九月十六日之前,張薰即陞任潮州府知府。此時策楞提名由瓊山縣知縣楊宗秉任澳門海防同知,但未獲准。⑤ 其後即由張汝霖出任。

督部堂百齡爲紅毛入澳事後奏設前山營,按制澳門。

《祝志》:"嘉慶十四年立專營制澳夷,作爲前山營。"《祝志》與《采訪

① 〔清〕印光任、張汝霖:《澳門記略》卷上《官守篇》,《廣州大典》總第221册,第336頁。

② 《明清時期澳門問題檔案文獻匯編》第1册《廣州將軍策楞等奏請移同知駐扎澳門前山寨以重海防摺》,第197頁。

③ 〔清〕暴煜:乾隆《香山縣志》卷4《職官》,《廣州大典》總第296册,第94頁。

④ 〔清〕阮元修:道光《廣東通志》卷258《宦績録》28,《廣州大典》總第256册,第231頁。

⑤ 《明清時期澳門問題檔案文獻彙編》第1册《兩廣總督策楞題請由楊宗秉陞補廣州府海防同知本》,第235頁。

册》内容相近。

百齡：字菊溪，張氏，内務府正黄旗人（即漢軍正黄旗人）。乾隆三十七年（1772）進士，選庶起士，授編修。嘉慶十四年（1809）被任命爲兩廣總督，政績卓著。嘉慶二十年（1815），病逝於江寧，謚號文敏。①

前山營：關於澳門前山營的設置，各種文獻多有著録。《籌海初集》載："嘉慶十三年，英吉利夷兵擅入澳門，佔踞東西炮臺，經前督臣吴熊光奏，奉諭旨曉諭退出。嗣於十四年署督臣韓崶、督臣百齡先後議設前山營官兵案内，又將澳夷舊設炮臺情形奏聞有案。"②

嘉慶十四年四月二十日，兩廣總督百齡、廣東巡撫韓崶爲籌議控制澳門添設營汛并酌建虎門炮臺及籌堵蕉門海口各事奏摺："竊查澳門爲番夷錯處交易之地，控馭防護，最關緊要。……查澳門距廣州府屬之香山縣城一百四十五里，東西南三面枕海，惟北面陸路可通縣城，向來西洋夷人在澳門設有炮臺六座，係該夷自行居守。由縣至澳，山路曲折，至前山寨地勢開展，建有土城，居民稠密，其寨外左右河路，均與環澳之海面相通。迤南有沙脊一道，名曰蓮莖，向有關閘一座，障以石垣，設門以通行旅。其關閘外三里許，即係入澳之三巴門。規其水陸險要，形制天成，以前山寨而控澳門，實有附脊扼吭之勢。舊設同知一員，管轄海防營把總二員，水師防兵九十名，又由香山協派都司、千總各一員，兵丁七十九名，駐扎協守，嗣因香山協副將頻年出海緝捕，歷任都司調赴縣城經理營務，遂致前山衙署全行傾圮，即關閘亦僅派兵二十八名在彼巡查，地要兵單，殊非慎重邊防之道，必須設立專營，内護香山，外控夷澳，始足以壯聲威而昭體制。請改設游擊一員、中軍守備一員、水師千總一員、把總二員、外委二員、額外外委二員，招募眷兵馬步戰守四百名，分左、右二哨，作爲前山營。其游擊、守備，駐扎寨城鎮守，均改爲陸路題缺。派撥把總一員，帶兵六十名，專防關閘汛地。外委一員，帶兵二十名協

① 趙爾巽：《清史稿》卷343《列傳》130，第11133—11135頁。

② 〔清〕關天培：《籌海初集》卷1《奏覆查明澳門夷人炮臺原委請免驅拆摺》，華文書局股份有限公司影印本，第132頁。

防關閘外里許之望厦村。并將同知舊管之兵丁九十名,再添新兵十名,交水師千總督率外委一員管帶,駕坐槳船在澳門之東西南三處海面往來巡查,統歸游擊管轄,就近隸左翼鎮兼轄。庶幾規模整肅,鈐束分明,於邊防益昭嚴密。其原派香山協之都司、千總兵丁全行撤回,仍歸原營差操,亦可免顧此失彼之慮。所有新設前山營游擊、守備各一員,查有潮州平鎮營之游擊、守備堪以移駐,其千總一員,請於撫標右營移撥把總二員,請將原設之海防營把總撥歸外委二員,請於督標中營移撥額外外委二員,俟招募新兵操演純熟,即於本營拔補。至平鎮營原設游擊,擬以三水營都司改駐,其三水營都司原缺,擬以潮州城守營守備改駐,該二營事務較簡,量爲改撥,均足以資彈壓。如此一轉移間,俸餉各仍其舊,而於營制亦不致窒閡矣。……現將前山寨設營募兵、添蓋衙署兵房,及虎門增建炮臺、蕉門填堵海口各項經費,酌籌款項,另摺奏請訓示辦理。其改駐游擊等官,應行鑄换關防,并一切營制事宜,容俟逐款妥議,諮部核辦外,謹將遵旨會議控制番夷、防堵盗賊章程,合詞繕摺具奏,并繪圖貼説,恭呈御覽。是否有當,伏乞皇上睿鑒,勅部核覆施行。"①

嘉慶十四年(1809)兩廣總督百齡奏報廣州廣利行行商盧觀恒等捐輸澳門設立前山营備公銀:"洋商盧觀恒等捐輸澳門設立前山营備公銀十萬兩,自嘉慶十四年起,至十六年止,每年先繳息銀一萬兩,以供支用。其所捐銀十萬兩於十五、六、七等年分作三年完繳藩庫,聽候發商生息。十四年四月内,洋、鹽二商捐輸祝嘏解京銀二十萬,内洋商十二萬兩,鹽商八萬兩此案係捐現銀,已委員解京,至某商捐銀多少,現未准做册議叙。"②

根據上面三份文獻可以知道,嘉慶十四年(1809),爲了對澳門葡萄牙人進行專門控制,特設立前山營,前山營的籌建經費全部由廣利行行商盧觀恒捐贈。

---

① 《清代外交史料·嘉慶朝》第3册《兩廣總督百齡等奏籌議控制澳門添設營汛并酌建礮臺各事宜摺》,臺北:成文出版社,1968年,第251—255頁。

② TNA:FO233-189,共1册,第193頁。

一前山營係於嘉慶十四年新設,馬步戰守兵丁共五百名:内海防營移撥兵丁九十名,新募兵丁連額外共四百一十名,實共兵丁五百名。游擊一員係在平鎮營移撥,守備一員係在平鎮營移撥,千總一員係在撫標左營移撥,把總二員係在海防營移撥,外委二員係在督標營移撥。額外四員,係在本營馬兵内撥取。隨於嘉慶十七年六月内,因三水營地廣兵單,不敷巡防,奉行在前山營抽撥把總一員,新募兵丁七十名。

案:百齡稱:"請改設游擊一員、中軍守備一員、水師千總一員、把總二員、外委二員、額外二員,招募眷兵馬步戰守四百名,分左、右二哨,作爲前山營。""所有新設前山營游擊、守備各一員,查有潮州平鎮營之游擊、守備堪以移駐,其千總一員,請於撫標右營移撥,把總二員,請將原設之海防營把總撥歸,外委二員,請於督標中營移撥,額外外委二員,俟招募新兵操演純熟,即於本營拔補。"①《清朝柔遠記》載:"於是前山寨設游擊、守備、水師千總各一,把總、外委、額外外委各二,募馬步兵四百,分左、右哨,爲前山營。"②據此可知,前山營初設之時,有兵員四百,至道光六年(1826)《采訪册》編纂之時,兵力已增至五百。百齡奏摺與《清朝柔遠記》皆記載有外委兩名,不知何以在《采訪册》中獨有"額外四員"之説。

道光《廣東通志》載:"嘉慶十七年,裁兵七十名,撥往三水營。"③

又於嘉慶二十三年六月内,奉行裁除舊海防營兵丁三名,撥爲水師提標中右二營,募補閣西炮臺。

① 《明清時期澳門問題檔案文獻彙編》第1册《兩廣總督百齡等奏覆籌議控制澳門添設營汛并酌建炮臺各事宜摺》,第739—742頁。

② 〔清〕王之春著:《清朝柔遠記》卷7,趙春晨點校,北京:中華書局,1989年,第159頁。

③ 〔清〕阮元修:道光《廣東通志》卷174《經政略》17,《廣州大典》總第254册,第526頁。

道光《廣東通志》載:"嘉慶二十三年,裁兵三名,撥往水師提標中右營。"①

又於嘉慶二十四年内,因三水營大塘墟卡需兵貼防,奉行在前山營抽撥外委一員,舊海防營兵丁三十名除撥外,前山營實存兵丁四百零三名。

前山營官現在實額:游擊一員,守備一員,千總一員,把總一員,外委一員,額外外委四員。

守備:清緑營兵統兵官,秩正五品,次於都司,分領營兵,掌營務糧餉。漕運總督所轄各衛分設守備,統率運糧軍領運漕糧稱"衛守備",四川、雲南等省土司中有"土守備"。

千總:官名,始於明代嘉靖時期。後清代沿用,是緑營兵中的編制,營以千總統領,故稱營千總,爲正六品武官,是武職中的下級,地位低於守備。

外委:清制,指額外委派的武官,外委千總正八品,外委把總正九品,額外外圍從九品。

案:嘉慶二十四年(1819)兵員移撥不見其他史料記載。道光《廣東通志》載"現額弁兵四百二十九名。外委、千把總二員,額州、外委四員,馬兵二十一名,步兵一百八十三名,守兵二百一十九名。"②

---

① 〔清〕阮元修:道光《廣東通志》卷174《經政略》17,《廣州大典》總第254册,第526頁。

② 〔清〕阮元修:道光《廣東通志》卷174《經政略》17,《廣州大典》總第254册,第526頁。

建　置[①]

公　署

海防同知署。國朝乾隆十四年建於前山寨内，延十四丈，袤一十六丈，大堂三間，堂前月臺，中爲甬道，東西吏房六間，二堂五間，幕房二間，後堂五間，廊舍各具。南爲儀門五間，左土地祠一間，右寅賓鋪館一間，大門三間，兩傍號房一間，皂隸房一間，前爲東西轅門、鼓樓之所。南爲照墻，圍墻七十丈，高一丈。旁爲箭道以上見舊志。

嘉慶二十年，分府鍾英於箭道處添造官廳一所。案：舊志載，同知署係在乾隆十四年建，然據《澳門記略》實在乾隆九年建，兩書互異，似以《記略》所載爲是。蓋乾隆九年始設海防同知，即以授印光任，有官自必有署，且《記略》官守篇明云“九年，奉牒相度建署形勢”，又形勢篇詳叙九年建海防同知署於副將府地。是官自印憲始，署自印憲創，而《記略》一書

---

① 原書無此標題，係箋校者擬。

又係印憲所纂辑編,則知九年建署確鑿無疑。

月臺:即爲露天的平臺。在古時建築上,正房、正殿突出連著前階的平臺叫“月臺”,月臺是該建築物的基礎,也是它的組成部分。由於此類平臺寬敞而通透,一般前無遮攔,故是看月亮的好地方,也就成了賞月之臺。

甬道:指庭院中居中的路。

儀門:明清兩代稱官署大門之内的門爲“儀門”,取有儀可象之意。

皂隸:指古代賤役,後專門用來稱衙門里的差役。

分府:即爲澳門軍民海防同知。

鍾英:正白旗人,嘉慶二十一年(1816)任澳門同知,嘉慶二十二年(1817)兼任香山知縣。《采訪册》稱,嘉慶二十年(1815)澳門同知即爲鍾英,此時應爲署理,而非正式任命。道光元年(1821)陞任廣州知府,而地方志記載,其陞任廣州知府時間爲嘉慶二十五年(1820)。①《清代官員履歷檔案全編》載:“鍾英,鑲黄旗滿洲人,年三十九歲由蔭生考取文生員。嘉慶四年二月内引見,著以員外郎分工部行走,期滿奏准留部,六年十一月内補便本部屯田司員外郎。九年京察一等。是年十一月内,記名以道府用。十二年十月内調補户部銀庫員外郎,本年十二月内發往安徽遺缺知府。”②

據《澳門記略・前山寨圖》,“軍民府“在前山寨正中,其地原爲副將衙署,康熙七年(1668)毁壞,衙署遂遷往香山縣城西門永寧街。乾隆九年(1744),原副將衙署改爲澳門同知衙署,《祝志》:“海防同知署在前山寨城内原副將署,乾隆九年改建。”可知,上段記述之案語爲王廷鈐等人實地調查采訪的結果,修訂了《暴志》之誤。

① 〔清〕阮元修:道光《廣東通志》卷45《職官表》36,《廣州大典》總第251册,第712頁。

② 秦國經等主編:《清代官員履歷檔案全編》第2册,第459頁。

縣丞署，在縣堂右，康熙四十四年奉裁，知縣龐嗣焜詳請改爲義學。雍正八年，復設移駐望厦村，大堂三間，吏房四間，儀門三間，土地祠一間，後堂三間，厨舍各具見舊志，今久圮未修。案：《澳門記略》載，雍正九年移縣丞署於前山寨。今守備署即縣丞署舊址。乾隆九年始移駐望厦村。與舊志載異，大約以《記略》近是。

龐嗣焜：山西高平人，歲貢，康熙四十年(1701)任香山知縣。

案：關於香山縣丞衙署的建立，《暴志》稱："洪武三年，縣丞冲敬仍就舊址重建。"又有："縣丞署在堂右，康熙四十四年奉裁。雍正八年復設移駐望厦村。"康熙《廣東通志》載："香山縣公署，宋紹興二十二年始建於七星峰下，元末徙於蓮峰，明洪武三年仍舊之增建，今仍其舊。縣丞，在縣署西。"①據此，香山縣丞衙署應在康熙之前就已建立，其位置在香山縣城。《粤海關志》載"香山縣丞一員，康熙四十三年裁，雍正八年復設。"②但是，《澳門記略》載："雍正八年，設縣丞署。"祝淮稱："雍正八年，督臣郝玉麟奏請添設香山縣丞，駐扎前山寨。"這一説法不確，雍正八年(1730)這一次應該是香山縣丞的重設，次年其駐節地點由香山縣城移入前山寨。

《澳門記略》："稍南爲望厦村，有縣丞新署。"③《暴志》："(縣丞署)雍正八年復設，移駐望厦村。"《祝志》稱乾隆八年(1743)移縣丞衙署至望厦村。這一説法不確，雍正八年(1730)這一次香山縣丞不是"添設"而是重設，次年其駐節地點由香山縣城移入前山寨。乾隆九年(1744)澳門同知設立後，以香山縣丞屬澳門同知直接管轄，故將縣丞署從前山寨移至望厦村。位於前山寨的縣丞衙署遷至望厦後，原縣丞衙署變爲守備署新所在地。

---

① 〔清〕金光祖：康熙《廣東通志》卷6《公署》，《廣州大典》總第245册，第334頁。

② 〔清〕梁廷枏：《粤海關志》卷7《設官》，《廣州大典》總第323册，第214頁。

③ 〔清〕印光任、張汝霖：《澳門記略》卷上《形勢篇》，《廣州大典》總第221册，第322頁。

游府署,嘉慶十四年,知縣彭昭麟奉督憲百齡將香山協左營都司廢署舊址建造。延袤各一十六丈,大堂五間,兩旁爲伴當房,前爲庭除,兩旁槁房四間,後爲上房五間,厨舍各具,又後爲圍墻,遍種樹木,其南爲儀門五間,左爲土地祠,右爲寅賓館,中爲甬道,前爲頭門,左爲鼓樂房,右爲大班房,正南爲照墻,東隅爲官廳一所,直至頭門側。

游府署:即前山營游擊官署。

彭昭麟,字井南,號井南居士,四川雙流人。蜀中宿儒彭端淑之子。乾隆五十四年(1789)拔貢,嘉慶初任南江教諭,嘉慶六年(1801)俸滿,後以軍功擢陞廣東陽春知縣。九年(1804)調署香山,十年(1805)準復實授,前後兩任香山知縣。嘉慶十九年(1814)陞任山東登州同知,督撫奏留廣東,後任潮州運同、嘉應知州。①

《祝志》:"前山營游擊署,在寨城内,嘉慶十四年建。"與《采訪册》"將香山協左營都司廢署舊址建造"相合。

守備署,在寨城東隅,縣丞廢署舊址改建,旁多兵舍。

《祝志》:"守備署,在寨城内,嘉慶十四年建。"與《采訪册》"縣丞廢署舊址改建"相合。

---

① 〔清〕祝淮修:《新修香山縣志》卷5《宦績》,《廣州大典》總第296册,第490—491頁;王鐘翰點校:《清史列傳》第18册,北京:中華書局,1975年,第5849—5850頁;張偉仁主編:《明清檔案》第317册,第180227—180228頁;秦國經等主編:《清代官員履歷檔案全編》第23册,第579、587頁。

千總署,在寨西隅,海防營把總舊署改建,旁多兵舍。

《祝志》:"千總署,在寨城内,嘉慶十四年建,因把總署改建。"與《采訪册》"海防營把總舊署改建"相合。據《澳門記略·前山寨圖》,標把總署在前山寨内軍民府右側。

書　院

鳳山社學,在前山寨南城外,後堂三間,奉宋五子牌位以祀,講堂三間,頭門三間,東齋舍九間,西齋舍十一間,厨厠各具。乾隆二十二年,北山、澳門、南屏、前山、香山場、北山嶺、南大涌、吉大、灶貝、白石、外界涌、白瀝港,南村十三鄉捐資,購民家税業創建,額曰"鳳山書院"。嘉慶二十一年,經紳士趙允菁、鍾岳喬等稟請知縣馬德滋批准,每歲延師,由紳耆敦請本地名師主講,俾語音相通,以收實益,等因在案。

鳳山社學:又稱"鳳山書院"。順德、從化兩縣亦有名"鳳山書院"者。[①]《采訪册》所載爲前山寨城附近之香山縣鳳山書院。《大清一統志》載:"鳳山書院,在香山縣前山寨城,乾隆二十二年建。"[②]《祝志》:"鳳山書院,在前

① 〔清〕阮元修:道光《廣東通志》卷238《建置略》14;〔清〕史澄:光緒《廣州府志》卷66《建置略》3。

② 〔清〕穆彰阿等纂修:《大清一統志》卷441《學校》,上海古籍出版社,2008年。

山寨,乾隆二十二年知縣彭科倡建。案:撥給二洲等處坦四頃九十八畝。”

鍾岳喬:恭常都人,字禹封,廩貢,嘉慶七年(1802)署德慶學正,嘉慶十九年(1814)署定安縣訓導。[①] 光緒《廣州府志》載:“鍾岳喬,嘉慶德慶學正,東安教諭。”[②]

馬德滋:字蔗泉,廣西全州人,進士。嘉慶己未題名“德表”,後改名德滋。嘉慶十九年(1814)擔任香山知縣。

壇 廟

武帝廟,在寨城西門,内爲文武各官朔望行香讀法之所,創自前朝,日久傾頹。乾隆五十二年,分府多慶議修,以解任未果。是年,署司馬陳國敕、陳九叙、許永次第經營,紳民竭力藏[③]事。道光五年,廟又剥落。署司馬金錫鬯、游府常永、知縣蔡夢麟、縣丞葛景熊,守府汪高捐廉倡修,士民僉助,廟貌焕然一新,旁添設官廳一所,美備視昔有加。

武帝廟:《澳門記略》記作“關帝廟”,根據《澳門記略·前山寨圖》,可知武帝廟左爲左營都司衙署,右爲前山寨西門,後爲馬王廟。

寨城西門:據《澳門記略·前山寨圖》載,又名“宴清門”。

多慶:滿洲鑲黄旗人,乾隆四十四年(1779)任佛山同知,乾隆四十六年

---

① 〔清〕田明曜修:《重修香山縣志》卷11《選舉》,《廣州大典》總第297册,第234頁。

② 〔清〕史澄:《(光緒)廣州府志》卷55《選舉表》24,《廣州大典》總第269册,第191頁。

③ 藏,當爲“蕆”之誤,“完成”之意。

(1781)任澳門同知。[1]

司馬：在該處爲澳門海防同知的别稱，因爲澳門同知主管澳門海防、税收，故稱。《祝志》稱首任澳門海防同知印光任爲“印司馬”。杭世駿《寄司馬汝霖宣城十首即次其晚秋病起述懷元韻》中澳門同知張汝霖也被稱爲“司馬”。[2]

陳國敕：又作“陳國飭”。其職務爲署理澳門同知。[3]《清代官員履歷檔案全編》載：“陳國敕，雲南人，年六十一歲由會試後挑選一等分一等，一知縣試用籤掣山西，乾隆三十八年題補岳陽縣知縣，歷陞平陽府同知，因丁憂回籍，服滿，赴部引見，著發往廣東差遣委用，五十二年題補雷州府同知，五十七年十月内籤陞江西袁州府知府。”[4]陳國敕乾隆五十年三月署任澳門同知（參見後面澳門同知表）。

陳九叙：福建府長樂縣進士，原任廣東信宜縣知縣，服滿候補[5]，署理澳門同知時間不詳，當在乾隆五十年之後。

許永：字號籍貫不詳。於乾隆五十六年二月至五十七年正月署澳門海防同知。[6]

金錫鬯：《清代官員履歷檔案全編》載：“金錫鬯，浙江嘉興府桐鄉縣舉人，寄居江蘇。（嘉慶十七年十月）年四十二歲，會典館謄録。議叙知縣，雙月選用，今籤掣廣東肇慶府恩平先知縣缺。”[7]道光二年（1822）兼任澳門

---

① 〔清〕阮元修：道光《廣東通志》卷45《職官表》36，《廣州大典》總第251册，第711頁。

② 《明清時期澳門問題檔案文獻彙編》第6册《寄司馬汝霖宣城十首即次其晚秋病起述懷元韻》，第754頁。

③ 《明清時期澳門問題檔案文獻彙編》第1册《兩廣總督舒常等奏報在澳門查訪姜保禄案内若亞敬等人未獲情形片》，第487頁。

④ 秦國經等主編：《清代官員履歷檔案全編》第2册，第304頁。

⑤ 秦國經等主編：《清代官員履歷檔案全編》第23册，第93頁。

⑥ 《明清時期澳門問題檔案文獻彙編》第1册《廣東巡撫郭世勳奏報哆嚧勠斃民命遵例審辦緣由摺》《廣東巡撫郭世勳奏報葡萄牙人寶雲山請求進京效力摺》，第507、509頁。

⑦ 秦國經等主編：《清代官員履歷檔案全編》第24册，第727頁。

同知。①

常永:蒙古正黄旗人,道光二年(1822)任前山營游擊,後改前山内河水師都司。②

蔡夢麟:《清代官員履歷檔案全編》載:"蔡夢麟,江西建昌府南城縣人,(嘉慶十一年八月)年三十二歲,嘉慶四年進士,候選知縣。今籤掣廣東廣州府清遠縣知縣缺。"③道光四年(1824)任香山知縣。④

葛景熊:浙江仁和人,先後三次擔任香山知縣任職時間分别是道光三年至七年(1823—1827)、十年至十一年(1830—1831)、十二年至十三年(1832—1833)。

守府:即守備官署。

汪高:歸善人,道光四年(1824)任前山營守備,後改爲内河水師營。

星橋古廟,在寨外星橋圩之側,創自前明,規模未備。乾隆五十年間,鄉人捐資改建造,前爲頭門,中聖母殿,後觀音殿,僧舍各具,廟貌崇廣,爲一寨巨觀。

星橋古廟:《祝志》:"星橋廟鐘款,右鐘在恭常都前山寨,款云'崇禎五年'。"據該鐘銘文,星橋廟至晚建於崇禎五年(1632)。據嘉慶十三年(1808)吴熊光呈遞的《澳門形勢圖》,星橋古廟在前山寨南門對面,毗鄰下村。⑤

---

① 〔清〕祝淮修:《新修香山縣志》卷3《職官》,《廣州大典》總第296册,第385頁。

② 〔清〕史澄:光緒《廣州府志》卷31《職官表》15,《廣州大典》總第268册,第537頁。

③ 秦國經等主編:《清代官員履歷檔案全編》第24册,第231頁。

④ 〔清〕祝淮修:《新修香山縣志》卷3《職官》,《廣州大典》總第296册,第384頁。

⑤ 中國第一歷史檔案館、澳門一國兩制研究中心選編:《澳門歷史地圖精選》,第76—77頁。

星橋古廟方位圖　嘉慶十六年(1811)後

星橋圩:程佐衡稱:"鮑俊村有石圍,東西長約七百步,圍内大炮兩尊,卧草際,皆嘉慶十四年造。出村西行,約千步,至星橋墟,市鎮數十家,前山鼇廠在街東頭,約行五百餘步入南門。"①

武侯廟、元壇廟并建於星橋廟側。

武侯廟:指祭祀諸葛亮的廟。香山縣有武侯廟兩座,一在谷鎮沾涌,一在舵尾附近,唯不見前山寨附近武侯廟之記載。②

元壇廟:原作"玄壇",當爲避康熙帝之諱而改"玄壇廟"爲"元壇廟"。

牛王廟在寨東門外,其神職司稼穡,旁有醫靈藥王廟。

牛王廟:在前山寨物阜門外偏北。③

東門:據《澳門記略·前山寨圖》,即爲物阜門。

藥王廟:供奉祭祀藥王的廟宇,各地藥王廟衆多,所供藥王也不盡相同,或神農氏,或扁鵲,或孫思邈。

---

① 《明清時期澳門問題檔案文獻彙編》第3册《北洋大臣李鴻章爲寄送幕客程佐衡巡澳説略事復總理衙門文》附録2《幕客程佐衡著〈勘地十説〉》,第346頁。

② 厲式金:《香山縣志續編》卷4《建置》;中國第一歷史檔案館等合編:《明清時期澳門問題檔案文獻彙編》第3册《北洋大臣李鴻章爲寄送幕客程佐衡巡澳説略事復總理衙門文》附録2《幕客程佐衡著〈勘地十説〉》,第346頁。

③ 〔清〕暴煜修:乾隆《香山縣志》之《香山縣地圖》,《廣州大典》總第296册,第10頁。

北帝廟在寨城西外門,中奉北帝,左奉金花痘母夫人,右奉洪聖大王。

北帝廟:崇拜北帝的廟宇,亦常作"真武廟""玉虛宫""玄天宫""北極殿"等衆多名稱,當中又以湖北武當山上的真武廟最爲著名,北帝廟也多數散布於廣東珠江三角洲一帶各地,閩南、臺灣亦多所建廟。據《采訪册》可知,香山縣、澳門有多處北帝廟,前山寨北帝廟爲其一,可知北帝信仰之興盛。

金花痘母夫人:金花痘母夫人:即金花娘娘,又称金花夫人、金花圣母等,是中國民間信奉的神衹,主要功能是降雨和送子,是代表神、水、生育三位一體之聯繫的文化,痘母夫人,就是指根治天花的民間女神,民間往往把金花夫人、痘母元君置於一處敬奉。今澳門蓮峰廟供奉神衹有金花夫人、痘母元君。

洪聖大王:又稱"洪聖爺"或"赤帝",南海之神的称号。一説洪聖本名洪熙,是唐代廣州刺史,以廉潔忠貞聞名。他熟悉天文、地理、數學,曾設立氣象臺來觀察天氣,爲漁民商旅降低出海風險。後因辛勞過度早逝。皇帝得知其功績,追封爲廣利洪聖大王,在沿海地區爲他興建廟宇。另説洪聖是"火神"祝融,同時爲"南海之神",廣州有一間建於隋朝的南海神廟。唐玄宗尊南海神爲廣利大王;宋、元兩代屢有加封,合稱南海廣利洪聖昭順威顯靈孚王,配以明順夫人。

康帥府在寨城中約。

康帥府:康帥,當指北宋將領康保裔,因與契丹作戰時被俘,兵盡矢絶而死,後世尊爲康公、康王真君。前山寨城中約,建有康帥府,即康公廟,以表彰軍人抗敵之精神。

萬壽宫行在,武帝廟内,中設龍牌恭祝。道光六年,游府常永捐廉新置圍屏十幅,龍亭、龍椅、龍牌各一,恭遇慶典,預日張

燈結彩,文武各官分班行禮。

萬壽宫行在:即天子“行鑾駐蹕的所在”,“中設龍牌恭祝”,可知前山寨之萬壽宫曾是1279年南宋滅亡時逃至香山縣的小皇帝趙昺居住的行宫所在。《采訪册》在此,當爲調查所得,或爲當地之傳説。

武帝廟:即關帝廟。《厲志》載:“關帝廟,一在下恭鎮灣仔中,同治初年重修,奉祀武帝,曰瑜璣古廟。”

游府:即游擊府,游擊,清代武官,從三品,次於參將一級。

城隍廟,在香山場,原爲場官所立,以主鎮灶户者也。今神衙牌位尚存,銜曰“香山場”。主宰城隍,有灶税一頃數十畝,并長沙墟税,經前憲撥入以供香火。每歲神誕日,各鄉所屬鹽排二十户咸集廟稱觴,共樂牲羜,是亦和親康樂之象之見於鄉黨者。

城隍廟:原本爲縣一級以上城市所設的城市神的祭祀場所。前山一地有城隍廟,則是因此地曾有香山場,場官建城隍,以主守護。

香山場:又名“山場”,原名“故鎮”,宋代紹興年間改稱香山場,其位置在鳳凰山東南,爲香山縣境内地標之一。《田志》中介紹石礱石、石牛嶺、石甑山、升斗石等時均以香山場爲座標,標明上述山脉位置。香山場爲香山縣境内主鹽政之場所。《大明官制》中有“海晏塲鹽課司,香山塲鹽課司”①。道光《廣東通志》載:“香山場鹽課委員署在黄梁司②。”《田志》載:“宋紹興設香山場,在縣南一百二十里,鹽課司廨編户二里。”

北帝廟在香山場,有海埠,南至白排、野貍洲、細洲,北至神前灣等處。經前憲給照撥給以供香火。

---

① 〔明〕佚名:《大明官制》卷4,明萬曆刻皇明制書本。

② 〔清〕阮元修:道光《廣東通志》卷130《建置略》六,《廣州大典》總第253册,第689頁。

北帝廟:上已載前山寨城西外門有北帝廟,此處又載香山場有北帝廟,則知前山地區有兩個供奉祭祀北帝的廟宇。

神前灣:在上恭常都。《祝志》:"神前,去縣東南一百二十里,去寨東十八里。"

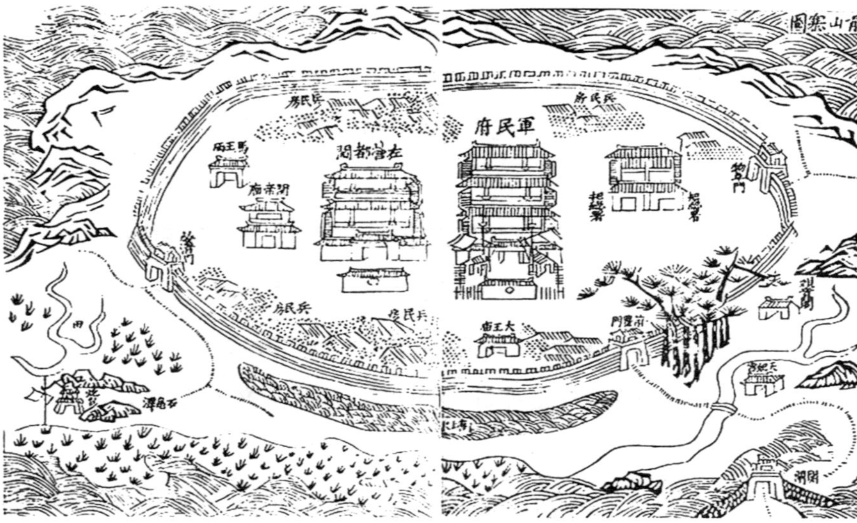

乾隆十六年(1751)《澳門記略·前山寨圖》

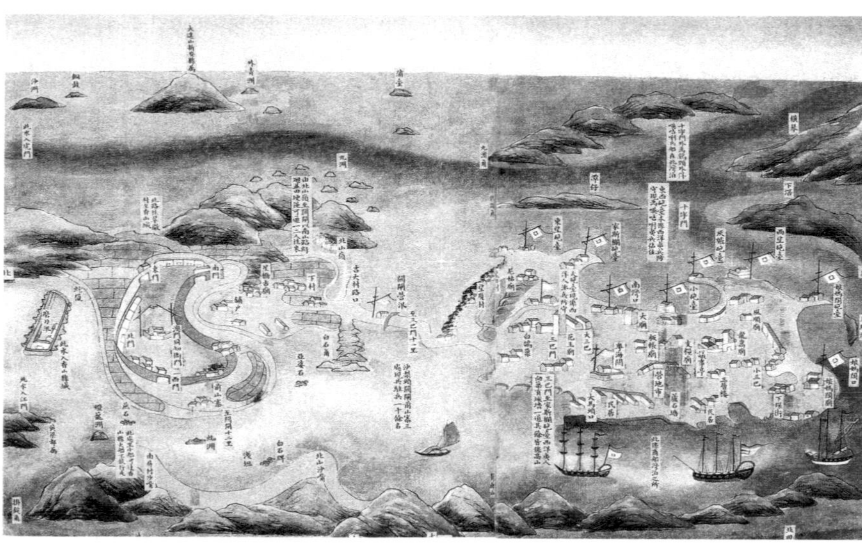

嘉慶十三年(1808)《澳門形勢圖》

澳門:武帝廟關閘**、蓮峰廟、普濟禪院、社稷壇、蓮溪廟、媽祖閣**
俱詳載《澳門纂略》不另載。

以上箋注,参见《澳門纂略》各條。

津 渡

省城便單渡二隻,泊澳門大碼頭①,由澳往省逢三、七日開,由省來澳逢三、八日開。
香山、石岐渡八隻,泊澳門大碼頭,由澳門往石岐逢二、五、八日開,若逢十則開一。由石岐來澳,逢三、六、九日開。
江門渡四隻,泊澳門大碼頭見舊志**,由澳門往江門逢二、七、三、八、五、十日開,由江門來澳門逢一、六、二、八、五、九日開。**
東莞渡一隻,泊澳門南灣,遇便即開。
大澳渡四隻,泊澳門南灣,遇便即開。
過路環渡二隻,即鹽灶灣②,泊澳門船塢口,遇便即開。
長洲渡一隻,泊澳門南灣,遇便開。
萬山渡一隻,泊澳門南灣,遇便開。

---

① 澳門大碼頭:即澳門内港碼頭。

② 鹽灶灣:即過路環。参前“九澳”條。

前山來澳門渡三隻,泊八角亭①,每隻日開一次。

南蓢渡一隻,泊澳門八角亭,遇便開。

橫水渡

沙尾村過秋風角見舊志,即南屏村,因舊志沙尾未改南屏,故稱沙尾。

石角嘴過澳門。

北山沙嘴過前山白墳土②。

案:澳門的交通航綫可以分爲兩類:一類是外洋進入澳門或澳門直通外洋之航綫,一類則是經内河進入澳門或澳門經内河抵達廣州及珠江三角洲各地。前一類葡文資料記録甚詳,故研究者亦多,而後一類則由於資料的匱乏,幾乎無人問津。明崇禎七年(1634)廣東人胡平運曾有奏章稱:"澳夷佔住濠鏡,而闌入之路,不特在香山,凡番、南、東、新,皆可揚帆抵達。"③可知,在明代,澳門通往香山及珠江三角洲各地均有船隻往來,但并無固定的航綫和津渡。首次記録澳門内河航綫者爲《暴志》:

> 前山寨沙梨頭至石岐、澳門至石岐、澳門往新會、江門。

《澳門記略》亦載:

> 其舟楫有高尾艇,有西瓜扁,又有省渡、石岐渡、新會、江門渡。

可知,在乾隆十五年(1750)左右時,澳門地區對内地的内河航綫僅有

---

① 八角亭:當即八角巢(白鴿巢),地近沙梨頭。八角亭應爲《祝志》卷2《輿地·津渡》所言"往澳門、沙梨頭、大涌、赤坎一"中的沙梨頭口。

② 白墳土:疑爲"白墳肚"之誤。《祝志》:"翠微中心涌白墳肚橋仔園往新會江門一。"《田志》載:"白墳肚過北山馬頭一。"

③ 《明清時期澳門問題檔案文獻彙編》第1册《兵部尚書張鳳翼等爲廣東深受澳夷之患等事題行稿》,第17頁。

三條。然至道光七年(1827)《采訪册·津渡》保留了當時廣州、香山及珠江三角洲各地與澳門之間内河航綫的最爲詳細的資料。

據《采訪册》可知,道光時期内地與澳門的航綫一共開闢有12條:

清道光時期内地與澳門航綫統計表

表7

起始地		船隻數(艘)	澳門停泊地	每隻船月單綫航行次數(次)
廣州	澳門	2	澳門大碼頭	12
石岐	澳門	8	澳門大碼頭	168
江門	澳門	4	澳門大碼頭	144
東莞	澳門	1	澳門南灣	遇便開
大澳	澳門	4	澳門南灣	遇便開
長洲	澳門	1	澳門南灣	遇便開
(老)萬山	澳門	1	澳門南灣	遇便開
前山	澳門	3	澳門八角亭	每隻開一次,計9次/月
南莇	澳門	1	澳門八角亭	遇便開
過路環	澳門	2	澳門船塢口	遇便開
石角咀	澳門		經過船	
江門新會	前山白墳土			

據上表統計數可以看出澳門與内地航運的主要地方爲廣州、石岐和江門三地,其主要碇泊碼頭澳門大碼頭,即粤海關澳門分關前面的"税館碼頭"。澳門與廣州每月往返航綫爲12船次,澳門與石岐每月往返168船次,澳門與江門每月往返144船次。當時的航運應包括人與貨。足以反映道光時期澳門與内地運輸業的繁忙。特别是到江門的西江航路的開發,早在鴉片戰争前澳門與西江流域地區的内河航運業即已達到一定的規模。但《祝志》并未采納《采訪册》的資料,而提出了另一套統計數據,其中澳門與内地航綫共有13條:①

① 按:此13條航綫中并未提及廣州(省城)及東莞、大澳、長洲、老萬山等地通澳門之航路。石岐至澳門之航船爲9條,較《香山縣下恭常都十三鄉采訪册》之記載多1條。

清道光時期澳門與香山地區航綫統計表

表 8

類型	起始地		船隻數(艘)
長行渡	石岐	澳門大馬頭、順搭、沙尾、前山、三灶	1
	石岐	澳門、沙環仔	1
	石岐	沙梨頭、澳門、唐家、海門	1
	石岐	澳門、前山、灶貝	1
	石岐	前山、翠微、蜘洲、孖洲、沙尾、北山、澳門	1
	石岐	澳門、沙梨頭、大涌、赤坎	1
	石岐	澳門果欄碼頭	1
	石岐	三灶、大涌、牛婆墊、運塘、澳門	1
	石岐	茅灣、平嵐、雍陌、石塘、烏石、順搭、澳門、蜘洲、孖洲、坦洲	1
	澳門	新會、江門	2
	雍陌	澳門、順搭、涌尾、古鶴、石塘、外埔、前壟、大埔	1
横水渡	北山、灣仔	澳門	1
	前山	澳門碼頭	1

據上表可以看出,有 9 條航綫連接澳門與石岐,二者聯繫最爲密切。《采訪册》與《祝志》所載材料歧異甚大,《祝志》并未采納《采訪册》之數據,不知其所據爲何?

橋 梁

天妃橋，即七星橋，在前山寨南門外。元民周元建石梁見舊志。**乾隆年間，村民吴達廷添設石梁二條，來往便之。**

《鄧志》："天妃橋，在恭常都濠潭村天妃廟前，元民周元建石梁。"道光《廣東通志》載："天妃橋在恭常村，元時建。"①"恭常村"當爲"恭常都"之誤。《采訪册》所載資料最詳。

較場新橋，在寨鸛管埔，大較場之前，其處有巨溝，向無橋梁。嘉慶十六年，設前山新營兵五百，以八株松較場地方狹隘，營主相度地勢，即於此埔開闢較場以便操演。將舊較場廢去，寨民德之，乃樂捐百金，造此橋以報。

較場新橋：又作"教場新橋"。《暴志》："前山寨校場，在東門外八株松。"《澳門記略·前山寨圖》前豐門外標有八株松樹，但前豐門爲南門，過八株松地方有橋，當即校場新橋，爲前山寨入澳之必經之路。《采訪册》資料被《祝志》照録。

馬坑橋，在白石村。元民鮑録事建見舊志。

---

① 〔清〕阮元修：道光《廣東通志》卷153《津渡》1，《廣州大典》總第254册，第192頁。

《鄧志》:“馬坑橋,在恭常都白石村,元民鮑録事建石梁。”

白石橋,在白石村。元民周元建見舊志。

《鄧志》:“白石橋,在恭常都白石村,元民周元建石梁。”

聚源石橋,在北山嶺村前,爲下澳門通衢大路。乾隆年間建。道光四年,官民捐資重修,長三丈五尺,闊四尺。

聚源石橋:此處爲首次出現於文獻,後爲《祝志》收録,載“聚源石橋,在北山嶺村,爲往澳通衢,乾隆間建,道光四年,官民捐資修,長三丈五尺。”

大坑橋,在南大涌村外,爲下常恭都通衢橋。跨大坑,水源來自鳳凰峽。由坑直達坦洲涌,遇大雨,水勢汹涌澎湃。舊有文閣石橋,橋圮而復修者再。乾隆五十年,橋復圮,文閣亦傾塌。道光五年,村人即文閣舊址建先鋒神廟,廟前架木爲橋,人不病涉,且得稍憩,避暑雨焉。

《采訪册》首次記載這一段資料,《祝志》采納并補充:“大坑橋,在南大涌村外,跨大坑,水駛石屢圮。道光五年修,代以木。文閣橋、榕陰橋,在古鎮山之陽。”又有:“文閣凡十六,老安山一、渡頭村一、大涌村一、穀字都一、香山埸一、小欖鄉一、古鎮鄉二、濠頭鄉一、張家邊一、大黄圃三、乾霧村一、北山嶺二。”1861 年,大坑橋重修,但《祝志》仍未記載南大涌先鋒神廟。

瓦窑涌石橋,北山鄉民建。

瓦窑涌石橋,首次見於史料記載,可知其建造年代當在乾隆十五年

(1750)至道光六年(1826)之間。後爲《祝志》收録。①

澳門新橋,舊橋。在澳西北見上《澳門纂略》。

參前"新橋""舊橋"條。

南屏渡頭南屏鄉民建。

《采訪册》獨載。

白墳土北山渡頭,北山楊泗儒捐金砌石百尺。

《采訪册》獨載。

石角嘴渡頭,北山、南屏鄉民捐工石築五十丈。

《采訪册》獨載。

水　利

峽口瀝,在南屏村西八里,將軍山峙其東,攢簇如旗。英管山峙其西,矗立如馬,中通一峽,北接鵝槽、坦洲、孖洲、蜘洲諸

① 〔清〕祝淮修:《新修香山縣志》卷2《建置》,《廣州大典》總第296册,第346頁。

港之水,南達外洋。長十里許,兩旁峭壁石棱,水急如箭而旋轉瀠洄如螺紋焉。風雨將作,則雲霧杳冥,海猪跳躍,嘶風吸浪,黑黄蒼赤,出没波濤,經狀萬端,莫可殫述。以諸山爲外障,故内則涌滘絡繹,外則巨浸汪洋,此通出大海之一握要路也。

峡口瀝:《采訪册》首次記載峡口瀝,後爲《祝志》收録:“峡口瀝,在南屏村西八里,將軍山峙其東,鸚管山峙其西,北接鵝槽、坦洲、孖洲、蜘州諸港之水,南達外洋,長十里許。兩壁峭石,水急如箭,而渦潭旋轉瀠洄如螺紋焉。風雨將作,則雲霧杳冥,海豚跳躍,嘶風吸浪,黑黄蒼赤出没,波濤險怪萬狀。以諸山爲外障,故内則溪谷叢雜,此爲要隘也。”

芒洲瀝,小山連合,浮於水面,周迴四五里。北接峡口瀝之衝,西距鶴洲瀝,連上滘,達澳門,南入下滘與舵尾角,形勢相錯,對立如門,水急而深。凡舟楫往來必經涉澳門西路,最爲要津。國初於洲上建立砲臺,今洋巡戰艦四時停泊其中,此香山水軍分汊之一也。

芒洲瀝:在鶯管山之南。《采訪册》首次記載“芒洲瀝”,《祝志》未載。後爲《田志》收録:“芒洲瀝小山連合,浮於水面,周迴四五里,北接峡口瀝之衝,西界鶴洲,東連上滘達澳門,南入下滘與舵尾角,形勢相錯,對立如門,内十字門之一口也。大釣環越山而南,爲内十字門、東口爲馬骝洲,西口爲芒洲。水甚駛,舟楫多由此,澳門西路最要津。國初建砲臺洲上,今洋巡戰艦常停泊其中,此香山水軍分汊之一也。”

鶴洲瀝,巨海中高峙一山,頭東而昂,尾西而伏,形如立鶴。上接磨刀門、南野角諸水,爲香山、新會兩縣合流之衝。至鶴洲而分其瀝,東瀝較巨,南過芒洲、香洲,東出萬山入海。西

瀝則出大門、二門，亦入於海。兩瀝潮汐各從其道，同一海中，東西迴絶。其流淤漲混濁，色皆紅紫。雖入巨海，水勢迅疾，其流不雜。恭常都環其東，黄梁都繞其西。兩都濱海，田多潮鹵，皆資其流灌溉。東風則瀝水横溢於西，黄梁都獲其水利。西風則瀝水横溢於東，恭常都獲其水利。

鶴洲瀝：位於大横琴島西側鶴洲山上。《采訪册》首次記載“鶴洲瀝”，但所載有誤，其稱“巨海中高峙一山頭，東而昂，尾西而伏，形如立鶴”，此應所述爲“鶴洲”（鶴洲山）而非鶴瀝，下文所述的“東瀝”“西瀝”才是鶴洲瀝。《祝志》采納其説，而有所修訂，先稱：“鶴洲，在巨海中高峙一山頭，東而昂尾，西而伏形，如立鶴。上接磨刀門、南野角。”又稱：“鶴洲瀝，上接磨刀、南塘角，香山、新會間諸水合流南注此適當其衝。瀝遂分東瀝較巨，南過香洲，恭常都鹵田賴焉。西瀝出大門、二門，黄梁都鹵田賴焉。兩瀝潮汐各從其道。惟東風急則横溢於西，而黄梁都利。西風急則横溢於東，而恭常都利。盎西江下流，將出十字門，鹹潮爲淡水所薄，故水所至則田美。”

蜘洲，小山綿亘蒼秀，周迴八九里。南與英管山相距四五里，阡陌縱横，田數十頃。東與白石排相對，而坦洲瀝、峽口瀝界其中。西與燈籠洲相對，而弱水瀝、白蕉瀝界其中。北爲路水道，恭常、谷至兩都穀米往來必經此。實由縣治達澳門水路咽喉之要地也。日久積淤，水落時泥坦露出，幾如平地，舟楫每阻不能行。道光二年，經海防分府金錫鬯詣勘議，開剑[①]七十餘丈，使東西瀝流水相通。若果能此則不獨舟艦往來便利，而引西流歸於東瀝，恭常都斥鹵潮田亦得藉以灌溉。實萬世永賴之良法也。因工費浩大，尚待舉行。

① 原文作“剑”，當爲“鑿”之誤。

蜘洲：當爲"蜘洲瀝""蜘洲嶼"之略，亦爲《采訪册》最先介紹，後爲《祝志》采納改爲"知洲"："知洲，北受諸水，東對白石排，坦洲、峡口兩瀝界其中。西對燈籠洲，孖洲、白蕉兩瀝界其中。南距英管山四五里，田數百十頃。今水道淤積。道光二年海防同知金錫𪶷開渠七十餘丈，引西流歸東瀝，使恭常都鹵田藉以灌溉兼舟楫，以工大不果行。"《祝志》删改之後，不如《采訪册》詳盡。

職 官

案："職官"一欄，參《田志》可補《采訪册》之不足。關於香山縣丞任職時間，道光《廣東通志》中所記同《采訪册》以及《祝志》多有不同。

海防同知

國朝

印光任[①]，江南寶山人。保舉孝廉，乾隆九年任見舊志。

印光任：《暴志》："印光任，江南寶山人，保舉孝廉，乾隆九年任。"《采訪册》資料出自《暴志》。《暴志》有《印光任傳》：

> 印光任，江南寶山人，由保舉孝廉奉命來粤，所至有政績。乾隆八年六月，夷人英吉利於外海仇劫吕宋船，并其貲貨，復擄其人口，風急飄至内洋。任時莅東莞，上憲檄委盤詰。任航海，反覆諭以王章。諸彝畏

① 原文作"印"，當爲"任"，據改。

服將所擄二百九十九人送出,委員交澳夷遞回本國,數百生靈藉以全活。上憲廉其才,題授肇慶府同知,尋以澳門海口要地,亟資彈壓,改爲廣州府海防軍民同知,駐扎前山寨。

前山距澳門三里許,築城鑿池,屹然重鎮。甫下車,偵知吕宋哨船泊十字門外,圖復前仇,任以外夷互相構兵,恐爲海濱患,傳夷目申明恩義,動其天良。逾數日揚帆去,十年六月,英吉利復糾合賀囒夷,駛六巨艦,伺劫吕宋商船,沿海居民驚詫。時秋哨舟師雲集澳門,任會同移師海口,分布防範。適法郎西商舶鼓浪南來,法郎西者,吕宋姻黨也。英吉利殺機頓起,各船一時挂帆起碇,將往截劫。任忿甚,帶領弁員坐駕哨船,督率各營舟師,放至海面,横截中流,遣澳門夷目先駕小舟,諭曉天朝法律嚴明,難容内地猖獗,憤厲激切,蝟鬚魋結之徒始惕息卸帆,而法郎西得從老萬山乘風駛進虎門。越日,諸番船亦次第遠遁,洋海敉寧,商民安枕。上憲據事兩經奏聞,俱極稱旨。

居恒撫馭澳夷,開誠布公,示以恩信,民夷洽和,故當草創之始,遺大投艱,得以從容擘畫,切中機宜,絶無掣肘之患。性復豁達,簡閲士卒,寓恩於威,尤加意人才、義學,課藝手訂甲乙,多士每藉其裁成,而於單寒者頻爲資助,士人至今德之。生平無書不讀,制義揣摩深邃,刊刻流傳,海内奉爲拱璧。古今體詩温厚和平,深得唐人三昧。公餘輒問佳山水,偕人士酌酒擘箋,唱酬成帙。

嗣以東莞税事造册遲延,部議鐫級,奉旨引見。就道日,各屬士民買舟送至數百里外,旗幟掩映,紅蘸江流,至今傳爲盛事。十一年秋,入覲彤廷,承温旨回粤補用,尋擢粤閩南澳軍民同知。香人借寇未能,每讀《鐵城唱和集》,輒思江州司馬不置也。①

① 〔清〕暴煜修:乾隆《香山縣志》卷4《職官》,《廣州大典》總第296册,第94頁。

張薰，河南祥符人。保舉，乾隆十二年任見舊志。

張薰，生平不詳。《采訪册》之記載出自《暴志》。

張汝霖，江南宣城人。拔貢，乾隆十三年任見舊志。

張汝霖，江南宣城人，拔貢，乾隆十一年(1746)任香山知縣，乾隆十三年(1748)任澳門同知。① 《采訪册》所載當出於《暴志》。《暴志》有《張汝霖傳》：

> 張汝霖，江南宣城人，由選拔知縣事。廉介公慎。有經世才。甫下車，即以釐奸剔弊爲己任，凡不便於民者悉去之。邑故繁劇，且承廢馳後，積案紛叢，霖晝則坐堂皇讞獄，摘發如神，夜則秉燭治文書，雙眸炯炯，漏下十餘刻始隱几假寐，嚴寒盛暑率以爲常。
>
> 有阮亞珠者，病羸，被凶誘致湖洲山，叱采其膽。珠方不知所爲，俄藤勒喉間，悶幾死。乃割其腹，以足蹈之，腸肺迸出，凶驚逸。逾時珠轉甦，兩手兜其腸肺，且行且跌。有見之山下者，告其母往視。珠其述所以，且曰："刃我者，龍眼都高姓也。"語訖而暝。告官勘驗後，高姓人人自危。而事頗新異，喧傳省下。時方大索太湖采生奸徒亟，上官疑其餘黨，且事非一人可爲，嚴檄責捕，一邑驚愕。霖五日得其主名，一訊即伏，乃劉而嫁高者。或詰其從犯，以珠母爲佐證，得免株累。法凡采生，括犯者家産給其屬，珠叔涎之。霖召珠母而告之曰："爾鎩乎而子也，子在倚子，子亡倚鎩，可勿念乎。"爲畀之質庫，月食其息。今珠母子亡不失養，子絶得繼孫者，霖擘畫之惠也。
>
> 霖念海濱積淤成田，爲吾民利，經畫既已盡善，而山坳陁岡、畸零磽

① 〔清〕暴煜修：乾隆《香山縣志》卷4《職官》，《廣州大典》總第296册，第94頁。

確之區,猶可藝植雜糧,因力請於上,十畝下聽民自墾,免其陞科,給爲業。縣南舊有羅婆陂,久爲豪强改築,遏水自利,民多苦之。霖詣勘得實,詳允修復故道,藉灌民田數百頃。城内豐山麓爲書院故址,霖拓而新之,前建講堂,後列齋舍,進諸生肄業其中,置鹵田四頃爲膏火資。課藝經其指授者,爲文咸有矩矱,先後咸獲雋。善養善教,百餘年僅一見也。他如築長堤以護河渠,改南橋以利行旅,悉次第舉行。而於表忠式墓之典,三致意焉。宋末張太傅越國公槁葬赤坎村,數百年來榛莽翳如,幾爲狐兔穴,霖行部至止,捐貲伐石封碑,華表焕然,仍設祀田,遣官春秋祭。

旋擢澳門海防同知。地彝人雜處,叵測靡常,霖撫以恩威。番僧以天主教惑衆,於三巴諸番寺外専立一廟煽誘内地民人,名曰"唐人廟"。近如南、順,遠至江、楚,戒期麇集,男女翕從,君子病之,百年而無如何也。會閩省西教奸淫事發,上詔諸道察治,公密白兩府入告,廟乃得封,有私入其教者,罪之如律。先是封廟之令下,夷人憝然不伏。有兵頭者,尤桀驁,議以武抗。霖手疏數百言,反覆論其是非,而利害之形亦具。計檄且至,霖單騎赴之。夷大感悟,環抱霖足而泣,誓永扃其廟不復犯。其膽識濟變類如此。

霖以他族之逼處也,蒿目憂之,時時見諸吟咏。著論四首,備言其病與所以藥之之方,而積重難返。適夷人夜斃簡亞二、李廷富,雖獻凶身、中國憲,心力幾瘁,卒以兵頭擅遣之故,鐫級去。然且傳諭西洋王,遣使就勘,囚執兵頭以歸。因條陳善後十餘事,憲府下其議,勒諸石。

性嗜學,凡兵刑、錢谷、律曆諸書,靡不淹貫,故敷政張弛盡善。尤工詩文,能於漢魏六朝唐宋元明外别辟堂奥,自成一家言,海内名流翕然宗仰。著有《辛辛草》《吴越吟》《耳鳴集》若干卷。去任之日,士民謳思不置。①

---

① 〔清〕暴煜修:乾隆《香山縣志》卷4《職官》,《廣州大典》總第296册,第119—120頁。

自乾隆十六年以後，據該房謂，卷宗日久糜爛，未有抄出，無由稽核。

該房：係指位於前山寨的澳門同知衙門。

案：由於资料的缺失，《采訪册》僅記載前三任澳門海防軍民同知，即乾隆十六年（1751）前擔任同知的印光任、張薰、張汝霖三人。這一記載反映出一個重大問題：澳門同知之職設立之初，尚能引起重視，故前三任澳門同知資料得以保存，而至乾隆十六年（1751）之後，作爲主管澳門地方事務的澳門同知，其資料竟然"日久糜爛"，駐扎關閘内的香山縣丞亦是"自乾隆十六年以後，案卷多失"，可見澳門問題在乾隆中後期并未引起清政府重視，致使澳門同知與香山縣丞之記録殘缺不全。

縣 丞

自明洪武元年至國朝乾隆十五年共五十二人見舊志。**自乾隆十六年以後，案卷多失，今就左科現存底稿抄出列後。**
夏家瑜，乾隆年間任。

夏家瑜，字伯彩，一字潤堂，江西新建人，乾隆四十二年（1777）任香山縣丞。[①] 乾隆四十六年（1781）寶慶府知府。[②] 乾隆四十七年（1782）任江蘇

① 〔清〕史澄：光緒《廣州府志》卷28《職官表》12，《廣州大典》總第268册，第483頁。
② 〔清〕李瀚章：光緒《湖南通志》卷105《名宦志》14，《續修四庫全書》第664册，第34頁。

蘇州府。[①]《清代官員履歷檔案全編》載:"夏家瑜,江西南昌府新建縣監生,(乾隆四十七年)年四十三歲,原任湖南寶慶府知府,前在湖北荆門州任内代顧雲南摺差騾頭,降調引見奉旨,著以同知用,乾隆四十七年十二月分籤補江蘇蘇州府同知缺。"[②]《祝志》"夏家瑜,江西新建人,四十二年",當根據其他史料記録。

朱鳴鸞,乾隆年間任。

朱鳴鸞,當爲"朱鳴和"之誤。據道光《廣東通志》載,朱鳴和,乾隆五十二年(1787)始任三水縣丞。[③] 我們從葡萄牙東波塔檔案館藏清代澳門漢文檔案中發現,其任香山縣丞出現的最早時間爲乾隆五十七年六月初八日(1792 年 7 月 24 日),最遲在乾隆五十八年十二月二十日(1794 年 1 月 25 日),根據其前後任香山縣丞任職時間來看,其任職時間當爲夏家瑜乾隆四十二年(1777)之後,丁觀國乾隆五十九年(1794)之前。《祝志》未記載朱鳴和其人。

丁觀國,乾隆年間任署事。

丁觀國,宛平人,副貢生,乾隆五十九年(1794)以署香山縣丞事。乾隆五十八年(1793)、嘉慶五年(1800)兩次署高要縣丞。嘉慶四年(1799)任陽江縣丞。[④]《祝志》:"先是有閩匪屯聚望厦村,爲居民害,又時擄行人勒贖,莫敢誰何。觀國廉其實,請諸縣捕之。匪皆能鬥,且衆捕役不敢前。觀國手鐵簡先進,村民助之執其首惡,若干人置之法,餘俱逐回。閩民賴以安,

---

① 〔清〕石韞玉:道光《蘇州府志》卷 56《職官表》4。

② 秦國經等主編:《清代官員履歷檔案全編》第 24 册,第 231 頁。

③ 〔清〕阮元修:道光《廣東通志》卷 46《職官表》37,《廣州大典》總第 251 册,第 726 頁。

④ 〔清〕屠英:道光《肇慶府志》卷 13《職官》,《中國地方志集成·廣東府縣志集》第 46 册,第 450、465 頁。

既去,官民禱祝之《采訪册》。"但《香山縣下恭常都十三鄉采訪册》未見該記録,可知《祝志》應是根據香山縣其他鄉《采訪册》而作。

賈奕曾,嘉慶元年任。

賈奕曾,《祝志》:"山西汾陽人,監生,(乾隆)五十六年任(香山縣丞)。"道光《肇慶府志》載:"乾隆五十八年任開平縣巡道。"①《祝志》應是根據其他史料而作。

王嶠,嘉慶六年任署事。

王嶠,嘉慶六年(1801)署香山縣丞,嘉慶十二年(1807)任黄良都司巡檢。②《祝志》未收。

吴兆晉,嘉慶八年任。

道光《廣東通志》載:"吴兆晉,江蘇人,(嘉慶)二年任(香山縣丞)。"③《祝志》"吴兆晉,江蘇武進人,監生,二年任。"《采訪册》記載不確,所載嘉慶八年(1803),應是吴兆晉第二次出任香山縣丞。道光《肇慶府志》載:"(乾隆)五十七年任陽江縣丞。"④《碑傳集》載:"绾女五人,三適分發廣東候補縣丞吴兆晉。"⑤

---

① 〔清〕屠英:道光《肇慶府志》卷13《職官》,《中國地方志集成·廣東府縣志集》第46册,第475頁。

② 〔清〕阮元修:道光《廣東通志》卷45《職官表》36,《廣州大典》總第251册,第483頁。

③ 〔清〕阮元修:道光《廣東通志》卷45《職官表》36,《廣州大典》總第251册,第726頁。

④ 〔清〕屠英:道光《肇慶府志》卷13《職官》,《中國地方志集成·廣東府縣志集》第46册,第464頁。

⑤ 〔清〕錢儀吉纂:《碑傳集》第106卷《乾隆朝守令中之下》之《福建連江縣知縣王先生光燮行狀》,靳斯校點,北京:中華書局,1993年,第3010頁。

李淩漢,嘉慶十年任署事。

李淩漢,僅《采訪册》記載,參見後《縣丞表》。

以上各官,藉貫履歷無存。

案:上述香山縣丞資料應該是在香山縣丞署無存,但在其他文獻中仍能找到相關記載。

姜衷,浙江會稽縣人。由監生捐從九品,遵川楚例加捐分發,嘉慶十四年到任。

《祝志》:"姜衷,浙江會稽人,十四年任。"《祝志》根據《采訪册》記載删減而作。《粤海關志》載:"姜衷,丁慈,俱把總。"①

潘世綸,江蘇吴縣人。由蔭生挑選縣丞試用,嘉慶十七年四月到任。

道光《廣東通志》載:"潘世倫,江蘇人,十五年任。"②《祝志》:"潘世倫,江蘇吴縣人,蔭生,十七年任。"《粤海關志》載:"潘世倫,龔得官,俱把總。"③

---

① 〔清〕梁廷枏著:《粤海關志》卷7《設官》,袁忠仁點校,廣州:廣東人民出版社,2014年,第140頁。

② 〔清〕阮元修:道光《廣東通志》卷45《職官表》36,《廣州大典》總第251册,第726頁。

③ 〔清〕梁廷枏著:《粤海關志》卷7《設官》,袁忠仁點校,第140頁。

周飛熊,湖南湘潭人。由監生遵上方例,報捐縣丞。因辦投誠案内出力,奏留廣東,咨補香山縣縣丞,嘉慶十七年十二月到任。

周飛熊,參前"周飛熊"條。

常應魁,直隸大興人。由監生遵川楚例,捐從九品,因拿獲盜犯,陞用縣丞。嘉慶二十五年到任。

阮元稱:"常應魁,順天大興人,監生,道光元年任縣丞。"①祝淮則稱:"常應魁,順天大興人,(嘉慶)二十五年任。"余疑嘉慶二十五年(1820)爲任命時間,道光元年(1821)爲上任時間,故記載不一致。《粵海關志》載:"常應魁、劉大任,俱外委千總。"②

案:清代直隸,指今天河北地區,明清順天府指北京地區。順天府區域明清以來多有變化,乾隆八年(1743)才固定下來,共有五州十九縣,大興縣也在順天府域内,《采訪册》有誤。

葛景熊,浙江杭州府仁和縣人。由監生遵投效事例,議叙未入流,分發廣東試用。旋因署香山縣淇澳司巡檢任内拿獲鄰境巨盜,給咨引見,以縣丞用。道光四年,補香山縣縣丞,三月到任。

葛景熊,浙江仁和人,曾三次擔任香山縣丞。《采訪册》首次記載葛景熊擔任香山縣丞。《祝志》:"葛景熊,浙江仁和人,三年任。"光緒《廣州府志》

---

① 〔清〕阮元修:道光《廣東通志》卷45《職官表》36,《廣州大典》總第251册,第726頁。

② 〔清〕梁廷枏著:《粵海關志》卷7《設官》,袁忠仁點校,第144頁。

載:“葛景熊,浙江仁和人,三年任,十年、十二年復任。”[①]《粤海關志》載:“葛景熊,劉大任,俱把總。”又稱:“葛景熊,梁大猷,千總。”[②]

① 〔清〕史澄:光緒《廣州府志》卷28《職官表》12,《廣州大典》總第268册,第485頁。

② 〔清〕梁廷枏著:《粤海關志》卷7《設官》,袁忠仁點校,第145頁。

選舉門

進　士

國朝

鮑俊,字宗垣,號逸卿,恭常都香山場人。道光三年癸未科聯捷中式二百一十九名進士。分甲第二甲二名,朝考入選第七名。欽點翰林院庶吉士,改授刑部山西司主事。

案:趙允菁也應是恭常都之進士,不知爲何没有著録。《浦江趙氏家譜》稱趙允菁嘉慶六年(1801)中舉人後,又於道光六年(1826)參加會試,并大挑三等,授南雄州始興縣儒學。又在《重修澳門望夏村普濟禪院碑記》後題"辛酉科鄉進士揀選知縣澳人趙允菁敬譔"。但此處"辛酉科"爲誤,道光六年爲"丙戌科"。

《采訪册》首次記載鮑俊。鮑氏,爲香山山場大姓。《祝志》:"鮑俊,山場人,二年壬午科第二十三名,見進士。"《采訪册》却記載爲"道光三年(癸未年)"。子、午、卯、酉四年爲鄉試,辰、戌、丑、未四年爲會試之年。可知,

《祝志》記載錯誤。

武進士

國朝

楊朝安,字仁暢,恭常都北山村人。嘉慶二十四年己卯恩科聯捷中式三十七名進士。分甲第八名。欽點藍翎侍衛。

《采訪册》首次記載楊朝安。楊氏,爲香山北山大姓。《祝志》:"楊朝安,恭常都北山村人,字仁暢,(嘉慶)二十四年己卯恩科會試中式三十七名,殿試三甲第八名。欽點藍翎侍衛。"光緒《廣州府志》載:"楊朝安,嘉慶二十三年戊寅恩科武舉,二十四年己卯恩科進士,三甲藍翎侍衛,浙江金華都司,處州鎮游擊。"①祖父楊經達、嗣父楊昭炯、生父楊昭焕、兄楊朝振俱獲封贈。②《北山楊氏族譜》載其爲楊昭焕第二子,生母爲韋氏,出嗣功光公,即楊昭炯。③

---

① 〔清〕史澄:光緒《廣州府志》卷55《選舉表》24,《廣州大典》總第269册,第189頁。

② 〔清〕王廷鈐等纂修:《香山縣下恭常都十三鄉采訪册》下卷《人物列傳略》。

③ 〔清〕楊明林等修:《北山楊氏族譜》卷6《世傳》,紹經堂梓,咸豐丁巳年七修。

鄉　舉

國朝

趙元輅，字任臣，號九衢，恭常都人，居澳門，允菁之父。乾隆四十二年丁酉科中式廣東鄉試第十八名舉人。

趙元輅，趙氏，爲澳門望廈村四大姓之一。香山縣澳門望厦村鄉紳，望厦趙氏家族第二十五代，此處爲趙元輅首次見於香山地區方志資料記載。《祝志》："趙元輅，恭常都澳門人，字任臣，（乾隆）四十二年丁酉科第十八名，子允菁。"據《浦江趙世家譜》載："元輅公，字任臣，號九衢，又仲樸，同義公次子，例授文林郎，覃恩敕贈修職郎，生於乾隆己未年十二月初八日卯時，以府案首進□宫，又補膳生，乾隆丁酉科廣東鄉試中式第十八名舉人。"① 《浦江趙氏家譜》稱：第二十五世元輅公，字任臣，號九衢。同義公次子。例授文林郎，覃恩貤贈修職郎，以府案首入泮，補廩膳生。乾隆丁酉科（1777）中式廣東鄉試第十八名舉人。著有《觀我集》，冠刻於書澤堂稿上；《自警日記》藏於家。賦性肫篤豐毅，言動不苟常，浩然有剛大氣，見之者皆謂其嚴嚴氣象云。生平德誼，詳在行略中，生於乾隆四年（1739）十二月初八日，乾隆四十五年（1780）三月二十六日以會試卒於京師廣州會館。享年四十二歲。是年十二月運靈柩回籍，翌年葬於申堂埔頂村，土名蚨蝶地。②

---

① 〔清〕祝淮修：《新修香山縣志》卷4《選舉》，《廣州大典》總第296册，第411頁；佚名：《浦江趙世家譜》，第46頁。

② 趙不争：《浦江趙氏家譜》上卷《第二十五世》，第59頁。

趙允菁,字孔堅,號筠如,恭常都人,居澳門,元輅之子。嘉慶六年辛酉科中式廣東鄉試第四名舉人。道光六年丙戌科大挑,銓授南雄州始興縣儒學,以教諭銜借補訓導。

趙允菁:《浦江趙氏家譜》稱:第二十六世允菁公,字孔堅,號筠如,元輅公長子。覃恩飭授修職郎,例授文林郎。嘉慶六年(1801)中式廣東鄉試第四名舉人,道光六年(1826)會試後大挑二等,授南雄州始興縣儒學,兼主講文明書院。越二載,李鴻賓制憲讚公足爲文士楷模,調委越華監院,邑人士聯名呈請仍留學任以培養士氣而勵人才。道光十三年(1833)陞連平州學正,改就京職等,授翰林院典籍簿。著有《書澤堂文稿》行世。公性嚴謹,存心孝友,篤志詩書,日以獎勵後學、興起斯文爲事。生於乾隆三十三年(1768)十二月二十七日,卒於道光十四年(1834)正月二十三日,享壽六十有七。道光十五年(1835)葬於申堂埔頂村九衢公墓下。娶妻王氏,即《采訪册》主纂王廷鈐之長女。①

鮑俊,道光二年壬午科中式廣東鄉試第二十三名舉人見"進士"。

鮑俊:參前"鮑俊"條。

① 趙不争:《浦江趙氏家譜》上卷《第二十六世》,第62頁。

武 舉

國朝

楊朝安，嘉慶二十三年戊寅恩科中式廣東鄉試第三十八名舉人見“武進士”。

楊朝安：參前“楊朝安”條。

貢 生

國朝

楊紹熙，字若喬[①]，恭常都北山村人。乾隆元年丙辰恩科中式廣東鄉試副榜第六名見舊志。乾隆三十六年銓授嘉應州兴寧縣儒學教諭。享壽一百有二歲。

楊紹熙，恭常都北山人，乾隆元年(1736)丙辰恩科副榜。[②]《采訪册》

---

① 原文作“橋”，當爲“喬”，據改。

② 〔清〕暴煜修：乾隆《香山縣志》卷5《選舉》，《廣州大典》總第296册，第135頁。

載:"楊紹熙,字若喬,號介園,北山村人。原任興寧學教諭,百有二歲。"①《祝志》:"楊紹熙,恭常都北山人,(乾隆)元年丙辰科第六名副榜貢,三十六年銓授嘉應州興寧縣教諭,壽一百有二歲。"且其後注明出自《采訪册》。

鮑士麟,恭常都香山場人。乾隆五年歲貢見舊志。

《暴志》:"鮑士麟,五年歲貢,香山場人。"《祝志》記載較爲詳細:"鮑士麟,字萬振,香山場人,乾隆五年歲貢,性和厚,篤於友愛。仲兄無嗣,命其子繼之,爲置百畝田以厚其業。鄉人有借貸者,度不能償,輒焚其券。及寢疾,鄉人戒毋放紙鳶,恐聒其耳云。"

吴翰,字藩宣,恭常都南大涌人。嘉慶元年歲貢。

此處爲吴翰首次見載於香山地區方志。吴氏,爲香山南大涌大姓之一。《祝志》:"吴翰,恭常都南大涌人,字藩宣,五十九年卯寅歲貢。"誤,乾隆五十九年(1794)爲甲寅年。

趙允鴻,字漸逵,號鳳山。恭常都人,居澳門。由廪貢生,嘉慶十二年歲貢。

此處爲趙允鴻首次見載於香山地區方志。《祝志》:"趙允鴻,澳門人,字漸逵,嘉慶十二年丁卯歲貢。"其他無載。《采訪册》稱"趙允鴻爲恭常都人",官方的《祝志》却稱其爲"澳門人",可見,嘉慶年間,澳門已成爲一個被官方認可的行政區域。《浦江趙氏家譜》第二十六世允鴻公,字漸逵,號鳳山,元寬公長子。廪貢生,序銓儒學訓導。公性耽風雅,喜琴棋,工書法,四子書皆手自箋釋,屢易其稿,多所發明,尤精講學,庸奥義。生於乾隆二十三

---

① 〔清〕王廷鈐等纂修:《香山縣下恭常都十三鄉采訪册》下卷《人物列傳略》。

年(1758)十一月初二日,卒於嘉慶二十年(1815)五月十六日,享壽五十八歲。寄葬於鵝槽山南沙灣,土名鯉魚仔,與楊孺人合墓。①

鍾岳喬,字禹封,號鎮州。恭常都人,居澳門。由廩貢生援例教授教職,嘉慶七年,委署德慶州學正,嘉慶十九年,再委署瓊州府定安縣儒學訓導。

鍾岳喬:參前“鍾岳喬”條。

武 職

國朝

鮑鍾生,字世瑛,鮑昭之子,香山場人。康熙年間,由行伍出身,充小欖左營把總。

《采訪册》首次記載鮑鍾生,《祝志》:“鮑鍾生,香山場人,字世瑛,小欖左營把總。”

容聖時,恭常都南屏村人。由香山協左營效力,驍勇有力。康熙初,賊攻縣城,聖時腰繫巨刀,左右手持藤牌,舒張如翼,逾城而下,斬其賊陣,當先執大旗者,官軍開門齊出,遂獲全勝,以功授左營把總。

① 趙不争:《浦江趙氏家譜》上卷《第二十六世》,第 39 頁。

《采訪册》首次記載容聖時,容氏,爲香山南屏大姓之一。《祝志》載其甚簡,稱"容聖時,南屏鄉人"。《容氏譜牒》載:"聖時,諱之沛,號宜行,敕授奮武郎,公壯年充行伍,康熙初賊攻縣城,公腰利刃以兩籐牌自捍,縋城而下斬賊,陣執大旗者,官軍開門乘之,遂獲全勝,以功授香山協左營把總。生順治甲申年叁月初二日卒康熙庚辰年七月十三日娶楊氏北山元從公次女生崇禎辛巳年十一月廿六日卒康熙戊子年三月初二日壽六十八歲公葬根竹山丁癸妣葬灣仔百足地。"①

徐士桂,字貴任,號德榮。恭常都前山寨人。雍正年間由行伍出身。官至春江協鎮,歷任二十餘年致仕終老於家。舊志載"南澳游擊","桂"錯刊"貴"。

徐士桂,徐氏,爲香山前山大姓。《暴志》作:"徐士貴,前山人,南澳游擊。"《祝志》:"徐士桂,字貴任,世居前山寨,家貧。采樵至風門坳,山路巉巗,嘆曰:'他日得志,必闢此以利行人。'後筮仕時,即踐其言。官至春江協鎮,軍政赫然。年七十告歸。睦鄰恤族,鄉人德之,卒年七十八。"徐世桂爲徐秀芳之孫,徐建高之父,徐紹祖之祖父。

《香山徐氏宗譜·貴任公傳》載:"公諱士貴,字貴任,號德榮,爲徐氏十二世祖,幼好俠,膂力過人,且絶有膽……由行伍洊授廣東春江協副將,尋遷福建金門鎮總兵,所至簡鍊營伍,帳無羸兵,方期專制師千,爲國柱石。"②後授振威將軍。妻吴氏。③

---

① 容麟學撰:《容氏譜牒》卷13《兆六森公支碧巒爪》,民國十八年長世堂鉛印本,廣東省立中山圖書館藏,載孫中山故居紀念館、廣東省立中山圖書館合編:《中山文獻》第7册,廣東人民出版社,2017年,第103頁。

② 〔清〕徐潤等:《香山徐氏宗譜》卷1《貴任公傳》,前山倫緒堂,光緒十年石印本。

③ 〔清〕徐潤等:《香山徐氏宗譜》卷1《徐士貴本身妻室誥命》,前山倫緒堂,光緒十年石印本。

《香山徐氏宗譜・世係圖》載秀芳子瑞碧，瑞碧子貴任，貴任子作尚、作懷，作尚子聖元。①

何聚興，號東山，恭常都南村人。乾隆年間，由行伍出身，官至潭州千總。

《采訪册》首次記載何聚興其人。《祝志》："何聚興，恭常都南村人，由行伍潭州千總。"②縣志之記載當即出自《采訪册》，但縣志中又未注明。

何化龍，字希悠，恭常都南村人。乾隆年間，由行伍出身，充東莞營左部把總。

《采訪册》首次記載何聚興其人，何氏，爲香山南村大姓之一。《祝志》："何化龍，恭常都南村人，字希悠，東莞營左司把總。"《田志》却稱："何化龍，恭常都南門人。"據《田志》，恭常都範圍内并無"南門"地方，當爲"南村"之誤。

徐紹祖，字聖元，號啓亭，恭常都前山人士。桂之孫，乾隆年間由行伍出身，充香山協左營把總。

《采訪册》首次記載徐紹祖其人。徐紹祖，徐士桂孫。《祝志》："徐紹祖，恭常都前山人，字聖元，香山協右營把總。"縣志所載當即出於此。《香山徐氏宗譜・世係圖》載秀芳子瑞碧，瑞碧子貴任，貴任子作尚、作懷，作尚子聖元。③

---

① 〔清〕徐潤等：《香山徐氏宗譜》卷2《世係圖》，前山倫緒堂，光緒十年石印本。

② 〔清〕祝淮修：《新修香山縣志》卷4《選舉》，《廣州大典》總第296册，第417頁。

③ 〔清〕徐潤等：《香山徐氏宗譜》卷2《世係圖》，前山倫緒堂，光緒十年石印本。

楊賢忠,字貽檢,恭常都北山村人。由行伍出身,現充虎門提督軍門把總。

《采訪册》首次記載楊賢忠其人。《祝志》:“楊賢忠,恭常都北山人,字貽檢,虎門提標把總。”《北山楊氏族譜》載:“特授武信騎尉署水師提標中營分府貽檢諱賢忠,號碧峰,仁侃公嫡長子,生嘉慶丁巳二年十月十六日午時,卒道光甲午十四年七月二十日午時,三十八歲,葬本鄉土名鴨氹北向,娶雍陌覃恩貤贈七品孺人鄭氏時升公次女。”①

① 〔清〕楊明林等修:《北山楊氏族譜》卷8《世傳》,紹經堂梓,咸豐丁巳年七修。

經政門

案　由

案牘

乾隆十四年七月二十七日奉督撫憲檄行該司等檄議《澳門約束章程》均屬妥協，即便轉飭遵照按款實力奉行，并即摘叙告示，刊漢字、番字二石於澳門通衢曉諭，務使漢、夷咸知凛遵，安分守法，以除積弊。

一、驅逐匪類。凡有從前犯案匪類，一概解回原藉安插，取具親屬保鄰收管，不許出境。并取澳甲，嗣後不敢容留，結狀存案，將逐過姓名列榜通衢。該保長不時稽查，如再潛入滋事，即時解究原藉，保鄰、澳甲人等一體坐罪。

一、稽查船艇。一切在澳快艇、果艇及各項蛋户、罟船通行，確查造册，發縣編烙，取各連環保結，交着保長管束。許在税廠前大碼頭灣泊，不許私泊他處。致有偷運違禁貨物、藏匿匪竊、往來誘賣人口及載送華人進教拜廟、夷人往省買賣等弊,每日派撥兵役四名,分路巡查。遇有潛泊他處船艇,即時禀報查拿,按律究治。失察之地保一并連坐,兵役受賄故縱,與犯同罪。

一、禁賒物收貸[①]。凡黑奴出市買物,俱令現銀交易,不得賒給,亦不得收買黑奴物件。如敢故違,究逐出澳。

一、犯夜解究。嗣後在澳華人,遇夜提籠行走,夷兵不得故意扯滅燈籠,誣指犯夜。其或事急倉促,不及提籠,與初到不知夷禁,冒昧誤犯,及原係奸民出外奸盜,致被夷兵捉獲者,立即交送地保,轉解地方官,訊明犯夜情由,分别究懲,不得羈留片刻并擅自拷打。違者照會該國王嚴處。

一、夷犯分别解訊。嗣後澳夷除犯命盜罪應斬絞者,照乾隆九年定例,於相驗時,訊供確切,將夷犯就地近飭交縣丞,協同夷目於該地嚴密處加謹看守[②],取縣丞鈐記收管備案,免其交禁解勘。一面由府司申詳大憲[③],詳加覆核,情罪允當即飭地方官眼同夷目依法辦理。其犯該軍流徒罪人犯,止將夷犯解交承審衙門,在澳就近訊供,交夷目分别羈禁收保,聽其候律議[④],詳奉批回,督同夷目發落。如止杖笞人犯,檄行該夷目訊供,呈覆該管衙門核明罪名,飭令夷目照擬發落。

一、禁私擅凌虐。嗣後遇有華人拖欠夷債反侵犯夷人等事,該夷即將華人禀官究追,不得擅自拘集[⑤]屎牢私行鞭責。違者按律治罪。

---

① “賒物收貸”,《澳門記略》作“賒物收貨”。

② “協同夷目於該地嚴密處加謹看守”,《澳門記略》作“協同夷目於該地嚴密處所加謹看守”,多一“所”字。

③ “一面由府司申詳大憲”,《澳門記略》作“一面申詳大憲”,無“由府司”三字。

④ “聽其候律議”,《澳門記略》作“聽候律議”,少一“其”字。

⑤ “拘集”,《澳門記略》作“拘禁”。

一、禁擅興土木。澳夷房屋、廟宇，除將現在者逐一勘查分别造册存案外，嗣後止許修葺壞爛，不得於舊有之外添建一椽一石。違者以違制律論罪，房屋、廟宇仍行毁拆變價入官。

一、禁販賣子女。凡在澳夷華販賣子女者，照乾隆九年詳定之例分别究擬。

一、禁黑奴行竊。嗣後遇有黑奴勾引華人行竊夷物，即將華人指名呈稟地方官查究驅逐，黑奴照夷法重處，不得混指華人串竊，擅捉拷打。如黑奴偷竊華人器物，該夷目嚴加查究，其有應行質訊者，仍將黑奴送出訊明定擬，發回該夷目發落，不得庇匿不解。如違，即將該夷目懲究。

一、禁夷匪夷娼窩藏匪類。該夷目嚴禁夷匪藏匿内地犯罪匪類，并查出賣奸夷娼，勒令改業，毋許窩留内地惡少賭博偷竊。如敢抗違，除内地犯罪匪類按律究擬外，將藏匿之夷匪照知情藏匿罪人律斷。窩留惡少之夷娼、男婦各照犯奸例治罪。如别犯賭博、竊盗，其罪重於宿娼者，仍從重擬斷，并將失於查察之夷目一并處分。知情故縱者同坐。

一、禁夷人出澳。夷人向例不許出澳，奉行已久。今多有匪夷藉打雀名，或驚擾鄉民，或調戲婦女，每滋事端，殊屬違例。該夷目嚴行禁止。如敢抗違，許該保甲拿送，將本犯照違制律治罪，夷目分别失察、故縱定議。

一、禁設教從教。澳夷原屬教門，多習天主教，但不許招授華人，勾引入教，致爲人心風俗之害。該夷保甲，務須逐户查禁，毋許華人擅入天主教，按季取結繳送。倘敢故違，設教從教，與保甲、夷目一并究處，分别驅逐出澳。上條款該夷目請免刊勒番文碑石《澳門記略》無此句。

案:《澳門約束章程》的内容最早見於《暴志》和《澳門記略》,之後關於《澳門約束章程》的記載皆依據這兩部著作,《采訪册》亦在此照列。該章程諸文獻多有刊録,名稱多有不同,分别爲《澳夷善後事宜條議》《臺府敕勒澳夷善後事宜條議碑》《善後事宜條議十二條》《張汝霖制澳十二條》《澳門約束章程》等。根據《暴志》記載可知,《澳門約束章程》才是對這段碑文的最早稱呼,其餘則是根據碑文的主要内容而衍生出來的不同稱呼。①

《澳門約束章程》最早見於《暴志》與《澳門記略》,將《采訪册》所載之《澳門約束章程》與前二者比對,《采訪册》所載與縣志所載相同,而與記略所載有 6 處不同。

《暴志》:"此條該夷目請免勒番文碑内。"而《澳門記略》并無該記載。可知,《采訪册》中《澳門約束章程》出自於《暴志》。可知,當時澳門議事會曾請求張汝霖不要將《澳門約束章程》刻葡文碑立議事亭内。但張汝霖没有允准,還是勒葡文碑於議事亭。

章程共 12 條,其中前兩條針對在澳華人(含陸上居民與水上居民),後十條在於約束澳門葡人的行爲。《澳門約束章程》是張汝霖在過去頒布的法令基礎之上做了很大修改和補充完成的,其中很多法令是過去没有或者没有明確的,在這一次正式以律令的形式明確下來,特别是其中對澳門華人犯罪、葡人犯罪和黑奴犯罪的審判權進行了嚴格界定,不僅表現出清政府對澳門中國居民具有管轄權,而且對違反中國法令的葡萄牙人,也按照中國律令懲處,也就是説葡人也要受中國法律約束。這一部《澳門約束章程》對於清政府捍衛在澳門的主權,加强對澳門的管理和控制有很大積極作用。

葡文版《澳門約束章程》譯文:

由……與澳門華商共同討論修改的石頭章程 11 條用葡文刻在議事廳院内的石頭上,然而中國官員不知道這樣的修改,衹想訂立該章

① 〔清〕暴煜修:乾隆《香山縣志》卷 8,《廣州大典》總第 296 册,第 244—245 頁;譚世寶:《乾隆十四年〈澳門約束章程〉新探》,載《廣東社會科學》2010 年第 2 期。

程,准許其章程的前 11 條在澳門實施。

1. 將所有游手好閑、行爲不端的華人逐出澳門城。

2. 疍民船和其他船隻夜間停泊在關部行臺對面的小海灣(即北灣)。

3. 禁止華人向黑奴賒銷任何商品,禁止華人收購黑奴從主人家偷出的任何物品,違者逐出澳門。

4. 室内偷竊案件後,禁止華人夜間在外行走,將其抓獲後交給理事官,理事官將其移交中國官員懲治。華人夜間提燈在外行走,禁止熄滅華人燈籠,違者將予處罰,葡人士兵由本城的總督和兵頭懲治,其他葡人則由澳門的法官懲治。

5. 如天主教徒殺死華人,遵照定例予以處罰,由葡萄牙人知會葡萄牙國王。

6. 如有華人拖欠天主教徒債務,或對天主教徒造成任何傷害,將其交由欽差大臣懲辦,而非投入天主教監獄。

7. 禁止開發新地基建造新建築,祇准對年久倒塌的舊建築修葺重建,違者逐出本城并依照葡萄牙法律予以處罰。

8. 禁止購買華人子女,違者將分别予以懲罰。

9. 如有黑奴勾結華人行竊,一經查出,將由欽差大臣和本城法官懲治。

10. 禁止本城居民在家窩藏游手好閑、品行不端的華人,違者將予以嚴厲懲罰。婦女在家窩藏品行不端的華人予以同樣的懲罰。

11. 禁止天主教徒出城或單獨到廣州做生意,違者將根據葡萄牙法律分别予以懲罰。①

---

① 全文原載於吴志良、金國平主編:《粵澳公牘録存》,第 1 册第 3 號文書,澳門基金會,2000 年,第 11—13 頁。此文由當時在澳門大學社會科學及人文學院歷史系博士後田渝翻譯,特此致謝。

案:葡文《澳門約束章程》衹有11條,而漢文碑是12條,第12條:禁設教從教,葡文碑没有勒文刊布。

英國國家檔案館藏清代澳門漢文檔案亦收録有該章程,兹録文如下:

前山同知張汝霖①、香山縣暴煜與蕃使庇利那②議十二條泐諸石,漢蕃文各一具:

一、驅逐匪類。凡有從前犯案匪類,一概解回原籍安插,取具親屬保鄰收管,不許出境,并取澳甲嗣後不敢容留結狀存案,將逐過姓名列榜通衢,該保長不時稽查。如再潛入滋事,即時解究原籍,保鄰、澳甲人等一體坐罪。

一、稽查船艇。一切在澳快艇、果艇,及各項蛋婦、罟船,通行確查造册,發縣編格,取各連環保結,交保長管束,許在税廠前大馬頭灣泊,不許私泊他處,致有偷運違禁貨物、藏匿匪竊、往來誘賣人口,及載送華人進教拜廟、夷人往省買賣等弊。每日派撥兵役四名,分路巡查,遇有潛泊他處船艇,即時稟報查拿,按律究治。失察之地保,一并連坐。兵役受賄故縱,與犯同罪。

一、賒物收貨。凡黑奴出市買物,俱令現銀交易,不得賒給,亦不得收買黑奴物件。如敢故違,究逐出澳。

一、犯夜解究。嗣後在澳華人,遇夜提燈行走,夷兵不得故意扯滅燈籠,誣指犯夜。其或事急倉猝,不及提燈,初到不知夷禁,冒昧誤犯,及原係奸民,出外奸盜,致被夷兵捉獲者,立即交送地保,轉解地方官,訊明犯事情由,分别究懲,不得羈留片刻并擅自拷打,違者照會該國王嚴處。

一、夷犯分别解訊。嗣後澳夷除犯命盜罪應斬絞者,照乾隆九年定

① 張汝霖,乾隆十三年(1748)至乾隆十四年(1749)以香山知縣署任澳門同知。

② 蕃使庇利那,蕃使,即葡萄牙國王派來的欽差,亦即王室大法官;庇利那,當即佩雷拉·布拉加,澳門葡萄牙商人,1748年被選爲普通法官,從而被任命爲王室大法官之職。其葡文名爲António Pereira Braga。

例，於相驗時訊供確切，將夷犯就近飭交縣丞，協同夷目，於該地嚴密處所加謹看守，取縣丞鈐記，收管備案，免其交禁解勘，一面申詳大憲，詳加覆核，情罪允當，即飭地方官眼同夷目依法辦理，其犯該軍流徙罪人犯，止將夷犯解交承審衙門，在澳就近訊供，交夷目分別羈禁收保，聽候律議，詳奉批回，督同夷目發落。如止杖笞人犯，檄行該夷目訊供，呈覆該管衙門核明罪名，飭令夷目照擬發落。

一、禁私擅凌虐。嗣後遇有華人拖欠夷債，及侵犯夷人等事，該夷即將華人稟官究追，不得擅自拘禁屎牢，私行鞭責，違者按律治罪。

一、禁擅興土木。澳夷房屋、廟宇，除將現在者逐一勘查，分別造册存案外，嗣後止許修葺壞爛，不得於舊有之外添建一椽一石，違者以違制律論罪，房屋、廟宇仍行毀拆，變價入官。

一、禁販賣子女。凡在澳華夷販賣子女者，照乾隆九年詳定之例，分別究擬。

一、禁黑奴行竊。嗣後遇有黑奴勾引華人行竊夷物，即將華人指名呈稟地方官查究驅逐，黑奴照夷法重處，不得混指華人串竊，擅捉拷打。如黑奴偷竊華人器物，該夷目嚴加查究，其有應行質訊者，仍將黑奴送出訊明定擬，發回該夷目發落，不得庇匿不解，如違即將該夷目懲究。

一、禁夷匪夷娼窩藏匪類。該夷目嚴禁夷匪藏匿内地犯罪匪類，并查出賣奸夷娼，勒令改業，毋許窩留内地悪少賭博偷竊。如敢抗違，除内地犯罪匪類按律究擬外，將藏匿之夷匪照知情藏匿罪人律科斷。窩留悪少之夷娼男婦，如照犯奸例治罪，如别犯賭博、竊盜，其罪重於宿娼者，仍從重擬斷，并將失於查察之夷目，一并處分，知情故縱者同坐。

一、禁夷人出澳。夷人向例不許出澳，奉行已久。今多有匪夷藉打雀爲名，或驚擾鄉民，或調戲婦女，每滋事端，殊屬違例。該夷目嚴行禁止，如敢抗違，許該保甲拏送，將本犯照違制律治罪，夷目分别失察、故縱定議。

一、禁設教從教。澳夷原屬教門，多習天主教，但不許招授華人，勾引入教，致爲人心風俗之害。該夷保甲，務須逐户查禁，毋許華人擅入天主教，按季取結繳送。倘敢故違，設教從教，與保甲、夷目一并究處，分别驅逐出澳。

乾隆十四年七月二十七日①

中國官員管理澳門暫行章程十二條原係漢文②：

第一條，華人之行爲不正者，悉皆屏出澳門。凡游民既已擾亂治安一次，第二次即行驅逐，并令其親屬向官員擔保，不再出外滋事。如澳門華民領袖該處華民代表人有留容該項游民在澳情事，亦須對官員負責。此外，并須將該項游民之姓名加以標記，懸挂公衆之處，并著華民領袖随时查驗。苟有私自回澳者，将该游民及其亲属懲辦。如華民領袖匿不報官，亦科以應得之罪。

第二條，蛋户船皆須查驗。凡住居澳門華人之船，皆須查驗，并將該項船隻開單呈送香山官員，以便該官員將船隻標號，并查驗男女水手，使出具安分切結。該切結即由該官員飭交澳門華人領袖，以便管治。該項人民夜間除鄰近關税船海邊外，男女水手一概不准在别處休息，更不准在幽僻處逗遛，借以防彼等販運禁物，引入無耻之民，以及信從天主教教民瞻仰教堂者，并可防彼等私載西商入廣東一帶。因以上各緣由，中國官員每日派兵四名，巡查藏匿之地，遇見船隻，即行報官拘拏懲辦。華人領袖以失其檢察，亦治以應得之罪。然如該兵役受賄故縱，則按照囚犯鞭笞。

第三條，不准售物人賒貨。華人售物與黑人，須賣現錢，不得任其拖欠，亦不得向彼購物。凡犯此條者，應行治罪，并逐出澳門。

---

① 原檔未署明時間，查乾隆《香山縣志》卷8《濠鏡墺》，《廣州大典》總第296册，第244—245頁，此條例頒布時間爲乾隆十四年七月二十七日。TNA/FO233/132，共1册，《乾隆十四年七月二十七日前山同知張汝霖香山縣暴煜與蕃使庇利那議十二條》，第336—337頁。

② 此章程即"前山同知張汝霖、香山縣暴煜與蕃使庇利那議十二條"之葡文譯版，但可以明顯看出葡文譯版在翻譯時做了很大的改動，有些甚至與原中文意思出現差距。

第四條,關於夜間拘禁華人等事。以後澳門華人持燈晚出,西兵不得故意將燈吹滅,遂行拘拏。凡未點燈之人,或因事忙,因心懷不良;或因初抵澳門,不悉規矩,由該兵拘拏後,則送交華民領袖,該領袖再送交該管官員審判治罪。該領袖不得稍有阻留,尤不得自行懲辦。苟犯此項等情事,則嚴行參劾,由國家從重治罪。

第五條,西人犯法者必交出審判。以後西人有殺人搶劫情事,皆當治以死罪,按照乾隆九年所訂章程辦理。巡察死尸,查驗罪人章程,罪人既經查驗,必交克相白蘭克①官員加意看守。雖准擔保出獄,該官員仍負責任。一面將罪狀申送上司,聽候批斷,不必將罪犯移送。批詞到後,該官員偕地方長老會②照批詞懲辦。凡西人犯法,罪至驅逐出境者,應在澳門附近地方由中國審判官一人審判,既經判斷後,取其擔保,移交地方長老會。該長老會偕地方官實行上司批準之刑罰,罪稍輕者,即由長老會先行審斷,再行稟報官府。俟官府批准後,所定之罪,方作爲合例。

第六條,禁止傷害華人。凡拖欠西人債項,或侮辱西人之華人,統須報官,由官審判懲罰,不得自行隨意拘禁鞭笞,犯此條者治罪。

第七條,禁止添築房屋及禮拜堂。現在所有房屋皆須開單列表,以後即不准再行建造。惟破壞者,准其修理。犯此條者,作爲犯國法罪人論,并將所造房屋或搗毀,或變賣,收没入官。

第八條,無論華洋人等,一概不准販賣中國男女。犯此例者,按照乾隆九年所訂專律治罪。

第九條,禁止黑奴偷物。以後黑奴如誘華人竊取西人物件,該華人即送交華官辦理,逐出澳門。該黑奴則按照西律從重治罪,惟不得有意牽連華人,加以引誘。黑奴竊物之罪,尤不得隨意罰辦華人。如黑奴竊

① 克相白蘭克,即 Casa branca,意爲白屋,指澳門同知所在的前山寨,因前山寨的房子都是用白色的石灰水塗抹,故葡人稱前山寨爲白屋。其中文原文條款是指"縣丞",而不是指澳門同知。

② 長老會,中文版對應詞爲"夷目",實際上是指澳門議事會理事官唦嚟哆。

取華人物件,地方長老會必加意查詰,如應由審判官判斷者,則送交華官審問辦理。該華官既已判斷,仍送回長老會,使將判詞實行之,華官可警戒長老會故縱罪人等事。

第十條,禁止西國敗類及妓女等藏匿中國匪徒。長老會應盡力禁止西國敗類藏匿中國匪徒,并應力禁戒西國婦女藏匿年輕華人,致有賭博、竊取等事,當令該婦女等另謀生計。如有犯此條者,非特華人治罪,即藏匿之歐人,亦照違犯賣淫律懲辦。其違犯竊賭博訓令者,比賣淫更爲可惡,應即從嚴治罪。長老會如失於檢察,亦科以應得之罪。凡知此禁令而敢故縱犯罪者,亦行懲辦。

第十一條,西人不准在澳門外游行。向來西人不准越出澳門,近今竟有敗類以打獵爲名,下鄉騷擾奸淫婦女,此實有背舊例。長老會應將再犯此事者,從重懲辦。各村董保,准其拘拏違犯此令之人送呈官府,按照犯國法律治罪,長老會亦照其失察之大小,科以刑罰。

第十二條,禁止傳教。住居澳門西人雖皆係傳道教民,惟該教壞人心術,不准勸誘華民入教。長老會及華民領袖須按户查察,禁此入教。犯此禁令之人,以及傳教信教之人,皆行逐出澳門。中國領袖及長老會亦按照犯罪等次治罪。

乾隆十四年即西歷一千七百四十九年①

乾隆八年案由

初,華人嗜利,見役於澳夷。久之,被其凌虐有至死者,有司匿而不以聞②。乾隆八年秋,嘜些嚧刃陳輝千致弊③。策

---

① TNA/FO233/132,共1册,《乾隆十四年中國官員管理澳門暫行章程十二條》,第333—335頁。

② “有司匿而不以聞”,《澳門記略》作“有司率匿不以聞”。

③ “弊”當爲“斃”之誤。

制軍下其事香山令王之正。屢諭屢抗，嘆些嚧卒伏法。因上言：化外人有犯，原與内地不同，請訊明確切，詳候核定。地方官同夷目將犯人依法辦理，免其交禁解勘，一面據實奏明。庶上申國法，下順民情[①]。詔可其奏[②]。

刑部《一件奏明事札付》，内閣抄出，據兩廣總督策楞等奏前事，本部議得。該督奏稱：澳門地方，係民番雜處之地，乾隆八年十月十八日，在澳貿[③]易民人陳輝千，酒醉之後，途遇夷人嘆些嚧，口角打架，以致陳輝千被嘆些嚧用小刀戳傷身斃。據縣驗傷所供，填格通報，并密稟：西洋夷人犯罪，向不出澳赴審，是以兇犯於訊供之後，夷目自行收管，至今抗不交出。臣同前撫臣王安國誠恐該地方官失之寬縱，當即嚴批照例審擬招解，嗣據該縣叠催，隨稟：據夷目稟稱，番人附居澳境，凡有干犯法紀，俱在澳地處治，百年以來，從不交犯收禁。今嘆些嚧傷斃陳輝千，自應仰遵天朝法度，擬罪抵賞，但一經交出收禁[④]違犯本國禁令，闔澳夷目均干重咎[⑤]。懇請仍照向例，按法處治，候示發落等詞，具稟。臣等伏查，澳門一區，夷人寄居市易，起自前明中葉，迄今垂二百年。中間聚集番男、番婦不下三四千人，均係該夷王分派夷目管束。番人有罪，夷目俱照夷法處治。重則懸於高竿之上，用大炮打入海中，輕則提入三巴寺内，罰跪神前懺悔完結。惟民夷交涉事件，罪在番人者，地方官每因其係屬教門，不肯交人出

---

① "下順民情"，《澳門記略》作"下順夷情"。

② "詔可其奏"，《澳門記略》作"詔可其奏，著爲令"。

③ "貿"，原文缺，據《澳門記略》補。

④ "收禁"，《澳門記略》作"收監"。

⑤ "闔澳夷目均干重咎"，《澳門記略》作"闔澳夷目均干重辟"。

澳。事難題違類，皆不禀不詳[①]，即或通報上司，亦必移易情節，改重作輕，如斗殺作爲過失，冀悻[②]外結省事，以致歷查案卷，從無澳夷殺死民人抵償之案。今若徑行搜拿、追出監禁，恐致夷情疑懼，别滋事端。倘聽其收管，無論院司不能親審，礙難定案承招，并慮曠日遲久，潛匿逃亡，致夷人益生玩視法紀之心，天朝政體攸繫。臣等公同酌核，此等事件似應俯順夷情，速結爲便。惟照夷法，炮火轟死，未免失之過慘。隨飭司檄委該府，督同該縣前往妥辦去後。兹具按察使陳高翔詳，據廣州府知府金允彝詳稱，遵即宣布德威，嚴切曉諭，并將兇犯嘪些嚧應行絞抵之處，明白示知各夷目，遂自行限日，眼同屍親，將兇犯嘪些嚧於本月初三日用繩勒斃。闔澳番人靡不畏而生感，等情前來。臣等查核原供，釁起於撞跌角毆，殺非有心。嘪些嚧律應擬絞。既據該夷目已將兇犯處治[③]，一命一抵，情罪相符。除批飭立案外，所有臣等辦理緣由，理合奏明。抑臣更有請者，化外之人有犯，原與内地不同。澳門均屬教門，一切起居服食，更與各種夷人有間。照例解勘承招，夷情實有不願，且兇犯不肯交出，地方官應有處分。若不明定條例，誠恐顧惜考成，易啓姑息養奸之弊。可否仰邀聖恩，特降諭旨，嗣後澳夷殺人，罪應斬絞而夷人情願即爲抵償者，該縣於訊供之時[④]，訊明確切，由司核明，詳報督撫，再加覆核。一面批飭地方官同夷目將犯人依法辦理，一面據實奏明，并抄供報部查核。庶上申國法，下順夷情，重案不致稽

① “事難題違類，不皆禀不詳”，《澳門記略》“事難題達類，皆不禀不詳”，此處當係《采訪册》誤抄。

② “冀悻”，《澳門記略》作“冀幸”。

③ “該夷目已將兇犯處治”，《澳門記略》作“該夷目將兇犯處置”。

④ “該縣於訊供之時”，《澳門記略》作“該縣於相驗之時”。

延，而澳夷桀驁不馴之性亦可漸次悛改等因，具奏前來。查律稱化外之人有犯，并依律問斷，但期於律無枉無縱，情實罪當，其他收禁成招等項節目，原不必依內地規模①，轉致礙難問擬。今據該督等奏稱，澳門夷人均屬教門，一切起居服食更與各種有間②，照例解勘承招，夷情實有不願，請嗣後澳夷殺人罪應斬絞者，該縣相驗時訊明確切，詳報督撫覆核，飭地方官同夷目將犯人依法辦理，一面據實奏明等語。應如所奏請，嗣後在澳民番，有交涉謀故③鬥毆等案，其罪在民者照律例遵行外，若夷人罪應絞④斬者，該縣於相验時訊明確切，通報督撫，詳加覆核，如果案情允當，該督撫即行批飭地方官，同該夷目將該犯依法辦理，免其交禁解勘，仍一面據實奏明，并將招供報部存案。其嘍些嚧戳傷民人陳輝千身死一案，該督等既稱兇犯應行絞抵之處，據夷目眼同屍親，將嘍些嚧用繩勒斃，番人靡不畏而生感等語。應毋庸再議。

王安國：字書城，號春圃，江南高郵人，雍正二年(1724)甲辰科進士，官至吏部尚書，謚號文肅。雍正十三年(1735)任肇高學政，乾隆六年(1741)任廣東巡撫。⑤

陳高翔：字子博，號巽園，福建晉江人，雍正五年(1727)進士，授工部營繕司主事。乾隆八年(1743)調任廣東按察使，政績卓越，後以病歸鄉里，卒

---

① “原不必依内地規模”，《澳門記略》作“原不悉依内地規模”，“悉”有全部之意，“必”有必要之意，當爲《采訪册》之誤。

② “一切起居服食更與各種有間”，《澳門記略》“一切起居服食更與各種夷人有間”，《采訪册》漏抄“夷人”二字。

③ “故”當爲“害”之誤。

④ 原文作“較”，據文意當爲“絞”之誤。

⑤ 〔清〕阮元：道光《廣東通志》卷43《職官表》34，《廣州大典》總第251册，第690頁；〔清〕楊宜崙修：乾隆《高郵府志》卷9《選舉志》及卷10《人物志》，中國地方志集成本。

年 75 歲。[①]

金允彝:漢軍鑲白旗人,監生,乾隆八年(1743)任廣州知府。[②]

晏些盧:澳門葡人,葡文名"Anselmo"。

策制軍:指署任兩廣總督的策楞。

王之正:順天通州人,舉人,乾隆九年(1744)署任香山縣令。[③]

案:陳輝千案,是澳門司法史上的一個重要轉折點,故給以特别關注。該事件原委如下:1743 年 12 月 3 日,澳門華商陳輝千酒醉後在路上與葡人晏些盧發生争吵、鬥毆,後被晏用小刀戳傷致死。兇犯被審訊招供後,葡萄牙澳門政府自行收管。香山縣令王之正根據過去案例,即洋人犯罪如與華人有關,即按照由駐澳中國官員處理的規定,要求葡方交出兇犯。葡方一再拒絶,并聲稱近百年來犯罪的葡人俱在澳門懲治,如將兇犯交給中國政府,則違反了葡萄牙政府下達的禁令,又懇請中國官府允准他們仍在澳門處置這一案件。兩廣總督策楞經過會商後,報告給乾隆帝,乾隆同意廣東官員的意見,决定同意葡萄牙人的要求,在司法上給予一些特殊照顧,通知葡方應當按照《大清律例》將兇犯絞死,并派廣州知府、香山縣令等會同澳門政府在澳門執行。[④] 關於澳門葡人的司法判案,策楞稱:"澳門聚集番男婦女三四千人,均係葡國國王分派夷目管束,番人有罪,夷目俱照夷法處治,重則懸於高竿之上,用大炮打入海中;輕則提入三巴寺内,罰跪神前懺悔完結。惟民番交涉事件,罪在番人者,地方官每因其係屬教門,不肯交人出澳,事難題達,類皆不稟不詳。即或通報上司,亦必移易情節,改重作輕,如鬥殺作爲過失,冀幸外結省事。以故歷查案卷,從無澳夷殺死民人抵償之案。"這也就是

① 福建地方志編纂委員會主編:《晉江縣志》卷 39《名臣傳》,福州:福建人民出版社,1990 年,第 1148 頁。

② 〔清〕阮元:道光《廣東通志》卷 45《職官表》36,《廣州大典》總第 251 册,第 709 頁。

③ 〔清〕史澄:光緒《廣州府志》卷 28《職官表》20,《廣州大典》總第 268 册,第 487 頁;〔清〕祝淮修:《新修香山縣志》卷 3《職官》,《廣州大典》總第 296 册,第 384 頁。

④ 《明清時期澳門問題檔案文獻彙編》第 1 册《廣州將軍策楞等奏報辦理晏些盧紮傷商人陳輝千致死案緣由摺》,第 198—199 頁。

説,葡人晏些盧殺死華人陳輝千而被判絞刑,是清代中葡司法交涉史上的第一例。這一案件的處理改變了中國歷代“化外人有犯,并依律問斷”的法令,而變爲“澳夷”殺害中國居民,“罪應斬絞者”,由中國地方官員在澳門會同澳葡官員將兇犯依法處決。後又在1774年乾隆敕令中得到明文規定,列入清朝律例。這就是著名的“乾隆九年定例”。文稱:“嗣後在澳民蕃,有交涉謀害鬥毆等案,其罪在民者,照律例遵行外,若夷人罪應絞斬者,該縣於相驗之時訊明確切,通報督撫詳加覆核,如果案情允當,該督撫即行批飭地方官,同該夷目將該犯依法辦理,免其交禁解勘,仍一面據實奏明,并將供報部存案。”①“乾隆九年定例”的出臺,在澳門司法治理史上具有重要意義,它從此成爲清政府與澳葡進行司法交涉、處理澳門華洋命案的基本依據。長期以來,鑒於澳門華洋命案的複雜性,其處理方式與内地普通刑事案件,或其他外國人之間的案件應有區別。然而司法實踐中缺乏可操作的相關依據,地方官員處理這類案件十分爲難,既難以完全依照内地的司法程式進行,又不可能完全聽任澳門葡人自便,結果往往是極力隱瞞真相或篡改案情,以推卸或減免責任,反而使澳門葡人有機可乘。爲使情勢不至於進一步惡化,清政府衹能在此案交涉中對司法程式進行適當調整。正是這一調整,“乾隆九年定例”才得已出臺。清政府改變了過去在澳門實行“化外人有犯,并依律問斷”的清律,即犯有死罪的澳門葡人不再押到内地正法,廣東官員在澳門會同澳葡官員依法處决,加强了對澳門華洋命案的司法治理,鞏固了清政府在澳門的司法管轄權,豐富了《大清律例》的内容。②

嘉慶四年蕉園圍案由③

---

① 〔清〕印光任、張汝霖:《澳門記略》卷上《官守篇》,《廣州大典》總第221册,第340—341頁;〔瑞典〕龍思泰(A. Ljungstedt)著,吴義雄等譯《早期澳門史》稱:“乾隆還爲此頒布敕令:自此以後,如若中國人殺了澳門之歐洲人,將按中國律例進行判决;如若歐洲人殺死中國人,則用刀或繩索執行其死刑。其他事項諸如先審訊罪犯,將投入監牢,再將其交給中國地方官員,則不必要。”

② 何志輝:《明清澳門的司法變遷》,第94頁。

③ 此題名係校注者據内容擬定。

嘉慶四年九月内,有澳夷噶喊督率黑奴入蕉園圍拆屋。因該夷要將此地加租,不遂其欲,又要取回此地,建造房屋,迫令搬遷,不遷則拆等由。嗣據蕉園圍民人黄玉成等赴縣呈控,經前李縣憲牌仰夷目喽嚟哆,禁止不聽,致民夷争訟,案懸日久,後經陞縣憲許乃來查案斷結。嗣後凡内地民人租賃夷人房屋,或典、或頂受世傳物業并不得加租,亦不得押遷擅拆,永爲定例,等因在案。但日久全案遺失,無由詳注,僅得民人黄玉成等原禀,并批及李前縣憲諭管庫喽嚟哆牌文,抄録其案由。縣中承發房檔册當有存案,必須東道方可抄録。

民人黄玉成等禀稿

具禀。黄玉成、鄭德如、吴其昌、游寬、楊德賢、林鳳文、梁德祺、林祥高、陳華昌、林元、陳彩名、吴啓祥、林譚氏、區鄭氏、張劉氏,住澳門一百二十里地保韋運林禀爲毀巢殺命號天亟諭救民事:

切蟻等世居澳門蕉園圍,現住房屋,係各承祖父遺存,或後來頂受,并非夷屋,止係地屬夷管。遞年共納地租銀二十兩零三錢①,與夷人味嘰,歷居無事。

本年四月,通事到圍説此地要加租。蟻等見無此事例,不遂其欲。七月又説,夷人噶喊·味咣吔要取此地建造樓臺,着蟻等搬遷,不遷則拆。蟻等料非夷屋,焉能押遷。八月初四日,突被通事協夷人噶喊率黑奴十餘人蜂擁入圍,喧嘩拆屋。男婦驚惶,孩童號哭,鷄犬走散,督將閘門拆毁,近閘屋墻被拆。男婦跪懇暫止,説限俟月底務要盡遷。澳差徐超即改名徐璋在傍,不即救護,又不禀憲,反爲夷人牙爪,喝令

① 《嘉慶四年十一月初二日香山知縣許乃來諭澳門夷目喽嚟哆》載"歲納租銀三十兩零三錢",檔案號:PT/TT/DCHN/1/3/000357。

蟻等要搬。經投地保，通澳共知。忖蟻世居此圍，今[①]被强取，旦夕迫遷，男婦丁口數十，栖身何地。不遷則拆，拆即必拒，時窮勢迫，恐有致傷人命，禍患莫測。事關破巢，冤苦求伸，祇得聯名禀叩，哀鳴亟救，伏乞急諭夷目禁止，嚴飭夷人嗎喊并通事人等，勒令修復閘門，俾得安堵沾恩。切赴。

嘉慶四年八月十三日禀

前李縣憲批：候飭夷目查覆，爾等毋得藉端滋事，致干重咎。

前李縣憲諭嘜嚟哆牌文

特調香山縣正堂加五級紀録五次李爲毀巢殺命等事：現據黄玉成等禀稱，蟻等世居澳門云云，沾恩等情到縣，據此，查澳地民人居處，所住夷人房屋向有定額。兹據前情合飭查復，爲此牌仰夷目嘜嚟哆急照事理，文到刻即查明黄玉成等所禀各情是否屬實。如果通事協同夷人嗎喊督率黑奴入蕉園圍拆屋，該夷目速即嚴行禁止，毋任抗違滋事。仍將查過緣由禀覆，凭本縣察核，均毋遲違，速速。

嘉慶四年九月初七日諭

萬威：澳門葡人，全名作萬威・味先地（Manuel Vicente）。[②]

蕉園圍：葡文作，Da Pedra，澳門古圍村，位於三層樓街，1905 年《澳門街道名册》稱，它的門牌號有 1～13 號，共包括 10 棟建築物，原歸清政府管理，1849 年澳葡總督亞馬留殖民擴張，逐漸被納入其管轄範圍。

李憲縣：指許乃來的前任香山知縣李德輿。李德輿，直隸永平府灤州

① 原文作“令”，據文意當爲“今”，據以改。

② 《嘉慶四年十一月初二日香山知縣許乃來諭澳門夷目嘜嚟哆》，檔案號：PT/TT/DCHN/1/3/000357。

人,舉人。先任房山縣教諭,乾隆五十八年(1792)陞任廣東肇慶府新興縣知縣。乾隆五十九年(1793)任,任職至嘉慶四年。①

許乃來:字遜懷,號菊船,又作"菊傳",乾隆四十八年(1783)举人,浙江仁和人,嘉慶四年(1799)由海豐縣調任香山知縣,在任三年,政績卓越。②

味嘰:澳門葡萄牙人,是爲澳門蕉園圍的租客,葡文名爲"Miguel"。

案:上述文件可定名爲"嘉慶四年蕉園圍加租案案由",《采訪册》保存了該案事件的經過,而且保存了"縣中承發房檔册"中的檔案"民人黄玉成禀稿"和"前李縣憲諭委黎多牌文"原文。"前李縣憲"即李德輿。該案由於牽涉面較大,驚動範圍亦廣,所以在《清代澳門中文檔案彙編》及《粤澳公牘録存》中均保留了幾份當時的中葡文原檔案,如《香山知縣許乃來爲萬威·味先地逼遷蕉園圍黄玉成房屋事下理事官諭》《香山知縣許乃來爲嘆萬威·味先地復瀆禀押遷蕉園圍居民事下理事官諭》《香山知縣許乃來爲蕉園圍房屋聽任民人照舊居住毋得妄思押遷事下理事官諭》及《爲命令蕉園圍居民遷離事致香山縣令札》(1ª Chapa p. ao Mand. Gov.^or de Hiang – xan instando pela evacuação do Xale de Csaoyuenuei),但《采訪册》中的"民人黄玉成禀稿"和"前李縣憲諭委黎多牌文"則是僅見於本册中。

葡文文獻中亦有關於這是事件的描述,譯文如下:

致香山縣丞關於堅决要求遷出蕉園圍的公牘

官員先生:

您已經知道,澳門居民曼努埃爾·文森特(Mac. Manuel Vicente)購買了蕉園圍,準備重建自用。爲此,他三番五次地警告居住在裏面的居民,要求他們另找住所,在最短的時間内搬遷。然而他們總是要求推遲時間,不僅拒絶搬走而且用……和毫無根據地理由欺騙您,直至您親自到澳門調查,我的前任口頭上向您表示……住在蕉園圍居民的托詞,一個最有力的證詞即蕉

① 〔清〕祝淮修:《新修香山縣志》卷3《職官》,《廣州大典》總第296册,第384頁;秦國經等主編:《清代官員履歷檔案全編》第2册,第436頁;第22册,第681、736、740頁;第23册,第5、11、15、18頁。

② 〔清〕祝淮修:《新修香山縣志》卷3《職官》,《廣州大典》總第296册,第384頁。

園圍只有幾間小屋，人口很少，并不是他們所妄稱的一百多人。鑒於我的前任對您的懇求，本函下面闡述真正的理由，希望您能够准許曼努埃爾·文森特擁有蕉園圍。在中國没有任何權力能够阻止任何人使用他的産權。曼努埃爾·文森特要求住在裏面的居民遷出蕉園圍，不是爲了另租他人或者增加租金，而僅僅是爲了擴展自己的房産。一個月已經過去了，仍未收到您的任何解决方案，我不得不寄此公牘於您，再次懇求您考慮這些理由，命令住在蕉園圍的中國居民在最短時間内搬遷，將房子還給房主，使他能够真正享有該房屋，以免發生任何騷亂。

嘉慶四年十二月十七日

1800 年 1 月 11 日①

澳門

嘉慶十四年案由

臣慶桂等謹奏，爲遵旨會議事。嘉慶十四年五月十一日兩廣總督臣百齡等奏《酌籌民夷交易章程》一摺，奉硃批：軍機大臣會同長麟奏。欽此。伏查粤省澳門爲大西洋納税租住，與中國貿易至今，民夷稱便。從前奏定章程，於内外防範事宜，本極周密，惟是法至久弊生，勢所不免，且今昔情形稍有不同，亦當相度機宜，因時立制，以仰副皇上柔遠通商至意。臣等公同籌酌，謹將今議各條開列於後：

一據稱澳内爲地無多，民夷雜處。請將西洋人現有房屋户口查明造册，不許再行添造。民人挈眷在澳居住者，亦令查明户口造册，止准遷移出澳，不准再有增添等語。查澳内西洋人房屋，因生齒日繁，屋宇漸增，澳内民人因西洋夷目懇留，殷實者以憑貿易，以是仍准携眷居住，但不予以限制，則

---

① 全文原載於吴志良、金國平主編：《粤澳公牘録存》，第 2 册第 194 號文書，第 335—336 頁。承澳門大學社會科學及人文學院歷史系博士後田渝翻譯，特此致謝。

日久蔓延,恐至滋生事端。應如該督所請將澳門所住西洋人及内地人名户口查明造册,所有夷人續建房屋不必全行拆毁,亦不准再爲增添。民人携帶眷口不必概予驅逐,亦不准復有增添。於體恤防间,庶爲兩得。

慶桂:字樹齋,章佳氏,滿洲鑲黄旗人,大學士尹繼善第四子,以蔭生授户部員外郎,充軍機章京,超擢内閣學士,有政績。該處所記慶桂,時任刑部尚書,兼兵部尚書。嘉慶二十一年(1816)病逝,謚號文恪。①

長麟:全名作覺羅長麟,字牧庵,隸正藍旗。乾隆四十年(1774)進士,授刑部主事。後歷任山東巡撫、雲貴總督、閩浙總督、兵部尚書、内閣大學士等職,乾隆五十八年(1793)任兩廣總督,政績卓越。嘉慶十六年(1811)去世,謚號文敏。②

《酌籌民夷交易章程》:即《華夷交易章程》,参見下文。

案:1809年6月2日,爲了進一步加强對廣州與澳門對外貿易的管理,兩廣總督百齡制訂和頒布了《華夷交易章程》,即《酌籌民夷交易章程》。該章程共6款,主要内容爲:

一、外夷兵船應停泊外洋,以肅邊防也。查,外夷來廣貿易,先將貨船停泊伶仃等處外洋,報明引進黄埔河面,以便查驗開艙,從不許護貨之兵船駛入内港。近年以來,漸不恪守舊章,應請嗣後各國貨船到時,無論所帶護貨兵船大小,概不許擅入十字門及虎門各海口,如敢違例擅進,經守口員弁報明,即行驅逐,一面停止貿易。庶邊防嚴肅,該夷人等不敢萌輕視之心。

二、各國夷商止准暫留司事之人,經理貨賬,餘飭依期歸國,不許在澳逗遛也。查,外夷商船向係每年五六月收泊,九十月歸國,該夷商或

① 趙爾巽:《清史稿》卷341《列傳》128,第11095—11096頁。

② 趙爾巽:《清史稿》卷343《列傳》130,第11129—11131頁。

因貨物未銷,或有行商挂欠未清,向準在粤海關請照下澳暫寓住冬,仍候行賑算明,即於次年催令回國。邇來該夷等竟有在澳久居遷延不去者,名數較多,且種類不一,誠恐别滋事端。嗣後各夷商如銷貨歸本後,令其依期隨同原船歸國,不得在澳逗遛。即有行欠未清,止准酌留司事者一二名在澳住冬清理,責令西洋夷目及洋行商人,將留澳夷人姓名造册申報總督及粤海關衙門存案,俟次年即令歸國,亦申報查考,如敢任意久住或人數增多,查出立即驅逐。

三、澳内華夷宜分别稽查也。查澳内西洋人房屋,自乾隆十四年議定章程,止許修葺,不許添造,嗣因西洋夷人生齒日繁,以致屋宇逐漸增添。至澳門華人,原議不准携帶妻室,以杜販賣子女之弊。嗣因西洋夷目呈稱華夷貿易,惟賴殷實華人方足取信,若室家遷移,則萍踪靡定,虚實難稽,是以住澳華人仍准携帶妻室,安土重遷,亦難概令挈眷遠徙。惟澳内爲地無多,華夷雜處,若不定以限制,恐日致蔓延,應將西洋人現有房屋若干、户口若干,逐一查明,造册申報,已添房屋,姑免拆毁,不許再行添造寸椽。華人挈眷在澳居住者,亦令查明户口造册存案,止准遷移出澳,不許再有增添。庶於體恤之中,仍寓防閑之意。

四、夷船引水人等,宜責令澳門同知給發牌照也。查各國夷船行抵虎門外洋,向係報明澳門同知,令引水人帶引進口,近年竟有匪徒冒充引水,致滋弊竇。嗣後夷船到口,即令引水先報澳門同知給予印照,注明引水船户姓名,由守口營弁驗照放行,仍將印照移回同知衙門繳銷。如無印照,不准進口,庶免弊混。

五、夷商買辦人等,宜責成地方官填選承充,隨時嚴察也。查夷商所需食用等物,因言語不通,不能自行采買,向設有買辦之人,由澳門同知給發印照。近年改由粤海關監督給照,因該監督遠駐省城,耳目難周,該買辦等唯利是圖,恐不免勾通外來商販私買夷貨,并代夷人偷售違禁貨物,并恐有無照奸民從中影射滋弊。嗣後夷商買辦,應令澳門同知就近選擇土著殷實之人,取具族長保鄰切結,始准承充,給與腰牌印照。在澳門者,由該同知稽查;如在黄埔,即交番禺縣就近稽查。如敢於買辦食物之外代買違禁貨物，及勾通走私舞弊，并代雇華人服役，查出照例重治其罪，地方官徇縱，一并查參。

六、夷船起貨時，責令洋行按股交易，不准奸夷私自分撥也。查夷貨到粤，向係行商公同酌議貨物之貴賤，均匀承辦，不致彼此多寡懸殊。今年夷商司事者，竟隨意分發售賣，内地行商因其操分發之權，曲意逢迎，希圖多分貨物，專售獲利。而奸夷隨意爲肥瘠，有殷商而少分者，有疲商而多發者，以致年賬不清，拖欠控還者不一而足。嗣後夷貨到時，由監督親督洋行總商，於公司館内秉公按股簽掣，均匀分發，不得任令乏商影射，多買虧欠夷賬，庶足以照平允而杜争端。[①]

案：乾嘉之際，澳門華人與葡人民事交涉日益增多，爲了約束交易雙方，百齡提出《民夷交易章程》，這一章程對於規範中外貿易具有積極作用。但《采訪册》所録并非《酌籌民夷交易章程》之原文，僅録第三款，且進行了改寫。雖然内容大體相同，但與《章程》原文差距不小。

澳門海防同知告示[②]

澳門蓋搭篷寮久例禁

嘉慶二十四年閏四月内，關前篷寮失火，焚燒河下妓樓一帶，殃及鋪户百餘間。經紳士鍾嶽喬、趙允菁等稟請軍民府憲勒石示禁，凡内地篷寮及河下寮館概行拆毁，并禁止蓋搭，以絶火患。至海傍一帶官地及河面被燒寮房基址，不許奸民用石填築，以圖霸佔官地，留爲日後復建樓房增設鋪屋地步。今照示勒石立關前大碼[③]頭側。[④]

---

① 《明清時期澳門問題檔案文獻彙編》第1册《兩廣總督百齡等奏酌籌華夷交易章程摺》，第742頁。

② 原文無此標題，箋注者擬。

③ 原文作“馬”，據文意改爲“碼”。

④ 原有告示石碑立於關前大碼頭側，1862年北灣填海時，該石碑被葡人拆毁，後不知去向。

附録告示：

廣州府澳門海防軍民府兼管順德香山二縣捕務水利，稽查澳門總口稅務加十級紀録十次鍾爲藐抗不遵吁請再行嚴禁事：現據澳門紳士鍾嶽喬、趙允菁等呈稱，切澳地屬偏隅，人居稠密，華夷雜處，宵小每易潛踪，煙户相連，焚燒尤難撲滅。蒙前縣憲彭於乾隆五十五年准夷人在營地建立墟亭，分設魚、肉、瓜菜、鷄鴨各行，衹許朝擺暮收，不得蓋搭篷寮經夜住宿，勒碑永禁。所以防窩匪而弭火患，法極周詳。數十年來相安無異。詎日久弊生，營地、關前各處，篷寮日盛，河下建造妓寮更多。以致去年四月初二夜，營地篷寮失火，延燒鋪户百餘間。前閏四月初六夜，關前篷寮失火，焚燒河面妓樓一帶，殃及鋪户百餘間。甫隔一載，火害疊遭，趨避驚惶，異常凄慘。此皆由宵小匿迹，蓋搭寮篷，兼以河下窩娼，間成樓舍，以引火之物爲釀禍之階。

喬等生居斯土，身家所在，性命攸關。若不戢自焚，何啻池魚受禍，或燎原將及，豈能璀罣消懲勢。着於前閏四月初十日先行聯禀縣憲戎廳，均蒙示禁。兹逢仁憲公旋，復蒙示諭諄諄，足見加意海防，留心民瘼[①]，華夷感激，中外歡騰。各凛霜威，豈容逾犯。奈頑梗不恤，未燒各寮仍未拆清，今河面復有建造寮船窩藏娼妓，其寮船係船上架寮，暫時浮居，將來必搭實寮房，蔓延日甚，恐復如前釀成火患。更有射利之徒，將海傍一帶官地并河面被燒寮位用沙石磚瓦填築基址，使不嚴禁於先，勢必建成娼樓，添修鋪舍，更難拆毁。

竊思澳内爲地無多，民番聚處。前嘉慶十四年，蒙百制軍奏准，民夷房屋不許再行添造，豈娼樓鋪舍獨可任其增添。

---

① 原文作“莫”。

况海旁逼近民居,連接妓樓,習成淫酗,花銷賭蕩,敗俗傷風,且娼寮納垢藏污,匪黨匿迹其間,勾通外夷,爲害豈淺。爲此瀝訴仁階,吁請再出示嚴禁,其未燒之妓寮并各寮舍寮船,懇飭差盡行拆毁,至海旁一帶官地并河面被燒寮位,并請禁止填築,諭令不得霸佔官地,起造妓樓,添造鋪舍,網利肥己,勒石示禁,以垂永遠。庶娼匪聞風知儆,習俗可免慆淫,寨舍捐除悉清,災殃永消回禄。民夷藉保,地方賴安等情。到本分府。

據此,除批准勒石示禁外,合再出示嚴禁,爲此亦仰澳内居民及諸色人等知悉,嗣後所有水陸未經失火篷寮務宜恪遵前示,即日拆毁,以絶火患。其河邊蛋户在船樓栖宿者不許於船上搭蓋高篷,此皆引火之物,尤宜一律禁止。至海旁一帶官地并河面被燒寮房基址,不許奸民用石填築,以圖霸佔官地,留爲日後復建樓房增添鋪屋地步。倘敢藐抗不遵,私自搭寮及築基圖佔,一經查拿,定即嚴懲究辦,决不姑寬。庶澳地肅清,民夷安集,凛遵毋違,特示。

嘉慶二十四年五月十九日示

鍾:即鍾英,參前"鍾英"條。這是澳門同知鍾英頒布的一份告示。

彭:指彭翥。參前"彭翥"條。

百制軍:指兩廣總督百齡。參前"百制軍"條。

營地:即營地大街,參見前注。

關前:即關前街,包括今天的關前正街(Rua dos Ervanários)和關前後街(Rua de Nossa Senhora do Amparo)。

河下:即澳門内港,主要指司打口北灣一帶。

案:上述文件爲嘉慶二十四年(1819)禁止澳門蓋搭蓬寮案由。澳門城内蓋搭蓬寮之事由來已久,在葡萄牙東波塔檔案館藏澳門漢文檔案中保留了大量的清政府關於清拆佔搭蓬寮的公文和公示,但這些清拆事件均發生在嘉慶二十三年(1818)之前。本《采訪册》中發生嘉慶二十四年(1819)的清拆命令則不見他處記載特别是文中附録的澳門同知鍾英的告示,全文900餘字,内容極爲豐富,涵蓋當時澳門社會諸多社會問題,爲研究嘉慶時期澳門社會問題的極佳資料資料,亦是本《采訪册》提供的獨家史料。葡文檔案《粤澳公牘録存》亦有收録,譯文如下:

第八號文書

禁止搭建或建立帳篷和臨時建築的公告。

我,澳門同知,致函詢問關於在澳門建立的臨時攤位和帳篷的情况。據我瞭解,這些設施的建立源於當地晉民絶對的意願。這些所謂的攤位和帳篷實際上是用木材、木板和樹皮等材料建造的,因此這些材料非常易燃,因而在過去曾有嚴格的禁令,許多年前在我之前的官員就已禁止建造類似的攤位和帳篷。然而,儘管有禁令,仍有許多這樣的設施被重新建立,其中包括中國的梁阿高(Lem – Achao)攤位,正是在此處引發了大火,燒毁了超過一百個住所。梁阿高(Lem – Achao)現在感受到的損害,不僅是他個人的,還有許多人因他而受到的影響,因此他對此將無法安寧。鑒於澳門葡萄牙人和外國基督徒與華民共同生活,必須更加謹慎,以防止攤位的建立;因爲一旦攤位被拆除,就消除了火災的根源,同時也避免了對其他民人可能造成的損害。因此,我要通知中國所有民衆,若有人希望出售其食品和其他可食用物品,必須在白天將這些物品展示出售,夜間則須全部收回。同時,我也警告他們,不要再在先前發生火災的地方建立新的攤位和帳篷,現存的攤位也必須全部拆除。如果我發現有人不遵守我在此公告中所聲明的命令,我將親自前往澳門,并與香山縣令一起調查這些不服從者,以便將他們逮捕、審判并懲罰。如果我還發現街頭巡邏人員未能阻止這些不服從者建立或製造攤位和帳篷,他們也將受到本法庭的懲罰。請不要違背我的命令,公告將被張貼在常規地點。

嘉慶二十四年閏四月十三

1819年6月5日

［簽名］翻譯員安東尼奥・多斯・安霍斯・澤維爾。

夷人嘜哆呢・味先地造房事①

澳門爲天朝恩准西洋夷人納税居住,嘉慶十四年前督憲百奏准,禁添造房屋,奉頒發條例在案。

二十五年二月内,有夷人嘜哆呢・味先咄將長樓前大街下新碼②頭空地一帶着民人韋瓊合雇③工創造房屋。經紳士鍾嶽喬等呈禀督憲暨各憲奉行,軍民府憲查勘得,韋瓊合鋪屋接連三架,共深七丈八尺,闊一丈四尺,上蓋瓦面,旁用板片遮欄,四無墻壁。諭令韋瓊合照依勘明丈尺四至開鋪貿易,不得蓋造磚瓦,亦不得私逾丈尺之外添造房舍,飭具甘結,遵依在案。又奉督憲札行,澳地房屋除舊有之外,無論民夷均不准擅建一椽一石。凡空曠地段概不准添建草房,其原建草房亦不准改造瓦屋,以昭限制,永爲定例。倘再有違禁添造改建,立即拆毁,本人嚴拿重究。等因在案案存檔册。

晏多呢・味先地:澳門葡人,葡文名作 António Vicente。

長樓:又作長樓斜巷,葡文作,Do Embaixador,澳門古街名,因爲該街上原有一排長長的西洋式樓房而得名,即今位於花王堂街和果欄街之間。其南段地近大三巴牌坊,北端盡頭有花王廟教堂。19 世紀時曾作爲豬仔館。④

新碼頭:澳門舊碼頭應指關部行臺對開之税館碼頭,新碼頭或指葡人新開之泗孟碼頭,在泗孟街處,葡文作 Rua de Cinco de Outubro,原靠海邊,故建有碼頭。

---

① 原文無此標題,校注者擬。

② 原文作"馬",當爲"碼",據改。

③ 原文作"顧",當爲"雇",據改。

④ 見王文達:《澳門掌故》,第 195 頁;金英傑:《新長泰攤館六親不認,長樓街西式馬路》,載《新報》2006 年 4 月 13 日。

案：嘉慶二十五年(1820)夷人晏多尼・味先地(António Vicente)在長樓前大街下新碼頭空地創建房屋案由。明朝萬曆四十二年(1614),俞安性頒布《海道禁約》,其中明確規定,禁止澳門葡人擅自興作,即私自建造房屋是一種違法行爲。這種禁令入清後繼續沿襲,且多次頒布,但葡人擅自建屋之事却屢屢發生。嘉慶二十五年(1820),葡人晏多尼・味先地在長樓前大街下新碼頭空地一帶雇華人建造房屋"連接三架,共深七丈八尺,闊一丈四尺"①。此次建築遭清政府駐澳官員禁止。此事既不見於香山各志,亦不見於葡萄牙東波塔檔案館藏清代澳門漢文檔案。該文件爲《采訪册》獨家保存的一份香山縣與澳門交涉的新事件。

兩廣部堂示禁

署香山縣事高明縣正堂加十級紀録十次祝抄奉兵部尚書兼都察院右都御史總督廣東廣西等處地方軍務兼理糧餉李爲嚴禁營汛弁兵緝私巡船需索滋擾以安商漁事：現據東莞縣民莫英漢、新安縣民鄭獻錦、姜②陞赴轅呈稱,切蟻等住居③沿海,素日以船爲業。年來各駕小料魚船④,由該處東洲埠,配足鹽斤往海面釀制鹹魚⑤,載入順德陳村發賣。被各段守口營船及鹽務緝私巡船并龍灣、九牛、紫泥⑥各處臺汛⑦見有魚船經過,各駕三板船攔截,勒抽魚更,每處二十餘斤不等。由新安海面历東莞、香山、番禺、順德、陳村而止,共有二十八處,每次計被抽魚五百餘斤。此外仍有年節禮炮竹金名

---

① 〔清〕王廷鈐等纂修:《香山縣下恭常都十三鄉采訪册》上卷,第106頁。
② "姜",《澳門碑刻録初集》作"蔆",誤。
③ "住居",《澳門碑刻録初集》作"居住"。
④ "小料魚船",《澳門碑刻録初集》作"小漁船"。
⑤ "鹹魚",《澳門碑刻録初集》作"成魚",誤。
⑥ "紫泥",《澳門碑刻録初集》作"紫汛",誤。
⑦ "臺汛",《澳門碑刻録初集》作"壘汛"。

目。倘遇鹽務巡魚船,仍要每抽挂號銀各一兩,以作陋規,否則指爲夾私[①],竟[②]用鐵嘴探筒將魚插爛。稍拂兇威,立施鞭撻,商民受害,莫慘[③]於此。聞前月十一,龍灣河面因索魚更兵丁遇船失足淹斃,營員硬將人船押解,弁兵藉有人命,恣索較前尤甚。小民資本無多,迫得飲泣吞聲,飽其驀欲。蟻等伏查,嘉慶五年,曾經吉[④]前憲革除陋規,嚴禁抽索,賞示沿海地方,勒石永禁。斯時文武兵差[⑤],頗知斂戢。緣日久弊生,滋擾復熾。叩乞飭行文武一體嚴禁,并懇賞示沿海港口,勒石永禁,則薄海商漁,咸頌甘棠不朽等情。到本部堂。

據此,查弁兵人等勒索漁船陋規,久經前部嚴行示禁在案。兹據呈,該漁户等腌魚運費,守口營汛弁兵及緝私船隻復敢需索滋擾,殊屬目無法紀。若不亟爲查禁,何以儆[⑥]積蠹而安生業。除[⑦]批揭示,并檄[⑧]行各營[⑨]嚴密稽查究辦外,合就出示嚴禁。爲此示諭:營汛弁兵巡船[⑩],倚勢作威,層層需索。嗣後爾等務須痛改前非,恪遵法紀,遇有腌制鹹魚[⑪]船隻經由出入,毋得混行攔阻,再向索取魚更、年節、規禮以及挂號銀兩。倘敢陽奉陰違,一經訪聞,或[⑫]被首告,定行嚴拿,從

① “夾私”,《澳門碑刻録初集》作“走私”。

② “竟”,《澳門碑刻録初集》作“意”,誤。

③ “慘”,《澳門碑刻録初集》作“悸”,誤。

④ “吉”,《澳門碑刻録初集》缺。

⑤ “兵差”,《澳門碑刻録初集》作“弁兵”。

⑥ “儆”,《澳門碑刻録初集》作“敬”,誤。

⑦ “除”,《澳門碑刻録初集》作“陰”,誤。

⑧ “檄”,《澳門碑刻録初集》缺。

⑨ “營”,《澳門碑刻録初集》作“營縣”。

⑩ “營汛弁兵巡船”,《澳門碑刻録初集》作:“爲此示諭,營汛弁兵及緝私巡船人等知悉:當思沿海漁户,涉歷風濤,藉圖微利,豈堪沿途弁兵巡船。”

⑪ “鹹魚”,《澳門碑刻録初集》作“成魚”。

⑫ “或”,《澳門碑刻録初集》作“并”。

重究擬治罪，决不寬貸。其漁户人等，亦不得藉有示禁，違法帶私，致干查出重究，各宜凛遵。毋違[1]特示。道光六年十一月日發仰澳門三街酒米雜貨行魚欄肉行勒石曉諭[2]。

蕭國健《澳門碑刻録初集》録有全文，但録文錯訛甚多，不堪使用。[3]

祝：指香山知縣祝淮。祝淮，浙江仁和縣人，舉人，道光六年（1826）被任命爲香山知縣。[4]

李：指兩廣總督李鴻賓。李鴻賓，字鹿蘋，江西德化人。嘉慶六年（1801）進士，歷任禦史、給事中、廣東巡撫、山東巡撫、湖廣總督、兩廣總督等職。後因事發配新疆。道光十四年（1834）釋還。道光二十年（1840）去世。

吉前憲：即時任兩廣總督的吉慶。吉慶，全名覺羅吉慶，隸正白旗。父萬福，騎都尉，官江寧將軍，兼散秩大臣。歷任鑲白旗蒙古副都統、兵部侍郎、山東巡撫等職。嘉慶元年（1796）被任命爲兩廣總督，後任内閣協辦大學士。嘉慶七年（1802）去世。[5]

東洲：廣東增城縣地名，是廣東境内重要的水上交通樞紐。萬曆《廣東通志》載："增城縣驛一曰東洲，載縣南甘泉都。"[6]南海之門最多，從廣州而出者曰虎頭門，最大小者曰虎跳、曰雞踏、曰雞蹄、曰三門、曰東洲，此中路之海門也。"[7]今有東洲村，在增城市。

陳村：位於廣東省順德縣北部，是珠三角地區水上交通樞紐，有順德縣

① "毋違"，《澳門碑刻録初集》作"無違"。

② "發仰澳門三街酒米雜貨行魚欄肉行勒石曉諭"，《澳門碑刻録初集》作："發仰澳門新廟酒米雜貨行、魚欄行、豬肉行勒石曉諭。"

③ 蕭國健編：《澳門碑刻録初集》，香港：顯朝書室，1989 年，第 3—5 頁。

④ 〔清〕祝淮修：《新修香山縣志》卷 3《職官》，《廣州大典》總第 296 册，第 384 頁。

⑤ 趙爾巽：《清史稿》卷 343《列傳》130，第 11127—11129 頁。

⑥ 〔明〕郭棐：《（萬曆）廣東通志》卷 16《郡縣志》3，《廣州大典》總第 243 册，第 393 頁。

⑦ 〔清〕屈大均：《廣東新語》卷 2《地語》，第 33 頁。

都寧司巡檢駐守①;是明清時期廣東四大名鎮之一和商業中心,是廣東有名的花卉市場。屈大均稱:"陳村:順德有水鄉,曰陳村,周迴四十餘里,涌水通潮,縱橫曲折,無有一園林不到,夾岸多水松……他處欲種花木及荔支、龍眼、橄欖之屬,率就陳村買秧。"②清人杭世駿有《陳村舟行口號》:"十里塘回岸柳明,渔郎晒网一舟横。晴波不隔东西港。短塔斜阳空复晴。"③順德人張錦芳有詩《陳村》:"帆脚剪江行,扁舟半日程。木奴供岁计,鱼婢入官征。户以花爲业,村将酒估名。欲寻民部集,五字说长城。"④

龍灣:爲珠三角地區常見地名。而《采訪册》所載陳村、龍灣、九牛、紫泥等地名來看,當爲廣東番禺縣之龍灣,是珠三角地區水上交通要道和重要的巡稽所在。萬曆《廣東通志》載:"番禺東南濱海,北則負山,固稱險要矣。其水之宜防也。於英塘則有獅子塔、琵琶洲、聖塘、南箕、西坡、黄埔、赤沙、赤紫、勒雙、對岡焉。於沙灣則有龍灣、古琪、紫塊、市橋、烏洲、神頭、韋涌、石恭焉。此皆内藏小海外枕大洋,出入倏忽,行舟時常戒警者也。"⑤其地建有龍灣炮臺。

九牛:順德地名。惟《采訪册》有記載,不知其爲何處。

紫泥:順德地名,位於廣東省順德縣,在順德縣治南,距廣東省城七十餘里。紫泥是珠三角地區水上交通樞紐,有紫泥司巡檢⑥,在順德縣治東南四十里。又有紫泥堡,明洪武三年置。⑦ 香山、新會控制海洋,順德則其重關也。南海、番禺憑依省會,順德則其外屏也,故其地東北紫泥抵番禺之龍灣。⑧ 又名沙灣,《林則徐日記》載:"晨過紫泥,即沙灣有鹽關,自省到此七

① 〔清〕鄧廷楨:《廣東海防匯覽》卷6《職司》1,《廣州大典》總第331册,第143頁。

② 〔清〕屈大均:《廣東新語》卷2《地語》,第44頁。

③ 〔清〕杭世駿撰,蔡錦芳、唐宸點校:《杭世駿集》卷17《嶺南集》2,浙江古籍出版社,2015年,第1035頁。

④ 陳永正選注:《嶺南歷代詩選》,廣東人民出版社,2009年,第376頁。

⑤ 〔明〕郭棐:《(萬曆)廣東通志》卷14《郡縣志》1,《廣州大典》總第243册,第342頁。

⑥ 〔清〕鄧廷楨:《廣東海防匯覽》卷6《職司》1,《廣州大典》總第331册,第143頁。

⑦ 〔清〕阮元:道光《廣東通志》卷120《關隘略》1,《廣州大典》總第253册,第481頁。

⑧ 〔清〕阮元:道光《廣東通志》卷120《關隘略》1,《廣州大典》總第253册,第481頁。

十餘里。”[1]番禺縣屬舊名亦稱紫泥港。雍正《廣東通志》載:“番禺縣屬,在内城東門,舊名紫泥港。”[2]然而,根據東洲、陳村、龍灣等地名來看,此處即指順德之紫泥。

三街:指營地大街、草堆街和關前大街三條街道,在此三街上并建有三街會館。《英國國家檔案館藏清代澳門漢文檔案》載有康熙三十二年香山知縣發“濠鏡墺彝目理事官及通事,并四鄉、三街、七行鄉保甲長、居民人等”[3]諭文,可以説明,“三街”到清代時已經成爲了清政府管理澳門的一個基層組織。

案:道光六年(1826)兩廣部堂示禁。因廣東沿海汛守官兵對商船、漁户以各種名目抽收厘金、魚更,對包括澳門在内的商船、漁户多有滋擾。兩廣總督李鴻賓於道光六年(1826)十一月頒布禁令,禁止清朝營汛官兵及緝私巡船向澳門商户、漁船索取魚更、年節、規禮,以及挂號銀兩。一經訪聞,從重治罪。并派香山知縣祝淮在澳門三街酒米雜貨行、魚欄、肉行等處勒石曉諭。這是一份極爲重要的澳門經濟史資料,未見他處有載。祝淮當時不僅在三街地方勒石示禁,而且在蓮峰廟前勒碑示禁,蓮峰廟前之兩廣部堂示禁碑今日猶存。[4] 是爲文獻與金石互證之澳門史資料。葡文檔案《粤澳公牘録存》收録,譯文如下:

香山縣丞關於安東尼奥·文森特·羅莎北灣事件諭飭理事官

香山縣丞蔡夢麟(Cai mengling)諭飭理事官,他已收到理事官關於澳門居民安東尼奥·文森特的陳述。由於安東尼奥·文森特居住地較

---

① 《明清時期澳門問題檔案文獻彙編》第6册《林則徐日記》,第800頁。

② 〔清〕郝玉麟:雍正《廣東通志》卷9《海防》、卷17《公署》,《廣州大典》總第248册,第278頁、第465頁。

③ 《康熙三十二年二月十八日香山知縣陳常爲懇恩禁飭積弊以杜後患以廣皇仁事》,檔案號:TNA/FO1048/17/52,共五張,無頁碼。

④ 蕭國健編:《澳門碑刻録初集》之《蓮峰廟前道光六年兩廣部堂示禁碑》,香港:顯朝書室,1989年,第3—5頁。

遠,因此他派人前往進行調查。調查結果顯示,在嘉慶二十四年時,安東尼奥·文森特將該土地贈予中國人 Ia Seim,以便建立一家藥店,直到現在,除了兩年前的租金,他并未收取租金,而在請求民人繳納其他年份的租金時,中國人却拒絶,因此安東尼奥·文森特不願意再收取租金,只希望保留土地。同時,香山縣丞還提到,這一情況已多次得到確認,并且在嘉慶二十五年,經過第二次調查,該土地屬於土地廟(Pagode de Patane),因此租金應支付給該廟的神父。此外,安東尼奥·文森特的同伴名爲 Kia vei loi, Ma Kio çu,欠下價值 562 個帕塔卡的石材石灰等,且這些物品是他爲自己房屋所用。因此,香山縣丞 Cai mengling 諭飭理事官,該土地屬於天朝,安東尼奥·文森特没有權利要求該土地的任何權益。從今天起,租金應支付給該廟的神父,香山縣丞,安東尼奥·文森特因此事已留下了收據及許多檔,至今仍在我處。因此,請理事官在收到此通知後,立即告知該居民,不要再對此事提出申訴,并從今天起將租金交給廟的神父,這一指令是由兩廣總督下達的,務必謹慎行事,確保所有命令得以順利執行。

道光五年七月十三日

1825 年 8 月 29 日

[簽名](譯員)曼努埃爾·瑪利亞·德烏斯·費雷拉·佩加多

下卷

人　物

恩蔭門

案:原書無該標題,係箋注者自擬。

覃恩

國朝

何朝相,恭常都南村人。以孫聚興千總,乾隆十六年覃恩貤贈忠顯校尉。

何朝相,僅見於《采訪册》,諸縣志均無記載。

何惠賓,恭常都南村人。以子聚興千總,乾隆十六年覃恩敕贈忠顯校尉。

何惠賓,何聚興之父,最早見載於《采訪册》。《祝志》:"何惠賓,以子聚興贈忠顯校尉。"

楊朝振,字仁大,恭常都北山村人。以弟朝安藍翎侍衛,道光元年,覃恩誥封武德騎尉。

楊昭炯,恭常都北山村人。邑庠生,以嗣子朝安侍衛,嘉慶二十五年,覃恩誥封武德騎尉。

楊昭炯,最早見載於《采訪册》。《祝志》:"楊昭炯,庠生,以嗣子朝安藍翎侍衛贈武德騎尉。"光緒《廣州府志》記載相同。《北山楊氏族譜》載:"覃恩晋贈武翼都尉邑庠功光公,諱昭烱,號鑒塘,若贊公三子,生乾隆戊午三年十一月二十六日未時,卒嘉慶辛未十六年十一月十二日子時,壽七十四歲,葬還田土名打水坑上丙兼午向。娶沙尾淑人容氏、妾林氏。"①

楊昭焕,恭常都北山村人。以出嗣子朝安侍衛,嘉慶二十五年覃恩誥贈武德騎尉。

楊昭焕,最早見載於《采訪册》。《祝志》:"楊昭焕,以子朝安贈武德騎尉。"光緒《廣州府志》所載相同。《北山楊氏族譜》載:"覃恩晋贈武翼都尉功章公諱昭焕,號霽川,若贊公六子,精歷日多材藝,生乾隆甲戌十九年十月十五日申時,卒嘉慶己巳十四年六月十四日巳時,五十六歲。娶翠微淑人韋氏學昌公次女。三子,長仁大,次仁暢,出嗣功光公,三以安,殤。二女,長適翠微郭功昭,次適山場吴宗沛。"②

楊介夫,字仁侃,恭常都北山村人。以子賢忠把總,道光元年覃恩敕封奮武校尉。

---

① 〔清〕楊明林等修:《北山楊氏族譜》卷5《世傳》,紹經堂梓,咸豐丁巳年七修。

② 〔清〕楊明林等修:《北山楊氏族譜》卷5《世傳》,紹經堂梓,咸豐丁巳年七修。

楊介夫，最早見載於《采訪册》。《祝志》："楊介夫，以子賢忠封奮武校尉。"光緒《廣州府志》亦有記載，只是未見楊賢忠之記載。《北山楊氏族譜》載："覃恩敕贈武信騎尉仁侃諱介夫，號石門，功盼公嫡長子，生乾隆庚寅三十五年九月初九日未時，卒道光戊申二十八年十二月二十四日亥時，壽七十九歲，葬本鄉土名大圍墩北向，在仁琼公墓右側，娶沙尾孺人林氏奮武郎會蛟公次女。"①

案：下卷所載"覃恩"，均爲下恭常都中的人物，其他方志文獻中少有這一類記載，故没有多少可以疏證之事。下同。

請封

國朝

鮑昭，字萬炯，香山場人，邑庠生，以子鍾生把總，康熙間敕封奮武校尉。

鮑昭，恭常都香山場人，以子鮑鍾生獲封奮武校尉。最早見載於《采訪册》。後爲《祝志》收録。

徐秀芳，前山人。以孫士桂游擊，乾隆間誥贈懷遠將軍。

徐秀芳，恭常都前山人，以孫徐士桂獲贈懷遠將軍。最早見載於《采訪册》。《祝志》有載。《前山徐氏宗譜》載："福建金門鎮總兵加一級徐士貴祖父母誥命，奉天承運，皇帝制曰，奉公効力，臣子之常經，錫類推恩，朝廷之盛典爾。徐啓運乃福建金門鎮總兵加一級徐士貴之祖父，開先衍緒，裕後垂休，世德作求大啓承家之學，孫枝挺秀聿昭繩武之徵。茲以爾孫克襄王事，贈爾爲振威將軍。"②《前山徐氏宗譜・先君子秀芳公家傳》載："公諱啟運，

① 〔清〕楊明林等修：《北山楊氏族譜》卷6《世傳》，紹經堂梓，咸豐丁巳年七修。

② 〔清〕徐潤等：《香山徐氏宗譜》卷1《徐士貴祖父母誥命》，前山倫緒堂，光緒十年石印本。

字秀芳,號麗山,爲廣德公之九世孫。惠元公次子,嗣爲五世祖念山公之元孫。公承先人業,躬行節儉,耻蒙富名,平居不妄費一錢,然於戚族里鄰中有當急人急者,公贍之如恐不及,給之惟恐不充,或阻撓之非笑之,而公不爲動,蓋能保家之財以爲孝,而又能散家之財以爲仁。”①

徐瑞碧,前山人。以子士桂游擊,乾隆間贈懷遠將軍。

徐瑞碧,恭常都前山人,以子士桂獲贈懷遠將軍。最早見載於《采訪册》。《祝志》有載。《香山徐氏宗譜·世係圖》載秀芳子瑞碧,瑞碧子貴任,貴任子作尚、作懷,作尚子聖元。②

徐建高,前山人。以子焕龍把總,乾隆間敕贈奮武校尉。

徐建高,徐士桂之子,徐紹祖之父。最早見載於《采訪册》。《祝志》有記載。據《采訪册》載“(徐士桂)子建高,贈奮武校尉,孫紹祖,充香山協左營把總,曾孫履中,邑庠。”并未提及徐焕龍其人,紹祖與焕龍當爲一人。《香山徐氏宗譜·世係圖》載秀芳子瑞碧,瑞碧子貴任,貴任子作尚、作懷,作尚子聖元。③ 無法考證徐建高是作尚還是作懷。

鮑文有,字贍貴。恭常都香山場人。以子俊庶吉士,道光六年敕封文林郎。

鮑文友,參前“鮑文友”條。

---

① 〔清〕徐潤等:《香山徐氏宗譜》卷1《先君子秀芳公家傳》,前山倫緒堂,光緒十年石印本。

② 〔清〕徐潤等:《香山徐氏宗譜》卷2《世係圖》,前山倫緒堂,光緒十年石印本。

③ 〔清〕徐潤等:《香山徐氏宗譜》卷2《世係圖》,前山倫緒堂,光緒十年石印本。

鄉飲

鄉飲,古代嘉禮之一,指鄉飲酒禮。

明

楊忠,字秉直。恭常都北山村人。弘[1]治元年,鄉飲正賓受冠帶舊志未載。

關於楊忠之記載,他處不載,僅見於《采訪册》。《北山楊氏族譜》稱:"七世,月溪公諱忠,字秉直,扶養公子,生於大明永樂六年四月十七日,卒於弘治六年六月十二日,壽八十六歲,葬本鄉土名麥園頭,俗名紗帽地。"[2]

劉貼宜,永樂間詔曰:"民有年高善行者,給之冠帶。"時邑士大夫首薦宜,宜以病辭,遂就宜家授焉舊志未載。

關於劉貼宜之記載,他處不載,僅見於《采訪册》。

例薦

宋劉中行,官至邕州左右江提舉。國朝雍正十年旌表忠義,崇祀忠義祠詳載舊志。

《申志》:"劉中行,良字圍人,任瓊州監押,引諭生黎五百餘人歸款,於宋初授秉義郎,再授從義郎。邕州左右江提舉,後致政歸。舍宅地爲無量寺,而終老於恭常都南大涌,今子孫尚存。"《暴志》:"劉中行,香山縣良字都人,任瓊州監押,引諭生黎五百餘人歸款,初授秉義郎,再授從義郎。邕州左

---

① 原爲作"宏",據改爲"弘"。

② 楊桂清修:《中山北山楊氏信海棠家譜》不分卷,民國七年刊本,第14頁。

右江提舉,後致政歸。捐宅地爲無量寺,而終老於恭常都南大涌,今後裔尚存。"《采訪册》依《申志》記録。

節孝門

節孝

孝行

孝女容辛丑姑,明南屏容兆一之長女也。幼以孝順聞於鄉里。母黎氏先亡,父繼亡。姑矢志不嫁,撫育訓誨弟妹七人,代爲治家室,完婚娶。年七十二而卒。嘉慶二十四年,族人請頒建坊,表曰:淑孝流芳名載《通志》。

容辛丑姑,最早見載於《采訪册》。《祝志》《田志》均有記載:"南屏鄉人。父母卒,矢志不嫁,撫育弟妹七人,治家室,完婚娶。明宣德間卒,年七十二。嘉慶二十四年,族人請頒建坊,表曰:淑孝流芳。"據《容氏譜牒》:"兆一諱寬號北海,七女,長諱辛丑姑。辛丑祖姑性純孝,父母歿,矢志不嫁,撫育弟妹七人,治室家畢,婚娶皓首,完貞。都人士至今稱之。迨嘉慶二十四年旌表建坊崇祀節孝祠。祖姑生元大德辛丑年,卒明洪武壬子年六月廿三日,壽七十二歲,附葬兆一公墓。爲宣揚其節孝,朝廷多次旌表建坊,以振風化。"①

---

① 容麟學撰:《容氏譜牒》卷2《兆一房氏圖》,民國十八年長世堂鉛印本,廣東省立中山圖書館藏,載孫中山故居紀念館、廣東省立中山圖書館合編:《中山文獻》第6册,廣東人民出版社,2017年,第494—496頁。

貞女葉青姑，吉大村葉本重之女，積貴之妹也。積貴年廿四以病死，遺子祥谷。姑時年十六，憫侄之孤而嫂之寡，大慮嫂之不能堅其節，侄將無以爲恃，而兄嗣之或斬也。遂矢志不字，與嫂曾氏顧復遺孤，以養以教，俾至成人，祥谷果克成立。姑壽七十有一，葬於本村之原。侄孫鸞亭等銘其墓曰："守貞不字，撫侄有成，不忘厥德，壽諸貞珸。"

葉青姑，最早見載於《采訪册》。《祝志》："吉大鄉（村）人，年十六兄死，助嫂撫孤，明萬曆間卒，年七十一。"

吴福娘，澳門吴國洪庶室次女。許字未嫁而夫已卒，聞訃奔喪，時年十九，守貞歷十載，年二十有八而終。

吴福娘，歷代《香山縣志》均無載。

鮑氏，白石村鮑如邦女。許字未嫁而夫歿，氏時年廿一。聞訃奔喪，守節廿二載，得年四十有二。

鮑氏，歷代《香山縣志》均無載。

孝女趙根姑，澳門人，監生允麟之女。生而賢明孝順，得父母伯叔歡心。至性過人，年及笄而歿。嘉慶二十四年以孝女舉報。道光元年旌表名載《廣東通志》。

最早見載於《采訪册》。《祝志》："趙根姑，澳門人，事父母至孝，戚族敬慕,卒年十九,道光二年旌。"[①]《采訪册》稱其爲"道光元年旌表",而縣志稱其爲"道光二年旌"。《采訪册》根據下恭常都當地人經過實地調查采訪所記,"道光元年"應爲旌表時間。道光《廣東通志》録其名。《浦江趙氏家譜》收有《趙根姑女史節略》:根姑娘,趙族之賢孝女子也。昔時,因吾媳乃姑以姻誼,時相見,笑言舉止,循循然,有大家風。心竊奇之。及從姻教,後雖不復見面,然聞其愛教尊視,體恤愚賤,由内閫以及外戚,無間言。予嘗謂乃翁毓岐日,賢淑如令王,得非門楣之光耶,無怪乎父母鍾愛倍於恒情,每惓惓然,以擇配佳婿爲念。去年春夏之交,倏以病聞,然歷秋及冬,未嘗有以病劇告者。今春二月之朔,突聞凶訊,錯愕久之。問其年,僅十七歲耳。悲夫紅顔薄命至於如此其極耶。……嘉慶戊寅仲春清明前三日既望八十老人姻侍生心海林德川志。[②]

孝子吴華瓏,澳門人。母黄氏抱沉痾,醫藥罔效。華瓏割臂肉和藥服之,病即愈。

吴華瓏,歷代《香山縣志》均無載,僅見載於《采訪册》。

例字孀,即節孝,在三十歲以前守至五十歲以後方可入志。如未至五十歲而死者仍可修入,但守孀必要在三十以前方合。

清代對"節婦"的要求甚爲苛刻,必須在30歲以前守孀,直至50歲以後,即守孀當在20年以上者方可稱爲"節婦"。

蕭氏,澳門馮起鳳繼室。於歸,舅已逝,孝事姑和妯娌,明禮

① 〔清〕祝淮修:《新修香山縣志》卷7《列傳》,《廣州大典》總第296册,第553頁。

② 趙不争:《浦江趙氏家譜》下卷,第44頁。

達義。二十六歲，夫故，遺子應時。與妾郭氏孀居，撫孤成立，娶媳鍾氏，舉孫玉成。未幾，子應時卒，姑媳三人，冰霜共凛，集蓼茹荼，撫童稚幼孫，殷勤鞠育，俾克有成。守節四十六歲，現行年七十一。

《采訪册》首載。《祝志》删節納入："蕭氏，馮起鳳繼室妻，年二十六守節；郭氏，馮起鳳妾，年未三十守節。"據前所述清代對於節婦守節之要求，在三十歲以前守至五十歲以後方可入志。如未至五十歲而死者仍可修入，但守孀必要在三十以前方合。可知，縣志所稱郭氏"年未三十守節"之語無誤。

黄氏，澳門鍾士寬妻。於歸，舅已卒，年二十有六而夫故，遺一子一女。勤針黹以供姑養子完娶。不數月婦卒，未幾小叔宏、姑鄭氏先後淪亡。子開及小叔宸亦相繼而殁。典鬻殯葬，貧乏不堪，家無完屋，含辛茹苦①，守節三十四載，現行年五十有九。

《采訪册》首載。《祝志》："黄氏，鍾士寬妻，年二十六守節。"縣志當據《采訪册》删改而成。

李氏，澳門黄蕃亮妻。於歸，二十一歲，舅黄世振，姑曾氏，庶姑陸氏、張氏。姑曾氏早逝，庶姑陸氏撫童稚小叔矩氏與舅姑唯謹，待小叔以慈。年廿九夫故，遺一子一女，矢志冰霜。氏多疾病，時兢兢自惕，恐負先人之嗣，及小叔年長完娶，凡侍膳持家事務以身爲叔孀倡先。未幾而叔孀繼亡，舅姑年老多病，氏侍奉未常稍懈。家非饒裕，凡親友到門，饑渴者飲食

---

① 原文作"菇蘗"，據文意改爲"茹苦"。

之。舅姑卒,足不逾户,惟勤約自持,教子有方。備述先人之訓,茹荼三十二載。克盡婦道,外無間言。享壽六十歲而終。

最早見載於《采訪册》。《祝志》:"李氏,黄蕃亮妻,年二十九守節。"當據《采訪册》删減而成。

郭氏,澳門監生鍾嶽靈側室。年二十六主故時,隨嫡奉侍主姑。主姑殁,事嫡如事姑。孀居四十九載,行年七十有四。

最早見載於《采訪册》。《祝志》:"郭氏,鍾嶽靈妾,年二十六守節。"當據《采訪册》删減而成。

蔡氏,澳門馮履中妻。夫隨征安南陣亡。三十歲孀,歷三十三載,年六十二而終。

最早見載於《采訪册》。《祝志》:"蔡氏,馮履中妻,馮從征安南,陣殁,氏年三十守節。"當據《采訪册》删改而作。

鍾氏,澳門胡沛英妻,守孀二十六載。

最早見載於《采訪册》。《祝志》:"胡沛英妻,年二十五守節。"

許氏,澳門林仲文妻,守孀二十七載。

最早見載於《采訪册》。《祝志》:"林仲文妻,年二十五守節。"

吴氏,澳門林鳳池妻,守孀現五十載。

最早見載於《采訪册》。《祝志》:“林鳳池妻,年二十八守節。”

吴氏,澳門林永芬妻,守孀十九載。

林永芬,林鳳池之子。

最早見載於《采訪册》。《祝志》:“林永芬妻,鳳池媳,年二十三守節。”

蔡氏,澳門王毓英長媳、章盛之妻,守孀四十九載。

最早見載於《采訪册》。《祝志》:“蔡氏,王章盛妻,年十八守節。”

陳氏,澳門王毓英側室,守孀四十一載。

最早見載於《采訪册》。《祝志》:“陳氏,王毓英側室,年二十四守節。”

楊氏,澳門儒士趙允治妻,守孀二十六載。

趙允治,字孔修,號黼堂,趙元輅次子,刻苦讀書,賫志以歿。生於乾隆四十年(1775),卒於嘉慶七年(1802),葬於鵝槽山。妻楊氏,北山鄉楊人功第三女,道光二十七年(1847),恭逢皇太后萬壽慶典,以孝節舉報。此處“守孀二十六載”則是道光末年之事,爲何道光七年《采訪册》得載?①

《北山楊氏族譜》載:“功賜公諱日昇,號寅谷,若時公嫡次子,生乾隆庚申五年六月初二日辰時,卒乾隆甲辰四十九年正月初二日辰時,四十五歲,葬還碧嶺土名百足地。”②其第三女嫁給澳門國學趙允(治)。”③

---

① 〔清〕趙仲漳編:《家乘略鈔》之《趙氏家譜約鈔》,澳門歷史檔案館藏本;又見〔清〕王廷鈐等纂修《香山縣下恭常都十三鄉采訪册》下卷《人物列傳略》。

② 〔清〕楊明林等修:《北山楊氏族譜》卷5《世傳》,紹經堂梓,咸豐丁巳年七修。

③ 〔清〕楊明林等修:《北山楊氏族譜》卷5《世傳》,紹經堂梓,咸豐丁巳年七修。

容氏,澳門黃耀軒妻,守孀四十四載。

最早見載於《采訪册》。《祝志》:“容氏,黃耀軒妻,年二十四守節。”

葉氏,望厦村高進功妻,守孀三十七載。

最早見載於《采訪册》。《祝志》:“葉氏,高進功妻,年廿八守節。”

黃氏,澳門林德深妻,守孀五十三載。

最早見載於《采訪册》。《祝志》:“黃氏,林德深妻,年二十三守節。”

梁氏,澳門貢生林元嵩妾,守孀四十五載。徐氏,澳門貢生林元嵩妾,守孀六十載。

梁氏、徐氏,最早見載於《采訪册》。《祝志》:“梁氏,貢生林元嵩側室,年二十一守節。徐氏,貢生林元嵩側室,年十九守節。”

李氏,澳門林禹藩妻,守孀五十三載。

最早見載於《采訪册》。《祝志》:“李氏,林禹藩妻,年三十守節。”

蔡氏,澳門林禹峻妻,守孀五十四載。

最早見載於《采訪册》。《祝志》:“蔡氏,林禹峻妻,年三十守節。”

蔡氏,澳門林德宏妻,守霜二十四載。

最早見載於《采訪册》。《祝志》:"蔡氏,林禹峻妻,年三十守節。"

譚氏,澳門蔡兆榜妻,守孀二十載。

最早見載於《采訪册》。《祝志》:"譚氏,蔡兆榜妻,年二十九守節。"

鄭氏,澳門李廷炳妻,守孀十一載。

最早見載於《采訪册》。《祝志》:"鄭氏,李廷炳妻,年二十三守節。"

陳氏,澳門李天茂妻,守孀六十二載。

最早見載於《采訪册》。《祝志》:"陳氏,李天茂妻,年二十六守節。"

馮氏,澳門李廷華妻,守孀二十三載。

最早見載於《采訪册》。《祝志》:"馮氏,李廷華妻,年二十二守節。"

林氏,澳門鍾洛東妻,茹荼三十二載。

最早見載於《采訪册》。《祝志》:"林氏,鍾洛東妻,年二十六守節。"

阮氏,澳門吴華珖妻,守孀十五載。

最早見載於《采訪册》。《祝志》:"阮氏,吴華珖妻,年二十三守節。"

容氏,澳門張鵬高妻,守孀十九載。

最早見載於《采訪册》。《祝志》:"容氏,張鵬高妻,年二十九守節。"

吴氏,澳門蔡恭業側室,茹荼六十載。

最早見載於《采訪册》。《祝志》:"吴氏,蔡恭業側室,年二十一守節。"

郭氏,澳門黄明倫妻,守孀二十二載。

最早見載於《采訪册》。《祝志》:"郭氏,黄明倫妻,年二十九守節。"

黄氏,澳門宋佩球妻、生員宋璧之嫂,茹荼四十四載。

最早見載於《采訪册》。《祝志》:"黄氏,宋佩球妻,年二十二守節。"

蔡氏,澳門許翼儀妻,守孀三十九載。

最早見載於《采訪册》。《祝志》:"蔡氏,許翼儀妻,年二十八守節。"

丁氏,澳門郭儒欽妻,守孀三十六載。

最早見載於《采訪册》。《祝志》:"丁氏,郭儒欽妻,年二十八守節。"

陳氏,許翼君妻,守孀二十三載。

最早見載於《采訪册》。《祝志》:"陳氏,許翼君妻,年二十八守節。"

陳氏,澳門附貢生候選經歷李揚側室,邑城陳卓廷女,誥授中

憲大夫候選州同李朝元之應庶媳,候選布政使司理問李大臨之生母也。賦性温柔,安分守禮。隨嫡蔡氏虔襄中饋,事舅姑以孝,馭臧獲以寬。時年二十有八,主翁故,越日,主夫繼亡,叠遭兩喪,悲痛欲絶。既而念主姑暨嫡皆在堂,嫡子大受所生子大臨又幼弱,遂矢志孀守。上則謹事姑嫡,下則慈撫兩兒。迨姑嫡先後淪亡,兩子皆長成有室,析産分居各立門户後,嫡子家貲日薄,氏加意體恤。未幾相繼而歿,僅遺幼孫紹膺,又未幾而嫡子病卒,經紀其喪而資助之,撫嫡孫如所生孫,茹荼五十一載,現年七十有九。

最早見載於《采訪册》。《祝志》記載極爲簡略,載:"陳氏,附貢生李揚妾,年二十八守節。"

澳門節婦共三十四人。

北山村①節婦

容氏,北山村楊元冕妻。

《祝志》:"容氏,明楊元冕妻,年二十五守節。"

高氏,北山村邑庠生楊桂高妻。

《祝志》:"高氏,庠生楊桂高妻,年二十八守節。"

吴氏,北山村楊皆秋妻。

① "北山村"三字,原文無,爲統一體例格式,校注者擬。

《祝志》:"吴氏,楊皆秋妻,年二十八守節。"

郭氏,北山村楊皆燕妻。

《祝志》:"郭氏,楊皆燕妻,年二十七守節。"

林氏,北山村楊元廣妻據伊家譜稱節孝兩全。

《祝志》:"林氏,北山鄉楊元廣妻,元廣死,撫幼女,守節孝事,耄翁嬸氏改適,撫其子女如己出,楊生於明萬曆間,生卒不可考。"其家譜今亦無存。

郭氏,北山村楊功穎妻。

《祝志》:"郭氏,監生楊功穎妻,年二十八守節。"

林氏,北山村楊仁錦妻。

《祝志》:"林氏,楊仁錦妻,年二十六守節。"

吴氏,北山村楊仁協妻。

《祝志》:"吴氏,楊仁協妻,年二十七守節。"

鮑氏,北山村楊倬漢妻。

《祝志》:"鮑氏,楊倬漢妻,仁協媳,年二十五守節。"
楊倬漢,楊仁協之子。

韋氏，北山村楊功試妻。

《祝志》："韋氏，楊功試妻，年二十五守節。"

郭氏，北山村楊仁身妻。

《祝志》："郭氏，楊仁身妻，功試媳，年二十五守節。"
楊仁身，楊功試之子。

容氏，北山村楊功煜妻。

《祝志》："容氏，楊功煜妻，年三十守節。"

韋氏，北山村楊喬杏妻。

《祝志》："韋氏，楊喬杏妻，年二十九守節。"

容氏，北山村楊仁信妻。

《祝志》："容氏，楊仁信妻，年二十六守節。"

鮑氏，北山村楊章民妻。

《祝志》："鮑氏，楊章民妻，年三十守節。"

容氏，北山村楊德才妻。

《祝志》："容氏，楊德才妻，年二十九守節。"

蔡氏,北山村楊仁賢妻。

《祝志》:"蔡氏,楊仁賢妻,年二十九守節。"

吴氏,北山村楊超賢妻。

《祝志》:"吴氏,楊超賢妻,年二十九守節。"

容氏,北山村楊仁典妻。

《祝志》:"容氏,楊仁典妻,年二十九守節。"

鄭氏,北山村楊仁教妻。

《祝志》:"鄭氏,楊仁教妻,年二十五守節。"

容氏,北山村楊元聲妻。

《祝志》:"容氏,楊元聲妻,年二十四守節。"

鄭氏,北山村楊絢宸妻。

《祝志》:"鄭氏,楊絢宸妻,年二十八守節。"

温氏,北山村楊饒通妻。

《祝志》與《田志》均作:"温氏,楊堯通妻,年二十八守節。"《采訪册》誤記“堯”作“饒”。

吴氏，北山村楊仰賢妻。

《祝志》：“吴氏，楊仰賢妻，年二十九守節。”

蔡氏，北山村楊絢韶妻。

《祝志》與《田志》均作：“蔡氏，楊絢韶妻，年二十四守節。”《采訪册》誤記“韶”作“韻”。

韋氏，北山村楊宴民妻，武生楊朝清之母。

《祝志》：“韋氏，楊宴民妻，年二十七守節。”

容氏，北山村楊厚澤妻。

《祝志》：“容氏，楊厚澤妻，年二十七守節。”

張氏，北山村楊饒高妻。

《祝志》：“張氏，楊饒高妻，年二十五守節。”

容氏，北山村楊達民妻。

《祝志》：“容氏，楊達民妻，年二十六守節。”

北山村節婦共二十九人。

香山場節婦

鮑氏，邑庠生黄嗣玉妻明。

《祝志》:"鮑氏，國朝庠生黄嗣玉妻，年二十六守節。"

鮑氏，黄德敬妻明。

《祝志》:"鮑氏，黄德敬妻，年三十守節。"

鮑氏，黄見田妻大清。

《祝志》:"鮑氏，黄見田妻，年二十四守節。"

鄭氏，黄兼量妻。

《祝志》:"鄭氏，黄兼量妻，道光元年旌。"

張氏，黄馭廷妻。

《祝志》:"張氏，黄馭廷妻，年二十六守節。"

林氏，吴宗㚒妻。

案:《祝志》頁與《田志》俱作:"林氏，吴宗堯妻，年二十八守節。"

鮑氏，吴炯昌妻。

《祝志》:“鮑氏,吴炯昌妻,年二十九守節。”

韋氏,吴宗球妻。

《祝志》:“韋氏,吴宗秋妻,年二十三守節。”《田志》作“吴宗球”。當爲《祝志》誤。

鮑氏,吴道昌妻。

《祝志》:“鮑氏,吴道昌妻,年二十七守節。”

區氏,吴宗輝妻。

《祝志》:“區氏,吴宗輝妻,年二十六守節。”

鄭氏,吴德武妻。

《田志》載:“鄭氏,吴德武妻,年二十六守節。”

鮑氏,吴葉昌妻鑒生宗瓊、職員宗啟之母。

《祝志》:“鮑氏,吴葉昌妻,年二十九守節。”

鮑氏,吴世哲妻。

《祝志》:“鮑氏,吴世哲妻,年三十守節。”

劉氏,吴德奏妻。

《田志》載:“劉氏,吴德奏妻,年二十守節。”

韋氏,吴顯超妻。

《祝志》:“韋氏,吴顯超妻,德奏媳,年二十八守節。”吴顯超,吴德奏之子。

鮑氏,吴洞泉妻。

《祝志》:“鮑氏,明吴洞泉妻,年二十八守節。”

温氏,吴世隆妻。

《祝志》:“温氏,吴世隆妻,年二十七守節。”

鮑氏,吴世蕃妻。

《祝志》:“鮑氏,吴世蕃妻,年三十守節。”

李氏,吴澤揚妻。

《祝志》:“李氏,吴澤揚妻,年二十八守節。”

鄭氏,吴明舉妻。

《祝志》:“鄭氏,吴明舉妻,年二十三守節。”

韋氏,鮑世漢妻。

《祝志》:"韋氏,鮑世漢妻,年二十九守節。"

黄氏,鮑紹参妻。

《祝志》:"黄氏,鮑紹参妻,年二十三守節。"

楊氏,鮑仁海妻。

《祝志》:"楊氏,鮑仁海妻,年二十七守節。"

吴氏,鮑仁秋妻。

《祝志》:"吴氏,鮑仁秋妻,年二十六守節。"

吴氏,鮑仁毅妻。

《祝志》:"吴氏,鮑仁毅妻,年二十五守節。"

鄭氏,鮑仁魁妻。

《祝志》:"鄭氏,鮑仁魁妻,年二十九守節。"

黄氏,生員鮑昭妻。

《祝志》:"黄氏,香山埸邑庠生鮑昭妻,年三十守節。姑目病,每晨舐之而癒,卒年五十五。"《田志》載:"道光二十七年旌。"

楊氏,鮑仁蓋妻。

《祝志》:"楊氏,鮑仁蓋妻,年二十一守節。"

鮑氏,吴子琰妻。

《祝志》:"鮑氏,吴子琰妻,年三十守節。"

香山場節婦共二十九人。

吉大村節婦

曾氏,葉業宏妻。

《祝志》:"曾氏,葉業宏妻,年二十八守節。"

徐氏,葉建益妻。

《祝志》:"徐氏,葉建益妻,年二十九守節。"

蘇氏,葉建堯妻。

《祝志》:"蘇氏,葉建堯妻,年三十守節。"

蘇氏,宋協昭妻。

《祝志》與《田志》均作:“蘇氏,宋協超妻,年二十四守節。”疑《采訪册》“宋協昭”爲“宋協超”之誤。

吉大節婦共四人。

北山嶺節婦

徐氏,蔡茂達妻。

《祝志》:“徐氏,蔡茂達妻,年二十九守節。”

沈氏,徐卿臺妻。

《祝志》:“沈氏,徐卿臺妻,年二十九守節。”

葉氏,徐維忠妻。

《祝志》:“葉氏,徐維忠妻,年二十四守節。”

容氏,徐卿操妻。

《祝志》:“容氏,徐卿操妻,年二十八守節。”

韋氏,徐聖忠妻。

《祝志》:“韋氏,徐聖忠妻,年二十二守節。”

簡氏,徐直忠妻。

《祝志》:“簡氏,徐直忠妻,年二十五守節。”

鮑氏,徐守忠妻。

《祝志》:“鮑氏,徐守忠妻,年二十三守節。”

吴氏,徐權忠妻。

《田志》載:“吴氏,徐權忠妻,年二十九守節,上北山嶺鄉。”《祝志》没有關於該人的記載,疑爲祝志遺漏。

蔡氏,郭澤沛妻。

《祝志》:“蔡氏,郭澤沛妻,年二十六守節。”

鄭氏,郭澤沛妾。

《祝志》:“鄭氏,郭澤沛妾,年二十四守節。”

郭氏,湯兆明妻。

《祝志》:“郭氏,湯兆明妻,年二十三守節。”

楊氏,蔡開時妻。

《祝志》:“楊氏,蔡開時妻,年二十四守節。”

許氏,吴茂陵妻。

《祝志》及《田志》:"許氏,吴東園妾,年二十八守節。"又有:"許氏,吴東園妻,九十。"《采訪册·女壽》載"許氏,北山嶺吴東園妻,現九十歲。見'節孝'。"北山嶺除吴東園妻妾之外,并無他人爲許姓且入節孝、耆壽門者,據此可知,吴東園即吴茂陵。祝志混淆了許氏身份的問題,《田志》延續了《祝志》的錯誤,應以《采訪册》爲準,許氏,吴東園妻。

楊氏,湯仁周妻。

《祝志》:"楊氏,湯仁周妻,年二十九守節。"

北山嶺節婦共十四人。

白石村節婦三人。

容氏,鮑維津妻。

《田志》載:"容氏,鮑維津妻,年二十三守節。"

張氏,鮑永漢妻。

《祝志》:"張氏,鮑永漢妻,年二十六守節。"

容氏,鮑維殷妻。

《祝志》:"容氏,鮑維殷妻,年二十五守節。"

南村節婦一人。

宋氏,何啟興妻見"女壽"。

《祝志》及《田志》載:"宋氏,何啟興妻,廿九守節,九十歲,南村。"

黄茅斜節婦一人。

廖氏,陳照霖妻。

《祝志》:"廖氏,陳照霖妻,十九守節,黄茅斜人。"

灶貝村節婦三人。

李氏,柳焕青妻。

《祝志》:"李氏,柳焕青妻,年二十九守節。"

黄氏,馮尚哲妻。

《祝志》:"黄氏,馮尚哲妻,年二十四守節。"

容氏,林博都妻。

《祝志》:"容氏,林博都妻,年二十八守節。"

外界涌節婦一人。

曾氏,陳匡邦妻,古鶴曾兼善之女。夫家貧苦,學積勞成病,請期已有日。父母因婿病篤,有難色,欲以緩期爲辭,私以告氏,氏曰:"身既許之,生事死守,分所宜也。"爰應期而歸。越日而夫歿。凛節孀居,乞房伯之子甫一歲而襁褓之,以爲夫

嗣。食苦茹荼四十四載,享壽六十有二歲。

《祝志》:"曾氏,陳匡邦妻,年二十守節。"

南大涌節婦五人。

曾氏,張意昌妻,職員張鳳儀之母。十九歲於歸,廿四歲夫故。上念翁姑,下遺幼子,矢志柏舟,仰事俯育,備奉侍教訓之道,尤諄諄以恤孤憐貧之事,爲子鳳儀勗,俾克成立,得遵例誥封爲恭人。嘉慶十五年旌表建坊,廿一年崇祀邑中節孝祠。

《田志》有:"張鳳儀,字蘊存,小欖人,歲貢生,百歲翁,達孚子。"與該處南大涌中的張鳳儀并非一人。

《祝志》:"曾氏,張意昌妻,嘉慶十五年請旌。"

簡氏,吴秉道妻。

《祝志》:"簡氏,吴秉道妻,年二十二守節。"

盧氏,吴秉輪妻。

《祝志》:"簡氏,吴秉道妻,年二十二守節。"

梁氏,吴秉軸妻。

《祝志》:"盧氏,吴秉軸妻,年二十四守節。"

莫氏,吴大受妻,群庠吴琚之母。

《祝志》:"莫氏,吴大受妻,年二十八守節。"

前山寨節婦十三人。

劉氏,生員徐超漢妻。乾隆三年旌表詳載舊志。

《暴志》載:"劉氏,處士文蔚女,前山寨人,嫻女訓精婦工,適同鄉生員徐超漢,鷄鳴戒旦,勉夫子以力學立身顯親爲亟。漢燈火功深卧病數年卒。翁姑號哭悲甚。氏曰:'老人不勝哀毁,且媳與孫在,即兒在也。'於是撫孤子卿濟,教以詩書,克自成立,孀守四十七載,閭黨賢之。乾隆三年旌表。"

黄氏,趙科妻。故庠生趙宗瓊次媳。克修婦道,鄉裏賢之。

《祝志》:"黄氏,趙科妻,年二十六守節。"

吴氏,劉祖培妻。

《祝志》:"吴氏,劉祖培妻,年二十二守節。"

蘇氏,徐燦忠妻。二十四歲夫故,既無産業,又無稚兒,母欲奪,誓死靡他,翁年老多病,賴以扶持供給,數十年如一日。卒年八十二。族人嘉其孝節,爲之擇立後嗣。

《祝志》:"蘇氏,徐燦忠妻,年二十四守節。"

曾氏,吴禮和妻。

《祝志》:"曾氏,吴禮和妻,年二十七守節。"

徐氏,故儒王佩玟妻。

《祝志》與《田志》均作:"徐氏,王佩玟妻,年二十七守節。"

李氏,林漸修妻,生員林德川次媳。

林德川,林鳳舉之子,林漸修之父。原居大涌安堂鄉,後隨其父遷居前山寨。《祝志》:"李氏,林漸修妻,年二十八守節。"

徐氏,唐明妻。

《祝志》:"徐氏,唐明妻,年二十四守節。"

楊氏,劉萬堯妻。

《祝志》:"楊氏,劉萬堯妻,年二十七守節。"

鮑氏,劉恭大妻。

《祝志》:"鮑氏,劉恭大妻,年二十七守節。"

陳氏,徐卿貴妻。

《祝志》:"陳氏,徐卿貴妻,年二十七守節。"

吴氏,嚴光顯妻。

《祝志》:“吴氏,嚴光顯妻,年二十六守節。”

葉氏,歐陽光成妻。

《祝志》:“葉氏,歐陽光成妻,年二十七守節。”

南屏村節婦三十七人。

南屏村,又稱爲“南屏鄉”。

鄭氏,容錦濤妻。

《祝志》:“鄭氏,容錦濤妻,年二十九守節。”

韋氏,容殿生妻。

《祝志》:“韋氏,容殿生妻,年二十二守節。”

容氏,林會達妻。

《祝志》:“容氏,林會達妻,年二十九守節。”

吴氏,容愛廷妻。

《祝志》與《田志》均作:“吴氏,容愛庭妻,年二十八守節。”

容氏,林澤渥妻。

《祝志》："容氏，林澤渥妻，年十九守節。"

葉(韋)氏，容廷渥妻。

《祝志》與《田志》均作："韋氏，容廷渥妻，年二十六守節。"《采訪册》記作"葉(韋)氏"，不知何故。

葉氏，林逢勝妻。

《祝志》："葉氏，林逢勝側室，年二十七守節。"《田志》作："葉氏，林逢勝妾，年二十七守節。"當爲《采訪册》誤載。

吴氏，容光叙妻。

《祝志》："吴氏，容光叙妻，年二十九守節。"

蔡氏，楊倫興妻。

《祝志》："蔡氏，楊倫興妻，年二十六守節。"

楊氏，容傳則妻。

《祝志》："楊氏，容傳則妻，年二十九守節。"

郭氏，容廷簡妻。

《祝志》："郭氏，容廷簡妻，傳則媳，年二十九守節。"
容廷簡，容傳則之子。

温氏,林德施妻。

《祝志》:"温氏,林德施妻,年二十九守節。"

韋氏,容成金妻。

《祝志》:"韋氏,容成金妻,年二十八守節。"

楊氏,容成蘭妻。

《祝志》:"楊氏,容成蘭妻,年二十九守節。"

楊氏,容達昌妻。

《祝志》:"楊氏,容達昌妻,年二十八守節。"

馮氏,容光紹妻。

《祝志》:"馮氏,容光紹妻,年二十九守節。"

郭氏,容名韜妻。

《祝志》:"郭氏,容名韜妻,年二十六守節。"

鄭氏,容達書妻。

《祝志》:"鄭氏,容達書妻,年二十八守節。"

陳氏，容穎蘭妻。

《祝志》："陳氏，容穎蘭妻，年二十六守節。"

楊氏，容潤廷妻。

《祝志》與《田志》均作："楊氏，容潤庭妻，年二十六守節。"

韋氏，容熉廷妻。

《祝志》及《田志》均作"韋氏，容煥廷妻，年二十九守節。"

黄氏，張成申妻。

《祝志》："黄氏，張成申妻，年二十五守節。"

郭氏，張成略妻。

《祝志》："郭氏，張成略妻，年三十守節。"

楊氏，張開裕妻。

《祝志》："楊氏，張開裕妻，年二十五守節。"

鮑氏，張興絢妻。

《祝志》："鮑氏，張興絢妻，年二十九守節。

鮑氏,張興仁妻。

《祝志》:"鮑氏,張興仁妻,年二十九守節。"

黄氏,張茂威妻。

《祝志》:"黄氏,張茂威妻,年二十一守節。"

容氏,林德珩妻。

《祝志》:"容氏,林德珩妻,年二十八守節。"

楊氏,林會敏妻。

《祝志》:"楊氏,林會敏妻,年二十九守節。"

楊氏,鄭鳳來妻。

《祝志》:"楊氏,鄭鳳來妻,年二十九守節。"

容氏,林德佑妻。

《祝志》:"容氏,林德佑妻,年二十九守節。"

羅氏,張輔亮妻。

《祝志》:"羅氏,張輔亮妻,年三十守節。"

林氏，鄭懷韜妻。

《祝志》:"林氏，鄭懷韜妻，年二十八守節。"

容(楊)氏，容達典妻。

《祝志》:"楊氏，容達典妻，年二十九守節。"

楊氏，容聖連妻。

《祝志》與《田志》均作:"楊氏，容聖璉妻，年三十守節。"

錢氏，容達康妻。

《祝志》載:"錢氏，容達康妻，年二十守節。"

劉氏，林正奇妻。

《祝志》:"劉氏，林正奇妻，乾隆五十五年旌。"又有:"劉氏，南屏鄉林正奇妻，九十一。"

恭常都十三鄉共得節婦壹佰柒拾肆人。

案:明清時期是一個崇尚節烈的時代，明清政府曾大力提倡、宣揚節烈。據統計，康熙時期，整個香山縣有列女 37 位。① 雍正帝曾詔旨:

① 〔清〕申良翰修:康熙《香山縣志》卷 7《人物》，《廣州大典》總第 295 册，第 397—403 頁。

朝廷每遇覃恩,詔款内必有旌表孝義貞節之條,實係鉅典。[①]

至乾隆年間,整個香山縣列女總數達209人,至道光時期更是達到1876人,這個數字還僅僅是指自30歲之前就開始守節婦女之數量。據《采訪册》記載,乾隆十五年至道光七年(1750—1827),僅下恭常都十三鄉就有節婦174人,按照人數多少依次爲:南屏37人,澳門[②]34人,北山村、香山場各29人,北山嶺14人,前山寨13人,南大涌5人,吉大村4人,灶貝、白石村各3人,南村、外界涌、黄茅斜各1人。儘管澳門爲一"華洋混雜之地",但是澳門一鄉節婦數量即佔去下恭常都節婦總數近五分之一,其節婦數量远較北山村、香山場等村爲多。

清代對"節婦"的要求甚爲苛刻,必須在30歲以前守孀,直至50歲以後,即守孀當在20年以上者方可稱爲"節婦"。澳門華人節婦數量如此之多,其原因不外乎以下兩方面:其一,澳門一鄉,包括望厦村、龍田村、龍環村等中國村莊,華人人口衆多;其二,符合國家正統道德的價值觀念在澳門華人婦女中也已成爲主流。從旌表節婦本身考慮,樹立節孝的典範,同中國傳統中婦女對丈夫從一而終的要求相符合。值得注意的是,乾隆以前的縣志公布的"列女"中,没有一名是明確爲澳門人的,而到道光時期澳門節婦竟達34人之多。這説明什麼呢?澳門半島北部本來僅有零星散户的居所而無正式的村落,澳門開埠後,隨著"望下村""龍田村"及"沙梨頭村"等村落的建立,中國傳統的農村聚落在半島北部逐漸形成并發展,又經過近200年的國家與地方政府的封建倫理的教化,封建道德倫理觀念逐漸在半島北部的鄉村中根深蒂固。澳門地區大規模的"節婦"出現,正表明澳門地區中國傳統封建鄉村的成熟與發展。

澳門葡人信奉天主教,崇尚一夫一妻制,但在婦女的貞節問題上則與華

① 《清世宗實録》卷4,雍正元年(1723)二月癸亥。

② 案:該處澳門當指澳門半島北部的望厦、龍田、龍環等傳統中國村莊。

人婦女表現完全不同。吴錪游澳門詩稱葡女"肌褑①半褪鬢云松,夜窗細語唧唧濃。明朝共儀風流罪,天花散盡天魔宫"②。時人李遐齡稱:"交印全憑婦坐衙,客來陪接聳擎茶。偶然天主房中宿,便有親知道上誇。"③詩人張琳更稱:"寺奉耶蘇天主教,僧號法王者司其教。男女朝夕禮拜,女惟法王所欲,與法王生子則貴重。"④在中國文人的筆下,澳門葡人婦女是生性風流,無貞節觀念的。1793 年,澳門主教施利華(Marcelino José da Silva)給葡印總督遞呈的一份公文更能説明當時澳門葡人婦女的風俗:"就是這些粗野的人,他們不顧天主的規定和人類的法律,與他們自己的妻子接觸,又將她們借給住在那裏的幾個外國人和蹂躪與糟蹋她們的另外一些人。許多做父母的讓自己的女兒或收養的孩子做這種事,叔、伯、兄弟與他們的姊妹、甥女之間亂倫,而這種厚顔無耻和不要臉的行徑竟然達到當某個外國人不願意接受一向以來向他提供的女人時,做丈夫的竟激怒到拔劍欲與那個外國人决鬥的程度。"主教因此請求果阿方面能采取措施改變和制止澳門社會的傷風敗俗。⑤ 在與中國傳統風俗迥然不同的葡人風俗浸潤的澳門地區,澳門華人婦女仍能恪守中國封建倫理道德,這就表明西方社會風俗對澳門地區的華人居民雖有影響,但在主體行爲意識上的衝擊并不大。

---

① 古代少數民族穿的一種衣服。異體字爲幔。

② 〔清〕陳蘭芝:《嶺海名勝記》之《澳門記》卷7;〔清〕吴錪:《游澳門同土人詢土風以長歌述之》,乾隆五十五年(1790)刊本。

③ 〔清〕李遐齡:《勺園詩鈔》卷1《澳門雜咏》,清嘉慶十九年(1814)刊本。

④ 〔清〕張琳:《玉峰詩鈔》卷15《澳門竹枝詞》,清嘉慶戊寅刻本。

⑤ Manuel Teixeira, *The Macanese*, Review of Culture, №. 20, July/September, 1994.

耆壽門

男壽

楊紹熙,字若喬,號介園,北山村人。原任興寧學教諭,百有二歲。

參前"楊紹熙"條。

黄炳光,字少張,香山場人,九十七歲,鄉賓。

黄炳光,諸縣志均無記載,僅見載於《采訪册》。

吴達泉(全),南大涌人,九十七歲。

《祝志》亦作"吴達全"。《田志》作"吴達泉"。"泉"當爲"全"之誤。

鍾信起,南大涌人,九十七歲。

《田志》:"鍾信起,南大涌人。"

吴德千,號逸庵,香山場人,九十四歲。

《祝志》:“吴德千,山場人。”

徐卿沛,字洪德,北山嶺村人,九十四歲。

《祝志》:“徐卿沛,北山嶺人。”

容賢生,號志德,南屏人,九十三歲,乾隆五十五年,恩賜品級。

《祝志》:“容贤生,南屏人,恩赐九品,九十三歲。”

葉華積,吉大村人,九十有三歲。

《祝志》:“葉華積,吉大人,九十三歲。”

吴渭昌,號懷山,香山場人,九十三歲。

《祝志》與《田志》載:“吴渭昌,香山場人,九十二歲。”同《采訪册》記載并不一致,原因待考。

楊功炘,北山村人,九十一歲。

《祝志》:“楊功炘,恩賚兩次,北川北山村人,九十一歲。”

楊經達,字若贊,號一齋,邑庠生,北山村人,九十一歲。

《祝志》:“楊經達,恩賚兩次,北川北山村人,九十一歲。”

楊兆時,字皆達,號章成,貤贈奉直大夫,九十一歲。乾隆四十一年,恩賜。五十一年,恩叠賜。

《祝志》與《田志》:"楊兆時,恩賚兩次。"與《采訪册》所載"乾隆四十一年,恩賜。五十一年,恩疊賜"相合。

何上清,字存璋,南村人。九十一歲。

何上清,僅見載於《采訪册》,諸縣志均無記載。

徐士偉,字秉忠,北山嶺人,九十一歲,嘉慶元年恩賜。

《祝志》《田志》:"徐士偉,恩賚一次,北山嶺人。"

蔡啟富,北山嶺人,九十一歲,道光元年恩賜。

《祝志》《田志》均作"蔡富啓,北山嶺人,恩賚一次。"

李奇參,灶貝村人,九十一歲。

《祝志》:"李奇參,灶貝人,九十一歲。"

鮑紹基,香山場人,九十歲。鮑仁表,香山場人,九十歲。

《祝志》:"鮑紹基、鮑仁表,俱香山場人,九十歲。"

吴澤篪,號仲友,香山場人,九十歲。嘉慶八年,推舉鄉飲大賓。道光元年恩賜八品修職郎。

《祝志》《田志》:“吴澤篪,恩賜八品,山場人。”《采訪册》記載有誤。

楊皆重,北山村人,九十歲。

《祝志》:“楊皆重,北山村人,九十歲。”

容慎忠,南屏村人,一百有二歲。

《祝志》《田志》均有記載:“容慎忠,南屏人,一百二歲。”

鄭旦友,南屏村人,壽九十三歲,乾隆五十五年恩賜品級。

《祝志》載:“鄭旦友,恩賜九品,九十三歲。”《田志》載:“鄭旦友,恩賜九品。”

鄭彬立,南屏村人,九十六歲,道光元年恩賜品級。

《祝志》《田志》有載,但并未記載恩賜。

容致中,南屏村人,九十二歲,嘉慶元年恩賜品級。

《祝志》與《田志》載:“容致中,恩賜八品,九十二歲。”

林德長,南屏村人,九十二歲,道光元年恩賜品級。

《祝志》:“林德長,南屏人,九十二歲,恩賜九品。”《田志》載:“林德長,恩賜九品,南屏人。”

容憲時,南屏村人,九十一歲,嘉慶元年恩賜品級。

《祝志》:"容憲時,南屏人,九十一歲,恩賜九品。"《田志》載:"容憲時,恩賜九品,南屏人。"

張悌友,南屏村人,九十三歲,嘉慶元年恩賜品級。

《祝志》:"張悌友,南屏人,九十三歲,恩賜九品。吴氏,張悌友妻,九十四歲。"

張輔忠,南屏村人,九十三歲。

《祝志》:"張輔宗,南屏人,九十三歲。"《田志》載:"張輔宗,南屏人。"《采訪册》中"忠"爲"宗"之誤。

容桂德,南屏村人。九十五歲,乾隆五十五年、嘉慶元年叠邀恩賜品級。

《祝志》:"容桂德,南屏人,九十五歲,恩賚兩次。"《田志》載:"容桂德,恩賚兩次,南屏人。"

侯文富,澳門人,九十一歲。

《祝志》:"侯文富,澳門人。"

恭常都十三鄉耆壽男三十名。

女壽

容氏，例封孺人，一百有三歲，北山村例贈修職郎楊紫龍妻，百齡教諭紹熙、邑庠桂高母，邑庠朝錫祖母，邑庠楊兆文、楊綰曾祖母。乾隆二十年，坊表貞壽之門見舊志。

《暴志》："容氏，副榜貢生楊紹熙母，壽九十六。"誤。《采訪册》通過實地調查，更正《暴志》之誤。《祝志》與《田志》載："容氏，北山楊紫龍妻，一百三歲，乾隆二十年旌，子紹熙，副貢。"《祝志》當是依據《采訪册》資料寫成。楊朝錫，楊紹熙之子，楊綰、楊兆文之父。

區氏，南大涌張廷隆妻，年一百有二歲，坊表貞壽之門。

《祝志》《田志》均作："區氏，南大涌張建隆妻，年一百二歲，嘉慶十三年旌。"

黄氏，北山村楊皆義妻，壽九十九歲。

《祝志》有載，且縣志標明出自《采訪册》。

徐氏，吉大村葉焕章妻，九十八歲。

《祝志》有載，且縣志標明出自《采訪册》。

劉氏，林鳳舉妻，原居大涌安堂鄉，遷居前山寨，增生林德川母，壽九十八歲。

《祝志》:“劉氏,前山林鳳舉妻,九十八歲。”

徐氏,前山劉昌新妻,壽九十七歲。

《祝志》:“徐氏,前山寨劉昌新妻,九十七歲。”

黄氏,北山村楊功参妻,壽九十六歲。

《祝志》:“黄氏,北山楊功参妻,九十六歲。”《田志》:“黄氏,北山楊功参妻。”

唐氏,香山場鮑世敏妻,壽九十六歲。

《祝志》:“唐氏,山場鮑世敏妻,九十六歲。”《田志》:“唐氏,山場鮑世敏妻。”

林氏,北山村楊功誠妻,外委楊元超母,武生楊彪祖母,壽九十五歲。

《祝志》:“林氏,北山楊功誠妻,九十五歲。”

鄧氏,吉大村葉仲科妻,壽九十五歲。

《祝志》:“鄧氏,吉大葉仲科妻,九十五歲。”

鮑氏,前山職員王朝覲妻,附貢生王廷鈐母,壽九十五歲。

《祝志》:“鮑氏,前山職員王朝覲妻,九十五歲。”

李氏，澳門黄朝望妻，壽九十四歲，子世振、世顯、世積。

《祝志》："李氏，澳門黄朝望妻，壽九十四歲。"

吴氏，香山場鮑紹斑妻，壽九十四歲。

《祝志》："吴氏，鮑紹斑妻，山場人，九十四歲。"《田志》載："吴氏，鮑紹斑妻，山場人。"

馮氏，南村何存光妻，現九十三歲。

《祝志》："馮氏，南村何存光妻，九十三歲。"

吴氏，香山場黄禮冠妻，壽九十三歲。

《祝志》："吴氏，香山場黄禮冠妻，九十三歲。"《田志》："吴氏，香山場黄禮冠妻。"

李氏，灶貝村馮德恭妻，壽九十三歲。

《祝志》："李氏，灶貝馮德恭妻，九十三歲。"《田志》："李氏，灶貝馮德恭妻。"

鄭氏，香山場鮑紹儀妻，壽九十三歲。

《祝志》："鄭氏，香山場鮑紹儀妻，九十三歲。"《田志》："鄭氏，香山場鮑紹儀妻。"

鮑氏,香山場吴世珊妻,壽九十二歲。

《祝志》:"鮑氏,香山場吴世珊妻,九十二歲。"《田志》:"鮑氏,香山場吴世珊妻。"

葉氏,澳門趙同義妻,監生元寬、舉人元輅、職員元儒、貢生元源之母,歲貢允鴻、儒學允菁、生員允炎、允育祖母,壽九十二歲。

趙同義,字勇爲,號鏡江,澳門趙氏家族第二十四世,爲趙季泰次子。① 例贈文林郎,晋贈儒林郎,貤贈朝議大夫。喜山水,好吟咏,琴棋有古高人逸士風,常登大間山頂,榼雲以歸。生於康熙三十九年(1700),卒於乾隆二十九年(1764),葬於吉大村。子八人,趙元輅爲其次子。②

趙允鴻,字漸逵,號鳳山,趙元寬長子。廩貢生,序銓儒學訓導。性耽風雅,喜琴棋,工書法,尤精講學。剩餘乾隆二十三年(1758),卒於嘉慶二十年(1815),葬於鵝槽山。③

趙允炎,字亮南,趙元寬次子,庠生,孝友嚴正,以讀書勞苦過度,遂得狂疾,久醫不癒。生於乾隆三十二年(1767),卒於道光十九年(1839),葬對面山白瀝港。④

允育,字雍守。⑤

葉氏,《祝志》:"葉氏,澳門趙同義妻,九十二歲,子元輅,孫允菁俱舉人。"《田志》載:"葉氏,澳門趙同義妻,子元輅,孫允菁俱舉人。"葉氏,吉大

① 〔清〕趙仲漳編:《家乘略鈔》之《趙氏家譜約鈔》。
② 〔民國〕趙不争:《浦江趙氏家譜》上卷,第35頁。
③ 〔民國〕趙不争:《浦江趙氏家譜》上卷,第39頁。
④ 〔民國〕趙不争:《浦江趙氏家譜》下卷,第13頁。
⑤ 〔民國〕趙不争:《浦江趙氏家譜》下卷,第13頁。

村人，例封太孺人，晋封太安人，貤贈太恭人。生於康熙四十五年(1706)，卒於嘉慶二年(1797)，壽九十三歲。①

韋氏，香山場吴希文妻，壽九十二歲。

《祝志》："韋氏，山場吴希文妻，九十二歲。"

劉氏，香山場吴德兼妻，壽九十一歲見舊志。

《暴志》："劉氏，香山場人吴德兼妻，壽九十四。"《采訪册》之記載出自《暴志》，然而縣志中的"壽九十四"，《采訪册》中爲"九十一歲"，當爲筆誤所致。

楊氏，香山場吴敏超妻，壽九十一歲。

《祝志》："楊氏，吴敏超妻，九十一歲。"

楊氏，香山場吴就義妻，壽九十一歲。

《祝志》："楊氏，吴就義妻，九十一歲。"

鄭氏，北山村楊功燕妻，壽九十一歲。

《祝志》："鄭氏，北山楊功燕妻，九十一歲。"

徐氏，北山村楊仁宇妻，現九十一歲。

---

① 〔民國〕趙不争：《浦江趙氏家譜》上卷，第36頁。

《祝志》:“徐氏,北山鄉楊仁宇妻,九十一歲。”

案:《采訪册》成書於道光七年(1827),稱“現九十一歲”,可證是年徐氏仍活,而成書於道光八年(1828)的《祝志》與同治年間成書的《田志》俱稱“九十一歲”。據此可作出兩種推斷,一爲徐氏在道光七年(1827)夏至道光八年(1828)十月之間去世,一爲祝志與田志沿襲《采訪册》之記載,缺乏實地考證,而將“現九十一歲”誤作“九十一歲”。下同。

盧氏,南大涌林宏相妻,壽九十一歲。

《祝志》:“盧氏,林宏相妻,九十一歲。”

李氏,香山場吴世娥妻,壽九十歲。

《祝志》:“李氏,山場吴德三妻,九十歲。”疑“吴德三”即爲“吴世娥”。

許氏,北山嶺吴東園妻,現九十歲見“節孝”。

《祝志》:“許氏,北山嶺吴東園妻,九十歲。”

宋氏,南村何啟興妻,壽九十歲見“節孝”。

其名僅見《采訪册》有記載。

韋氏,北山百歲坊表容氏孫媳,百歲教諭楊紹熙媳,恩貢韋易女,邑庠生楊錫妻,邑庠生楊兆文、楊綰之母,壽九十歲。

韋易,韋氏,爲香山翠微大姓。翠微人,字文衍,雍正乙卯,即雍正十三年(1735)歲貢,乾隆元年(1736)薦博學鴻詞。《祝志》記:“韋易,字文衍,翠微人。邑諸生,寄情詩酒,周覽羅浮、丹霞諸勝,所至題咏落落有奇氣。雍正乙卯膺歲薦。乾隆丙辰應舉。博學鴻詞,合省得七人,易列第三,已給諮就道,緣病謝歸,年八十卒。”著有《四書淥解》、《尚書毛詩淥解》數十卷、《四書制義》四卷、《詩文集》四卷。《祝志》與《田志》又稱《暴志》有記載,但却不見《暴志》載其名。

楊錫,當爲“楊朝錫”之誤,據《祝志》:“韋氏,生員楊朝錫妻。”又見《采訪册》卷下《耆壽·容氏》及《人物列傳略》。《北山楊氏族譜》載:“邑庠功謙公諱朝錫,號厚圃,若喬公子,生雍正庚戌八年九月二十五日辰時,卒乾隆戊申五十三年六月二十五日申時,五十九歲,葬石塘埔頂村土名嶺後,坐巽向乾兼辰戌。妻翠微章氏,壽九十歲。八子三女。”又稱《六修本房譜敘》云:“公少多病,年十三始就外傅,幼而穎悟,長而多聞,事親至孝,老而愛慕彌篤,其與人也和而敬,淡而永,喜怒不形於色,德怨無所介意。至其進庠後,舉四診陰陽星曆之術無不精通,常以利物濟人爲心,由是鄉間咸頌其德,多有以厚禮相贈,淡然弗受。公之行誼卓卓,難更僕數,用敘一二以志其略焉。”①

楊兆文,楊朝錫之子。《北山楊氏族譜》載:“邑庠絢天,諱兆文,號雲峰,功謙公長子,生乾隆戊辰十三年閏七月初十日午時,卒乾隆乙巳五十年三月初一日酉時,三十八歲,葬遷灣仔洞口丙兼巳向,娶沙尾容氏成操公次女。二子,長維翰,次宗翰。一女,適吉大葉端展。《六修本房譜敘》云:‘公性喜游咏,常與二三友愛傾觴於花晨月夕,而其存心正大,臨事無退縮,臨財無苟取,且以少而穎悟長而多聞。惜天不假年。’”②

容氏,北山村楊仁修妻,監生楊大皓母,現九十歲。

---

① 〔清〕楊明林等修:《北山楊氏族譜》卷5《世傳》,紹經堂梓,咸豐丁巳年七修。

② 〔清〕楊明林等修:《北山楊氏族譜》卷6《世傳》,紹經堂梓,咸豐丁巳年七修。

《祝志》:“容氏,楊仁修妻,九十歲。”

容氏,北山村楊功昌妻,現九十歲。

《祝志》:“容氏,楊功昌妻,九十歲。”

劉氏,北山村楊功奕妻,壽九十歲。

《祝志》:“劉氏,楊功奕妻,九十歲。”

鮑氏,北山村楊功任妻,現九十歲。

《祝志》:“鮑氏,楊功任妻,九十歲。”

楊氏,南大涌區治盛妻,壽九十一歲。

《祝志》:“楊氏,南大涌人,區治盛妻,九十一歲。”

鄭氏,南屏村容達茂妻,現九十二歲。

《祝志》:“鄭氏,南屏容達茂妻,九十二歲。”

鮑氏,南屏村林會卓妻,壽九十六歲。

《祝志》:“鮑氏,南屏林會卓妻,九十六歲。”

楊氏,南屏村容聖方妻,壽九十四歲。

《祝志》:"楊氏,容聖方妻。"

楊氏,南屏村容桂芳妻,壽九十三歲。

《祝志》:"楊氏,南屏容桂芳妻,九十三歲。"

黄氏,南屏村張宏貴妻,壽九十二歲。

《祝志》:"黄氏,南屏張宏貴妻,九十二歲。"

林氏,南屏村容聖贊妻,壽九十二歲。

《祝志》:"林氏,南屏容聖贊妻,九十二歲。"

楊氏,南屏村容成著妻,壽九十一歲。

《祝志》:"楊氏,南屏容成著妻,九十一歲。"

吴氏,南屏村張悌友妻,壽九十四歲。

《祝志》:"吴氏,張悌友妻,南屏人,九十四歲。"張悌友,恩賜九品。

黄氏,南屏村容致中妻,壽九十歲。

《祝志》:"黄氏,南屏容致中妻,九十歲。"

孫氏,南屏村林逢暢妻,壽九十二歲。

《祝志》:“孫氏,南屏林逢暢妻,九十二歲。”

葉氏,香山場吴祥霖妻,壽九十一歲。

《祝志》:“葉氏,山場人吴祥霖妻,九十一歲。”

劉氏,林正奇妻,壽九十一歲見“節孝”。

《祝志》:“劉氏,南屏鄉林正奇妻,九十一歲。”

葉氏,南屏村容廷翠妻,壽九十六歲。

《祝志》:“葉氏,南屏容廷翠妻,九十六歲。”

楊氏,澳門盛充及妻,壽九十五歲。

《祝志》:“楊氏,澳門盛充及妻,九十五歲。”

楊氏,南屏村林平淡妻,壽九十三歲。

《祝志》:“楊氏,南屏林平淡妻,九十三歲。”

恭常都十三鄉女壽共五十人。

人物列傳略

明

鮑瑞,字伯秀。子鵬,字宇洪。香山場人。生於正德間。父子皆輕財仗義,凶年捐振。知縣涂文煃以表揚尚義扁獎之,又知縣鄧思啟,舉鵬爲鄉賓,授冠帶,壽俱至九十餘名載舊志。

《申志》:"瑞孫,明朝貢士,鮑士奇祖父。"《祝志》:"鮑瑞,字伯秀。子鵬,字宇洪。香山場人。父子皆輕財仗義。正德間,年荒捐賑,邑令以尚義旌其門,年俱九十餘。"

涂文煃:江西南昌人,進士,曾任香山知縣。① 道光《廣東通志》稱:"涂文煃,癸未(萬曆十一年)進士,十二年任香山知縣。"②《祝志》稱:"按太學題名碑,文奎十五年進士,則云十二年任誤也。""煃"碑作"奎"。又稱,鄧思啟任香山知縣時間在涂文煃之後,《申志》與《暴志》記録有誤。據《國朝歷科題名碑録初集》記載,涂文煃爲萬曆十一年(1583)進士。③ 又據霍與瑕《賀香山涂父母太夫人六十一序》稱涂令之母做壽在"丙戌七月"④,"丙戌"爲萬曆十四年(1586),故推涂文煃應於萬曆十四年(1586)之前任香山令。道光《廣東通志》記載"十二年任香山知縣"的説法較爲合理,《祝志》沿襲

① 〔清〕申良翰修:康熙《香山縣志》卷4《秩官志》,《廣州大典》總第295册,第330頁。

② 〔清〕阮元修:道光《廣東通志》卷22《職官表》13,《廣州大典》總第251册,第400頁。

③ 北京圖書館古籍出版編輯組編:《北京圖書館古籍珍本叢刊(擬目)》第116册《國朝歷科題名碑録初集》卷下,北京:書目文獻出版社,1988年,第995頁。

④ 〔明〕霍與瑕:《霍勉齋集》卷11《賀香山塗父母太夫人六十一序》,第132頁。

了《申志》與《暴志》的錯誤。

鄧思啟:鄧思啟:福建閩縣人,進士,萬曆十五年(1587)任香山知縣。万历二十二年(1594),陞任太平府同知。①

鮑士良,字祖仲,號印尼,例貢生,香山場人,生於萬曆三十年,鮑瑞貴之曾孫也。輕財仗義,有乃祖風,知縣顧其言以義懷昭亮扁嘉獎名載舊志。

《申志》:"鮑士良,山場人,崇禎八年例貢。"故稱"名載舊志"。

顧其言:字公綸,生平籍貫不詳。《申志》載:"顧其言,南京人,進士,崇禎十四年任。"又載:"顧其言,字公綸,松江人,進士,崇禎十三年庚辰時任。"《祝志》稱:"顧其言,江南松江人,進士,(崇禎)十四年任。"又載:"顧其言,字公綸,上海人,崇禎庚辰進士(太學碑題名録)。"崇禎庚辰年爲公元1640年,當爲"崇禎十三年庚辰"之誤,《祝志》誤甚。光緒《廣州府志》稱:"顧其言,江南松江人,進士,十四年任。"然而,又有記載稱其爲金山人。②道光《廣東通志》稱:"顧其言,江南金山人。"③《江南通志》載"顧其言,金山衛人","顧其言,金山人,任至都事"④。有待進一步考證。

鮑昭,字萬炯,號明遠,香山場人。少年事父祖珍孝。父歿,既葬,守父墓數日不歸,號泣聲動行路。歸,朝夕詣墓,供飯數月。弱冠矢志讀書,補弟子員。年三十六而卒。妻黄氏節守,事姑以孝聞。以子鍾生把總贈奮武校尉,七世孫俊翰林院庶吉士,改授山西司主事。

---

① 〔清〕暴煜修:乾隆《香山縣志》卷4《職官》,《廣州大典》總第296册,第96頁;〔明〕林鉞修:嘉靖《重修太平府志》卷3《职官志》,黄山書社點校本,2009年,第38页。

② 〔清〕史澄:光緒《廣州府志》卷21《職官表》5,《廣州大典》總第268册,第387頁。

③ 〔清〕阮元修:道光《廣東通志》卷23《職官表》14,《廣州大典》總第251册,第400頁。

④ 〔清〕于成龍修著,〔清〕張九征編纂:康熙《江南通志》卷31,近衛本。

關於鮑昭之記載以《采訪册》記載最詳。

國朝

楊紹熙,字若喬,號介園,恭常都北山村人。自少以孝友聞。父紫龍爲善於鄉,常以原伯魯不悦學爲戒。紹善承親志,與弟桂高論文講藝,均貢於庠。既而父與弟先後繼歿,寢苫三年,人罕見其面。乾隆丙辰年①,登副車②,文譽日隆,士游於門者日益衆。其貌端嚴,其性謙抑,可親而不可犯。倡建鳳山社學,竭心力以告成。辛卯③,教諭興寧,一以作人爲己任。諸生晉謁,不責備修,儀學中舊,有課文酒前之利其貲者已革不行。紹毅然興復,且捐俸重修學舍,以爲課文之所。學租有逋欠者,或告以移縣究追。叱曰:"樸人以求食,吾不爲也。"士庶咸德之。以年老致仕歸邑,人士紛紛祖道,并奉長生禄位,以志去思。壽百有二歲,子朝錫、孫兆文、綰,俱邑庠。

關於楊紹熙之記載以《采訪册》記載最詳,可補其他史料之缺。

李朝元,字鬱調,一字燮堂,澳門人。誥受中憲大夫候選州同。賦性仁孝,謙恭正直。喜讀書,好施與,濟人利物,排難解紛。澳夷多抗法有不服官斷者,得其勸遵,皆怗然。乾隆戊寅,歲饑捐賑④,有司旌其門曰"邦家之光"。青洲蜑民以

---

① 乾隆丙辰年爲1736年。

② 副車,清代稱鄉試的副榜貢生。登副車,指清代科舉考試中中選鄉試的副榜貢生。

③ 乾隆辛卯年爲1771年。

④ 原文作"賑",據文意改爲"賑"。

颶風多覆溺,具棺盡瘞。壬辰歲,特捐重貲,於洲東築長堤,建橋梁,人號"李公堤"。子揚、晉皆附貢生,晉官山西大同府經歷,兼管銀億庫務,署陽高縣知縣。

李朝元:澳門人,父子皆有名,但縣志中無其記載。該傳記保存了李朝元的詳細生平事迹,不僅包含李朝元在澳門協助清朝政府對澳門葡人管治之事,还有乾隆戊寅年(1758)澳門風災,青洲疍民多溺之事,以及壬辰年他捐資在青洲東邊筑長堤、建橋梁之事,此事在其他中葡文獻中缺載。此處記載最詳。

關於乾隆戊寅年(1758)澳門風災之事,縣志中没有記載,但下文"林禎"傳記處亦稱"戊寅歲飢""颶風覆舟,屍浮海上,買棺收殯,無吝嗇",同李朝元"乾隆戊寅,歲飢捐賑,有司旌其門曰'邦家之光'。青洲疍民以颶風多覆溺,具棺盡瘞"記載一致。

楊經達,字若贊,號一齋,北山村人。充邑諸生。狀貌魁梧,讀書至老不倦。曾司馬衍蕃嘗邀論文,深爲嘉獎,贈之扁曰"宋艷班香"。迹其生平,凡己所當爲者,無不竭心力而爲之。鳳山書院膏火田畝,或利所有出而争之。經達以身任勞,經理數載,始終盡善。其裨於後學者深矣。壽九十一歲。子昭炯,邑庠,誥封贈武德騎尉。昭焕,誥贈武德騎尉。昭烘,監生。孫朝振,覃恩武德騎尉。孫朝安,欽點藍翎侍衛。曾孫天叙,邑庠。

楊經達:《祝志》稱其爲"北川山村人",壽九十一歲。"北川山村",爲"北山村"之誤。此處記載最詳。

林禎,字寧宇,號擎夫,澳門人。性剛毅,好施與,且有隱德,治家整而嚴,馭下寬以惠。叔侄同居,不分財産。親串有不

舉火者，恒周給焉。至疏遠孤貧人，亦假親知之手陰爲軫恤，不欲使受者知其出於己也。乾隆丁丑、戊寅歲饑，捐金運米，以助平糶。知縣魯書“樂美不倦”額以嘉獎。嘗有颶風覆舟，屍浮海上，買棺收殯，無吝嗇。子二人，長貢生元嵩，次監生元端，善體父志，戚黨咸稱之。

魯：指署任香山知縣魯楷。據《祝志》：“魯楷，浙江會稽人，舉人，乾隆二十二年署理香山知縣。”乾隆丁丑、戊寅爲乾隆二十二（1757）、二十三（1758）兩年，故知知縣魯爲魯楷。①

林禎：諸縣志均無載。

楊朝錫，字功謙，號後圃，紹熙子也，補弟子員。性醇篤恬淡寡營，喜怒不形於色。讀書穎悟，加以沉潛，故能學有根柢。屢試不第，識者咸代爲扼腕，而己坦如也。惟循循於孝睦婣任恤敦崇實行，至於究心黄岐，施藥濟世，不受人報者，特其德之餘耳。

關於楊朝錫之記載以《采訪册》記載最詳。

趙元輅，字任臣，一字九衢，澳門人。乾隆丁酉科鄉試中式第十八名舉人。性肫篤莊毅，言動不苟。讀書寒暑，未嘗暫釋，精研經學，酷嗜《韓昌黎集》，爲文皆有根柢。孜孜於孝弟忠信，處己教人終身如一日。交游道義忠告，輕財樂施。庚子，赴禮闈場，後卒於京邸。所著《自警日記》三萬餘言，概以存心養氣爲旨，而一歸於孝友，與《觀我集》文稿，并藏於家。子

---

① 魯，指署任香山知縣魯楷。據祝淮修《新修香山縣志》卷3《職官》載：“魯楷，浙江會稽人，舉人，乾隆二十二年署理香山知縣。”乾隆丁丑、戊寅爲乾隆二十二（1757）、二十三（1758）兩年，故知知縣魯偉魯楷。

二人:長允菁,嘉慶辛酉鄉薦官,始興[1]儒學;次允治,好學能文,鬱鬱不得志以歿。長孫勳郡庠。

關於趙元輅之記載,可參前《自警日記》及"趙元輅"條。

王毓英,字俊賢,號介夫,澳門人。天性肫篤,事父母至孝,數十年如一日。居澳門,民夷通商,當侍膳時,或以貿易請去。雖計財羨,可得萬金,不以易匕箸一刻之養。父母歿,三年内寢苫枕塊,食蔬茹素,及葬,廬墓於側,以戚友重父母遺體,勸始歸。每逢忌日,杜門謝客,率家人淡食,以盡哀思。涕泣奉祀,羹飯必親供,終其不改。澳地歲饑,自典出所居後屋二間,得銀四百兩,悉以助賑。遇屍暴露,輒解自著衣蓋之,隨籌備棺衾殮葬。於孤寡及漂流失水之人,必矜恤給養,助之資斧,令得安歸。原籍福建創建祖祠,以貨殖有貲捐數千金以資之。族人德其義,爲設長生禄位。聞之,急往撤去。凡其所爲,一一歸善於親。子三人,長先卒歿後,妾陳氏、媳蔡氏咸誓節以終,皆其遺德所及。

關於王毓英之記載,未見他處記載,目前資料僅見於《采訪册》。

趙元儒,字景芳,號半農,澳門人。情敦孝友,性秉剛方。少孤,依母事兄,至愛且敬。凡分所當爲與力所能爲者,無敢推委焉。兄弟八人,友恭備至,一門百口,同爨同居。無爾我公私之别。其教養諸侄,親如己子。設書田,延名師,諄諄以遠大期勉。子若侄多賴以有成。至於排難解紛拯貧周急,義之所在,踴躍倡先。事之利便於人以及有益於地方者亦不以艱

[1] 始興縣,在廣東省北部,地近韶關,清代屬南雄州。

巨辭。子八人,長允禧監生,三允育邑庠生。

關於趙元儒之記載,以《采訪册》最詳細。據《浦江趙氏族譜》,望厦趙氏第二十五世,元儒公,字景芳,號半農,趙同義第五子。例授儒林郎,候選布政司理問,貤贈中議大夫。性剛直,工書法,喜栽培子侄讀書。生於乾隆十年(1745),卒於嘉慶十七年(1812),葬於北山嶺村外遷葬銀坑筲箕灣。①

鍾嶽喬,字禹封,號鎮州,澳門人。事親孝,事兄友,訓子侄有禮,待族黨有誼。事無大小持以慎,人無貴賤接以恭,州閭遠邇,咸欽悦焉。家曩素封恬淡,不計生産。擇名師,取益友,勤學好問不輟。延師教子若侄,諄諄以讀書敦行爲勖。飭之謙謹,各循循然。撫甥如子,俾迄有成。余資以周内外貧乏無德色。嘉慶壬戌,以名膳生轉學博委,署德慶州。人色嘉喜,日與諸生講論。情誼肫篤若父兄於子弟。未久卸篆,拜不忍别。甲戌復委,署定安,考課諸生,奉教唯謹,在任三載餘,訓迪不倦。丁丑冬卸事,縉紳餞送紛紛,去有餘戀。子三人:長士祥,監生;次士瀾,邑增生,出嗣長兄岳覲。

德慶州:今廣東省德慶縣,隸屬於肇慶府。《明史》載:"德慶州,元德慶路,屬廣東道。洪武元年爲府,九年四月降爲州。"又據《大明太祖高皇帝實録》載:"(洪武九年)改廣東德慶府爲德慶州,革所屬端溪縣,隸肇慶府。"②

鍾士瀾:嘉道時期澳門知名人士,生員,聯名趙允菁等人上書香山縣丞常應魁請求飭禁永防火患事。③

---

① 趙不争:《浦江趙氏家譜》下卷《第二十五世》,第10頁。

② 〔清〕張廷玉:《明史》卷45《志》第21,第1137頁;《大明太祖高皇帝實録》卷105。

③ 《道光四年八月初十日澳門紳士趙允菁等呈爲懇恩示禁永防火患事》,檔案號:PT/TT/DCHN/1/10/001464。

吴翰,字蕃宣,號毓軒,南大涌人。乾隆五十九年,歲貢生。好讀書,手不釋卷,屢躓棘闈,循禮務實,不治生産。臨終遺囑,治喪依《韓昌黎神道碑》:"喪葬無不如禮,七七之數,勿以污我。"又依王陽明告諭《南安漳州示》:"不得鼓樂分帛及受祭宴客"。歿二十餘年,子孫猶遵其命。

《祝志》:"吴翰,字藩宣,恭常都南大涌人,乾隆五十九年甲寅歲貢。"

林應元,字芳錫,南屏村人。有幹才,援例典吏職。嘉慶十三年,海寇充斥,各憲籌畫緝捕,檄應元招募拖繒船出海,督憲吴熊光給"奮志急公"額獎之。越年,隨官軍擒盗匪甚衆,督憲咨部准俟得官日加一級。後以次子世德隨師船在梔甲門打仗身死,遂憤恨成疾而卒。

吴熊光:字槐江,江蘇昭文人,乾隆三十七年(1772)進士。嘉慶十年(1805),任兩廣總督,後因英軍入澳門事,發配新疆,後召還。道光十三年(1833)去世,時年84歲。[①]

《祝志》:"林應元,字芳錫,南屏鄉人。有幹才,嘉慶十三年(1808),海寇肆劫,應元奉檄募拖繒船出大洋,擒盗匪甚衆。制府以'奮志急公'旌其門。子世德,梔甲門擊賊,死之。應元憤恨成疾,卒年六十四。同鄉監生容大振聯屬近鄉築石海濱禦賊,桑梓賴安,制府并表其門。"

容大振,南屏村人,監生。人品嚴毅樸直。嘉慶間,海氛不靖,振聯合附近村鄉,於海濱築石堵禦,防守周密,桑梓賴安。制軍那嘉其功,給匾[②]曰"誼洽枌榆"。

---

① 趙爾巽:《清史稿》卷3570《列傳》144,第11321—11324頁。

② "匾",原文誤作"扁"。

制軍那：指兩廣總督那彦成。那彦成，字繹堂，章佳氏，滿洲正白旗人，大學士阿桂之孫，乾隆五十四年（1789）進士，選庶吉士，授編修，直南書房，嘉慶九年至十年（1804—1805）任兩廣總督。道光《廣東通志》稱那彦成嘉慶十年（1805）任兩廣總督，誤。[①]

容大振：清嘉道時期澳門知名華人，曾參與蕉園圍逼遷事件。[②]

徐士桂，字貴任，號德榮，世居前山寨。生平有大志，家貧，采樵至風門坳，苦巇巗難行，仰天嘆曰："他日當富貴，必辟此路，以利行人。"厥後，果修於筮仕之始。年四十，始官外委，勵精勤慎，所向有功，兩紀中晋階至春江協鎮，兵民安輯，官聲赫然。督部堂李侍垚器重之，將以金門鎮員缺保題。乃以長子、三子淪亡報聞，告休辭不就職。督憲强留之，不可。解組日，兵民繞道百里。清風兩袖，浩然而歸，年已七十矣。家居，睦鄰恤族。倡里人捐金開大溝以衛風水，墟星橋以通貨財，合寨德之。壽七十有八。子建高，贈奮武校尉。孫紹祖，充香山協左營把總。曾孫履中，邑庠。

風門坳：又作"風門凹"，在黄梁都境内，位於郁角山之東，東爲海。在恭常都境内還有一名爲風門凹嶺者，在鳳凰山南。[③]

李侍垚：即爲李侍堯。李侍堯，字欽齋，漢軍鑲黄旗人，乾隆初年，以蔭生被授予印務章京，後屢任要職。乾隆二十一年（1756），署任兩廣總督，二十四年（1759），被正式任命爲兩廣總督，二十八年（1763）離任。乾隆三十

---

① 〔清〕阮元修：道光《廣東通志》卷43《職官表》34，《廣州大典》總第251册，第692頁。

② 《嘉慶四年十一月初二日香山知縣許乃來諭澳門夷目喽嚟哆》，檔案號：PT/TT/DCHN/1/3/000357。

③ 〔清〕祝淮修：《新修香山縣志》卷1《輿地》上，《廣州大典》總第296册，第259、297頁。

二年(1767),再次被任命爲兩廣總督,又因貪污治罪。乾隆五十二年(1787),平定臺灣有功。乾隆五十三年(1788),去世,謚號恭毅,并入紫光閣二十功臣之列。①

徐士桂:參前“徐士桂”“徐秀芳”“徐建高”“徐紹組”條。

何秀遠,字奮興,號任恤,南村人。生平不慕虚名,而敦崇實行,田不滿頃,好善樂施,弟啟興早逝,周恤弟婦,撫侄如己子。乾隆壬戌歲兇,捐其錢穀與鄉黨宗族,煎粥而食。縣丞朱念高嘉其義,贈額曰“任恤可風”。後人因以爲號。子三人:上衢、上任、上純。孫大翎,邑庠,讀書穎悟。曾孫峒山,議叙,仗義疏財,克繩祖武,鐘房武庠。

朱念高:浙江海鹽人,貢生,雍正九年(1731)任香山縣丞。據章文欽稱,朱念高任職香山縣丞的時間爲雍正九年至乾隆十年(1731—1745)。② 不確,朱念高第一次擔任縣丞在雍正九年,乾隆六年時由俞某某署任,乾隆七年朱念高第二次再任縣丞,直至乾隆十年。

“壬戌歲”爲乾隆七年(1742)。《暴志》載:“七年春不雨,夏四月雨,秋大稔。”③故稱“壬戌歲兇”。《采訪册》記載同《暴志》記載一致。

香山縣諸志中没有何秀遠之記載。

義婦

林氏,澳門林應乾次女,誥贈資政大夫謝醴亭妻,誥授資政大夫謝慶泰之母。性慈惠,好施予,教子義方,俾克成立,得受

---

① 趙爾巽:《清史稿》卷323《列傳》110,第10817—10822頁。

② 《乾隆七年三月十五日香山縣丞朱念高爲彙催速結案件事》,檔案號:PT/TT/DCHN/1/1/000003。

③ 〔清〕暴煜修:乾隆《香山縣志》卷8《祥異》,《廣州大典》總第296册,第248頁。

誥封二品夫人。氏念泰祖自閩來粵,至泰始隸籍番禺,向住省城,充當洋商,家頗饒裕。而澳係氏桑梓地,憫窮嫠孤稚苦,令其子泰出錢給之,并施貧者棺槨。泰奉命唯謹。於嘉慶二十四年,藉記孤寡姓名,按月給予,歲費金數千。子泰卒,孫隸華等克承厥志,仍給予施捨不倦,闔澳孤寡咸德焉。

謝慶泰:即謝鰲官,又作謝鰲觀、謝梧官,西人稱 Goqua,又名謝嘉梧,别號鳳翔,福建漳州人,但馬士稱其爲澳門土著①。乾隆五十七年(1792)至嘉慶十年(1805)擔任通事,於嘉慶十一年(1806)前創建東裕行,行址在廣州登龍巷,本人住第十鋪。道光五年(1825)十二月二十七日之前,謝嘉梧去世。謝慶泰之名多次出現於英國國家檔案館藏清代漢文檔案中,有嘉慶十四年八月初四日廣州知府英諭令邀請英國嚀哹船隨同水師前往沿海剿捕洋匪文件②、嘉慶十六年五月二十八日廣州廣利行行商盧茂官等致英國大班嗌咜咂函件③、嘉慶十六年廣州麗泉行行商潘長耀等致總商廣利行盧茂官等函件④、嘉慶十七年六月二十八日粵海關監督德慶諭令廣州行商潘長耀等務將名下應完税餉完繳事項⑤等。

林氏:爲廣州行商謝慶泰之母。由於謝家資財饒裕,林氏念澳門爲桑梓地,“憫窮嫠孤稚苦,令其子出錢給之,并施貧者棺槨。嘉慶二十四年,藉記孤寡姓名,按月給予,歲費金數千”。此事他處無載,揭示澳門與廣州行商關係之密切。

---

① 〔美〕馬士(H. B. Morse)著:《東印度公司對華貿易編年史》第3卷,区宗华等譯,廣東人民出版社,2016年,第98頁。

② 英國國家檔案館藏清代漢文檔案,檔案號:FO1048/9/11,共一張,無頁碼。

③ 英國國家檔案館藏清代漢文檔案,檔案號:FO1048/11/47,共二張,無頁碼。

④ 英國國家檔案館藏清代漢文檔案,檔案號:FO1048/35/5,共六張,無頁碼。

⑤ 英國國家檔案館藏清代漢文檔案,檔案號:FO1048/12/79,共一張,無頁碼。

古 迹

香山場,舊名故鎮名載舊志,屬東莞。其地北接鳳皇山,東近野貍洲、神前灣等處洋海。宋紹興間,設香山場大使,引海潮由東南入涌,直至場前,築漏煎鹽,鹽二十户,分上、下栅,自煎自賣。後被鄰邑豪宦瞞墾斥鹵,高築基壆,障隔海潮,至灶田盡廢,其灶丁編户以居,煙户日積繁盛,遂以香山場名其地焉舊志載。金斗鹽場,又一名濠潭,濠潭在村之東濠潭山之下,今大使公廨已無存,祗遺古墻數丈,此即公廨故址。至於場官之旋設旋廢、丁課之虛賠豁免與夫灶税之尚存多寡,舊志已詳載於鹽法一款矣。

香山場:參前"香山場"條。

石牛嶺名見舊志,在香山場後山,其石僕崖如斗,遥望頭角畢具,如隱伏於林木葱蔚間。

石牛嶺:參前"石牛嶺"條。

石礱石,在香山場後,松柏山一石,高丈餘。中有縫,儼分兩截如礱狀,妥置山腰間。兩則有水從石縫中流出,若礱之磨

物焉。

石礱石：爲第一次出現，後爲《祝志》采納，載："在香山場後。柏山石高丈餘，中有縫，儼分二截，如礱狀，雨則水從石縫中出，若礱之磨物然。"

升斗石，在香山場東北，涌口有大小二石，關鎖水口，如升斗形。涌邊多沙，沙或被水衝開，水向二石中流，則是年米價平，或水爲沙所阻，不能直流而側出，則米價高昂，土人常以是占豐歉。

升斗石：東爲海。此處爲第一次出現於史料記載，後爲《祝志》所采納。《祝志》："升斗石，在香山場東北，溪口有大、小二石，如升斗形，溪多沙。水不爲沙所阻，從二石中流是年米價平，或側出則米價昂。土人常以此占豐歉。"

石甑山名載舊志**，在香山場之南。一石高數仞，屹立山巔，形圓直如甑。下復有小石無數，盤錯其中。春夏間，雲霞蒸蔚，仿佛爨煙起伏，因以得名。土人又名爲穀圍石，其象亦似。**

石甑山：參前"石甑山"條。

石溪洞，在香山場後山之下。松柏山之右洞有石榻，甚寬廣，坐可數十人。榻邊流有清泉，極甘冽。鄉人常取汲不竭，外則溪水環繞，松木蓊鬱。

石溪洞：位於松柏山，在神前村後。《祝志》："石溪洞，在松柏山後，洞有石榻寬廣，坐可數十人。榻下泉流清冽。外則溪水環繞，松木蓊鬱。"

白蓮洞,在吉大村之西四里,相傳古有僧人隱迹於此,遍洞種白蓮,迄今猶存。廢址上有石室,殊幽勝,朝山尖聳形如童子參拜,土人鑿就蓮臺,祀觀音。其上又有石岩,清泉滴溜,每當春夏,游咏甚多。

白蓮洞:第一次出現於史料記載,爲《祝志》采納。《祝志》:"白蓮洞,在吉大村西四里。相傳古有僧人隱迹於此,遍洞種白蓮,今仍存其址。上有石室,殊幽勝,對山亭亭尖聳如童子參拜然,下有石岩,清泉滴溜。"

九星洲山下有古墓一碑,刻李、張、陳捕主神位。相傳爲明末清初守衛九洲、零丁洋一帶地方者,其時海氛猖獗,三人同戰亡,溺於零丁洋面。土人收而葬之於此,至今猶禋祀。

九星洲山:參前"九星洲山"條。

前山寨前南城外原立有石將軍神一,高站壇臺,躬環甲胄,劍指澳門,不知始於何代。據父老傳聞,爲控制澳夷而設也。夷性多狡賴,此以遏其鋒。乾隆五十二年,西洋夷人醉殺唐人,不甘伏法。大憲委廣府張道源,率知縣彭翥,督兵臨澳,駐劄前山。同分府劉廷樞籌辦備至,乃得凶夷誅之。戒嚴之際,列憲登城眺澳,共見有石神在望,赫斯其怒。公議再增一位,以壯其猶。僉謂神道世遠年湮,不可不重刷也。隨傳寨中紳士王廷鈐,面授機宜,諭以地方公事亟僉助贊襄即發公項五十,先爲倡率,時士民亦樂僉金五十,以成其事。迨石神陞座之日,適分府候學詩不在衙署,委分縣胡寶書寨主祭。自是以來,夷人不敢猖獗,迄今四十餘年矣。舊石將軍座下有石刻朱書"雷煞"二字埋於土中,字徑逾尺,此神劍前不許居民藉税地蓋搭房屋遮蔽,有礙鎮壓。

劉廷樞:澳門海防軍民同知,乾隆五十二年(1787)在任。

胡寶書:乾隆五十二年(1781)在任香山縣丞。

張道源:字菊坡,山西浮山人,貢生,《清代官員履歷檔案全編》載:"張道源,山西平陽府浮山縣貢生,年二十八歲遵豫工例捐員外郎,四十七年二月内用廣東南雄府知府。"①乾隆四十九年(1784)被任命爲廣州知府,離任時間有待進一步考證。道光《廣東通志》載,其繼任者徐掞上任時間爲乾隆五十六年(1791),而光緒《廣州府志》載徐掞上任時間爲乾隆五十八年(1793)。②

案:關於這次乾隆五十二年(1787)西洋夷人醉殺唐人命案的前因後果,中外文獻記載頗多,大致情形如下。乾隆五十二年(1787)9月,有一黑奴在營地街的中國酒店喝酒,"醉卧不服夷官約束"。葡萄牙官吏責備店主不該賣酒給黑奴。鄰近店鋪的華商則爲店主辯護,與葡官發生糾紛。理事官菲利佩·馬托斯(Filipe Lourenço de Matos)便乘機發難,督率黑奴拆毁營地街郭南泉等上百個華商寮鋪,後又拆毁望厦和沙梨頭華人新建的三座房屋,還毆傷了一批中國居民。接著,又"縱黑奴在望厦村偷竊滋事",且澳葡"貨船到澳不報"。事件發生後,立刻激起澳門華人商販的憤怒,并引發了一場暴動。他們關閉店鋪,聚衆成群,襲擊葡人巡邏隊,并攻擊大碼頭附近一所屬亞美尼亞富商馬休斯·約翰尼斯(Matheus Johannes)的豪宅,因爲當時澳督與許多澳門名人都住在那裏。香山縣令彭翥聞訊後迅速趕到澳門,召見澳門主要葡國官員。澳門葡國官員不肯出見,要求彭翥到新建的議事會大樓去會談。彭翥認爲議事會大樓是座"夷廟",宣稱:"吾天朝命吏也,夷廟豈辦公地?"就在通衢大街上張幕設案,盛布儀衛,再次召見通事和"夷目",要求交出兇犯。馬托斯不肯露面。彭翥便召見了新上任的澳門大法官

① 秦國經等主編:《清代官員履歷檔案全編》第2册,第436頁;第20册,第63、67頁。

② 〔清〕阮元修:道光《廣東通志》卷45《職官表》36,《廣州大典》總第251册,第710頁;〔清〕史澄:光緒《廣州府志》卷23《職官表》7,《廣州大典》總第268册,第413頁。

費利喇。費利喇十分囂張,悍然聲稱,他們已經決定,徵用澳門的中國居民聚居區,所以要拆毁營地街一帶街市,驅逐望厦村村民,以恢復這一'殖民地'舊日的地位和"被中國人篡奪的權利"。彭翥見費利喇等人異常凶横,便趕往到州,謁見兩廣總督福康安。福康安下令,將香山協官兵調進關閘,進駐望厦村,并"飭廣州府張道源到澳封關,禁居民賣爨具食物"。費利喇見勢不妙,趕忙請議事會出面調停。議事會召開市民大會,撤换了肇事理事官馬托斯,而提前讓下一任理事官馬查多・卡梅洛(Machado Joaquim Cameiro)就任。并決定恢復服從清政府管轄的"舊制度"。兩廣總督見葡人"夷衆懼,引罪輸服,乃復開市貿易"。爲了防止再起騷亂,議事會在城墻外曠野的沙梨頭地方靠近花王堂之處新開了個集市。這實際上没有爲居民提供方便,因爲很多人的黑奴和僕役在前往該集市或回來的路上遭到搶劫。而那個老集市的地方,在人們看來,却是最合適的。次年,經香山縣同意,議事會在營地街又新建了一個集市,中國官員爲不同業主指定了攤位。[①] 這次"黑奴醉殺唐人案"引發了廣東政府與澳門葡人之間的一次較大的衝突,最終,在清政府的壓力下,澳門葡人屈服。

阿婆石,在前山寨城遵海而南。有石一區,參差衆石中,天然生出人形,一石狀如老媪,俗以"阿婆"名之。吟咏者稱爲"水中仙姆"。有時潮水雖極盛滿,不能加於其頂,即颶風海溢,亦能畢露其首焉,誠仙迹焉。

《采訪册》第一次記載阿婆石。《祝志》:"阿婆石,在前山寨城外,遵海而南,有叢石,周遭里許參差。衆石中一石狀如老媪垂首坐水上,俗以'阿婆'名之。雖颶風海溢亦不能没其頂云。"《澳門及周邊形勢圖》清楚地在前

---

① 〔清〕祝淮修:《新修香山縣志》卷4《海防》,《廣州大典》總第296册,第442頁;〔葡〕徐薩斯(Montalto de Jesus)著:《歷史上的澳門》,黄鴻釗、李保平譯,第129頁;〔瑞典〕龍思泰(Anders Ljungstedt)著:《早期澳門史》,吴義雄等譯,第41頁;《乾隆五十九年九月十五日香山縣丞賈奕曾諭澳門夷目唛嚟哆》,檔案號:PT/TT/DCHN/1/3/000266。

山寨東南海上繪有“亞婆石”。

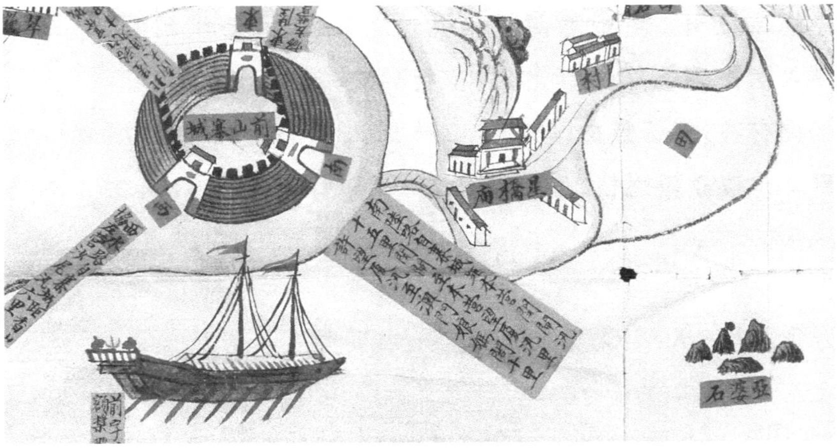

嘉慶十六年(1811)後《澳門及周邊形勢圖》中的阿婆石

三臺石室,在前山寨城東十里,山高四五十丈,石室屹立冈巔,巔極平坦。有石二卧地爲枕,枕上矗起一石爲蓋,中空一洞,兩頭皆可出入行走,名曰“三臺石室”。登是山而入是室者,四時天風琅琅,山色蒼蒼,真神仙窟宅也,石壁之上,昔人鎸有“三臺”兩字,遒勁可愛。

三臺石室:恭常都地名,位於前山寨城東。

《祝志》有記載,稱:“三臺石室,在前山寨城東三里,山高四五十丈。巔平坦。有石二,枕地上横矗一石架之如蓋,然中空,可容出入石壁。上昔人鎸‘三臺’二字。”《田志》記載與《祝志》同。據《祝志·恭常都圖》,在前山寨城東有三臺石,當即三臺石室。地圖標尺説明每格五里,三臺石距離前山寨有兩格左右,距離大致爲十里左右,可知,《采訪册》中“三臺石室,在前山寨城東十里”的記載是正確的,《祝志》與《田志》錯誤。

明季閩中五人墓者，碑高數尺，名書“義勇”，是蓋護衛鄉莊敵愾而死者也，封樹在寨城古廟後，旅櫬孤魂埋没，荒煙蔓草，不治幾經時日矣。當乾隆四十年暮春之初，五人忽現精靈，時有鄉人官把總徐紹祖者，偶於夜行見之。越日踪迹其墓，知其神異有在，食報無由，聯同志二十餘人各捐金，以爲厲壙祭之用。定以立夏之日，備物赴山祭掃，以報其功明季閩中五人墓，今不見記載。

明季閩中五人墓：未见諸《縣志》記載明季五人墓。

廉泉洞，在南屏村東南隅二里許。天生石室，窗櫺儼俱，奉祀觀音神像。石室後涌出一泉，味極甘美，分繞石室左右。會出洞口，石室右側石縫中擘生一古樹，蟠曲槎枒，蔭覆石室。樹下生成一石盂，水流其中，滿而下注，四時不絶。兩山對峙爲垣墻，海水横潮爲鞶帶。洞中崖谷，共清風泉，同嘯怪石，緣溪蒼松夾徑，盛暑時節，人至忘歸，游咏極盛。其神甚靈，遠近祈禱，無虚日焉。

廉泉洞：又作“濂泉洞”，在南屏村東南。《祝志》：“廉泉洞，在北山村東南五里。石室深窈，窗櫺儼具，涌濡飛溜，分繞左右。古榕生石隙中，盤曲槎枒，蔭覆其上。樹下石坳如盂泉注，其上溢而下泛，四時不絶。兩山拱夾爲垣墻，海水環繞如鞶帶。崖谷共清風泉，同嘯怪石，緣溪蒼松夾徑，斯亦勝游之選地也。”①

石龜潭，在恭常都灶貝村前，怪石嶔嶔磊砢，如龜者，如鶴者，

① 《廣東省珠海市地名志》編纂委員會编：《廣東省珠海市地名志》，廣州：廣東科技出版社，1989 年，第 218 頁。

如鹿者，如老人者，紛錯其中，每當風雨迷離，波濤激漾，諸石出没，隱見於潺漫浩渺間，不走者若走，不飛者若飛，不行立者若行立也。由濠鏡澳一葦航之，足備游觀之勝。

石龜潭：在前山寨灶貝村前。《祝志》之《恭常都圖》有石龜潭，其位置在灶貝村東南五里左右。《祝志》："石龜潭，在前山寨灶貝村前，怪石嶔崟，如龜，如鶴，如鹿，如老人，錯列於海岸。每當風雨迷離，煙波滉瀁，諸石隱見，恍若走者、飛者、行者、立者、出入往來者詭形異狀，神肖如生，觀者惑焉。"

洋石船，在娘媽閣詳載《澳門纂略》。

海覺石，在娘媽閣詳載《澳纂略》①。

蝦蟆石，一名"蟾蜍石"，在下環街詳載《澳門纂略》。

文閣地臺，舊址在澳門新村尾挂罾角。高一丈餘，方闊一丈八尺，周圍石墊。

文閣地臺：此一古迹爲澳門所獨見者，其他史料未載。但查中葡文文獻，道光八年(1828)中葡雙方曾就於新村尾挂罾角地方建閣塔事有官方往來文件。華人於新村尾挂罾角建閣塔之地當即文閣地臺之所在。

案：據葡萄牙東波塔檔案館藏清代澳門漢文檔案載："我澳擬建閣塔，實爲闔澳風水攸關，非一方一人受益已也。今於新村尾挂罾角卜吉先行建築。曾經肅紅布告，華夷亦皆樂從。詎有奸夷素干法紀者，攛唆近地夷人嗷嚧吺呢(José Nunes)，妄稱新村尾一帶係伊祖居，且夷兵往來孔道。轉托夷目唩

① 《澳纂略》，當爲《澳門纂略》漏寫一"門"字。

嘐哆,禀請地方官禁止建築,固爲駭異。禀内又稱:澳地係先朝恩准予居。其藐視之心,更不可問。竊思澳夷之所以安居斯土者,皆由我聖朝(懷)柔遠人之至意。皇皇鉅典,率土咸知。乃該夷敢以弁髦視之,其欺君背上,罪莫大焉。即夷人房屋,向有丈尺定例,除舊有夷屋外,悉爲我們官地,何得以該處海旁視爲故業?且邇求夷屋添建,何啻十倍於前?彼等尚不知違例之罪,各憲格外之恩,爲之欽束畏服,反向闔澳公建閣塔,希圖揹阻。此固國法所難容,亦人心所共忿。種種刁惡之風,若不挫折於前,則日後滋累益甚。兹准於本月初三日,齊集蓮峰廟酌議一切,以便舉行。凡我澳人,務宜踴躍赴廟,幸勿吝玉。"①施白蒂(Beatriz Basto da Silva)《澳門編年史》中亦有相似記載:"1828 年 12 月 2 日,香山縣丞禁止工匠們在葡萄牙萊利亞(Leiria)位於網角住宅附近砌墻圈地。那些中國人希冀圍出一塊地來建造福塔。"②葡文文獻中之"網角"當即中文中之"挂罾角","福塔"當即"閣塔"。如果單從這兩份中葡文獻來看,很難看出新村尾挂罾角之所屬。而葡文文獻稱其爲"葡萄牙萊利亞位於網角住宅附近",即以該地屬澳門葡人所有。而中文文獻稱其爲"即夷人房屋,向有丈尺定例,除舊有夷屋外,悉爲我們官地"。《采訪册》載:"文閣地臺,舊址在澳門新村尾挂罾角。"對於我們明晰新村尾挂罾角閣塔佔地所屬權提供了明確依據:早在 1826 年《采訪册》成書之前,這裏就有中國的文閣地臺,證明這一地方確爲中國政府管轄之地。

---

① 《嘉慶十三年澳門華民爲於新村尾建閣塔事公啓》,檔案號:PT/TT/DCHN/1/8/001011。

② 〔葡〕施白蒂(Beatriz Basto da Silva)著:《澳門編年史:19 世紀》,姚京明譯,第 44 頁。

宧　迹

海防同知

國朝

裴鑲，號鷺臣。乾隆間由廣東布政使司經聽署澳門海防同知。視民如子，時值歲饑，運米賑濟，民賴以生。去之日，萬民制袍擁道而留。

裴鑲：署理澳門海防同知，道光《廣東通志》未載，此爲最早關於裴氏的記録。《祝志》："乾隆二十四年兼理。"後任廣東布政司經歷。①

魏綰，乾隆間，任澳門海防同知，崇儒重道，勸令十三鄉人士建設鳳山社學。既成，日集諸生課藝其中，後以丁艱去。

魏綰：字犀文，又字綈臣，貴州黔南人。進士，歷任增城、南海、石城、新城知縣。主持重修乾隆《南海縣志》二十卷。《祝志》："魏綰，貴州平越人，

① 秦國經等主編：《清代官員履歷檔案全編》第 29 册，第 51 頁。

十九年任。”又有:“魏綰,帝臣,貴州平越州人,康熙庚子舉人,雍正十年試用廣東知縣,歷任增城、南海、石城、新寧,俱有惠政。乾隆十九年任海防同知,崇儒重道,勸諭十三鄉人建立鳳山社學,既成,日集諸生課藝其中,後卒於官,年五十有八。”

馮晉恩,由拔貢挑知縣,分發廣東。道光二年,署任香山縣,勤政愛民,聽訟明决。越年,署澳門同知,推誠布德,華夷胥賴以安。卸署去,民思再見,如望歲焉。

馮晉恩:道光初年曾署任香山知縣與澳門同知。《祝志》:“馮晉恩,雲南沾益人,拔貢,道光二年署任(香山知縣)。”但均未提及他擔任他署任澳門同知事。根據該處記載,可知馮晉恩在道光三年(1823)即署任澳門同知。兩廣總督阮元奏摺稱:“隨行司飭委廣州府知府高廷瑶前往澳門,會同署香山協副將曹耀清、署前山營游擊馬成玉,率同代理澳門同知馮晉恩、香山縣知縣蔡夢麟,飭令夷目提出該凶夷瑪奴厄爾審明,於本年二月初五日照例絞决,用彰國憲,由兼署按察使翟錦觀具詳前來。”[①]可知署任澳門同知的馮晉恩曾參與處理道光六年(1826)嚴亞照被殺案。葡萄牙東波塔檔案館藏清代澳門漢文檔案亦可證道光六年(1826)正月馮晉恩仍擔任澳門同知。[②] 而道光六年七月初十日(1826年8月13日)發給澳門理事官的公文中,澳門同知爲顧遠承,可知馮晉恩署任澳門同知的時間爲道光三年至道光六年(1823—1826)。《祝志》:“顧遠承,五年坐補原缺。”光緒《廣州府志》載“顧遠承,五年復任”。據此可以推斷,顧遠承在道光五年(1825)被任命爲澳門同知後,并未立即赴任,而是由馮晉恩署任至道光六年(1826),顧才到任。以下爲各種檔案文獻中輯録的乾隆九年(1744)至道光二十一年(1841)間歷任和署任澳門同知表:

---

① 中國第一歷史檔案館等合編:《明清時期澳門問題檔案文獻彙編》第2册《兩廣總督阮元等奏報遵例審辦致斃民命之夷人絞决摺》,第183—184頁。

② 《道光六年二月十三日澳門同知馮晉恩諭澳門夷目唛嚟哆及粘單》,檔案號:PT/TT/DCHN/1/10/001329。

乾隆九年(1744)至道光二十一年(1841)間歷任和署任澳門同知表

表9

年代	姓名	備注	資料來源
乾隆九年(1744)	印光任		光緒《香山縣志》
乾隆十二年(1747)	張薰		光緒《香山縣志》
乾隆十三年(1748)	張汝霖		光緒《香山縣志》
乾隆十五年(1750)	王朝俊		光緒《香山縣志》
乾隆十五年(1750)	暴煜	乾隆十五年八月護	《香山明清檔案輯録》
乾隆十七年(1752)	武啟圖	乾隆十七年七月署	《香山明清檔案輯録》
乾隆十九年(1754)	魏綰	乾隆十九年四月,二十一年五月	光緒《香山縣志》
乾隆二十年(1755)	趙廷賓	乾隆二十四年十月在署任	《香山明清檔案輯録》
乾隆二十四年(1759)	許良臣		光緒《香山縣志》
乾隆二十四年(1759)	裴驤		《采訪册》
乾隆二十五至二十六年(1760—1761)	圖爾兵阿	乾隆二十七年九月在任	光緒《香山縣志》
乾隆二十六年(1761)	宋鑾	乾隆二十六年七月署任	《香山明清檔案輯録》
乾隆二十八年(1763)	殷長立	乾隆二十八年七月署任,二十九年四月	《香山明清檔案輯録》
乾隆二十九年(1764)	平聖台	乾隆二十九年十二月陞任①,三十二年十月	光緒《香山縣志》
乾隆三十二年(1767)	楊超恒	乾隆三十二年五月在署任	《東坡塔檔案》 民國《懷寧縣志》
乾隆三十二年(1767)	林可法	乾隆三十一年署 三十二年八月在署	《東坡塔檔案》 《當陽縣志》 民國《仁化縣志》
乾隆三十二年(1767)	李某某	乾隆三十二年八月署任	《東坡塔檔案》
乾隆三十五年(1770)	蔣耀宗	乾隆三十七年七月署	《邵陽縣志》
乾隆三十五年(1770)	曾蕚		光緒《香山縣志》
乾隆三十八年(1773)	陶世鳳		光緒《香山縣志》

① 《清代縉紳録集成》第2册,《縉紳全書》,鄭州:大象出版社,2008年影印實名堂刻本,第171頁。

（续表）

年代	姓名	備注	資料來源
乾隆三十九年(1774)	宋清源	乾隆三十九年六月	光緒《香山縣志》
乾隆四十年(1775)	孔某某	乾隆四十年五月	《東坡塔檔案》
乾隆四十二年(1777)(1778)	陳景塤	乾隆四十二年五月補任①,四十五年四月	《清代縉紳録集成》
乾隆四十二年(1777)	觀某某	乾隆四十二年五月署任②	《東坡塔檔案》
乾隆四十五年(1780)	王中圻	乾隆四十五年六月署任	《東坡塔檔案》
乾隆四十六年(1781)	多慶	乾隆四十九年仍在任	光緒《香山縣志》
乾隆四十九年(1784)	佘之渙		《清中前期西洋天主教檔案彙編》
乾隆五十年(1785)	陳淮（陳新槐）		光緒《香山縣志》
乾隆五十年(1785)	陳國敕	乾隆五十年三月署任	《香山明清檔案輯録》
乾隆五十年(1785)之後	陳九叙	具體時間不詳	
乾隆五十二年(1787)(1788)	侯學詩	乾隆五十二年二月陞任③	光緒《香山縣志》
乾隆五十二年(1787)	劉廷梳	乾隆五十二年四月署任	《東坡塔檔案》《采訪册》
乾隆五十六年(1791)	許永	乾隆五十六年二月,五十七年正月	《東坡塔檔案》
乾隆五十七年(1792)	段某某	乾隆五十七年三月署任	《東坡塔檔案》
乾隆五十七年(1792)	韋協中	乾隆五十七年三月,五十八年五月,六十年七月	光緒《香山縣志》

① 《清代縉紳録集成》第3册,《縉紳全書·中樞備覽》,鄭州:大象出版社,2008年影印世錦堂刻本,第151頁。

② 《東坡塔清代澳門中文檔案》,《258 署澳門同知觀爲奉旨查禁棉花進口事下理事官諭殘件》,《署澳門同知觀爲奉旨弛棉花進口之禁事下理事官諭》。

③ 《清代縉紳録集成》第3册,《縉紳全書·中樞備覽》,鄭州:大象出版社,2008年影印西榮慶堂刻本,第413頁。

（续表）

年代	姓名	備注	資料來源
乾隆五十七年(1792)	余作沛	乾隆五十七年十二月署任,五十八年正月	《東坡塔檔案》
乾隆五十九年(1794)	吴某某	乾隆五十九年二月在署	《東坡塔檔案》
乾隆五十九年(1794)	杜某某	乾隆五十九年九月	《東坡塔檔案》
乾隆六十年(1795)	李德興	乾隆五十九年十一月,六十年四月署任	《東坡塔檔案》
乾隆六十年(1795)	史藻	乾隆六十年十月署任	《東坡塔檔案》
乾隆六十年(1795)	胡志熊	乾隆六十年十一月陞任	《清代縉紳録集成》
嘉慶元年(1796)	丁如玉	嘉慶元年六月調,至九年前應一直在任	光緒《香山縣志》
嘉慶二年(1797)	翟某某	嘉慶二年在署任	《東坡塔檔案》
嘉慶二年(1797)	三多	嘉慶二年任	
嘉慶三年(1798)	吴某某	嘉慶三年八月署任	《東坡塔檔案》
嘉慶五年(1800)	三多	嘉慶五年四月,嘉慶六年正月	《東坡塔檔案》
嘉慶六年(1801)	吴某某	嘉慶六年二月始署任,七年三月	《東坡塔檔案》
嘉慶七年(1802)	丁如玉	嘉慶七年六月	TNA/FO233－189
嘉慶八年至九年(1803—1804)	王淦	嘉慶八年任	民國《鎮洋縣志》 道光《廉州府志》
嘉慶八年(1803)	葉慧業	嘉慶八年九月至九年八月攝理	《東坡塔檔案》
嘉慶九年	丁如玉	嘉慶九年春	《縉紳全書》
嘉慶九年(1804)	鄒某某	嘉慶九年九月始署任	《東坡塔檔案》
嘉慶十年(1805)	宋某某	嘉慶十年三月開始署任	《東坡塔檔案》
嘉慶十年(1805)	彭選	嘉慶十年四月末開始署任	《東坡塔檔案》
嘉慶十年(1805)	王袠	十年十月始任	光緒《香山縣志》
嘉慶十二年(1807)	嵩某某	嘉慶十一年十二月署任,十二年正月在署	《東坡塔檔案》

(续表)

年代	姓名	備注	資料來源
嘉慶十二年(1807)	熊邦翰	嘉慶十二年十月任,十三年正月,十四年正月在任	《東坡塔檔案》
嘉慶十四年(1809)	英吉		
嘉慶十四年(1809)	周某某	嘉慶十四年四月署任	
嘉慶十四年(1809)	朱庭桂	嘉慶十四年五月在署,十五年正月	《東坡塔檔案》
嘉慶十六年(1811)	辛朝俊	嘉慶十六年閏三月	《東坡塔檔案》 《袁州府志》
嘉慶十七年(1811)(1812)	馬滮	嘉慶十六年十二月始任,十七年正月	光緒《香山縣志》 《東坡塔檔案》
嘉慶十七年(1812)	楊丕樹	嘉慶十七年八月在署任	《東坡塔檔案》
嘉慶十七年(1812)	吉壽	嘉慶十七年九月任	《東坡塔檔案》
嘉慶十八年(1813)	周祚熙	嘉慶十八年二月署任	《東坡塔檔案》
嘉慶十八年(1813)	李澐	嘉慶十八年十一月署任	《東坡塔檔案》
嘉慶十九年(1814)	官德	嘉慶十九年閏二月任	《東坡塔檔案》
嘉慶十九年(1814)	梁某某	嘉慶十九年十二月始署	《東坡塔檔案》
嘉慶二十年(1815)	馬德滋	嘉慶二十年代理澳門同知	《東坡塔檔案》
嘉慶二十年(1815)	劉星蕖	二十年四月在任,嘉慶二十一年五月離職	光緒《香山縣志》
嘉慶二十年(1815)	周某某	二十年六月在署任	《東坡塔檔案》
嘉慶二十一年(1816)	李澐	二十一年五月署任	《東坡塔檔案》
嘉慶二十一年(1816)	彭某某	二十一年十月代理	《東坡塔檔案》
嘉慶二十一年(1816)	朱庭桂	二十一年底任	《東坡塔檔案》
嘉慶二十一年(1816)	鍾英	二十一年十月,二十二年六月,二十三年至二十五年前在任	光緒《香山縣志》
嘉慶二十三年(1818)	司某某	二十三年五月署任	《東坡塔檔案》
嘉慶二十三年(1818)	李某某	二十三年九月在署任	《東坡塔檔案》
嘉慶二十五年(1820)	顧遠承	二十五年九月補任	光緒《香山縣志》

(续表)

年代	姓名	備注	資料來源
嘉慶二十五年(1820)	鄔正松		光緒《香山縣志》 民國《夏口縣志》
道光元年(1821)	顧遠承	道光元年七月至二年正月	《香山明清檔案輯録》
道光二年(1822)	金毓奇	道光二年六月在署任	《東坡塔檔案》
道光三年(1823)	金錫巹	道光三年九月署任,四年九月在署,五年八月	《香山明清檔案輯録》
道光六年(1826)	馮晉恩	道光六年正月代理	《東坡塔檔案》
道光六年(1826)	顧遠承	坐補原缺;六年二月補任,至道光十年在任	光緒《香山縣志》
道光七年(1827)	孫昌穎	代理	光緒《香山縣志》
道光七年(1827)	鹿亢宗	道光八年七月在署任,九年七月	光緒《香山縣志》
道光九年(1829)	郭際清	道光九年署任	光緒《香山縣志》
道光十年(1830)	胡承光	道光十年十月調任,至二十年在任	光緒《香山縣志》
道光十二年(1832)	陳元灝	道光十二年署任	光緒《香山縣志》
道光十三年(1833)	郭際清	道光十三年任	
道光十四年(1834)	胡承光	十四年八月署任	
道光十五年(1835)	郭際清	十五年六月至十一月應在署任,十六年初	《香山明清檔案輯録》
道光十六年(1836)	馬士龍	十六年十二月署任	光緒《香山縣志》
道光十七年(1837)	朱庭桂	道光十七年署任	光緒《香山縣志》
道光十八年(1838)	胡承光	十八年五月,復任	光緒《香山縣志》
道光十九年(1839)	蔣立昂	十八年十二月署任,十九年正月	光緒《香山縣志》
道光二十年(1840)	張錫蕃	二十年十一月調任①	《清代縉紳録集成》
道光二十一年(1841)	謝牧之	二十四年正月署任	光緒《香山縣志》

① 《清代縉紳録集成》第16册,《縉紳全書·中樞備覽》,鄭州:大象出版社,2008年影印琉璃廠書坊刻本,第175頁。

知 縣

明

趙彦方,字友直,浙江金華府浦江縣人,儒士。明洪武初,授福建延平府南平縣知縣,有政聲。洪武十九年,調任香山縣知縣,以勤政致疾,卒於官。葬於邑城蓮峰之麓。四子季忠留香守墓,子孫入籍能都,散居邑城、澳門各處見舊志。

趙彦方:浙江浦江人,明洪武十九年(1386)任香山知縣,後卒於任。《鄧志》載:"趙彦方,浦江人,儒士,洪武十九年任,卒於官,子孫入籍良字都。"《申志》載:"趙彦芳,浦江人,儒士,洪武十九年任,卒於官,子孫入籍得能都。""方"誤作"芳"。據《浦江趙氏家譜》記載:"十二世香山始祖友直公,字彦方,以字行,良勝公七子,明承事郎。洪武初,授福建延平府南平縣知縣,洪武十九年,再授廣東廣州府香山縣知縣,卒於任。妣方氏,封孺人,諸暨縣白門方起晦之女。夫婦合葬香山城北蓮峰山,爲趙氏家族入籍香山之始祖。"①《采訪册》稱:"子孫入籍貫能都。"能都,即得能都。《鄧志》載:"永樂鄉得能都,故延福里得能字圍,在縣東十里。"可知,《鄧志》之"子孫入籍良字都"之説有誤。

國朝

許乃來,號菊船,浙江仁和縣人。以名孝廉作宰香山,莅任三

① 趙不争:《浦江趙氏家譜》上卷,第20頁。

載。百廢俱修,合邑士民,咸被其德,澳門爲邑屬偏隅,係天朝恩准西洋夷人居住。華人錯處其間,每年皆有地租輸納夷人。嘉慶四年九月内,有澳夷㗎嘍要將蕉園圍地段加租,不遂其欲。又要取回此地建造房屋,糾率黑奴入圍,迫令搬遷,不遷則拆。嗣據民人黄玉成等赴縣呈控,經前縣李德瑜①牌仰夷目喴嚟哆禁止,不聽,致民夷争訟,案懸未結。許憲到任,始得斷遣,至今華人獲安其居,不致夷人加租押遷者,皆其德賜。又嘉慶六七年間,有盗匪在雷瓊一帶海面滋擾,澳夷具禀,情願預備夷船二隻,措辦糧餉費用,跟隨天朝兵船出洋捕盗立功,并條陳九款事宜,懇求轉請大憲。許邑侯知其托故要求,諭飭不准,夷人帖然。其於澳夷撫綏有方,恩威并濟,大率類此。

附録諭喴嚟哆劄諭

香山縣正堂許諭夷目喴嚟哆知悉:

現據該夷目具禀:情願預備夷船二隻,配炮械軍火,措辦糧餉費用,跟隨天朝兵船出洋,捕盗立功。并條陳九款事宜,懇求轉請大憲允准,勒石遵守等語。到縣。

據此,查上年先據爾等議禀:以世受天朝懷柔惠保之恩,無可報效,情願駕船出洋,追捕盗匪,惟求番船税則按照向例徵收,修葺房屋使費准予裁免。本縣以爾等所請,頗見忠誠勇敢,即所求二事,亦屬近情易辦,是以據情轉禀大憲,其時已奉調官兵前赴雷瓊一帶剿捕盗匪,先後生擒殘斃數百名。海澨肅清,毋庸爾等效力,以故未經檄調。兹以漏網匪徒,仍復三五爲群,窺伺搶劫。不惟内地商船受其滋擾,即爾等番船來往,亦多驚恐不寧。又經本縣回明大憲,令爾等查照前

① “李德瑜”爲“李德輿”之誤。

議，撥船二隻，跟隨内地兵船出洋捕盗。一則使爾等立功報效，以抒恪恭之忱。一則使海道清寧，俾爾等貿易無阻也。今爾等已經備辦兵船，聽候出洋，雖見踴躍用命，惟所請九事，不但托故要求，較前禀增七款，未便轉禀。且此中多有不必求請及不可准行者，今爲爾等詳晰曉諭：

一、據禀請"自關閘外起，至澳門島嶼等處，可得專緝奸匪出没，及驅逐外國夷船灣泊"等語。查關栅至澳門一帶，民夷雜處。各處島嶼，亦有漁船農舍。應由内地兵役巡查，此非爾夷人所得越分稽查。若有盗船賊艘潛駕至澳窺伺，則爾等世居邊土，自應爲天朝捍衛，當禀知地方文武官員，協同緝拿防禦。至於外國夷船來澳，爾等本應稽查，倘或逗留，更應隨時驅逐。此係爾等分内之事，毋庸另行求請。

一、據禀請"在澳華人查係閑游匪徒，即驅逐出境。有來貿易營生者，查係殷實，方許居住"等語。查地方匪棍，原應查拿驅逐，以免擾害良民。但華夷各有官司，不能越分管理，中華有不安分之人，爾等不敢驅逐，亦猶澳内有不安分之夷，天朝不肯究問，必須飭爾等查究也。嗣後如有匪徒擾害地方，爾等應仍遵向例，禀知文武衙門拿究。至於貿易之人，向來爾等租賃房屋，查明若非殷實，即不必租與居住，此可聽爾等自便。如華人居住内地房屋，自與華人貿易，爾等無從過問，另爲置議。

一、據禀請"民夷賬目彼此有欠，准將傢夥搬至亭上，發賣補還"等語。查負欠固應償還，而華夷各有管束。爾等係夷人頭目，夷人欠華人之賬，爾等可以便宜行事。若華人欠夷人之賬，爾等亦將貨物傢夥搬赴亭上抵變，華人未必輸服，且有滋生事端。仍應禀知就近衙門，嚴追給領，毋庸另議更張。

一、據稟請“除人命大案稟縣定奪，其餘漢人倘有過犯，爾等自行責罰”等語。查華夷自有攸分，冠履不容倒置。爾等西洋夷人，世居内地數百餘年，踐土食毛，與齊民無二。遇有罪犯，原可照天朝法律懲治，然我大皇帝猶復垂念爾等究係外夷，除人命至重，殺人者抵償外，其餘軍徒杖笞等罪，均聽爾等自行發落。豈爾等外國夷人及可管束天朝百姓擅加責罰耶？華人如有過犯，自有地方究理，未便干預。

一、據稟請“華人殺死夷人，亦如夷人殺死華人一樣填抵，要在澳門地明正典刑，使内外咸知儆戒”等語。查殺人必須抵命，而天朝法度亦不容稍有紛更。定例殺人兇犯由縣勘定實，收監擬罪，解至省府司，由督撫層層複審，情真罪當，然奏聞大皇帝。俟命下之日，即於監内提出該犯正法，所以昭慎重也。因從前夷殺死華人，求免收監解勘。是以復原情定法，即在澳地審訊，仍交爾等收管。俟詳奉大憲到日，就近正法。原所以順爾等夷情，而防兇犯之逃脱也。若華人殺死夷人，則自應遵照常經，收監解勘，俟題奉諭旨勾到，然後正法，豈敢變改舊章？况殺人重於抵償，須將兇犯明正典刑，以昭炯戒。爾等所請在澳正法之議，本屬不關緊要，毋庸置議。

一、據稟請“准爾等雇船往來省城，置買貨物，憑用亭上文據，税餉照内地規例輸納，關口不得多索使費，及額外加征”等語。查爾等澳夷，原不禁省中來往，關津隘口，亦復例應稽查。但爾等一經報明，立即驗放，不許留難掯勒。至於貨物輸税，自有定則，當移知關口嚴查，自無額外加征。

一、據稟請“丈量洋船，照從前頒行則例，不得另外征輸”等語。查洋船丈量，既有舊定則例，豈能另外征輸？當轉稟大憲，查明應行則例，照額徵收，以示體恤遠人之意。

一、據稟請“修蓋房屋，准免坭水匠稟照批准使費之苦”

等語。查爾等澳夷,雖例禁添造房屋,其隨常修葺,并不禁阻,坭水匠役,本應稟明興工,何得藉口使費,從中需索,自當查明飭禁。

一、據稟請"遇有受屈負冤,官府不爲申理者,懇制憲准赴轅門陳訴"等語。查我大皇帝懷柔遠人,凡所以惠保撫綏者,無微不至。歷來爾等從無受屈含冤,地方官不爲申理之事,未便無由無故,妄請准赴大憲陳訴,致干告訐挾制之愆。

以上各條,俱就情理事勢,别其可否,爾等須當體悟。至於設立戰船,巡緝海面,係屬善後之策,另行從長計議。總之,功成方可論賞,事前未便要恩。現在兵船已集,爾等如願效力,可即隨同出海,果能捕盗有功,所有前次稟内可行之事,本縣自當稟求大憲,量爲允行。至洋面肅清,爾等商船既無驚擾,且獲獎賞利益,是一舉兩得矣。倘或挾此要恩,議論不决,則捕盗孔亟,未便因此延誤,本縣即督率兵役,自行出洋緝捕,内地雄兵霧集,巨艦雲屯,隨處可以調遣。二三匪船,不難立時就獲。亦毋庸爾等勞動也,亦等其熟思之,毋以踴躍立功之念,一旦付諸空言。特諭。

案:《采訪册》爲許乃來撰寫了一個極爲詳細的傳記,該傳不僅詳細地介紹了許乃來的生平事迹和出任香山知縣三載的宦績,還記録了嘉慶四年(1799)處理澳葡蕉園圍加租事件,嘉慶六年(1801)澳門葡人要求備船出洋協助清政府捕盗而提出"九請"事件,及嘉慶七年(1802)圍捕澳門對海沙尾會匪事件。更重要的是,《采訪册》在"許乃來傳"附録了一份近2000字的許乃來的《諭嘁嚟哆札諭》。乾隆五十七年(1792)《香山知縣許敦元爲澳蕃稟請備船捕盗以九事要恩科下理事官諭》一文中僅有内容,而并未標題。《祝志》作《諭澳夷檄略》。《香山知縣許敦元爲澳蕃稟請備船捕盗以九事要恩科下理事官諭》與《諭澳夷檄略》所録内容同《采訪册》大體一致,用詞有所不同。《香山知縣許敦元爲澳蕃稟請備船捕盗以九事要恩科下理事官諭》文中多有缺字,《采訪册・諭喊嘐哆札諭》可補其不足。① 許乃來駁斥澳門議事會九請之辞最早出自乾隆五十七年(1792)香山知縣許敦元批駁澳門議事會九請之辞。乾隆五十七年(1792),香山知縣許敦元要求澳葡政府組織力量幫助中國政府打擊海盗,澳葡政府提出九項要求:中國政府承認葡人在澳門半島直至關閘的權利,承認葡人對灣仔和馬騮洲島的權利,承認澳葡政府有驅逐華人的權利,承認澳葡政府有没收華人財産和貨物的權利,承認澳葡政府有懲罰犯罪華人和處决謀殺基督徒者的權利,承認澳門葡人憑議事會的許可即可自由赴廣州做生意的權利。② 這次事件,當是嘉慶四年(1799),澳門葡人再次以九請事與許乃來交涉,許乃來以許敦元批駁之辞予以拒絶。

這是一份嘉慶時期清政府管治澳門的重要文件,而在《采訪册》進行首次公分。《祝志》中雖然也收録了這一文件,但祝志是根據《縣册》和《采訪册》兩處記録合并後進行了删改,并改名爲"許乃來《諭澳夷檄略》"。今存《采訪册》則保留了該文的原貌,其文獻意義上的價值更超出了祝淮之記録。

葡萄牙東波塔檔案館藏清代澳門漢文檔案及《祝志》同《采訪册》所載稍有不同,今録《香山知縣許敦元爲澳蕃稟請備船捕盗以九事要恩科下理事官諭》全文及《祝志・諭澳夷檄略》全文,以資比照。

香山知縣許敦元爲澳蕃稟請備船捕盗以九事要恩科下理事官諭

乾隆五十七年正月二十一日(1792年2月13日)

特調香山縣正堂許,諭夷目唩嚟哆知悉:現據該夷目具稟,情願預備夷船二隻,配足炮械軍火,措辦糧餉費用,跟隨天朝兵船出洋,捕盗立功。并條陳九款事宜,懇求轉請大憲允准,勒碑遵守等情。到縣。

---

① 《乾隆五十七年正月二十一日香山知縣許敦元諭澳門夷目唩嚟哆》,檔案號:PT/TT/DCHN/1/2/000126;〔清〕祝淮修:《新修香山縣志》卷4《海防》,《廣州大典》總第296册,第441頁。

② 〔葡〕高美士(Luís Gonzaga Gomes)著:《康寶山船隊的毁滅》,李飛譯,《文化雜志》1987年第3期。

據此,查上年先據爾等議禀:以世受天朝懷柔惠保之恩,無可報效,情願駕船出洋追捕盗匪,惟求番舶税則按照向例徵收,修葺房屋使費准予裁免。本縣以爾等所請頗見忠誠勇敢,即所求二事,亦屬近情易辦,是以據情轉回大憲,其時已經奉調官兵前赴雷瓊一帶剿捕盗匪,先後生擒殲斃數百餘名,海滋肅清,毋庸爾等效力,以致未經檄調。

玆以漏網匪徒,仍復三五爲群,窺伺搶劫,不惟内地商船受其滋擾,即爾等番舶來往,亦多驚恐不寧。又經本縣回明大憲,令爾等查照前議,撥船二隻,跟隨内地兵船,出洋捕盗。一則使爾等□□□□紓恭恪之忱,一則使海道清□□□□易無阻也。今爾等已經備辦兵船,聽候出洋,雖見踴躍用命,惟所請九事,不但托故要求,較前禀增出七款,未便轉禀。且此中多有不必求請及不可准行者。今爲爾等詳晰曉諭:

一、據禀請"自關栅外起,至澳外島嶼等處,可得咼緝奸匪出没,及驅逐外國夷船灣泊"等語。查關栅至澳門一帶,民居錯雜,各處島嶼,亦有漁船農舍。應由内地兵役□□□□等所能越分稽察。若有盗船賊艘潜駕至澳窺伺,則爾等世居邊土,自應爲天朝捍衛,當禀知地方文武衙門,協同緝拿防禦。至於外國夷船來澳,爾等本應稽查。倘或逗遛,更應隨時驅逐。此係爾等分内之事,毋庸另行求請。

一、據禀請"在澳華人查係閑游匪類,即驅逐出境,有來貿易營生者,查係殷實,方許住居"等語。查地方匪棍,原應查拿驅逐,以免擾害良民。但華夷各有官司,不能越分管理,中華有不安分之人,爾等之不敢擅自驅逐,亦猶澳内有不安分之夷,天朝不肯徑自勾問,必須飭知爾等夷目查究也。嗣後如有匪徒擾害地方,爾等應仍遵向例,禀知文武衙門拿究。至於貿易之人,來向爾等租賃房屋,查明若非殷實,即不必租與居住,此可聽爾等自便。如華人住居内地房屋,自與華人貿易,爾等無從過問,毋庸另爲置議。

一、據禀請"民夷賬目彼此有欠,准將貨物傢伙搬至亭上,發賣補還"等語。查負欠固應償還,而華夷各有管束。爾等係夷人頭目,夷人欠華人之債,爾等可以便宜行事。若華人欠夷人之債,爾等亦擅將貨物搬赴亭上變抵，華人不能輸服，必且滋生事端，仍應稟知就近衙門，嚴追給領，毋庸另議更張。

一、據稟請"除人命大案稟縣定奪，其餘漢人倘有過犯，爾等能行責罰"等語。查華夷自有攸分，冠履不容倒置。爾等西洋夷人世居内地數百餘年，踐土食毛，與齊民無二。遇有罪犯，原可照天朝法律懲治，然我大皇帝猶復重念爾等究係外夷，除人命至重，殺人者抵償外，其餘軍徒杖笞等罪，均聽爾等自行發落。豈爾等外國夷人反可管束華人擅加責罰耶？華人如有過犯，自有地方官問理，爾等未便干預。

一、據稟請"華人殺死夷人，亦如夷人殺死華人一樣填抵，要在澳地明正典刑，彼内外共知警戒"等語。查殺人必須抵命，而天朝法度亦不容稍有紛更。定例殺人犯先，由縣勘實，收監議罪，招解至省，由□□□由院層層覆審，情真罪當，然後奏聞大皇帝。俟命下之日，即於監内提出該犯正法，所以昭慎重也。因從前夷人殺死華人□免收監解勘。是以復原情定法，即在澳地審訊，仍交爾等收管，俟詳奉憲行到日，就近正法。原所以順爾等夷情，而防兇犯之兔脱也。若華人殺死夷人□同應遵照常經，收監解勘，俟題奉諭旨勾到，然後正法，豈敢擅改舊章？況殺人重於抵償，祇須將兇犯明正典刑，以昭炯戒。爾等所請在澳正法之處，本屬不關緊要，毋庸置議。

一、據稟請"住澳洋人能雇船往還省城，置買貨物，憑用亭上文據，税餉照内地規例輸納，關口不得多索使費，及額外加徵"等語。查爾等澳夷，原不禁省中來往，關津隘口，亦復例應稽查。但爾等一經報明，立即驗放，不許留難掯勒。至於貨物輸税，自有一定規則，亦當移知關口，嚴查額外加徵。

一、據稟請"丈量洋船，照從前頒行則例，不得另外徵輸"等語。查洋船丈量，既有舊定規則，豈能另外徵輸？當轉稟大憲，查明應行則例，照額徵收，以示體恤遠人之意。

一、據稟請"修蓋房屋，免受泥水匠稟照批准使費之苦"等語。查爾等澳夷，雖例禁添造房屋，其隨常修葺，并不禁阻，泥水匠役只應稟明興工,何得藉口使費,從中需索,自當查明飭禁。

一、據禀請“遇有受屈負冤,官府不爲申理者,懇制憲准赴轅門陳訴”等語。查我大皇帝懷柔遠人,凡所以惠保撫綏者,無微不至。歷來爾等從無受屈含冤,地方官不爲伸理之事,未便無由無故,妄請准赴大憲陳訴,致干告訐挾制之愆。

以上各條,俱就情理事勢,别其可否,爾等自能體悟。至於設立戰船,巡防海面,係屬善後之策,另行從長計議。總之功成方可論賞,事前未便要恩。現在兵船已集,爾等如願効力,可即日隨同出海,果能捕盜有功,所有前次禀内可行之事,本縣自當禀求大憲,量爲允行。是洋面肅清,爾等市舶既無驚擾,且有奬賞利益,是一舉而兩得矣。倘或挾此要恩,議論不決,則捕盜孔亟,未便因此延誤。本縣即督率兵役,自行出洋緝捕,内地雄兵霧集,巨艦雲屯,隨處可以調遣。二三匪船,不難立時就獲,亦毋庸爾等勞動矣。爾等其熟思之,毋以踴躍立功之念,一旦付諸空言。特諭。

乾隆五十七年正月廿一日諭

《祝志》之許乃來《諭澳夷檄略》

上年,爾夷請駕船出洋,追捕海盜。惟求蕃船税則按照向例徵收,修葺房屋准予裁免。所請頗見忠誠,所求亦屬易辦,是以據情上達,其時官兵剿捕,海溔已清,毋庸爾夷效力,以故未經檄調。兹以漏網復恣,大憲飭照前議。一則使爾立功報效,以抒恪恭之忱,一則使爾海道肅清,俾爾貿易無阻也。今爾夷雖踴躍用命,惟所請九事,不但托故要求,且多有不必丐請及不可准行者。今爲爾夷詳晰曉諭。

據請,自關栅外,至澳外島嶼,得專緝奸匪驅逐外國夷船灣泊。查關栅至澳門,民夷雜處,各島嶼亦有漁船農舍,應由内地兵役巡查,非爾夷所得越分稽察。若賊艘窺伺,爾夷世居邊土,自應爲天朝捍衛,報地方官,協同防禦。若外國夷船來澳,爾夷本應稽查,倘或逗留,更應隨時驅逐。分内之事,何庸求請?

又請,在澳華人倘閑游匪徒,即驅逐出境。貿易營生者,果屬殷實,方許居住。查地方匪棍,原應驅逐,但華夷各有官司,不能越分管理。中華有不安分之人,爾夷不敢驅逐,亦猶澳内有不安分之夷,天朝不肯究問,必須爾夷查辦也。至貿易之人,租爾房屋,應留與否,可聽自便。如華人居住内地房屋自與華人貿易,爾夷無從過問,另爲置議。

又請,民夷債負,准將貨物器用在亭上變抵。查負欠固應償還,華夷各有管束。夷欠華賬,夷人頭目可便宜行事。華欠夷賬,强行變抵,華人未必服,且有滋生事端。仍應報就近衙門追領,毋容另議更張。

又請,除人命大案,其餘漢人倘有過犯,爾夷自行責罰。查華夷自有攸分,冠履不容倒置。爾夷世居内地,踐土食毛,齊民無二。遇有罪犯,原可照天朝法律懲治。然猶念究屬外夷,除殺人抵償外,凡軍徒杖笞等罪,均聽自行發落,豈爾夷反可管天朝百姓擅加責罰耶?有地方官在,未便干預。

又請,華人殺夷人,亦猶夷人殺華人一樣填抵,要在澳地明正典刑。查殺人必須抵命,國法不容紛更。定例殺人兇犯,由縣勘實收禁擬罪,自府而司而督撫移解覆審,情真罪當,然後奏聞。命下日,即提出正法,所以昭慎重也。從前夷人殺死華人,求免解禁。是以原情定法,在澳審訊,夷目收管就近正法。若華人犯罪自有舊章,豈敢變改?

又請,雇船往來省城置買貨物,憑用亭上文據,税餉照内地規例,關口不得多索加征。查澳夷原不禁省中往來,關津隘口,例應稽查驗放,至貨物輸税,本有定規,移知關口嚴查,自無額外加征。

又請,丈量洋船,照從前頒行則例,不得另外征輸。查丈量既有舊例,俟轉請大憲如額徵收,以昭體恤。

又請,收蓋房屋,免泥水匠稟照批準使費之苦。查澳夷房屋只禁添造,隨常修葺并無禁阻,泥水匠本應稟明,興工何得藉口使費?倘有需索,自當飭禁。

又請,遇屈負冤官府不爲申理者,乞赴制府轅門陳訴。查我天朝懷柔遠人,無微不至,爾夷從無受屈含冤,地方官不爲申理之事。未便無故妄請赴轅陳訴,致干告訐挾制之愆。

然則準情度理,參之事勢,諸事多不可行,爾夷其體悟否?總之,功成方可論賞,事前未便要恩。今兵船已集,如願效力,即日隨往,如果有功,前次禀内可行之事,當求大憲量爲允行。倘挾此要求,議論不決,則捕盜孔亟,斷難延誤,本縣即督率兵役出洋,内地雄兵巨艦,霧集雲屯,隨處可以調遣,無庸爾夷勞動也。爾夷其熟思之。

又嘉慶七年七月,許憲駐軍澳門,籌辦會匪在新寧大襟山海面劫掠白漕船一案。武員風聞賊劫贜物聚於縣屬之沙尾,亟欲移兵圍村。許憲恐誤傷良民,力止舟師。親行密訪,乃知黄梁都濱海之區,有土名沙尾嘴,爲會匪屯聚之所。立督舟師圍捕,又飭沙尾村監生容大振細查生面之人。旋禀有流匪胡四、韓崩三等數人在村外蠱惑嚇詐打單。憲立委戎聽協同大振捉拿,而胡四、韓崩三聞風遠遁,止拿得張茂光等解送。越日,舟師果到沙尾嘴,圍獲會匪贜物。由是沙尾村兵禍以解,居民安堵,悉賴許憲廉明愛民如子之恩。嗣以地名相同,改沙尾村爲南屏,至今居民頌德弗衰。

大襟山:即大襟島,又作"大金",位於新寧縣(今臺山市),東爲高欄、大忙、荷包三島,西爲上川島和下川島。①

《田志》記載較《采訪册》詳:"(嘉慶)七年七月,大府有拜天地會於沙嘴者,不知其處所,而恭常都有村曰沙尾,乃檄左翼鎮總兵黄標率舟師千人夷其村,又委員督之,且令乃來曰:'沙尾村民作慝,爾偕往草薙禽獮不盡根株不得止。'於是村民洶洶。流匪張茂剛等乘機怵之,輒欲集兵械以拒捕求

① 〔清〕陳炯倫:《海國聞見録》之《沿海疆域圖》,載臺灣銀行經濟研究室編:《臺灣文獻叢刊》第26種,臺灣大通書局影印本,第62頁。

生爲名。乃來故廉明,與黄標雅相重,謂標曰:'沙尾村民何敢?然乃來竊疑之,公舟至南環俟乃來,無遽往南環者,澳門之南距沙尾村海道數里。'標曰:'善。'乃來則馳書密諭沙尾村民,時日已昳,請於委員,戒輿人期,曰:'質明具肩,輿食而行。'限二日至沙尾村,村距縣治百二十里,常以一日至。乃來令二日者,欲偵訪情實,且容賫諭人往復也。諭至,耆士擁而觀曰:'許父使來者乎?'讀其諭曰:'大府慮匪人爲村毒,故欲捕治之。無匪何害,若有匪除之,福也。今愚無知敢拒獄師,且至本縣念而等協於匪人,遽罹大咎,心甚憫焉,即執惡魁以獻本縣,爲而等請命。不然盡爲戮矣。'則皆感泣,以計擒惡魁張茂剛等。越二日,乃來與委員至,村民老稚數千百人跪迎於路,獻其惡魁。亹亹温諭之,皆歡呼,其聲殷天。黄名燦者,黄梁都巨匪,嘗拜會於洲門。乃來前已訪聞大府者也。洲門鄰近地曰沙尾嘴,濱海曠闊無人迹。名燦常與其黨嘯伏其中,乃來在道時偵得之,報大府曰:'沙尾嘴非恭常之村,實黄梁濱海地也。'即密移新會守備曹某,又飛諮黄標移所率舟師圍之,乃來由沙尾村突往,出名燦等不意,遂擒六十五人。於是沙尾村之事得白,改其村名'南屏'。"

縣　丞

國朝

丁觀國,乾隆五十八年署香山縣丞,以剔弊除奸爲己任。先是,有閩匪屯聚望厦村,相率爲惡。澳内居民及往來行人咸受其害,又時與北山南屏村人械鬥。不法多端,前官雖屢示嚴懲,莫之悛改。觀國下車,廉其稔惡,即稟明大憲拿辦,毀其居廬,首惡者治之法,餘黨盡解原籍,地方賴安。卸署後,

澳門人奉長生禄位,以志去思。

丁觀國:宛平人,副貢生。《祝志》:"丁觀國,宛平人,副貢生,乾隆五十九年署丞事。先是有閩匪屯聚望厦村爲居民害,又時擄行人勒贖,莫敢誰何。觀國廉其實,請諸縣捕之。匪皆能鬥且衆,捕役不敢前,觀國手鐵簡先進村,民助之,執其首惡若干人,置之法,餘俱逐回。閩民賴以安,既去官,民屍祝之。"《采訪册》記載爲"乾隆五十八年"署香山縣丞,而《祝志》記載爲"乾隆五十九年署丞事",余疑前者爲任命時間,后者爲上任時間。因丁觀國爲署理香山縣丞,故不見於道光《廣東通志》。

姜衷,浙江會稽人,由監生援例授從九品職,因獲盗以縣丞陞用。前署任沙灣江門,歷有政績。嘉慶十四年,補香山縣丞,莅任三載,清勤得民,不用嚴刑峻法。一時花會賭博爲民害者,聞風惕息。民夷安堵,至今猶謳思不置。

姜衷:浙江會稽人,嘉慶十四年至嘉慶十七年(1809—1812)任香山縣丞。《祝志》:"姜衷,浙江會稽人,十四年任。"而無其任職時間。

花會:又稱"打花會""索家賭"等,是一種極具迷信色彩的賭博。大約出現於乾隆初年的福建興化,最早見諸史料記載的時間是乾隆二十五年(1760)。[①]《清稗類鈔》載:"花會爲賭博之一種,不知何自始。極其流毒,能令士失其行,農失其時,工商失其藝。廣東、福建、上海俱有之,博時多在荒僻人迹不到之處,而以廣東爲最盛。道光間,浙江之黄岩盛行花會,書三十四古人名,任取一名,納筒中,懸之梁間。人於三十四名中,自認一名,各注錢數,投入櫃中。如所認適合筒中之名,則主者如所注錢數,加三十倍酬之,其下則以次遞減,至百金數十金不等,往往有以數十錢而得數百金者。

① 《福建省例·刑政例》上《禁摇會賭博》,載臺灣銀行經濟研究室編《臺灣文獻叢刊》第199種,第858—859頁。

其後流入廣東，而其法異矣。”[①]同治《番禺縣志》載：“有曰‘花會’者，亦用古人名數十，令人猜之，其誘騙甚於白鴿票，但衹能以誘婦人孺子。”[②]

王嶠，嘉慶六年署任香山縣丞，廉潔自矢，勤政愛民。

王嶠：其前任爲吴兆晉。嘉慶五年（1800）香山縣丞吴兆晉離任後，王嶠開始署任縣丞職。嘉慶十二年（1807），任黄梁都巡檢司。[③]

以下爲各種檔案文獻中輯録的雍正九年（1732）至道光二十九年（1849）間歷任和署任香山縣丞表：

雍正九年（1732）至道光二十九 年（1849）間歷任和署任香山縣丞表

表 10

姓名	籍貫	出身	任職時間
朱念高	浙江海鹽	貢生	雍正九年（1731）
俞某某			乾隆六年（1741）署
朱念高	浙江海鹽		乾隆七年（1742）再任
顧嵩	江蘇長洲	貢生	乾隆十年（1745）
黄冕	江西萍鄉	貢生	乾隆十五年（1750）
沈文焕	直隸大興		乾隆十六年（1751）
馮沛霖	直隸		乾隆二十年（1755）
胡□	江蘇		乾隆二十一年（1756）
王祖英	山東新城	貢生	乾隆二十二年（1757）

① 徐珂編撰：《清稗類鈔》第 10 册《賭博類・花會》，第 4912 頁。

② ［清］李福泰修：同治《番禺縣志》卷 6《輿地略》4，廣州光霽堂清同治十年（1871）刊本。

③ 《嘉慶五年九月二十九日署香山縣丞王諭澳門夷目唩嚟哆》，檔案號：PT/TT/DCHN/1/3/000371；《嘉慶六年正月十八日署香山縣丞王爲懇禁滋擾以寧栖止事》，檔案號：PT/TT/DCHN/1/3/000390；《嘉慶七年正月十五日香山縣丞王諭澳門夷目唩嚟哆》，檔案號：PT/TT/DCHN/1/4/000431；［清］祝淮修：《新修香山縣志》卷 3《職官》，《廣州大典》總第 296 册，第 387 頁；譚世寶：《金石銘刻的澳門史——明清澳門廟宇碑刻鐘銘集録研究》，第 146 頁。

(续表)

姓名	籍貫	出身	任職時間
楊仁爵			乾隆二十四年(1759)
薛天衢	順天府		乾隆二十九年(1764)
孟廷瑛	順天府冀州	監生	乾隆二十九年(1764)
興聖讓	鑲黄旗		乾隆三十年(1765)
孟廷瑛	順天府冀州	監生	乾隆三十三年(1768)
徐夢麟	浙江桐鄉		乾隆三十九年(1774)
戴秉鑒	江蘇		乾隆四十年(1775)
查潛			乾隆四十一年(1776)
夏家瑜	江西新建		乾隆四十二年(1777)
黄某某			乾隆四十二年(1777)
查潛			乾隆四十三年(1778)
劉某某			乾隆四十五年(1780)
吴兆晉	江蘇武進	監生	乾隆四十五年(1780)
周克達	湖南長沙	拔貢	乾隆四十七年(1782)
胡賓書			乾隆五十二年(1787)
賈奕曾	山西汾陽	監生	乾隆五十六年(1791)
朱鳴和			乾隆五十七年(1792)
丁觀國	北京宛平	副貢生	乾隆五十九年(1794)署
賈奕曾	山西汾陽	監生	乾隆五十九年(1794)再任
王朝彦			乾隆六十年(1795)署
黎某某			乾隆六十年(1795)署
賈奕曾	山西汾陽	監生	乾隆六十年(1795)再任
吴兆晉	江蘇武進	監生	嘉慶二年(1797)再任
遲某某			嘉慶四年(1799)
吴兆晉	江蘇武進	監生	嘉慶五年(1800)再任
王峤			嘉慶五年署任(1800)
吴兆晉	江蘇武進	監生	嘉慶七年(1802)再任
李凌翰			嘉慶八年(1803)署
吴兆晉	江蘇武進	監生	嘉慶十年(1805)再任

（续表）

姓名	籍貫	出身	任職時間
鄭承雯			嘉慶十三年（1808）署
姜衷	浙江會稽		嘉慶十四年（1809）
周飛鴻	湖南湘潭		嘉慶十六年（1811）
李凌翰			嘉慶十六年（1811）再任
潘世綸	江蘇吴縣	蔭生	嘉慶十七年（1812）
周飛鴻	湖南湘潭		嘉慶十七年（1812）
顧遠承	江蘇		嘉慶十七年（1812）
周飛鴻	湖南湘潭		嘉慶十八年（1813）
劉某某			嘉慶二十一年（1816）
周飛鴻	湖南湘潭		嘉慶二十一年（1816）
常應魁	順天大興		嘉慶二十五年（1820）
葛景熊	浙江仁和		道光三年（1823）
邵某某			道光三年（1823）署
葛景熊	浙江仁和		道光四年（1824）再任
沈繼祖			道光七年（1827）
馮卓立			道光八年（1828）
馮立章	順天涿州	舉人	道光八年（1828）署
嚴紹陵			道光九年（1829）
葛景熊	浙江仁和		道光十年（1830）
馮立章	順天涿州	舉人	道光十一年（1831） 再任
朱静涵			道光十一年（1831）
沈繼祖			道光十一年（1831）
葛景熊	浙江仁和		道光十二年（1832）
馮立章	順天涿州	舉人	道光十三年（1833）再任
孔昭光			道光十三年（1833）
羅江			道光十三年（1833）
楊昭道			道光十三年（1833）
葉承基			道光十四年（1834）
金天澤			道光十五年（1835）

(续表)

姓名	籍貫	出身	任職時間
彭邦晦	江西	監生	道光十七年(1837)
楊昭			道光十九年(1839)
湯聘三	順天宛平	議叙	道光十九年(1839)
楊維善	浙江山陰		道光二十年(1840)
張裕	山東		道光二十一年(1841)
王祖瑛	山東新城人		道光二十五年(1845)
汪政			道光二十六年(1846)

藝 文

案:《藝文門》收録龐尚鵬《區畫濠鏡保安海隅疏》、孔毓珣《酌陳澳事疏略》、侯學詩《澳門營地新建墟亭碑記》、薛韞《澳門記》、何昶《重修蓮峰廟碑記》、趙允菁《重修澳門望厦村普濟禪院碑記》《沙梨頭社稷記》等七篇文獻。從《采訪册》所載龐尚鵬、孔毓珣、薛韞等三篇文章内容來看,與《澳門記略》所載大致相同,其文大致即從《澳門記略》删節而成。而其中《澳門營地新建墟亭碑記》《重修蓮峰廟碑記》《重修澳門望厦村普濟禪院碑記》《沙梨頭社稷記》四文爲首次出现於文獻记載。

區畫濠鏡保安海隅疏 明龐尚鵬,南海人

竊惟廣東一省,西北聯絡五嶺,東南大海在焉。蠻夷雜居,禁網疏闊,海倭山寇,出没擾攘①,見有經略。臣不敢煩瀆外,謹擇其禍切門庭者,著爲論列,惟陛下試垂聽焉。

廣州南有香山縣,地當瀕海,由雍陌②至濠鏡澳計一日之程。外環大海,乃番夷市舶交易之所。往年夷人入貢,附至貨物,照例抽盤,其餘番商私賫貨物至者,守澳官驗實申海

① “海倭山寇,出没擾攘”,《題爲陳末議以保海隅萬世治安事》作“山海之寇,嘯聚不時”,見〔明〕陳子龍等選輯:《明經世文編》卷357《龐中丞摘稿》卷1《題爲陳末議以保海隅萬世治安事》,第3885頁。

② “雍陌”,《題爲陳末議以保海隅萬世治安事》作“雍麥”。見〔明〕陳子龍等選輯:《明經世文編》卷357《龐中丞摘稿》卷1《題爲陳末議以保海隅萬世治安事》,第3885頁。

道,聞於撫按衙門,始放入澳。候委官封籍,抽其十之二,乃聽貿易。其通事多漳、泉、寧、紹及東莞、新會人爲之,椎髻環耳,效番衣服聲音。每年夏秋間,夷舶乘風而至,止二三艘而止。近增至二十餘艘,或又倍焉。往年俱泊浪白澳,限隔海洋,水土惡甚,難於久駐。守澳官权令搭篷栖息,迨舶出洋,即撤去之。近數年來,始入濠鏡澳築室居住,不逾年多至數百區,今殆千區以上。日與華人相接。歲規厚利,所獲多貲。故舉國而來,負老携幼,互相踵接,今夷衆殆萬人矣。詭行異服,劍芒火炮,彌滿山海。喜則人而怒則獸,其素性然也。奸人且導之,凌轢居民,蔑視澳官。若一旦豺狼改慮,擁衆入據香山,分布部落,控制要害,鼓躁直趨會城,俄頃而至。其禍誠有不忍言者,可不逆爲之慮耶?

議者或欲縱火焚其居室,散其徒黨。然往年嘗試之矣,事未及濟,幾陷不測。自是夷人常露刃相隨,伺我動静,疑忌之隙已開其端。議者又欲將濠鏡澳以上、雍陌村以下,山徑險要處設一關城,添設府佐臣一員駐劄其間,委以重權,時加譏察,使華人不得擅出,夷人不得擅入。惟抽盤之後,驗執官票者,聽其交易而取平焉,是亦一道也。然關城之設,勢孤而援寡,或變起不測,適足以爲桀驁之資。臣愚欲將巡視海道副使移駐香山,彈壓近地。明諭以朝廷德威,使之撤屋而隨舶往來,其灣泊各有定所,悉遵往年舊例。如或徘徊顧望,即呈督撫軍門陳兵境上,慰諭譬曉之,必欲早爲萬全之慮而後已。若以啓釁爲憂,則禍蘗之萌亦當早見而預待之。故番船抽盤,雖一時近利,而竊據内地實將來隱憂。黨類既繁,根株難拔。或謂彼利國中[①]通關市,豈忍爲變?孰知非我族類,其

① "國中",爲"中國"之誤。參〔明〕陳子龍等選輯《明經世文編》卷357《龐中丞摘稿》卷1《題爲陳末議以保海隅萬世治安事》,第3886頁。

心必異。明者睹未萌，况已著乎？惟督撫軍門加意調停，毋逆其嚮慕中國之心，而亦有以陰折其驕悍之氣。自後使番舶入境，仍泊往年舊澳，照常交易，無失其關市歲利，復嚴布通番之令。凡奸人之私買番貨，畔民之投入番船，及略賣人口，擅賣兵器者，悉按正其罪。俾人習知有法之可畏，而不敢爲射利之圖。區畫既定，威信潜孚，則諸夷自將馴服，而默奪其邪心，潜消禍本矣。

龐尚鵬：字少南，明嘉靖三十二年(1553)進士，歷任江西樂平知縣、監察禦史、右僉都御使，後出任浙江、福建等地巡撫。龐尚鵬生性介直，不畏權貴豪强，《明史·龐尚鵬傳》稱其"慷慨任事，頗有經濟之才"，"所至搏擊豪强，吏民震慴"。胡云客稱"尚鵬忠介慷慨，經濟素優，其膽略足當大事"。著有《百可亭集》十六卷。①

《區畫濠鏡保安海隅疏》：是1564年龐尚鵬給嘉靖皇帝的奏摺，該題目見《澳門記略》《祝志》。又題爲《撫處濠鏡澳夷疏》，見龐氏《百可亭摘稿》、顧炎武《天下郡國利病書》，又有《題爲陳末議以保海隅萬世治安事》(見《明經世文編》卷三五七)。其中，《百可亭詩集摘稿》與《天下郡國利病書》中内容最爲完整，《明經世文編》次之，《澳門記略》《祝志》則最爲簡略，删節較多。從内容來看，該文内容與《澳門記略》之《區畫濠鏡保安海隅疏》相同，疑其文出自《澳門記略》。而《祝志》中《區畫濠鏡保安海隅疏》又與《采訪册》相同，其内容當出自《澳門記略》或《采訪册》。

下附顧炎武《天下郡國利病書》中《撫處濠鏡澳夷疏》及《明經世文編》之《題爲陳末議以保海隅萬世治安事》全文，以作比較。

---

① 〔清〕張廷玉：《明史》卷227《龐尚鵬傳》，北京：中華書局，1974年點校本，第5951—5953頁；〔明〕過庭訓：《本朝分省人物考》卷110《廣東廣州府》2，明天啓刻本。

撫處濠鏡澳夷疏

竊惟廣東一省,西北聯絡五嶺,東南大海在焉。蠻夷雜居,禁網疏闊,山海之寇,聚嘯不時。詩曰:"迨天之未陰雨,撤彼桑土,綢繆牖户。"夫智者鏡幾以先圖,勇者乘時以自固。此何時也,而諉之曰"陰雨未至"可乎?臣生長海邦,習聞已久,除倭夷山寇,出没擾攘,見在經略者,臣不敢煩瀆外,謹摘其禍切門庭,履霜堅冰者,著爲論列。竊效詩人桑土預撤之義。

廣州南有香山縣,地當瀕海,由雍麥至濠鏡澳,計一日之程,有山對峙如臺,曰南北臺,即澳門是也。外環大海,接於牂牁,曰石峡海,乃番夷市舶交易之所。往年夷人入貢,附至貨物,照例抽盤,其餘番商私賫貨物至者,守澳官驗實,申海道聞於撫按衙門,始放入澳,俟委封籍,抽其十之二,乃聽貿易焉。其通事多漳、泉、寧、紹及東莞、新會人爲之。椎髻環耳,效番衣服聲音。每年夏秋間,夷舶乘風而至,往止二三艘而止,近增至二十餘艘,或倍增焉。往年俱泊浪白等澳,限隔海浪,水土甚惡,難於久駐,守澳官權令搭蓬栖息,待舶出洋即撤去。近數年來,始入濠鏡澳築室,以便交易,不逾年多至數百區,今殆千區以上。日與華人相接濟,歲規厚利,所獲不貲,故舉國而來,負老携幼,更相接踵,今築室又不知其幾許,而夷衆殆萬人矣。詭形異服,瀰满山海;劍鋩耀日,火炮震天。喜則人而怒則獸,其素性然也。奸人則導之陵轢居民,蔑視澳官,漸不可長。若一旦豺狼改慮,不爲狗鼠之謀,不圖錙銖之利,擁衆入據香山,分布部落,控制要害,鼓噪直趨會城,俄頃而至,其禍誠有不忍者,可不逆爲慮耶?

議者欲於澳門狹處,用石填塞,杜番舶潛行,以固香山門户,誠是也。然驅石塞海,所費浩繁,無從取給,舉事當待何時。或欲縱火焚其民,以散其黨,爲力較易,然往年嘗試之矣,事未及濟,幾陷不測,自是夷人常露刃相隨,伺我動静,可復用此故智耶?議者又欲將澳以上,雍麥以下,山徑險要處,設一關城,添設府佐官一員,駐劄其間,委以重權,時加譏察,使華人不得擅入,夷人不得擅出,惟抽盤之後,驗執官票者,聽其交易,而取平焉,是亦一道也。然關城之設,勢孤而援寡,或變起不測,適足以爲桀鷔之資,豈能制其出入乎?安邊者,貴消禍於未然;懷遠者,在伸威於既玩。

臣愚欲將巡視海道副使移駐香山,彈壓近地,曲爲區處。明諭以朝廷德威,厚加賞犒,使之撤屋而隨舶往來。其灣泊各有定所,悉遵往年舊例。如或徘徊顧望,即呈督撫軍門,親臨境上,慰諭而譬曉之,必欲早爲萬全之慮而後已。若以啓釁爲憂,則禍孽之萌,亦當早見而預待之,况有舊澳見存,皆以耳目所親見親聞者,彼將何從執怨乎?番船抽盤,雖有一時近利,而竊據内地,實將來隱憂。黨類既煩,根株難拔,後雖百其智力,獨且奈何!或謂彼利中國通關市,豈忍爲變?孰知非我族類,其心必異。此殷鑒不遠,明者睹未萌,况已著乎。急則變速而禍小,緩則變遲而禍大。惟督撫軍門,加意調停,從宜酌處,毋逆其向慕中國之心。就於通事中,擇其便給者,優以殊格,使掉其舌鋒爲説客,開示禍福,以陰折其驕悍之氣。自後番舶入境,仍泊往年舊澳,照常交易,無失其關市歲利。復嚴布通番之令,凡奸人之私買番貨,畔民之投入番船,及略賣人口,擅賣兵器者,悉按正其罪。俾人皆知有法之可畏,而不敢爲射利之徒。區畫既定,威信潜孚,查往年所以禁制而防禦之者,悉遵舊例施行,諸夷自將馴服,而默奪其邪心,即禍本潜消矣。

伏乞敕下該部覆加詳議,轉行督撫衙門參之輿論,酌以時宜。如果臣言可采,即便舉行。此豈獨嶺海一隅之福,實宗社無疆之福也。或有爲臣私憂者,謂事關地方休戚。今海島晏然,恐無故而發大難之端,誰執其咎?建言者殆禍不旋踵矣。臣竊念督撫重臣,威名動夷夏,每孜孜焉,爲海邦萬世計,熟思詳慮,已非一日。若不及今早圖將來,孰有能任之者?臣揆諸事勢如此,若復有所顧忌,緘口待時,是徒計一身之利害而忍忘全省之安危,視天下爲一家,恐不若是也。此臣所以披瀝盡言,不敢卷舌藏聲坐待滔天之禍。(末段内容爲《題爲陳末議以保海隅萬世治安事》所缺,餘同。)

酌陳澳事疏略

查西洋人附居澳門，歷有年所，聖朝嘉其向風慕義之誠，所以包容覆育，俾得安居樂業。但種類日繁，惟資出洋貿易，若無以防範，恐逐利無厭，必至内誘奸猾，外引番夷，混淆錯雜，漸滋多事。查澳門夷船，舊有一十八隻，又從外國買回七隻，大小共二十五隻。請將現在船隻令地方官編列字號，刊刻印烙，各給驗票一張，將船户、舵工、水手及商販夷人、該管頭目姓名，俱逐一填注票内。出口之時於沿海該管營汛驗明挂號，申報督撫存案。如有夾帶及違禁貨物①，并將中國人偷載出洋者，一經查出，將該管頭目、商販夷人并船户、柁水人②等，俱照通賊之例治罪。若地方官不實力盤查，徇情疏縱，事發之時，俱照諱盗例題參革職。此夷船二十五隻題定之後，如有實在朽爛不堪修補者，報明該地方官查驗明白，出具印甘各結，申報督撫，准其補造，仍用原編字號。倘有敢偷造船隻者，將頭目、工匠亦俱照通賊例治罪。地方官失於覺察者，亦俱照諱賊例革職。其西洋人頭目遇有事故，由該國發來更换者，應聽其更换。其無故前來之西洋人，一概不許容留居住。每年於夷船出口、入口之時，守口各官俱照票將各船人數、姓名逐一驗明通報，倘有將無故前來之人夾帶入口、容留居住者，將守口各官并該管之地方文武各官照失察例議處，舵工、水手及頭目人等俱照窩盗例治罪。

---

① “如有夾帶及違禁貨物”，《酌陳澳門等事疏略》作“如有夾帶違禁貨物”，從文意看，“及”當爲衍字。

② “柁水人”，《酌陳澳門等事疏略》作“舵水手”。

該疏係時任兩廣總督的孔毓珣向雍正皇帝進呈,《澳門記略》題作《酌陳澳門等事疏略》。① 《采訪册》采自《澳門記略》。據《明清宫藏中西商貿檔》載雍正二年兩廣總督孔毓珣《酌陳澳門事宜事》:

> 竊照廣東香山縣屬澳門向有西洋人居住,臣到任後從妥驗形勢。查照澳彝户口及西洋船隻。據稱西洋人男婦共三千五百六十七名。大小洋船,共二十五隻,内舊有一十八隻從國外新買回,澳船七隻。又附近民人方澳居住生理共二千五百二十四名口。臣思此等西洋居住人衆守法納租,與中國人錯雜而居,原無容異視,惟是定例禁止南洋貿易,澳門西洋人不在禁内。今年貿易得引每從外國買造船隻駕回,若不限以定數,將來船只日多,來者日衆。將現在洋船二十五艘編列字號,即爲定額,不許添置。此外,無故前來西洋人不許容留居住,則西洋人既得貿易營生,亦不敢種類繁庶,混雜内地。②

澳門營地新建墟亭碑記　**國朝海防同知侯學詩,江寧人**

乾隆五十三年,澳門夷請築亭於營地之四隅爲墟市,如舊時許之。先是,吾民嘗就營地市,既而茇舍以居,與夷溷迹,頗有争狀。郡將浮山張公道源往辦治之,事乃定。遂遷其市於沙梨頭,以便沙梨頭距澳之夷居絶遠,又以爲不便。於是夷人因譯者以有是請。且曰:"請以是蔽風雨,我夷永無毋敢有其亭以邀唐人之利,請唐人朝往而暮歸,毋混迹於是。毋酤我夷奴以酒。"邑侯彭君翥與往復久之,既而稔其誠悃,喜曰:"是亦所以便吾民也。"越明年,三月,墟亭成,彭君親臨榜署,

① 〔清〕印光任、張汝霖:《澳門記略》卷上《官守篇》,《廣州大典》總第221册,第335頁。

② 中國第一歷史檔案館編:《明清宫藏中西商貿檔案》(一),中國檔案出版社,2010年,第263頁。

某市宜置某隔,某物宜從其所,星榆布列,各依其垣,履趾沓來,如水赴壑。於是民夷始大和會,而彭君亦有以樂觀其成也。書來乞余紀石,以垂永久。余既紀其事,且播之聲,詩其詞曰:"於皇聖朝,兼覆并載,視夷若民,罔有内外。德化涵育,百五十年,以蕃族類,長其子孫。爾所不便,既遷勿稽,亦所謂便,則與聚之。嗟我夷人,寧尚有畛,翳我民夷,詐虞胥泯,翼之墟亭,屹於四隅。汝取汝携,來織於塗,更千萬紀,其盟不渝。"乾隆五十四年十二月知縣滇西彭翥勒石。

侯學詩:字叔起,號葦園,清江寧(今南京市)人。少工詩文,以孝友聞。乾隆三十六年(1771)恩科進士。主豫章、白鹿兩書院教事,前後十年,"高才溢其門"。卓有成就者,有"豫章五子、白鹿二生"之稱。四十六年(1781)選三水知縣,改新會。有政聲,邑人爲之立碑,并建有生祠。五十三年(1788)遷廣州海防同知兼署監製通判。五十七年(1792)陞撫州知府,即引疾歸。著有《梅花草詩集》。

彭翥:字竹林,一説字南池,又字少鵬,號竹泉,雲南蒙化廳人,故稱"滇西彭翥"。乾隆庚寅(1770)舉人。辛丑(1781)大挑分發廣東,補封川知縣,乾隆五十一年(1786)調香山。會沿海盜船逼境,翥帶兵炮斃賊首李亞五,生擒林亞五等五十餘人。時福康安節制兩粵,嘆其才,擢瓊州同知,卒於官。生平酬唱多知名士。著有《小鶴山樵詩集》《海天吟集》等。①《新修香山縣志》有《彭翥傳》,稱:"鼓翥,字竹林,雲南蒙化廳人,舉人。乾隆五十一年,由知封川縣調香山。縣册捕盜有能名,尢善制澳夷。夷性桀驁,多藐法,或以利啖,有司翥馭以嚴。會澳夷殺人,夷目堅匿兇犯,翥親臨檄拘,夷目謝病不見,又欲屈翥會於夷廟,翥曰:'吾天朝命吏也,夷廟豈辦公地?'乃張幕設案於通衢,盛儀衛,召通事及夷目,初皆行夷禮不跪,翥震怒,且呼杖,夷目觳觫,通事泥首謝并代夷目哀乞,翥杖通事而姑貸夷目,遂刻期奉約束以罪

① 〔清〕田明曜修:《重修香山縣志》卷12《宦績》,《廣州大典》總第297册,第256頁。

人對簿《采訪册》。翥工詩,著有《海天吟》,中多出海捕盜時作,去後數十年,澳夷猶懾其威,澳民咸屍祝之《采訪册》。”查《香山縣下恭常都十三鄉采訪册》無此内容,當出自香山縣其他鄉《采訪册》。

案:侯學詩《澳門營地新建墟亭碑記》原碑現已不存,香山各志亦不見收録。《澳門營地新建墟亭碑記》成爲營地街市創建最爲原始的文獻記載。《清代澳門中文檔案彙編》中保留了《香山縣丞吴兆晉爲清釐營地墟亭積弊曉諭各行人等告示》《營地墟亭豬肉行行長吴中和等爲修復遭風瓦面以便營生事呈理事官投詞》兩份檔案。此檔與侯學詩的碑記相互印證,反映了營地街墟亭興建、發展的歷史。墟亭即是街市,葡語作“Bazar”。此前華民在營地大街交易,多搭蓬寮,且與葡人住宅混雜,雙方常有爭訟。廣州知府張道源奉命臨澳辦事,遂遷其市至沙梨頭。沙梨頭距澳葡居所甚遠,於葡人生活不便,遂由澳門議事會捐資建墟亭,設豬肉、鮮魚、鷄鴨及蔬菜四行,規範澳門市集的管理,亦成爲澳門歷史上第一個街市。《清代澳門中文檔案彙編》所存檔案是道光十五年(1835)八月份完成的。其稱“切營地街墟亭,源於乾隆五十五年”,實爲回憶其源起,故有失誤。而根據侯學詩碑記則明確記録“乾隆五十三年,澳門夷請筑亭於營地街之四隅爲墟市……越明年,三月,墟亭成”,可知澳夷請建墟亭在乾隆五十三年(1788),而墟亭的建成則在乾隆五十四年(1789)四月。以碑記可訂檔案之誤。營地墟亭是澳門早期城市發展史中的一件大事,賴此碑記得以知其源起。

葡萄牙東波塔檔案館藏清代澳門漢文檔案中亦有營地街市修建的相關記録:

具投詞。墟亭豬肉、鮮魚行長吴中和、何大興,鷄鴨、瓜菜行長鮑永舉、鄭焊南等,爲亭遭風損,聯懇修復,以便營生事。

切營地街墟亭,源於乾隆五十五年,蒙彭縣主見豬肉、鮮魚、鷄鴨、瓜菜等四行無實地擺賣,日曬風飄,因與在澳之西洋官目紳衿公同商議,將營地一段撥立墟亭,以便四行總歸擺賣。但其建造銀兩,悉蒙貴呵吖捐給,致成其美。由此數十年來,和等四行得斯樂土營生者,固沐彭縣憲倡議設立之恩,并賴貴哃吖義捐勷成之德也。

迨至嘉慶二十三年四月,墟亭盡遭火災,時得左堂周臺合議建復,改爲亭行五條,給與和等四行分亭擺賣,其銀兩仍係貴哃吖捐出。至道光四年,續遭延燒鷄鴨行一條及肉行半條,亦蒙貴哃吖修復。後於道光十二年七月,亭遭風飈打爛瓦面,亦復經和等四行具詞投懇前任管庫大人,轉請哃吖各官紳士集議,亦蒙捐金修復瓦面,迄今四載,和等擺賣,咸歌安堵矣。

豈期本年閏六月十一日,該亭五條復遭風飈飄傷瓦面,現被熱(日)曬雨淋,擺賣不便,和等艇欲各自捐修,奈何力薄資微,難於捐援。惟思墟亭之設原經貴哃吖捐金創建於前,繼而遭火延燒,復蒙兩次修葺於後,美情義舉,歷世猶存。且前次遭風既蒙修復,豈今日飄傷瓦面,忍爲坐視崩頹?和等四行因此聯請投明管庫大人知道,伏望即將和等投詞,通傳貴哃吖各官紳士,集亭公議,懇再捐金修復墟亭瓦面,俾和等四行得所擺賣,免令日曬風飄,此誠貴哃吖始終繼美,義舉高情,不獨和等四行永戴方便之恩,則合澳華民紳商亦咸推高誼矣。爲此投赴西洋理事官管庫大人臺前丙鑒。①

據相關史料記載,營地街市這次修建的原委是:1787年9月,一黑奴在營地街的中國酒店喝酒,“醉卧不服夷官約束”,葡萄牙官吏責備店主不該賣酒給黑奴,鄰近店鋪的華商則爲店主辯護,與葡官發生糾紛。理事官馬托斯便乘機發難,督率黑奴拆毁營地街郭南泉等上百個華商寮鋪,後又拆毁望厦和沙梨頭華人新建的三座房屋,還毆傷了一批中國居民。接著,又“縱黑奴在望厦村偷竊滋事”,且澳葡“貨船到澳不報”。事件發生後,立刻激起澳門華人商販的憤怒,并引發了一場暴動。他們關閉店鋪,聚衆成群,襲擊葡人巡邏隊,并攻擊大碼頭附近一所屬亞美尼亞富商馬休斯(Matheus Johan-

① 《道光十五年八月營地墟亭豬肉行長吴中和等爲亭遭風損聯懇修復以便營生事》,檔案號:PT/TT/DCHN/1/10/001357。

nes)的豪宅,當時澳督與許多澳門名人都住在那裏。香山縣令彭翥聞訊後迅速趕到澳門,召見澳門主要葡國官員,澳門葡國官員不肯出見,要求彭翥到新建的議事會市政廳去會談。彭翥認爲市政廳是座"夷廟",宣稱"吾天朝命吏也,夷廟豈辦公地?"就在通衢大街上張幕設案,盛布儀衛,再次召見通事和"夷目",要求交出兇犯。馬托斯躲著不肯露面。彭翥便召見了新上任的澳門大法官費利喇(Lázaro da Silva Ferreira)。費利喇十分囂張,悍然聲稱,他們已經決定,徵用澳門的中國居民聚居區,所以要拆毀營地街一帶街市,驅逐望厦村村民,以恢復這一殖民地舊日的地位。彭翥見費利喇等人異常凶横,便趕往廣州謁見兩廣總督福康安。福康安下令,將香山協官兵調進關閘,進駐望厦村,并"飭廣州府張道源到澳封關,禁居民賣爨具食物"。費利喇見勢不妙,趕忙請議事會出面調停。議事會召開市民大會,撤换了肇事理事官馬托斯,而提前讓下一任理事官卡梅洛(Machado Joaquim Cameiro)就任。并決定恢復服從清政府管轄的"舊制度"。兩廣總督見"夷衆懼,引罪輸服,乃復開市貿易"。爲防止再起騷亂,議事會在城墻外曠野的沙梨頭地方靠近花王堂之處新開了個集市。這實際上没有爲居民提供方便,很多人的黑奴和僕役在前往該集市或回來的路上遭到搶劫。而那個老集市的地方,在人們看來,却是最合適的。次年,經香山縣同意,議事會在營地街又新建了一個集市,中國官員爲不同業主指定了攤位。①

澳門記　薛韞

自香山縣鳳栖嶺迤南,凡一百二十里至前山,又二十里爲濠鏡澳。不至澳六七里,山嶄然斷,亘沙堤如長橋,曰蓮花莖。莖末山又特起,名蓮花山。又伏又起,中曲坳,長五六里,廣半之。直坤艮,是稱澳焉。澳惟一莖繫於陸,饋糧食,餘盡海

---

① 詳參〔瑞典〕龍思泰(Anders Ljungstedt)著:《早期澳門史》,吴義雄等譯,第40—41頁;〔清〕祝淮修:《新修香山縣志》卷4《海防》,《廣州大典》總第296册,第442頁;〔葡〕徐薩斯(Montalto de Jesus)著:《歷史上的澳門》,黄鴻釗、李保平譯,第129頁。

也。以故内洋舟達澳尤便捷,遵澳而南,放洋十里許,右舵尾,左鷄頸。又十里許,右横琴,左九澳。灣峰表裏四立,象箕宿,縱横成十字,曰十字門,又稱澳門云。其東南百里間爲老萬山,孤島具營壘。山東北注虎門,屬蕃舶入中國道。此山外則天水混同,無復山矣。而澳夷出入洋則不於虎門,於十字門。二門俱斜直老萬山、十字門特近澳也。澳夷西洋族,自嘉靖三十年來此,歲輸廛緡五百一十有五,孳育蕃息,迄今二百有餘年矣。其户四百二十有奇,其丁口三千四百有奇,白主黑奴,内剌兵一百五十名。其渠目:兵頭一,掌兵;理事官一,司庫;判事官一,司獄;而總領於番僧一人。其教號天主,其業惟市舶,慧者肄天官術。爲廟者八,曰三巴,曰咖斯蘭,曰大廟,曰板障,曰龍鬆,曰風信,曰支糧,曰花王。附廟置獄,獄輕罪圈拘,聽禮拜廟即釋。重則縛置炮口擊入海。爲炮臺者六,曰東望洋,曰咖斯蘭,曰三巴,曰南灣,曰西望洋,曰娘媽角。炮銅具四十六,鐵具三十,大者六十一,小者十有五。凡廟若炮臺,獨三巴爲崇閎焉。乾隆十年乙丑二月十四日,余以巡海至止,偕海防印同知光任、香山江令日暄登乃臺。譯人次理事官前導,而兵目領番卒,手布繡旗,肩鳥銃,一二十排右。臺方廣可百畝,中有堂,西南指十字門,東望則九洲洋,如列星羅幾席間。下即宋文天祥勤王經由之伶仃洋也。西望則三竈、黄楊諸山,北折而上爲崖山也。轉而内矚,洲嶼參互,水有艨艟哨槳之次比,陸有亭障壁壘之相望,前山寨拊其背,虎門扼其吭。國家禦内控外,大一統豈不偉哉?《易·坎傳》曰:"王公設險以守其國。"坎,水也。水之大者惟海。嗚呼,聖人慮變之情,茲深切矣。是故中外之防,《春秋》所謹,况於重溟連天,港渚紛岐,其爲鎖鑰也,亦僅耳。蠻人越洋市利,頑黠難馴,而寇攘奸宄之户牖窺竊者,亦

且出没如魚鳥,則其所以條政教而堤防之者,可一日而弛與?

查《采訪册》應抄自《澳門記略》,二者所載幾乎完全相同。唯有以下區别:"番",《澳門記略》作"蕃";"鶏頸",《澳門記略》作"鶏鵛";"附廟置獄,獄輕罪圈拘,聽禮拜廟即釋",《澳門記略》作"附廟置獄,獄三重,薄罪圈拘,聽禮拜廟即釋";"手布繡旗,肩鳥銃,一二十排右",《澳門記略》作"手布繡旗,肩鳥銃,一二十人排右";"如列星羅幾席間",《澳門記略》作"如列星羅幾研間";"余以巡海至止",《澳門記略》作"予以巡海至止";"西望則三竈、黄楊諸山,北折而上爲崖山也",《澳門記略》作"西望則三竈、黄楊諸山,而北折而上爲崖山也"。

薛韞:字叔芳,號尺庵。陜西雒南人,雍正進士,授檢討,晉編修,改御史。多有建白,曾奏請訓練廣西團練鄉勇,設瑶童義學事。乾隆二年(1737)任韶南道。《澳門記略》作"薛韞"。道光《廣東通志》誤作"雄南人"。①

鳳栖嶺:《祝志》:"鳳栖嶺,在縣東五里,西爲仰螺山。"

市舶:中國古代對參與中外貿易的船隻的統稱。明清時期,海上貿易是澳門葡萄牙人的唯一經濟來源,故稱"其業惟市舶"。市舶事務的管理機構是市舶司,負責人是市舶使,負責商船征税。市舶使最早設於唐代,《寶慶四明志》載:"唐有市舶使,總其征。"②宋代建立起完善的市舶制度,元代繼承這一制度。到明代,市舶制度無論是機構設置還是職能都随着中外貿易關係的變化而變化:明初實行海禁政策,朝貢貿易成爲唯一合法的對外貿易方式,市舶司成爲朝貢貿易的管理機構;到明中後期,海外貿易恢復,市舶司又負責征税和管理中外互市貿易、查禁民間私人海外貿易等,市舶司職能萎縮,作用弱化。至清代,市舶司職能爲海關所取代。③

---

① 〔清〕阮元修:道光《廣東通志》卷44《職官表》35,《廣州大典》總第251册,第701頁。

② 〔宋〕胡矩修:《寶慶四明志》卷6《叙賦》下,清光緒五年刻本。

③ 〔清〕周廣等纂修:《廣東考古輯要》卷23《市舶》,清光緒十九年刻本。

天官術:即天文學、歷法。天主教東進過程中,傳教士采取科學傳教的策略。他們在傳播天主教的同時,西方天文、曆法、數學、地理學、音樂、美術等科學技術也隨之進入中國,掀起中西文化交流的高潮。利瑪竇、熊三拔、陽瑪諾、鄧玉函、龍華民、羅雅各、湯若望、南懷仁、徐日升、安多、蘇霖、白晉、張誠等傳教士不僅更新了中國的天文學儀器,與中國的天文學家編譯了一大批天文曆法書籍,還培養了一批應用西法的天文學家,逐漸改變了中國天文學曆法方面的落後面貌,也彌補了當時中國在天體認識上的空白。

江日暄:直隸通州人,監生,乾隆七年(1742)至乾隆十年(1745)出任香山知縣。①《祝志》及《廣東通志》均作"汪日暄",而東坡塔檔案稱"香山正堂江"。《采訪册》記載爲修正道光《廣東通志》和《新修香山縣志》之誤提供了依據。

黄楊山:《申志》載:"黄楊山,在香山縣城西南七十里。"位於今珠海市斗門區中西部。

重修蓮峰廟碑記

嘉慶五年庚申重修,六年辛酉作此文　乾隆丁酉科舉人 江西知縣何昶 香山小欖人

昶少時游瀚星盧夫子門,得讀所作《蓮峰廟碑記》,知其地爲山海之勝,亟欲一至,以快游觀,未暇也。吾師語昶:邑東南百里,重嵐疊巘,歸然秀出,爲鳳凰山,蜒蜿曲折,趍南一路爲蓮根,二十里爲蓮花,即濠鏡澳也。將至里許,攢矗一峰,横截海中,奇秀甲於諸峰,曰蓮峰山。北拱鳳皇,群山擁衛,如兒孫,如獅象。獻其呈怪,駭目驚心。廟處蓮峰中,插天之石,拔地之樹,嶙峋蚴蟉,盤踞門外,赫然濯然,不可仰視。韓昌黎所云"衆遠而獨爲宗,其神必靈"者,殆是之謂歟。又昌

① 〔清〕田明曜修:《重修香山縣志》卷10《職官》,《廣州大典》總第297册,第182頁。

黎謂，清淑之氣，盛而不過，蛩蟺[①]扶輿，磅礴鬱積，水土之生，神氣之感，必有忠信才德之人生其間。蓋忠信者，神明之所依，而涉海者之所凴也。是豈獨此都人幸，抑亦爲諸番幸！助國家之化，節風雨之平，於神卜之，亦於此都人卜之。盛氣所鍾，彬彬乎以忠信之本，發才德之華，將駸駸乎日上也。昶志吾師言，以爲他日游左驗。今春承司馬丁公延昶主鳳山書院講席，書院胎息鳳皇，門臨澳海，左則蓮根路也。暇與諸同學仰止蓮峰山川人物，果如吾師昔之所言。晉謁神廟，天后殿居前，中爲觀音殿，後文昌閣，左關帝殿，右仁壽殿。堂皇而深，狀麗而固，瑰偉特絶，較前倍之。妥神靈而肅觀瞻，於是至矣。吾師碑文，屹然殿側，迴環朗誦，恍如昨日，棐哀不忍去。首事崔世等以重修碑文屬昶，惟廟創於雍正初，部郎羅君志之，繼修而記，爲吾師，再而孝廉杜君，兹又屬於昶。屈指吾師時，五十餘年矣。昶亦老矣，辭不獲命，即以聞於師者，次第憶述之。此外無能爲役矣。謹志。

何昶：字鴻文，號鳳麓，香山小欖人，乾隆四十二年（1777）舉人，官至江西鉛山縣知縣，爲廣東著名詩人，有《東樵删余集》。何昶於嘉慶六年（1801）完成此文。

盧夫子：當即盧文起。據文可知盧、何二人乃師生關係。

司马丁公：當即曾任澳門海防同知的丁如玉。丁如玉，江蘇人，嘉慶二年（1797）任澳門海防同知。據《重修蓮峰廟題名碑記》，嘉慶六年（1801）冬，澳門海防同知爲署任同知三多；又據嘉慶三年八月十八日（1798年9月27日）澳門同知吴致澳門理事官公文稱："照得澳門分府丁奉委辦理文闈内簾監試，本分府奉憲委署斯篆，業於本年八月初六日接印視事，合就行知。

---

① 蛩，音 wǎn，蜿字省文；蟺，音 shàn。

爲此,牌仰夷目,照依事理,即便一體知照。”可知,嘉慶三年(1798)澳門同知已爲吴所署任,吴署任澳門海防同知直至嘉慶七年(1802)。不知“澳門海防同知三多”具體任職時間。①

崔世: 當爲蓮峰廟首值事崔世澤。②

羅君: 指羅復晉。

杜君: 指杜繼書。

香山各志及文獻均無載,但澳門蓮峰廟仍完整保留該碑,碑額爲“重修蓮峰廟題名碑記”③。《采訪册》之碑記與原碑文尚有多處歧異,故可作校勘。下録碑文原文:

重修蓮峰廟題名碑記④

昶少時游瀚星盧夫子門,得讀所作蓮峰廟碑記,知其地爲山海之勝,亟欲一至,以快游觀,未暇也。吾師語昶:邑東南百里,重嵐疊巘,巋然秀出,爲鳳皇山,蜒蜿曲折,趨南一路,爲蓮根;二十里,爲蓮花,即濠鏡澳也。將至里許,攢矗一峰,横截海中,奇秀甲於諸峰,曰蓮蓬山。北拱鳳皇,群山擁衛,如兒孫,如獅象。獻其呈怪,駭目驚心。廟處蓮蓬中,插天之石,拔地之樹,嶙峋蚴蟉,盤踞門外,赫然濯然,不可仰視。韓昌黎所云:“衆遠而獨爲宗,其神必靈”者,殆是之謂歟!又言昌黎謂清淑之氣盛而不過,□□扶輿,磅礴鬱積,水土之生,神氣之感,必有忠信才德之人生其間。蓋忠信者,神明之所依,而涉海者之所凴也。是豈獨此都人幸,抑亦爲諸番幸!助國家之化,節風雨之平,於神明卜之,亦於

① 《嘉慶三年八月十八日署澳門同知吴爲行知事》,檔案號:PT/TT/DCHN/1/3/000348;《嘉慶三年九月二十五日署澳門同知吴爲飭知事》,檔案號:PT/TT/DCHN/1/3/000350;《嘉慶六年三月十四日署澳門同知吴論澳門夷目唛嚟哆》,檔案號:PT/TT/DCHN/1/3/000395;《嘉慶六年四月十九日署澳門同知吴諭澳門夷目唛嚟哆》,檔案號:PT/TT/DCHN/1/3/000399;《嘉慶六年十一月十六日署澳門同知吴諭澳門夷目唛嚟哆》,檔案號:PT/TT/DCHN/1/4/000419。

② 譚世寶:《金石銘刻的澳門史——明清澳門廟宇碑刻鐘銘集録研究》,第146頁。

③ 譚世寶:《金石銘刻的澳門史——明清澳門廟宇碑刻鐘銘集録研究》,第145頁。

④ 轉引自譚世寶:《金石銘刻的澳門史——明清澳門廟宇碑刻鐘銘集録研究》,第145—146頁。

此都人卜之。盛氣所钟，彬彬乎以忠信之本，發才德之華，將駸駸乎日上也。昶志吾師言，以爲他日游左驗。今春承司馬丁公延昶主鳳山書院講席，書院胎息鳳皇，門臨澳海，左則蓮根路也。暇與諸同學仰止蓮蓬山川人物，果如吾師昔之所言。旹謁神廟，天後殿居前，中爲觀音殿，後文昌閣，左關帝殿，右仁壽殿。堂皇而深，狀麗而固，瑰偉絶特，較前倍之。妥神靈而肅觀瞻，於是至矣！吾師碑文，屹然殿側，迴環朗誦，恍如昨日，裴（徘）□（徊）不忍去。首事崔世等以重修碑文屬昶，唯廟創於雍正初，部郎羅君記之，繼修而記，爲吾師，再而孝廉杜君，兹又屬於昶。屈指吾師時，五十餘年矣。昶亦老矣，辭不獲命，即以聞於師者，次弟（第）憶述之，此外無能爲役矣，謹志。

《采訪册》與現存碑記有多處歧異，一是，現在碑無"嘉慶五年庚申重修，六年辛酉作此文 乾隆丁酉科舉人 江西知縣何昶 香山小欖人"等字。二是"鳳凰山"《重修蓮峰廟題名碑記》作"鳳皇山"；"趍南一路爲蓮根"譚書作"趁南一路爲蓮根"；"蓮峰山"譚書作"蓮蓬山"；"北拱鳳皇"譚書作"比拱鳳凰"；"嶙峋□蟉"譚書作"嶙峋蚴蟉"；"又昌黎謂"譚書作"又言昌黎謂"；"於神卜之"譚書作"於神明卜之"；"瑰偉特絶"譚書作"瑰偉絶特"；"裴哀不忍去"譚書作"裴□（徘徊）不忍去"；"部郎羅君志之"譚書作"部郎羅君記之"。

重修澳門望厦村普濟禪院碑記[①] **國朝趙允菁 澳門人**

澳門，中州南盡，外瀕大洋，汹涌萬狀。其中僻在[②]一隅，望之蔚然深秀者，望厦村也。澳地百貨充牣，商賈雲集，獨此桑麻[③]鷄犬，有古桃源風。村故有普濟禪院，爲閩之三山温淩

① "記"，譚書作"志"。

② "在"，譚書作"徑"。

③ "麻"，譚書作"蔴"。

世居澳門者①,合力公建香伙②,以奉祀明神③。廊徑幽邃,殿宇宏深。入其境者,翛然塵壒之外④,而與沕穆者游⑤。其始建及重修向無碑記志⑥,年月莫考,歲久風雨蠹蝕,慮無以安神靈,而肅觀瞻也。因醵金鳩工,增高而鼎新之。殿前捍以石闌⑦,其由水坑門入院之路,盡平以石。瑰偉狀麗,金碧交輝,如神仙之排雲出,而金銀臺爲之涌現也。經始於嘉慶丙子之冬,越戊寅九秋落成,蓋貲費巨萬,地益傑而神益靈矣。

菁家自閩宦改官於粤之香山,遂世居澳地,院之興圮建造皆代所親見而襄事其間,今復快睹。都人士之踴躍觀成,各克紹其祖父之績。而新來澳地者,亦篤鄉誼而樂爲佽助焉。蓋我國家休養生息,涵濡百餘年之深,海滋山陬咸致臻庶富。而澳地遠通洋船,航琛輦賮,測水來王,民居其間,悠然議聖朝德化之遥,而食德飲和於化日光天之下。歲時鞠躬祠宇,以祝聖天子鴻釐,而益自勤其生業。事父兄,誨子弟,共敦鄉鄰風俗之美,其所以體國恩而綿世德者,皆神錫之福,以有年有榦於無窮也。至於院中之田産鋪舍,盡供神用,量給僧食,皆前人籌畫購置以有其基,不可任其日久名亂割棄而墮。厥成,爰列其地之名與數及今重修捐簽名氏刻於碑,俾後之積累盛大,咸知所本。而僧之居是院者,不得援爲己業,享厚食而慢神祀也。是爲之志。

---

① “爲閩之三山温淩世居澳門者”,譚書作“爲閩之三山温陵世居澳地者”。
② “伙”,譚書作“火”。
③ 譚書作“以奉祀神明”,《采訪册》作“以奉祀明神”。
④ “翛然塵壒之外”,譚書作“翛然靡□之外”,當以《采訪册》爲是。
⑤ “游”,譚書作“屬”。
⑥ “其始建及重修向無碑記志”,譚書作“其始建及重修向無碑記”。
⑦ “殿前捍以石闌”,“闌”當爲“欄”之誤,故譚書作“殿前捍以石欄”。

案:《浦江趙氏族譜》亦收有趙允菁的《重修澳門望厦村普及禪院碑記》一文,除個别文字與《采訪册》不同外,其餘完全一致。

譚世寶在其書《金石銘刻的澳門史——明清澳門廟宇碑刻鐘銘集録研究》中亦有此碑,其録文作:

重修澳門望厦村普濟禪院碑志

澳門,中州南盡,外瀕大洋,汹涌萬狀。其中僻徑一隅,望之蔚然深秀者,望厦村也。澳地百貨充牣,商賈雲集,獨此桑蔴鷄犬,有古桃源風。村故有普濟寺禪院,爲閩之三山温陵世居澳地者,合力公建香火,以奉祀神明。廊徑幽邃,殿宇宏深。入其境者,翛然靡□之外,而與沕穆者屬,其始建及重修,向無碑志,年月莫考,歲久風雨蠹蝕,慮無以妥神靈而肅觀瞻也。因醵金鳩工,增高而鼎新之。殿前捍以石欄,其由水坑門入院之路,盡平以石。瑰偉狀麗,金碧交輝,如神仙之排雲出,而金銀臺爲之涌現也。經始於嘉慶丙子之冬,越戊寅九秋落成。蓋貲費巨萬,地益杰而神亦靈矣。(共省略了約二十四行)

據譚世寶書所録之碑志圖片,所省略二十四行字爲剥落之處,當爲"菁家自閩宦改官於粤之香山……是爲之志"。

案:《重修澳門望厦村普濟禪院碑記》,除《浦江趙氏族譜》外,今存各縣志及文獻均無載,但澳門普濟禪院保存原碑,碑額爲《重修普濟禪院碑志》。此碑最初録文者爲王文達,共録220餘字,後譚世寶又根據碑文録文,亦爲220餘字。且稱:"因原碑多雜物障礙,且風化損蝕嚴重,字迹多已不辨。"① 可知,該碑已遭嚴重損壞,實際所存碑文已不足一半。據《采訪册》保留的趙允菁碑記原文統計,全文約510餘字,則知尚有290餘字的碑文已遭毁損,而賴《采訪册》得以保存全文。即使今碑所存的220餘字中,文與碑尚有可校勘之處。

① 譚世寶:《金石銘刻的澳門史——明清澳門廟宇碑刻鐘銘集録研究》,第106頁。

趙允菁稱“菁家自閩宦改官於粤之香山,遂世居澳地”,費成康之《澳門四百年》根據上述文字斷言:“趙彦芳的後裔便於明朝初年定居於望厦。”[①]布衣《澳門掌故》認爲望厦村開村是在明洪武十九年(1386)[②],與趙彦芳開始擔任香山知縣時間相同,有趙氏於1386年定居澳門的嫌疑。此説不確。實際上明洪武年間,趙友直任職香山知縣,并未遷居望厦。王文達《澳門掌故》載:“溯望厦村趙氏之定居,乃源於明初洪武十九年,趙彦芳作宰香山,卒於任内,其後人遂佔籍焉。”其文又稱:“明末崇禎十五年,趙英玉始卜居澳門,更六傳而至趙封石,乃建趙氏家廟於望厦。”[③]此説亦有誤,因趙封石(趙勳)乃嘉慶、道光時期之人。據光緒四年(1878)舉人梁尚舉所撰《趙氏家廟碑記》載:“考趙氏本宋宗室,係出浙江金華浦江縣,其先彦方公宦游閩粤,作宰香山,遂佔籍焉,數傳至英玉祖,使卜居香邑之澳門。”[④]説明其時趙友直家人開始在當時香山良字都上栅定居,良字都在香山縣東南,并不屬於澳門範圍,趙氏在洪武年間僅佔籍香山,并未進入澳門望厦。根據《家乘略鈔》與《趙書澤堂家譜》記載,第二十二世趙友璧(號英玉),同母親劉氏由上栅遷居當時恭常都望厦地方,此爲趙氏在澳門定居之始。趙友璧與其母遷居望厦當是在其父趙良佑去世後發生之事,趙良佑生於1607年,卒於1658年,其母劉氏生於1619年,卒於1675年,由此可以推斷出趙氏遷居望厦的時間當在1658—1675年。[⑤]

---

① 費成康:《澳門四百年》,上海:上海人民出版社,1988年,第5—6頁。

② 布衣:《澳門掌故》,澳門:廣角鏡出版社,1979年,第105—106頁。

③ 王文達:《澳門掌故》,第134頁。

④ 〔清〕趙仲漳編:《家乘略鈔》之《趙氏家廟碑記》及《趙氏家譜約鈔》,澳門歷史檔案館藏;湯開建:《澳門望厦村的開村及其釋名》,《港澳舊聞》1994年第4期。

⑤ 湯開建:《澳門望厦村的開村及其釋名》,《港澳舊聞》1994年第4期。

沙梨頭社稷記 趙允菁

自前山而南，邐迤蜿蜒十五里，東西夾海中，走一脉矗起，蔚爲蓮花峰。入澳迴旋右折，雲根攢簇，屏山襟海，别距雄疇，爲沙梨頭社稷壇。壇之始建無可考，乾隆己酉重修，觀瞻稍壯而神靈益著，春秋祈報，趨蹌祠下者，遠近雲集。地隘不能容，鳳集鄭君等，諗於衆議克合，遂新而大之。亭穹其中，闌廊其外。經始嘉慶乙丑閏夏，鳩工丕作，越小春告成①。而神壇之巍焕，焜耀海隅矣。考之禮，自大社、王社迄，聚衆百家咸得置社而祀，勾龍爲社祀，有郃爲稷，皆有功於民，各在祀典。則神職分土、穀、功相爲用。枌榆桑梓之地，其祀宜合。澳地天涯南盡，梯航輻輳，士商工賈，錯居岐處。衣冠珍寶之氣，陸離彪炳，騰踔其間，神司一方福命，而又地居最遠，得扶輿之磅礴鬱積，以發其靈。其昭昭固，宜今天子愷澤，覃敷澍濡，洋溢中外，荒陬遐澨，生息涵煦。民居其際，歲時伏臘牖肥，酒香扶醉，陳觀裹版，既庶且富，於以咏朝廷功德，而敦鄉鄰風俗之美者，固國之恩，亦神之賜也。菁幸生同里快瞻新址而樂爲兹土頌也，遂拜手爲之記。

沙梨頭社稷壇：又稱“澳門永福古社”，即今沙梨頭麻仔街土地廟。此記文爲嘉慶十年(1805)永福古社重修時所記。永福古社，具體創建時間不詳。據《新建永福古社亭碑》稱，永福古社，由來久已。可見永福古社的創建年代久遠，但掌故家及坊間説法均將永福古社的建立與南宋端宗聯繫，且謂古社謂端宗行宫。此説證據不足，據民國十三年(1924)之碑志則稱永福古社“曩自明季，以迄於兹”。汪兆鏞稱：“澳門西偏，土名沙梨頭，有永福古社。石欄峻偉，如殿陛剃，石坊題水月宫，大學士何吾騶書，年月漫滅，當在

---

① “越小春告成”，譚録文作“越小春吉成”。

明季永曆之時。"據此大致可以判斷,永福古社的建立時間爲南明永曆之時。乾隆五十四年(1789),由兩廣總督衙門及粤海關駐澳四税口領銜捐銀,於沙梨頭建"永福古社亭",并由永福古社首事梁天伸、黎致誠、謝英甯、吴澤培四人立《新建永福古社亭碑》。①

鳳集鄭君:即鄭鳳集。

大社:即太社。大社,王社,古代天子爲百姓祈福報功而設立的祭祀土神、穀神的場所。《禮記·祭法》:"王爲群姓立社,曰大社。王自爲立社,曰王社。"

《沙梨頭社稷記》,香山各志及其他文獻均不見載,但原碑尚存,現鑲嵌於今沙梨頭麻仔街土地廟内,碑名爲"重修澳門沙梨頭社稷神壇記"。據統計,《采訪册》收趙允菁全文共352字,而現存之碑刻由於歲月流逝,風雨剥蝕,漫漶不清多處。據譚世寶先生之録文,碑中整段缺字共有4處,最長一處34字。其他零星缺字還有4處,共爲6字。② 其録文與原文有歧異處尚有9處。

據《采訪册·沙梨頭社稷記》可補碑刻之缺失,下録《金石銘刻的澳門史——明清澳門廟宇碑刻鐘銘集録研究》之《重修澳門永福古社碑記》全文:

前山而南,邐迤蜿蜒十五里。東西夾海中□③一脉矗起,蔚(爲)蓮花峰。入澳迴旋右折,雲根攢簇,屏山襟海,别踞雄疇,爲沙梨頭社稷壇。(下缺,不知幾字)④者,遠近雲集。地隘不能容,鳳集鄭君等,諗於

---

① 譚世寶:《金石銘刻的澳門史——明清澳門廟宇碑刻鐘銘集録研究》,第277—278頁;王文達:《澳門掌故》,第71—72頁;汪兆鏞:《微尚齋詩續稿》之《永福社行詩序》。

② 譚世寶:《金石銘刻的澳門史——明清澳門廟宇碑刻鐘銘集録研究》,第280頁。

③ 《采訪册》作"走"。

④ 《采訪册》作"壇之始建無可考,乾隆己酉重修,觀瞻稍壯而神靈益著,春秋祈報,趨蹌祠下",爲譚世寶《重修澳門永福古社碑記》録文所缺。

衆議克合，遂新而大之。亭穹其中，闌廓①其外。經始嘉慶乙丑閏夏，鳩工丕作，越小春吉成。而神壇之巍煥，焜耀海門。□□之（下缺，不知幾字）爲稷②，皆有功於民，各在祀典。則神職分土、穀、功相爲用。枌榆桑梓之地，其祀宜合。澳地天涯南盡，梯航輻凑③，士商工賈，錯居岐處。文（?）珍寶之氣④，陸離彪炳，騰踔其間。□□□一方（下缺，不知幾字）其昭昭固⑤，宜今天子闓澤⑥，翠敷澍濡⑦，洋溢中外，荒陬遐滋，生息涵煦。民居其際，歲時伏臘腯肥，酒香扶醉，陳觀里版，既庶且富，於以咏朝廷功德，而敦鄉鄰風俗之淳⑧者，固國之恩亦（下缺，不知幾字）瞻新址而樂爲兹土□也⑨，遂拜手爲之記。（下略）

---

① 《采訪册》作“廊”。

② 譚書録文作“而神壇之巍焕，焜耀海門，□□之（下缺，不知幾字）爲稷”，《采訪册》作“而神壇之巍焕，焜耀海隅矣。考之禮，自大社、王社迄，聚衆百家咸得置社而祀，勾龍爲社祀，有邰爲稷”。

③ 《采訪册》作“輳”。

④ 譚書録文作“文（?）珍寶之氣”，《采訪册》作“衣冠珍寶之氣”。

⑤ 譚書録文作“□□□一方（下缺，不知幾字）其昭昭固”，《采訪册》作“神司一方福命，而又地居最遠，得扶輿之磅礴鬱積，以發其靈。其昭昭固”。録文中“神司”二字不知爲何以“□□□”三個符號代替。

⑥ 譚書録文作“闓澤”，《采訪册》作“愷澤”。

⑦ 譚書録文作“翠敷澍濡”，《采訪册》作“覃敷澍濡”。

⑧ 譚書録文作“淳”，《采訪册》作“美”。

⑨ 譚書録文作“固國之恩亦（下缺，不知幾字）瞻新址而樂爲兹土□也”，《采訪册》作“固國之恩，亦神之賜也。菁幸生同里快瞻新址而樂爲兹土頌也”。

雜　志

案:《采訪册》原書無此標題,係箋注者根據内容擬定。

祥　異

道光三年癸未四月十三日,香山場村之東南空中急現祥雲一朵,長約數丈,五色釐然,光彩奪目,鄉人共見。時當午刻,皓日晴天,并無浮雲變態,爛漫時許,逶迤而没。

《祝志》:"(道光)三年四月壬子,香山場五色云見。""道光三年四月壬子"即爲四月十三日。《祝志》根據《采訪册》資料删減。

嘉慶五年五月初二日,颶風拔木,海水忽漲八九尺,禾稼盡傷,人物被淹者不知其數。

《祝志》:"(嘉慶)五年五月癸未,颶風拔木。""嘉慶五年五月癸未"即爲五月初二日。《祝志》根據《采訪册》資料删減。

道光元年七月廿五日戌時,忽有大星飛下,至檐前,光如白日,向東北方飛去,各處皆見。

該記載未見《祝志》及後修諸縣志。

事 略

康熙初年,海氛未靖。壬寅季春,奉官插界竪栅,令瀕海村民遷居界内。南屏、北山村民貧無所依者,一時未及悉遷。仲夏,海兵驅逐人眷,焚祠毁屋,平墻伐木,梓裏悉爲荒墟,田畝卒成污莱,男女散雜,岩棲露宿,載道啼饑。

《祝志》:“康熙元年,賊鄭錦猖獗,命内大人科爾坤介山巡視,濱海居民令徙内地五十里,賑貧民之不能遷者《郝通志》。於是黄梁都、沙尾、北山、奇獨澳、黄旗角、潭洲諸鄉皆遷,官拆界期三日,貧無依者不能遽如令,五月夷其地《采訪册》。”《祝志》記載根據《采訪册》改寫,但《采訪册》所載更爲詳細。

海氛未靖:指鄭經據臺灣事。《祝志》載:“康熙元年,賊鄭錦猖獗。”鄭錦,即鄭經。《臺灣文獻匯刊》載:“鄭經,又名錦,字哲□,號式天。大木公(鄭成功)長子。”清王朝建立後,在清軍尚未到達的地方,明朝宗室、文武將官,以及當地人民紛紛舉起“反清復明”的旗幟。後在清軍的軍事打擊下,至1662年李定國戰敗出走,抗清力量僅剩下東南沿海以鄭成功爲首的軍事集團。鄭氏集團“自江北而至江南以及浙閩,延袤數千里,俱通波濤,倘此剿彼遁,而彼處罹其毒,兵旋復來,而此處又遭其害”。① 鄭氏强大的海軍力量,給清政府在沿海地區的統治造成極大威脅,故稱“海氛未靖”。

丙辰,平藩②,從周開界墾荒,令民耕蒔。戊午,差催收王莊里報墾税穀。已未,縣寨官兵督遷,焚寮刈稼。庚申,縣征呈墾十八年虚税,追乎苦累。甲子,幸邀恩宥,民歸故土,奉官親詣,清丈地段,令民各自插標,呈承地界,以爲廬舍,共樂昇平。

《祝志》:“(康熙)二十三年,西南諸鄉遷民盡復業。初,諸鄉久遷未復,田盡荒廢。自十五年尚之信叛從吴逆,遂開界墾荒,令民耕蒔。十七年,催收王莊税穀。十八年,縣寨官兵督遷,焚寮刈稼。十九年,縣徵前十八年虚税,追呼不堪命。至是民歸故土,地方官令民插標清丈,民始安業。”《祝志》稱所載同《采訪册》不同,應是根據《采訪册》改寫而成。

平蕃:康熙十二年(1673),吴三桂率先叛亂。康熙十四年(1675),平南王尚之信亦叛,受吴三桂“招討大將軍”號,改易旗幟。是時,兩廣總督金光祖及舒恕駐軍高州,莽依圖駐軍肇慶,并分化吴三桂、尚之信。康熙十五年(1676),康熙下詔莽依圖爲鎮南將軍,自贛州入廣東,尚之信投降。故稱“平蕃”。③

案:上述史料列出了清政府禁海遷界過程中較爲重要的幾個年份:壬寅,即康熙元年(1662);丙辰年,即康熙十五年(1676);戊午年,即康熙十七年(1678);己未年,即康熙十八年(1679);庚申年,即康熙十九年(1680);甲子年,指康熙二十三年(1684)。

清初,東南沿海有禁海遷界一事。清廷堅壁清野,以爲防禦臺灣鄭氏,

① 厦門大學臺灣研究所、中國第一歷史檔案館合編:《鄭成功檔案史料選輯》之《爲恭報官兵出洋凱旋日期及沿海會哨事揭帖》,福州:福建人民出版社,1985年,第33頁。

② “藩”,原文作“蕃”。

③ 蕭一山編:《清代通史》第1卷,上海:華東師範大學出版社,2006年,第383—384頁。

所以嚴立海禁，以爲杜絶鄭氏與内地的交通。[①] 香山縣亦受到嚴重影響。隨著鄭氏反清力量逐步增强，清政府於順治十八年（1661）宣布遷界，康熙元年（1662），臺灣鄭經猖獗，清政府爲了阻止沿海居民接濟盤踞臺灣的明鄭政權，命内大人科爾昆、介山巡視海灣，并頒布"遷海令"，"居民令徙内地五十里"，大規模地將沿海居民遷入内地。《祝志》："於是黄梁都、沙尾、北山、奇獨澳、黄旗角，潭洲諸鄉皆遷，官折界期三日，貧無依者不能遽如令，五月夷其地。"杜臻《粤閩巡視紀略》載："元年劃界，自古鎮歷觀音山……三龜背村、北山、前山寨……關閘口……至小虎門爲香山邊，邊界以外黄梁都、沙尾村、北山嶺、旗纛澳、横琴山等諸海島皆移并遷。"[②]《祝志》："（康熙）三年甲辰春，續遷番禺、順德、新會、東莞、香山五縣沿海之民。先劃一界，以繩直之，其間多有一宅而半棄者，有一室而中斷者，浚以深壑，别爲内外，稍逾跬步，死即隨之。"

當時監督遷界的官吏和士兵，酷虐無度，以致香山縣受到很壞的影響。《祝志》："督遷兵士恣俘掠知縣姚啟聖力争之，乃稍戢。初，黄梁都民奉遷時，民多戀土，都地山深谷邃藏，匿者衆。平藩左翼總兵班際盛計誘之，日點閱報大府即許復業愚民信其然。際盛乃勒兵長連埔按名令民自前營入後營出入即殺，無一人倖脱者。復界後枯骨遍地，土民叢葬，一阜樹碣曰'木龍歳冢木龍者甲辰'隱語也。"又載："（康熙）七年遷民結黨爲亂。"可見遷界一事流毒之慘烈。

因遷界禁海帶來的危害，清政府有識之士多次上奏朝廷，請求復界："三月，巡撫王來任上展界之議，其略曰：……如謂遷棄之地小而防禦之事大，臣思設兵之意，以捍封疆而資戰守。今海寇侵掠，乃縮地遷民，棄門户而守堂奥，臣未之前聞也。臣撫粤二年有餘，亦未聞海寇大擾，所有者仍被遷逃海之民，相聚爲盜。今若展其邊界，即盜亦可弭矣。"[③]故清廷於康熙七年

---

① 參《清初東南沿海遷界考》，載謝國楨：《明清之際黨社運動考》之附録2，北京：中華書局，1982年，第237—268頁。

② 〔清〕杜臻：《粤閩巡視紀略》卷中，《廣州大典》總第217册，第99頁。

③ 〔清〕祝淮修：《新修香山縣志》卷8《事略》，《廣州大典》總第296册，第600頁。

(1668)開始弛海禁,并以廣東先行。據載:"(康熙)七年,上遣都統特錦等會勘廣東沿海邊界,設兵防汛,俾民復業。"①蕭一山稱:"開界之舉,惟廣東辦理最速且善。兩廣總督周有德不待覆奏,即巡行界外,使遷民立時自由出界,及期開墾,給以牛種,蠲其租賦。"清政府并於康熙八年(1669)首次正式宣布復界,香山縣亦在此範圍:"(康熙)八年己酉春二月,詔復遷海居民舊業。惟黄旗角、潭洲、黄梁都、沙尾、奇獨澳未復。"②康熙十四年(1675),再次重申禁海令,政策再次趨嚴。至康熙十五年(1676),尚之信歸降清軍,廣東地方形勢日漸穩定。香山縣沿海首先復界,"從周開界墾荒,令民耕蒔"。康熙十八年(1679),清軍與吴三桂叛軍、鄭氏海上力量的軍事對抗進入最後階段,由於戰事的需要,清政府再次重申遷界令,"已未,縣寨官兵督遷焚寮刈稼"。這次遷界直至康熙二十三年(1684)平定臺灣後,才再次復界:"甲子,幸邀恩宥,民歸故土,奉官親詣,清丈地段,令民各自插標,呈承地界,以爲廬舍,共樂陞平。"

① 趙爾巽:《清史稿》卷256《列傳》43,第9796頁。

② 〔清〕祝淮修:《新修香山縣志》卷8《事略》,《廣州大典》總第296册,第600頁。

金 石

南大涌南洋廟鐵鐘一口，重二百餘斤，明萬曆八年孟夏立。

《采訪册》有現存最早關於該鐘的文獻記録。《祝志》:“南洋廟鐘款，右鐘在恭常都南大涌村南洋廟，款云‘萬曆八年孟夏’。”

南洋廟:供奉屈原。《行走古村落》稱:“古鶴村奉屈原爲‘南洋公’。”①《中山村情》稱:“南洋廟，始建於清嘉慶十七年(1812)，供奉屈原(南洋公)。”②但根據該鐵鐘銘文可知，供奉南洋公(屈原)由來已久，最早在南大涌村。《歐陽氏家譜(廣東中山)》稱“二十五世祖字天壽卒於道光己酉年，葬南洋廟埔”，又有“二十五世祖字可富，卒於道光丁酉年，葬南洋廟埔”③，可知南洋廟是清嘉道時期的一個爲人所熟知的地點。但此“南洋廟埔”究竟是位於南大涌，還是在古鶴村，没有更多記載。

---

① 甘觀鳳文，謝婷婷繪:《行走古村落》，廣州:廣東人民出版社，2018年，第163頁。

② 中山市人民政府地方志辦公室編:《中山村情》第1卷，廣州:廣東人民出版社，2018年，第572頁。

③ 〔清〕歐陽衮臣編:《歐陽氏家譜(廣東中山)》，載廣東省中山圖書館、中山大學圖書館編，桑兵主編:《清代稿鈔本》第7編，廣州:廣東人民出版社，2015年。

灶貝聖堂廟鐵鐘一口,重二百餘斤,明萬曆十年灶貝鄉人送。

《采訪册》爲現存最早關於該鐘的文獻記録。《祝志》:“聖堂廟鐘款,右鐘在恭常都灶貝村聖堂廟,款云‘萬曆十年’。”

吉大康真君廟鐘一口,重六十餘斤,明萬曆四十七年甘之松送。

《采訪册》有現存最早關於該鐘的文獻記録。《祝志》:“康真君廟鐘款,右鐘在恭常都吉大村,萬曆四十七年。”

澳門普濟禪院鐵鐘一口,四百餘斤,高三尺六寸,口闊三尺,明崇禎五年福建許萃濱送。

《采訪册》爲現存最早關於該鐘的文獻記録。《祝志》:“普濟院鐘款,右鐘在澳門望厦村,款云‘崇禎五年’。”該鐘今存普濟禪院大雄寶殿,爲信士萃濱“奉於觀音堂”,獻鐘時間爲“崇禎五年正月吉日”。[①]

案:王文達:《澳門掌故》稱:普濟禪院,又稱“觀音堂”,始建於崇禎五年(1632)。據傳,望厦村中在未有觀音堂前,村西有一觀音古廟,當時該廟狹小,爲土著村民所建,每歲慶祝觀音誕時,因廟狹人擠,故土著乃借勢霸據,衹許村民拜祀,致使留澳的閩籍人士雖欲參神,亦不得其門而入。閩人因是憤然,遂有醵資另建觀音堂之舉[②]。譚世寶認爲觀音堂并非閩籍人士所建,而是由南海人許望官所建[③]。余以爲碑中的“南邑許望官”不是南海人,而

① 譚世寶:《金石銘刻的澳門史——明清澳門廟宇碑刻鐘銘集録研究》,第112頁。

② 王文達:《澳門掌故》,第59—60頁。

③ 譚世寶:《金石銘刻的澳門史———明清澳門廟宇碑刻鐘銘集録研究》,第97頁。

應該是福建人,其理由有三:(一)南邑許望官在《望廈村祀壇碑》中落款還爲"南邑許望官喜舍"[①],《道光厦門志》稱:"閩俗呼人曰郎,呼公子、公孫爲舍,呼有體面者曰官,譌官爲觀,遂多以觀爲名者。"[②]可知福建人將公子、公孫呼爲"舍",將有體面者稱爲"官",明天啓時,鄭芝龍來澳門稱爲"一官"[③],福建商人李旦,荷蘭人將他稱爲"李漢官(Li Han Kok)",西班牙塞維亞西印度總檔案館檔案中,前往馬尼拉貿易的華商有"四官(Sioqua)""三官(Sangqua)"等[④],廣州十三行泰和行行商福建商人顔亮洲稱爲"德舍(Texia)",其子顔時瑞稱爲"瑞舍(Swetia)",其弟顔時瑛稱爲"瑛舍(Ingshaw)"可見明清時期福建人多以"官"和"舍"稱呼官宦之人和體面之人。此處南邑許望官不僅有"官"之名,還有"舍"之名,可見這應該是福建人的習俗;(二)《望廈村祀壇碑》中的"南邑"當作福建省南安縣的古稱,許望官亦當爲南安縣人,即泉州人;(三)《蔡挹暉堂三房族譜》稱:乾隆時,澳門龍田村有許朝官[⑤],龍田村舊屬望廈村,故知許朝官亦爲望廈村人。《香山徐氏宗譜》稱徐普忠有一女"適望廈許良大"[⑥],咸豐時望廈地保爲許廷[⑦],光緒望廈紳耆有許耀廷、許瑞芝、許熾、許瑞生、許義蘇等[⑧],可知,許氏爲望廈村的大姓。明代望廈村聚居的主要是福建人,許望官也應該望廈村内的福建人,而不南海人。

---

① 譚世寶:《金石銘刻的澳門史———明清澳門廟宇碑刻鐘銘集録研究》,第 98 頁。

② 〔清〕周凱:《道光厦門志》,卷 15《風俗記》,中國方志叢書影印清道光十九年刊本,華南地方第 80 號,第 325 頁。

③ 〔清〕江日昇:《臺灣外記》,卷 1,美國哈佛大學燕京圖書館藏道光十三年刻康熙四十二年陳祈永序刊本,圖書編號:T3072. 8/3166,第 3 – 4 頁。

④ AGI, Contad. 1224, f. 118r y ss.

⑤ 佚名:《明烈士蔡啟後公家傳 · 蔡挹暉堂三房族譜》,廣州大馬站大昌印務局承印蔡氏十五傳蔡惠祺珍藏民國刊本,第 83 頁。

⑥ 〔清〕徐潤:《香山徐氏宗譜》,卷 4,《世紀錄 · 第十五世》,美國:哥倫比亞大學東亞圖書館藏光緒八年前山敘倫堂重修刊本,圖書編號:2252. 8/282222,第 143 – 144 頁。

⑦ 〔德〕普塔克:《葡萄牙圖書館檔案館藏中文文獻:1668—1871》第 1 册,《望廈村民稟澳門總督(1851)》,里斯本:東方基金會,1996 年,第 138 頁。

⑧ 黄福慶:《澳門專檔》第 1 輯,臺北:"中研院"近代史研究所編印,1995 年。

前山星橋古廟鐵鐘一口,高二尺四寸,口闊一尺八寸二分,崇禎五年孟冬鑄。

《采訪册》有現存最早關於該鐘的文獻記録。《祝志》:"星橋廟鐘款,右鐘在恭常都前山寨,款云'崇禎五年'。"

後　記

本書是我們承擔的國家古籍整理出版資助項目《〈(道光七年)香山縣下恭常都十三鄉采訪册〉箋注》的結項成果。

從2010年最初整理《(道光七年)香山縣下恭常都十三鄉采訪册》這部新見文獻開始,到今年已經有十五個年頭。2022年,天津古籍出版社幫助我們成功申報國家古籍整理出版資助項目,我們又從頭開始,對文獻進行更爲全面的整理和更爲深入的研究,最終呈現出一部名爲《〈(道光七年)香山縣下恭常都十三鄉采訪册〉箋注》的作品。

我們力圖做一完整的資料搜集整理工作,在箋注中采用了大量以往未曾公布的新史料,參考現有研究成果,并以此爲基礎,展開系統的考證與研究,希望能向學界提供一本資料翔實可靠、考證嚴謹的學術著作,并能達到兼具研究著作和工具書兩種功能。由於《采訪册》原爲稿本,所著文字,重複處甚多,特别是山川地理部分,導致箋注時也會出現重複的現象,萬請讀者諒解。學海無涯,何以爲盡?本書的箋證,箋多證少,很難將采訪册中所涉及的歷史、地理、人文等情事一一廓清,不當之處,敬請批評。

本書資料搜集、整理是在湯開建教授的指導下展開的,箋註中采用了很多金國平先生的研究成果,還采用了暨南大學博士生黎俊棋幫忙整理澳門同知的史料,此外還得到當時在澳門大學從事博士後科研工作的田渝博士、現今澳門科技大學在讀的博士生田一言、張奕弛等諸位同門提供寶貴的翻譯材料。天津古籍出版社的門輝老師爲編輯本書付出了辛勤勞動。在此一并致謝!

趙新良

2024年11月